V&R

Schriften des Hannah-Arendt-Instituts
für Totalitarismusforschung

Herausgegeben von Uwe Backes und Mike Schmeitzner

Band 56

Todesurteile sowjetischer Militärtribunale gegen Deutsche (1944–1947)

Eine historisch-biografische Studie

Herausgegeben von Andreas Weigelt,
Klaus-Dieter Müller, Thomas Schaarschmidt
und Mike Schmeitzner

2., aktualisierte und erweiterte Auflage

Vandenhoeck & Ruprecht

Bibliografische Information der Deutschen Nationalbibliothek:
Die Deutsche Nationalbibliothek verzeichnet diese Publikation in der Deutschen Nationalbibliografie; detaillierte bibliografische Daten sind im Internet über https://dnb.de abrufbar.

Vandenhoeck & Ruprecht, Robert-Bosch-Breite 10, D-37079 Göttingen, ein Imprint der Brill-Gruppe (Koninklijke Brill BV, Leiden, Niederlande; Brill USA Inc., Boston MA, USA; Brill Asia Pte Ltd, Singapore; Brill Deutschland GmbH, Paderborn, Deutschland; Brill Österreich GmbH, Wien, Österreich)
Koninklijke Brill BV umfasst die Imprints Brill, Brill Nijhoff, Brill Schöningh, Brill Fink, Brill mentis, Brill Wageningen Academic, Vandenhoeck & Ruprecht, Böhlau und V&R unipress.

Dieses Buch ist als Open-Access-Publikation verfügbar über www.vr-elibrary.de.

Umschlagabbildung: Berlin: The Capture and Aftermath of War 1945–1947
A German civilian looks at a vast painting of Stalin on the Unter-den-Linden in Berlin.
Quelle: Imperial War Museum London, Foto: BU 8572
Umschlaggestaltung: SchwabScantechnik, Göttingen
Satz: Hannah-Arendt-Institut, Dresden
Druck und Bindung: CPI books, Ulm
Printed in the EU

Vandenhoeck & Ruprecht Verlage | www.vandenhoeck-ruprecht-verlage.com
E-Mail: info@v-r.de

ISSN 2198-7459 (print) | ISSN 2197-0971 (digital)
ISBN 978-3-525-36976-0 (print) | ISBN 978-3-666-36976-6 (eLibrary)
DOI https://doi.org/10.13109/9783666369766

Inhalt

Vorwort der 2. Auflage

Als der Band „Todesurteile sowjetischer Militärtribunale gegen Deutsche (1944–1947)“ vor neun Jahren veröffentlicht wurde, schrieben die Herausgeber und Bearbeiter, dass sie damit eine wichtige Forschungslücke schließen wollten. Die Resonanz spricht dafür, dass sich das Projekt gelohnt hat. Nachdem das Buch seit einiger Zeit im Buchhandel vergriffen war, gab das den Ausschlag dafür, eine Neuauflage vorzubereiten, die weitere, in der Zwischenzeit bekannt gewordene Todesurteile aufnimmt, kritische Kommentare zu den damals veröffentlichten Diagrammen berücksichtigt, die nun als Tabellen dargestellt werden. Zudem wurde im Fallgruppentext ein ausführliches Inhaltsverzeichnis aufgenommen, um diesen umfangreichen Beitrag besser erschließen zu können.

Als der Band 2015 veröffentlicht wurde, sah er sich gelegentlich dem Einwand ausgesetzt, die Kategorisierung der Sowjetischen Militärtribunale als Instrumente der Unrechts- und Terrorjustiz in Frage zu stellen. Mit dem Ansatz, nach den deutschen Verurteilten und den gegen sie erhobenen Tatvorwürfen zu fragen, ging es den Autoren in ihren Beiträgen in erster Linie um die spezifische Praxis juristischer Verfolgung in der Sowjetischen Besatzungszone, wohl wissend, dass in dieser Zeit die Durchsetzung der sowjetischen Besatzungsherrschaft und die Errichtung einer kommunistischen Diktatur stattfanden und dafür auch und gerade SMT herangezogen wurden. Die in den letzten Jahren neu bekannt gewordenen Urteile ändern jedoch nichts an der Grundtendenz der Ergebnisse in der ersten Auflage, dass 69 Prozent der zum Tode Verurteilten wegen NS- und Kriegsverbrechen angeklagt wurden.

Während die Verurteilungspraxis der SMT in dem einleitenden Beitrag detailliert dargestellt und in das stalinistische Justizsystem eingeordnet wird, lassen die umfassenden Untersuchungen der Verurteiltengruppen keinen anderen Schluss zu, als dass in den meisten Fällen Angeklagte zu Recht für ihr Verhalten in der NS-Zeit verurteilt wurden, wenn auch von Militärgerichten, deren Urteilspraxis nicht entfernt rechtsstaatlichen Anforderungen entsprach. Das fängt mit den Vernehmungen der geheimdienstlichen Ermittlungsorgane an, bei denen auch unter Anwendung von Folter Geständnisse erzwungen wurden, setzt sich fort über die Prozessführung, die den Angeklagten so gut wie keine Möglichkeit zur Verteidigung ließ, und endet bei der Festlegung des Strafmaßes, in den hier behandelten Fällen der Todesstrafe. Auch wenn sich die Zuordnung zu Deliktgruppen teilweise nur auf die in den Prozessen angewandten Deliktvorwürfe und die entsprechenden sowjetischen und alliierten Strafrechtsbestimmungen stützen kann, vermitteln die vertiefenden Untersuchungen ein Bild davon, dass die Urteilspraxis der SMT in den Jahren 1944/45 bis 1947 als genuine Form der juristischen

Aufarbeitung von NS-Unrecht - neben den militärgerichtlichen Verfahren in den westlichen Besatzungszonen - betrachtet werden sollte.

Aus arbeitspraktischen Gründen konzentrierte sich das Projekt auf Verfahren, die mit einem Todesurteil endeten. Nur in Einzelfällen konnte auf Urteile mit Zeitstrafen eingegangen werden, die entweder zustande kamen, weil die Prozesse nicht zum Abschluss gekommen waren, bevor die Todesstrafe in der Sowjetunion im Mai 1947 ausgesetzt wurde, oder weil es die sowjetischen Ermittlungsorgane für opportun hielten, einen Angeklagten am Leben zu lassen, weil sie sich von ihm noch verwertbare Informationen erhofften. Um ein umfassendes Bild der juristischen Verfolgung von NS- und Kriegsverbrechen durch die sowjetische Besatzungsmacht zu gewinnen, wäre es im nächsten Schritt sinnvoll, mit einem wesentlich breiteren Ansatz - auf Grundlage der bereits geleisteten Forschungen - auch die mit Zeitstrafen abgeschlossenen Prozesse zu untersuchen. Das steht noch aus.

Der 2015 vorgelegte Band war mit zwei mehr oder minder ausgesprochenen Erwartungen verknüpft. So stützte sich der größte Teil der Recherchen auf die Kopien der sowjetischen Prozess- und Ermittlungsakten in den Beständen des DDR-Ministeriums für Staatssicherheit, während nur punktuell Akten aufgrund eigener Recherchen in den russischen Archiven für die Auswertung zur Verfügung standen. Die Hoffnung, russische Fachkollegen für das Thema zu interessieren, einen engeren wissenschaftlichen Austausch herbeizuführen und damit den Zugang zu einschlägigen Beständen zu erleichtern, erwies sich als illusorisch. Der russische Angriffskrieg gegen die Ukraine hat in den letzten drei Jahren alle Ambitionen in diese Richtung zunichte gemacht.

Schon vor zehn Jahren stand fest, dass die Arbeit nach der Publikation nicht abgeschlossen sein würde. Neben vielen offenen Fragen, die unbeantwortet bleiben mussten, war abzusehen, dass die vorliegende Darstellung zu weiteren Recherchen Anlass geben würde, deren Ergebnisse wiederum in eine zukünftige zweite Auflage einfließen müssten. So liegen mittlerweile Untersuchungen zu 124 weiteren Fällen vor, sodass der vorliegende Band von 3 407 Todesurteilen ausgeht. Des Weiteren wurde im Vorwort der ersten Auflage die Hoffnung geäußert, dass Nachkommen der zum Tode Verurteilten die Herausgeber und Autoren kontaktieren würden, um mit ihnen in einen Dialog einzutreten. Das ist in erfreulichem Umfang geschehen und hat dazu geführt, dass 80 Biografien überarbeitet und präzisiert werden konnten. Wie für die erste gilt aber auch für die zweite Auflage, dass sie ein Anstoß sein soll, das Thema weiterzuverfolgen und bisher unbekannte Informationen zu einzelnen Biografien zusammenzutragen.

Anders als in der ersten Auflage ist dem vorliegenden Band keine CD mit dem biografischen Anhang beigefügt, vielmehr steht jetzt dieser in der e-library des Verlags zum Download zur Verfügung.[1]

1 Der Anhang als Download unter https://doi.org/10.13109/9783666369766.547.

Unser besonderer Dank gilt dem Leiter der Dokumentationsstelle Dresden in der Stiftung Sächsische Gedenkstätten Dr. Bert Pampel, der die Arbeit an der zweiten Auflage mit vielen wichtigen Informationen und Anregungen unterstützt hat. Als Nachfolger von Dr. Klaus-Dieter Müller verwahrt er in der Dokumentationsstelle die Kopien des Archivmaterials, die den Recherchen dieses Bandes zugrunde liegen und zu denen es in den letzten Jahren immer wieder Anfragen von Angehörigen gegeben hat.

Ganz besonders möchten wir dem vormaligen Direktor des Hannah-Arendt-Instituts für Totalitarismusforschung Prof. Dr. Thomas Lindenberger danken, dass er die Recherchen für die zweite Auflage und die Veröffentlichung des Bandes in der Reihe des Instituts ermöglicht hat. Ein großer Dank gebührt schlussendlich der Publishingabteilung des HAIT - hier insbesondere der Leiterin Ute Terletzki -, die mit großer Umsicht und Sorgfalt die Umsetzung der erweiterten Neuausgabe bewerkstelligt hat, sowie Kristin Luthardt, Neele Schäfer und Larissa Binnebesel für die Korrektur der Beiträge.

Dresden/Lieberose/Potsdam, im Sommer 2025

Andreas Weigelt/Klaus-Dieter Müller/
Thomas Schaarschmidt/Mike Schmeitzner

Vorwort der Herausgeber

Mit der hier vorgelegten Publikation soll eine schmerzliche Lücke in der Erforschung des Stalinismus und der deutschen Nachkriegsgeschichte geschlossen werden. Es geht um die durch Sowjetische Militärtribunale (SMT) von 1944 bis 1947 zum Tode verurteilten deutschen Zivilisten.

Nachdem das Hannah-Arendt-Institut für Totalitarismusforschung bereits vor Jahren zwei umfassende Studien zu den SMT-Urteilen gegen deutsche Soldaten und Zivilisten vorgelegt hatte,[1] stand eine grundlegende Untersuchung der Todesurteile, die Sowjetische Militärtribunale von 1944 bis 1947 und von 1950 bis 1953 verhängt hatten, gegen deutsche Zivilisten noch aus. Für den Zeitraum nach der Wiedereinführung der Todesstrafe in der Sowjetunion erschien 2005 ein biografisches Handbuch unter dem Obertitel „Erschossen in Moskau", zu dessen Recherchen auch an der jetzigen Studie beteiligte Institutionen Materialien beigesteuert hatten.[2] Etwa 1100 Schicksale zwischen 1950 und 1953 hingerichteter Deutscher sind in dieser Publikation verzeichnet.

Einer systematischen Erforschung harrten weiterhin die von 1944 bis 1947 gegen deutsche Zivilisten verhängten und vollstreckten Todesurteile. Über deren Gesamtzahl und die Hintergründe der Verurteilungen bestanden keine verlässlichen Informationen oder systematisch zusammengestellte biografische Sammlungen.[3]

1 Andreas Hilger/Ute Schmidt/Günther Wagenlehner (Hg.), Sowjetische Militärtribunale, Band 1: Die Verurteilung deutscher Kriegsgefangener 1941-1955, Köln 2001; Andreas Hilger/Mike Schmeitzner/Ute Schmidt (Hg.), Sowjetische Militärtribunale, Band 2: Die Verurteilung deutscher Zivilisten 1945-1955, Köln 2003.

2 Arsenij Roginskij/Jörg Rudolph/Frank Drauschke/Anna Kaminsky (Hg.), „Erschossen in Moskau ...". Die deutschen Opfer des Stalinismus auf dem Moskauer Friedhof Donskoje 1950-1953, Berlin 2005. Inzwischen ist 2008 eine dritte, vollständig überarbeitete Auflage erschienen. Das große Interesse an dem biografischen Handbuch hat auch dazu geführt, dass verschiedene Landesbeauftragte für die Unterlagen des Staatssicherheitsdienstes der ehemaligen DDR für ihre Bundesländer eigene Auszüge aus der Studie veröffentlicht haben.

3 Zwar waren im Rahmen der SMT-Forschungen des Hannah-Arendt-Instituts auch Todesurteile miterfasst worden, die entsprechenden Übersichten aus dem Jahr 2003 wiesen jedoch bei weitem nicht die Gesamtzahl aus. Auch die Dokumentationsstelle Dresden der Stiftung Sächsische Gedenkstätten (StSG) hatte im Rahmen ihrer biografischen Sammlungen zu SMT-Verurteilten Häftlingen Hunderte von Todesurteilen verzeichnet. Beide Sammlungen waren jedoch nicht in Bezug auf Todesurteile systematisch erfolgt. Hilger und Petrov geben insgesamt 1786 Todesurteile für den Zeitraum 1945-1947 an, vgl. Andreas Hilger/Nikita Petrov, „Im Namen der Union der Sozialistischen Sowjetrepubliken". Sowjetische Militärjustiz in der SBZ/DDR von 1945-1955. In: Arsenij Roginskij/Frank

Die nunmehr vorliegende biographische Sammlung zu den Todesurteilen von 1944 bis 1947 hat den Kenntnisstand erheblich erweitern können. Insgesamt wurden für den fraglichen Zeitraum 3301 Todesurteile ermittelt, von denen 2542 vollstreckt wurden.[4]

Bei den Hingerichteten von 1950 bis 1953 handelt es sich fast ausschließlich um Personen, die im Zusammenhang mit Widerstandshandlungen oder widerständigen politischen Haltungen gegen die sowjetische Besatzungsmacht oder die SED-Diktatur hingerichtet wurden. Ihre Urteile wurden zudem im Rahmen des russischen Rehabilitierungsgesetzes[5] aufgehoben. Insofern ist auch der Begriff des „Opfers des Stalinismus" richtig gewählt. Dies trifft auf die von uns untersuchte Gruppe in dieser Form nicht zu. Ursächlich liegt es daran, dass – zumindest in der Größenordnung auch für uns überraschend – die Verurteilungen wegen Kriegsverbrechen und Verbrechen gegen die Menschlichkeit einen herausragenden Anteil unter allen Todesurteilen von 1944 bis 1947 ausmachen. Mehr als zwei Drittel weisen entsprechende Anklagen auf. Folglich ist auch der Anteil der Rehabilitierungen unter diesen Verurteilten mit rund einem Drittel relativ gering.

Das vorliegende Buch ist daher seinem Wesen nach weder ein Gedenk- noch ein Opferbuch, sondern zunächst einmal ganz nüchtern eine Darstellung, die zeigen will, in welchen Größenordnungen Sowjetische Militärtribunale deutsche Zivilisten in der Frühphase der sowjetischen Besatzungsherrschaft zum Tode verurteilt haben und welche Anklagen den Urteilen zugrunde lagen. Laut den Ergebnissen dieser Studie spielt die Ahndung von Verbrechen, die Deutsche in der NS-Zeit begangen hatten, die Hauptrolle bei diesen Urteilen. Insofern stellt dieser Band auch einen Beitrag zu den aktuellen Debatten um „Transitional Justice" dar. Wenn diese auch primär von der Frage bestimmt werden, welche Rolle die juristische und gesellschaftliche Aufarbeitung von Verbrechen diktatorischer Regime beim Übergang zur Demokratie spielt, ist die sowjetische Ahndung von NS-Verbrechen – schon allein wegen der Mitwirkung der Sowjetunion am Nürnberger Kriegsverbrechertribunal – als eine besondere Form von „Transitional Justice" nach dem Zweiten Weltkrieg zu betrachten.[6]

Drauschke/Anna Kaminsky (Hg.), „Erschossen in Moskau ...". Die deutschen Opfer des Stalinismus auf dem Moskauer Friedhof Donskoje 1950–1953, 3. Auflage Berlin 2008, S. 21–37, hier 33; vgl. Andreas Hilger, Einleitung: Smert' Špionam! – Tod den Spionen! Todesstrafe und sowjetischer Justizexport in die SBZ/DDR, 1945–1955. In: ders. (Hg.), „Tod den Spionen!" Todesurteile sowjetischer Gerichte in der SBZ/DDR und in der Sowjetunion bis 1953, Göttingen 2006, S. 7–35, hier 26 f.

4 Auch diese Zahlen sind vorläufig, da es nirgends Listen aller Todesurteile gibt.

5 Siehe hierzu Abschnitt V im Aufsatz von Klaus-Dieter Müller in diesem Band: Verbrechensahndung und Besatzungspolitik.

6 Wolfgang Form, Transitional Justice. Alliierte Kriegsverbrecherprozesse nach dem Zweiten Weltkrieg in Europa. In: Kerstin van Lingen (Hg.), Kriegserfahrung und nationale Identität in Europa nach 1945, Paderborn 2009, S. 52–73; Neil J. Kritz (Hg.), Transiti-

Dass der deutschen Öffentlichkeit weder damals noch heute in dem notwendigen Maße bekannt geworden ist, wie hoch der Anteil von NS-Delikten bei den 1944 bis 1947 zum Tode Verurteilten war, liegt nicht in erster Linie an einer etwaigen Weigerung, Verbrechen oder moralische Schuld anzuerkennen, sondern an der spezifischen Durchführung der Prozesse und der Informationspolitik der Sowjetunion. Fast alle Verfahren mit Todesurteilen waren - ebenso wie die sonstigen SMT-Verfahren - Geheimprozesse, fanden also unter Ausschluss der Öffentlichkeit statt. Hinzu kam, dass den Angehörigen in vielen Fällen keine Informationen über den Prozess bzw. seinen Ausgang gegeben wurden, trotz vielfältiger Nachfragen bei sowjetischen und deutschen Behörden. Nicht einmal die Tatsache, dass überhaupt Prozesse stattgefunden hatten, wurde in diesen Fällen eingestanden. Die Zusammenarbeit zwischen dem deutschen und dem sowjetischen Roten Kreuz bot seit den späten 1960er-Jahren die Möglichkeit, Nachrichten vom Tod der Angehörigen zu erhalten, wenn auch die Angaben zum Todesdatum teilweise gefälscht waren. Viele Verurteilte waren aber für ihre Angehörigen einfach verschwunden und blieben es auch bis Anfang der 1990er-Jahre, als die Öffnung der Archive in der ehemaligen UdSSR bzw. der untergegangenen DDR, ebenso wie das russische Rehabilitierungsgesetz, die Möglichkeit zu Nachforschungen und Schicksalsklärungen ermöglichten.

Die Ergebnisse der vorliegenden biografischen Recherchen verlangen eine historische Einordnung. Vier Beiträge, die den Biografien vorangestellt sind, zeigen, aus welchen Motiven und unter welchen Bedingungen die Ermittlungen und Prozesse in der Sowjetischen Besatzungszone stattfanden. Die einführenden Beiträge behandeln die ganze Bandbreite von Handlungen - von Kriegs- und NS-Verbrechen über politisch motiviertem Widerstand bis hin zu kriminellen Handlungen -, die den Todesurteilen zugrunde lagen.

In vielen der von uns recherchierten Fälle, besonders bei den wegen Kriegsverbrechen angeklagten Personen, ist es heute nicht mehr möglich, eindeutig individuelle strafrechtliche Schuld nachzuweisen oder auf der anderen Seite den Unschuldsbeweis wegen fehlender Rehabilitierung zu führen.[7] Dies hat uns letztlich dazu bewogen, zunächst einmal von den sowjetischen Anklagepunkten bzw. Beschuldigungen auszugehen, wie sie in den Unterlagen verzeichnet sind, und diese zu bewerten, wenn weitere Quellen zugänglich sind. Daraus ergab sich ein differenziertes Bild. Zum einen kann festgestellt werden, dass sich unter den Verurteilten eine größere Anzahl Personen befindet, die ganz offensichtlich zu Recht wegen ihres Einsatzes im Krieg gegen die UdSSR vor Gericht gestellt worden sind (so z.B. Angehörige des Polizeibataillons 304 aus dem Raum Chemnitz). Zum anderen ergab sich aus den Recherchen aber auch, dass nicht jeder wegen Kriegsverbrechen Angeklagte tatsächlich schuldig war.

onal Justice. How emerging democracies reckon with former regimes, 3 Bände, Washington 1995.

7 Siehe hierzu die Angaben von Andreas Weigelt zur Quellenlage.

In vielen Fällen beinhalten die biografischen Skizzen nicht die vollständigen bekannten Angaben, sondern lediglich Kerndaten wie Name, Vorname, Geburtsjahr, Geburtsort, Verurteilungsparagraf mit Einordnung in „Vorwurf Kriegsverbrechen" oder „Vorwurf politischer Widerstand", Todestag. Familienangehörige, die ggf. zum ersten Mal konkret von der Verurteilung eines damals Verschwundenen erfahren, sollten sich deshalb an die Dokumentationsstelle Dresden wenden, wenn sie weitere Informationen wünschen.[8] Umgekehrt sind die Herausgeber daran interessiert, ergänzendes Material über verurteilte Angehörige zu erhalten, um so weitere Forschungen und Schicksalsklärungen möglich zu machen.

Wir hoffen, dass die Publikation dazu beitragen kann, einen Bereich zu beleuchten, der bislang eher im Dunklen lag. Wenn das Bewusstsein auf deutscher und russischer Seite dafür wächst, die Wahrnehmung der jeweils anderen Seite zu verbessern, wäre schon ein wichtiger Schritt getan, ein angemessenes Bild der Abfolge und des Nebeneinanders von NS-Verbrechensahndung und Diktaturdurchsetzung in der Verurteilungspraxis der sowjetischen Besatzungsmacht zu entwickeln.

Zum Schluss bleibt die angenehme Pflicht der Danksagung. Zuallererst danken die Herausgeber der Bundesstiftung zur Aufarbeitung der SED-Diktatur, die die Anfertigung der Studie dreieinhalb Jahre lang gefördert hat. Ein ebenso großer Dank gilt überdies den am Projekt beteiligten Institutionen (Hannah-Arendt-Institut Dresden, Zentrum für Zeithistorische Forschung Potsdam, Stiftung Sächsische Gedenkstätten Dresden), die maßgeblich zu dessen Gelingen beigetragen haben. Zu danken ist aber auch dem DRK-Suchdienst München, dem Bundesarchiv sowie dem Archiv des Bundesbeauftragten für die Stasi-Unterlagen für deren bereitwillige und engagierte Unterstützung. Dank gilt auch vielen Angehörigen, mit denen die Herausgeber in Kontakt getreten sind und die ihnen bereitwillig viele Materialien zur Verfügung gestellt haben. Andreas Weigelt hat hier – wie im gesamten Projekt – die Hauptarbeit geleistet. Außerdem gilt der Dank Katharina Täufert, Vitus Reiners und Daniel Hilgert, die mit ihrer redaktionellen Mitarbeit an der Entstehung des Werkes beteiligt waren.

Dresden/Potsdam/Lieberose im Dezember 2014

Andreas Weigelt/Klaus-Dieter Müller/Thomas Schaarschmidt/Mike Schmeitzner

8 Dasselbe gilt für Personen, die bis heute Angehörige vermissen und annehmen, dass diese von der Besatzungsmacht verhaftet und ggf. verurteilt worden sind. Die Dokumentationsstelle Dresden der Stiftung Sächsische Gedenkstätten führt ihre Auskunfts- und Sammlungstätigkeit zu diesem Personenkreis, im Auftrag des Auswärtigen Amtes, auch in den nächsten Jahren fort.

Zur Quellenlage

Andreas Weigelt

Als Ausgangsbasis für das Vorhaben dienten zwei bei der Dokumentationsstelle der Stiftung Sächsische Gedenkstätten in Dresden sowie im Hannah-Arendt-Institut für Totalitarismusforschung (HAIT) in Dresden angelegte Datenbanken zu Opfern der Repression in der SBZ und in der DDR, aus denen die das Vorhaben betreffenden Fälle herausgefiltert, zusammengeführt und abgeklärt wurden.

Die darin enthaltenen Datensätze zu Todesurteilen dieser Periode waren auf zwei Wegen entstanden. Die Dokumentationsstelle ist seit vielen Jahren Anlaufstelle für Angehörige zur Stellung von Rehabilitierungsanträgen und zur Einsichtnahme in die Haft- bzw. Urteilsakten in den Archiven der Russischen Föderation. Hier werden die Antragsteller beraten und die entsprechenden Formulare über das Auswärtige Amt, und seit 2009 direkt durch die Dokumentationsstelle, an die russische Rehabilitierungsbehörde übersendet. Die ausgewerteten, knapp 1000 positiven wie negativen Rehabilitierungsbescheide zur Gruppe der frühen Todesurteile bilden eine wichtige Quelle für die Erhebung der Kerndaten einzelner Fälle, wie Geburtsdaten, Wohnort, Beruf, Verhaftungsdaten, Urteilsdaten, Gericht und Rechtsgrundlage sowie Angaben zur Vollstreckung des Urteils. Wurde eine Rehabilitierung ausgesprochen, besteht nach russischer Rechtslage die Möglichkeit auf Akteneinsicht. In etwa 350 Fällen sind Haftakten auszugsweise kopiert worden, darunter Vernehmungsprotokolle, Urteile, in wenigen Fällen auch Vollstreckungsprotokolle oder persönliche Dokumente der Verurteilten. Vielfach sind nach der Reform der Rehabilitierungsverfahren um das Jahr 2000 nur noch kurze Archivauskünfte von russischer Seite bereitgestellt worden, die lediglich zusammenfassende Angaben enthalten.

Am HAIT war seit Mitte der 1990er-Jahre das erste umfassende Vorhaben zur Erforschung der Tätigkeit sowjetischer Militärtribunale gegen deutsche Zivilisten in der sowjetischen Besatzungszone in Deutschland sowie gegen deutsche Kriegsgefangene auf dem Territorium der Sowjetunion in der Zeit von 1941 bis 1955 angesiedelt, das 2001 und 2003 seine Ergebnisse veröffentlichte. Auf dem Wege der wissenschaftlichen Kooperation mit russischen Archiven flossen Angaben aus Personenakten in die aus diesem Vorhaben hervorgegangene Datenbank ein. Ein Teil dieser biografischen Angaben wurde ebenfalls in den Sammelbänden veröffentlicht.[1]

Begonnen wurde die biografische Recherche des hier vorgestellten Vorhabens im Jahr 2008 mit 2300 bekannten Todesurteilen, von denen ein Teil nicht vollstreckt worden ist und daher aus der Bearbeitung ausschied. Nach dem Ende der Recherchen können heute 2589 Todesurteile als vollstreckt bzw. wahrscheinlich vollstreckt im Biogrammteil dokumentiert werden.

Aus dem Russischen Staatlichen Archiv für Sozialgeschichte (RGASPI) konnten dank der Unterstützung von Dr. Andreas Hilger, Hamburg, etwa 320 Begnadigungsvorgänge aus den Protokollen der Kommission für Gerichtssachen des Politbüros der KPdSU (B) für die Zeit zwischen August 1944 und April 1947 eingearbeitet werden.

Auf der Ebene des Präsidiums der Obersten Sowjets der UdSSR konnten für den Zeitraum von April 1945 bis Mai 1947 Gnadenvorgänge zu 480 Fällen aus dem Staatsarchiv der Russischen Föderation (GARF) ausgewertet werden.

Nach sowjetischen Angaben sind im Bereich der Abteilung Speziallager der SMAD mehr als 700 Todesurteile vollstreckt worden. Die entsprechenden Unterlagen der Abteilung Speziallager aus dem GARF zu den als Vollstreckungsorte bekannten Spezialgefängnissen Nr. 5 in Strelitz, Nr. 6 in Berlin-Lichtenberg und Nr. 7 in Frankfurt (Oder) sowie zu den Speziallagern Nr. 4 in Bautzen und Nr. 10 in Torgau und die Korrespondenz der Abteilung Speziallager zu den Todesurteilen wurden ausgewertet, ergaben aber nur rund 300 nachweisbare Fälle.

Wichtigste Quelle zur Identifizierung und weiteren biografischen Verortung von Personen, deren Namensschreibweise aus rückübersetzten russischsprachigen Quellen bekannt geworden ist, war die Zentrale Namenskartei (ZNK) des Suchdienstes des Roten Kreuzes in München, dessen früherem Leiter, Herrn Dr. Hansjörg Kalcyk, und dessen Archivleiter, Herrn Dr. Christian Sachse, herzlich zu danken ist. Dort konnten teils manuell, teils auf Grundlage der gescannten Bestände der ZNK rund 2300 Personen, die sicher oder vermutlich hingerichtet wurden, überprüft und mehr als 1600 von ihnen identifiziert werden. Unter den meist in den 1950er-Jahren gemachten Angaben der suchenden Angehörigen fanden sich wichtige Daten wie der Verhaftungstag, der Haftort, Angaben zum Beruf und zur letzten Tätigkeit, nicht selten auch Informationen zu Mitinhaftierten, zur Todesstrafe und deren Vollstreckung sowie schließlich sogar (häufig zutreffende) Vermutungen über den Haft - bzw. Urteilsgrund des Betreffenden.

Die Identifizierung der Personen ermöglichte schließlich in einem weiteren Schritt eine gestaffelte Anfrage beim (vormaligen) Bundesbeauftragten für die Unterlagen des ehemaligen Staatssicherheitsdienstes der DDR (BStU) zu den ein-

1 Andreas Hilger/Ute Schmidt/Günther Wagenlehner (Hg.), Sowjetische Militärtribunale, Band 1: Die Verurteilung deutscher Kriegsgefangener 1941-1955, Köln 2001; Andreas Hilger/Mike Schmeitzner/Ute Schmidt (Hg.), Sowjetische Militärtribunale, Band 2: Die Verurteilung deutscher Zivilisten 1945-1955, Köln 2003.

zelnen Personen. Neben dieser personenbezogenen Recherche waren die Sachrecherchen nach Material sowjetischer Militärtribunale in den bereits erschlossenen Zentralen Untersuchungsvorgängen des MfS (ZUV) und in den Akten zu Rechtshilfeersuchen (RHE) der Hauptabteilung IX/11 wichtig und gewinnbringend. Solches Material hatten die Mitarbeiter der Hauptabteilung IX/11 des MfS, das in der DDR „Untersuchungsorgan“ zur Verfolgung von NS-Straftaten war, immer dann beim KGB in Moskau angefordert, wenn sie entsprechende „Verbrechenskomplexe“ systematisch bearbeiteten und zu jeder Person Auskunft erbaten, die sich identifizieren ließ. Wurden dann in Moskau Unterlagen der SMT gefunden, erhielten die MfS-Mitarbeiter Kopien von Vernehmungsprotokollen, in wenigen Fällen sogar Urteilsabschriften oder Protokolle der Gerichtsverhandlungen. Auf diesem Wege sind wahrscheinlich Materialien zu Hunderten SMT-Fällen in die DDR gelangt, die heute ausgewertet werden können.[2] Durch diese Akten wurde der Autor erst auf die wohl größte zusammenhängende Gruppe von zum Tode Verurteilte aufmerksam: 90 Angehörige des Polizeibataillons 304.

Leider hat das Archiv des BStU die Tiefenerfassung dieser beiden Sachaktengruppen nicht fortgesetzt, sodass ohne vollständige Findmittel aus Zeitgründen im Rahmen des Vorhabens nicht alle Archivakten dieser Art ermittelt und einbezogen werden konnten. Dennoch war es bereits durch diese unvollständig gebliebene Sachrecherche möglich, ca. 300 neue Fälle zu dokumentieren. Hinzu kommen durch die Personenrecherche zu 2300 Fällen wesentliche neue Angaben zu rund 40 Prozent der angefragten Personen. Diese Angaben stammen zum einen aus den beim MfS archivierten Anfragen von in der DDR lebenden Angehörigen aus den 1950er-Jahren, die entweder direkt an das MfS oder an andere DDR-Institutionen gerichtet wurden und überwiegend unbeantwortet blieben. Weitere Daten konnten aus dem sogenannten NS-Archiv der Hauptabteilung IX/11 gewonnen werden, wenn es sich um Fälle mit NS-Bezug handelte. Das konnten Mitgliedslisten in NS-Organisationen sein, Aktenüberlieferungen der Waffen-SS, diverser Ministerien und Dienststellen, aber auch zahllose Hinweise auf dezentral in der DDR (heute in den Landesarchiven der ostdeutschen Bundesländer) archivierte historische Materialien sowie auf Unterlagen, die seit 1990 im Bundesarchiv aufbewahrt werden.

An dieser Stelle muss besonders Ulrich Müller, Sachgebietsleiter im Referat AU 6 des BStU, und den Mitarbeiterinnen und Mitarbeitern seines Sachgebiets gedankt werden. Herr Müller ist ein Kenner der Überlieferungen der Verfolgungsorgane des MfS, aber auch der sowjetischen Geheimpolizei im Archiv des BStU. Durch sein besonderes Engagement und seine historischen Kenntnisse wurden neue Fälle und Fallgruppen bekannt. Sehr zu schätzen lernte der Autor auch das Bemühen der Archivmitarbeiter des BStU, die selbst bei nicht kor-

2 Diese Aktengruppe, jedoch einengend nur auf die Gruppe der Kriegsgefangenen bezogen, wird kurz erwähnt in Henry Leide, NS-Verbrecher und Staatssicherheit. Die geheime Vergangenheitspolitik der DDR, Göttingen 2005, S. 185.

rekt eingereichten Namensschreibweisen oder unvollständigen Lebensdaten in Hunderten von Fällen die richtige Karteikarte fanden, wodurch Personen identifiziert werden konnten.

In unseren Beiträgen wurden die BStU-Signaturen weiterhin als solche ausgewiesen, wohl wissend, dass das BStU nach Erscheinen der ersten Auflage dieses Bandes in das Bundesarchiv eingegliedert worden ist.

Im Bundesarchiv Berlin befindet sich ein weiterer Bestand von Anfragen Angehöriger zur Schicksalsklärung, die beim Ministerium des Innern der DDR oder beim DRK-Suchdienst eingegangen waren und ausgewertet wurden.

An Gedenkorten von Speziallagern oder früheren Gerichtsorten von SMT in größeren sowjetischen Gefängnissen war die Einsichtnahme in die entsprechenden Spezialarchive der dort tätigen Gedenkstätten sehr hilfreich. Ausgewertet wurde Material aus Potsdam (Lindenstraße), Halle, Bautzen, Torgau, Schwerin, Dresden, Berlin-Hohenschönhausen, Sachsenhausen, Buchenwald, Jamlitz und Mühlberg.

Sehr fruchtbar war die Zusammenarbeit mit Lenore Lobeck aus Schwarzenberg, die zu den Nachkriegsverhaftungen im Kreis Schwarzenberg forscht. Sie hat erreicht, dass heutige russische Amtsstellen ihr nicht nur zu in den Speziallagern Inhaftierten Auskünfte gaben, sondern ihr auch Archivbescheinigungen oder Rehabilitierungsentscheidungen direkt auf dem diplomatischen Weg zukommen ließen. Dadurch wurden einerseits neue Fälle von Todesurteilen bekannt, andererseits konnten Angaben zu bereits erfassten Fällen ergänzt werden.

Korrespondenzen mit Angehörigen wurden partiell geführt, mussten aber wegen des den Rahmen des Projektes sprengenden Umfangs eingeschränkt bleiben.

Zahlreiche für das Vorhaben wichtige biografische Bezüge, vor allem zu den Fällen mit Nachkriegsbezug, waren in der inzwischen umfangreichen Erinnerungs- und Dokumentationsliteratur, darunter eine große Anzahl sogenannter grauer Literatur, zu finden und sind in die Darstellung der Kurzbiografien wie auch der hier vorgestellten Fallgruppen einbezogen worden.

Bei einigen Fallgruppen mit NS-Bezug konnte wissenschaftliche Literatur zur Bestimmung der historischen Bedeutung einzelner Personen und ihrer Taten verwendet werden, obwohl die juristische Ahndung von Kriegsverbrechen oder Verbrechen gegen die Menschlichkeit in ihr oft keine Rolle spielte. Über die Vielfalt derartiger Belege, auch für die anderen Fallgruppen, gibt die Literaturauswahl im Anhang Auskunft. Neben den im Buchteil „Fallgruppenübersicht und Erschließungsregister. Leitfaden für die biografische Dokumentation" in den Fußnoten genannten Publikationen werden dort andere Quellen nur ausnahmsweise angegeben. Alle nicht aus Publikationen stammenden Angaben beziehen sich auf die Projektdatenbank als Quelle.

Verbrechensahndung und Besatzungspolitik. Zur Rolle und Bedeutung der Todesurteile durch Sowjetische Militärtribunale

Klaus-Dieter Müller

I. Einleitung

In der Erinnerungspolitik der letzten Jahrzehnte[1] wurden die deutsch-russischen bzw. deutsch-sowjetischen Beziehungen in der ersten Hälfte des 20. Jahrhunderts fast ausschließlich als eine Abfolge von Kriegs- und Gewalterfahrungen erzählt. Verstärkt wurde diese einseitige Perspektive durch die Fixierung auf Jahrestage, die sich auf Kriegsereignisse des 20. Jahrhunderts bezogen. Gerade das Ende der UdSSR 1991 und der mit ihm einhergehende Prozess der partiellen Demokratisierung der postsowjetischen Gesellschaften - wie widersprüchlich und diskontinuierlich auch immer - führte zu dem scheinbar paradoxen Ergebnis, dass die von Gewalt geprägten Phasen der gemeinsamen Geschichte erneut verstärkt in das Bewusstsein der Öffentlichkeit gerieten. Denn mit der vorsichtigen Öffnung der sowjetischen Archive Ende der 1980er-/Anfang der 1990er-Jahre - Glasnost - und ihrer verstärkten Öffnung nach dem Ende der Sowjetunion waren nicht nur für Inländer bessere oder erstmals mögliche Aktenzugänge zu Bereichen gegeben, die bislang verschlossen waren und in denen Unterlagen zu den vielfältigsten Repressionen gegen sowjetische Bürger lagern, sondern auch Aktenbestände zu Repressionen von sowjetischen Behörden gegenüber Ausländern wurden zugänglich. Kooperationen in bis dato unvorstellbaren Bereichen zwischen deutschen und postsowjetischen Institutionen waren in diesem Zeitraum entstanden

1 Die Grundstruktur dieses Beitrags, insbesondere der Abschnitte I bis IV.2, entstand gegen Mitte der 2000er-Jahre, als die deutsch-russischen Beziehungen noch nicht durch das militärische Vorgehen Russlands gegen seinen Nachbarn, die Ukraine, ab 2014 grundlegend beeinträchtigt waren. Die erinnerungspolitischen Aussagen im Aufsatz beziehen sich auf die Jahre bis zur Annexion der Krim 2014. Der Artikel basiert für die Jahre 1994 bis 2013 vor allem auf den sehr positiven Kooperationserfahrungen des HAIT und der Dokumentationsstelle Dresden mit russischen Institutionen im Rahmen von Forschungen zu Kriegsgefangenen des Zweiten Weltkrieges und zu Rehabilitierungsfragen und wurde für die Neuauflage dieses Bandes aktualisiert.

und ermöglichten damit erstmals die Bearbeitung von Unterlagen zu enormen Opfergruppen wie den sowjetischen Kriegsgefangenen in deutscher Hand oder den deutschen Kriegsgefangenen in sowjetischen Lagern, insbesondere aber auch zu deutschen Zivilisten in sowjetischem Gewahrsam.[2]

Und aus einem anderen Grund hatte und hat die Erinnerung an die gewaltbehafteten Seiten der gemeinsamen Geschichte noch lange nicht an Bedeutung verloren. Noch lebten und leben Millionen Menschen in Europa, welche die damaligen Ereignisse unmittelbar miterlebt und in ihren Familien tradiert hatten, noch waren Hunderttausende von ungeklärten Schicksalen aus der Kriegs- und Nachkriegszeit eine Hypothek, die weiterhin der Abtragung bedurfte und nur durch Kooperation zwischen allen damals beteiligten Staaten erfolgreich durchgeführt werden konnte.[3] Auch heute sind weiterhin viele Schicksale ungeklärt. Es ist zu hoffen, dass nach Beendigung des aktuellen Angriffskrieges Russlands gegen die Ukraine und einer Rückbesinnung der russischen Gesellschaft auf demokratisch(er)e Regeln vielleicht wieder an die Kooperationen aus den 1990er- und 2000er-Jahren angeknüpft werden kann.

Unabhängig davon wiegt die historische Last zweier Weltkriege schwer. Bereits während des Ersten Weltkrieges waren aufseiten des russischen Zarenreiches im Kampf gegen die Mittelmächte 1,15 Mio. Soldaten zu Tode gekommen, ungefähr eine Mio. Zivilisten hatte durch Kriegsereignisse oder -folgen das Leben verloren. Von den etwa 3,4 Mio. russischen Kriegsgefangenen waren 190 000 umgekommen.[4] Aufseiten des Deutschen Kaiserreiches waren an der Ostfront 317 000 Soldaten gefallen, in Kriegsgefangenschaft sind etwa 56 000 - davon die meisten in russischer Kriegsgefangenschaft - umgekommen.[5]

1941 griff das Deutsche Reich die Sowjetunion an und überzog sie mit einer Spur der Verwüstung. Insgesamt etwa 26,5 Mio. Menschen verloren auf sowjetischer Seite ihr Leben, davon allein 7,6 Mio. als Soldaten in Kampfhandlungen sowie wohl ca. 2,6 Mio. in deutscher Kriegsgefangenschaft.[6] Auch auf deutscher Seite waren die Verluste an der Ostfront am höchsten. Zu knapp 2,5 Mio.

2 Zu nennen sind hier z. B. die Kooperationen der Deutschen Dienststelle (WASt, heute Teil des Bundesarchivs), des DRK-Suchdienstes und des Volksbundes Deutsche Kriegsgräberfürsorge, aber auch von wissenschaftlichen Institutionen wie dem HAIT und der Dokumentationsstelle Dresden.

3 Jede Publikation oder Information über diese Opfergruppen führte immer wieder zu vielfältigen Anfragen, so z. B. die Veröffentlichung von entsprechenden Suchdatenbanken durch die Dokumentationsstelle Dresden im Internet oder von Findbüchern in den 2000er-Jahren.

4 Vgl. Vadim V. Ėrlichman, Poteri narodonaselenija v XX veke. Spravočnik [Bevölkerungsverluste im 20. Jahrhundert. Ein Handbuch], Moskau 2004, S. 18.

5 Vgl. ebd., S. 42.

6 Vgl. ebd., S. 20. Die Gesamtzahl der umgekommenen sowjetischen Kriegsgefangenen ist bis heute nicht verlässlich zu ermitteln. Die Angaben schwanken zwischen der oben genannten Zahl und mehr als vier Millionen. Hinzu kommen weitere 1,7 Mio. Getötete aufgrund stalinistischer Bestrafungsaktionen. Ėrlichman fasst sie unter der Bezeichnung „Terror 1941 - 1945" zusammen.

Gefallenen - etwa 80 Prozent aller Verluste in dieser Zeit - kamen nochmals 400 000 in sowjetischer Kriegsgefangenschaft Umgekommene hinzu.[7] Die Ereignisse zwischen 1941-1945 und ihre Folgen waren eine Tragödie von bis dahin unvorstellbarem Ausmaße.[8]

Ein Datum spielte und spielt daher auch heute noch im kollektiven Gedächtnis der russischen, teils auch der deutschen Gesellschaft eine zentrale Rolle: der Überfall der Wehrmacht auf die UdSSR am 22. Juni 1941, als eigentlicher Beginn des Zweiten Weltkrieges. Dieser Teil des Zweiten Weltkrieges ist fast überall in der Russischen Föderation immer noch als „Großer Vaterländischer Krieg" im Gedächtnis ihrer Völker eingegraben und präsent. Er hat nicht nur für die Älteren eine herausragende Bedeutung. Für Deutschland ist mit diesem Datum erstens der Beginn des beispiellosen Verbrechens des Völkermordes an den europäischen Juden verbunden, das durch den Einmarsch der Wehrmacht in die UdSSR möglich und dann systematisch umgesetzt wurde, zweitens ein Besatzungsregime, das Völkermord an den slawischen Völkern zumindest vorsah und teilweise auch realisierte, und drittens die verbrecherische Behandlung sowjetischer Kriegsgefangener und die Verschleppung von Millionen Zivilisten als Zwangsarbeiter nach Deutschland.[9] Für Deutschland bedeutet dieser Tag den Beginn einer historischen Erbschaft, die bis heute wirkt, das Bild des Zweiten Weltkrieges noch lange prägen wird und gerade von der deutschen Wissenschaft einfordert, sich mit den Zielen, Handlungen und Verbrechen von NS-Staat und Wehrmacht weiter intensiv zu beschäftigen.

Ein zusätzlicher Grund macht die deutsch-sowjetische Geschichte im 20. Jahrhundert immer wieder zu einem umstrittenen Thema politischer, publizistischer und wissenschaftlicher Debatten: Als totalitäre Diktaturen hatten beide Staaten in den 1930er- und 1940er-Jahren eine politische Ordnung, die sie fundamental von den anderen Akteuren der europäischen Geschichte unterschied. Die Auseinandersetzung mit der totalitären Vergangenheit ist daher nicht nur für Deutschland von besonderer Bedeutung, sondern war es auch zeitweise für

7 Vgl. ebd., S. 42.

8 Der Begriff der Tragödie wird in Zusammenhang mit den Opfern des Zweiten Weltkrieges auch in Osteuropa häufig verwendet. Vgl. zum Beispiel Vasilij Christoforov, Die schweigenden Zeugen der Tragödie des Krieges, sowie Nikolaj Klimowič, Die Tragödie der Geschichte. In: Norbert Haase/Alexander Haritonow/Klaus-Dieter Müller (Bearb.), Für die Lebenden. Der Toten gedenken. Ein internationales Gemeinschaftsprojekt zur Erforschung des Schicksals sowjetischer und deutscher Kriegsgefangener und Internierter, Dresden 2003, S. 12-21. V. Christoforov war in den 2000er-Jahren Leiter der FSB-Archivverwaltungen der Russischen Föderation; N. Klimowič war zur selben Zeit stellvertretender Leiter des Zentralarchivs des KGB der Republik Belarus. In diese Kriegsgeschehnisse war ein erheblicher Teil der zwischen 1945 und 1947 zum Tode verurteilten Deutschen involviert.

9 Zu den Opferzahlen vgl. Ėrlichman, Poteri narodonaselenija v XX veke; Grigorij F. Krivošeev u. a. (Hg.), Rossija i SSSR v vojnach XX veka. Poteri vooružënnych sil. Statističeskoe issledovanie [Russland und die UdSSR in den Kriegen des 20. Jahrhunderts. Die Verluste der Streitkräfte. Eine statistische Untersuchung], Moskau 2001.

die Nachfolgestaaten der UdSSR. Sowohl das Deutschland Hitlers als auch die Sowjetunion Stalins machten die Erfahrung eines massenhaften Terrors.[10] Während die NS-Führung ihre Diktatur errichtete und den europäischen Kontinent ab 1939 mit einem beispiellosen Krieg überzog, prägten die blutigen „Säuberungen" Stalins in den 1930er-Jahren den sowjetischen Justizapparat über die Zäsur von 1945 hinaus.

Anders als in den drei Westzonen schloss sich im neuen östlichen Teil Deutschlands bald nach 1945 eine weitere Diktatur an, für deren Errichtung letztlich die Sowjetunion entscheidend war. Diese Abfolge führte zu einer Überformung der Erfahrungen im Nationalsozialismus und zu einer Überlagerung von Täter- und Opferzuschreibungen, die nach 1989 zum Gegenstand grundsätzlicher Debatten in der öffentlichen Auseinandersetzung mit der deutschen Geschichte im 20. Jahrhundert wurden. Nicht erst der verstärkte Diskurs Ende der 1990er-Jahre um die Entschädigung der zivilen Zwangsarbeiter in der deutschen Kriegswirtschaft machte deutlich, dass die Memorialisierung der Diktaturerfahrung in Deutschland keine rein nationale Angelegenheit war. Die NS-Gedenkstätten an den Orten ehemaliger Konzentrations- und Vernichtungslager dienten von vornherein internationalem Erinnern, teils an Orten, die von beiden Seiten nacheinander für Verfolgung genutzt wurden. So wie die Erinnerung an das Leid sowjetischer Soldaten in deutscher Kriegsgefangenschaft deutsche und postsowjetische Diktaturerfahrung miteinander verbindet,[11] gilt das auch für die sowjetischen Speziallager in der SBZ/DDR, insbesondere dort, wo die Besatzungsmacht nationalsozialistische Konzentrationslager als Haft- und Internierungsorte weiternutzte. Beides – Kriegsgeschehen und sowjetische Justiz in der Nachkriegszeit – gehört in einen Gesamtzusammenhang und kann auch als Teil der deutschen und sowjetischen/russischen Geschichte im 20. Jahrhundert weder isoliert betrachtet noch auf ausschließlich nationaler Grundlage hinreichend aufgearbeitet werden. Die Todesurteile gegen deutsche Zivilisten und Soldaten in der letzten Kriegsphase und der unmittelbaren Nachkriegszeit waren ein integraler Bestandteil des sicherheitspolitischen und strafrechtlichen Vorgehens sowjetischer Organe

10 Zur Vergleichbarkeit von NS-Diktatur und sowjetischer Diktatur vgl. Henry Rousso (Hg.), Stalinisme et nazisme. Histoire et mémoire comparées, Brüssel 1999; Timothy Snyder, Bloodlands. Europa zwischen Hitler und Stalin, 2. Auflage, München 2014; Ja. C. Drabkin/N. P. Komolova u. a. (Hg.), Totalitarizm v Evrope XX veka. Iz istorii, ideologij, dviženij, režimov i ich preodolenija [Totalitarismus im Europa des 20. Jahrhunderts. Aus der Geschichte, den Ideologien, den Entwicklungen, den Regimen und ihrer Überwindung], Moskau 1996; Klaus-Dieter Müller, Handlungsbedingungen von Systemgegnern. Widerstand in den totalitären Diktaturen des 20. Jahrhunderts. In: Günther Heydemann/Eckhard Jesse (Hg.), Diktaturvergleich als Herausforderung. Theorie und Praxis, Berlin 1998, S. 121–153.

11 Die Erforschung und öffentliche Darstellung des Schicksals sowjetischer Kriegsgefangener in der Gedenkstätte Zeithain, in der Nähe von Riesa in Sachsen, auf deren Territorium sich mit etwa 30 000 Gräbern der größte Friedhof mit sowjetischen Kriegsgefangenen in Deutschland befindet, hat gerade für Osteuropa eine besondere Bedeutung.

in der SBZ, das sich nur im Kontext der unmittelbaren Kriegserfahrung verstehen lässt. Für eine angemessene Beurteilung müssen vor allem die Handlungen und das Verhalten von Wehrmacht und deutschen Zivilisten gegenüber sowjetischen Bürgern in den besetzten Gebieten der UdSSR, aber auch im Deutschen Reich berücksichtigt werden. Für die von 1944 bis 1947 verhängten Todesurteile hatten diese Sachverhalte eine herausragende Bedeutung.

Auch wenn die juristische Praxis der Sowjetischen Militärtribunale nichts mit rechtsstaatlichen Verfahren gemein hatte, lässt sich feststellen, dass ein erheblicher Teil der deutschen Angeklagten zu Recht wegen Kriegs- und Gewaltverbrechen von sowjetischen Gerichten verurteilt worden ist.[12] Dies betrifft zum Beispiel Urteile, die gegen Mitglieder der deutschen Einsatzgruppen (Sicherheitspolizei und SD der SS), Angehörige von Polizeibataillonen oder gegen ehemalige deutsche Soldaten und Zivilisten wegen ihrer Taten in den besetzten sowjetischen Territorien ergingen. Angeklagt und verurteilt wurden Unternehmer und Landwirte wegen der Beschäftigung und Misshandlung von Zwangsarbeitern[13], die Verantwortlichen des Krankenmords und Angehörige der KZ-Wachmannschaften wie beispielsweise in mehreren Prozessen zum Konzentrationslager Sachsenhausen.

Ebenso lässt sich aber feststellen, dass die meisten Deutschen, die aufgrund sogenannter konterrevolutionärer Strafbestimmungen von 1947/48 bis 1955 angeklagt wurden, zu Unrecht verurteilt wurden. Daher wurde diese Gruppe nach 1990 zumeist rehabilitiert, wenn entsprechende Anträge gestellt worden waren. Damit erkannte der Nachfolgestaat der Sowjetunion, Russland, offiziell und auch für den deutschen Staat bindend an, dass damals Unrecht geschehen war. Dies ermöglichte zumindest eine Teilwiedergutmachung dieses Unrechts.

12 Vgl. Alexander J. Morin, Die strafrechtliche Verfolgung von Nazi-Kriegsverbrechern. Zur Arbeit der sowjetischen Rechtsbehörden bei der Ermittlung und Aufklärung von Kriegsverbrechen, Verbrechen gegen den Frieden und die Menschlichkeit. In: Alexander Haritonow/Klaus-Dieter Müller/Vyacheslav Selemenev/Jurij Zverev (Hg.), Sowjetische und deutsche Kriegsgefangene in den Jahren des Zweiten Weltkriegs, Dresden 2004 (in dt. und russ. Sprache), S. 470–509. In diesem geht er auf die Schauprozesse (öffentlichen Prozesse) in der UdSSR und der SBZ ein. Morin, damals General der Militärstaatsanwaltschaft, betrachtete die Nachkriegsurteile auch 2004 noch als zu Recht bestandskräftig.

13 In der Nachkriegszeit ergingen gegen diesen Personenkreis allein in Sachsen Hunderte von SMT-Urteilen, darunter auch Todesurteile, vgl. hierzu Klaus-Dieter Müller/Dietmar Wendler unter Mitarbeit von Rainer Ritscher, NS-Zwangsarbeit und Kriegswirtschaft 1939–1945. Ausländereinsatz im Deutschen Reich und in Sachsen. Repatriierung – Nachkriegsprozesse – Entschädigung, Dresden 2021, S. 569–588.

II. Verhaftungen und Verurteilungen durch sowjetische Organe

Ab Ende 1944 kamen mit dem Überschreiten der deutschen Ostgrenze durch die Rote Armee erstmals Millionen deutscher Zivilisten unter sowjetische Besatzung und Verwaltung. Hunderttausende von ihnen wurden verhaftet und entweder teils unmittelbar, teils erst einige Jahre später zur Zwangsarbeit in die Sowjetunion deportiert, in Speziallager der sowjetischen Besatzungsmacht eingewiesen oder von Sowjetischen Militärtribunalen verurteilt.

Die in den letzten zwölf Kriegsmonaten und dem ersten Nachkriegsjahrzehnt Verhafteten können grundsätzlich in vier verschiedene Gruppen eingeteilt werden:

Erstens wurden nach einem Bericht von Innenminister Beria an Stalin und Molotov vom 15. Dezember 1944 etwa 550 000 in Osteuropa lebende Angehörige der dortigen deutschen Minderheit registriert, unter ihnen mehr als 300 000 Frauen.[14] Diese sollten nach einem Befehl Stalins von Dezember 1944 zum Arbeitseinsatz in die Sowjetunion verbracht werden. Nach Abwägung der unterschiedlichen Arbeitsfähigkeit dieses Kontingents erließ das Staatliche Verteidigungskomitee (GOKO) am 16. Dezember 1944 den Geheimbefehl 7161ss[15] zur Mobilisierung aller arbeitsfähigen Deutschen. 110 000 von ihnen, hauptsächlich ältere Männer, Frauen und Kinder, wurden tatsächlich deportiert. Alleiniger Zweck dieser Maßnahme war die Linderung des großen Arbeitskräftemangels in der UdSSR. Politisch-juristische Gesichtspunkte - etwa Säuberungs- und Sicherheitsaspekte oder gar die Ahndung von NS-Verbrechen - spielten hierbei keine Rolle. So ist beispielsweise in den Personalakten der Deportierten auch kein eigentlicher Haftgrund vorhanden.[16]

Eine zweite Gruppe von Deutschen geriet ab Anfang 1945 in sowjetischen Gewahrsam. Nach einem GOKO-Befehl vom 8. Januar 1945 wurden etwa 100 000 Deutsche - hauptsächlich aus Ostpreußen und Oberschlesien - interniert und anschließend unmittelbar zum Arbeitseinsatz in die Sowjetunion deportiert, ehe am 18. April 1945 diese Aktion abrupt, kurz vor Beginn des Sturmes auf Berlin, gestoppt wurde. Die Personalakten dieser Verschleppten belegen, dass politische Gründe - d. h. politische Belastungen - im Grunde keine Rolle gespielt haben. Es ging tatsächlich um Arbeitskräfte für die Behebung der exorbitanten Kriegsschäden in der Sowjetunion.[17]

14 Die grundlegenden Befehle und Rechenschaftsberichte zum Vorgehen sowjetischer Organe sind abgedruckt in Ralf Possekel (Bearb.), Sowjetische Speziallager in Deutschland 1945 bis 1950, Band 2: Sowjetische Dokumente zur Lagerpolitik. Hg. von Sergej Mironenko, Lutz Niethammer und Alexander von Plato in Verbindung mit Volkhard Knigge und Günter Morsch, Berlin 1998.

15 Abgedruckt in Possekel, Sowjetische Speziallager, Band 2, S. 133-135.

16 In den Archivbescheinigungen der russischen Militärstaatsanwaltschaft heißt es ausdrücklich, ein Inhaftierungsgrund sei nicht ersichtlich.

17 Einzelakten dieser Verschleppten aus dem sowjetischen GUPVI-Bestand (Hauptverwaltung für Kriegsgefangene und Internierte) sowie aus einem Interniertenlager in der Komi-

Am 11. Januar 1945 erließ wiederum Beria als Innenminister den Befehl Nr. 0016 „Über Maßnahmen zur Säuberung des Hinterlandes der Roten Armee von feindlichen Elementen".[18] Für jede Front (Armeegruppe) wurde jeweils ein Frontbevollmächtigter ernannt. Seine Hauptaufgabe bestand in der Durchführung sogenannter tschekistischer Maßnahmen. In dem Befehl sind zum ersten Mal Kategorien von Personen genannt, die inhaftiert werden sollten: Spione, Diversanten, Terroristen, Betreiber von Druckereien, Radiosendern und Waffenlagern; weitere Kategorien waren Angehörige staatlicher Verwaltungsorgane, deutscher Sicherheitsdienste, des Justiz- und Militärapparates, aber auch einfach Mitglieder faschistischer Organisationen. Sie wurden als Gruppe B: Internierte-Verhaftete zusammengefasst. Knapp einen Monat später wurde dieser Befehl noch einmal bekräftigt (GOKO-Befehl Nr. 7467ss vom 3. Februar 1945).[19]

Auf frischer Tat gestellte Terroristen und Diversanten waren nach Befehl Nr. 7467ss an Ort und Stelle zu erschießen (siehe Beispiele in diesem Band). Gleichzeitig wurde befohlen, alle deutschen Männer im Alter von 17 bis 50 Jahren zu mobilisieren und in die UdSSR zum Zwangsarbeitseinsatz zu deportieren, als Gruppe G, Internierte und Mobilisierte, bezeichnet. Beides - Internierung von von angeblich oder tatsächlich gefährlichen, von politisch belasteten sowie von arbeitsfähigen Deutschen - wurde vermischt. Beide Gruppen sollten in die UdSSR gebracht werden. Die Vermischung war wohl auch taktisch bedingt, denn insgesamt firmierten Verhaftung und Deportation offiziell als Sicherungsmaßnahmen, nicht als Reparationsleistungen.

Ihren Abschluss fand die systematische Deportation dieser Gruppen im April 1945. Am 17. April 1945 legte Beria Stalin eine Bilanz der bisherigen Arbeit seiner Organe vor.[20] Danach waren 215 000 Personen inhaftiert worden, davon 138 000 Deutsche. Die größte Gruppe unter ihnen bildeten 123 000 einfache Mitglieder oder niedere Funktionäre von NS-Organisationen. Als Erklärung hieß es dazu, sie seien allein aus Gründen der schnellstmöglichen Säuberung inhaftiert worden. Auch stellte der Bericht fest, dass nur die Hälfte der in die GUPVI-Lager Deportierten sich als arbeitsfähig erwiesen hatte.

Zwei Dinge fallen an diesem Bericht weiterhin auf: Erstens wurde vorgeschlagen, die Deportation in die UdSSR abrupt zu stoppen, und zweitens sollten die Inhaftierungskategorien schärfer gefasst und die Verhafteten in der bald entstehenden SBZ in Speziallagern belassen werden. Obwohl der Befehl 0062 vom 6. Februar 1945[21] insgesamt etwa 500 000 Deportierte dieser Gruppen verlangt hatte, war es nur gelungen, knapp 100 000 Menschen in die UdSSR zu verbringen, unter ihnen viele Frauen und auch Kinder.

Republik zeigen, dass jeweils nur ein kurzes Verhör geführt und anschließend von den NKVD-Organen die Überführung in die UdSSR festgelegt wurde.

18 Abgedruckt in Possekel, Sowjetische Speziallager, Band 2, S. 142-146.

19 Vgl. ebd., S. 146-151.

20 Vgl. Schreiben von Beria an Stalin vom 17.4.1945, abgedruckt in ebd., S. 175-177.

21 Abgedruckt in ebd., S. 152-153.

Als dritte Gruppe können verhaftete Deutsche zusammengefasst werden, die auf dem Gebiet der SBZ nach Kriegsende bis Anfang 1947 von NKVD-Operativgruppen verhaftet, in örtliche sowjetische Speziallager eingewiesen und dort festgehalten wurden. Etwa 130 000 Menschen - unter ihnen einige Tausend aus westalliierter Kriegsgefangenschaft entlassene und erneut verhaftete deutsche Soldaten sowie auch direkt von den Westalliierten übergebene deutsche Kriegsgefangene - traf dieses Schicksal. Insgesamt umfasste diese Gruppe des sogenannten Spezialkontingents etwa 14 Prozent Frauen sowie etwa 10 Prozent Jugendliche. Bei der Mehrzahl von ihnen lagen allgemeine politische Beschuldigungen als NS-Belastete vor - ähnlich dem in den westalliierten Besatzungszonen Deutschlands praktizierten automatischen Arrest -, ohne dass ihnen konkrete Vergehen oder Verbrechen vorgeworfen wurden; bei einem Teil war das allerdings der Fall.[22]

Zur vierten Gruppe gehören Menschen, die von sowjetischen Militärtribunalen wegen NS- Verbrechen (Kriegsverbrechen, Verbrechen gegen die Menschlichkeit) oder Verbrechen gegen die Besatzungsmacht und die DDR abgeurteilt wurden. Nach Angaben des FSB umfasst diese Kategorie etwa 35 000 Menschen.

Damit kamen insgesamt etwa 380 000 deutsche Zivilisten in sowjetische Haft. Etwa ein Drittel der in die UdSSR Deportierten als auch der Speziallagerhäftlinge auf dem Gebiet der SBZ hat die Haft nicht überlebt.[23] Hinrichtungen und Haftbedingungen dürften bei etwa 20 Prozent der ca. 35 000 verurteilten Zivilisten als Todesursache anzusehen sein. Im Schnitt wurde gegen 17,6 Prozent der von Sowjetischen Militärtribunalen verurteilten deutschen Zivilisten die Todesstrafe verhängt, 13,3 Prozent wurden hingerichtet, so die Berechnung von Andreas Hilger 2006.[24]

22 Zu etwa 140 000 von Anfang 1945 bis Ende 1946 verhafteten Nicht-Verurteilten (ein kleiner Teil wurde nach kurzer Zeit wieder entlassen) liegen sowohl Auszüge aus den sowjetischen Lagerjournalen als auch Personenangaben des FSB (früher KGB) vor, aus denen Haftgrund, Haftdauer sowie Lageraufenthalte, Sterbe- oder Entlassungsdaten zu ermitteln sind. Diese Daten wurden der Dokumentationsstelle Dresden vom Suchdienst des DRK in München zur Verfügung gestellt.

23 Vgl. Klaus-Dieter Müller, „Jeder kriminelle Mörder ist mir lieber ...". Haftbedingungen für politische Häftlinge in der Sowjetischen Besatzungszone und der Deutschen Demokratischen Republik und ihre Veränderungen von 1945-1989. In: ders./Annegret Stephan (Hg.), Die Vergangenheit läßt uns nicht los. Haftbedingungen politischer Gefangener in der SBZ/DDR und deren gesundheitliche Folgen, Berlin 1998, S. 15-137, hier 31-39, 127-133.

24 Vgl. Andreas Hilger, Einleitung. Smert' Špionam! - Tod den Spionen! Todesstrafe und sowjetischer Justizexport in die SBZ/DDR, 1945-1955. In: ders. (Hg.), „Tod den Spionen!" Todesurteile sowjetischer Gerichte in der SBZ/DDR und in der Sowjetunion bis 1953, Göttingen 2006, S. 7-35, hier 28. Wenn wir unsere Ergebnisse aus dem Projekt „Frühe Todesurteile" für die Jahre 1945-1947 sowie die erwiesenen Todesurteile der Jahre 1950-1953 zugrunde legen (4 467 nachgewiesene Fälle bei geschätzt 35 000 SMT-Verurteilten, vgl. Kapitel IV.4), so ergibt sich ein Mindestanteil von knapp 13 % Todesurteilen.

III. Die sowjetischen Sicherheits-, Justiz- und Verfolgungsorgane

1. Der Sicherheitsapparat: Die sowjetische Geheimpolizei NKVD/MGB/MVD[25]

Nach dem Ende des Zweiten Weltkrieges wurden in allen vier Besatzungszonen alliierte Militäradministrationen eingerichtet, die für die Verwaltung des jeweiligen Besatzungsgebietes verantwortlich waren. Mit der Anordnung der sowjetischen Regierung vom 6. Juni 1945 und Befehl Nr. 1 wurde im Berliner Bezirk Karlshorst am 9. Juni 1945 die Sowjetische Militäradministration in Deutschland (SMAD, ab 1949 in Sowjetische Kontrollkommission - SKK - umbenannt) installiert. Sie hatte bis 1955 die oberste Gewalt in der SBZ inne. Neben der Zentrale in Karlshorst wurden auf Ebene der Länder eigene Administrationen gebildet.

Deren Hauptaufgabe bestand in den ersten Jahren hauptsächlich in der Neuorganisation, Wiederingangsetzung und Überwachung des politischen, sozialen und wirtschaftlichen Lebens in der SBZ. Daneben war sie mit Entnazifizierungs- als auch mit Reparationsfragen befasst.[26]

Integraler Bestandteil - und trotzdem nicht der Befehlsgewalt der SMAD unterstellt - war der sowjetische Sicherheitsapparat. Dieser unterstand direkt dem sowjetischen Innenministerium in Moskau. Die Verklammerung mit der SMAD erfolgte bis 1947 über eine doppelte Zuständigkeit. General Ivan Serov war als Angehöriger des NKVD oberster Chef aller Geheimpolizeiangehörigen in der SBZ und laut Befehl Nr. 1 des Obersten Chefs der Sowjetischen Militäradministration in Deutschland, Marschall Shukov, vom 9. Juni 1945 zugleich dessen erster Stellvertreter.

Grundsätzlich lässt sich feststellen, dass der Sicherheitsapparat der Sowjetunion mit dem Einmarsch in Deutschland keineswegs absolutes Neuland betrat. Bereits nach den Annexionen und folgenden Säuberungen Ostpolens 1939/40 und der Baltischen Staaten 1940/41 und wieder ab 1944 im Baltikum hatte er seine Aufgaben in den gerade befreiten oder eroberten Gebieten erledigt.[27]

25 Eine Übersicht zum sowjetischen Sicherheitsapparat ist abgedruckt in Jan Foitzik, Sowjetische Militäradministration in Deutschland (SMAD). In: Martin Broszat/Hermann Weber (Hg.), SBZ-Handbuch. Staatliche Verwaltungen, Parteien, gesellschaftliche Organisationen und ihre Führungskräfte in der Sowjetischen Besatzungszone Deutschlands 1945-1949, München 1990, S. 7-69, hier 59 f. Ausführlich dazu Jan Foitzik, Sowjetische Militäradministration in Deutschland (SMAD) 1945-1949. Struktur und Funktion, Berlin 1999, S. 161-167. Als weitere Übersicht zum Sicherheitsapparat vgl. Jan Foitzik/Nikita W. Petrov, Die sowjetischen Geheimdienste in der SBZ/DDR von 1945 bis 1953, Berlin 2009.

26 Vgl. z. B. Norman M. Naimark, Die Russen in Deutschland. Die Sowjetische Besatzungszone 1945 bis 1949, Berlin 1997.

27 Entstanden als kleiner Apparat unmittelbar nach dem Oktober-Putsch der Bolschewiki, wurde er bald an allen Brennpunkten sowjetischer Expansions- oder Rückeroberungs-

Gegründet am 20. Dezember 1917 als Außerordentliche Kommission zum Kampf gegen die Konterrevolution und Sabotage, wurde die WTscheka (so die russische Bezeichnung) unter wechselnden Namen und Bezeichnungen zu einem immer größeren Terror-Apparat ausgebaut. Vom Politbüro unter Stalin mit zahlreichen Sondervollmachten ausgestattet, gaben Geheimbefehle ihr fast uneingeschränkte Macht. Oberstes Ziel der Ermittlungsverfahren war die Erlangung von Geständnissen, während Indizien und Beweise in der Regel nur eine untergeordnete Rolle spielten. Anklagen und tatsächliche Handlungen der Angeschuldigten standen in den 1930er-Jahren zumeist in einem grotesken Missverhältnis, häufig hatten sie gar nichts miteinander zu tun. Psychische und physische Folter waren gängige und vom Politbüro 1937 schriftlich erlaubte Mittel zur Erlangung von Geständnissen. Das NKVD hatte zudem bestimmte Sollzahlen an Überführten zu liefern. Die Übererfüllung des Planes wurde mit Prämien honoriert.[28]

Die Arbeit des NKVD war auf die Sicherung der sozialistischen Ordnung gerichtet und stellte eines der wichtigsten Instrumente der Parteiführung zur Nie-

kämpfe eingesetzt und enorm ausgeweitet: Vom Kaukasus 1921–23 über den sowjetischen Osten bis zu den Massenverbrechen des Stalinismus wie der Zwangskollektivierung, den großen Säuberungen 1936–1938 und den ethnischen Säuberungen im Zweiten Weltkrieg. Hierbei hatte sich General Serov als Vertrauter Chruschtschows seine „Verdienste" erworben. Zu Aufbau, Personal und Entwicklung des sowjetischen Sicherheitsapparates grundlegend vgl. Aleksandr I. Kokurin/Nikita V. Petrov/Rudolf G. Pichoja (Bearb.), Lubjanka. VČK-OGPU-NKVD-MGB-MVD-KGB, Moskau 1997.

28 Vgl. die Vorträge russischer Militärstaatsanwälte zu dieser Problematik in den Jahren 1993–2002, so von Waleri A. Wolin, Russland rehabilitiert die durch sowjetische Militärtribunale unschuldig Verurteilten, o. D.; L. P. Kopalin, Gesetze der Sowjetunion und Russlands über die Rehabilitation der Opfer der politisch motivierten Repressionsmaßnahmen. Tätigkeit der Militärstaatsanwälte für die Rehabilitierung der unbegründet politisch verfolgten deutschen Staatsbürger, o. D.; ders., Gesetzgebung der Russischen Föderation zur Rehabilitierung von Opfern politischer Repressalien. Die Tätigkeit der Militärstaatsanwälte zur Aufarbeitung von Archivakten der von den sowjetischen Gerichten und außergerichtlichen Organen politisch verfolgten Bürger Deutschlands sowie zur Rehabilitierung von zu Unrecht Verurteilten, o. D. (alle hier genannten Texte befinden sich in der Dokumentationsstelle Dresden).
Für das russische Gebiet Tomsk hat A. S. Stromberg – von Beruf Chemieprofessor, deutscher Nationalität, selbst Opfer der politischen Repression – eine repräsentative Stichprobenuntersuchung vorgenommen. Auf der Basis von mehr als 18 000 Namen Verfolgter (Verhaftete und Erschossene) wurde eine Zufallsgruppe von 1 700 Namen untersucht. Aus diesem sowie weiterem NKVD-Quellenmaterial geht hervor, dass das örtliche NKVD 1937 bestimmte Sollzahlen an ermittelten „Volksfeinden" zu erfüllen hatte. Eine der Schlussfolgerungen Strombergs lautet, dass 1937/38 nicht persönliche Schuld in Kombination mit dem Beruf Motiv für die Verfolgung war, sondern staatliche Vorgaben, nach denen Menschen als Mitglieder nicht-existenter antisowjetischer oder antisowjetisch-ethnischer Organisationen ermordet wurden (so Sollzahlen an zu verhaftenden Polen oder Balten). Vgl. A. S. Stromberg, Rasstrelometrie. Politische Repression im Tomsker Gebiet 1928–1953, Manuskript, 21 S. (Kopie Dokumentationsstelle Dresden). Rasstrelometrie, eine Wortneuschöpfung, bezeichnet die Messung der Verteilung von Erschossenen mithilfe statistischer Methoden. Vgl. auch Jörg Baberowski, Verbrannte Erde. Stalins Herrschaft der Gewalt, München 2012, S. 549–554; Snyder, Bloodlands, Kap. 2 und 3.

derhaltung jedes potentiellen - oder auch vermeintlichen - Widerstands dar. Millionen Menschen - niemand kennt die genauen Zahlen - gerieten in die Fänge des NKVD, Millionen kamen in ihrem GULag-Imperium um.[29]

In der Organisationsstruktur des Sicherheitsapparates der SMAD bildeten die Länder und Provinzen die sogenannten operativen Sektoren, die die Verhaftungen durchführten. Das Hauptquartier in Berlin bestand aus etwa 90 Offizieren, 18 Dolmetschern und 20 weiteren Mitarbeitern. Eine mittlere Ebene stellten die operativen Bezirke dar, die aus ungefähr 15-20 Offizieren, 10-12 Dolmetschern sowie einem Zug MVD-Soldaten bestanden. In den Kreisen sowie in größeren Städten gab es die operativen Gruppen, die mit ungefähr 3-10 Offizieren, einigen Dolmetschern und in der Regel 10 MVD-Soldaten ausgestattet waren. In Berlin und in den Landeshauptstädten befanden sich die zentralen Untersuchungshaftanstalten des NKVD (Berlin-Hohenschönhausen, Berlin-Lichtenberg, Schwerin, Weimar, Halle, Potsdam, Dresden). Daneben existierten in anderen Städten wie zum Beispiel in Torgau, Greifswald, Magdeburg oder Leipzig weitere Untersuchungshaftanstalten, deren Gesamtzahl bisher nicht exakt bekannt ist. Als letztes unterhielten die operativen Sektoren des NKVD eine Fülle von kleinen Gefängnissen, die zunächst zur Aufnahme der Verhafteten dienten und in denen zumeist die ersten Verhöre vonstattengingen. Es sind mehr als 500 solcher Örtlichkeiten - im Volksmund damals wie schon in der NS-Propaganda GPU-Keller genannt - nachgewiesen.[30] Zur Unterstützung ihrer Arbeit errichteten die operativen Sektoren von Anfang an ein weitverzweigtes Spitzelnetz, dem mehrere Tausend Deutsche angehörten.

Dem NKVD oblag des Weiteren die Verwaltung und Überwachung der Speziallager, die in der SBZ parallel zu den Internierungslagern in den westlichen Besatzungszonen eingerichtet wurden, um Verantwortliche des NS-Regimes einzusperren und jeglichem Widerstand gegen die Besatzungsmacht vorzubeu-

29 Vgl. Nicolas Werth, Ein Staat gegen sein Volk. Das Schwarzbuch des Kommunismus, München 2002, S. 226-239; Jörg Baberowski, Der rote Terror. Die Geschichte des Stalinismus, München 2003, S. 183-204; ders., Verbrannte Erde, S. 341 f.; Ralf Stettner, „Archipel GULag". Stalins Zwangslager - Terrorinstrument und Wirtschaftsgigant. Entstehung, Organisation und Funktion des sowjetischen Lagersystems 1928-1956, Paderborn 1996, S. 376-398; speziell zum Massenterror 1934-1938 vgl. Robert Conquest, Der große Terror. Sowjetunion 1934-1938, München 1992.

30 Eine Zeitzeugenbefragung des Autors ergab mehr als 500 solcher Orte in der SBZ; für Thüringen allein hat die Gedenkstätte Buchenwald mehr als 70 nachgewiesen. Insgesamt umfasste der Sicherheitsapparat im Schnitt zwischen 2200 und 2600 Mitarbeitern, vgl. Foitzik, Sowjetische Militäradministration, S. 162; zu Aufbau und Tätigkeit der Sicherheitsorgane vgl. Andreas Hilger/Nikita Petrov, „Erledigung der Schmutzarbeit"? Die sowjetischen Justiz- und Sicherheitsapparate in Deutschland. In: Andreas Hilger/Mike Schmeitzner/Ute Schmidt (Hg.), Sowjetische Militärtribunale, Band 2: Die Verurteilung deutscher Zivilisten 1945-1955, Köln 2003, S. 59-152, hier 76-105 (im Folgenden als „SMT, Band 2" zitiert).

gen.[31] Waren es bis Mitte 1945 zunächst Speziallager an zwölf Orten der SBZ gewesen (Buchenwald, Sachsenhausen, Bautzen, Jamlitz, Fünfeichen, Torgau-Seydlitzkaserne, Torgau-Fort Zinna, Ketschendorf, Berlin-Hohenschönhausen, Frankfurt/Oder, Mühlberg, Weesow), so wurden die Häftlinge ab 1948 in den drei verbliebenen Speziallagern Sachsenhausen, Buchenwald und Bautzen zusammengefasst. In diesen Lagern wurden nicht-verurteilte und verurteilte Häftlinge getrennt voneinander untergebracht. Im Laufe der Jahre setzte eine gewisse funktionale Differenzierung ein. In einigen Lagern waren nur Nicht-Verurteilte, in anderen begannen die Verurteilten zahlenmäßig zu dominieren.[32] Ab Anfang 1947 wurden alle operativen Gruppen (von MGB, SMERSCH, NKVD/MVD) im Staatssicherheitsministerium (MGB) zusammengeführt, jedoch behielt das MVD weiterhin die Aufsicht über die Lager und Gefängnisse der Inneren Truppen.

2. Die Sowjetischen Militärtribunale (SMT)

Das sowjetische Besatzungsregime bediente sich zur inneren Sicherung seiner Besatzungsherrschaft neben der Internierungspraxis auch des Instrumentes der Militärtribunale. Diese hatten die Aufgabe, NS-Verbrechen, Verbrechen gegen die Sowjetunion aus der Kriegszeit sowie gegen die sowjetische Besatzungsmacht zu ahnden.

Die Militärtribunale waren während des Vormarsches und dann etwa bis Herbst 1946 den in der SBZ stationierten Truppenteilen der sowjetischen Streitkräfte zugeordnet. Nach einer Konsolidierungsphase wurden Militärtribunale als stationäre Einrichtungen bei der SMAD-Zentrale in Berlin-Lichtenberg sowie den Sowjetischen Militäradministrationen auf Länderebene in Schwerin, Pots-

31 Vgl. Lutz Niethammer, Alliierte Internierungslager in Deutschland nach 1945. Ein Vergleich und offene Fragen. In: Peter Reif-Spirek/Bodo Ritscher (Hg.), Speziallager in der SBZ. Gedenkstätten mit „doppelter Vergangenheit", Berlin 1999, S. 100–123, hier 103–116; Andrew Beattie, Die alliierte Internierung im besetzten Deutschland und die deutsche Gesellschaft. Vergleich der amerikanischen und der sowjetischen Zone. In: Zeitschrift für Geschichtswissenschaft, 62 (2014) 3, S. 239–256.

32 Vgl. hierzu Sergej Mironenko/Lutz Niethammer/Alexander von Plato (Hg.) in Verbindung mit Volkhard Knigge/Günter Morsch, Sowjetische Speziallager in Deutschland 1945 bis 1950, Band 1: Studien und Berichte. Hg. und eingeleitet von Alexander von Plato, Berlin 1998; eine Übersicht über sämtliche Speziallager sowie zu Strukturen und Haftbedingungen bei Natalja Jeske/Jörg Morré, Die Inhaftierung von Tribunalverurteilten in der SBZ. In: Hilger/Schmeitzner/Schmidt (Hg.), SMT, Band 2, S. 609–661; für Buchenwald vgl. Bodo Ritscher, Speziallager Nr. 2 Buchenwald. Zur Geschichte des Lagers Buchenwald 1945 bis 1950, Weimar 1993; zu Bautzen vgl. Cornelia Liebold/Bert Pampel (Bearb.), Hunger - Kälte - Isolation. Erlebnisberichte und Forschungsergebnisse zum sowjetischen Speziallager Bautzen 1945–1950, Dresden 1997; zu Mühlberg vgl. Achim Kilian, Einzuweisen zur völligen Isolierung. NKWD-Speziallager Mühlberg/Elbe 1945–1948, 2. Auflage, Leipzig 1993; vgl. auch Bettina Greiner, Verdrängter Terror. Geschichte und Wahrnehmung sowjetischer Speziallager in Deutschland, Hamburg 2010.

dam, Weimar, Dresden und Halle gegründet. Gerichtsverhandlungen dieser Länder-Militärtribunale fanden jedoch auch in anderen Städten der Länder statt.[33]

Die Tribunale setzten sich in der Regel aus einem Militärrichter als Vorsitzendem (Angehöriger des Justizdienstes der Armee) und zwei Militärangehörigen (juristische Laien) als Beisitzer zusammen. Zudem war jeweils ein Dolmetscher anwesend. In Verfahren der zweiten Instanz wurden die Militärtribunale ausschließlich aus drei Militärrichtern gebildet. Die Funktionen eines unabhängigen Anklägers und eines Verteidigers, die für ein rechtsstaatliches Verfahren unabdingbar sind, waren nicht besetzt und wurden in der Regel sowjetischem Recht entsprechend vom Gericht gleich mit übernommen.[34]

Wenn in der Frühphase Truppengerichte die erste Instanz bildeten, wurden die Urteile jeweils von der nächsthöheren Truppengerichtsinstanz bestätigt. Als erste und zweite Instanz fungierte in der SBZ bis 1950 das zentrale SMT der SMAD in Berlin. Von Ende 1945 bis zur Abschaffung der Todesstrafe am 26. Mai 1947 hat diese Instanz in vielen Fällen das Todesurteil bestätigt oder die Strafe in eine Zeitstrafe umgewandelt, über einen Teil der Todesurteile wurde auch in Moskau entschieden.[35] Nach Wiedereinführung der Todesstrafe am 13. Januar 1950 und der generellen Überführung der Todeskandidaten nach Moskau übernahm das Militärkollegium des Obersten Gerichts der UdSSR diese Funktion.[36] Zuweilen wurden Urteile auch kassiert und zur Neuverhandlung an

33 So belegen sowjetische Unterlagen zum Beispiel SMT-Verhandlungen in Torgau, Chemnitz, Bautzen oder Cottbus.

34 Zu den strafprozessualen Grundlagen vgl. Manfred Zeidler, Stalinjustiz contra NS-Verbrechen. Die Kriegsverbrecherprozesse gegen deutsche Kriegsgefangene in der UdSSR in den Jahren 1943-1952. Kenntnisstand und Forschungsprobleme, Dresden 1996, S. 21 f.

35 Das zentrale SMT wandelte am 13.6.1947 zum Beispiel die am 24.2.1947 wegen Verbrechen im Polizeibataillon 43 vom SMT Sachsen verhängten Todesurteile für Erich Albanus und Karl Scheffler in jeweils 25 Jahre Haft um, vgl. DB frühe Todesurteile (DBFT) ID 12 und 14; vgl. auch Vereinigte Datenbank - VDB -, ID 25525 und 25539. Zur VDB siehe Abschnitt IV.3 weiter unten. Die Strafprozessordnung sah bei Todesurteilen zwingend ein Gnadengesuch an die nächsthöhere Gerichtsinstanz vor. Lediglich in den ganz frühen Verfahren aus der ersten Jahreshälfte 1945, noch während der Kriegszeit, wurden die Urteile unmittelbar vollstreckt. Nicht immer scheinen auch in frühen Verfahren nach Gründung der SBZ die Gnadengesuche zur Kenntnis genommen worden zu sein. Vgl. Andreas Hilger/Nikita Petrov, „Im Namen der Union der Sozialistischen Sowjetrepubliken". Sowjetische Militärjustiz in der SBZ/DDR von 1945 bis 1955. In: Arsenij Roginskij/Frank Drauschke/Anna Kaminsky (Hg.), „Erschossen in Moskau ...". Die deutschen Opfer des Stalinismus auf dem Moskauer Friedhof Donskoje 1950-1953, 4. Auflage, Berlin 2008, S. 21-37, hier 29-31.

36 So im Fall der Rostocker Studenten Arno Esch und Friedrich-Franz Wiese. Während bei Esch das Todesurteil in einem zweiten Verfahren in Moskau bestätigt und er am 24.7.1951 hingerichtet wurde, erhielt Wiese in einem zweiten Verfahren (nach einer Strafe von 25 Jahren im ersten Verfahren) sogar die Todesstrafe, ehe im Juli 1951 in Moskau die Todesstrafe endgültig in 25 Jahre Haft umgewandelt wurde, siehe VDB ID 24037 und 25333. Zur Information Horst Köpke/Friedrich-Franz Wiese, Mein Vaterland ist die Freiheit. Das Schicksal des Studenten Arno Esch, Rostock 1990.

eine andere untere Instanz zurückverwiesen oder am SMT der SMAD in Berlin neu verhandelt.[37]

Außer durch diese Tribunale wurden zuweilen auch von Ferntribunalen (russisch: Osoboe soveščanie = OSO = Sonderberatung) Strafverfahren durchgeführt. Diese Sondergerichte, ursprünglich allein beim NKVD/MGB, gab es bereits seit Anfang der 1920er-Jahre in der Sowjetunion. Sie wurden vor allem dann tätig, wenn für eine Verurteilung - selbst nach sowjetischem Verständnis - nicht genügend Beweismittel vorlagen und man die Verhafteten nicht glaubte entlassen zu können oder wenn, wie in Zeiten des Großen Terrors in der Sowjetunion, Verurteilungen nach Listen vorgenommen wurden, um die Gerichte zu „entlasten".[38] Zum dritten wurden diese Sondergerichte eingesetzt, wenn es galt, bestimmte geheimdienstliche Informationen vor der Armeejustiz zu verbergen. Die OSOs sprachen in Abwesenheit der Angeklagten ihre Urteile nach Aktenlage. Ihre Urteilspraxis unterschied sich ansonsten nicht von der der Truppengerichte; sie gründeten ihre Urteile auf dieselben Rechtsgrundlagen wie SMT. In der SBZ ist es allerdings eher selten zu Fernurteilen gekommen.[39]

37 So im Verfahren gegen Horst Hennig und andere. Die ersten Urteile wurden ausweislich der sowjetischen Straf- und Personalakte vom SMT der Garnison Halle am 12. und 13.5.1950 verkündet und von der vorgesetzten Instanz nicht bestätigt. Das Verfahren wurde nach Halle zurückverwiesen und die Urteile vom SMT 07 335 in Halle mit neuer Richterbesetzung in einer neuen Verhandlung am 18. und 19.9.1950 verschärft, siehe VDB ID 24118. Im Fall Walter Hensch korrigierte am 15.4.1947 das zentrale SMT ein Urteil des SMT der Provinz Sachsen vom 20.2.1947 von zehn Jahren Haft auf fünf Jahre Haft und änderte auch die Strafrechtsgrundlage, siehe VDB ID 26405.

38 Diese Listen konnten jeweils bis zu mehrere hundert Namen umfassen. Die Angeklagten wurden darin pauschal für schuldig befunden und häufig zum Tode durch Erschießen verurteilt. Auch Stalin hat viele solcher Listen persönlich unterzeichnet.

39 Ein OSO bestand in der Regel aus einem Vertreter der Partei, des NKVD und der Staatsanwaltschaft. Vgl. Nikita Petrov, Außergerichtliche Repressionen gegen kriegsgefangene Deutsche 1941 bis 1956. In: Klaus-Dieter Müller/Konstantin Nikischkin/Günther Wagenlehner (Hg.), Die Tragödie der Gefangenschaft in Deutschland und in der Sowjetunion 1941-1956, Köln 1998, S. 175-196, hier 178-183; auch: Žak (Jaques) Rossi, Spravočnik po GULAGu. Istoričeskij slovar' sovetskich penitenciarnych institucij i terminov, svjazannych s prinuditel'nym trudom [Gulag-Handbuch. Historisches Wörterbuch der sowjetischen Strafvollzugsinstitutionen und Fachausdrücke, die mit Zwangsarbeit verbunden sind], Moskau 1991, S. 254-256. Vgl. auch Karl Wilhelm Fricke, Politik und Justiz in der DDR. Zur Geschichte der politischen Verfolgung 1945-1968, Köln 1979, S. 129-132; Hilger/Petrov, „Erledigung der Schmutzarbeit"?, S. 108-129. Beispielsweise wurde Sigurd Binski am 26.9.1951 vom OSO des sowjetischen MGB in Moskau zu zehn Jahren Zwangsarbeit wegen Spionage verurteilt und am 5.6.1995 vollständig rehabilitiert, siehe Dokumentationsstelle Dresden, PA Binski und auch VDB ID 23963.

3. Rechtliche Grundlagen und die Tätigkeit von NKVD und SMT

Im damaligen wie heutigen Rechtsverständnis der Sowjetunion bzw. Russlands (so im Rehabilitierungsgesetz von 1991) werden die damals Verhafteten grundsätzlich rechtssystematisch in Verurteilte und Nicht-Verurteilte (russisch: administrativ Repressierte) unterteilt.

1. Nicht-Verurteilte, die nach einem besonderen Verfahren entweder auf unbestimmte Zeit in Speziallager eingewiesen oder in die Sowjetunion deportiert wurden, und
2. Verurteilte durch Sowjetische Militärtribunale, gegen die in der Regel Strafen zwischen fünf und 25 Jahren sowie Todesurteile ausgesprochen wurden.

Zentraler Befehl für die erstgenannte Häftlingskategorie war der Geheimbefehl Nr. 00315, der bereits am 18. April 1945 in Kraft trat und bis zur Auflösung der Speziallager im Frühjahr 1950 - ab Anfang 1947 war er praktisch aber ohne Bedeutung - als Grundlage zur Einweisung diente. Sowjetische Verhaftungslisten zeigen allerdings, dass auch weiterhin nach Befehl Nr. 0016 sowie dem Befehl 717 des NKVD Verhaftungen vorgenommen wurden.[40]

In dem Befehl 00315 des sowjetischen Innenministers Beria,[41] der den Befehl 0016 des NKVD vom 11. Januar 1945 teilweise abänderte, heißt es, zwecks tschekistischer Säuberung des Hinterlandes der Roten Armee seien verschiedene Kategorien von Deutschen zu verhaften. Insbesondere waren dies Spione, der Diversion und des Terrors Verdächtige, Betreiber von illegalen Sendestationen, Waffenlagern und Druckereien, aktive NSDAP-Mitglieder, Führer von NS-Jugendorganisationen ab Stadtebene, Angehörige von NS-Sicherheitsdiensten,[42] bestimmte Verwaltungsangestellte sowie Journalisten und Redakteure. Auf frischer Tat gestellte Terroristen und Diversanten waren sofort zu erschießen. Alle Wehrmacht-, Volkssturm-, SS- und SA-Angehörigen sowie das KZ- und Gefängnisbewachungspersonal[43] sollten in Kriegsgefangenenlager eingewiesen werden. Nur Personen, an denen ein operatives Interesse bestand, durften noch in die UdSSR deportiert werden.

40 Zuweilen taucht auch ein Befehl 00198 auf, der ebenfalls auf den 18.4.1945 datiert wird. In einigen Fällen wurde dieser Befehl ebenfalls als Grundlage für Verhaftungen angeführt. Offenkundig scheint er identisch mit Befehl 00315 zu sein.

41 Befehl des Volkskommissars für innere Angelegenheiten der UdSSR Nr. 00315 vom 18.4.1945 „Über die teilweise Abänderung des Befehls des NKVD der UdSSR 0016 vom 11.1.1945“. In: Possekel, Sowjetische Speziallager, Band 2, S. 178–180.

42 So sind u. a. Angehörige des Polizeibataillons 304 unter den nicht-verurteilten Lagerinsassen ermittelt und anschließend vor ein Militärtribunal gestellt worden.

43 Man hätte eigentlich erwarten können, dass die letztgenannte Personengruppe, bei der am ehesten Kriegsverbrechen zu vermuten wären, nicht in die Kriegsgefangenenlager eingeliefert werden sollte, sondern gleich in Untersuchungshaftanstalten des NKVD. Tatsächlich sind Soldaten auch nur in geringem Maße in die Speziallager gekommen und entweder wieder entlassen oder in die Sowjetunion deportiert worden.

Erst im Laufe der Vernehmung stellte sich heraus, welcher Kategorie von Häftlingen der Verhaftete schließlich zuzuweisen war. Denn nur dann, wenn keine ausreichenden Gründe für ein Gerichtsverfahren vorlagen, wurde der Verhaftete in ein Speziallager eingewiesen. Es gab dennoch auch Entlassungen ohne Einweisung in ein Speziallager; aber in manchen dieser Fälle hatten die Entlassenen ihre Freiheit mit einer Verpflichtungserklärung erkauft.[44]

Auch nach der Schaffung interalliierter Rechtsgrundlagen zur Bestrafung von Kriegsverbrechern und von für die Ziele der Alliierten gefährlichen Personen ab Ende 1945 stützten sich die Urteile der SMT noch bis Mitte 1947 hauptsächlich auf öffentlich nicht bekannte sowjetische Gesetze und Befehle. Die von der Sowjetunion mitformulierten alliierten Gesetze, die vor allem der Entnazifizierung dienen sollten, wie das Kontrollratsgesetz Nr. 10 [KG Nr. 10] vom 20. Dezember 1945 und die Kontrollratsdirektive Nr. 38 [KRD Nr. 38] vom 12. Oktober 1946, in welcher die allgemeinen Bestimmungen von Gesetz Nr. 10 präzisiert worden waren, wurden von SMTs nur recht selten herangezogen. Ab Spätsommer 1947 lässt sich hingegen feststellen, dass Angehörige des Polizeibataillons 304 überwiegend nach KG Nr. 10, und zwar zu lebenslänglicher Haft, verurteilt wurden.

Das KG Nr. 10 sollte die Verfolgung von Kriegsverbrechen, Verbrechen gegen den Frieden, Verbrechen gegen die Menschlichkeit sowie von Angehörigen bestimmter als verbrecherisch erklärter Organisationen auf einheitlicher Grundlage ermöglichen. Die Besatzungsbehörden wurden ermächtigt, Verdächtige und Beschuldigte zu verhaften, ihr Vermögen einzuziehen, Zeugen und Beweise zu sichern und die Personen vor ein ihnen angemessen erscheinendes Gericht zu stellen. Alle wichtigen Daten zu diesen Personen sollten dem Kontrollrat mitgeteilt werden. Die möglichen Strafen reichten von Geld- über Haft- bis zur Todesstrafe mit oder ohne Vermögenseinzug.[45] Ein zentraler Befehl für die Verfolgung von Kriegsverbrechen in den von der Wehrmacht besetzten Teilen der Sowjetunion, wie etwa der Ukaz 43, war zu diesem Zeitpunkt bereits mehr als zweieinhalb Jahr alt.

Die KRD Nr. 38, deren genauer Titel: „Verhaftung und Bestrafung von Kriegsverbrechern, Nationalsozialisten und Militaristen und Internierung, Kontrolle und Überwachung von möglicherweise gefährlichen Deutschen" lautet, gab erstmals einen konkreten Strafrahmen vor. Sie formulierte Bestimmungen zur Strafzumessung, Einschränkung von Aufenthaltsorten oder Einweisungen zur

44 So sind mehrere Fälle bekannt, in denen ein vormals Verhafteter wieder in Freiheit kam, während viele seiner Freunde im Anschluss verhaftet wurden und lange Jahre im Lager verbringen mussten. Vgl. zum Beispiel Horst Krüger, Das zerbrochene Haus. Eine Jugend in Deutschland, 5. Auflage, München 1994.

45 Das KG Nr. 10 wurde ab den 2000er-Jahren häufig bei Rehabilitierungsverfahren als Strafgrundlage von der Militärstaatsanwaltschaft und russischen Gerichten im Rahmen der sog. Umqualifizierung herangezogen, wenn nach deren Ansicht ein Straftatbestand tatsächlich vorhanden war, jedoch die Anwendung des sowjetischen Rechts in der Nachkriegszeit fehlerhaft war.

Internierung sowie auch verschiedene Sühnemaßnahmen. Zudem wurden fünf Kategorien von in das NS-System Verstrickten genannt: 1. Hauptschuldige, 2. Belastete (Aktivisten, Militaristen, Nutznießer), 3. Minderbelastete (Bewährungsgruppe), 4. Mitläufer und 5. Entlastete.

Das KG Nr. 10 definierte den Kreis der Verdächtigen und Schuldigen in einem sehr weiten Rahmen. Mit der Kontrollratsdirektive wurden im Oktober 1946 zum ersten Mal konkrete Tatbestände und Tatbestandsstrafen definiert.

Alle Besatzungsmächte beriefen sich bei ihren Sicherheits- und Sicherungsmaßnahmen offiziell auf diese Bestimmungen; in der SBZ wurden sie ab 1947/48 allerdings exzessiv und häufig in politisch einseitigem Sinne ausgelegt und missbraucht. Die auf der Grundlage der Nürnberger Kriegsverbrecherprozesse erlassene KRD Nr. 38 fand jedenfalls nach bisherigem Forschungsstand für die Lagereinweisung keine und für die Verurteilung in der SBZ durch sowjetische Gerichte kaum Anwendung. Erst ab 1947 wurde das KG Nr. 10 in nennenswerter Größenordnung herangezogen und als Sanktion des Öfteren eine lebenslängliche Haftstrafe verhängt. In der Regel wurden Kriegsverbrechen aber nach der Verordnung des Obersten Sowjets vom 19. April 1943 (Ukaz 43) oder einem der Abschnitte des Art. 58 des russischen Strafgesetzbuches abgeurteilt. Nur eine kleine Minderheit der deutschen zu Zeitstrafen verurteilten Zivilisten ist nach dieser explizit kriegsstrafrechtlichen Rechtsvorschrift von Ukaz 43 zur Verantwortung gezogen worden, bei den *Todesurteilen von 1944 bis 1947* gegen Zivilisten ist Ukaz 43 jedoch die am meisten vertretene Einzelstrafbestimmung.[46]

Die Rechtsprechung der Militärtribunale in der SBZ/DDR basierte daher sowohl auf alliiertem Recht in Form von Erlassen und Gesetzen des Alliierten Kontrollrates als auch auf sowjetischem Recht, wenn es sich um tatsächliche oder vermeintliche Delikte handelte, die vor dem 8. Mai 1945 begangen worden waren oder sich darauf bezogen. Hingegen wurden Straftaten, die nach dem 8. Mai 1945 verübt wurden und sich (wirklich oder vermeintlich) gegen die sowjetische Besatzungsmacht richteten, ausschließlich nach sowjetischem Recht verfolgt (Art. 58 des Strafgesetzbuches der Russischen Föderation und Ukaz 43).

46 Genauer Titel von Ukaz 43: Erlass des Präsidiums des Obersten Sowjets der UdSSR über Maßnahmen zur Bestrafung der deutsch-faschistischen Übeltäter, die der Tötung und Misshandlung sowjetischer Zivilbevölkerung und gefangener Rotarmisten schuldig sind, sowie für Spione und Vaterlandsverräter unter den Sowjetbürgern und deren Helfer. Abgedruckt in Zeidler, Stalinjustiz contra NS-Verbrechen, S. 52-56. Nach diesem Erlass sind etwa zwei Drittel der deutschen Soldaten verurteilt worden. Die Texte von KRD Nr. 38 und KG Nr. 10 (Auszug) sind abgedruckt in Ruth-Kristin Rößler (Hg.), Die Entnazifizierungspolitik der KPD/SED 1945-1948. Dokumente und Materialien, Goldbach 1994, S. 97-124, hier 62 f. Vgl. Andreas Hilger/Nikita Petrov/Günther Wagenlehner, Der „Ukaz 43". Entstehung und Problematik des Dekrets des Präsidiums des Obersten Sowjets vom 19. April 1943. In: Andreas Hilger/Ute Schmidt/Günther Wagenlehner (Hg.), Sowjetische Militärtribunale, Band 1: Die Verurteilung deutscher Kriegsgefangener 1941-1955, Köln 2001, S. 177-209. Ukaz 43 wurde erst am 11.1.1983 offiziell außer Kraft gesetzt.

Die Häftlinge, die zur Verurteilung vorgesehen waren, wurden nach einem mehrwöchigen, manchmal mehrmonatigen und zuweilen mehrjährigen Untersuchungsverfahren Militärtribunalen übergeben. Materielle Hauptverurteilungsgrundlage für Militärtribunale war der seit 1926 zur Ahndung von „konterrevolutionären" Verbrechen ins Strafgesetzbuch der Russischen Sozialistischen Föderativen Sowjetrepublik (RSFSR) aufgenommene Strafrechtsartikel 58.

Die Abschnitte des Art. 58 enthalten dehnbare Bestimmungen, die entsprechend der sowjetischen Gepflogenheiten der Stalin-Zeit in der Regel exzessiv weit ausgelegt wurden. Er ist als klassische *politische* Strafrechtsbestimmung anzusehen.[47] Danach galt als gegenrevolutionäres Verbrechen nicht nur, wenn eine eventuelle Handlung oder Absicht auf die Schwächung oder den Sturz der Sowjetmacht, sondern auch, wenn sie gegen eine der Sowjetrepubliken gerichtet war (Abs. 1). Abs. 1a und 1b richteten sich gegen Vaterlandsverrat und Fahnenflucht. Abs. 2 (Eindringen bewaffneter Banden in die Sowjetunion mit dem Zweck der Abtrennung von Gebietsteilen) wurde häufig gegen Deutsche angewandt, wenn nicht Ukaz 43 herangezogen werden konnte, so auch bei vielen Todesurteilen wegen Kriegsverbrechen. Die weiteren zentralen Bestimmungen in Bezug auf Deutsche gehören zu Abschnitt 6, 10 und 11 und betreffen Spionage, antisowjetische Propaganda und illegale Gruppenbildung. Dabei galt auch die Weitergabe nicht geheimer Daten als Spionage, sofern sie geeignet waren, der Sowjetunion Schaden zuzufügen; jegliche öffentliche Kritik an der Politik der SMAD oder der SED-Politik konnte schnell als antisowjetische Propaganda betrachtet werden. Jede Gruppierung außerhalb staatlicher lizensierter Organisationen (FDJ, DSF, Gewerkschaft usw.) war per se illegal und konnte verfolgt werden. Abschnitt 8, 9 und 14 stellten schließlich Terror, Diversion und Sabotage unter Strafe.[48] Auch sie konnten zu Todesurteilen führen.

47 Mithilfe dieses Artikels wurden von 1926 bis zur Strafrechtsreform 1960 vermeintliche und tatsächliche politische Gegner des Sowjetsystems verurteilt. Er war die materiellrechtliche Urteilsgrundlage der Säuberungen innerhalb und außerhalb der Sowjetunion. Deutsche, Polen, Balten, Rumänen, Ungarn, Tschechen und Slowaken sowie auch Angehörige aller Völker mit sowjetischer Staatsangehörigkeit wurden nach ihm abgeurteilt. Zu den juristischen Grundlagen vgl. Friedrich-Christian Schroeder, Rechtsgrundlagen der Verfolgung deutscher Zivilisten durch Sowjetische Militärtribunale. In: Hilger/Schmeitzner/Schmidt (Hg.), SMT, Band 2, S. 37–58.

48 Der Text ist auszugsweise abgedruckt in Klaus-Dieter Müller/Jörg Osterloh, Die Andere DDR. Eine studentische Widerstandsgruppe und ihr Schicksal im Spiegel persönlicher Erinnerungen und sowjetischer NKWD-Dokumente, 3. Auflage, Dresden 1998, S. 68f.

4. Untersuchungshaft und die Tätigkeit sowjetischer Militärtribunale in der SBZ/DDR 1945–1955

Von Beginn der Besatzungszeit an waren die Ermittlung von NS- bzw. Kriegsverbrechen und die Sicherungs- und Verfolgungsmaßnahmen sowjetischer Organe oftmals auf eine breite Hilfestellung durch deutsche Behörden wie die Kriminalabteilungen 5 (K 5) der Länderpolizeiverwaltungen oder deutsche Hilfspolizisten angewiesen. Spätestens seit Gründung der DDR gab es aber auch formal eine „Arbeitsteilung“ zwischen MfS/DDR-Justiz und MGB-Operativgruppen/SMT. Erst nach der Festnahme entschied sich, in wessen Zuständigkeit Untersuchungs- und Gerichtsverfahren fallen sollten. Das ging so weit, dass Vernehmungen zuweilen von beiden Seiten abwechselnd durchgeführt wurden.[49]

Wenn die justiziellen Maßnahmen der UdSSR in der SBZ und in der DDR in ihrer Stoßrichtung gegen vermeintliche oder tatsächliche politische Gegner sowie gegen tatsächliche oder angebliche Kriegsverbrecher angemessen beurteilt werden sollen, muss berücksichtigt werden, dass 1941 die Aggression gegen die UdSSR von Deutschland ausging. Deutsche, ihre Verbündeten und ihre einheimischen Helfershelfer in der besetzten Sowjetunion hatten Millionen Menschen in den besetzten Gebieten entweder ermordet, deren Tod in Kauf genommen oder waren für ihren Tod im Reichsgebiet verantwortlich – so zum Beispiel für Millionen verstorbene sowjetische Kriegsgefangene.[50] Auf Drängen der Sowjetunion seit 1941 und nach ersten gemeinsamen Überlegungen der Alliierten seit 1942 wurde schließlich 1945 festgelegt, solche Verbrechen von alliierten Gerich-

49 Zur Entwicklung der Diktatur, zum Aufbau der Sicherheitsorgane bzw. ihrer Arbeit in der Nachkriegszeit vgl. Andreas Hilger/Mike Schmeitzner/Ute Schmidt (Hg.), Diktaturdurchsetzung. Instrumente und Methoden der kommunistischen Machtsicherung in der SBZ/DDR 1945–1955, Dresden 2001. Grundlegend zur Entwicklung des Justizwesens in der DDR vgl. Hermann Wentker, Justiz in der SBZ/DDR 1945–1953. Transformation und Rolle ihrer zentralen Institutionen, München 2001. Zur Zusammenarbeit zwischen sowjetischen Sicherheitsdiensten und deutschen Behörden bis 1949 und dem MfS der DDR ab 1950 in Sachsen vgl. Klaus-Dieter Müller, Zur Zusammenarbeit zwischen deutschen und sowjetischen Sicherheitsorganen in Sachsen 1945–1955. In: Bert Pampel (Hg.), Ahndung von NS-Verbrechen – Spionageabwehr – Diktaturdurchsetzung. Beiträge zur Tätigkeit sowjetischer Militärtribunale (SMT) und Geheimdienste in der SBZ/DDR, Leipzig 2023, S. 101–130. Zu Brandenburg vgl. Andreas Weigelt, Entnazifizierung, Polizei und Geheimdienste im Land Brandenburg, 1945 bis 1952. In: Michael C. Bienert/Hermann Wentker (Hg.), Land zwischen den Zeiten. Brandenburg in der SBZ und frühen DDR (1945–1952), Berlin 2022, S. 251–362, zu den Verhaftungsaktionen S. 262–265.

50 Exakte Zahlen zu den umgekommenen (sowie gezielt ermordeten) sowjetischen Kriegsgefangenen sind bisher nicht zu ermitteln. Je nach Berechnungsgrundlage differieren sie zwischen etwa 2,4 und über 4 Mio. Zu den Zahlen vgl. Krivošeev, Rossija i SSSR v vojnach XX veka, S. 236–248; zu den Berechnungsmethoden vgl. Manfred Zeidler/Ute Schmidt (Hg.), Gefangene in deutschem und sowjetischem Gewahrsam 1941–1956. Dimensionen und Definitionen, Dresden 1999, S. 29–38; Ėrlichman, Poteri narodonaselenija v XX veke, S. 20.

ten ahnden zu lassen. Die Sowjetunion schuf sich bereits im April 1943 mit dem schon genannten Ukaz 43 ein Mittel, gegen deutsche Kriegsverbrecher und deren sowjetische Kollaborateure juristisch vorzugehen. Das Recht der UdSSR, diese Verbrechen zu ermitteln und zu ahnden, konnte damals und kann auch heute nicht infrage gestellt werden. In welchem Maße allerdings immer oder auch nur überwiegend die tatsächlich Schuldigen verurteilt wurden, ist in Anbetracht der oft unzulänglichen Aktenlage und der stalinistischen Deformationen der Rechtspflegeorgane der UdSSR eine nicht exakt beantwortbare Frage.[51]

Bereits im Rücken der vorrückenden sowjetischen Fronten waren die Militärtribunale der Armeeeinheiten bei der Aburteilung von Deutschen tätig. In den letzten Kriegsmonaten wurde die Untersuchung innerhalb weniger Stunden oder Tage abgeschlossen, die Todesurteile wurden meist unmittelbar nach der Verhandlung vollstreckt. Massenverfahren kamen häufig vor und dauerten auch nur wenige Stunden. Verurteilt wurden etwa Deutsche, die in Volkssturmeinheiten eingesetzt waren und von den Sicherheitsorganen nicht selten als Partisanengruppen eingestuft wurden. Entsprechend Befehl 7467ss vom 3. Februar 1945 waren sie als Diversanten und Terroristen an Ort und Stelle abzuurteilen und zu erschießen. Auch nach Kriegsende wurden Massenverfahren gegen ehemalige Volkssturmangehörige durchgeführt.[52]

Nachdem der Aufbau der sowjetischen Besatzungsstrukturen in den ostdeutschen Ländern weitgehend abgeschlossen war, verlängerten sich die Untersuchungshaftzeiten. Anhand der untersuchten Akten lässt sich erkennen, dass es beispielsweise zu Gegenüberstellungen verschiedener Angeklagter und zu Ermittlungsverfahren, in denen tatsächlich Beweise erhoben werden sollten, kam. Das Vorgehen der Vernehmer folgte dabei immer mehr einem strengen bürokratischen Verfahren. Jede Akte enthält ein Durchsuchungsprotokoll, ein Formblatt mit den persönlichen Daten des Verhafteten, einen förmlichen Beschluss über die Verhaftung, der vom jeweiligen Vorgesetzten des Untersuchungsführers bestätigt werden musste. Die Verhörprotokolle sind schriftlich fixiert - nach sowjetischer Tradition als Wortprotokolle - und auf jeder Seite vom Vernommenen unter-

51 Zur Verurteilung deutscher Soldaten vgl. Hilger/Schmidt/Wagenlehner (Hg.), SMT, Band 1. Die Frage der Stichhaltigkeit der Anklagen bleibt ein Desideratum. In einigen, freilich nur sehr wenigen Fällen kam es auch zu Rehabilitierungen von nach heutiger Aktenlage offensichtlich zu Recht Verurteilten. Diese Rehabilitierungen sind darauf zurückzuführen, dass die damaligen Organe nicht umfassend ermittelt haben und insofern das Urteil - dessen Überprüfung nach damaliger Aktenlage erfolgt - nicht bestandskräftig bleiben konnte. Von der Militärstaatsanwaltschaft werden vor allem Verfahren ab 1947, insbesondere die Massenverfahren 1949/50, die gegen deutsche Soldaten ergingen, als rechtlich problematisch angesehen, vgl. hierzu Morin, Die strafrechtliche Verfolgung, S. 470-509.

52 Eines der größten Massenverfahren wurde am 13.6.1945 vom SMT der 59. Armee abgeschlossen. Insgesamt waren 37 Personen aus dem Gebiet Habelschwerdt/Niederschlesien im Mai 1945 wegen der Zugehörigkeit zum Volkssturm verhaftet worden. Allein 18 Angeklagte erhielten ein Todesurteil und wurden Ende Juni 1945 hingerichtet, siehe z. B. die Biografie von Helmut Lachmut im biografischen Anhang.

schrieben. Zeitpunkt und Dauer des Verhörs sind meist mit Datum und Uhrzeit dokumentiert, Durchsuchungen und Beschlagnahmungen in Protokollen festgehalten. Wenn die Vierwochenfrist zur Durchführung des Verfahrens nicht ausreichte, wurden regelmäßig Anträge auf Fristverlängerung gestellt und bewilligt.

Bei Abschluss des Verfahrens wurde eine Anklageschrift erarbeitet, die von den Angeklagten zu unterschreiben war. Nach Aktenlage war immer ein Dolmetscher dabei. Teilweise war es den Angeklagten auch möglich, die wichtigsten Teile der Ermittlungsakte - bei Gruppenverfahren auch die Aussagen der Mitangeklagten - einzusehen und sich übersetzen zu lassen. Bei Todesurteilen ist in der Regel ein Gnadengesuch des Verurteilten vorhanden.

Der sich nach Aktenlage aufdrängende Eindruck eines streng rechtsförmigen Verfahrens führt jedoch in die Irre. Haftbedingungen selbst, Verhörmethoden und die tatsächliche Behandlung der Häftlinge lassen sich aus den Akten nicht erschließen. Wie Zeitzeugen belegen, hatten die Häftlinge praktisch keine ernsthafte Chance, sich angemessen zu verteidigen. Hunger, Kälte, Überbelegung der Zellen, unhaltbare hygienische und medizinische Bedingungen, physische und psychische Folter, Isolation, Nacht- und Dauerverhöre waren die wichtigsten Mittel, Geständnisse zu erzwingen.[53] Die Protokolle geben dementsprechend auch hauptsächlich die Sicht und ausschließlich den Sprachduktus der Vernehmer wieder.[54]

Wie schematisch die sowjetischen Gerichte in vielen Fällen urteilten, lässt sich am Beispiel des Todesurteils gegen den Küstriner Glasermeister Kurt Friedrich veranschaulichen. Friedrich war am 12. März 1945 festgenommen und zwei Wochen später vom Militärtribunal der 5. Stoßarmee auf der Grundlage von Ukaz 43 zum Tode verurteilt worden. Das Gericht warf ihm vor, aktiver Nazi gewesen zu sein, sowjetische und französische Kriegsgefangene wie Sklaven ausgebeutet und ausschließlich militärische Aufträge ausgeführt zu haben. Die konkreten Schuldvorwürfe hatten wenig mit den üblichen Arbeitsbedingungen eines Glasereibetriebs in den letzten Monaten des Zweiten Weltkrieges zu tun. Ganz offensichtlich wurde auf Zeugenaussagen verzichtet und die Todesstrafe ausschließlich auf der Grundlage eines Geständnisses des Angeklagten verhängt.[55]

53 Ein exemplarisches Verfahren aus dem Jahr 1950 ist veröffentlicht in Müller/Osterloh, Die Andere DDR; vgl. auch: Müller, „Jeder kriminelle Mörder ist mir lieber ...", S. 31-47.

54 Vgl. Günther Heinisch, „Solange Du lebst, lebt auch die Hoffnung noch." Erinnerungen an Haft und Selbstbehauptung in Chemnitz, Dresden und Bautzen 1950-1956. Bearbeitet und eingeleitet von Klaus-Dieter Müller, Dresden 2000, sowie Hans-Dieter Scharf, Von Leipzig nach Workuta und zurück. Ein Schicksalsbericht aus den frühen Jahren des ersten deutschen Arbeiter- und Bauernstaates 1950-1954. Bearbeitet und eingeleitet von Klaus-Dieter Müller, Dresden 1996.

55 Die Herausgeber danken Kurt Friedrichs Sohn, Dr. Helmut Friedrich, der ihnen die Unterlagen zum Rehabilitierungsverfahren zur Verfügung stellte (Beschluss Nr. 16 des Präsidiums des 3. Militär-Bezirksgerichts Moskau, verhandelt am 21.3.2011, ausgefertigt am 29.3.2011). Von ihm stammt auch eine Synopse zu den Schuldvorwürfen, die der

Faktisch hatten die Angeklagten auch vor Gericht (fast) keine Rechte. Unter den gegebenen Umständen war zum Beispiel die Frage des Gerichts nach einem Befangenheitsantrag des Angeklagten gegen das Gericht eine Farce, wurde aber trotzdem in jedem Gerichtsverfahren gestellt. Die Urteile standen im Prinzip schon vor Verhandlungsbeginn fest.[56] Mehrere Tage vor der Hauptverhandlung gab es eine vorbereitende Sitzung des Militärtribunals, in der Verfahren und Anklage durchgesprochen wurden.[57] Nur so war es möglich, dass in vielen Fällen bereits kurze Zeit - teils nach nur einer Stunde -, nachdem sich das Gericht zur Beratung zurückgezogen hatte, das Urteil verkündet werden konnte. Es war immer schriftlich abgefasst und musste einige Tage nach der Verhandlung durch Unterschrift vom Verurteilten zur Kenntnis genommen werden. In fast allen Fällen hatten die Angeklagten ihre Schuld - so jedenfalls die Sicht der Justizorgane - eingestanden. Der Verlauf der Verhandlung hatte auf das Urteil - soweit wir bisher wissen - fast nie Einfluss.[58]

IV. Verhaftungsgründe und sowjetische Politik

1. Zum Vorgehen sowjetischer Sicherheitsorgane

Das sowjetische Vorgehen gegen das besiegte Deutschland war durch unterschiedliche militär-, sicherheits- und außenpolitische Erwägungen bestimmt, die durchaus zu widersprüchlicher Politik führten. Reparationswünsche, Deportationen zum partiellen Ausgleich des eklatanten Arbeitskräftemangels in der UdSSR, militärische Sicherung des Hinterlandes der kämpfenden Truppe und der Besatzungsherrschaft, die Notwendigkeiten von Entnazifizierung[59] und Ahndung von NS-Verbrechen sowie schließlich die Durchsetzung und Absicherung der sozialistischen Diktatur berührten, wenn auch in unterschiedlichem Maße, alle genannten Gruppen. Die Vorgehensweise der sowjetischen Sicherheitsapparate zeigt,

Darstellung zugrunde liegt. Zum Urteil gegen Friedrich siehe biografischen Anhang sowie auch Abschnitt V in diesem Aufsatz.

56 Sofern die Hauptverhandlung keine Überraschungen bot - zum Beispiel die Rücknahme von Geständnissen, Beschuldigungen gegen Vernehmer wegen Bedrohung und Misshandlung der Angeklagten usw. - wurden die Anklageschriften im Prinzip in identischen Formulierungen in das Urteil übernommen.

57 Sie ist als Protokoll der vorbereitenden Sitzung in den Strafakten vorhanden. Ein Militärjurist hatte dabei die Anklage zu verteidigen, ein Opponent seine Aussagen zu unterstützen oder zu kritisieren.

58 Nur wenige Angeklagte hatten die Kraft, den Anklagen auch vor Gericht noch zu widersprechen. Dies ist heute von Vorteil, weil es einen Gesichtspunkt für die Rehabilitierungsentscheidung bildet.

59 Vgl. Clemens Vollnhals, Entnazifizierung. Politische Säuberung und Rehabilitierung in den vier Besatzungszonen 1945-1949, München 1991; Leonid P. Kopalin, Die Rehabilitierung deutscher Opfer sowjetischer politischer Verfolgung. Vortrag vor dem Gesprächskreis Geschichte der Friedrich-Ebert-Stiftung in Bonn am 16. Mai 1995. Hg. von der Friedrich-Ebert-Stiftung, Bonn 1995, S. 20.

dass alle nicht isoliert voneinander bestanden, sondern ineinander griffen. Während zu Anfang Sicherheits- und Reparationsaspekten sowie der Ahndung von NS-Verbrechen zentrale Bedeutung zukam, wechselte der Schwerpunkt schließlich ab 1947 sehr deutlich zur Durchsetzung einer sozialistischen Diktatur (siehe Abschnitt IV.3).

Zehntausende von Deutschen wurden ab etwa Mai 1945 von sowjetischen Operativgruppen des NKVD, die bis zur Orts- und Stadtebene hinunter eingerichtet worden waren und formell als Teil der Militärverwaltung firmierten, in Wirklichkeit aber von ihr völlig unabhängig arbeiteten, verhört und verhaftet. Verhaftungen erfolgten zum einen auf der Grundlage von Meldepflichten für bestimmte Gruppen von NS-Belasteten oder Angehörigen von Sicherheitsdiensten und Wehrmacht, häufig aber auch aufgrund von Denunziationen, Razzien, Listen- oder Kettenverhaftungen[60]. Die Verhafteten wurden, wenn eine der Kategorien des Befehls 00315 passend erschien, in die Lager eingewiesen. Erfuhren die Vernehmer dagegen von konkreten Verbrechen, kam es zu einem strafrechtlichen Untersuchungsverfahren, das in der Regel mit dem Urteil eines Militärtribunals endete.[61]

Unabhängig davon, ob die Verhafteten schließlich in die eine oder andere Kategorie eingereiht wurden, verlief die erste Phase nach ihrer Inhaftierung bei allen gleich. Entweder von sowjetischen NKVD-Soldaten, deutschen Polizisten oder Hilfspolizisten oder von beiden inhaftiert, wurden sie in der Regel zunächst in eine der vielen kleineren Haftstätten gebracht, in denen die Operativgruppen des NKVD die Beschuldigten verhörten.[62]

60 Zeitzeugenerinnerungen belegen, dass offenkundig mithilfe einheimischer Helfer aus den Stadtverwaltungen und der KPD solche Verhaftungslisten aufgestellt wurden. Im Übrigen war dies in der Sowjetunion ein gängiges Verfahren. Kettenverhaftungen ergeben sich eindeutig aus vom Autoren untersuchten mehreren hundert Strafakten. In deutschen Archiven lassen sich solche Listen nur selten auffinden. Vgl. Thomas Widera, „... eine gute saubere anständige politische Gesinnung“. Entnazifizierung als Instrument der Diktaturdurchsetzung in Dresden 1945. In: Rainer Behring/Mike Schmeitzner (Hg.), Diktaturdurchsetzung in Sachsen. Studien zur Genese der kommunistischen Herrschaft 1945-1952, Köln 2003, S. 269-296, hier 284. Eine andere Quelle für Verhaftungen waren Listen der Gemeinden, die diese an die SMAD weiterzureichen hatten. Nach Befehl Nr. 42 vom 27.8.1945 hatten sich alle ehemaligen Wehrmachtangehörigen vom Leutnant aufwärts sowie alle ehemaligen Mitglieder von SA, SS, Gestapo und NSDAP bei ihren örtlichen Behörden zu melden.

61 Vgl. Michail Semiryaga, Wie Berijas Leute in Ostdeutschland die „Demokratie“ errichteten. In: Deutschland Archiv, 29 (1996) 5, S. 741-752, hier 745.

62 Vgl. Klaus-Dieter Müller, Doppelte Vergangenheit, die nicht vergehen darf - Auswertung eines Forschungsprojekts über die Zusammensetzung der Häftlingsgesellschaft in den Speziallagern des NKWD. In: Initiativgruppe Buchenwald 1945-1950 e. V. (Hg.), 6. Buchenwaldtreffen , Weimar 1997, S. 20-43; sowie ders., Die Speziallager in der Sowjetischen Besatzungszone. Zur Problematik der Ahndung von NS-Verbrechen und sowjetischer Verfolgungspraxis in der SBZ und frühen DDR. In: Initiativgruppe Buchenwald 1945-1950 e.V. (Hg.), 7. Buchenwaldtreffen, Weimar 1998, S. 19-28.

2. Haftgründe und Entwicklung der Häftlingszahlen nach sowjetischen Angaben

Die Untersuchungsverfahren vor Einweisung in die Lager oder zur Deportation in die UdSSR dauerten oftmals nur kurze Zeit, zumeist wenige Tage bis Wochen. Nach der Aufnahme der Personaldaten wurden die Verhafteten oftmals mehreren Befragungen unterzogen. Formelle Haftgründe nannte man selten, eher allgemeine Beschuldigungen[63] oder eben die Kategorien von NKVD-Befehl Nr. 00315. Jugendliche fielen zumeist unter Werwolfverdacht (Terror und Diversion), die Älteren wurden als aktive Faschisten eingeliefert. Beweise für persönliches Fehlverhalten, gar Verbrechen im strafrechtlichen Sinne, waren laut Befehl 00315 nicht erforderlich. Als konkrete Einweisungsgründe finden sich zum Beispiel: aktives Mitglied der NSDAP, Blockleiter, Zellenleiter, HJ-Mitgliedschaft, Beschäftigung von Zwangsarbeitern, Zeitungsherausgeber, Rüstungsproduktion oder Angehöriger der Kriminalpolizei. Vielfach sind mehrere Gründe genannt. Die meisten dieser Gruppe wurden 1945 und teilweise 1946 in die Lager eingewiesen.[64]

Eine genauere Analyse von Haftwellen und Haftgründen für die Nicht-Verurteilten lässt sich auf der Grundlage von Unterlagen erstellen, die im Auftrag des DRK-Suchdienstes vor gut 30 Jahren vom FSB in einer Datenbank festgehalten worden sind. Diese Datenbank des DRK-Suchdienstes wurde auf Grundlage von Karteikarten des MGB aus den Jahren 1950/51 in den 1990er-Jahren vom FSB (Nachfolger des KGB) erstellt.[65] Der MGB hatte im Zuge der Auflösung der Speziallager auf dem Gebiet der DDR zu allen Personen, zu denen Akten aus den Speziallagern vorhanden waren, eine solche Karteikarte angelegt. Darauf eingetragen sind in der Regel neben Personenangaben auch das Verhaftungsdatum, das jeweilige Verhaftungsorgan, der Haftgrund sowie - falls zutreffend - das Todesdatum. Auf der Rückseite sind etwaige Übergabe- oder Entlassungsdaten vermerkt. Man kann annehmen, dass es sich dabei um Zusammenfassungen aus den Personenakten der Internierten handelt, die für die Forschung nicht unmittelbar zugänglich sind. Dafür spricht auch, dass auf fast allen Karteikarten eine Nummer vermerkt ist, bei der es sich offensichtlich um eine MGB-Aktennummer handelt. In der Datenbank des FSB finden sich alle diese Informationen aus den Karteikarten. Außerdem ist zu vielen Personen ein Imagefile der Karteikarte

63 So berichtete jedenfalls die Mehrzahl der nach 1990 befragten, damals zumeist im Jugendalter gewesenen ehemaligen Inhaftierten, die nicht aufgrund von NKVD-Befehl Nr. 00315 verhaftet worden waren.

64 Diese Inhaftierungsgründe finden sich immer wieder in den Personenakten der Internierten, den sogenannten Registrier-Kontrollakten.

65 Die Angaben wurden in Auftrag des DRK vom KGB aus den eigenen Archiven erhoben und dann vom DRK in eine Speziallagerdatenbank (DB) übertragen. Diese Datenbank wurde in einem langjährigen Projekt der Dokumentationsstelle Dresden bearbeitet und für statistische Zwecke in der DB Speziallager (DBSL) aufbereitet. Insbesondere wurden neue soziologische und Haftgrundkategorien gebildet, die erstmals eine gesamtstatistische Auswertung ermöglicht haben.

vorhanden. In der Datenbank sind 138 746 Einträge über Nicht-Verurteilte erfasst.[66] Davon sind 19 947 Frauen, was einem Anteil von 14,4 Prozent entspricht.

Der überwiegende Teil der deutschen Internierten, insgesamt 122 457 von 138 746, wurde seit März 1945 verhaftet und in die Speziallager eingewiesen. Zentraler Befehl für die Einweisung war der schon genannte Befehl 00315. Die dort genannten Haftgrundkategorien sind Grundlage für die folgende statistische Auswertung der schon genannten DBSL. Allerdings finden sich in der Datenbank wesentlich mehr und differenziertere Haftgründe als in diesem Befehl genannt, da in Reaktion auf die KRD Nr. 38 ab Herbst 1946 die Haftgründe innerhalb der vorhandenen Kategorien in den Lagerstatistiken stark differenziert worden waren.

Die DBSL wurde ab Ende der 1990er-Jahre bearbeitet und für eine wissenschaftliche Auswertung umgearbeitet.[67] Um statistisch vergleichbare Aussagen über die Haftgründe der Internierten treffen zu können, wurde jede in der Datenbank verzeichnete Haftgrundkategorie wieder in eine im Befehl 00315 genannte Kategorie eingeordnet. Außerdem findet sich in der Auswertung der Haftgrund „Kriegs- und Menschlichkeitsverbrechen". Obwohl nicht im Befehl 00315 genannt, wurde dieser Haftgrund im Zusammenhang mit der Frage nach dem Grad der möglichen Verbrechensbeteiligung der Internierten als gesonderte Kategorie aufgenommen. Bei allen Angaben über die Haftgründe in der Datenbank ist folgendes zu bedenken: Die Entscheidung darüber, welcher Haftgrundkategorie die Lagerinsassen bei ihrer Einweisung zugeordnet wurden, oblag den operativen Organen des NKVD. Etwaige Fehlentscheidungen oder mögliche Willkürlichkeiten blieben dabei unkorrigiert.[68]

Danach waren ca. 70 Prozent der nicht-verurteilten Lagerinsassen wegen des Vorwurfs der aktiven Mitgliedschaft in der NSDAP (48,4 %) bzw. in einer anderen NS-Organisation (21,9 %) interniert worden.[69] Die Mehrzahl von ihnen wurde in den Monaten April bis September 1945 in die Internierungslager verbracht. Allein im Juni dieses Jahres waren etwas mehr als 12 200 Inhaftierungen

66 Eingeschlossen 9 117 Personen, die fälschlicherweise zweimal verzeichnet wurden. Da diese doppelt Verzeichneten das Gesamtabfrageergebnis kaum beeinflussen, wurden sie nicht herausgefiltert.

67 Die Datenbanküberarbeitung wurde von Dr. Günter Fippel, Leipzig, durchgeführt. Das Datenbankdesign erstellte der damalige HAIT-Mitarbeiter Walter Heidenreich.

68 In manchen Fällen gab es offenbar Nachermittlungen des NKVD, die zu einer formellen Verhaftung und zu SMT-Urteilen führten. So konnte etwa aus dem Haftgrund „Polizist" der Urteilsgrund „Kriegsverbrechen" werden, wenn der Betroffene als Polizist beispielsweise geflohene Zwangsarbeiter oder sowjetische Kriegsgefangene wieder eingefangen und der Gestapo überstellt hatte. Im biografischen Anhang unserer Studie sind solche Fälle geschildert.

69 Eine Stichprobe im sog. Z-Bestand des Bundesarchivs (früherer Teilbestand des ehemaligen NS-Archivs des MfS) ergab, dass die in der Datenbank genannten Haftgründe einzelner Personen bezüglich ihrer Funktionen innerhalb der NSDAP oder einer ihrer Organisationen mit den Angaben in den vorhandenen NS-Unterlagen übereinstimmen. Allerdings konnten nur zu zehn Prozent der Personen Angaben gefunden werden.

in dieser Kategorie verzeichnet. Die zweitgrößte Gruppe bildeten die Angehörigen von Polizei-, Justiz- und Sicherheitsorganen (11,9 %).

Tabelle 1: Haftgruppen der nicht-verurteilten Insassen der Speziallager in Prozent (N = 122 457)

Haftgruppe	Prozent
Führungskräfte und Mitglieder der NSDAP	48,4 %
Führungskräfte und Mitglieder von NS-Organisationen	21,9 %
Angehörige von NS-Polizei, NS-Justiz und NS-Sicherheitsdiensten	11,9 %
„Werwolfverdächtige“	4,9 %
sonstige Mitarbeiter des NS-Regimes	4,4 %
Angehörige der NS-Streitkräfte	4,3 %
Teilnehmer an Kriegsverbrechen und Vergehen gegen die Menschlichkeit	1,7 %
Beteiligte am Widerstand gegen die Sowjetisierung der SBZ/DDR	1,3 %
Sonstige	0,9 %
als Kriminelle Denunzierte	0,3 %

Eine weitere Gruppe setzte sich aus den in Befehl 00315 unter Punkt 3 beschriebenen Personen mit militärischen Offiziers- und Mannschaftsdienstgraden, sowie aus Mitgliedern paramilitärischer Organisationen, etwa des Volkssturms, der SS und SA und dem Personal von Gefängnissen, Konzentrationslagern, Militärkommandanturen, der Militärstaatsanwaltschaften und der Gerichte zusammen, die sich in verschiedenen Kategorien der obigen Tabelle befinden. Laut Befehl 00315 sollte diese Personengruppe in die Kriegsgefangenenlager des GUPVI eingewiesen werden. Dass sie dennoch in der Datenbank verzeichnet sind, hängt wohl damit zusammen, dass die Speziallager nur eine „Zwischenstation“ auf dem Weg in die Kriegsgefangenenlager waren.[70]

70 Andererseits veranlasste der sowjetische Innenminister Kruglov Anfang 1949 die Übergabe von 6 180 Kriegsgefangenen an die Gerichte aufgrund deren Erfassung nach den Kriterien der KRD Nr. 38; vgl. Andreas Hilger, Faustpfand im Kalten Krieg? Die Massenverurteilungen deutscher Kriegsgefangener 1949/50 und die Repatriierung Verurteilter 1950 bis 1956. In: Hilger/Schmidt/Wagenlehner (Hg.), SMT, Band 1, S. 211-272, hier 215. Die sogenannten Sonderlisten der operativen Organe verzeichneten im August 1949

Hinter der Kategorie „Anhänger einer Untergrundorganisation" verbergen sich - mit 4,9 Prozent - in der Hauptsache als viertgrößte Gruppe in Tabelle 1 Verhaftungen wegen des Verdachts der Werwolftätigkeit. Im Sommer 1945 unterrichtete das NKVD Stalin von einer erhöhten Werwolftätigkeit in der Sowjetischen Besatzungszone.[71] Infolge dieses Berichtes kam es zu vermehrten Verhaftungen besonders von Jugendlichen, die der mutmaßlichen Werwolfangehörigkeit beschuldigt wurden. Hauptverhaftungszeitraum dieser Kategorie waren die Monate nach der Erstellung des NKVD-Berichts, hauptsächlich von August bis November 1945,[72] wobei im Monat Oktober mehr als 21 Prozent der im gesamten Jahr 1945 aus dieser Kategorie Verhafteten in die Speziallager eingewiesen wurden.

Die Altersgruppe der 15- bis 24-Jährigen stellt lediglich einen Anteil von 13,7 Prozent der Internierten. In der Kategorie „Angehörige Untergrundorganisation" ist diese Altersgruppe mit 73 Prozent vertreten. In der Kategorie „Mitglieder Jugendorganisation" stellen sie sogar 93 Prozent aller Verhafteten. Diese Ergebnisse stützen die Vermutung, dass von beiden Internierungsgründen fast ausschließlich junge Menschen betroffen waren. Ab Anfang der 1990er-Jahre führte die Tatsache, dass vor allem Angehörige dieser Speziallagergruppe zu den wichtigsten Zeitzeugen gehörten, zu dem die Gesamtsicht auf die Lager verzerrenden Eindruck, die sowjetische Verfolgung habe sich vor allem gegen sie gerichtet.

Fast 60 Prozent der nicht-verurteilten Lagerinsassen waren 45 Jahre oder älter. In der Gruppe der Personen, die aufgrund ihrer „aktiven Mitgliedschaft in der NSDAP" oder einer anderen NS-Organisation in die Lager eingewiesen wurden, stellen sie einen Anteil von nahezu 70 Prozent. Viele von ihnen waren Blockleiter gewesen oder hatten andere einfache Funktionen innerhalb der NSDAP innegehabt. Im Verlaufe des Krieges wurden immer mehr ältere Parteimitglieder mit ehrenamtlichen Funktionen wie denen eines Blockleiters oder auch eines Politischen Leiters betraut, da die Mehrzahl der wehrfähigen Mitglieder zur Wehrmacht einberufen worden waren.[73] Knapp zwölf Prozent der Internierten

als verdächtig die Mitarbeiter der Gestapo, der Abwehr, des Sicherheitsdienstes, der Geheimen Feldpolizei, der Kriminalpolizei, von Gerichten und Staatsanwaltschaften, von SS, SA, Feld- und Ortskommandanturen sowie von Wach- und Strafeinheiten, desgleichen die Mitarbeiter sämtlicher Verwaltungsorgane in den besetzten Gebieten, das gesamte Lagerpersonal und Personen in leitenden Positionen von Partei und Regierung, des Weiteren Personen mit terroristischen Absichten und Agenten westlicher Geheimdienste „und übrige" - eine Einführung von Entlastungskriterien für diese Kriegsgefangenen war somit nicht beabsichtigt (ebd., S. 218).

71 Bericht des NKVD-Bevollmächtigten in Deutschland an Beria über Werwolfaktivitäten, weitergeleitet an Stalin, Molotov und Malenkov vom 22.6.1945. In: Possekel, Sowjetische Speziallager, Band 2, S. 224.

72 Ein Teil der Verhafteten dieser Gruppe wurde ohne Durchlaufen eines Speziallagers zum Tode verurteilt.

73 Zum Personalmangel der NSDAP-Ortsgruppen im Laufe des Krieges vgl. Carl-Wilhelm Reibel, Das Fundament der Diktatur. Die NSDAP-Ortsgruppen 1932-1945, Paderborn 2002, S. 333f.

wurden aufgrund von Tätigkeiten innerhalb der Polizei, der Gestapo, des SD oder der Justiz in die Lager eingewiesen.[74]

In den Lagern selbst fanden erneute Überprüfungen der Insassen nur sporadisch statt.[75] Die wenigen Operativbevollmächtigten des NKVD waren dazu nicht in der Lage, sodass ein einfaches DIN A 4 Blatt mit einer mehrzeiligen Aussage als Haftgrundlage genügen musste, das vor der Einweisung ausgefüllt worden war. So heißt es in einem Bericht über die Lager vom 15. August 1947 zu den Nicht-Verurteilten: „Untersuchungsmaterial zur praktischen Tätigkeit dieser Kategorie von Inhaftierten in Nazi-Organisationen ist, mit Ausnahme eines Vernehmungsprotokolls in einigen Akten, nicht vorhanden [...]. Die operativen Sektoren des MGB haben für das Spezialkontingent keine Untersuchungs- oder Überprüfungstätigkeit geleistet und leisten sie gegenwärtig nicht. Der vorhandene Operativapparat in den Speziallagern mit je zwei Mitarbeitern ist außerstande, diese Arbeit zu erledigen. Im Grunde gibt es keinerlei operativ-tschekistische Betreuung in den Lagern."[76] So hatte sich zum Beispiel am 31. Juli 1947 der SMAD-Chef von Sachsen-Anhalt in einem Schreiben an SMAD-Chef General Sokolovskij darüber beschwert, dass im Lager Mühlberg von Mai bis Juli nur sechs Verfahren an die Militärtribunale überwiesen werden konnten, da sich die Mitarbeiter der Operativgruppe durch „mangelnde Allgemeinbildung und juristische Sachkenntnis" auszeichneten.[77]

Es gibt zudem Archivalien aus russischen Archiven, die Auskunft über Verhaftungswellen und -zahlen geben, auch wenn die Angaben insgesamt lückenhaft sind. Einem Bericht eines damaligen Besatzungsoffiziers[78] zufolge waren von Januar bis April 1945 ca. 140000 Deutsche in Gewahrsam genommen worden.

Aus sowjetischen Berichten lassen sich einige Rückschlüsse auf das Vorgehen der Sicherheitsorgane und die Haftgründe ziehen. In einem Bericht an Außenminister Molotov ist von 14820 Personen die Rede, die von 1945 bis zum 1. Januar 1947 unter dem Verdacht der Verbrechen gegen die Menschlichkeit, den Frieden und wegen Kriegsverbrechen inhaftiert worden waren.[79] Datiert vom 4. Dezem-

74 Auch in dieser Kategorie sind die Jahrgänge 1891-1900 mit fast 43 Prozent am stärksten vertreten, gefolgt von den Jahrgängen 1901-1910 mit knapp 27 Prozent. Zu Auswertungen in Bezug auf NS-Zwangsarbeit vgl. Müller/Wendler, NS-Zwangsarbeit und Kriegswirtschaft.

75 Eine Ausnahme davon sind die sogenannten Norweger im Speziallager Sachsenhausen, siehe hierzu näher Kapitel IV.4.

76 Bericht des Leiters der SMAD-Verwaltung für Inneres „Über den Zustand der Speziallager und Gefängnisse des MVD in Deutschland zum 1. August 1947" vom 15.8.1947. In: Possekel, Sowjetische Speziallager, Band 2, S. 303-308, hier 304f.

77 Dokument abgedruckt in ebd., S. 302.

78 Vgl. Semiryaga, Wie Berijas Leute in Ostdeutschland die „Demokratie" errichteten, S. 743. Wenn im Folgenden keine andere Quelle genannt ist, so ist der Aufsatz von Semiryaga gemeint.

79 Vgl. ebd., S. 750, der diesen Bericht zitiert. Offenkundig wurde dieser Bericht vom NKVD der SBZ angefertigt. Sein Aussagewert ist allerdings zweifelhaft, da u. a. die Zahl der Todesurteile im Lichte unserer Forschungen bei weitem zu gering angegeben ist.

ber 1946[80] existiert ein Bericht des SMAD-Chefs General Sokolowskij und seines Stellvertreters General Serov an Stalin und Molotov über die Belegung der Gefängnisse und Speziallager. Darin wird die Zahl der Inhaftierten mit ca. 80 000 angegeben. Diese werden folgenden Gruppen zugeordnet: Spione, Diversanten und Terrorgruppen der Geheimdienste 3 249, Mitglieder von Partisanengruppen 3 536, Vertreter von Massenmedien 218, NSDAP-Mitglieder 38 788 (davon 9 559 führende sowie 29 229 einfache Mitglieder und untere Funktionäre), HJ-Funktionäre bis zur Stadtgruppe 2 580, Verwaltungsangehörige (z. Bsp. Bürgermeister) 4 342, Gestapo, SS, SD und andere deutsche Strafverfolgungsbehörden 13 267, andere Verbrecher 12 877.[81]

Unter Bezug auf die am 12. Oktober 1946 erlassene Direktive Nr. 38 des Alliierten Kontrollrats interpretiert der Bericht vom 4. Dezember 1946 die Direktive dahingehend, dass bis auf Hauptkriegsverbrecher für „zweitrangige Verbrecher die Direktive ihre Freilassung mit einer Bewährungsfrist von bis zu drei Jahren vorsieht“. Unter diese Gruppe fielen ca. 35 000 Menschen. Dann folgen die entscheidenden Sätze: „In der Zeit ihres Aufenthaltes in den Lagern konnten unsere Organe keine zusätzlichen belastenden Angaben in Bezug auf diese Verhafteten erzielen. Dabei konnten die Militärtribunale in Bezug auf die Verhafteten dahingehend keine Strafverfahren durchführen, da es über diese keine Materialien gibt, die auch etwas über ihre feindliche Arbeit gegen die Sowjetunion beweisen würden, weil sie in der Zeit des Krieges nicht auf dem Territorium der Sowjetunion waren, sondern Mitglieder der faschistischen Partei waren. Wir nehmen an, dass es keine Notwendigkeit gibt, diese Kategorie der Inhaftierten im Lager zu behalten und sie ohne Zweck zu ernähren. Dabei scheint uns ihre Freilassung nicht gefährlich.“

Sie schlugen daher vor, auf der Grundlage einer Kommissionsentscheidung Volkssturmmitglieder (der Bericht erwähnt ausdrücklich die vielen Alten und Halbwüchsigen unter ihnen), einfache Parteimitglieder, aber auch untere Parteifunktionäre der NSDAP in einer Gesamtzahl von bis zu 35 000 freizulassen. Ob es eine Antwort Stalins gegeben hat, ist unbekannt. Jedenfalls gab es keine Entscheidung im gewünschten Sinne.

Neun Monate später informierte ein weiterer Bericht an Molotov über die Inhaftierten in den Lagern und Gefängnissen. Am 4. September 1947, so der Bericht[82], befanden sich immer noch 60 580 Personen in Haft. Diese konnten, so die Begründung, als körperlich Geschwächte und Arbeitsuntaugliche nicht frist-

80 Eigene Übersetzung, auch abgedruckt in Possekel, Sowjetische Speziallager, Band 2, S. 264–266.

81 Die Gruppen sind gegliedert nach Inhaftierungsgründen. Mit Partisanen sind offenkundig Werwölfe gemeint. Unter „andere Verbrecher“ sind die SMT-Verurteilten gefasst.

82 Abgedruckt in Possekel, Sowjetische Speziallager, Band 2, S. 309–310. Vgl. auch Achim Kilian, „Das Lager Nr. 1 weist eine hohe Sterblichkeit auf“. Berichte der GULag-Kommission über das NKWD-Speziallager. In: Jahrbuch für historische Kommunismusforschung 1996, Berlin 1996, S. 246–265.

gemäß in die Sowjetunion geschickt werden. Unter Bezug auf eine Arbeitskräfteanforderung des sowjetischen Ministerrates vom 23. Dezember 1946 wurde mitgeteilt, dass unter diesen Inhaftierten 4579 als arbeitsfähig eingestuft im März 1947 in die Sowjetunion überstellt worden seien. Damit musste auch der sowjetischen Führung bewusst sein, dass nur weniger als zehn Prozent der Inhaftierten überhaupt für die ihnen zugedachten Arbeitszwecke einsetzbar waren. Erneut wurde vorgeschlagen, alle diejenigen den Gerichten zu übergeben, bei denen eine Tätigkeit gegen die Rote Armee und die Militärverwaltung mit Dokumenten nachgewiesen werden kann. Alte und Schwache, bei denen die Belastungsdokumente für eine Übergabe an ein Gericht nicht ausreichten, und diejenigen, die unbegründet festgehalten wurden, sollten freigelassen werden. Der Bericht verdeutlicht, dass die Mehrzahl der Insassen nach damaliger Einschätzung der sowjetischen Lagerverwaltung unbegründet in Haft gehalten wurde.

Erst ein halbes Jahr später begannen größere Entlassungsaktionen. Einige Speziallager wurden aufgelöst, nur Buchenwald, Sachsenhausen und Bautzen blieben bestehen. Am Ende der Entlassungsaktionen, am 16. November 1948, befanden sich noch 14504 Nicht-Verurteilte und 13873 Verurteilte in den Lagern.[83]

Vor der Gründung der DDR im Herbst 1949 legte eine sowjetische Überprüfungskommission verschiedene Gruppen fest, mit denen wie folgt zu verfahren sei: Knapp 10000 Nicht-Verurteilte sollten entlassen werden, etwa 3500 waren zur Aburteilung an die deutschen Organe zu übergeben, die dann in den berüchtigten Waldheimer Verfahren abgeurteilt wurden, etwa 200 gingen zur Aburteilung an sowjetische Gerichte, etwa 5400 SMT-Verurteilte sollten ebenfalls entlassen werden, mehr als 10000 SMT-Verurteilte waren den DDR-Strafvollzugsorganen zu übergeben, 176 sollten in Strafanstalten der Sowjetischen Kontrollkommission in der DDR verlegt werden.[84] In der gut viereinhalbjährigen Existenz der Lager waren insgesamt etwa 42000 Insassen, das entspricht einem Drittel, verstorben.

83 Vgl. Schreiben des GULag-Leiters an den stellv. Innenminister Serov vom 16.11.1948. In: Possekel, Sowjetische Speziallager, Band 2, S. 335–341, hier 336. Im August 1948 waren die Speziallager in der SBZ formell der sowjetischen GULag-Verwaltung unterstellt worden.

84 Vgl. Meldung des Leiters der Abteilung Speziallager über die Ergebnisse der Überprüfung der Gefangenen in den Speziallagern und Gefängnissen vom 10.12.1949. In: Possekel, Sowjetische Speziallager, Band 2, S. 362–363. Die Anzahl der deutschen Kriegsgefangenen ist in diesen Angaben nicht enthalten: „Am 1. Januar 1949 befanden sich nach Angaben der Registratur der sowjetischen Hauptverwaltung des Innenministeriums für Angelegenheiten von Kriegsgefangenen und Internierten (GUPVI MVD SSSR) noch 430670 deutsche Kriegsgefangene – darunter rund 421000 deutsche Staatsbürger – in Spezialhospitälern, Arbeits- und Erholungslagern (410366), in Antifaschulen oder in Arbeitsbataillonen des Ministeriums für die Streitkräfte der UdSSR (ORB MVS SSSR). In dieser Statistik fehlen allerdings die verurteilten Kriegsgefangenen, die in den Lagern des GULag untergebracht waren. Ihre damalige Zahl kann mit knapp 7000 nur geschätzt werden.“ Hilger, Faustpfand im Kalten Krieg?, S. 212.

3. Größenordnung und Deliktstruktur verurteilter Zivilisten (alle SMT-Urteile)

Die genaue oder auch nur ungefähre Zahl SMT-verurteilter deutscher Zivilisten für den Zeitraum 1945-1955 musste lange Zeit Gegenstand von Spekulationen und Schätzungen bleiben, weil die entsprechenden sowjetischen Quellen nicht zur Verfügung standen. Dasselbe galt mutatis mutandis auch für den Anteil der Todesurteile unter ihnen.

Über die Deliktstruktur waren jedoch bereits in den 1990er-Jahren einige allgemeine Aussagen möglich, differenziert nach Zeitraum:

a) Im ersten Halbjahr 1945 erfolgten die Urteile hauptsächlich wegen Kriegsverbrechen in der Sowjetunion und in den anderen von der Wehrmacht besetzten Gebieten sowie Partisanentätigkeit im Deutschen Reich während des Vormarsches der Roten Armee (häufig Ukaz 43, Art. 58-2).
b) In den nächsten 18 Monaten wurden schwerpunktmäßig Kriegsverbrechen/Verbrechen gegen die Menschlichkeit (Misshandlung von ausländischen Zivilisten im Deutschen Reich, Ukaz 43, Art. 58-2) sowie konterrevolutionärer Widerstand mit Gewaltmitteln (Art. 58-8 und 9) abgeurteilt. Unter den Verurteilten der letzten Gruppe befanden sich auffällig viele Selbstständige und jüngere Menschen.
c) Ab Mitte 1947 wurden in viel stärkerem Maße Bestimmungen des Art. 58 wegen konterrevolutionärer Tätigkeit herangezogen. Eine Übersicht über Verurteilungsgründe vom 10. November 1949[85] weist insgesamt zwischen 25 und 36 Prozent Delikte auf, die in irgendeinem Zusammenhang mit dem NS-Regime stehen (Ukaz 43, KG Nr. 10, Art. 58-2, unter Einschluss der 756 offiziell angegebenen Hinrichtungen, die weitgehend dieser Gruppe zugeschlagen werden können); 55 bis 66 Prozent hatten dagegen einen antisowjetischen Hintergrund (Rest: sonstige Strafen). Eine ähnliche Verteilung ergibt sich auch aus einer Erhebung durch die Sowjetische Kontrollkommission aus dem Jahr 1953.[86] Zu dem ersten Viertel gehören vor allem Straftatbestände wie Misshandlung von Sowjetbürgern, Terror und Diversion (Werwolf). Misshandlungen wurden hauptsächlich nach Ukaz 43, Art. 58-2 und KG Nr. 10 (u. a. Ver-

85 Vgl. Meldung der Abt. Speziallager über die den Haftstrafen zugrundeliegenden Tatbestände vom 10.11.1949. In: Possekel, Sowjetische Speziallager, Band 2, S. 359-362. Die Verurteilungen nach Ukaz 43 erreichten 1947 insgesamt einen absoluten Höhepunkt, anschließend fielen sie deutlich ab. Vgl. Natalja Jeske/Ute Schmidt, Zur Verfolgung von Kriegs- und NS-Verbrechen durch sowjetische Militärtribunale in der SBZ. In: Hilger/Schmeitzner/Schmidt (Hg.), SMT, Band 2, S. 155-192, hier 167-170.

86 Vgl. Brigitte Oleschinski/Bert Pampel, „Nazis", „Spione", „Sowjetfeinde"? Die SMT-Verurteilten im April 1953 in Torgau. In: Deutschland Archiv, 28 (1995) 5, S. 456-466; Andreas Hilger/Mike Schmeitzner/Ute Schmidt, Widerstand und Willkür. Studien zur sowjetischen Strafverfolgung parteiloser Zivilisten in der SBZ/DDR 1945-1955. In: Hilger/Schmeitzner/Schmidt (Hg.), SMT, Band 2, S. 193-263, sowie weitere Aufsätze des Sammelbandes.

brechen im Reichsgebiet) abgeurteilt. In einer Übersicht vom 16. November 1948 sind 400 lebenslängliche Strafen ausgewiesen (nach KG Nr. 10). Am 10. November 1949 betrug die Gesamtzahl der Fälle nach dieser Strafvorschrift 1 587; von diesen hatten 698 eine lebenslängliche Haftstrafe erhalten. Zusammengenommen machten Ukaz 43 und KG Nr. 10 etwa 2 200 Fälle aus, d.h. 14 Prozent aller Verurteilungen (in unserem Sample *aller* Verurteilten gehören diese Urteilsgrundlagen zu etwa 14,7 Prozent aller Fälle).

d) Die größten Deliktgruppen bei den antisowjetischen Verbrechen bestanden aus Spionage, antisowjetischer Agitation, illegaler Gruppenbildung, Sabotage, Waffenbesitz und Raub sozialistischen Eigentums.

Grundlage der folgenden detaillierten Auswertungen der obigen Gruppen a) bis d) bilden die beiden großen SMT-Datenbanken des HAIT[87] und der Dokumentationsstelle Dresden der Stiftung Sächsische Gedenkstätten. Die Auswertungen dieser Datenbanken sollen im Folgenden referiert werden, um einerseits einen Gesamtüberblick *aller* Verurteilten zur besseren Einordnung unserer Auswertungen der Datenbank Frühe Todesurteile (DBFT) zu geben und andererseits die Gemeinsamkeiten und Unterschiede der Todesurteilsbetroffenen gegenüber allen SMT-Verurteilten zu veranschaulichen.

Nach der erfolgreichen Vereinigung der beiden oben genannten Datenbanken des HAIT und der Dokumentationsstelle Dresden konnte eine Vereinigte Datenbank (VDB) erstellt werden[88], in der Datensätze zu mehr als 30 000 Personen enthalten sind, die nachweislich ausschließlich als deutsche Zivilisten von einem Sowjetischen Militärtribunal verurteilt wurden.[89]

Um die Tätigkeit der Sowjetischen Militärtribunale historisch einordnen und bewerten zu können, wurden 2008 die verwendeten Urteilsgründe nach vorhandenen Strafrechtsparagrafen kategorisiert.[90] Nachfolgende vier Kategorien wurden gebildet:

87 Auswertung dieser Datenbank mit dem Stand von 2003 In: Hilger/Schmeitzner/Schmidt (Hg.), SMT, Band 2.

88 Die VDB wurden von Walter Heidenreich (damals HAIT) und Bettina Westfeld (damals Dokumentationsstelle Dresden) erstellt. Die in diesem Abschnitt von Kapitel IV.3 abgedruckten Auswertungen stammen überwiegend von Bettina Westfeld, zum Teil aber auch von Walter Heidenreich; die Auswertungen der DBFT in der ersten Auflage unserer Studie wurden von Bettina und Andreas Westfeld durchgeführt. Teile ihrer schriftlichen Analyse sind auch in die auswertenden Textteile des Artikels in den Kapiteln IV.3, IV.4 sowie V eingeflossen. Wir danken Bettina und Andreas Westfeld dafür sehr herzlich.

89 Die VDB enthält somit ca. 5 000 Datensätze mehr als die dem SMT Band 2 des HAIT zugrundeliegende Datenbank aus dem Jahr 2003.

90 Aufgrund der großen Datenmenge der VDB wurde auf eine händisch durchgeführte Zuweisung eines jeden Datensatzes zu einer spezifischen Deliktgruppe verzichtet und die entsprechende Zuweisung per Abfrage pauschal gemäß den sowjetischen Urteilsgrundlagen vorgenommen. Dies kann zu gewissen Ungenauigkeiten führen, weil einige Paragrafen sowohl bei Kriegsverbrechen, Verbrechen gegen die Besatzungsmacht als auch politi-

- Kategorie 1 (Politischer Widerstand): enthält alle Urteilsgründe, die die Art. 58-4 (Unterstützung der internationalen Bourgeoisie), 58-6 (Spionage) oder 58-10 (antisowjetische Propaganda) und 58-11 (Beteiligung an einer antisowjetischen Organisation) einschließen.
- Kategorie 2 (NS- und Kriegsverbrechen): enthält neben Art. 58-2 (Aufstand/ Eindringen in die Sowjetunion) aus dem russischen Strafgesetzbuch und Ukaz 43 (Kriegs- und Menschlichkeitsverbrechen) auch das KG Nr. 10 (Kriegs- und Menschlichkeitsverbrechen).[91]
- Kategorie 3 (Verbrechen während der Besatzungszeit): enthält den Urteilsgrund 58-14, der Sabotage unter Strafe stellt, die Urteilgründe 58-8 (Terror) und 58-9 (Diversion), sowie das KG Nr. 43 (illegaler Waffenbesitz).
- Kategorie 4 (Kriminelle Delikte): enthält die Urteilsgründe Art. 162 (Diebstahl), Art. 167 (Raub) und weitere kriminelle Delikte.

Die folgenden tabellarischen Auswertungen aus der VDB (Stand 2008, ca. 30000 Datensätze) enthalten neben den Zeitstrafen auch knapp 2100 Todesurteile, die von 1944 bis 1947 und 1950 bis 1955 verhängt worden waren. Diese Todesurteile von 1944 bis 1947 haben Eingang in *unsere* Studie zu den frühen Todesurteilen gefunden (siehe Aufsatz Zur Quellenlage von Andreas Weigelt).

schem Widerstand gegen die Besatzungsmacht und die DDR-Diktatur verwandt wurden. Um dem zu entgehen, wurde bei der DBFT für die Neuauflage dieser Studie die Deliktgruppe jeweils händisch einer von insgesamt sechs inhaltlichen Gruppen zugewiesen, siehe weiter unten Kapitel IV.4.

91 Wie Jeske/Schmidt in ihrer Auswertung der HAIT-Datenbank 2003 festgestellt haben, bezogen sich mehr als zwei Drittel aller Urteile nach Artikel 58-2 als alleinigem Urteilsgrund, bei denen gleichfalls verbalisierte Urteilsgründe vorliegen, auf Vorgänge der Kategorie NS- und Kriegsverbrechen schwerpunktmäßig auf dem Gebiet der UdSSR, die anderen im Wesentlichen auf Vorgänge ab 1945 beim Vormarsch der Roten Armee oder in den ersten etwa zwei Jahren Besatzungszeit. Vgl. Jeske/Schmidt, Zur Verfolgung von Kriegs- und NS-Verbrechen, S. 166, sowie Statistische Auswertungen zur Verurteilung deutscher Zivilisten durch SMT/OSO. In: Hilger/Schmeitzner/Schmidt (Hg.), SMT, Band 2, S. 781-808, hier S. 788 Tabelle II c 1.
Der Artikel 58-2 wurde im Jahr 1953 aber auch ausnahmsweise gegen Demonstranten des 17.6.1953 in wenigen Dutzend Fällen angewandt, vgl. hierzu genauer Müller, Zur Zusammenarbeit zwischen sowjetischen und deutschen Sicherheitsorganen, S. 126 und 128. Wir können daher davon ausgehen, dass bis auf die Verurteilungen im Kontext des Volksaufstandes am 17. Juni 1953 alle anderen Fälle von Artikel 58-2 mit NS- bzw. Kriegsverbrechen oder mit den unmittelbaren Nachkriegsjahren bis 1947 bezüglich Volkssturm- oder Werwolfproblematik zu tun haben und nicht mit gewaltlosem politischem Widerstand gegen die Besatzungsmacht oder die entstehende SED-Diktatur. Alle vom Autor in seiner aktiven Zeit eingesehenen Strafakten mit Bezug zu Artikel 58-2 hatten nichts mit gewaltlosem politischem Widerstand zu tun, abgesehen von den Ereignissen des 17. Juni 1953. Im Übrigen enthält die Datenbank des HAIT aus dem Jahr 2003 für die Jahre 1948-1952 nur noch 111 Fälle mit alleiniger Urteilsgrundlage nach Artikel 58-2, vgl. Statistische Auswertungen. In: Hilger/Schmeitzner/Schmidt (Hg.), SMT, Band 2, S. 795 Tabelle IV b 1. Es ist davon auszugehen, dass es sich bei all diesen Urteilen ebenfalls um Delikte der Kriegs- und unmittelbaren Nachkriegszeit gehandelt hat.

Tabelle 2: SMT-gesamt – Verhaftungen mit Angabe des Verhaftungsjahrs (N=26 761)[92]

Jahr	Verhaftungen
1945	2839
1946	6111
1947	4753
1948	5432
1949	3543
1950	1827
1951	1395
1952	493
1953	246
1954	61
1955	61

Mit Tabelle 2 zeigt sich deutlich, dass die meisten Personen, die von einem sowjetischen Militärtribunal verurteilt wurden, zwischen 1946 und 1948 verhaftet worden waren. Erste Verhaftungen deutscher Zivilisten sind schon seit Oktober 1944 nachweisbar.

Ergänzend dazu zeigt Tabelle 3 die Urteile der sowjetischen Militärtribunale nach Jahren. Mehr als die Hälfte (17 121) der bisher mit einem Urteilsdatum erfassten Urteile (29 504) wurden in nur drei Jahren zwischen 1946 und 1948 von sowjetischen Militärtribunalen auf deutschem Boden gefällt.

Tabelle 3: SMT-gesamt – Verurteilung nach Urteilsdatum pro Jahr (N= 29 504)

Verurteilungsjahr	Anzahl der Verurteilungen
1945	2181
1946	5949

92 Dieser und den folgenden Auswertungen liegen eine unterschiedliche Anzahl von Datensätzen zugrunde, da bei einem Teil der Verurteilten etwa das Verhaftungsdatum, das Urteilsdatum oder der Urteilsgrund nicht in der VDB vermerkt ist (für die Auswertungen der DBFT sind wir daher einen anderen Weg gegangen).

Verurteilungsjahr	Anzahl der Verurteilungen
1947	5801
1948	5371
1949	4235
1950	2830
1951	1621
1952	1122
1953	346
1954	31
1955	17

Der Zeitraum zwischen Verhaftung und Verurteilung betrug in der Regel zwischen drei und sieben Monate. Bei 60 Prozent aller hier in der VDB erfassten Verhafteten dauerte es drei Monate bis zur Verurteilung. Über 90 Prozent aller Personen wurde nach spätestens acht Monaten ein Urteil gesprochen. Umso bemerkenswerter sind Ausnahmen von ein bis drei Jahren Untersuchungshaft. So wurde der bekannte Dresdner Sozialdemokrat Arno Wend nach fast zweijähriger Untersuchungshaft, u. a. in Dresden am Münchner Platz und in Berlin-Hohenschönhausen, am 20. April 1950 zu 25 Jahren Haft wegen Art. 58-6 verurteilt.[93]

Nach der Urteilsintensität geht es im Folgenden um die Verteilung der von den sowjetischen Militärtribunalen verwendeten Straftatbestände. Die gebildeten Deliktgruppen sind, wie in Tabelle 4 deutlich wird, sehr unterschiedlich vertreten. Die meisten Personen wurden wegen Kategorie 1, also Spionage und antisowjetischer Propaganda, verurteilt, zweitgrößte Gruppe ist die Kategorie 2, die Verurteilung wegen Kriegsverbrechen. Für diese Abfrage standen Datensätze mittels Urteilsparagraf zu knapp 26 000 Personen zur Verfügung.

Tabelle 4: SMT-gesamt - Verteilung der Urteilskategorien (N=25 833)

Urteilskategorie	Prozent
Spionage	43,3
Kriegsverbrechen	28,5

93 VDB, ID 24473. Zur Biografie Wends vgl. Mike Schmeitzner, Doppelt verfolgt. Das widerständige Leben des Arno Wend, Berlin 2009.

Urteilskategorie	Prozent
Terror, Diversion, Sabotage	21,8
kriminell	6,3

Unsere Angabe insbesondere zum Deliktbereich Kriegsverbrechen ist mit 28,5 Prozent wesentlich höher als in der Untersuchung des HAIT von 2003, das aus seinen damaligen Unterlagen einen Anteil von 17,6 Prozent errechnete.[94] Beiden Berechnungen liegen gleiche Strafrechtsparagrafen für Kriegsverbrechen zugrunde: Ukaz 43, KG Nr. 10 sowie Anteile an Verurteilungen nach Art. 58-2. Die Unterschiede beginnen bei der Einbeziehung von bestimmten Verurteilungsgruppen. In die HAIT-Berechnungen sind nur diejenigen Fälle des Art. 58-2 eingegangen, die auch verbalisiert vorlagen, jedoch keine Verurteilungen nach 58-2 wegen Werwolftätigkeit oder Volkssturmangehörigkeit, auch wenn diese noch in der Kriegszeit erfolgten. In unserer Auswertung sind in Tabelle 4 alle Fälle von Art. 58-2 der Kategorie Kriegsverbrechen zugeordnet worden.

Der wichtigste Grund für den Unterschied liegt jedoch in einer größeren Datenbasis. Die Datenbank des HAIT von 2003 beinhaltete für das Jahr 1945 nur 780 Urteile (= 3,1 Prozent aller 25 292 Urteile). Die von uns in Tabelle 3 fünf Jahre später genutzte VDB hat mit 2 181 Urteilen für 1945 (= 7,4 Prozent von 29 504 Fällen) mehr als den doppelten Anteil und insgesamt das Dreifache an Datensätzen. Sie zeigt anschaulich den Fortschritt im Forschungsprozess. Das wachsende Schwergewicht der Urteile gerade in den frühen Jahren bei den Kriegsverbrechen zeigte sich bei unserer 2015 vorgelegten Studie zu den Todesurteilen 1944-1947 noch wesentlich deutlicher, wo die Anteile jeweils weit mehr als zwei Drittel ausmachten (siehe Abschnitt IV.4.).

Die Verteilung der Urteilskategorien änderte sich im Laufe der Tätigkeit der Sowjetischen Militärtribunale. Tabelle 5 verdeutlicht, dass die kriegsbezogenen Verurteilungen 1945 bis 1947 die größte Gruppe bildeten. Hierbei dominierten die Kategorien „Kriegsverbrechen“ und „Terror, Diversion, Sabotage“. Ab dem Jahr 1948 werden die Militärtribunale nach ihrem anfänglichen Einsatz zur Entnazifizierung und Ahndung von Kriegsverbrechen überwiegend zum Machtinstrument für den Umbau der Gesellschaft in der SBZ und der DDR nach sowjetischem Vorbild (größte Gruppe ist Gruppe 1: Widerstand, abgeurteilt zumeist als Spionage).[95]

94 Vgl. Jeske/Schmidt, Zur Verfolgung von Kriegs- und NS-Verbrechen, S. 165-167.

95 Dass unter diese Kategorie auch ein Teil tatsächlicher Spionage oder Spionageversuche ohne politische Motive gehört, sei ausdrücklich konzediert. Widerstand und Agitation gegen das Besatzungsregime oder die sich entwickelnde SED-Diktatur, gegen die man nicht offen protestieren konnte und die daher mit vielfachen verbotenen Verbindungen in die Westzonen oder die junge Bundesrepublik verbunden waren, wurde von SMT je-

Tabelle 5: SMT-gesamt - Gewichtung der Kategorien nach Jahren (N= 25 039)

Jahr	Kriegsverbrechen	Terror, Diversion, Sabotage	Spionage	kriminell
1945	714	640	312	20
1946	1875	2127	827	227
1947	1921	1540	1288	415
1948	1252	766	1962	592
1949	812	311	2429	189
1950	340	70	1927	66
1951	85	36	1043	69
1952	32	25	746	27
1953	41	5	275	5
1954	2	1	25	0

Neben dem Urteilsgrund soll nachfolgend das Strafmaß dargestellt werden. Viele Verurteilte erinnerten sich, dass 25 Jahre Haft als „Norm" galten. Tabelle 6 bestätigt diese Erinnerung nur zum Teil. Von den in der Datenbank erfassten und für die Auswertung herangezogenen 24 237 Personen wurden nur etwas über 10 000 Personen zu 25 Jahren Haft verurteilt.[96]

Zusätzlich zu den schon dargestellten Zeitstrafen aus der VDB sind für die Zeiträume 1945-1947 und 1950-1953 als jeweilige Hauptjahre 4 466 Personen erfasst, gegen die Todesurteile verhängt wurden.[97] Wir gehen an dieser

doch zumeist unter dem Label „Spionage" abgeurteilt. Sonst wären die hohen Fallzahlen nicht zu erklären.

96 Zum Strafmaß in der Untersuchung des HAIT vgl. Andreas Hilger/Mike Schmeitzner, Einleitung: Deutschlandpolitik und Strafjustiz. Zur Tätigkeit sowjetischer Militärtribunale in Deutschland 1945-1955. In: dies./Schmidt (Hg.), SMT, Band 2, S. 7-34, hier S. 23 Tabelle 4. Der Anteil der hier dargestellten Strafmaße aus der VDB stimmt in den verschiedenen Größenordnungen mit der genannten Tabelle überein.

97 Diese Angaben beruhen auf zwei Projekten, in deren Mittelpunkt jeweils die Todesurteile der Militärtribunale standen. Für die Jahre 1944-1947 beziehen sich die Angaben auf der DBFT unseres Projektes (3 407 Todesurteile); für die Jahre 1950-1953 (1 110 Todesurteile) wurden die Zahlen aus dem Band „Erschossen in Moskau" zugrunde gelegt; vgl. Hilger/Petrov, „Im Namen der Union der Sozialistischen Sowjetrepubliken", S. 33 Tabelle 1.

Stelle schon mit Stand Juli 2024 auf die Ergebnisse unseres Projektes „Frühe Todesurteile" ein, damit ein direkter zahlenmäßiger Vergleich der frühen Todesurteile der Jahre 1945-1947 mit den späten Todesurteilen der 1950er-Jahre möglich wird.

Tabelle 6: SMT-gesamt - Häufigkeit Strafmaß bei ausgewählten Zeitstrafen (N= 24 237)

Zeitstrafe	Anzahl
25	10 297
20	1525
15	1465
10	8911
8	891
7	554
5	594

Die Zahl der Todesurteile für das Jahr 1947 wäre mit Sicherheit viel höher, wenn nicht vom 26. Mai 1947 bis zum 12. Januar 1950 die Todesstrafe abgeschafft worden wäre. Als Ersatzstrafe für die Todesstrafe wurde ab Ende Mai 1947 ein Strafmaß von 25 Jahren eingeführt; zudem kam nun auf der Grundlage des KG Nr. 10 auch überwiegend lebenslängliche Haft zur Anwendung.[98] 1950 wurde die Todesstrafe für einige Delikte wieder eingeführt. Die nächste Tabelle zeigt die Todesurteile in beiden Zeiträumen für die jeweiligen Hauptjahre:

Tabelle 7: Anzahl der Todesurteile nach Hauptjahren, verhängt 1945-1947 (N= 3 356) und 1950-1953 (N= 1 110), zusammen 4 466 Fälle

Jahr	Anzahl
1945	1601
1946	1344
1947	411

98 In unserer Untersuchungsgruppe der frühen Todesurteile wurde KG Nr. 10 kein einziges Mal als Urteilsgrund festgestellt. Auch die Untersuchung des HAIT aus dem Jahr 2003 zeigt eindeutig, dass KG Nr. 10 verstärkt erst ab 1947 herangezogen wurde. Vgl. Statistische Auswertungen. In: Hilger/Schmeitzner/Schmidt (Hg.), SMT, Band 2, S. 800 Tab. IV b 6.

Jahr	Anzahl
1948	0
1949	0
1950	183
1951	483
1952	379
1953	65

Die Verteilung der Deliktgruppen bei allen für 1944 bis 1947 in unserer DBFT erfassten und zum Tode verurteilten Personen ist eine erheblich andere als die Verteilung bei der *Gesamtheit* aller Verurteilten von 1945 bis 1955 (siehe Tabelle 5). Im Gegensatz zur bisher dargestellten Verteilung *aller* bisher bekannten SMT-Verurteilungsfälle ist bei den zum Tode verurteilten Personen die Kategorie „Kriegsverbrechen“ immer die größte Gruppe. Die genaue Verteilung der Urteilsgründe bei den Todesurteilen für den Zeitraum 1944–1947 wird im folgenden Kapitel IV. 4. gesondert dargestellt.

Nach den Angaben über das juristische Schicksal der mit Haft- und Todesstrafe Verurteilten soll abschließend in diesem Abschnitt noch das Alter der Verurteilten angesprochen werden. Bei der Altersverteilung *aller* Verurteilten aus der VDB zum Zeitpunkt der Verurteilung wird deutlich, dass bei den Altersjahrgängen die zahlenmäßig größten Personengruppen zwischen 17 und 29 Jahren lagen. Damit unterscheidet sich diese Gruppe signifikant von dem sogenannten Spezialkontingent, den Nicht-Verurteilten aus den sowjetischen Speziallagern, bei denen die größten Altersjahrgänge die über 40-Jährigen waren (siehe FN 74).

Aus der Altersverteilung der Verurteilten wird deutlich, dass der Anteil der 20- bis 30-Jährigen in der Urteilskategorie „Spionage“ besonders hoch war. Dem läuft die Anzahl der Verurteilten in der Kategorie „Kriegsverbrechen“ entgegen. Hier wurden überwiegend 40- bis 60-jährige Personen erfasst. Auffällig ist weiterhin, dass der Anteil der unter 20-Jährigen in der Kategorie „Terror, Diversion“ am höchsten ist. Dahinter verbergen sich zahlreiche Jugendliche, die unter dem Vorwurf „Werwolftätigkeit“ von den Sowjetischen Militärtribunalen verurteilt wurden.

4. Sowjetische Todesurteile von 1944–1947

Für die zweite Auflage des Buches „Todesurteile sowjetischer Militärtribunale“ ist die Datenbank sowohl bezüglich der Anzahl erfasster Personen erweitert als auch inhaltlich differenziert worden: Zum einen sind von Andreas Weigelt 124 neue Biografien erarbeitet worden. Deren Daten wurden vom Autoren in die

Datenbank übertragen. Zudem wurden von Andreas Weigelt bei gut 80 der bereits abgedruckten Biografien neue Erkenntnisse in den biografischen Anhang[99] eingearbeitet, die ebenfalls in die DBFT übertragen wurden. Nur in sechs Fällen mussten Personen aus der DBFT herausgerechnet bzw. im biografischen Anhang gestrichen werden, da es sich um Doppelungen aufgrund unterschiedlicher Namensschreibweisen handelte oder weil aufgrund neuer Erkenntnisse starke Zweifel an der Verhängung eines Todesurteils im Zeitraum 1944–1947 aufgekommen waren. Zum zweiten ist der Aufbau der Datenbank nochmals geändert worden, um Abfragen besser durchführen zu können. Wir haben dabei auch Anmerkungen und Anregungen von Fachkollegen und -kolleginnen zu unserer Auswertungsmethodik von 2015 aufgegriffen.

In den ursprünglichen Auswertungen von 2015 wurden beispielsweise jeweils nur diejenigen Datensätze ausgewertet, die exakte Datums- und Strafrechtsangaben enthielten: Ein genaues Geburtsdatum, ein genaues Urteilsdatum oder genaue Angaben zu den den Urteilen zugrundeliegenden sowjetischen Strafrechtsparagrafen. Dies führte dazu, dass den Auswertungen erheblich weniger Datensätze zugrunde gelegt werden konnten als in der DBFT tatsächlich enthalten waren. Da die Datensätze aufgrund der Biografierecherchen aber in aller Regel Hinweise enthalten, die zumindest bei der Verhaftung, der Verurteilung oder der Hinrichtung ein konkretes Jahr belegen oder mit an Sicherheit grenzender Wahrscheinlichkeit nahelegen, wurden diese Angaben nunmehr ergänzt. Um die Zuweisung in der DBFT deutlich zu machen, wurde die jeweilige Jahresangabe mit „1. Januar" und dem Jahr eingetragen.

Auch wurden für eine umfangreichere statistische Auswertung zwei bereits 2015 eingeführte Datenblatt-Felder erweitert: Das Feld Revision wurde so ergänzt, dass exakte Abfragen zu den Verurteilten und ihrem weiteren Schicksal möglich wurden, etwa im Bereich Umwandlungen der Todesurteile oder von Todesfällen bereits vor der Hinrichtung. Wir gehen darauf bei den entsprechenden Tabellen näher ein.

Eine wichtige Änderung erfolgte auch in der Zuordnung der Urteile zu bestimmten Deliktgruppen. In der ersten Auflage dieser Studie lag der dortigen Abbildung 17 eine Deliktgruppenzuordnung *nur aufgrund der sowjetischen Strafrechtsbestimmungen* zugrunde, was die Anzahl der auswertbaren Datensätze erheblich eingeschränkt hatte. Diese Methode führte zudem zu gewissen Unschärfen, da etwa Art. 58–2, der gewöhnlich bei Kriegsverbrechen herangezogen wurde, auch als Zusatzstrafe (nämlich Sanktionen nach Art. 58–2) in manchen Urteilen über Handlungen gegen die Besatzungsmacht Verwendung fand. Zudem erlaubt die Nutzung sowjetischer Strafrechtsbestimmungen, etwa des Art. 58–6 für Spionage, keine Differenzierung bei Verurteilungen bezüglich der Spionage (gegen die UdSSR) *während des Krieges* und Spionagevorwürfen *be-*

99 Vgl. den zum Download bereitgestellten Anhang mit Kurzbiografien unter https://doi.org/10.13109/9783666369766.547.

züglich der Besatzungszeit, die etwas pauschal eher zum Bereich politischer Widerstand gehören, jedenfalls mit keinem geplanten oder tatsächlichen Gewalteinsatz verbunden waren.[100] Wir haben daher eine bereits in der DBFT angelegte Kategorie „Tat“ (= Deliktgruppe) so ausdifferenziert und ergänzt, dass für alle Datensätze der DBFT die jeweils zutreffende Einordnung per Hand zugewiesen wurde. Schließlich haben wir im Datenblatt-Feld Haftgrund (= strafrechtliche Grundlage des Urteils) auch Verbalisierungen eingeführt und ausgewertet, wenn in den Quellen keine konkrete sowjetische oder alliierte Strafrechtsbestimmung enthalten war, jedoch ein bestimmter Tatgruppenzusammenhang ersichtlich ist. Dies galt vor allem für die Kategorie „Kriegsverbrechen“.

Eine letzte Vorbemerkung sei noch zum Status der Betroffenen (Zivilist beziehungsweise Soldat/Kriegsgefangener) sowie zur Staatsangehörigkeit angeführt. Bei nur 17 in der DBFT verzeichneten Betroffenen könnte zum einen die Verurteilung aus dem Status als Kriegsgefangener heraus ergangen sein; vielleicht waren sie zum Zeitpunkt der offiziellen Inhaftierung aber auch schon in den Zivilistenstatus mit der Aktenkategorie „Arrestant“ übergegangen. Diese sind zwar 2025 und auch 2015 nicht in den biografischen Anhang aufgenommen, jedoch wurden sie in der jetzigen Auflage mit in die Auswertung einbezogen, da die Größe dieser Gruppe sehr gering ist. Dies gilt grundsätzlich auch für die sogenannten Norweger (391 Wehrmachtsoldaten und Angehörige der deutschen Sicherheitsdienste, denen Verbrechen an sowjetischen Kriegsgefangenen in Norwegen vorgeworfen wurden), die alle zunächst von den Briten in die Kriegsgefangenschaft überführt worden waren und gegen die dann von britischer Seite wegen Kriegsverbrechen ermittelt wurde. Diese Gruppe von 391 Personen, von denen der Teil mit Todesurteilen in unsere DBFT aufgenommen worden ist, traf nach längerem Transport am 9. Februar 1946 im sowjetischen Speziallager Sachsenhausen ein, wo dann nach und nach eine offizielle Verhaftung mit Überstellung an sowjetische Operativgruppen vorgenommen wurde.

Zum anderen waren bis auf 51 Personen alle Verurteilten Staatsbürger des Deutschen Reiches gewesen, wie sich direkt aus den Quellen oder dem Zusammenhang der jeweiligen Quellen ergab. Von den 51 besaßen ursprünglich 35 die sowjetische, sechs die ungarische, fünf die tschechoslowakische, vier die rumänische und einer die polnische Staatsangehörigkeit. Da von diesen 51 Personen viele auch als sogenannte Russlanddeutsche und Volksdeutsche auf der deutschen Seite mitgearbeitet und oftmals die deutsche Staatsangehörigkeit erhalten hatten, wurden nun auch diese Gruppen aus osteuropäischen Ländern mit bei den *statistischen* Auswertungen – jedoch nicht im biografischen Anhang – berücksichtigt; sie bilden circa 1,5 Prozent aller zum Tode Verurteilten.

100 Als Kriterium gilt hierbei, dass diese Personen bei ihren Urteilen in der Regel keinen der sowjetischen Paragrafen für Terror/Diversion/Sabotage oder illegalen Waffenbesitz zuerkannt erhielten.

Mit dem Umbau der Datenbank ist es möglich geworden, in den wichtigsten Fragen bis zu 100 Prozent aller Datensätze statistisch auszuwerten. Wo konkrete Zuordnungen nach Jahren oder anderen Kriterien nicht möglich waren, ist dies bei den folgenden Auswertungen gesondert vermerkt.

Auswertung der Datenbank Frühe Todesurteile (Stand: Juli 2024)
Auf der Grundlage der oben genannten Arbeitsschritte enthält die DBFT 3 464 Datensätze und zeigt somit den Forschungsfortschritt in Bezug auf sowjetische Todesurteile gegenüber dem Jahr 2008, als wir mit 2 300 bekannten Todesurteile das Projekt begonnen haben, sowie dem Jahr 2003, als der SMT-Band 2 des HAIT zu den verurteilten Zivilisten publiziert wurde, der für die Jahre 1945–1947 749 Todesurteile ausweist, davon 241 nachgewiesene Hinrichtungen. Bei 57 der in der DBFT verzeichneten Personen überwiegen die Zweifel, ob tatsächlich ein Todesurteil ergangen ist oder es handelt sich um eindeutig als Kriegsgefangene verurteilte Personen. Diese Gruppe ist daher bei den folgenden Auswertungen nicht einbezogen. Damit gehen unsere Berechnungen von 3 407 zum Tode verurteilten Betroffenen aus; unter ihnen sind 62 Frauen (= 1,8 Prozent). Eine weitere wichtige Frage ist der Nachweis der tatsächlichen Hinrichtung. Bei 2 276 Todesurteilen konnte die Hinrichtung als sicher bewertet werden, bei 366 Personen ist die Hinrichtung nicht sicher nachgewiesen, wurde von uns jedoch aufgrund der Quelleninformationen als sehr wahrscheinlich qualifiziert. Insgesamt 765 zum Tode Verurteilte wurden nicht hingerichtet, weil entweder ihr Todesurteil in eine Zeitstrafe umgewandelt worden war (bei 732 Fällen) oder sie aus sonstigen Gründen vor der Hinrichtung starben (32 Fälle; einem Verurteilten gelang die Flucht, siehe hierzu weiter unten Tab. 15). Wir kommen somit bei 3 407 Todesurteilen auf insgesamt 2 642 Hinrichtungen und 32 Todesfälle vor der Hinrichtung.[101]

Von den 3 407 Personen in der DBFT sind nicht zu allen vollständige Datensätze vorhanden, sodass für die Auswertungen unterschiedliche Fallzahlen (jeweils bei der entsprechenden Tabelle vermerkt) als Basis verwendet wurden. Tabelle 8 zeigt die Gesamtverteilung der Todesurteile für den Zeitraum 1944 bis 30. Mai 1947, als in diesem Jahr das letzte Todesurteil gegen einen deutschen Zivilisten erging.[102]

101 Die Todesurteile wurden in drei Kategorien eingeteilt: 1. sicher (tatsächlich nachgewiesen vollstreckt und Tod durch Hinrichtung), 2. weniger sicher (jedoch höchstwahrscheinlich vollstreckt) und 3. umgewandelt (nachweislich in zweiter Instanz in eine Zeitstrafe umgewandelt) oder Tod vor Hinrichtung. Bei Gruppe 2 waren die Genannten in keiner relevanten deutschen Quelle als überlebende Rückkehrer verzeichnet. Aus Gruppe 3 wurden sowohl 2015 als auch jetzt 32 Personen in den biografischen Anhang aufgenommen, bei denen keine Umwandlung der Todesurteile nachweisbar war, die jedoch vor der Hinrichtung verstarben oder auf der Flucht erschossen wurden.

102 Die Todesstrafe wurde am 26.5.1947 abgeschafft, das letzte Todesurteil erging am 30.5.1947, da offenbar die neue Rechtslage noch nicht überall bekannt war.

Während sich die Zahl *aller* Urteile gemäß VDB von 1945 zu 1946 und gegenüber den nächsten Jahren fast verfünffachte (vgl. Tabelle 2 und 9), findet man die größte Anzahl und den größten Anteil von Todesurteilen im Jahr 1945, wie die folgenden beiden Tabellen zeigen.

Tabelle 8: Anzahl der Todesurteile nach Jahren (N=3 407)[103]

Zeitraum bzw. Jahr	nur Jahr	genaues Datum	Summe
1944-1947	36	0	36
1944	2	13	15
1945	339	1262	1601
1946	165	1179	1344
1947	38	373	411

Die nächste Tabelle vergleicht die bisher bekannten Zeitstrafen und die Todesurteile für den Zeitraum 1945 bis 1947.

Tabelle 9: Vergleich Anzahl Zeitstrafen aus VDB und Todesurteile aus DBFT nach Jahr[104]

Jahr	Zeitstrafen	Todesurteile
1945	1056	1601
1946	4969	1344
1947	2648	411

Daraus wird deutlich, dass nach bisherigen Erhebungen 1945 die Zahl der Todesurteile einen Anteil von über 60 Prozent *aller* SMT-Urteile erreichte . In den nächsten beiden Jahren fiel dann der Anteil der Todesurteile an *allen* SMT-Urteilen auf 21,3 Prozent (1946) beziehungsweise 13,4 Prozent (1947).

Die Analyse einzelner Monate offenbart, dass es auch innerhalb eines Jahres bestimmte Schwerpunkte gab (Tab. 10). So wurden die meisten Todesurteile

103 Die Gruppe 1944-1947 bezieht sich auf diejenigen Todesurteile, bei denen kein genaues Jahr zu ermitteln war, die jedoch in unseren Untersuchungszeitraum fallen.

104 Aus der VDB mit gut 30 000 Datensätzen sind die in ihr enthaltenen Todesurteile der Jahre 1945-1947 herausgerechnet. Die Zeitstrafen für 1947 beziehen sich auf die Zeit bis 30.5.1947.

im April 1945 gefällt (226), davon wiederum die Mehrzahl bis zum 16. April 1945 (177).[105]

Tabelle 10: Todesurteile nach Monaten von Januar 1945 bis Mai 1947 (N = 2811)

Monat	Anzahl
Januar 1945	1
Februar 1945	16
März 1945	169
April 1945	226
Mai 1945	81
Juni 1945	145
Juli 1945	123
August 1945	96
September 1945	53
Oktober 1945	129
November 1945	62
Dezember 1945	161
Januar 1946	192
Februar 1946	185
März 1946	157
April 1946	93
Mai 1946	88
Juni 1946	83
Juli 1946	61
August 1946	95

105 Zu berücksichtigen ist bei den nächsten drei Tabellen, dass eine Reihe von Fällen, für die nur das jeweilige Jahr bekannt ist oder die in unseren gesamten Untersuchungszeitraum ohne Jahresangabe fallen, nicht mitberücksichtigt werden kann. Es sind also Mindestzahlen. Zur Größenordnung siehe Tab. 8.

Monat	Anzahl
September 1946	57
Oktober 1946	52
November 1946	75
Dezember 1946	42
Januar 1947	37
Februar 1947	99
März 1947	122
April 1947	47
Mai 1947	64

Die Zahl der vollstreckten Todesurteile mit 184 Personen ist wiederum wie die Zahl der gefällten Urteile im April 1945 am höchsten; ein weiterer Höhepunkt in fast derselben Anzahl waren die Hinrichtungen im August 1945 (Tab. 11).

Tabelle 11: Hinrichtungen nach Monaten von Januar 1945 bis Mai 1947 (N = 1 771)

Monat	Anzahl
Januar 1945	0
Februar 1945	14
März 1945	98
April 1945	184
Mai 1945	26
Juni 1945	58
Juli 1945	50
August 1945	183
September 1945	51
Oktober 1945	62
November 1945	61
Dezember 1945	99

Monat	Anzahl
Januar 1946	101
Februar 1946	90
März 1946	65
April 1946	90
Mai 1946	91
Juni 1946	63
Juli 1946	53
August 1946	32
September 1946	41
Oktober 1946	55
November 1946	40
Dezember 1946	33
Januar 1947	29
Februar 1947	38
März 1947	39
April 1947	12
Mai 1947	13

Wenn der Monat April 1945 nochmals gesondert betrachtet wird (Tab. 12), sticht hervor, dass eine Häufung von Todesurteilen im Zeitraum vom 10. bis 16. April 1945 zu verzeichnen ist. In diesen Zeitraum fiel die Vorbereitung zur größten sowjetischen Militäroperation auf deutschem Boden, dem Sturm auf Berlin. Am 17. April 1945 erging über die bisherigen Operationen des NKVD auf deutschem Gebiet der schon erwähnte Bericht von Geheimdienstchef Beria an Stalin. Nach Erlass von NKVD-Geheimbefehl 00315 am 18. April 1945 sank die Zahl der Todesurteile sowie auch der Hinrichtungen mit der Ausnahme von August 1945.[106]

106 Wir haben hier auf die Darstellung der monatlichen Verhaftungsdaten verzichtet, weil für sie erheblich weniger konkrete Daten zur Verfügung stehen. Sie korrespondiert jedoch auch mit der tendenziellen Abnahme der Todesurteile ab Mitte 1946.

Tabelle 12: Todesurteile pro Tag im April 1945 (N = 226)

Tag	Anzahl
1. April	8
2. April	6
3. April	10
4. April	4
5. April	14
6. April	9
7. April	1
8. April	7
9. April	2
10. April	25
11. April	22
12. April	6
13. April	19
14. April	17
15. April	15
16. April	12
17. April	1
18. April	4
19. April	2
20. April	11
21. April	4
22. April	2
23. April	2
24. April	1
25. April	6
26. April	0
27. April	5

Tag	Anzahl
28. April	7
29. April	2
30. April	2

Im Folgenden wollen wir die Haftkategorien bzw. Deliktgruppen näher darstellen, denen in den Quellen insgesamt 141 Einzel- oder Kombinationsbestimmungen inklusive verbalisierter Urteilsgründe zugrunde liegen. Bei lediglich 159 Urteilen war kein konkreter Haftgrund erkennbar. Wenn man die einzelnen Gründe, die jeweils ein Todesurteil nach sich zogen, auflistet, so enthält unsere zahlenmäßig größte Gruppe „NS- und Kriegsverbrechen" mehrere hauptsächliche Strafrechtsbestimmungen. Ukaz 43 mit 1 301 Fällen als alleinige Strafbestimmung sowie insgesamt fünf Mal in Kombination mit anderen Bestimmungen ist die häufigste. Die zweitgrößte ist Art. 58-2 als alleinige Strafbestimmung mit 467 Fällen. Als weitere große Gruppen sind verbalisierte Urteilsgründe als „Kriegsverbrechen wahrscheinlich" mit 195 und „Kriegsverbrechen" mit 140 Gerichtsurteilen, wo die Umstände der Verurteilung dieses nahelegen, vertreten. Hinzu kommen eine ganze Anzahl von verbalisierten Einzelkategorien in Fällen, in denen wir die exakte Strafgesetzbestimmung nicht kennen, jedoch aus den Quellen Kenntnis von bestimmten Tätigkeiten oder Vorfällen besitzen, so etwa Misshandlung von Ostarbeitern, Erschießung sowjetischer Bürger, Abwehrmitarbeiter, Verbrechen gegen die Menschlichkeit, Sonderführer in besetzten sowjetischen Gebieten usw. Wie bereits erwähnt, war das KG Nr. 10 bei den Verurteilungen in unseren Quellen nicht vertreten.

Die am häufigsten bei Delikten bezogen auf die Besatzungszeit angewandten Strafrechtsbestimmungen sind eine Kombination aus den Artikeln 58-8-9-11 des Strafgesetzbuches der RSFSR mit 212 Verurteilten als drittgrößte Einzelgruppe; in verschiedenen Kombinationen kamen diese Strafrechtsbestimmungen ebenfalls vielfach vor. Als Einzelparagraf liegt der Art. 58-14 (Sabotage) immerhin mit 150 Fällen an fünfter Stelle aller angewandten Strafrechtsbestimmungen. Gerichte nutzten weiterhin neben diesen Kategorien auch Unterbestimmungen von Art. 58 einzeln, etwa 58-8 für Terror, 58-9 für Diversion und 58-11 für illegale Gruppenbildung. Hinzu kamen Strafrechtsartikel wie die analoge Anwendung von Vorschriften (Art. 16), Beihilfe/Mittäterschaft (Art. 17) sowie Vorbereitung und Planung (Art. 19), die in Kombinationen zu diesen zwei Hauptgruppen ebenfalls hinzugezogen wurden.

Als dritter Hauptvorwurf wurde Art. 58-6 beziehungsweise Art. 58-6-1 (für Spionage) angewandt. In 110 Fällen wurden sie allein herangezogen, in vier Fällen wurde der Vorwurf als „Spionage" verbalisiert; hinzu kamen noch vereinzelte Kombinationen mit anderen Unterbestimmungen des Art. 58. Um zu entscheiden, in welchen Fällen sich die konkreten Vorwürfe auf die NS-Zeit bis Ende des

Krieges bezogen oder auf die Besatzungszeit und sich bei letzterer um Handlungen gegen die Besatzungsmacht, haben wir uns entschieden, dieses aufgrund der Quellen zu erschließen und den Art. 58-6 bezüglich der Kriegszeit einer eigenen von insgesamt sechs inhaltlichen Deliktgruppen zuzuweisen, in diesem Fall der Gruppe NS-Verbrechen.

Wir haben die sowjetischen Strafrechtsbestimmungen, wie bereits anfangs in diesem Kapitel erläutert, wegen ihrer teilweisen Ambiguität bei Art. 58-2 und 58-6 nicht einfach bei den Datenbankabfragen unseren Deliktgruppen automatisch zugeordnet, sondern jeweils - soweit es aus den Unterlagen ersichtlich war - einer von sechs durch uns definierten Kategorien zugewiesen, die sich auf zwei hauptsächliche Perioden beziehen -auf die Zeit von 1933 bis Kriegsende im Mai 1945 und auf die Besatzungszeit von Anfang 1945 bis Mai 1947. Für die Zeit zwischen Januar und Mai 1945 gibt es daher eine gewisse Grauzone, da Urteile in dieser Zeit bezüglich beider Perioden vorliegen.

Diese Einteilung korrespondiert nicht vollständig mit den drei Perioden, in die Andreas Weigelt inhaltlich seine Fallgruppen eingeteilt hat: Kriegszeit - sogenannte Zwischenkriegszeit (zwischen Krieg und Frieden) mit Beginn der Besetzung deutschen Territoriums von Januar 1945 bis Mai 1945 - Besatzungszeit[107], folgt aber denselben Grundgedanken. In Weigelts Fallgruppenaufsatz sind die drei Zeitabschnitte nochmals in eine Vielzahl von inhaltlichen Untergruppen unterteilt und ausführlich beschrieben. Für unsere Neuauflage der Studie ist eine vollständige Gliederung der Gruppen und Untergruppen am Anfang des Fallgruppenaufsatzes eingefügt. Eine solche Differenzierung der Fälle ist jedoch für Datenbankabfragedarstellungen zu unübersichtlich, sodass die Auswertung der Verurteilungen pauschaler auf lediglich sechs Gruppen bezogen wurde.

An dieser Stelle wollen wir uns auf eine Aufzählung der schon erwähnten sechs für die Auswertung gebildeten inhaltlichen Deliktgruppen, die die Grundlage der nächsten Tabelle bilden, und ihre kurzen Beschreibungen beschränken.

Verbrechen in der NS-Zeit und während des Krieges

1. Politische Betätigung für das NS-Regime (1933-1945, NS-Verbrechen genannt),
2. Handlungen, die im weitesten Sinne mit der Kriegszeit zu tun haben, von uns gemäß sowjetischer Kategorisierung als Kriegsverbrechen (1941-1945) zusammengefasst.

107 Zusammenfassend mit besonderem Bezug zu den für unsere Fallstudie neu erschlossenen Quellen vgl. Andreas Weigelt, Sowjetische Todesurteile gegen deutsche Zivilisten 1944 bis 1947. In: Julia Landau/Enrico Heitzer (Hg.), Zwischen Entnazifizierung und Besatzungspolitik. Die sowjetischen Speziallager 1945-1950 im Kontext, Göttingen 2021, S. 137-144.

Verbrechen während der Besatzungszeit Januar 1945–Mai 1947

3. Kriminelle Delikte in der Besatzungszeit (1945–1947)[108],
4. Politische Betätigung mit tatsächlicher oder theoretisch möglicher Gewaltanwendung gegen die Besatzungsmacht (1945–1947),
5. Illegaler Waffenbesitz (1945–1947),

Politischer Widerstand während der Besatzungszeit

6. Politische Betätigung mit politischen Mitteln als Widerstand gegen die Besatzungsmacht (1945–1947).

In Gruppe 1 – den NS-Verbrechen – sind vorwiegend Vorwürfe nach Art. 58–1 (Vaterlandsverrat), 58–3 (Verbindung mit ausländischen Regierungen), 58–4 (Unterstützung der internationalen Bourgeoisie) sowie vielfach 58–6 (Spionage) aus dem Strafgesetzbuch der RSFSR vertreten. Letzterer diente der Bestrafung von Spionage gegen die UdSSR *während des Krieges*. Die Sowjetunion hat damit etwa Mitarbeiter des Amtes Abwehr/Ausland der Wehrmacht oder Diplomaten sowie Personen bestraft, die auf besetztem sowjetischem Territorium sowjetische Bürger als Agenten geführt hatten. Auch Fälle von Vaterlandsverrat bei Russlanddeutschen, die für die deutsche Seite gearbeitet hatten, wurden nach obigen Bestimmungen bestraft. Eine Reihe von Urteilen richtete sich ebenfalls gegen Deutsche, die ab 1945 nicht vor der vorrückenden Roten Armee geflohen waren und denen vorgeworfen wurde, sie wären von den Deutschen im Hinterland der vorrückenden Roten Armee zu Spionagezwecken zurückgelassen worden. Die letztgenannte Gruppe war gemäß GOKO-Befehl 7467ss vom 3. Februar 1945 ebenfalls zu verhaften und abzuurteilen.

Gruppe 2 – Kriegsverbrechen, unsere umfangreichste Gruppe – umfasst den großen Bereich, den *sowjetische* Gerichte unter Kriegsverbrechen subsumierten. Hierbei geht es sowohl um Gewalttaten in der Sowjetunion oder in anderen besetzten Gebieten als auch im Deutschen Reich selbst. Bei Letztgenannten spielte vor allem die häufig mit Gewaltmaßnahmen begleitete Misshandlung sowie die Tötung von sowjetischen Kriegsgefangenen und Zwangsarbeitern eine besondere Rolle. Hinzu kamen viele Aburteilungen von Angehörigen der deutschen Sicherheitsorgane. Die hauptsächlichen Strafbestimmungen sind Ukaz 43 und Art. 58–2. KG Nr. 10 ist bei unserer Untersuchungsgruppe der Todesurteile bis 1947 in keinem einzigen Fall vertreten, kam jedoch in den Rehabilitierungsverfahren ab Anfang der 1990er-Jahre in Umqualifizierungsfällen häufig zur Anwendung (siehe Abschnitt V). Die Deliktgruppe „2 Kriegsverbrechen 1941–1945“ enthält jedoch auch eine besondere Quellengattung, die sogenann-

108 In der Datenbank war auch die Kategorie „Andere Verbrechen“ vertreten; da aber alle Delikte am Ende unserer jetzigen Auswertungen einer der anderen sechs Hauptgruppen zugewiesen werden konnten, enthält sie keine Einträge mehr und wird in den nächsten Tabellen nicht mehr abgebildet.

ten Transportlisten 1945. In diesen waren Personen mit Todesurteilen für den Transport zu Gefängnissen wie Frankfurt/Oder oder Brest zusammengefasst, bei denen meistens das Delikt nicht weiter erläutert war und auch keine exakten Strafrechtsbestimmungen und Urteilsdaten genannt waren. Aus den Listen kann jedoch geschlossen werden, dass den Genannten Kriegsverbrechen vorgeworfen worden waren. Wo das so der Fall war, haben wir diese Personen in der Kategorie „Haftgrund" unter „Kriegsverbrechen wahrscheinlich" rubriziert. Insgesamt umfasst die Gruppe der nach „Transportlisten 1945" Erfassten 182 Personen, wobei in einer Minderheit von Fällen auch Urteilsdelikt und Verurteilungsdaten vorhanden sind.

Mit Gruppe 3 beginnt unser zweiter Zeitraum mit jenen Verbrechen, die ausschließlich in der Besatzungszeit geschahen. Die Gruppe 3 ist relativ klein und enthält Delikte, die der allgemeinen Kriminalität zuzuweisen sind, von Diebstahl und Raub bis zu Mord. Gruppe 4 umfasst im Prinzip Delikte gegen das Besatzungsregime in den durch die Rote Armee besetzten deutschen Gebieten, beginnend mit Anfang 1945. Die hauptsächlich zur Anwendung gekommenen Strafrechtsbestimmungen umfassen die Art. 58-8 (Terror), 58-9 (Diversion), 58-11 (illegale Gruppenbildung) und 58-14 (Sabotage). Zu diesem Bereich zählen auch Delikte, die mit illegalem Waffenbesitz zu tun hatten und in der Regel auch nach Art. 58-14 abgeurteilt wurden (Deliktgruppe 5). KG Nr. 43 vom 20. Dezember 1946, das die Aufbewahrung und Nichtablieferung von Waffen unter Strafe stellte, und SMAD-Befehl Nr. 3 vom 15. Juni 1945 kamen bei unserer Verurteiltengruppe offenbar nicht zur Anwendung.

Die letzte Gruppe, Nr. 6, fällt ebenfalls in die Besatzungszeit, trat jedoch erst nach der Kapitulation am 8./9. Mai 1945 in Erscheinung. Sie lässt sich cum grano salis unter dem Begriff „gewaltloser Widerstand" einordnen. Es ging dabei um Handlungen, die sich im weitesten Sinne gegen die Politik von Besatzungsmacht und der im April 1946 gegründeten SED richteten. In diesen Fällen kamen nach den angewandten Urteilsparagrafen keinerlei Gewaltandrohungen gegen Personen oder Waffen zum Einsatz. Strafrechtsbestimmungen waren etwa Art. 58-6 (Spionage), 58-10 (antisowjetische Propaganda) und 58-11 (illegale Gruppenbildung), in Einzelfällen auch Art. 58-1 (als Beihilfe zur Fahnenflucht) oder sogar in wenigen Fällen Art. 58-2 allein. Insgesamt ist Art. 58-2 auch in dieser Gruppe mehrfach vertreten, jedoch offenbar nur als zusätzliche Sanktionsverschärfung, wie etwa bei Günter Plachta (siehe biografischer Anhang), der aufgrund von Art. 58-4, 58-11 und 58-2 verurteilt wurde. Mindestens 35 Mal kam Art. 58-6, 38 Mal Art. 58-10 und 16 Mal Art. 58-11 zur Anwendung (Mehrfachnennungen möglich). In wenigen Fällen waren die Vorwürfe nur verbalisiert vorhanden, ohne konkrete Strafrechtsbestimmung. Auffällig an dieser Gruppe ist, dass sie die höchste Umwandlungsrate bezüglich der Todesurteile aufweist und gleichfalls auch die höchste Rehabilitierungsrate (siehe weiter unten).

Als letzte nicht inhaltlich bestimmte Gruppe 7 sind die Fälle rubriziert, in denen weder die deutschen noch die sowjetischen Unterlagen einen Haftgrund erkennen lassen, es aber eindeutig ist, dass der Betroffene zum Tode verurteilt wurde. In der DBFT sind sie unter „keine Angabe“ beim Haftgrund rubriziert.

Diese Gruppeneinteilung liegt den folgenden Tabellen bezüglich der Deliktgruppen/Urteilsgründe zugrunde.

Tabelle 13: Anzahl und Anteil der Deliktgruppen (Gesamt: N = 3 407)[109]

Deliktgruppe	Anteil Haftgründe in Prozent
Gruppe 1: NS-Verbrechen 1933-1945 (N = 182)	5,3
Gruppe 2: Kriegsverbrechen 1941-1945 (N =2.172)	63,8
Gruppe 3: kriminelle Verbrechen in der Besatzungszeit (N = 17)	0,5
Gruppe 4 und 5: Verbrechen in der Besatzungszeit 1945-1947 (N = 767)	22,5
Gruppe 6: Widerstand in der Besatzungszeit (N = 110)	3,2
Gruppe 7: Keine Angaben (N = 159)	4,7

Wenn wir die Gruppen 1 und 2 als Delikte zusammenfassen, die unmittelbar mit der NS-Diktatur und dem Kriegsgeschehen zu tun hatten, so hat dieser Komplex insgesamt einen Anteil von 69,1 Prozent. Delikte auf deutschem Staatsgebiet gegen die Besatzungsmacht ab Anfang 1945 (Gruppe 3, 4 und 5) bilden einen Anteil von 23 Prozent. Nach dem 8. Mai 1945 ausgeübter gewaltloser politischer Widerstand im weitesten Sinn ist bei den Todesurteilen nur mit 3,2 Prozent vertreten[110], ganz im Gegensatz zu den Größenordnungen bei *allen* SMT-Verurteilten für diese Deliktgruppe ab 1948 und in den folgenden Jahren (siehe Tab. 5, dort unter dem Stichwort „Spionage“ dargestellt). Bei knapp 4,7 Prozent aller Verurteilten waren keine näheren Angaben zu den Urteilsgründen zu ermitteln.

Mit den oben genannten 69 Prozent bildet die Verfolgung von NS- und Kriegsverbrechen damit mehr als zwei Drittel der urteilsbegründenden Strafrechtsbe-

109 Die 767 Fälle der Gruppe „4/5 Verbrechen in der Besatzungszeit“ enthalten auch 23 Fälle von illegalem Waffenbesitz.

110 Wenn wir lediglich die vier Gruppen zugrunde legen, die in der 1. Auflage unserer Studie bei Abb. 17 vorlagen (also ohne Berücksichtigung von unbestimmten Fällen), so läge der Anteil von Gruppe 1 und 2 bei 72,4 Prozent und bei den Gruppen 3 bis 5 bei 24,2 Prozent. Vgl. Klaus-Dieter Müller, Verbrechensahndung und Besatzungspolitik. Zur Rolle und Bedeutung der Todesurteile durch Sowjetische Militärtribunale. In: Andreas Weigelt/Klaus-Dieter Müller/Thomas Schaarschmidt/Mike Schmeitzner, Todesurteile sowjetischer Militärtribunale gegen Deutsche (1944-1947). Eine historisch-biographische Studie, 1. Auflage, Göttingen 2015, S. 15-62, hier 53.

stimmungen. An zweiter Stelle liegen Delikte, die in die Zeit der Endkämpfe auf deutschem Boden von Januar bis Mai 1945 (bei Weigelts Fallgruppen Zwischenkriegszeit genannt) bzw. in die ersten 24 Monate nach Gründung der Besatzungsverwaltung im Juni 1945 fielen, wie vor allem Verurteilungen wegen sogenannter Werwolftätigkeit, früherer Angehörigkeit zum Volkssturm oder Sabotage und illegalem Waffenbesitz. Bei den beiden Tatvorwürfen Werwolf- und Volkssturmangehörigkeit wurden von sowjetischen Gerichten sowohl Art. 58-2 als auch Art. 58-8-9-11 angewandt, wobei Art. 58-2 für beide Gruppen in der deutlichen Minderheit blieb. Falls durch Volkssturmangehörige entflohene Kriegsgefangene oder gefangengenommene Soldaten an deutsche Sicherheitsorgane übergeben wurden, ordneten die SMT dieses auf jeden Fall nach Art. 58-2 als Kriegsverbrechen ein. Nur wenige Personen wurden mit der Beschuldigung Werwolf allein nach Art. 58-2 verurteilt.

Während der Anteil der Verurteilungen wegen NS- und Kriegsverbrechen in den Jahren 1945 bis 1947 in jedem Jahr mehr als zwei Drittel der Verfahren ausmacht (69,2 % / 66,8 % / 78,1 %), bewegt sich die Deliktgruppe 4 und 5 (Verbrechen in der Besatzungszeit) 1945 und 1946 bei 25,8 beziehungsweise 22,8 Prozent. 1947 umfasst sie nur noch 11,2 Prozent.

Tabelle 14: Verteilung der Urteilsgründe nach Deliktgruppen und Jahr (N= 3 407)

Zeitraum bzw. Jahr	Gruppe 1 und 2: NS-/ Kriegsverbrechen	Gruppe 3: kriminelle Verbrechen in der Besatzungszeit	Gruppe 4 und 5: Verbrechen in der Besatzungszeit	Gruppe 6: Widerstand in der Besatzungszeit	Gruppe 7: Keine Angaben
1944–1947	14	0	1	0	21
1944	13	2	0	0	0
1945	1108	8	413	23	49
1946	898	6	307	57	76
1947	321	1	46	30	13

Wie bereits im vorigen Abschnitt erwähnt, mussten Todesurteile seit Mai 1945 immer von einer höheren Instanz bestätigt werden, bevor sie vollstreckt werden konnten. Jeder Verurteilte hatte das Recht und quasi die Pflicht,[111] ein Gnadengesuch zu stellen.

Ein wichtiger Aspekt ist in diesem Zusammenhang die Zeit zwischen Urteil und Hinrichtung. Für das Jahr 1945, überwiegend vor dem 18. April 1945, sind über 80 Personen erfasst, die nur einen Tag nach ihrer Verurteilung erschossen wurden. Hier griff offenbar noch der bereits genannte Befehl Nr. 7467ss vom 3. Februar 1945, in dem festgehalten war, dass sogenannte Terroristen und Diversanten an Ort und Stelle hinzurichten seien („zu vernichten"). Die Zeit zwischen Urteil und Hinrichtung lag 1946 und 1947 bei durchschnittlich einem Monat.

Auf Grundlage der Recherchen zu dem Projekt über die frühen Todesurteile lassen sich für die Jahre bis 1947 in gut 46 Prozent der Hinrichtungs-/Todesfälle (1 235) sichere oder relativ sichere Aussagen über den Hinrichtungsort bzw. den geografischen Raum treffen. Unter den Orten (bzw. Bezirken/Gebieten) mit den höchsten Hinrichtungszahlen stechen das Spezialgefängnis in Frankfurt/Oder hervor (108 Hinrichtungen) und die Stadt oder das Speziallager Bautzen (101), gefolgt von Berlin (96), Weimar/Buchenwald (61), Chemnitz (60) und Halle/Saale (52). Einige Deutsche wurden auch im Ausland hingerichtet, so in Polen (35) und der Tschechoslowakei (23); der größte Anteil von Hinrichtungen im Ausland entfiel auf die Sowjetunion (416). Von diesen wurde gut ein Viertel in Brest vollstreckt (107), 41 in Moskau und 31 in Minsk.[112] Nach Wiedereinführung der Todesstrafe im Januar 1950 wurden schließlich alle Todeskandidaten - mit Ausnahme derjenigen der standrechtlichen Hinrichtungen im Zusammenhang mit dem 17. Juni 1953 - nach Moskau in das Gefängnis Butyrka verbracht, wo sie nach oft monatelangem Warten auf eine Entscheidung über ihr Gnadengesuch bei dessen Ablehnung erschossen wurden.[113] Ihre Leichen wurden eingeäschert und auf dem Donskoje-Friedhof im Südwesten Moskaus in anonymen Massengräbern bestattet.[114] Für die in den Jahren 1945 bis 1947 Hingerichteten gibt es hingegen nur in den seltensten Fällen relativ genaue Hinweise auf die *konkreten* Grablagen.

111 Es sind nur einzelne Fälle bekannt, in denen sich Angeklagte weigerten, ein solches Gesuch zu stellen. Aktenauswertungen haben jedoch auch ergeben, dass zumindest im Jahr 1945 Gnadengesuche teilweise bei der Urteilsbestätigung durch die höhere Instanz unbeachtet blieben, teils wurden sie nicht einmal übersetzt.

112 Unter den Gerichten sind 76 Gerichtsbezeichnungen mit Gebietsangaben aus der UdSSR; dies entspricht wegen teils unterschiedlicher Bezeichnung gut 50 Gerichten. Von ihnen wurden allein 309 Todesurteile verhängt.

113 Vgl. Andreas Hilger, Strafjustiz im Verfolgungswahn. Todesurteile sowjetischer Gerichte in Deutschland. In: ders. (Hg.), „Tod den Spionen!", S. 95-155, hier 99.

114 Vgl. Hilger/Petrov, „Im Namen der Union der Sozialistischen Sowjetrepubliken", S. 34.

Tabelle 15: Todesurteile verhängt, vollstreckt[115], umgewandelt

Zeitraum bzw. Jahr	Todesurteile gesamt	Davon vollstreckt	Davon umgewandelt
1944–1947	36	24	12
1944	15	15	0
1945	1601	1451	150
1946	1344	1102	241
1947	411	82	329
1950	183	171	12
1951	483	451	32
1952	379	326	53
1953	65	11	54

Tabelle 15 verdeutlicht, dass der jährliche Anteil der insgesamt 3 633 vollstreckten Todesurteile im den Zeitabschnitten 1945 bis 1947 und 1950 bis 1953 teils stark schwankte. In den Jahren 1945 und 1946 wurden zahlenmäßig die meisten Todesurteile vollstreckt mit mindestens 1451 und 1102 Hinrichtungen; nach Gründung der DDR lag die höchste Zahl der Hinrichtungen bei 451 im Jahr 1951. Auffällig ist auch, dass – bei insgesamt weitaus weniger Hinrichtungen als 1945 und 1946 – die höchsten Vollstreckungsquoten des gesamten Betrachtungszeitraums für die Jahre 1950 und 1951 zu verzeichnen sind. Diese liegen für unsere drei Hauptjahre der frühen Todesurteile bei 90,6 Prozent (1945), 82 Prozent (1946) bzw. 20 Prozent (1947). Die relativ geringe Vollstreckungsquote für 1947 hatte jedoch keineswegs mit einem Rückgang des Verfolgungsdrucks zu tun. Denn mit 99 Todesurteilen im Februar und 122 im März 1947 knüpften diese beiden Monate an die hohen Todesurteilszahlen des ersten Halbjahres 1946 an (siehe Tabellen 10 und 11). Auch die Hinrichtungszahlen der ersten drei Monate 1947 bewegten sich im Bereich der Zahlen von August bis Dezember 1946. Vielmehr hängt die hohe Umwandlungsquote des Jahres 1947 vor allem damit zusammen, dass über relativ viele von März bis Mai 1947 verhängte Todesurteile noch nicht in zweiter Instanz in Moskau entschieden worden war

115 In den vollstreckten Todesurteilen der von uns untersuchten Periode 1944–1947 in Höhe von 2 674 Hinrichtungen sind insgesamt auch 32 Personen enthalten, die vor der Hinrichtung entweder im Gefängnis oder auf dem Transport starben bzw. auf der Flucht erschossen wurden, siehe auch FN 101. Lediglich einem Verurteilten gelang 1946 eine erfolgreiche Flucht aus dem Gefängnis. Die Zahlen für 1950–1953 stammen aus Hilger/Petrow, „Im Namen der Union der Sozialistischen Sowjetrepubliken", S. 33.

und diese damit in hoher Zahl zu den ab Juni 1947 (nach der Abschaffung der Todesstrafe am 26. Mai 1947) folgenden Umwandlungen der Todesurteile in 25 Jahre Freiheitsstrafe gehörten.

In den Jahren 1950 und 1951 lagen die Vollstreckungsquoten bei jeweils 93,4 Prozent, 1952 bei 86 Prozent. Die bald einsetzende politische „Tauwetterperiode“ nach Stalins Tod am 6. März 1953 führte mutmaßlich auch zu der stark abfallenden Quote von 16,9 Prozent Vollstreckungen in diesem Jahr.

Unterschiedlich fällt die Umwandlungsquote bei den von uns gebildeten sechs inhaltlichen Deliktgruppen der Jahre 1944 bis 1947 aus, die wir hier zu vier inhaltlichen Hauptgruppen zusammengefasst haben, wie die nächste Tabelle zeigt.

Tabelle 16: Vollstreckungen und Umwandlungen von Todesurteilen nach Deliktgruppen (N = 3 407 verhängte Todesurteile; davon 2 674 vollstreckt oder verstorben/erschossen auf Flucht; 732 umgewandelt; eine erfolgreiche Flucht nach Todesurteil).

Deliktgruppen	TU gesamt	Davon vollstreckt	Davon umgewandelt
Gruppe 1 und 2: NS-/ Kriegsverbrechen	2354	1909	445
Gruppe 3: Kriminelle Verbrechen in der Besatzungszeit	17	13	4
Gruppe 4 und 5: Verbrechen in der Besatzungszeit	767	566	200
Gruppe 6: Widerstand in der Besatzungszeit	110	54	56
Gruppe 7: Keine Angabe	159	132	27

Bezüglich der Deliktgruppen NS-/Kriegsverbrechen, Verbrechen während der Besatzungszeit und Verbrechen ohne konkrete Deliktangabe (Bezeichnung „keine Angaben“) ist der Anteil der Vollstreckungen *relativ* gleich hoch. Bei der umfangreichsten Deliktgruppe „NS- und Kriegsverbrechen“ beträgt die Umwandlungsquote 18,9 Prozent. 81,1 Prozent aller Todesurteile wurden also vollstreckt. In ähnlicher Höhe liegt die Vollstreckungsrate auch im Bereich der Gruppe 7 (keine Angaben) mit 83,0 Prozent. Es ist wohl davon auszugehen, dass sich die Mehrzahl dieser 159 Fälle auch auf NS- und Kriegsverbrechen bezieht. Für die Deliktgruppen 3 bzw. 4/5 – kriminelle Verbrechen, illegaler Waffenbesitz und Verbrechen während der Besatzungszeit – ergibt sich mit 73,9 Prozent eine etwas niedrigere Vollstreckungsquote. Eine erhebliche Abweichung zeigt sich jedoch bei der Deliktgruppe 6 „Widerstand während der Besatzungszeit". In dieser wurde die knappe Mehrzahl der Todesurteile in Zeitstrafen umgewandelt, sodass die Vollstreckungsquote „nur" 49,1 Prozent ausmacht.

Zum Schluss sollen zwei weitere Auswertungen zu Altersstruktur und politischer Belastung der Verurteilten vorgestellt werden. Dabei werden die Unterschiede zur Altersstruktur bei den etwa 30 000 Verurteilten aus der VDB und dem Abschnitt IV.3 „Größenordnung und Deliktstruktur" deutlich. Bei den frühen Todesurteilen aus der DBFT dominieren die Jahrgänge 1890 bis 1904 mit den drei höchsten Zahlen (Tabelle 17). Diese Altersgruppen der bei ihrer Verurteilung zwischen 38- und 57-Jährigen weist Parallelen zum Alter der Nicht-Verurteilten (sog. Spezialkontingent in den sowjetischen Speziallagern, siehe Abschnitt IV.2.) auf, bei dem auch aufgrund ihrer überwiegend vorhandenen politischen Belastung als Mitglieder und Funktionäre in NS-Organisationen und Straforganen die mittleren bis älteren Jahrgänge dominierten. Auffällig in unserer Gruppe der Todesurteile ist auch die als viertgrößte Kohorte anzutreffende Altersgruppe der von 1925-1929 Geborenen; hierbei handelt es sich in der Regel um Jugendliche oder junge Erwachsene, die wegen Verbrechen gegen die Besatzungsmacht verurteilt worden sind, vor allem sogenannte Werwölfe. Demgegenüber bildeten bei der Gesamtheit *aller* SMT-Verurteilten die Alterskohorte zwischen 17 und 29 Jahren die größten Einzelgruppen.

Tabelle 17: Altersstruktur der Verurteilten (N= 3 262)[116]

Jahrgang	Anzahl
1870-1874	16
1875-1879	54
1880-1884	142
1885-1889	286
1890-1894	408
1895-1899	520
1900-1904	443
1905-1909	356
1910-1914	270
1915-1919	123
1920-1924	253

116 146 Datensätze enthalten keine Altersangabe.

Jahrgang	Anzahl
1925–1929	364
1930–1934	27

Aufgrund der Datenstruktur sind Aussagen zur politischen Belastung der zum Tode Verurteilten nur eingeschränkt möglich. In immerhin 1 223 Fällen sind Mitgliedschaften in der NSDAP bzw. bestimmten in Tabelle 18 aufgenommenen NS-Organisationen vorhanden. Diese Verteilung bezieht sich auf 1 058 Personen (= 31 Prozent aller Verurteilten). Das ist erheblich über dem Durchschnitt der deutschen Gesamtbevölkerung 1933 bis 1945. In welchen Fällen weitere Verurteilte Mitglieder der genannten Organisationen waren, kann man nur vermuten. Allein die Altersstruktur legt nahe, dass der Anteil vermutlich höher liegt.

Tabelle 18: Mitgliedschaft in NS-Organisationen (N= 1 223, Mehrfachnennungen möglich)

NS-Organisation	Anzahl
NSDAP	757
HJ, JV, BDM	225
SS/Waffen-SS	146
SA	95

Abschließend noch eine kurze Bemerkung zu den verurteilenden Gerichten. Insgesamt sind für unsere Gruppe bei 3 407 erstinstanzlichen Todesurteilen 356 verurteilende Gerichtsorgane mit unterschiedlichen Bezeichnungen vertreten. Wenn man die Bezeichnungen der Gerichte zusammenfasst und sie jeweils einem Gericht zuordnet, so ergeben sich folgende Ergebnisse: 189 Militärtribunale, die Truppenteilen oder den verschiedenen SMAD-Instanzen zuzuordnen sind und die ihre Urteile in Osteuropa oder auf deutschem Gebiet sprachen, sowie 62 Militärtribunale unterschiedlicher Ministerien, die in der UdSSR aburteilten. Zudem enthält die DBFT 21 Militärtribunale mit Ortsangaben (etwa SMT Dresden, SMT Halle o. ä.), bei denen die exakte Bezeichnung des Truppenteils nicht bekannt ist. Wir können daher von maximal 251 verschiedenen Gerichtsinstanzen ausgehen, von denen die übergroße Mehrheit nur mit wenigen bis einer einzigen Verurteilung vertreten ist.[117]

117 Auch hier könnten noch Doppelungen vorliegen, da manche Truppenteile später Namenszusätze erhielten. Bei 24 Urteilen waren sogenannte Sonderberatungen (OSO)

Bei 497 Urteilen ist keine Gerichtsinstanz genannt. Insgesamt 2 910 Urteile ließen sich einer Gerichtsinstanz zuordnen, davon allein in 271 Fällen lediglich mit der Angabe SMT. Hinzu kommt, dass nur in relativ wenigen Fällen exakt zu belegen ist, an welchen Standorten das jeweilige SMT-Urteile gefällt wurde. Die nächste Tabelle zeigt die elf der am häufigsten in unseren Quellen vertretenen SMT, die immerhin mehr als ein Drittel aller Urteile mit bekanntem Gericht ausmachen.[118]

Tabelle 19: SMT-Verurteilungen nach den häufigsten Einzelgerichten (N = 1 005 von 2 639 bekannten Gerichten)

Einzelgericht	Anzahl der Verurteilungen
SMT SMA Sachsen	169
SMT Garnison Berlin	167
SMT 8. Gardearmee	148
SMT 19. Mechanisierte Gardedivision	98
SMT 11. Gardepanzerdivision	85
SMT MVD zum Schutz rückwärtiger Besatzungstruppen	71
SMT 59. Armee	67
SMT Zentrale Gruppe der Streitkräfte	58
SMT 57. Gardeschützendivision	51
SMT SMA Thüringen	48
SMT 5. Stoßarmee	43

des NKVD/MVD die urteilende Instanz. Neun Urteile haben keine SMT-Benennung, sondern nur die verhaftenden und hinrichtenden NKVD-Organe. Ob es hier vorher zu formellen SMT-Todesurteilen gekommen war, ist nicht bekannt, es ist aber eher unwahrscheinlich. Bei den genannten 62 Gerichtsinstanzen auf sowjetischem Territorium handelt es sich zumeist um Militärtribunale des NKVD/MVD oder auch um Entscheidungen des Militärkollegiums des Obersten Gerichts, deren Urteile wir mitberücksichtigt haben, da die Verurteilten dieser Gerichte ebenfalls zuvor in den Status eines zivilen Angeklagten überführt worden waren. Siehe hierzu Weigelts Ausführungen im Vorspann des biografischen Anhangs.

118 An dieser Stelle sei noch einmal darauf hingewiesen, dass es sich um Mindestzahlen des jeweiligen SMT handelt, deren Urteilszahlen sicherlich um die oben genannten SMT ohne Orts- und Truppenbezeichnungen sowie um die Urteile, in denen keine Instanz genannt ist, ergänzt werden müssten.

Wie die Tabelle zeigt, ist neben dem Schwerpunkt Berlin unter den urteilenden Gerichten das am häufigsten betroffene Land Sachsen. Dies wird umso deutlicher, wenn man berücksichtigt, dass eine Einzelanalyse unter Einbezug von Verhandlungsorten auch mehrere der am meisten genannten Truppengerichte aus Tabelle 19 als in Sachsen urteilende Gerichte ausweist, wie etwa die SMT der 8. Gardearmee, der 19. Mechanisierten Gardedivision, der 57. Gardeschützendivision, der 11. Gardepanzerdivision oder der 5. Stoßarmee. Insgesamt wirkten in Sachsen mindestens 13 verschiedene SMT von Truppenteilen und das SMT der SMA Sachsen.[119]

Wie schon erläutert, gibt es zu den meisten Tribunalurteilen keine Angabe zum Verhandlungsort, weder für den Großteil der Urteile in der Sowjetunion noch auf osteuropäischem oder deutschem Gebiet. An dieser Stelle sollen wenigstens die Orte für Sachsen genannt werden, die in den Quellen erwähnt werden. Sie reichen über die erwartbaren Orte wie Bautzen (Speziallager), Dresden, Chemnitz, Leipzig, Zwickau oder Torgau (Speziallager) hinaus. Genannt sind ebenfalls Verhandlungen in kleineren Orten wie Radebeul, Riesa, Plauen, Auerbach oder Zeithain.[120] Für 1947 ist auffällig, dass in der Liste der Gerichte mindestens bei 136 von 411 Personen eine Verurteilung durch SMT in oder mit Sitz in Sachsen vermerkt ist, also ein Drittel aller Urteile, zum überwiegenden Teil wegen Kriegsverbrechen.

Wenn die Gruppe der hier Untersuchten zusammenfassend charakterisiert werden soll, so kann man – cum grano salis – zu folgenden Ergebnissen kommen:

1. Nahezu alle Verurteilten sind Männer. Frauen bilden im Gegensatz zur Gruppe der Internierten in den Speziallagern, wo sie mit ca. 14 Prozent vertreten sind, eine viel kleinere Minderheit von nur zwei Prozent. In der VDB mit ca. 30 000 Personen sind verurteilte Frauen mit etwa zehn Prozent enthalten.
2. Es handelt sich schwerpunktmäßig um Männer der Jahrgänge 1890 bis 1904.
3. Wie Tabelle 13 verdeutlicht, wurden 69,1 Prozent der Verurteilten mit bekanntem Urteilsgrund für Delikte abgeurteilt, die mit der NS-Diktatur und/oder dem Kriegsgeschehen bis Mai 1945 zu tun hatten. 22,5 Prozent der zum Tode Verurteilten waren an den Endkämpfen, beispielsweise als Volkssturmangehörige, beteiligt gewesen, oder ihnen wurde in den Monaten der sowjetischen Besatzungsherrschaft bis zum Mai 1947 bewaffneter Widerstand und Werwolftätigkeit vorgeworfen. Nur bei einem kleinen Teil von 3,2 Prozent der

119 Vgl. auch Grit Gierth/Bettina Westfeld, Zur Tätigkeit sowjetischer Militärtribunale in Sachsen. In: Hilger/Schmeitzner/Schmidt (Hg.), SMT, Band 2, S. 539–570, hier S. 542–545. Sie konnten insgesamt 18 SMT für Sachsen feststellen, die jedoch noch nicht alle in unserem Untersuchungszusammenhang tätig waren.

120 Der Ort der Verhandlung ließe sich nur exakt ermitteln, wenn jeweils aus den sowjetischen Strafakten das Gerichtsprotokoll vorhanden wäre, was nur in einer kleinen Minderheit der Urteile der Fall ist.

Verurteilten handelt es sich nach den sowjetischen Vorwürfen um *politischen* gewaltfreien Widerstand gegen die Besatzungsmacht.

4. Die politische NS-Belastung der Verurteilten ist höher als die der Gesamtbevölkerung, etwa was die NSDAP-, SS- und SA-Mitgliedschaft betrifft. Eine *exakte* quantitative Aussage zu unserer Kohorte lässt die Quellenstruktur jedoch nicht zu, da zu mehr als zwei Dritteln aller zum Tode Verurteilten keine Angaben zur politischen Belastung vorliegen (siehe Tabelle 18).
5. Über eine tatsächliche strafrechtliche individuelle Schuld der Verurteilten ist kein Gesamturteil möglich, da zum einen nur bei einem kleineren Teil der Verurteilten sowjetische Strafakten oder Strafaktenauszüge bekannt sind und damit bei den meisten die damals gemachten Vorwürfe nicht ausreichend überprüft werden können. Hinzu kommt die bekannte Tatsache der häufig mangelhaften Untersuchungsverfahren von NKVD und die diesen folgende Urteilspraxis der SMT. Doch gerade im Bereich NS- und Kriegsverbrechen zeigen auch die deutschen Unterlagen (z. Bsp. Dienst in den besetzten Gebieten, Mitgliedschaft in terroristischen NS-Organisationen, Beteiligte am NS-Zwangsarbeitsregime bei Ausländern) deren tiefe Verstrickungen in die Verbrechen des NS-Systems. Dass viele der Verurteilten tatsächliche, teils erhebliche strafrechtliche Schuld auf sich geladen hatten, zeigt sich deutlich in den Beiträgen von Weigelt in diesem Band und kann im biografischen Anhang nachvollzogen werden.

V. Recht und Unrecht - vom Nutzen und Wert russischer Rehabilitierungsentscheidungen für die historische Aufarbeitung: Überlegungen zur Bewertung des sowjetischen Vorgehens 1945-1947[121]

Von grundlegender Bedeutung für die Untersuchung sowjetischen Vorgehens nach dem Ende des Zweiten Weltkrieges ist das russische Rehabilitierungsgesetz von 1991. Das am 18. Oktober 1991 verabschiedete Gesetz bildet bis heute die Hauptgrundlage für Rehabilitierungen und ermöglicht als *einziges* Instrument den Zugang zu den sowjetischen Strafakten der Rehabilitierten. Das vor 33 Jahren verabschiedete Rehabilitierungsgesetz war der Kulminationspunkt von Bemühungen, die bereits kurz nach Stalins Tod begonnen hatten, jedoch immer zu kurz griffen, weil das Grundübel, das repressive System des Kommunismus

121 Eine ausführlichere aktuelle Darstellung dieser Problematik hat der Autor in einem Artikel 2021 veröffentlicht, vgl. Klaus-Dieter Müller, Kooperation aus totalitärer Erfahrung. Das russische Rehabilitierungsgesetz und die gemeinsame Aufarbeitung politischer Repression in SBZ und DDR 1945-1955 durch deutsche und russische Institutionen. Bilanz und Beobachtungen aus der Praxis. In: GULag und Gedächtnis. Beiträge zur deutsch-russischen Geschichte. Hg. von der Landesbeauftragten für Mecklenburg-Vorpommern für die Aufarbeitung der SED-Diktatur, 2 (2021) 2, S. 74-99.

in der UdSSR, bis 1991 nicht beseitigt war.[122] Erst als die Perestrojka zu einer bis dahin nicht gekannten gesellschaftlichen Diskussion führte, als Archive sich vorsichtig öffneten und Aktenbestände freigegeben wurden, gab es auch die ersten ernsthaften Gesetzesinitiativen des Obersten Sowjet der RSFSR (Parlament), die schließlich in dem Gesetz vom 18. Oktober 1991 ihren Niederschlag fanden. Das Rehabilitierungsgesetz hebt dabei nicht auf die damals gültigen völlig unzureichenden Gerichtsverfahrensregeln ab, sondern ausschließlich auf die von den Gerichten verhängten inhaltlichen Urteile, die als Ausdruck politischer Repression aufgehoben werden, wenn keine Verbrechen oder keine Beweise für Verbrechen vorlagen.

Die Erfahrung des Stalinismus bildet die Grundlage für seine Bestimmungen. In Art. 1 heißt es:

„Als politische Repression anerkannt werden die verschiedenen Zwangsmaßnahmen, die vom Staat aus politischen Gründen in Form von Tötung oder Freiheitsentzug, Zwangseinweisung in eine psychiatrische Anstalt, Ausweisung und Aberkennung der Staatsangehörigkeit, Umsiedlung von Bevölkerungsgruppen, Verbannung aus einem bzw. an einen bestimmten Ort bzw. Einweisung in eine Sondersiedlung, Zwangsarbeit mit Freiheitseinschränkung sowie andere Aberkennungen oder Einschränkungen von Rechten und Freiheiten von Personen, die aus Gründen der Klassenzugehörigkeit, aus sozialen, nationalen, religiösen oder anderen Gründen als sozial gefährlich für den Staat und die politische Ordnung galten, angewandt und durch Urteile bzw. Entscheidungen von Gerichten und anderen Behörden, denen Gerichtsfunktionen übertragen worden waren, sowie auf dem Verwaltungswege durch Exekutivbehörden und Amtspersonen sowie gesellschaftliche Organisationen oder deren mit Verwaltungsvollmachten ausgestattete Organe vollstreckt wurden."[123]

Aufgrund dieser umfassenden Definition politischer Repression war es möglich, einige Jahre später auch Deutsche grundsätzlich in den Geltungsbereich dieses Gesetzes einzubeziehen. Hier kam ein zweites Ereignis aus dem Jahr 1992 zur

122 Vgl. hierzu Sbornik zakonodatel'nych i normativnych aktov o repressijach i reabilitacii žertv političeskich repressij. Hg. vom Verchovnyj Sovet Rossijskoj Federacii [Sammlung von gesetzgebenden und normativen Gesetzen über Repressionen und Rehabilitierungen von Opfern politischer Repression. Hg. vom Obersten Sowjet der Russischen Föderation], Moskau 1993; Sbornik zakonodatel'nych i normativnych aktov o repressijach i reabilitacii žertv političeskich repressij. Hg. von der General'naja prokuratura Rossijskoj federacii. Pod obšč. red. G. F. Vesnovskoj. Čast' I i II [Sammlung von gesetzgebenden und normativen Gesetzen über Repressionen und Rehabilitierungen von Opfern politischer Repression. Hg. von der Generalstaatsanwaltschaft der Russischen Föderation. Unter redaktioneller Leitung von G. F. Vesnovskaja. Teil I und II], Kursk 1999; L'goty i kompensacii dlja žertv političeskich repressij. Vypusk 4 [Vorrechte und Kompensationen für Opfer politischer Repression. Auflage 4], Moskau 1997. Das Rehabilitierungsgesetz ist abgedruckt in Günther Wagenlehner, Die russischen Bemühungen um die Rehabilitierung der 1941-1956 verfolgten deutschen Staatsbürger. Dokumentation und Wegweiser, Bonn 1999, S. 89-110. Zur Geschichte der politischen Justiz in der UdSSR vgl. Vladimir N. Kudrjavcev/Aleksej I. Trusov, Političeskaja justicija v SSSR [Politische Justiz in der UdSSR], Moskau 2000.

123 Zit. nach Wagenlehner, Die russischen Bemühungen, S. 92.

Geltung. Am 16. Dezember 1992 wurden in Moskau zwei Regierungsabkommen unterzeichnet: Das deutsch-russische Kriegsgräberabkommen, das mit zur Überwindung der Folgen des Zweiten Weltkrieges beitrug,[124] sowie eine gemeinsame Erklärung von Bundeskanzler Kohl und Präsident Jelzin, der zufolge die unschuldigen Opfer der Gewaltherrschaft rehabilitiert werden sollten.[125] Für die Ausländer unter den Opfern politischer Repression wurde einige Zeit später eine eigene Abteilung in der vor allem für Rehabilitierung zuständigen russischen Hauptmilitärstaatsanwaltschaft eingerichtet.

Das Prüfungsverfahren bei der Rehabilitierung ist seit 1991 grundsätzlich ein formalisierter Prozess mit offenem Ausgang, der allein auf der Grundlage der damals angelegten Akten durch die russische Militärstaatsanwaltschaft oder entsprechende Gerichte erfolgt und gemäß den Vorgaben des russischen Rehabilitierungsgesetzes sowie sonstiger oberster Gerichtsentscheidungen durchgeführt wird.

Mit einer positiven Rehabilitierungsentscheidung wird das damalige Urteil aufgehoben und der Verurteilte wieder - allerdings nur bezüglich der damaligen Anklage - als unschuldig erklärt. Der entsprechende Passus im Gesetz lautet, er sei nur „aus politischen Gründen" verurteilt worden.

Dazu nur ein kurzes Schlaglicht auf die gesamten Rehabilitierungsquoten als Vergleichsgröße mit den Rehabilitierungsquoten bezüglich unserer Kohorte der frühen Todesurteile. Von 10 503 Rehabilitierungsentscheidungen der russischen Seite, die vor allem über das Auswärtige Amt an die Dokumentationsstelle Dresden gekommen waren und die diese 2008 ausgewertet hat, waren 9 966 (94,8 Prozent) von den für Rehabilitierung zuständigen russischen Staatsanwaltschaften positiv beschieden. Auch in der Kategorie „Kriegsverbrecher" (siehe hierzu Abschnitt IV.3.) wurden 1 794 Anträge (= 85,4 Prozent) positiv beschieden und 313 abgelehnt. Dieses Ergebnis war typisch für die Frühphase der Urteilsüberprüfungen bis etwa Mitte der 2000er-Jahre.

124 Karl Wilhelm Lange, Präsident a. D. des Volksbundes Deutsche Kriegsgräberfürsorge, hob die Bedeutung dieses Datums ausdrücklich in seiner Einleitung zum Gedenkbuch Hammelburg hervor. Vgl. Karl Wilhelm Lange, „Erst wenn der letzte Gefallene sein Grab erhalten hat, ist der Krieg endgültig zu Ende". In: Klaus-Dieter Müller/Reinhard Otto/Rolf Keller, Gedenkbuch verstorbener sowjetischer Kriegsgefangener. Friedhof Hammelburg Bayern, Kassel 2002, S. 5-7. Die stellvertretende Ministerpräsidentin Russlands, Valentina Matwienko, hat anlässlich des Vertragsabschlusses im September 2000 zwischen der StSG und Voennye Memorialy zur Bearbeitung von Karteikarten sowjetischer Kriegsgefangener dieses Projekt ausdrücklich in den Zusammenhang des 1992 abgeschlossenen Kriegsgräberabkommens gestellt und es als ein Vorhaben bezeichnet, das „der weiteren Verstärkung der freundschaftlichen Beziehungen zwischen den Völkern Russlands und Deutschlands" diene. Grußwort V. Matwienkos vom 21.9.2000 (Kopie in Dokumentationsstelle Dresden).

125 Gemeinsame Erklärung von Bundeskanzler Dr. Helmut Kohl und Präsident Boris N. Jelzin über die Rehabilitierung unschuldig Verfolgter vom 16.12.1992. In: Wagenlehner, Die russischen Bemühungen, S. 112 f.

Während also in den ersten Jahren nach Verabschiedung des Reha-Gesetzes auch bei Beschuldigungen wegen Kriegsverbrechen oder Partisanentätigkeit (Werwolf) Rehabilitierungen erfolgten, ist dies bei Überprüfungen in den letzten etwa 20 Jahren sehr viel seltener der Fall.

Bei abgelehnten Rehabilitierungen bei Verurteilungen wegen „Kriegsverbrechen“ wurde nach Prüfung der Akte häufig der nach Kriegsende für die Verurteilung verwendete Artikel aus dem russischen Strafgesetzbuch durch eine alliierte Bestimmung, v. a. das KG Nr. 10, ersetzt.[126]

Besonders im Bereich der Überprüfung von Urteilen, die wegen Kriegsverbrechen oder Verbrechen gegen die Menschlichkeit ergangen sind, haben sich in den letzten Jahren weitere Änderungen vollzogen. Dies betrifft die Strafrechtsgrundlage damaliger Urteile. Seit mehr als 25 Jahren werden Rehabilitierungsanträge, die sich auf Personen beziehen, die nach Ukaz 43 (Kriegsverbrechen)

126 Zur Entwicklung der Rehabilitierungszahlen bis 2016 vgl. Müller, Kooperation aus totalitärer Erfahrung, S. 94. Es ist davon auszugehen, dass inzwischen die übergroße Mehrheit der aus politischen Gründen Verurteilten – vor allem der Gruppe Spionage und teilweise der Gruppe Terror/Diversion/Sabotage aus den Jahren 1945 bis 1955 – siehe Tabelle 4 – überprüft und das Ergebnis der deutschen Seite übermittelt worden ist, insgesamt ca. 14 000 bis 16 000 Personen, vgl. Müller, Kooperation aus totalitärer Erfahrung, S. 78. Grundsätzlich muss darauf hingewiesen werden, dass die hohen Rehabilitierungszahlen mit mehreren Sonderbedingungen zu tun haben: Erstens dem Zeitraum der Antragsbearbeitung in den 1990er-Jahren, zweitens der hohen Anzahl von Anträgen bezüglich der ab 1945 als Jugendliche oder junge Erwachsenen Verurteilten, drittens der den Urteilen zugrundeliegenden Deliktstruktur (Gruppe Widerstand, Gruppe von Verbrechen während der Besatzungszeit), viertens auch von damals jungen Verurteilten der Periode ab 1948, die zumeist auch mit Widerstand zu tun hatten. Fünftens hatten die recht hohen Rehabilitierungszahlen mit der Tatsache oftmals unzureichender Ermittlungsergebnisse und Beweismittelerhebungen als Grundlage der damaligen Urteile zu tun. Ein schlagendes Beispiel ist die Rehabilitierung von Hans Heinze, einem Gutachter im Rahmen der T4-Euthanasie-Morde. Er wurde aus Mangel an Beweisen in der sowjetischen Strafakte zunächst rehabilitiert. Erst als der Autor in den 2000er-Jahren umfangreiche deutsche Belege für dessen verbrecherische Tätigkeit an die Militärstaatsanwaltschaft übermittelte, wurde die Rehabilitierung zurückgenommen, vgl. hierzu Klaus-Dieter Müller, Justitielle Aufarbeitung von „Euthanasie“-Verbrechen nach dem Zweiten Weltkrieg und heute – das Beispiel Hans Heinze (1895–1983). In: Boris Böhm/Norbert Haase (Hg.), Täterschaft – Strafverfolgung – Schuldentlastung. Ärztebiographien zwischen nationalsozialistischer Gewaltherrschaft und deutscher Nachkriegsgeschichte, Leipzig 2007, S. 63–92.
Im Allgemeinen sind offenbar wenig Anträge zu Verurteilungen gestellt worden, in denen es um Massenverbrechen der NS-Diktatur ging, etwa im Bereich der Judenvernichtung oder der Ermordung von sowjetischen Kriegsgefangenen und Zivilisten in den besetzten Gebieten oder im Deutschen Reich. Man kann im Rahmen der Rehabilitierungsbearbeitungen also von „Konjunkturen“ sprechen, in denen zunächst zumeist eine positive Grundhaltung der russischen Seite zu den Anträgen zum Tragen kam; ab den 2000er-Jahren wurde die Haltung sukzessive rigider, vgl. hierzu Müller, Kooperation aus totalitärer Erfahrung, S. 93–97.

abgeurteilt worden waren, nicht mehr als Überprüfungsfälle nach dem Rehabilitierungsgesetz behandelt.[127]

Auch bei Delikten, die mit Waffenbesitz zu tun haben, sind Änderungen eingetreten. Seit etwa 1996 werden Urteile von Personen, die damals nach sogenannten konterrevolutionären Strafrechtsartikeln – also Teilbestimmungen nach Art. 58 des Strafgesetzbuches der RSFSR – verurteilt worden sind, wenn die Verurteilten gleichzeitig auch gegen alliiertes Recht verstoßen haben, nicht aufgehoben, sondern umqualifiziert. Verbrechen gegen die Menschlichkeit (Zwangsarbeitereinsatz, Ausbeutung und Misshandlung von Zwangsarbeitern und anderes) werden in der Regel ebenfalls nicht rehabilitiert, sondern gemäß KG Nr. 10 umqualifiziert.[128] Verurteilungen wegen Handlungen wie Requirierungen in den besetzten Gebieten, Misshandlung oder Tötung von Zivilisten und Kriegsgefangenen, Deportation von Zivilisten zum Zwangsarbeitseinsatz nach Deutschland oder Verhaftung von sowjetischen Staatsbürgern (häufig entflohene Zwangsarbeiter oder Kriegsgefangene) wurden und werden praktisch immer – mit gewissen Ausnahmen – ebenfalls nicht aufgehoben. Dies bedeutet, dass die jetzigen russischen Rechtspflegeorgane Art. 58-2 und Ukaz 43 rückwirkend als mit dem alliierten Strafrecht konform ansehen, auch wenn Letzteres mit KG Nr. 10 vom 20. Dezember 1945 erst zweieinhalb Jahre später entstanden ist.

Wie sehen nun die Rehabilitierungen für unsere Kohorte der zum Tode Verurteilten aus? Hier stellt sich das Bild der Rehabilitierungen methodisch etwas anders dar. Grundsätzlich ist deshalb zu berücksichtigen, dass wir als Basis alle von uns recherchierten Todesurteile herangezogen und nicht nur die positiven Reha-Fälle mit den abgelehnten Fällen (wie weiter oben geschehen) verglichen haben. Bei den analysierten 3 407 Todesurteilen liegen zu 1 814 Personen (= 53,3 Prozent) keinerlei Reha-Angaben vor. 1 109 Verurteilte (= 32,5 Prozent) wurden rehabilitiert und bei 484 Personen (= 14,2 Prozent) wurde die Rehabilitierung abgelehnt. Diese Verteilung hat grundsätzlich mit denselben Gründen zu tun, die bereits für die allgemein hohen Rehabilitierungsquoten für *alle* Anträge auf Aufhebung von SMT-Urteilen aus den Anfangsjahren der Rehabilitierung in den 1990er-Jahren galten und die weiter oben erläutert worden sind (siehe FN 126).

Des Weiteren hat offenbar die Deliktstruktur einen deutlich ablesbaren Einfluss auf die Rehabilitierungsquote, trotz der großen Zahl von Verurteilten mit

127 In diesen Fällen müssen sich Antragsteller direkt an die zuständigen russischen Gerichte wenden, die den Fall überprüfen und – bei Tatbestandsmangel – das Urteil aufheben können.

128 Verwiesen sei an dieser Stelle auf den Beschluss Nr. 16 des Präsidiums des 3. Militär-Bezirksgerichts Moskau, verhandelt am 21.3.2011, ausgefertigt am 29.3.2011, gegen eine Rehabilitierung des am 26.3.1945 vom SMT der 5. Stoßarmee zum Tode verurteilten Kurt Friedrich aus Küstrin. Eine Übersetzung des Gerichtsbeschlusses wurde den Herausgebern von Dr. Helmut Friedrich, dem Sohn Kurt Friedrichs, zur Verfügung gestellt. Zu Kurt Friedrich siehe biografischen Anhang (siehe auch FN 55).

unbekanntem Rehabilitierungsstatus. Wenn wir uns nur die 1 109 positiven Rehabilitierungen bezüglich unserer sechs inhaltlichen Deliktgruppen ansehen (siehe Tab. 13), so fallen die Unterschiede auf:

Tabelle 20: Anteil bekannter Rehabilitierungen an Verurteilten nach Deliktgruppen[129]

Gruppe	Anzahl Verurteilte	Davon rehabilitiert	Anteil in Prozent
Gruppe 1: NS-Verbrechen	182	96	52,7
Gruppe 2: Kriegsverbrechen	2172	458	21,1
Gruppe 3: Kriminelle Taten	17	1	5,9
Gruppe 4 und 5: Verbrechen in der Besatzungszeit	767	477	62,2
Gruppe 6: Widerstand in der Besatzungszeit	110	72	65,5
Gruppe 7: Urteilsgrund unbekannt	159	5	3,1

Prozentual gesehen hat die Gruppe „6 Widerstand in der Besatzungszeit" mit 65,5 Prozent die höchste positive Rehabilitierungsquote aufzuweisen. Mit 62,2 Prozent liegt die Quote bei Gruppe „4/5 Verbrechen in der Besatzungszeit" nur wenig darunter. Auffällig ist auch die relativ hohe Quote bei der Gruppe „1 NS-Verbrechen" mit 52,7 Prozent. Immerhin wurden auch bei der Gruppe „2 Kriegsverbrechen" noch 21,1 Prozent der Urteile aufgehoben.

129 Bei der Gruppe „5 Illegaler Waffenbesitz" sowie den Verurteilten mit der Quellenangabe Teilgruppe „Kriegsverbrechen nach Transportlisten 1945" in der Gruppe „2 Kriegsverbrechen" sind in der DBFT keine Rehabilitierungen enthalten. Bezüglich letztgenannten Verurteilten sind wahrscheinlich nur wenige, vielleicht auch keine individuellen Anträge gestellt worden. Hierzu sind zurzeit keine Aussagen möglich, weil die Ergebnisse der inzwischen durch die russische Seite vollzogenen Gesamtüberprüfungen aller deutschen SMT-Fälle der deutschen Seite nicht bekannt gegeben worden sind. Bei der Gruppe „Illegaler Waffenbesitz" hat es, bis auf wenige Fälle Anfang der 1990er-Jahre, vermutlich gar keine Rehabilitierungen mehr gegeben, weil solche Urteile in der Regel umqualifiziert wurden und werden.

Eine genauere Analyse der sowjetischen Vorwürfe bei den positiven Rehabilitierungsfällen kann zumindest einige Hinweise auf die teilweise überraschend hohen Rehabilitierungsquoten geben. So wurden bei der Gruppe „NS-Verbrechen" relativ viele Personen rehabilitiert, die nach Art. 58-6 wegen Spionage zum Tode verurteilt worden waren. Es handelte sich bei ihnen beispielsweise um Personen, die in den von der Roten Armee besetzten deutschen Gebieten verblieben waren und denen man Spionage vorwarf, wohl oftmals ohne Beweise. Weiterhin wurden Personen im Bereich des „Amtes Ausland/Abwehr" im Oberkommando der Wehrmacht und Beteiligte mancher geplanter Diversionsaktionen im Hinterland der Roten Armee in der UdSSR rehabilitiert, ebenso wie einige hohe Diplomaten (siehe Beitrag Schmeitzner). Rehabilitierungen gab es auch für Verurteilte nach Art. 58-3 (Verbindung mit ausländischen Regierungen) und 58-4 (Unterstützung der internationalen Bourgeoisie).

Bei der Gruppe „Kriegsverbrechen" beziehen sich die Rehabilitierungen vor allem auf sogenannte kleine Leute, oftmals Einzelpersonen. Auch bei dieser Gruppe wurden Personen rehabilitiert, die auf deutschem Reichsgebiet im Hinterland der vorrückenden Roten Armee angeblich zu Diversionszwecken verblieben waren. Gleichfalls wurden Volkssturmangehörige, wenn sie persönlich keine Verbrechen begangen hatten, durchaus rehabilitiert. Weiterhin umfasst die Rehabilitierung Personen, die in bestimmten Bereichen der staatlichen Verwaltung ihren Dienst versehen hatten, zum Beispiel Gefängnispersonal. Aus der Gruppe der führenden sogenannten NS-Propagandisten, die alle nach den Kriegsverbrechensparagrafen Ukaz 43 oder Art. 58-2 verurteilt worden waren, sind eine ganze Reihe ebenfalls rehabilitiert worden (siehe hierzu Beitrag Schmeitzner).

Grundsätzlich kann an dieser Stelle aber festgehalten werden, dass Beteiligte an Massenerschießungen und Angehörige einschlägiger Polizeibataillone oder Einsatzgruppen in keinem Fall eine Rehabilitierung erhalten haben. Auch alle sogenannten Norweger wurden nach unserem Kenntnisstand nicht rehabilitiert, ebenso wenig wie fast alle diejenigen, denen nach sowjetischer Aktenlage die aktive Mitwirkung oder persönliche Beteiligung an Misshandlungen oder Tötungen von sowjetischen Kriegsgefangenen und Zwangsarbeitern zur Last gelegt worden waren.

Die hohe Rehabilitierungsquote im Bereich „Verbrechen in der Besatzungszeit" hat vor allem damit zu tun, dass viele der sogenannten jugendlichen Werwolfangehörigen nicht tatsächlich gegen die Besatzungsmacht aktiv geworden sind. Aus dieser Gruppe sind viele Personen zwischen Februar und April 1945 verurteilt worden; gleiches gilt für manche Volkssturmangehörige, wenn sie nach Art. 58-8 oder 58-9 (für Terror und Diversion) verurteilt worden waren.

Dass der Anteil der Rehabilitierten in unserer Gruppe 6 - Widerstand in der Besatzungszeit - am relativ höchsten ist, hängt damit zusammen, dass ihnen keine Gewaltanwendung gegen die Besatzungsmacht nachgewiesen werden konnte und auch die angeblichen Spionagefälle meist mit echter Spionage nichts zu tun hatten. Dies gilt auch für viele Vorwürfe bezüglich Art. 58-10 wegen antisowjetischer Agitation, die automatisch ohne inhaltliche Prüfung der Vorwürfe rehabilitiert wird, oder nach Art. 58-11 wegen illegaler Gruppenbildung.

Werfen wir zum Schluss einen kurzen Blick auf die Gruppe der abgelehnten Rehabilitierungen, die 484 Fälle umfasst. Von diesen bezogen sich 429 (= 88,6 %) auf NS- und Kriegsverbrechen, 49 (= 10,1 %) auf Verbrechen in der Besatzungszeit, drei (= 0,6 %) auf Widerstand in der Besatzungszeit, einer auf kriminelle Verbrechen; zu zwei Fällen lagen keine Deliktangaben vor.

Dass es sich bei den abgelehnten Rehabilitierungsfällen keineswegs *ausschließlich* - wenn auch mit Sicherheit mehrheitlich - um schwere Verbrechen und Tötungsdelikte handelte, belegt ein überraschender Aktenzugang. Im bereits in Abschnitt III.4. erwähnten Fall zu Kurt Friedrich[130] ist es dessen Sohn trotz abgelehnter Rehabilitierung[131] aufgrund seiner Hartnäckigkeit vor kurzem gelungen, über eine Bevollmächtigte Zugang zu einem Teil der Strafakte im Moskauer FSB-Archiv zu erlangen. Kurt Friedrich war u. a. wegen der Beschäftigung von drei sowjetischen und drei französischen Kriegsgefangenen am 25. März 1946 in der Nähe von Küstrin zum Tode verurteilt worden. Aus der Teilrecherche der Akten ist ersichtlich, dass es nach seiner Festnahme zusammen mit einer Angestellten und einem französischen Zwangsarbeiter am 12. März 1945 zu insgesamt drei Verhören am 16., 18. und 23. März gekommen ist. Noch am 23. März fiel auch die offizielle Entscheidung, Anklage zu erheben. Gleichfalls am selben Tag wurde Friedrich mit dem Inhalt der Anklage konfrontiert und gefragt, ob er ihr Wesen verstanden habe und ob er sich schuldig bekenne. Laut Protokoll tat er das. Die zentralen Anklagepunkte lauteten: 1. Mitgliedschaft in der NSDAP, die letztlich für den Angriff auf die Sowjetunion und die dort begangenen Verbrechen verantwortlich sei. 2. Beschäftigung und Ausbeutung von sechs ausländischen Zwangsarbeitern, ohne ihnen direkt Lohn zu bezahlen, und 3. Bereitstellung der Produktion seines Betriebes - eine Glaserei - für die Wehrmacht. Zeugen, wie etwa die beiden anderen Festgenommenen oder vielleicht die drei sowjetischen Kriegsgefangenen, wurden offenbar nicht angehört. Die Anklage-

130 Siehe FN 55.

131 Zur Chronologie des Rehabilitierungsvorganges: Die Strafakte Kurt Friedrichs wurde am 23. Oktober 2002 von der Hauptmilitärstaatsanwaltschaft Moskau ohne individuellen Antrag überprüft und eine Rehabilitierung abgelehnt. 2010 beantragte Helmut Friedrich über die Dokumentationsstelle Dresden die Rehabilitierung seines Vaters, die das Militärbezirksgericht Moskau am 29.3.2011 ablehnte; das Urteil wurde dabei von Ukaz 43 auf KG Nr. 10 umqualifiziert. Helmut Friedrich legte dagegen Beschwerde ein, die am 17.4.2013 endgültig gerichtlich abgelehnt wurde. Nach Ablauf der 75-jährigen Sperrfrist versuchte Helmut Friedrich, über Anwälte Einsicht in die Strafakte zu nehmen. Gegen die Abweisung der Akteneinsicht durch das FSB ging Helmut Friedrich über drei Gerichtsinstanzen in der Russischen Föderation ohne Erfolg vor. Ende 2023 gelang es dann doch, über eine Bevollmächtigte Akteneinsicht in einen Teil der Strafakte zu erhalten. Allerdings wurde ihr im Februar 2024 nicht die Originalakte inklusive des Schriftverkehrs bezüglich der nicht erfolgten Rehabilitierung vorgelegt, sondern nur Kopien aus der Akte, die sich auf das Jahr 1945 bezogen (23 handschriftliche Seiten). Wir danken Dr. Helmut Friedrich für die Kenntnisnahme der Unterlagen.

schrift vergaß nicht hinzuzufügen, dass Friedrich mit der Erwartung auf größere wirtschaftliche Erfolge für seinen Betrieb 1936 in die NSDAP eingetreten war. Am 25. März 1945 wurde Friedrich für diese Beschuldigungen nach Ukaz 43 zum Tode verurteilt und am 30. März 1945 in der Nähe des Gerichtsortes hingerichtet.

Die Verhörprotokolle sind nach sowjetischer Vorschrift als russischsprachige Wortprotokolle abgefasst, recht kurz und beinhalten fast dieselben Fragen: Wann und warum in die NSDAP eingetreten, welche Produkte für die Wehrmacht hergestellt und die Beschäftigung der obengenannten Zwangsarbeiter. Da Friedrich der russischen Sprache nicht mächtig war, war immer ein Übersetzer dabei. Es ist jedoch zweifelhaft, ob Friedrich tatsächlich begriffen hat, dass die Einräumung der unleugbaren obigen Tatsachen ein Todesurteil nach sich ziehen würden, denn in den Protokollen ist nichts über Aussagen Friedrichs vermerkt, dass die große Mehrheit der deutschen Betriebe ab 1941/1942 Zwangsarbeiter beschäftigte und für Kriegsgefangene keine individuellen Lohnzahlungen seitens der Betriebe vorgesehen waren. Möglicherweise hat er auch nur formuliert, die Tatsachen Parteimitgliedschaft, Kriegsproduktion und Zwangsarbeiterbeschäftigung seien zutreffend. In den Protokollen jedenfalls gibt es keine Aussagen zur konkreten Arbeitszeit der Zwangsarbeiter, Friedrich erklärte nur, sie seien von morgens bis abends beschäftigt gewesen. Zweifelhaft ist auch die Aussage, er habe sie als „gezähmte Sklaven" - so formuliert in der Anklageschrift - behandelt beziehungsweise, er habe sie „von morgens bis abends brutal als Sklaven ausgebeutet", wie es im Protokoll vom 23. März hieß.

Was kann man aus diesem Schnellverfahren (12. März bis 30. März 1945), das typisch war für viele Verfahren in diesem Zeitabschnitt, schließen? Es wurde durchgeführt, als sich die Rote Armee noch auf dem Vormarsch auf Berlin befand. Friedrich wurde offenbar nach Befehl 0016 (siehe Abschnitt II.) als Verdächtiger, möglicherweise mit Aufträgen der NSDAP versehenes, im Hinterland zurückgelassenes NSDAP-Mitglied festgenommen, wie auch eine Frage im Protokoll lautet. Ein Gnadengesuch ist nicht verzeichnet, unklar ist auch, ob eine höhere Instanz das Todesurteil bestätigt hat. Einige konkrete Aussagen in den Ablehnungsschreiben zur Rehabilitierung sind jedenfalls in den drei Verhörprotokollen nicht verzeichnet. Auffällig ist auch die Verschärfung der Aussagen im Laufe der Verhöre („Kaufmann", „großer Kaufmann", „Sklavenarbeit"). Vor allem waren die konkreten Arbeitsbedingungen der ausländischen Zwangsarbeiter nicht Gegenstand der Verhöre. Dies könnte bedeuten, dass Friedrich tatsächlich nicht wegen persönlicher Übergriffe und verbrecherischer Handlungen gegen Zwangsarbeiter verurteilt wurde, sondern quasi stellvertretend für NSDAP-Mitglieder, Kriegsproduzenten und als Vertreter für Betriebsbesitzer, die ausländische Zwangsarbeit ausnutzten.

Anhand der zum Download zusammengestellten Biografien kann jede/jeder sich ein eigenes Bild von den rehabilitierten bzw. nichtrehabilitierten Fällen machen, da wir in jedem Fall notiert haben, ob eine Rehabilitierung oder eine Ablehnung der Rehabilitierung vorliegen, wenn das aus den Quellen hervorgeht.

VI. Fazit

Es ist unumgänglich, geschichtliche Ereignisse nicht isoliert, sondern im Kontext ihrer Entstehung und unter Berücksichtigung möglichst aller Akteure zu betrachten. Die justiziellen Strafmaßnahmen der sowjetischen Besatzungsmacht *bezüglich der frühen Todesurteile* lassen sich nur im Zusammenhang der Erfahrungen des deutschen Vernichtungskrieges gegen die Sowjetunion angemessen beurteilen. Gleichzeitig müssen aber auch die für den Stalinismus grundsätzliche charakteristische Radikalität und Brutalität bei den sowjetischen Strafmaßnahmen berücksichtigt werden, wenn man die im Vergleich zu westlichen Militärtribunalurteilen hohen sowjetischen Verurteilungszahlen nach 1945 erklären will. Unsere Gesamtanalyse der Verurteilungsfälle aus der DBFT legt den Schluss nahe, das Vorgehen der sowjetischen Seite differenzierter zu betrachten. Zu konstatieren ist dabei, dass immerhin mehr als zwei Drittel der zum Tode Verurteilten dieses Strafmaß erhielt, weil sie im weitesten Sinne mit Kriegsereignissen, vor allem dem Völkermord an den Juden oder den Massenmorden im Rahmen des Partisanenkriegs zu tun hatten bzw. in die Misshandlung oder Tötung sowjetischer Zivilisten und Kriegsgefangener involviert waren. Angesichts der heute besser als jemals zuvor dokumentierten Grausamkeiten der deutschen Seite kann die Absicht der sowjetischen Seite, die Schuldigen zur Rechenschaft zu ziehen, nicht infrage gestellt werden.[132] Es war ein legitimes Anliegen, das auch die anderen Alliierten verfolgten.

Politische Propaganda spielte bei diesen Prozessen keine Rolle, denn die Verhandlungen waren - mit Ausnahme einiger in der Sowjetunion zwischen 1943 und 1947 durchgeführter Schauprozesse gegen Kriegsverbrecher und Kollaborateure und des Berliner Sachsenhausenprozesses von 1947 - nicht öffentlich; nur wenige einzelne SMT-Urteile fanden Niederschlag in den Publikationsorganen der SMAD. Freilich, und hierüber gibt es auch keine Zweifel, genügten die Prozesse mit Todesurteilen ebenso wie die SMT-Verfahren, die mit Zeitstrafen endeten, rechtsstaatlichen Ansprüchen in keiner Weise. Insofern ist es sicherlich nicht nur in den damaligen Fällen, in denen heute Rehabilitierungen vorliegen, zu Unrecht gekommen.

In manchen Fällen ist und bleibt es heute - auch bei den zum Tode Verurteilten - schwierig, die Berechtigung der Anklage vor einem SMT nachzuvollziehen. Eine sorgfältige Prüfung aller sowjetischen und deutschen Unterlagen mag hier in einzelnen Fällen zu eindeutigen historischen Urteilen führen. Wo eine

132 Als Fallbeispiele für SMT-Urteile bezüglich sächsischer Vorgänge, die mit der Behandlung von Zwangsarbeitern in sächsischen Betrieben, von Todesmärschen über sächsisches Territorium am Ende des Krieges oder von sowjetischen Kriegsgefangenen in den Lagern zu tun hatten und sich alle auf Misshandlungen und/oder Todesfälle unter den Betroffenen bezogen, vgl. Müller/Wendler, NS-Zwangsarbeit und Kriegswirtschaft, S. 571-588. Dort konnten auch für einige Fälle sowjetische Gerichtsakten herangezogen werden.

solche Quellenbasis nicht vorhanden oder zugänglich ist, bleibt nur zu konstatieren, dass die Beschäftigung mit dieser speziellen Gruppe der zum Todes Verurteilten eine Fülle neuer Belege für Menschenrechtsverletzungen und Verbrechen der deutschen Seite während des Zweiten Weltkrieges zutage gefördert hat. Wenn sich gerade auch mit Blick auf die Behandlung der in Gruppe „6 Widerstand in der Besatzungszeit" zusammengefassten Fälle die breite negative wissenschaftliche und öffentliche Einschätzung der SMT-Urteile von 1945 bis 1955 als überwiegend „politisch motiviert" und unrechtmäßig bestätigt, so verlangt doch unsere Untersuchung der Ermittlungstätigkeit und Urteilspraxis der *ersten Nachkriegsjahre bei den Todesurteilen* eine differenziertere Bewertung, die ausdrücklich anerkennt, dass den sowjetischen Todesurteilen eine überwältigende Zahl deutscher NS- und Kriegsverbrechen zugrunde lag.

Für viele Betroffene, ihre Familien und ihre Hinterbliebenen war das sowjetische Vorgehen ab 1945 trotz alledem eine Tragödie. Eine Tragödie, weil sie in der Regel über 50 Jahre lang keinerlei Nachricht seit dem Verschwinden oder der Verhaftung des Familienangehörigen erhielten und weil die sowjetische Seite ihnen bis zur Verabschiedung des russischen Rehabilitierungsgesetzes Ende 1991 keine Möglichkeit ließ, selbst Licht in das Dunkel zu bringen. Seitdem ist zumindest Gewissheit über das tatsächliche Schicksal der meisten Verurteilten möglich, so schwer es vielen der betroffenen Familien auch fallen mag, die traurige Wahrheit zu akzeptieren.

Die Wissenschaft hat jedenfalls die Pflicht zur Aufklärung, nach innen für die deutsche Gesellschaft, nach außen auch für die postsowjetischen Gesellschaften, auch und gerade über diese wahrlich nicht einfache Nachkriegsperiode.

Konsequente Abrechnung?
NS-Eliten im Visier sowjetischer Gerichte 1945–1947

Mike Schmeitzner

I. Einleitung

Die Härte sowjetischer Justiz war ein offenes Geheimnis und überdies auch früh bekannt.[1] Der justizielle und außerjustizielle „rote Terror" der frühen Jahre, die stalinistischen Säuberungen und Schauprozesse hatten den besonderen Charakter dieser Art Verfolgungspraxis deutlich werden lassen und sich bereits dadurch in das Gedächtnis der Zeitgenossen eingebrannt. Bekannt ist auch, dass die Sowjetunion nach dem Ende des Zweiten Weltkrieges den Versuch unternahm, NS- und Kriegsverbrechen mit besonderer Intensität zu ahnden, war sie doch auf ihrem Gebiet zuvor von monströsen deutschen Besatzungsverbrechen heimgesucht worden – so hatte sich der Holocaust auch auf ihrem westlichen Territorium abgespielt. Tausende deutsche Kriegsgefangene und Zivilisten wurden dafür nach 1945 von sowjetischen Militärtribunalen verurteilt.[2] Die rigide Art und Weise dieser juristischen Ahndung ließ sich nur vor dem Hintergrund der eigenen stalinistischen Rechtstraditionen sowie des ausgeprägten Sühne- und Vergeltungsgedankens erklären; eine rechtsstaatliche Aufarbeitung deutscher Verbrechen war damit nicht verbunden gewesen, sodass manche die Formel von

1 Karl Kautsky, Terrorismus und Kommunismus. Ein Beitrag zur Naturgeschichte der Revolution, Berlin 1919, Zit. nach Hans-Jürgen Mende (Hg.), Demokratie oder Diktatur?, Band 1, Berlin 1990, S. 178–347, hier 329–334; Sergej P. Melgunow, Der rote Terror in Russland, Berlin 1924; Raphael Rein Abramowitsch/Wasilij Suchomlin/Irakli Zereteli, Der Terror gegen die Sozialistischen Parteien in Russland und Georgien, Berlin 1925; Raphael Rein Abramowitsch, Die politischen Gefangenen in der Sowjetunion. Mit einem Vorwort der Vorsitzenden der „Kommission zur Untersuchung der Lage der politischen Gefangenen" Senator Louis de Brouckčre (Brüssel) und Arthur Crispien, MdR (Berlin), Berlin 1930, S. 14–16; ders., Wandlungen der bolschewistischen Diktatur, Berlin 1930; Isaak Steinberg, Gewalt und Terror in der Revolution (Oktoberrevolution oder Bolschewismus), Berlin 1931, S. 42 und 50f.

2 Vgl. Andreas Hilger/Ute Schmidt/Günther Wagenlehner (Hg.), Sowjetische Militärtribunale, Band 1: Die Verurteilung deutscher Kriegsgefangener 1941–1953, Köln 2001; Andreas Hilger/Mike Schmeitzner/Ute Schmidt (Hg.), Sowjetische Militärtribunale, Band 2: Die Verurteilung deutscher Zivilisten 1945–1955, Köln 2003.

der „Strafjustiz im Verfolgungswahn" gebrauchten.[3] Die besondere Härte sowjetischer Justiz kam selbst noch im Kontext des Internationalen Militärtribunals (IMT) in Nürnberg zum Ausdruck: Schon die sowjetische Vorstellung vom Sommer 1945, eine Art Schauprozess gegen die Hauptkriegsverbrecher abzuhalten, war auf den erbitterten Widerstand der Westalliierten gestoßen; hinlänglich bekannt sind ebenso die sowjetischen Voten für ein jeweils härteres Strafmaß in den Fällen, in denen die westalliierten Richter auf Freisprüche oder Zeitstrafen plädierten.[4] Dass „fast alle sowjetischen Vorschläge zur Besetzung der Anklagebank verworfen", sowjetische Beweisstücke „teilweise abgelehnt" und einige Urteile für Moskau „zu milde ausgefallen" waren, motivierte diese Seite offenbar dazu, die eigenen Tribunale noch stärker einzuspannen.[5]

Das betraf sowohl die einfachen und unteren deutschen Chargen als auch die inhaftierte NS-Elite, wozu in erster Linie die (regionalen) Schlüssel- und Führungsfiguren des Partei- und Staatsapparates zu zählen sind. Welchen Kreis die sowjetische Führung selbst darunter fasste, lässt sich aus den Listen des Moskauer Innen- und Außenministeriums erkennen, auf denen die „Kandidaten" für das Nürnberger IMT platziert worden waren: Zu den prominentesten zählten Großadmiral Erich Raeder (Chef der deutschen Kriegsmarine bis 1943), Martin Mutschmann (sächsischer Gauleiter und Reichstatthalter), Hans Fritzsche (Leiter der Rundfunkabteilung im Propagandaministerium), SA- Obergruppenführer Adolf-Heinz Beckerle (Polizeipräsident von Frankfurt und Litzmannstadt, Gesandter in Sofia), SS-Obergruppenführer Friedrich Jeckeln (Höherer SS- und Polizeiführer in Russland, für den Holocaust mitverantwortlich), Generalfeldmarschall Ferdinand Schörner (Oberbefehlshaber der Heeresgruppe Mitte 1944/45) sowie weitere Wehrmachtgeneräle, denen Kriegsverbrechen vorgeworfen wurden.[6] Da nur zwei der „Kandidaten" von den Westalliierten akzeptiert worden waren,[7] fiel der „Rest" auch weiter in sowjetische Zuständigkeit, wo ge-

3 Andreas Hilger, Strafjustiz im Verfolgungswahn. Todesurteile sowjetischer Gerichte in Deutschland. In: ders. (Hg.), „Tod den Spionen!" Todesurteile sowjetischer Gerichte in der SBZ/DDR und in der Sowjetunion bis 1953, Göttingen 2006, S. 95-155.

4 Vgl. Annette Weinke, Die Nürnberger Prozesse, München 2006, S. 19-22, 55 f.; Telford Taylor, Die Nürnberger Prozesse. Hintergründe, Analysen und Erkenntnisse aus heutiger Sicht, München 1994, S. 116, 641 f., 645 f., 690.

5 Andreas Hilger, „Die Gerechtigkeit nehme ihren Lauf"? Die Bestrafung deutscher Kriegs- und Gewaltverbrecher in der Sowjetunion und der SBZ/DDR. In: Norbert Frei (Hg.), Transnationale Vergangenheitspolitik. Der Umgang mit deutschen Kriegsverbrechern in Europa nach dem Zweiten Weltkrieg, Göttingen 2006, S. 180-246, hier 213.

6 Nachweis der Listen des Innenministeriums (27.8.1945) und des Außenministeriums (18.8.1945). In: Andreas Hilger, Sowjetische Justiz und Kriegsverbrechen. Dokumente zu den Verurteilungen deutscher Kriegsgefangener, 1941-1949. In: VfZ, 54 (2006) 3, S. 461-515, hier 475-480.

7 Es handelte sich dabei um Erich Raeder und Hans Fritzsche. Raeder wurde 1946 vom IMT zu lebenslanger Haft verurteilt und 1955 entlassen, Fritzsche 1946 freigesprochen.

nerell nur in wenigen Fällen öffentliche Prozesse durchgeführt wurden.[8] Doch bildeten diese Prominenten bei Weitem nicht das alleinige Eliten-Reservoir. Denn die Zahl derer, die als Führungs- und Schlüsselfiguren in sowjetische Hände gefallen waren oder durch Entdeckung und Überstellung weiter fielen, war durchaus beträchtlich, auch wenn mehrere Institutionen (wie das Reichsministerium für die besetzten Ostgebiete) „unterrepräsentiert" blieben: So befanden sich unter den Inhaftierten mehrere Gauleiter und Landesminister, Oberbürgermeister, SS- und SA-Generäle sowie weitere Funktionäre aus dem Repressions- und Justizapparat, aber auch leitende NS-Propagandisten aus dem Goebbels-Ministerium und den Chefetagen diverser Zeitungshäuser, zudem eine Reihe Spitzenjournalisten und teils hochrangige Vertreter aus dem Auswärtigen Amt.

Doch wie ging die sowjetische Seite mit diesem inhaftierten Spitzenpersonal des „Dritten Reiches" um? Zeigte man in all diesen Fällen unnachsichtige Härte, so wie es die sowjetischen Vertreter in Nürnberg vorexerziert hatten? Erfolgten Todesurteile immer dann, wenn NS-Spitzenfunktionäre in Wort, Schrift und Tat vor allem gegen Sowjetbürger oder sowjetische Interessen gehandelt hatten? Kann in diesem Bereich vielleicht sogar von einem Vollstreckungsrausch gesprochen werden? Oder ließ die sowjetische Seite bei einzelnen von ihnen oder sogar einem Teil der Verhafteten Pragmatismus walten, der sich aus bestimmten Nützlichkeitserwägungen speiste? Wenn ja, welche konkreten Erwägungen spielten hierbei eine Rolle? Lassen sich darüber hinaus gewisse Tendenzen erkennen, wie mit diesem Spitzenpersonal verfahren worden ist? Um Antworten auf diese Fragen zu erhalten, soll im Folgenden eine Analyse nach vier verschiedenen Gruppen unternommen werden: 1.) die Funktionäre des Repressionsapparates, 2.) die Partei- und Verwaltungsfunktionäre, 3.) die (leitenden) NS-Propagandisten und 4.) die Spitzendiplomaten. Bei der letztgenannten Gruppe muss zudem geklärt werden, inwieweit es sich bei ihr durchweg um einen Teil der verbrecherisch agierenden NS-Eliten handelte oder aber nicht; dies lässt sich jedoch nur im Einzelfall genauer rekonstruieren.[9] Dass dabei das Auswärtige Amt - wie andere Ministerien auch - als Institution die kriegerische Politik Hitlers und den schließlich auf weite Teile Europas ausgedehnten Holocaust mitgetragen und mitgestaltet hat, dürfte mittlerweile konsensfähig sein.[10]

8 Zum Problem der sowjetischen Kriegsverbrecherprozesse und der (zumeist fehlenden) Öffentlichkeit vgl. Mike Schmeitzner, Unter Ausschluss der Öffentlichkeit? Zur Verfolgung von NS-Verbrechen durch die sowjetische Sonderjustiz. In: Jörg Osterloh/Clemens Vollnhals (Hg.), NS-Prozesse und deutsche Öffentlichkeit. Besatzungszeit, frühe Bundesrepublik und DDR, Göttingen 2011, S. 149-166.

9 Diese vier Gruppen sind nicht mit den von Andreas Weigelt skizzierten Fallgruppen identisch, lehnen sich aber in vergröberter Form an diese an.

10 Christopher R. Browning, Die „Endlösung" und das Auswärtige Amt. Das Referat D III der Abteilung Deutschland 1940-1943, Darmstadt 2010 (englische Originalausgabe 1978); Peter Longerich, Propagandisten im Krieg. Die Presseabteilung des Auswärtigen Amtes unter Ribbentrop, München 1987; Sebastian Weitkamp, Braune Diplomaten. Horst Wagner und Eberhard von Thadden als Funktionäre der „Endlösung", Bonn

II. Die Funktionäre des Repressionsapparates

Nach 1945 hatte die Sowjetunion ein elementares Interesse daran, vornehmlich Verbrechen, die auf ihrem Territorium begangen worden waren, zu sühnen. Das betraf in erster Linie den seit Sommer 1941 realisierten Holocaust in den besetzten Gebieten der Sowjetunion, die massiv erfolgte Partisanenbekämpfung, die Zwangsdeportationen und schließlich auch die vielfältigen Zerstörungen vor Ort. Schlüsselfiguren der Vernichtung aus den Kreisen der SS und der Einsatzgruppen, aber auch aus denen hoher Wehrmachtoffiziere wurden deshalb häufig auch am Ort ihrer Verbrechen in öffentlichen Prozessen abgeurteilt. Eine erste Welle solcher öffentlicher Prozesse hatte die sowjetische Staats- und Parteiführung im Herbst 1945 für den anstehenden Jahreswechsel in acht für Groß-Verbrechen besonders repräsentativen Orten der ehemals besetzten Landesteile angesetzt.[11] Der erste Prozess fand in Smolensk, der achte in Riga statt.[12] Auch wenn die Prozesse - was die Ausnahme von der Regel war - öffentlich abgehalten und sowjetische Verteidiger gestellt wurden, können diese Prozesse kaum als rechtsstaatlich gelten. Wegen der mitunter auch hier angewendeten psychischen und physischen Folter und manch falscher Beschuldigungen sowie der aktiven Einbeziehung der örtlichen Bevölkerung spricht die Forschung mittlerweile von Demonstrations- oder gar von Schauprozessen.[13] Die Urteile gegen die in der ers-

2008; Eckart Conze/Nobert Frei/Peter Hayes/Moshe Zimmermann, Das Amt und die Vergangenheit. Deutsche Diplomaten im Dritten Reich und in der Bundesrepublik, München 2011; Jan Erik Schulte/Michael Wala (Hg.), Widerstand und Auswärtiges Amt. Diplomaten gegen Hitler, München 2013.

11 Vor dieser ersten Welle hatte es bereits im Juli 1943 in der Stadt Krasnodar einen öffentlichen Prozess gegen sowjetische Kollaborateure gegeben, der mit der kompletten Hinrichtung der elf Angeklagten endete; im Dezember 1943 erfolgte erstmals ein öffentlicher Prozess gegen drei deutsche Angeklagte und einen sowjetischen Kollaborateur in Charkov, der gleichfalls mit der Exekution der Angeklagten schloss. Als kennzeichnend erwies sich der Umstand, dass sich die Hinrichtung der Verurteilten - sie wurden gehängt - an einem zentralen Platz der Stadt vollzog und dabei Zehntausende Menschen anwesend waren. Manfred Zeidler, Stalinjustiz contra NS-Verbrechen. Die Kriegsverbrecherprozesse gegen deutsche Kriegsgefangene in der UdSSR in den Jahren 1943-1952. Kenntnisstand und Forschungsprobleme, Dresden 1996, S. 25-27.

12 Der erste Prozess in Smolensk fand im Dezember 1945 statt, der achte in Riga Ende Januar/Anfang Februar 1946. Weitere Prozessorte waren - nach der zeitlichen Reihenfolge - Brjansk, Leningrad, Nikolaew, Minsk, Kiew und Welikie Luki.

13 Anders als Manfred Messerschmidt, Der Minsker Prozess 1946. Gedanken zu einem sowjetischen Kriegsverbrechertribunal. In: Hannes Heer/Klaus Naumann (Hg.), Vernichtungskrieg. Verbrechen der Wehrmacht 1941 bis 1944, Hamburg 1995, S. 551-568, hier 566, der z.B. den Minsker Prozess „wegen seiner verfahrensrechtlichen Qualität" deutlich von den Massenprozessen gegen deutsche Soldaten 1949/50 absetzt, hebt Manfred Zeidler, Der Minsker Kriegsverbrecherprozess vom Januar 1946. Kritische Anmerkungen zu einem sowjetischen Schauprozess gegen deutsche Kriegsgefangene. In: VfZ, 52 (2004) 2, S. 211-244, einzelne Folterpraktiken hervor und definiert diesen Prozesstyp als Schauprozess. Hilger, „Die Gerechtigkeit nehme ihren Lauf?", S. 215, plädiert wiederum für den Begriff „Demonstrationsprozess", da hier tatsächliche deutsche Verbrechen

ten Welle verurteilten Deutschen waren hart und scheinen die eingangs formulierte These von einer konsequenten Abrechnung zu belegen: Von 86 Angeklagten, darunter viele SS- und Wehrmachtgeneräle, wurden 67 zum Tode verurteilt. Im Zuge einer zweiten Prozesswelle 1947 kam es „nur" noch zur Verhängung von Freiheitsstrafen.[14]

Dass die Urteile in der ersten Welle nicht nur hart oder unerbittlich, sondern größtenteils auch legitim erschienen, zeigt insbesondere der Rigaer Prozess, der Anfang 1946 in der lettischen Hauptstadt stattfand. Hauptangeklagte waren - neben sechs Wehrmachtgenerälen[15] - vornehmlich der Höhere SS- und Polizeiführer Jeckeln und der SA-Standartenführer Alexander Boecking. Mit Jeckeln stand der Mann vor Gericht, den Moskau bereits im August 1945 als „Hauptkriegsverbrecher" vor das IMT Nürnberg hatte bringen wollen. Jeckeln war zweifellos einer der berüchtigtsten „Judenschlächter" des „Dritten Reiches" - ein Rassekrieger par excellence, der sich bereits in den 1920er-Jahren von seiner Frau und seinen drei Kindern getrennt hatte, weil er im blinden Eifer seinem Schwiegervater jüdische Wurzeln und Verhaltensweisen andichtete. Seit 1929/30 Mitglied der NSDAP und der SS, hatte der obsessive Antisemit nach 1933 als Polizeichef eine bedeutende Rolle bei der Unterdrückung der politischen Gegner im Land Braunschweig gespielt, bis er 1938 zum Höheren SS- und Polizeiführer Mitteldeutschland avancierte. Heinrich Himmler selbst ernannte ihn im Zuge des Unternehmens „Barbarossa" 1941 zum Höheren SS- und Polizeiführer Süd in der besetzten Sowjetunion.[16]

Zuerst in der Ukraine und dann in Lettland organisierte der SS-Obergruppenführer und General der Polizei den Holocaust mit erheblichem persönlichem Engagement. Mit seinem Namen sind vor allem die Ermordung Zehntausender Kiewer Juden in der Schlucht bei Babi Jar (September 1941) und Zehntausen-

abgehandelt worden seien. Dies ist im Prinzip tatsächlich so geschehen, allerdings wurden im Leningrader Prozess auch Verbrechen des sowjetischen Geheimdienstes im Zusammenhang mit der Ermordung Tausender polnischer Soldaten in Katyn deutschen Angeklagten vorgeworfen. Vgl. Schmeitzner, Unter Ausschluss der Öffentlichkeit?, S. 160f.

14 Nach der Abschaffung der Todesstrafe in der UdSSR (Mai 1947) fanden im Spätherbst desselben Jahres noch einmal neun öffentliche Prozesse gegen deutsche Angeklagte statt. Dabei wurden insgesamt 135 Angeklagte zu langjährigen Freiheitsstrafen verurteilt. Vgl. Zeidler, Stalinjustiz contra NS-Verbrechen, S. 34f.

15 Bei den sechs hohen Offizieren handelte es sich um die Generalleutnante Siegfried Ruff, Albrecht Freiherr Digeon von Monteton und Wolfgang von Ditfurth sowie die Generalmajore Friedrich Werther, Bronislaw Pawel und Hans Küpper. Sie waren im Gebiet der lettischen Hauptstadt u.a. als Ortskommandanten, Kommandanten für das Gefangenenwesen oder die Küstenverteidigung zuständig gewesen. Ihnen wurden u.a. die Zwangsausbeutung von Letten, „Massenrazzien" unter der einheimischen Bevölkerung und die Zerstörung von Anlagen vorgeworfen. Vgl. Beschluss über die Heranziehung Siegfried Ruffs als Angeklagten vom 6.1.1946 (BStU, ZA, HA IX/11, ZM 1683, Band 3, Verfahren des Militärstaatsanwalts Riga gegen Friedrich Jeckeln u.a., Bl. 171).

16 Vgl. Richard Breitman, Friedrich Jeckeln- Spezialist für die „Endlösung" im Osten. In: Ronald Smelser/Enrico Syring (Hg.), Die SS. Elite unter dem Totenkopf. 30 Lebensläufe, Paderborn 2000, S. 267-275, hier 268f.

der lettischer Juden bei Rumbula (November 1941) verbunden - und ebenso die Rechtfertigung seines Tuns vor Ort.[17] In der Anklageschrift hieß es, Jeckeln habe auf „besonders tierische Art [...] entsprechend den von Himmler empfangenen Instruktionen" die „Sowjetbürger jüdischer Nationalität, die aus Riga und anderen Gegenden im Rigaschen und anderen Ghettos zusammengetrieben" worden waren, vernichtet und ab November 1941 selbst die anlaufenden Massenerschießungen von SD und Gestapo geleitet.[18] Anders als andere Prozesse dieser ersten Welle konnten und wollten die sowjetischen Anklagebehörden Jeckelns konkrete Verantwortlichkeiten nachweisen - aufgrund eigener Aussagen Jeckelns, aber auch anderer Tatbeteiligter und Überlebender sowie belastender deutscher Unterlagen. Daraus ging hervor, dass Jeckeln nicht nur Befehle gegeben, sondern in „mehreren Fällen [...] bei den Massenerschießungen zugegen" war und auch „persönlich Erschießungen vorgenommen" hat.[19]

Auch im Falle Boeckings bemühte sich die Anklageerhebung, auf persönliche Verantwortlichkeiten abzustellen: Zwar hieß es pauschal, dass der Gebietskommissar des Talliner Bezirks eine „Germanisierungspolitik" Estlands verfolgt habe, die mit der „Plünderung und Vernichtung des estnischen Volkes" und der Ansiedlung Deutscher einhergegangen sei, doch wurden danach konkrete Tatvorwürfe (Zwangsarbeit, Zwangsaussiedlungen, Plünderung) erhoben und auch konkret Betroffene benannt.[20] Jeckeln, Boecking und die Generäle wurden nach Ukaz 43 (Kriegsverbrechen auf sowjetischem Territorium) vom Militärtribunal des Baltischen Wehrkreises zum Tode verurteilt und hingerichtet.[21] Jeckelns zentrale Rolle beim Judenmord wurde auch in der internationalen Presse der Sowjetunion herausgestellt. Anfang 1946 war die UdSSR noch bestrebt, den Judenmord als solchen beim Namen zu nennen.[22] So hieß es in einschlägigen Veröffentlichungen, dass der Judenmörder Jeckeln „berüchtigt gewesen sei für seine Brutalität".[23]

17 Vgl. ebd., S. 270-273, und Harald Welzer, Täter. Wie aus ganz normalen Menschen Massenmörder werden, unter Mitarbeit von Michaela Christ, Frankfurt a. M. 2005, S. 165-173.

18 Anklageakt des Obersten Militärstaatsanwalts der Roten Armee, Generalleutnant der Justiz Afanasjew, gegen Friedrich Jeckeln u. a. vom 22.1.1946 (BStU, ZA, HA IX/11, ZM 1683, Band 20, Verfahren des Militärstaatsanwalts Riga gegen Friedrich Jeckeln u. a., Bl. 63).

19 Ebd., Bl. 64.

20 Beschluss über die Heranziehung Alexander Boeckings als Angeklagten vom 6.1.1946 (BStU, ZA, HA IX/11, ZM 1683, Band 7, Verfahren des Militärstaatsanwalts Riga gegen Friedrich Jeckeln u. a., Bl. 125 f.).

21 Urteil des Militärtribunals des Baltischen Wehrkreises gegen Jeckeln u. a. vom 3.2.1946 (ebd., Band 20, Bl. 107-112).

22 Der bereits im Rigaer Prozess hin und wieder verwendete Begriff „friedliebende Sowjetbürger" wurde später durchweg benutzt.

23 Soviet News vom 6.2.1946: „Retribution for Atrocities in Baltic Republics. Six Nazi Generals went to Gallows".

Auch in den parallel laufenden Prozessen in der Sowjetunion wurden Exekutoren des Holocaust zum Tode verurteilt und hingerichtet. Im Minsker Prozess traf es Anfang 1946 beispielsweise den vormaligen SS-Brigadeführer und Generalmajor der Polizei Eberhard Herf, der als Kommandeur der Ordnungspolizei in Weißrussland mit die Verantwortung trug für den Mord an Juden und Partisanen. Unter seiner direkten Verantwortung wurden über 13 000 einheimische Minsker Juden und noch einmal 3500 dorthin deportierte deutsche Juden ermordet. Auch Herf wurde nach dem Ukaz 43 verurteilt. Ganz ähnlich verfuhren sowjetische Militärtribunale mit den SS-Generälen Erik von Heimburg und Günther Merk, die wegen Kriegsverbrechen (Judenmord, Partisanenbekämpfung) ebenfalls nach Ukaz 43 verurteilt und hingerichtet wurden.[24]

Sowjetische Tribunale verhängten also gegen hohe Funktionäre des Repressionsapparates häufig genug die Höchststrafe, wenn sie denn auf sowjetischem Boden Verbrechen begangen hatten. Wie aber gestaltete sich die Lage in der SBZ, zumal gegen dort agierende SS-Funktionäre nicht dieselbe Rechtsgrundlage (Ukaz 43) herangezogen werden konnte? Man kommt der Antwort etwas näher, wenn man entsprechende Fälle aus der Spitze des Reichssicherheitshauptamtes (RSHA) beleuchtet. Als exemplarischer Fall kann hierbei der SS-Obersturmbannführer Walter von Kielpinski gelten, der 1939/40 vorübergehend auch im Stab einer Einsatzgruppe im besetzten Polen an der dort entfalteten verbrecherischen Besatzungspolitik beteiligt war, aber im Wesentlichen ab 1941 als Leiter des Referates III C 4 für Presse, Schrifttum, Rundfunk und Einsatzauswertung zuständig zeichnete und nach dem Attentat vom 20. Juli 1944 einer Sonderkommission des RSHA angehörte, die inhaftierte Verschwörer verhörte.[25]

In ihrer Anklage konzentrierte sich die sowjetische Seite allein auf die innerdeutschen Aufgaben von Kielpinskis, vornehmlich auf seine Abteilungsleiterfunktion: Der Angeklagte habe „in dieser Funktion [...] die politische Kontrolle über Presse und Rundfunk von ganz Deutschland ausgeübt“, bis zur „Kapitulation Deutschlands“ die „peripheren SD-Organe geführt, die Tätigkeit von Presse und Rundfunk in Deutschland auf die Stärkung des faschistischen Regimes und die Umsetzung der faschistischen Eroberungspolitik ausgerichtet und damit aktiv die Realisierung des Aggressionskrieges gegen freiheitsliebende Völker befördert“. Als besonders belastend bewertete die sowjetische Anklage erwartungsgemäß das „Geständnis“ des Delinquenten, in dem er erklärt hatte, er sei „mehrfach mit verschiedenen staatlichen Auszeichnungen [...] geehrt“ worden und habe zudem die „Tätigkeit von rund 250 territorialen SD-Behörden in Deutschland kontrolliert und über einen Spitzelapparat die Tätigkeit der deutschen Massenmedien

24 Vgl. Christian Gerlach, Kalkulierte Morde. Die deutsche Wirtschafts- und Vernichtungspolitik in Weißrussland 1941 bis 1944, Hamburg 1999, S. 688–743; vgl. Messerschmidt, Der Minsker Prozess 1946, S. 560; vgl. auch die Biogramme im elektronischen Anhang unter https://doi.org/10.13109/9783666369766.547.

25 Vgl. Michael Wildt, Generation des Unbedingten. Das Führungskorps des Reichssicherheitshauptamtes, Hamburg 2002, S. 385 f., 707.

und die Stimmungen in der Bevölkerung politisch überwacht". Angaben über die „dabei ermittelten Personen, die ihre Unzufriedenheit mit der Politik des faschistischen Deutschlands geäußert" hätten, seien in diesem „Zusammenhang an die Gestapo geleitet" worden, damit diese Personen „festgenommen und zur Verantwortung gezogen werden konnten".[26]

Von Kielpinski wurde am 19. August 1946 vom SMT der Garnison Berlin zum Tode verurteilt und am 14. Oktober desselben Jahres hingerichtet. Als Rechtsgrundlage diente dem SMT der Artikel 58-2 des sowjetischen Strafgesetzbuches,[27] der allerdings völlig andere Straftatbestände beschrieb: Hier musste sich ein Angeklagter des „bewaffneten Aufstandes bzw. des Eindringens im Rahmen bewaffneter Banden in das Territorium der UdSSR mit konterrevolutionärem Ziel, einer Machtergreifung im Zentrum oder in der Peripherie mit dem gleichen Ziel, insbesondere mit dem Ziel, gewaltsam einen Teil des Territoriums der Sowjetunion bzw. einer einzelnen Sowjetrepublik von der UdSSR abzusprengen oder aber von der UdSSR mit anderen Staaten geschlossene Abkommen außer Kraft zu setzen",[28] schuldig gemacht haben. Das aber traf auf den Angeklagten gerade nicht zu. Sehr wahrscheinlich hat das SMT der Garnison Berlin den Artikel 58-2 mit Blick auf von Kielpinskis Funktion im RSHA großzügig ausgelegt. Nicht viel anders ist wohl der entsprechende Teil des Urteilstenors zu verstehen, in dem es hieß, er habe „aktiv die Realisierung des Aggressionskrieges gegen freiheitsliebende Völker befördert". Ohnehin verwundert nicht, dass ausgerechnet dieser Paragraf herangezogen wurde, war der doch gerade in der ersten Nachkriegszeit der am häufigsten verwendete.[29] Dabei hätten die sowjetischen Tribunale seit Dezember 1945 auf alliiertes Recht zurückgreifen können, das - in Gestalt des Kontrollratsgesetzes (KG) Nr. 10 - „Verbrechen gegen den Frieden", „Kriegsverbrechen" und „Verbrechen gegen die Menschlichkeit" sühnen sollte. Die Todesstrafe war auch in dieser alliierten Rechtsgrundlage als Höchststrafe vorgesehen.[30]

26 Verfügung des Gerichts der Aufsichtsbehörde Nr. 22-nu des 3. Bezirksmilitärgerichts (Gebiet Moskau) vom 27.7.2010 (Dokumentationsstelle Dresden, Akte Walter von Kielpinski).
27 Vgl. ebd.
28 Ebd.
29 Legt man die Ergebnisse des vom HAIT bis 2003 betriebenen Projektes für alle verurteilten deutschen Zivilisten zugrunde, dann waren 1945/46 nach Art. 58-2 ca. 1500, nach Ukaz 43 ca. 150 und nach dem alliierten Kontrollratsgesetz (KG) Nr. 10 gerade einmal 15 Personen verurteilt worden. In dieser Zeit galt der Art. 58-2 demnach als der entscheidende NS- und Kriegsverbrecherparagraf. Vgl. Hilger/Schmeitzner/Schmidt, Sowjetische Militärtribunale, Band 2, S. 795-800.
30 Vor Dezember 1945 stand die Moskauer Führung allerdings vor dem Dilemma, bei der Verurteilung deutscher NS- und Kriegsverbrecher nicht auf alliierte Rechtsgrundlagen zurückgreifen zu können. Mit dem Ukaz 43 und dem Artikel 58-2 verfügte Moskau lediglich über Rechtsgrundlagen, die sich eigentlich nur auf das Territorium der Sowjetunion bezogen, nicht aber auf das Territorium Deutschlands. Vor Dezember 1945 wurden also Deutsche, deren Verbrechen nicht auf dem Territorium der besetzten Sowjetunion statt-

Das Schicksal von Kielpinskis ist deswegen so bemerkenswert, weil es - neben rehabilitierungspolitischen Gesichtspunkten[31] - durchaus nicht als Präzedenzfall gelten kann. Vergleichbare Fälle wie die der RSHA-Amtschefs Friedrich Pan-

gefunden hatten, auf der Grundlage völlig unzutreffender Rechtsgrundlagen verurteilt. Doch dieses Dilemma wurde anscheinend in der UdSSR nicht wirklich als solches gesehen, da SMT auch noch danach zahlreiche Urteile auf der Basis eigener sowjetischer Rechtsgrundlagen fällten. Erst ab 1947 nahm der Anteil der nach dem KG 10 verurteilten Deutschen sprunghaft zu; 1948 belief sich die Anzahl der auf dieser Rechtsgrundlage verurteilten Deutschen auf fast 1000. Vgl. ebd., S. 800.

31 In der Überprüfung des Falls, die im Zuge eines Rehabilitierungsantrages der Familie erfolgte, kamen die russischen Behörden 2010 zu dem Schluss, dass es damals (1946) eine „fehlerhafte juristische Bewertung" gegeben habe. Es fehlten, so das Überprüfungsergebnis, „glaubhafte Belege dafür, dass der Verurteilte sich des ‚bewaffneten Aufstandes'" etc. (also des „Eindringens in die Sowjetunion") schuldig gemacht habe. Seine Aufgabe im RSHA sei vielmehr „auf die Stärkung und Festigung des faschistischen Regimes gerichtet" gewesen. Da er laut Direktive Nr. 38 des Alliierten Kontrollrates von 1946 als Hauptstraftäter anzusehen sei, hätte er statt nach Artikel 58-2 nach dem Kontrollratsgesetz Nr. 10 verurteilt werden müssen, das „Verbrechen gegen den Frieden", „Kriegsverbrechen" und „Verbrechen gegen die Menschlichkeit" ahndete. Das Urteil von 1946 sei demzufolge juristisch nicht haltbar und müsse demgemäß „umgewidmet" werden; eine Rehabilitierung komme jedoch nicht infrage. Verfügung des Gerichts der Aufsichtsbehörde Nr. 22-nu des 3. Bezirksmilitärgerichts (Gebiet Moskau) vom 27.7.2010 (Dokumentationsstelle Dresden, Akte Walter von Kielpinski). Während also in diesem Fall eine nachträgliche juristische „Umwidmung" vorgenommen wurde, verfuhren die im Rehabilitierungsprozess beteiligten Instanzen in weiteren Fällen völlig unterschiedlich, was gewiss auch mit der zeitlichen Konjunktur zusammenhing: 2008 bestätigte etwa die russische Militärhauptstaatsanwaltschaft das Urteil gegen den vormaligen Präsidenten des Reichsverwaltungsgerichts und Generalreferenten des Führerstellvertreters für die besetzten Ostgebiete Walter Sommer, der 1946 ebenfalls nach Artikel 58-2 zum Tode verurteilt worden war. In diesem Fall erfolgte weder eine „Umwidmung" noch eine Rehabilitierung, da das SMT Sommer für schuldig befunden habe, „eine der Hauptführungspersonen der faschistischen Organisationen NSDAP und SS gewesen zu sein und die Stärkung des Faschismus in Deutschland sowie die aggressive Kriegsführung durch die Regierung des Landes gegen andere Staaten, u. a. gegen die Sowjetunion, gefördert zu haben"; beide Organisationen (gemeint ist wohl das politische Führungskorps der NSDAP und die SS) seien schließlich vom IMT im Nürnberg als „verbrecherisch" eingestuft worden. Schriftliche Auskunft der russischen Militärhauptstaatsanwaltschaft an die Deutsche Botschaft in Moskau vom 5.3.2008 (Dokumentationsstelle Dresden, Akte Walter Sommer). Im Falle des ebenfalls 1946 nach Artikel 58-2 zum Tode verurteilten Chemnitzer Landgerichtsrats Walter Tränkmann, der als Sonderrichter selbst für Todesurteile verantwortlich gewesen war und maßgeblich für den SD gearbeitet hatte, kam dieselbe Behörde 2002 hingegen zu einer interessanten Neubewertung: Nun wurde konstatiert, Tränkmanns Einlassungen seien vom damaligen Gericht „nicht widerlegt" worden und es habe auch keine Zeugen gegeben. Da seine Handlungen nicht auf sowjetischem Territorium stattgefunden hätten, entfalle die Rechtsgrundlage (58-2). Im Gutachten von 2002 wurden Tränkmanns damalige Äußerungen im Gnadengesuch zitiert, er habe 23 Jahre lang (also bis Mai 1945) „gewissenhaft seine Pflicht erfüllt" und „seinen Dienst nur nach Gesetz" getan. Die „Umwidmung" der Rechtsgrundlage erfolgte nicht, dafür aber die Rehabilitierung, da doch der Artikel 58-2 „unbegründet" gewesen sei. Gutachten zum Fall K-502 508 Walter Tränkmann durch die 3. Abteilung der 7. Verwaltung der Militärhauptstaatsanwaltschaft der Russischen Föderation vom 8.1.2002 (Dokumentationsstelle Dresden, Akte Walter Tränkmann).

zinger und Bruno Streckenbach wurden ungleich behandelt. Dabei hätten die 1945/46 gleichfalls zur Inhaftierung gelangten SS-Führer einer ebenso harten juristischen Sühne zugeführt werden müssen. Ja, mehr noch: Aus sowjetischer Sicht durften eigentlich beide als geradezu idealtypische „Kandidaten" für eine konsequente Abrechnung gelten, hatten sie doch neben ihren RSHA-Funktionen (Panzinger für das Amt Gegnerbekämpfung und seit 1944 als Chef der Reichskriminalpolizei, Streckenbach für das Amt Organisation, Verwaltung, Recht) auch im „Osten" SS-Politik exekutiert: Beide hatten nämlich ebenso in der besetzten Sowjetunion SS-Verbände geführt - Panzinger war für ein halbes Jahr (1943/44) auch Chef der Einsatzgruppe A mit Sitz in Riga gewesen, Streckenbach 1944/45 Kommandeur der 19. Waffen-Grenadier-Division der SS „Latvia" (Lettland).[32] Was also hätte näher gelegen, als eine ähnliche Behandlung wie die von Jeckeln oder von Kielpinski?

Statt eines raschen Demonstrationsprozesses oder eines Geheimverfahrens in der Sowjetunion wurden beide vom sowjetischen Staatssicherheitsministerium „zurückgehalten" und zusammen mit weiteren NS-Spitzenfunktionären jahrelang „abgeschöpft".[33] Beide wurden - als einige der letzten dieser Gruppe - erst im Frühjahr 1952 wegen „Kriegsverbrechen" zu 25 Jahren Lagerhaft verurteilt.[34] Nur dreieinhalb Jahre später erfolgte ihre Repatriierung nach Westdeutschland, wo der eine als Prokurist eines Unternehmens (Streckenbach) und der andere zunächst als V-Mann, dann als Mitarbeiter im Bundesnachrichtendienst (Panzinger) unterkam. Dass Panzinger am 20. Juli 1944 die Revolte in Berlin führend niederschlagen ließ, interessierte die Amtsspitze des BND ebenso wenig wie den von Panzinger persönlich verantworteten Judenmord im Baltikum.[35] In welcher Weise sich die Amtsspitzen des RSHA ihr Überleben in sowjetischer Haft zu si-

32 Vgl. Wildt, Generation des Unbedingten, S. 55-57, 481-485, 696f.; ders., Der Hamburger Gestapochef Bruno Streckenbach. In: Frank Bajohr/Joachim Szodrzynski (Hg.), Hamburg in der NS-Zeit. Ergebnisse neuerer Forschungen, Hamburg 1995, S. 93-123. Zu Panzinger vgl. auch Daniel Stange/Ingo Wirth, Friedrich Panzinger (1903-1959): Letzter Chef der Reichskriminalpolizei. In: ZfG, 67 (2019) 11, S. 913-933.

33 Hilger, „Die Gerechtigkeit nehme ihren Lauf"?, S. 228; vgl. auch Zeidler, Stalinjustiz contra NS-Verbrechen, S. 44.

34 Panzinger wurde am 22.3.1952 vom Militärtribunal der Truppen des Innenministeriums des Moskauer Gebiets auf der Grundlage von gleich drei verschiedenen Rechtsgrundlagen zu 25 Jahren Lagerhaft verurteilt - nämlich nach Artikel 58-6 StGB der RSFSR, dem Ukaz 43 und dem KG 10. Ein - bislang nicht bekannt gewordener - Versuch der Rehabilitierung wurde im Oktober 2003 von der russischen Hauptmilitärstaatsanwaltschaft abgelehnt. Vgl. Vasilij S. Christoforov.(Hg.), Tajny diplomatii Tret'ego Rejcha. Germanskie diplomaty, rukovoditeli zarubežnych voennych missij, voennye i policejskie attaše v sovetskom plenu. Dokumenty iz sledstvennych del 1944-1955 [Geheime Diplomatie des Dritten Reiches. Deutsche Diplomaten, Führer ausländischer, militärischer Missionen, Militär- und Polizeiattachés in sowjetischer Gefangenschaft. Dokumente aus Untersuchungsverfahren 1944-1955], Moskau 2011, S. 813. Bei Christoforov handelt es sich um den Leiter der Archivverwaltung des FSB.

35 Vgl. Gerhard Sälter, NS-Kontinuitäten im BND. Rekrutierung, Diskurse, Vernetzungen, Berlin 2022, S. 230-234 und 627-629.

chern wussten, lässt sich andeutungsweise aus einem Verhörprotokoll Panzingers erschließen. Dem vernehmenden Abwehroffizier des sowjetischen Staatssicherheitsministeriums gab Panzinger an jenem 12. Februar 1947 so ziemlich alles preis, was er mit Blick auf die von ihm betreuten Agentennetze, von „Strafmaßnahmen" und „Werwolf"-Vorbereitungen wusste - sei es im Reich selbst oder in den von Deutschland besetzten bzw. kontrollierten Gebieten (z. B. in Bulgarien 1940/41 und auf dem Baltikum 1943/44). Seine detaillierte Mitarbeit am Holocaust im Baltikum kam dabei ebenso zur Sprache.[36] Dennoch - und das unterstreicht die Nützlichkeitserwägungen mit Verzicht auf eine schnelle Verurteilung auf sowjetischer Seite - endeten er und Streckenbach nicht auf dieselbe Art wie Jeckeln und von Kielpinski.

Nützlichkeitsabwägungen und Propagandaabsichten im heraufziehenden Kalten Krieg spielten wiederum bei der Aburteilung des SS-Kommandanturstabes und der Wachmannschaften des vormaligen KZ Sachsenhausen eine Rolle. Im Fokus der Weltöffentlichkeit stand vornehmlich der im Oktober 1947 im Rathaus zu Berlin-Pankow abgehaltene „Sachsenhausen-Prozess". Der sorgfältig inszenierte Prozess[37] - er war übrigens der einzige, den ein SMT in der SBZ öffentlich verhandelte[38] - richtete sich aber nur gegen einen Teil dieser SS-Einheit, nämlich 13 SS-Chargen, darunter den vormaligen KZ-Kommandanten Anton Kaindl. Für das SMT der Gruppe der Sowjetischen Besatzungstruppen in Deutschland war Sachsenhausen ein „Todeslager" gewesen, in dem auch 9000 sowjetische Kriegsgefangene ermordet worden waren;[39] hieraus resultierte vor

36 Vgl. Eine deutsche Karriere: Friedrich Panzinger. Protokoll des Verhörs des Gefangenen Panzinger, Friedrich vom 12. Februar 1947. In: Utopie kreativ, H. 55 von Mai 1995, S. 22-33. In weiteren Verhören wurde Panzinger direkt nach den deutschen Agentennetzen in Bulgarien (Abwehrstelle, SD) ausgeforscht; darüber hinaus nahmen sowjetische Vernehmer auch Gegenüberstellungen mit weiteren deutschen Inhaftierten wie dem vormaligen deutschen Gesandten in Sofia, Herbert von Richthofen, vor, um an detailliertere Informationen zu gelangen und persönliche Verantwortlichkeiten feststellen zu können. Vgl. Verhörprotokoll F. Panzinger vom 20.1.1948 und Protokoll der Gegenüberstellung zwischen Richthofen und F. Panzinger vom 17.5.1948. In: Christoforov, Tajny diplomatii, S. 644-650.

37 Vgl. Natalja Jeske/Ute Schmidt, Zur Verfolgung von Kriegs- und NS-Verbrechen durch sowjetische Militärtribunale in der SBZ. In: Hilger/Schmeitzner/Schmidt (Hg.), Sowjetische Militärtribunale, Band 2, S. 155-192, hier 186-191; Winfried Meyer, Stalinistischer Schauprozess gegen NS-Verbrecher? Der Berliner Sachsenhausen-Prozess vom Oktober 1947. In: Dachauer Hefte, 13 (1997), S. 153-180; Enrico Heitzer/Günter Morsch/Robert Traba, Der sowjetische „Berlinskij-Prozess" gegen Täter des KZ Sachsenhausen im Kontext alliierter NS-Verfahren. Eine Einleitung. In: Enrico Heitzer/Günter Morsch/Katarzyna Woniak/Robert Traba (Hg.), Im Schatten von Nürnberg. Transnationale Ahndung von NS-Verbrechen, Berlin 2019, S. 9-24.

38 Über die Ergebnisse von Verhandlungen anderer SMT berichtete hingegen die sowjetische „Tägliche Rundschau" hin und wieder, allerdings dienten solche Veröffentlichungen von vornherein propagandistischen Absichten. Vgl. Schmeitzner, Unter Ausschluss der Öffentlichkeit?, S. 159.

39 Vgl. Wolfgang Benz/Barbara Diestel (Hg.), Der Ort des Terrors. Geschichte der nationalsozialistischen Konzentrationslager, Band 5: Sachsenhausen und Buchenwald, Mün-

allem das sowjetische Interesse an einer juristischen Sühne. Die ausgeworfenen Freiheitsstrafen zwischen 15 Jahren und lebenslänglich waren - im Vergleich zu der seit Mai 1947 aufgehobenen Todesstrafe - durchaus moderat und gründeten zudem auf alliiertem Recht, nämlich auf dem im Dezember 1945 verabschiedeten Kontrollratsgesetz Nr. 10, mit dem „Verbrechen gegen den Frieden", „Kriegsverbrechen" und „Verbrechen gegen die Menschlichkeit" gesühnt werden sollten. Weshalb sich die Strafen derart moderat ausnahmen, machte ausgerechnet Kaindl deutlich, der - gut präpariert - Reue zeigte und sich als „Kapitalismuskritiker par Exzellenz"[40] aufspielte; so verwies er vor allem in seinem Schlusswort auf die „unheilvolle Einwirkung [...] der Groß-Konzerne der Kriegsverbrecher".[41]

Was der Öffentlichkeit indes verborgen bleiben sollte, war die Tatsache, dass es bereits eine Art ersten Teil des „Sachsenhausen-Prozesses" vor der Aufhebung der Todesstrafe (Mai 1947) gegeben hatte. Eine Reihe von SS-Chargen war „im Regelfall" und „ungeachtet ihrer Stellung in der Lagerhierarchie und ihrer Kompetenzen"[42] zwischen Ende 1946 und Februar 1947 zum Tode verurteilt und hingerichtet worden; unter ihnen der 3. Lagerführer des KZ, der SS-Obersturmführer Alfred Driemel, der bereits im Dezember 1946 verurteilt wurde. In diesen Fällen übte die sowjetische Seite die bekannte harte juristische Sühne, zumal Driemel direkte Verantwortung für die Ermordung der sowjetischen Kriegsgefangenen getragen hatte und nach seinem Einsatz als 2. Schutzhaftlagerführer im KZ Stutthof (1942/43) stellvertretender Kommandeur der 8. SS-Kavallerie-Division „Florian Geyer" an der Ostfront gewesen war. Ende 1946 nach Ukaz 43 zum Tode verurteilt, wurde Driemel am 27. Februar 1947 in Berlin hingerichtet.[43]

III. Partei- und Verwaltungsfunktionäre

Ein ähnlich pragmatisches Vorgehen lässt sich auch bei den inhaftierten Partei- und Staatsfunktionären des „Dritten Reiches" nachweisen. Das zeigen sowohl die Fälle der noch 1945 in Haft gesetzten (sächsischen) Gau-Funktionäre als auch die einer ganzen Reihe von inhaftierten lokalen Herrschaftsträgern der NS- Diktatur. Nur ein Teil von ihnen wurde mit der harten sowjetischen Sühnejustiz konfrontiert. Bei der Sachsenclique handelte es sich um den langjährigen Gauleiter und Reichsstatthalter Martin Mutschmann, den sächsischen Wirtschaftsminister Georg Lenk, den Hauptgeschäftsführer der IHK Dresden und Sachsen Georg Bellmann sowie den Generaldirektor der staatlichen Aktiengesellschaft Sächsische Werke (ASW) Werner Schmiedel. Die drei Wirtschaftsfunktionäre waren eng mit dem Wirtschaftsministerium und mit der Gauleitung der Partei verwo-

chen 2006, S. 64.

40 Schmeitzner, Unter Ausschluss der Öffentlichkeit?, S. 162.

41 Ebd.

42 Jeske/Schmidt, Zur Verfolgung von Kriegs- und NS-Verbrechen, S. 190.

43 Vgl. ebd. und biografischer Index in diesem Band.

ben gewesen und zählten zum inneren Zirkel des Reichsstatthalters.[44] Der - so nicht vollständige - Personenkreis[45] hatte sich direkt oder indirekt an der Ausbeutung und Versklavung sowjetischer Zwangsarbeiter und Kriegsgefangener beteiligt; ein Delikt, das im Laufe der Verhandlungen eine zentrale Bedeutung einnahm. Welche Bedeutung die sowjetische Seite diesem Funktionärskreis beimaß, geht aus der Tatsache hervor, dass Mutschmann, Lenk, Bellmann und Schmiedel früh nach Moskau verbracht worden waren.[46]

Im sowjetischen Fokus stand dabei von Beginn an mit Mutschmann die zentrale Figur des Sachsen-Gaues - die „Nr. 2" auf der sowjetischen Liste der „Hauptkriegsverbrecher". Mutschmann wurden - wohl zu Recht - frühe und auch nachhaltige Kontakte zu Hitler unterstellt; Mutschmann schien zudem idealtypisch in das Interpretationsschema der sowjetischen Kommunisten über den Aufstieg des „deutschen Faschismus" zu passen. Kurz nach Mutschmanns Verhaftung brachte die sowjetische Propaganda den „Fall" selbst massenwirksam in die Öffentlichkeit: In ihrer neu gegründeten „Tageszeitung für die deutsche Bevölkerung" in Dresden avancierte der Unternehmer Mutschmann zum „politischen Schieber", der die braune „Verbrecherbande" um Hitler früh unterstützte. Dem Führer der NSDAP habe er für seine „arbeiterfeindlichen Pläne in kritischen Zeiten" von sächsischen „Großindustriellen" wiederholt Geld beschafft. Dafür sei Mutschmann von Hitler mit herausragenden Funktionen wie dem Gauleiter- und Reichsstatthalterposten betraut worden. Für die sowjetische Seite war er zudem ein „Kriegsverbrecher und Kriegsbrandstifter", ein „größenwahnsinnig gewordener Spießer" und „Geschäftemacher", der am Aufbau des sächsischen

44 Lenk und Bellmann waren wie Mutschmann schon vor 1930 Reichstagsabgeordnete gewesen, Bellmann für die DVP, aus der er Anfang 1933 zur NSDAP wechselte; Schmiedel verdankte seinen Aufstieg an die Spitze der ASW vor allem Mutschmann, mit dem er auch im Mai 1945 gen Westen flüchtete und mit diesem am 16.5.1945 festgenommen worden war. Vgl. Mike Schmeitzner, Der Fall Mutschmann. Sachsens Gauleiter vor Stalins Tribunal, Beucha 2011, S. 41, 56-65, 154-158.

45 Neben den Genannten waren 1945 auch noch weitere hohe sächsische Parteifunktionäre in sowjetische Haft geraten, so etwa der frühere Gauobmann der DAF und Leiter der sächsischen Arbeiterkammer Hellmuth Peitsch, der auch Reichstagsabgeordneter der NSDAP gewesen war, und Werner Vogelsang, der vormalige Kreisleiter der NSDAP von Annaberg, der in den letzten Monaten des Sachsen-Gaues auch als stellvertretender Gauleiter amtiert hatte. Beide saßen in sowjetischen Speziallagern, ohne dass sie zu juristischer Verantwortung gezogen worden wären. Während Vogelsang am 27.7.1946 im Lager starb, wurde Peitsch 1950 den ostdeutschen Behörden übergeben, die ihn im Zuge der „Waldheimer Prozesse" zum Tode verurteilen und hinrichten ließen. Peitsch war im Mutschmann-Prozess nicht verhört worden, obwohl er zum engsten Freundeskreis des Gauleiters gezählt hatte, Vogelsang hingegen mehrfach, wiewohl er diesem wesentlich ferner stand. Allein schon dieser Umstand wirft ein bezeichnendes Licht auf das wenig systematische Vorgehen der sowjetischen Justiz- und Geheimdienstapparate. Dieses Vorgehen wird noch unerklärlicher, wenn man in Rechnung stellt, dass Peitsch ähnliche - wenn nicht noch größere - Verantwortung für die Behandlung von sowjetischen Zwangsarbeitern und Kriegsgefangenen hatte.

46 Vgl. ebd., S. 76-78.

KZ-Systems persönlich beteiligt gewesen sei. Mit Blick auf die Dresdner Bevölkerung wurde ihm auch noch persönliches Versagen in der Frage des Schutzes eben dieser Bevölkerung im Falle eines Luftangriffes attestiert.[47]
Doch verschwand der „Fall Mutschmann" rasch aus der Öffentlichkeit, als ihn die westalliierten Verbündeten als „Hauptkriegsverbrecher" für das Nürnberger IMT ablehnten. Jetzt erst entschied sich die sowjetische Seite dafür, Mutschmann von der eigenen Justiz in einem nicht öffentlichen Prozess aburteilen zu lassen.[48] Einen wesentlichen Anstoß dafür hatten auch die ersten Verhöreinlassungen Georg Lenks gegeben, der wie der vormalige Gauleiter aus der vogtländischen Metropole Plauen stammte und ein enger Weggefährte war. Die Tatsache allerdings, dass Mutschmann noch 1943 seinen langjährigen Freund aus dem Kabinett geworfen und verstoßen hatte, nahm Lenk nun zum Anlass, eben diesen schwer zu belasten: Bereits im Sommer 1945 brachte er die sowjetischen Untersuchungsführer auf eine wichtige Fährte: Mutschmann, so Lenk, habe als Reichsverteidigungskommissar im Wehrkreis IV mittel- und unmittelbare Verantwortung für den brutalen Umgang mit sowjetischen Kriegsgefangenen und Zwangsarbeitern gehabt.[49] Allein dieser Umstand erklärt ebenfalls, weshalb die sowjetische Seite kein deutsches Gericht in diesem „Fall" einschalten wollte, sondern nur mehr die eigene Gerichtsbarkeit.

Was folgte, war das bekannte Zusammenspiel von sowjetischem Staatssicherheitsdienst und Militärgericht und ein abrupter Bruch in der bisherigen „Öffentlichkeitsarbeit". Ab Anfang September 1945 unterlag Mutschmanns Verfahren einer vollständigen Geheimhaltungspraxis. Der „Delinquent" selbst wurde von den verschiedenen Untersuchungsführern des NKVD und NKGB eher schonend behandelt,[50] doch aufgrund der Einlassungen Lenks, Bellmanns, Schmiedels u. a. von Anfang an in die Defensive gedrückt. Dabei musste sich der frühere Gauleiter selbst verteidigen, da ihm ein Strafverteidiger - wie häufig üblich - nicht zur Verfügung stand. Gegen die Schuldzuweisungen und der Selbstentlastung dienenden Überhöhungen der drei Wirtschaftsmanager hatte er keine Chance: Während Lenk nicht nur die Frage der Behandlung sowjetischer Kriegsgefangener

47 Paul Mochmann, ‚König Mu'. Enthüllungen eines Dresdners über das Treiben des ehemaligen Nazigauleiters Mutschmann. In: Tageszeitung für die deutsche Bevölkerung vom 31.5.1945; W.A. Ruban, Abschaum der Menschheit. In: Tageszeitung für die deutsche Bevölkerung vom 2.6.1945.

48 Vgl. Schmeitzner, Der Fall Mutschmann, S. 84-90.

49 Verhörprotokoll Georg Lenk vom 7.7.1945 (HAIT-Archiv, Akte Martin Mutschmann). Die Akte Mutschmann ist dem Verfasser dankenswerterweise vom Washingtoner United States Holocaust Memorial Museum (USHMM) als Kopie zur Verfügung gestellt worden. Das USHMM hat die eigene Aktenkopie unter der Signatur RG-06.025*69 verbucht, die Originalsignatur des Zentralarchivs des FSB (Moskau) lautet N-18 758. Im Folgenden wird nach „HAIT-Archiv, Akte Martin Mutschmann" zitiert.

50 Die schonende Behandlung resultierte aus der schweren Herzkrankheit Mutschmanns und dem Versuch, den früheren Gauleiter abzuschöpfen. Vgl. Schmeitzner, Der Fall Mutschmann, S. 90.

und Zwangsarbeiter thematisierte, sondern auch Mutschmanns tatsächlich militante antisemitische Karriere beleuchtete und überdies auch dessen Anteil am Machtergreifungsterror und der Euthanasieaktion benannte, äußerte sich Bellmann zur Arisierungstätigkeit Mutschmanns: Obwohl Bellmann die sächsischen Unternehmensarisierungen selbst mit federführend betrieben hatte,[51] versuchte er jetzt dem vormaligen Gauleiter sämtliche Verantwortung aufzubürden und dessen Beteiligung ins Groteske zu steigern: „Die Betriebe wurden den Juden ohne Unterschied weggenommen und dem Parteigenossen Mutschmann übergeben, unabhängig davon, ob diese Betriebe geleitet werden konnten oder nicht."[52] Deutlich realistischer zeichnete er dagegen Mutschmanns maßgebliche Verantwortlichkeiten in der Frage der Behandlung der (sowjetischen) Kriegsgefangenen: „In Bezug auf den Umgang mit KZ-Häftlingen und den Kriegsgefangenen kann Mutschmann nicht irgendetwas leugnen, weil er ständig zu den Betrieben gefahren ist und die ganze Zeit von den Leitern einen noch grausameren Umgang mit ihnen verlangt hat und noch mehr Arbeit von ihnen herauspressen wollte."[53]

Ohnehin davon überzeugt, einen „Hauptkriegsverbrecher" gefasst zu haben, gelang es den sowjetischen Untersuchungsführern mit diesen Aussagen und den herangezogenen deutschen belastenden Unterlagen, Mutschmann immer wieder in die Enge zu treiben. Darauf bedacht, nur so viel preiszugeben, wie ihm nachgewiesen werden konnte, gestand der frühere Gauleiter überdies seinen Anteil an der Judenverfolgung bis 1939 - jedoch nicht am Holocaust - und an der Euthanasieaktion ein. In diesen beiden Punkten trat er auch noch nach Kriegsende als überzeugter Nationalsozialist in Erscheinung. Während der Verhörphase (Mai 1945 - März 1946) hatten sich insgesamt vier Verbrechenskomplexe herauskristallisiert: 1. Judenverfolgung, 2. Euthanasieverbrechen, 3. Verfolgung politischer Gegner (Machtergreifungsterror), 4. Kriegsverbrechen gegen Sowjetbürger. In der im Mai 1946 vom Staatssicherheitsdienst erarbeiteten Anklageschrift kamen diese vier Punkte - ergänzt um Vorwürfe der (frühen) Parteifinanzierung und der Beteiligung am Überfall auf die Sowjetunion - allesamt zum Tragen. In dem am 30. Januar 1947 erlassenen Urteil des Militärkollegiums des Obersten Gerichts der UdSSR war von den Punkten Judenverfolgung und Euthanasieverbrechen allerdings keine Rede mehr, obwohl Mutschmann gerade in diesen Punkten die geringste Verantwortungsabwehr zeigte.[54]

51 Zur vorwärtstreibenden Rolle Bellmanns bei der „Entjudung" der sächsischen Wirtschaft vgl. Hagen Markwardt, Georg Bellmann. Hauptgeschäftsführer der IHK Dresden. In: Christine Pieper/Mike Schmeitzner/Gerhard Naser (Hg.), Braune Karrieren. Dresdner Täter und Akteure im Nationalsozialismus, Dresden 2012, S. 187-192, hier 188-190.

52 Verhörprotokoll Georg Bellmann vom 10.7.1945 (HAIT-Archiv, Akte Martin Mutschmann).

53 Ebd.

54 Vgl. Schmeitzner, Der Fall Mutschmann, S. 101-127.

Mochten sich in dieser Frage wohl schon interne antisemitische Tendenzen in der Sowjetunion widergespiegelt haben,[55] so waren die Tatvorwürfe mit den herangezogenen Rechtsgrundlagen nicht in Einklang zu bringen. Mutschmanns Verbrechen hatten sich im Deutschen Reich abgespielt, nicht aber in der Sowjetunion; der auf diesen Fall gemünzte Ukaz 43 bezog sich jedoch „nur“ auf Deutsche oder deren Kollaborateure, die im besetzten Teil der Sowjetunion Verbrechen begangen hatten. Viel zielführender wäre hier die Verurteilung nach dem alliierten Kontrollratsgesetz Nr. 10 gewesen, das Verbrechen gegen den Frieden, Kriegsverbrechen und Verbrechen gegen die Menschlichkeit einschloss. Die an Mutschmann vollzogene Todesstrafe war jedoch keine singuläre sowjetische Maßnahme, was ähnlich gelagerte frühe Gauleiter-Prozesse in Frankreich und Polen verdeutlichen.[56] Auch in der Frage des individuellen Schuldnachweises gilt es zu relativieren: Gewiss sind der sowjetischen Seite in diesem Punkt ernsthafte Bemühungen nicht abzusprechen, doch dominierten auch im „Fall Mutschmann“ die Zuschreibungen, die sich aus dessen Funktionen ergaben. Der Blick auf die westalliierte und westdeutsche Spruchpraxis gegen frühere Gauleiter ergibt freilich ein ähnliches Bild, genügte doch hier der Nachweis einer „kenntnisbelasteten Zugehörigkeit“ zu den in Nürnberg als „verbrecherisch“ eingestuften NS-Organisationen, um von Gerichten verurteilt zu werden.[57]

Die mit Mutschmann gefassten Gau-Wirtschaftsfunktionäre wurden übrigens nicht erst im Nachgang des Gauleiter-Prozesses verurteilt, sondern bereits in

55 Zu den seit 1946 im sowjetischen Partei- und Staatsapparat unterschwellig einsetzenden „antizionistischen“ Tendenzen vgl. Arno Lustiger, Rotbuch: Stalin und die Juden. Die tragische Geschichte des Jüdischen Antifaschistischen Komitees und der sowjetischen Juden, Berlin 2002, S. 208–210.

56 Auch in den Prozessen gegen die Gauleiter Robert Wagner (Elsass) und Arthur Greiser (Wartheland) setzten französische bzw. polnische Militärtribunale 1946 Todesstrafen durch, die auch zeitnah vollstreckt wurden. Vgl. Claudia Moisel, Frankreich und die deutschen Kriegsverbrecher. Politik und Praxis der Strafverfolgung nach dem Zweiten Weltkrieg, Göttingen 2004, S. 97–102; Catherine Epstein, Model Nazi. Arthur Greiser and the Occupation of Western Poland, Oxford 2010, S. 305–341; Czesław Łuczak, Arthur Greiser. Hitlerowski władca w Wolnym Mieście Gdańsku i w Kraju Warty [Arthur Greiser. Hitlers Herrscher in der Freien Stadt Danzig und im Warthegau], Posen 1997, S. 120–129.

57 Die Fokussierung auf die „kenntnisbelastete Zugehörigkeit“ zum NS-Führungskorps, zur SS und zu Gestapo/SD beruhte auf dem Urteil des Nürnberger IMT, das diese drei deutschen Organisationen als „verbrecherisch“ eingestuft hatte. Dem Urteil zufolge konnte ein Angeklagter, der Mitglied dieser Organisationen gewesen war, dann von einem Gericht verurteilt werden, wenn er sich 1.) zum Beitritt „freiwillig“ bereitgefunden hatte und 2.) „wusste, dass sich diese Organisation an Verbrechen beteiligte, wie sie in Artikel 6 der [IMT-]Charta [d. h. ‚Verbrechen gegen den Frieden‘, ‚Kriegsverbrechen‘, ‚Verbrechen gegen die Menschlichkeit‘] definiert waren“. Das hier in Rede stehende NS-Führungskorps war insbesondere wegen Kriegsverbrechen (Zwangsgermanisierung, Judenverfolgung, Beteiligung am Sklavenarbeitsprogramm und Misshandlung von Kriegsgefangenen) schuldig gesprochen worden. Vgl. Telford Taylor, Die Nürnberger Prozesse. Hintergründe, Analysen und Erkenntnisse aus heutiger Sicht, München 1994, S. 643, 674.

dessen zeitlichen Vorfeld. Alle ihre Versuche, eigene Verantwortung von sich zu weisen und auf den „allmächtigen" Gauleiter abzuwälzen, hatten keine Früchte getragen. Schon im Frühsommer 1946 waren Schmiedel und Bellmann vom Militärkollegium der UdSSR in Geheimprozessen zum Tode verurteilt und (wohl) kurz darauf hingerichtet worden. Vier Wochen nach diesen Urteilen, am 4. Juli 1946, hatte dasselbe Gericht auch Mutschmanns früheren Wirtschaftsminister Lenk zum Tode verurteilt. Auch in diesen drei Fällen basierten die Urteile auf dem Ukaz 43 als Rechtsgrundlage - jedoch nunmehr ergänzt durch den Artikel 58-11 des sowjetischen Strafgesetzbuches, der sich explizit gegen eine „Mitgliedschaft in einer konterrevolutionären Organisation" richtete.[58]

Früher noch als Mutschmanns Gaufunktionäre war eine ganze Reihe von lokalen Herrschaftsträgern des „Dritten Reiches" zum Tode verurteilt und hingerichtet worden, darunter (Ober-)Bürgermeister von mittleren und kleineren Städten.[59] Wie unterschiedlich dabei die Ermittlungen gegen diese regionalen Herrschaftsträger verliefen, zeigen die Fälle Oskar Fuchs und Ernst Rietzsch.

Bereits im Sommer 1945 hatte die sowjetische Besatzungsmacht den vormaligen Oberbürgermeister von Oranienburg, Fuchs, festgenommen, der gleichzeitig Ortsgruppenleiter der NSDAP und Polizeichef der Stadt (ab 1934) gewesen war. Ihm wurde vorgeworfen, diese geballte Macht gegen politische und rassische Gegner wie gegen zwangsverpflichtete sowjetische Arbeiter eingesetzt zu haben. So habe er mit seiner NS-Gruppe seit 1931 Überfälle auf Kommunisten verübt, am 30. Januar 1933 KP-Mitglieder mit „Eisenstangen verprügelt" und später mehrere von ihnen verhaften lassen; in Folge der Lagerhaft in Oranienburg seien zwei von ihnen zu Tode gekommen. Darüber hinaus habe er „unerträgliche Bedingungen" für sowjetische Zwangsarbeiter geschaffen, wodurch allein in dem Unternehmen „Auer" 400 von ihnen einer Epidemie zum Opfer gefallen seien, und den Weisungen der „Parteiführung hinsichtlich [der] Vernichtung der jüdischen Bevölkerung eifrig Folge geleistet". Letztendlich wurde ihm auch die „aktive Verteidigung" der Stadt im April 1945 zur Last gelegt. Gegen Fuchs sagten mindestens sieben Zeugen aus; er selbst stritt jede Verantwortung ab. Dass seit Frühjahr 1933 in „seiner" Stadt eines der berüchtigtsten frühen Konzentrationslager zur Isolierung von Kommunisten und Sozialdemokraten geschaffen worden war und später noch das an der Stadtperipherie gelegene „moderne" SS-Konzentrationslager Sachsenhausen hinzukam, dürfte nicht ohne Einfluss auf das Urteil des SMT der 266. sowjetischen Schützendivision geblieben sein: Fuchs wurde am 2. November 1945 zum Tode verurteilt und zwei Wochen später exekutiert.[60]

58 Mit der „konterrevolutionären Organisation" war hier ohne Zweifel die NSDAP gemeint. Zu den drei genannten Urteilen vgl. Schmeitzner, Der Fall Mutschmann, S. 118 f.

59 Im Projekt wurden für den gesamten Zeitraum (1945-1947) Todesurteile gegen 40 (Ober-)Bürgermeister nachgewiesen. Das sind fünf mehr, als in der ersten Ausgabe recherchiert worden sind.

60 Beschluss Nr. 166-n des Präsidiums des 3. Bezirksmilitärgerichts der Russischen Föderation vom 28.6.2001 in der Sache Oskar Fuchs (Archiv der Gedenkstätte Sachsenhau-

Ganz anders lag da der Fall des früheren Schwarzenberger Bürgermeisters Rietzsch. Er wurde nicht wegen Delikten auf deutschem Boden oder wegen seiner Funktion als Stadtoberhaupt zum Tode verurteilt und hingerichtet. Rietzsch war in Folge weit zurück liegender Auseinandersetzungen mit den örtlichen Schwarzenberger Kommunisten noch im Mai 1945 als Stadtoberhaupt abgesetzt und im Dezember desselben Jahres verhaftet worden.[61] Kurz nach der Übergabe an die sowjetischen Dienste hatte Rietzsch selbst die Vernehmer auf eine gänzlich andere Spur gebracht, die von nun ab im Mittelpunkt der Verhöre stand – seine Tätigkeit als Abteilungsleiter der deutschen Militärverwaltung in der be-

sen, Akte Oskar Fuchs). In dem Dokument, das dankenswerterweise Dr. Enrico Heitzer von der Gedenkstätte Sachsenhausen zur Verfügung stellte, wurden die entscheidenden Urteilspassagen zitiert. Nach welcher Rechtsgrundlage Fuchs verurteilt wurde, bleibt allerdings offen: Vermutlich wurde er nach Artikel 58-2 verurteilt; dieser Paragraf, aber auch der Artikel 58-4 („Unterstützung der internationalen Bourgeoisie") wurden in dem o. g. Dokument als Rechtsgrundlage angegeben, was sicherlich einem Schreibfehler geschuldet war. Nur eine Einsichtnahme in die Originalakte von Fuchs könnte letztlich hier Gewissheit bringen. Dass in Urteilen gegen NS- und Kriegsverbrecher in bizarrer Weise tatsächlich der Artikel 58-4 Verwendung fand, zeigt das Verfahren gegen den vormaligen sächsischen SA-Führer Walter Wolf, der ebenfalls Ende 1945 verurteilt wurde. Vgl. Hilger, „Die Gerechtigkeit nehme ihren Lauf?", S. 199. Das 3. Bezirksmilitärgericht lehnte übrigens in seinem Beschluss von 2001 eine Rehabilitierung von Fuchs ab, räumte aber gleichzeitig ein, dass dieser „Fall eine falsche rechtliche Würdigung erhalten" habe. Fuchs habe keine nach Artikel 58-2 aufgeführten Handlungen begangen; „d. h. keine bewaffnete Invasion in das sowjetische Hoheitsgebiet"; seine Handlungen seien vielmehr nach KG 10 zu würdigen, womit eine „Umwidmung" der Rechtsgrundlage vollzogen wurde. Beschluss Nr. 166-n des Präsidiums des 3. Bezirksmilitärgerichts der Russischen Föderation vom 28.6.2001 in der Sache Oskar Fuchs (Archiv der Gedenkstätte Sachsenhausen, Akte Oskar Fuchs).

61 Rietzsch war bereits seit 1921 Bürgermeister von Schwarzenberg und hatte in der Folge mit den hier besonders stark in Erscheinung tretenden Kommunisten teils heftige Kämpfe zu bestehen; nach 1933 blieb der deutschnational geprägte Bürgermeister im Amt und näherte sich rasch der NSDAP an: Hatte er im Frühjahr 1933 noch für die „Kampffront Schwarz-Weiß-Rot" zum Bezirkstag der Amtshauptmannschaft Schwarzenberg erfolgreich kandidiert, trat er dort im Juni 1933 als „Hospitant zur NSDAP" über. Vgl. o. V., Haushaltplan-Beratung im Bezirkstag der Amtshauptmannschaft. In: Erzgebirgischer Volksfreund vom 30.6.1933 (1. Beiblatt). 1937 trat er dann der NSDAP bei. Im selben Jahr erklärte er sich in einer Rede vor seinen Ratsherren „bereit, dem Führer zu folgen, wohin er uns auch führen mag". O. V., Die Verwaltung der Stadt Schwarzenberg im Jahre 1936. Der Erste Bürgermeister erstattet Bericht. In: Erzgebirgischer Volksfreund vom 20.3.1937 (2. Beiblatt). 1945 „revanchierten" sich die Kommunisten mit seiner Absetzung und Verhaftung. Zu Rietzschs Karriere und seinen Konflikten mit der KPD vgl. Lenore Lobeck, Die Schwarzenberg-Legende. Geschichte und Mythos im Niemandsland, 5. vollständig überarbeitete und erweiterte Auflage Leipzig 2018, S. 78–105. Dass Rietzsch im NS-System nicht passiv blieb, sondern sich „aktiv einbrachte" (u. a. ab 1939 als SA-Scharführer) geht aus einem anderen Kontext hervor. Nancy Aris, Recherchebericht zur Tätigkeit von Dr. Ernst Rietzsch während der NS-Zeit. In: 13. Tätigkeitsbericht 2004/2005 des Sächsischen Landesbeauftragten für die Stasi-Unterlagen, Dresden 2005, S. 66–77, hier 69.

setzten Sowjetunion und im besetzten Frankreich (1941-1944).[62] Rietzsch selbst äußerte in Verhören, er habe neue Selbstverwaltungsorgane geschaffen, über die Partisanenbewegung berichtet und Zwangsarbeiter deportieren lassen; über die Ghettoisierung der örtlichen jüdischen Bevölkerung äußerte er sich hingegen widersprüchlich.[63] Noch im April 1946 wurde Rietzsch vom Militärtribunal der 1. Gardepanzerarmee nach Artikel 58-2 des sowjetischen Strafgesetzbuches zum Tode verurteilt und kurz darauf exekutiert.[64] Im Unterschied zu Fuchs und zu den Gaufunktionären hatte es hier keine weiteren Ermittlungen gegeben, sondern nur die Aussagen des Angeklagten selbst.[65]

Charakteristisch für die Verurteilungen war vor allem der Vorwurf der Verbrechen gegen die Sowjetunion und/oder gegen sowjetische Staatsbürger - sei es nun auf dem besetzten Gebiet der Sowjetunion oder in Deutschland selbst. Die hier gefällten Höchststrafen können in der Tat als das betrachtet werden, was in einem ähnlichen Kontext bereits geäußert worden ist: Nämlich als ein

62 Rietzsch hatte zuerst (ab Juni 1941) die Abteilung VII der Feldkommandantur 181 im weißrussischen Lepel als Oberverwaltungsrat geleitet, bevor er im Oktober 1942 als Verwaltungsgruppenleiter an (Ober-)Feldkommandanturen in Marseille und Chartres und ab September 1943 als Verwaltungsgruppenchef der Organisation Todt in Cherbourg eingesetzt wurde. Im April 1945 trat er sein Amt als Bürgermeister wieder an. Vgl. ebd., S. 69f.

63 Vgl. Verhörprotokolle Ernst Rietzsch vom 14. und 18.1. sowie vom 11.2.1946 (Dokumentationsstelle Dresden, Akte Ernst Rietzsch). Im Verhör am 14.1.1946 hatte sich Rietzsch derart geäußert, dass er die Anweisung erhalten habe, „ein jüdisches Ghetto zu errichten"; kurz darauf korrigierte er sich dahingehend, dass er keine Anweisung erhalten habe, da die Ghettos bereits eingerichtet gewesen seien. Aris, Recherchebericht, S. 74 und 76, geht davon aus, dass Rietzsch „in irgendeiner Weise an der Bildung der Ghettos beteiligt gewesen sein muss" und seine „Beteiligung an Kriegsverbrechen mit hoher Wahrscheinlichkeit" zu gewärtigen sei, da die „Judenfrage" Teil des Aufgabenbereiches der Abteilungen VII war. Ihre Argumentation gründet auf dem Standardwerk von Christian Gerlach, Kalkulierte Morde. Die deutsche Wirtschafts- und Vernichtungspolitik in Weißrußland 1941 bis 1944, Hamburg 1999, S. 137, der diese Zuständigkeit anhand verschiedener Quellen nachgewiesen hat. Belege für Rietzschs konkrete Tätigkeit als Leiter der Abteilung VII sind ausweislich der bisherigen Forschungen wohl nicht (mehr) vorhanden. Eine Gesamtbiografie zu Ernst Rietzsch als eines interessanten regionalen (NS-)Verwaltungsleiters in europäischen Besatzungskontexten steht noch aus und wäre gerade deshalb dringend geboten.

64 Vgl. Urteil des SMT der 1. Gardepanzerarmee gegen Ernst Rietzsch vom 26.4.1946 (Dokumentationsstelle Dresden, Akte Ernst Rietzsch).

65 Nach 1989 wurde Rietzsch von der russischen Hauptmilitärstaatsanwaltschaft deswegen rehabilitiert, weil er in den Verhören selbst erklärt habe, keine „Verbrechen gegen sowjetische Staatsbürger" begangen zu haben; er habe sich lediglich mit „Verwaltungs- und Wirtschaftstätigkeit befasst". Anders ausgedrückt: Weil das sowjetische Gericht 1946 Rietzsch nur aufgrund dessen Aussagen verurteilt und keine eigenen Ermittlungen angestellt hatte, wurde er Jahrzehnte später rehabilitiert. Die Rehabilitierung erfolgte wiederum nur auf der Grundlage der eingesehenen alten Akte; eigene Ermittlungen wurden auch diesmal nicht angestellt. Gutachten zur archivierten Strafsache Nr. K-108 961 zu Ernst Rietzsch der russischen Hauptmilitärstaatsanwaltschaft vom 19.10. 1994, Leonid P. Kopalin (ebd.).

„erbarmungsloses" Zurückschlagen des geschädigten „stalinistischen Staates" qua Justiz.[66]

Trotz dieser überaus harten Haltung der sowjetischen Justiz fällt zunächst auf, dass selbst auf der Gauleiterebene keine justizielle Gleichbehandlung stattfand. Denn anders als mit Mutschmann verfuhr die sowjetische Seite mit den anderen beiden, in ihrem Gewahrsam befindlichen Gauleitern weniger hart: So wurden die vormaligen Gauleiter Rudolf Jordan (Magdeburg-Anhalt) und Helmuth Brückner (Schlesien) zu einer Lagerhaftstrafe von 25 Jahren verurteilt. Erklärungsbedürftig ist dabei der Zeitpunkt der Verurteilung, der erst nach der Wiedereinführung der Todesstrafe Anfang 1950 erfolgte. Brückner wurde im September 1950 verurteilt, Jordan sogar erst im Dezember 1951. Beide hätten also - wie Mutschmann, Rietzsch und die erwähnten Gaufunktionäre - zur Höchststrafe verurteilt werden können, kamen aber mit scheinbar glimpflicheren Strafen davon. Überdies wurden die „Fälle" Jordan und Brückner nicht vor Militärtribunalen oder Militärkollegien verhandelt, sondern von einer „besonderen Beratung des sowjetischen Staatssicherheitsministeriums" (OSO). Das häufig als „Fernurteil Moskau" definierte Verfahren kam „ohne alle Verfahrensvorschriften" aus und meist dann zum Einsatz, wenn „bestimmte geheimdienstliche Informationen vor der Armeejustiz geheim gehalten" werden sollten.[67] Die Delinquenten erfuhren von der eigenen Verurteilung dadurch erst im Nachhinein. Ebenso bemerkenswert wie die Verfahren und Strafen erschienen auch die Rechtsgrundlagen, die in diesen Fällen herangezogen worden waren: Beide frühere Gauleiter wurden - anders als Mutschmann - nicht nach dem Ukaz 43 verurteilt, vielmehr plädierte ausgerechnet das sowjetische Staatssicherheitsministerium für die Verurteilung nach dem alliierten Kontrollratsgesetz Nr. 10. So wurde Jordan wegen „Verbrechen gegen den Frieden" (Art. 2 a) und Brückner wegen „Verbrechen gegen die Menschlichkeit" (Art. 2 c) verurteilt; bei beiden kam noch die „Zugehörigkeit" zu einer „verbrecherischen" Organisation (Art. 2 d) hinzu.[68]

Wie ließ sich dieses „differenzierte" Vorgehen erklären? Im Falle Brückners dürften zweifellos sein unfreiwilliges NS-Karriereende 1934 und seine schnelle Abschiebung in ein sowjetisches Speziallager (1945) als zentrale Gründe gegen eine frühe Verurteilung anzusehen sein. Anders als den Vorgenannten konnten

66 Hilger, Strafjustiz im Verfolgungswahn, S. 119.

67 Friedrich-Christian Schroeder, Rechtsgrundlagen der Verfolgung deutscher Zivilisten durch Sowjetische Militärtribunale. In: Hilger/Schmeitzner/Schmidt (Hg.), Sowjetische Militärtribunale, Band 2, S. 37-58, hier 57 f.

68 Schreiben der Hauptmilitärstaatsanwaltschaft der Russischen Föderation an die Deutsche Botschaft in Moskau in der Rehabilitierungssache Helmuth Brückner vom 20.6.2008 (Dokumentationsstelle Dresden, Akte Helmuth Brückner); Anklagegutachten des MGB in der Sache Nr. 5086 (Rudolf Jordan) vom 2.11.1951 und Auszug aus dem Protokoll Nr. 61 der „Besonderen Beratung des Ministeriums für Staatssicherheit der UdSSR" vom 1.12.1951 (HAIT-Archiv, Akte Rudolf Jordan, Bl. 205). Die Akte Jordan (USHMM-Signatur: RG-06.025*68) ist ebenfalls unter Vermittlung des USHMM Washington und der Gedenkstätte Münchner Platz Dresden an das HAIT gelangt.

dem schlesischen Gauleiter (seit 1925) und Oberpräsidenten der Provinz Niederschlesien (1933/34) keine Verbrechen gegen die Sowjetunion und gegen Sowjetbürger vorgehalten worden. Der alte nationalsozialistische „Kämpfer" war von Hitler Ende 1934 wegen „parteischädigenden Verhaltens" seiner Ämter enthoben und aus der Partei ausgeschlossen wurden.[69] Als eigentlicher Anlass darf „wohl Brückners weiterhin ausgeübte Homosexualität" betrachtet werden,[70] die er auch nach seiner Verhaftung und während des gegen ihn laufenden Verfahrens rechtfertigte.[71] Brückner wurde Ende November 1935 wegen fortgesetzten Vergehens gegen den § 175 vom Landgericht Breslau zu einer Freiheitsstrafe von einem Jahr und drei Monaten Gefängnis verurteilt, die er aber nur bis Mai 1936 verbüßen musste. Danach mit seiner Familie nach Mecklenburg „verbannt", arbeitete er in den Rostocker Flugzeugwerken Ernst Heinkels bis Kriegsende zuerst als Gruppenleiter, dann als Leiter der Abteilung Werkschutz/Sonderarbeiten, der wohl auch der Einsatz von Zwangsarbeitern oblag.[72]

Vor diesem Hintergrund erscheint es keineswegs eindeutig, dass seine Verhaftung im August 1945 allein wegen der längere Zeit zurückliegenden Gauleiterfunktion erfolgte. Und selbst Brückners Verlegung in das sowjetische Speziallager Nr. 9 Fünfeichen Mitte November 1945 wurde mit der „aktiven Mitgliedschaft in der NSDAP" begründet.[73] Dort saß er im Übrigen bis 1948 ohne Urteil ein. Erst einige Monate vor der Ende 1948 anstehenden Lagerauflösung wurde der sowjetische MGB auf ihn aufmerksam: Ende März 1948 forderte der Operative Sektor des MGB Mecklenburg-Vorpommern Brückners Überstellung an das eigene Organ; jetzt erst brachte er auch dessen vormalige Gauleiterfunktion ins Spiel und erklärte überdies, dass sich der prominente Gefangene vor

69 Schlesische Zeitung vom 5.12.1934.

70 Wolfram Rothe, Von Hitler verbannt, unter Stalin umgekommen. Helmuth Brückner - vom Gauleiter zum Gulag-Häftling. In: Zeitgeschichte regional. Mitteilungen aus Mecklenburg-Vorpommern, 12 (2008) 1, S. 46-53, hier 47. Rothe verweist zudem auf innerparteiliche Intrigen gegen Brückner, an denen sich vor allem der SS-Führer Udo von Woyrsch beteiligt haben soll. Vgl. ebd. Nach Raimund Wolfert, Auf den Spuren der „Invertierten" im Breslau der zwanziger und dreißiger Jahre. In: Invertito. Jahrbuch für die Geschichte der Homosexualitäten, 9 (2007), S. 93-135, hier 133 f., sei Brückner „bereits vor 1933 mehrfach mit dem § 175 in Verbindung gebracht worden"; in Zusammenhang mit der Röhm-Affäre 1934 wurde dann „auch das Privatleben Brückners aufgerollt".

71 In einem Schreiben Brückners vom Spätherbst 1935 wandte er sich - ausgehend von seinen „historischen Verdiensten als Gauleiter und Oberpräsident in Schlesien" - dagegen, dass man seine Veranlagung als unnatürlich bezeichne und diese den Interessen des Volkes irgendwie schädlich sei. Sein „bisexueller Einschlag" komme „von früher betätigter mutueller Onanie". Er bestreite, sich strafbar gemacht zu haben, da doch die „mutuelle Onanie [...] vom Reichsgericht erst im Sommer 1935 als den Tatbestand des § 175 erfüllend erklärt" worden sei. Überdies habe er nicht andere verführt, sondern müsse selbst als Opfer angesehen werden (BA, NS 19, Nr. 1270, Bl. 3 und 5).

72 Vgl. Rothe, Von Hitler verbannt, S. 48 f.

73 Ebd., S. 49.

einem Militärtribunal zu verantworten habe.[74] Nach seiner Überstellung an das MGB kam Brückner über die Zwischenstation Berlin-Lichtenberg nach Moskau (1950), wo er das genannte Urteil wegen seiner Beteiligung am „Machtergreifungsterror" und der Gauleiterfunktion erhielt. Auf sowjetischer Seite scheint also der „Fall" zu keiner Zeit auf ein ausgeprägtes Interesse gestoßen zu sein; vielmehr zeugt der Umgang mit Brückner von einer erst sehr spät erfolgten formalen „Abarbeitung". Noch vor der Entstalinisierung und einer möglichen Repatriierung verstarb Brückner im März 1951 im Lagerkomplex Taischet.[75]
Im „Fall Jordan" hatte wohl die Familie bereits mit einem ähnlichen Ende im sowjetischen Gewahrsam gerechnet. Anders jedenfalls ist der Beschluss des Amtsgerichts München vom Januar 1951 kaum zu deuten, das den Tod des vormaligen Gauleiters und Reichsstatthalters auf den 1. Juli 1947 festgestellt hatte. Als Jordan dann tatsächlich ein erstes Lebenszeichen aus dem Gulag geben konnte, erfolgte eine Revision des Beschlusses im Oktober 1954.[76] Jordans Überleben und seine Repatriierung nach (West-)Deutschland im Herbst 1955 hatten einerseits mit seiner relativ späten sowjetischen Inhaftierung und andererseits mit den Überlegungen des sowjetischen Staatssicherheitsministeriums zu tun, sich langfristig den „exklusiven Zugriff" auf eine ausgewählte Gruppe nationalsozialistischer Spitzenfunktionäre zu sichern.[77]

Anders als Mutschmann war Jordan erst im Sommer 1946 von den Briten ausgeliefert und über mehrere Stationen in der SBZ (Münchner Platz Dresden, Berlin-Hohenschönhausen) nach Moskau deportiert worden. In seinem Fall wie bei anderen - noch zu benennenden - „Würdenträgern" des „Dritten Reiches" stand für Moskau zunächst die Abschöpfungsmöglichkeit im Vordergrund und nicht die juristische Abrechnung - zumal überdies kein ähnlich gewiefter Belastungszeuge wie Lenk bereitstand und sich die sowjetische Seite dieses Mal auch

74 Zum Prozedere der Übergabe zwischen Lagerleitung, MGB und Speziallagerabteilung der SMAD vgl. den Schriftwechsel zwischen den genannten vom 30.3., 31.3., 3.4. und 7.4.1948 (GARF, f. 9409, op. 1, d. 695, l. 8-11). Ich danke meinem Kollegen Tobias Baumann (Berlin) für die kopierweise Überlassung der Dokumente. In bisherigen Veröffentlichungen war vermutet worden, dass Brückner kurz nach der Übergabe an den MGB, also noch 1948, verurteilt worden sei. Vgl. Tobias Baumann, Das Speziallager Nr. 9 Fünfeichen. In: Sergej Mironenko/Lutz Niethammer/Alexander von Plato (Hg.) in Verbindung mit Volkhard Knigge und Günter Morsch, Sowjetische Speziallager in Deutschland 1945 bis 1950, Band 1: Studien und Berichte. Hg. und eingeleitet von Alexander von Plato, Berlin 1998, S. 426-444, hier 441.

75 Vgl. Zivilinterniertenkarte Helmuth Brückner vom 14.11.1955 (Archiv des DRK-Suchdienstes München, Akte Helmuth Brückner).

76 Vgl. Beschluss des Amtsgerichts München vom 11.10.1954 betr. Urk.Reg. II 387/1954 (Archiv des DRK-Suchdienstes München, Akte Rudolf Jordan). In seinen Erinnerungen gibt Jordan an, erst im Frühjahr 1955 - also ein halbes Jahr vor seiner Repatriierung - Postkontakt zu seiner Frau erhalten zu haben. Jordan, Erlebt und Erlitten, S. 360. Mit Blick auf den Zeitpunkt der Münchner Revision erscheint der Frühherbst 1954 allerdings eher nachvollziehbar.

77 Hilger, „Die Gerechtigkeit nehme ihren Lauf"?, S. 228; vgl. auch Zeidler, Stalinjustiz contra NS-Verbrechen, S. 44.

nicht öffentlich auf einen Prozess festgelegt hatte. Und tatsächlich lieferte Jordan fast vom ersten Tag seiner Auslieferung an seitenlange Auslassungen über das Führungskorps der eigenen Gaupartei und selbst einen ersten autobiografischen Versuch.[78] Seine intellektuellen Möglichkeiten - er war bereits in der Weimarer Republik als Buchautor in Erscheinung getreten[79] - dürften sich dabei für beide Seiten als vorteilhaft erwiesen haben. Dass ihm letztendlich ein Prozess erlassen wurde und er wegen des „Kampfes gegen die KPD und andere demokratische Organisationen" sowie wegen der „Vorbereitung und Durchführung eines aggressiven Krieges gegen die UdSSR"[80] lediglich zu einer „Todesersatzstrafe"[81] verurteilt wurde, mag auf den ersten Blick - und wie bereits erwähnt - als scheinbar glimpflich erscheinen, kann aber auch hinsichtlich der Zeit des Hochstalinismus (1951) als eine Art der sowjetischen „Rückversicherung" begriffen werden: Eine vorzeitige Entlassung infolge der Entstalinisierung war zu diesem Zeitpunkt nicht absehbar - und damit genauso wenig Jordans zweite Autorenkarriere nach 1955.[82]

IV. NS-Propagandisten

Die - zugegebenermaßen etwas unscharf - gefasste Gruppe der NS-Propagandisten fällt aus dem bereits vorgestellten Kreis der verurteilten NS-Prominenz eher dadurch heraus, dass hier von einem pragmatischen sowjetischen Vorgehen kaum die Rede sein kann. Mögliche Gründe dafür sollen im Folgenden eingehender beleuchtet werden. Der inhaftierte Kreis reichte von führenden Mitarbeitern des von Goebbels geleiteten Reichsministeriums für Volksaufklärung und Propa-

78 Rudolf Jordan, Die Gauleitung Magdeburg-Anhalt der NSDAP und ihre Ämter, Manuskript von August/September 1946, und ders., Eigenhändige Aussagen, Manuskript vom März 1947 (HAIT-Archiv, Akte Rudolf Jordan, Bl. 71-115, 314-380).

79 1925 veröffentlichte er Bücher über den „wissenschaftlichen Sozialismus" und über „Deutschland als Kolonie der Wallstreet", 1931 folgte die Broschüre „Das demaskierte Zentrum"; 1941 erschien schließlich im parteieigenen Eher-Verlag der NSDAP sein weitverbreiteter Band „Vom Sinn dieses Krieges".

80 Anklagegutachten des MGB in der Sache Nr. 5086 (Rudolf Jordan) vom 2.11.1951 und Auszug aus dem Protokoll Nr. 61 der „Besonderen Beratung des Ministeriums für Staatssicherheit der UdSSR" vom 1.12.1951 (HAIT-Archiv, Akte Rudolf Jordan, Bl. 200 und 205).

81 Nach der Abschaffung der Todesstrafe im Mai 1947 wurden Angeklagte häufig zu 25 Jahren Lagerhaft verurteilt, die in abgelegenen Teilen des Gulag tödlich enden konnte. Die Wiedereinführung der Todesstrafe im Januar 1950 war auf „Vaterlandsverräter", „Spione", „Schädlinge" und „Diversanten" (und nicht auf NS- und Kriegsverbrecher) fixiert. Schroeder, Rechtsgrundlagen der Verfolgung, S. 51. Dass es dennoch möglich war, (vermeintliche) NS- und Kriegsverbrecher zum Tode zu verurteilen und hinzurichten, zeigt der Fall eines ehemaligen SS-Mannes, der 1951/52 in der DDR als Volkspolizist verhaftet und wegen terroristischer Handlungen von einem sowjetischen Gericht zum Tode verurteilt wurde. Vgl. Hilger, Strafjustiz im Verfolgungswahn, S. 125 f.

82 In der alten Bundesrepublik veröffentlichte er fast bis zu seinem Lebensende (1988) neben seinen Erinnerungen auch Monografien zur Geschichte des „Dritten Reiches".

ganda bis hin zu bekannten Schriftleitern und Journalisten, die mit einschlägigen Büchern und Broschüren hervorgetreten waren. Dazu kam noch einmal ein halbes Dutzend Schriftleiter und führender Journalisten aus dem mitteldeutschen Raum.[83] Zu den bekannteren Multiplikatoren aus dem Propagandaministerium zählten etwa der persönliche Referent von Propagandaminister Goebbels, Wolff Heinrichsdorff, der Berliner Gaupropagandaleiter Werner Wächter, der Reichsdramaturg und Reichskultursenator Rainer Schlösser oder auch der Reichsfilmdramaturg und Filmproduzent Ewald von Demandowsky. Ebenfalls zum Tode verurteilt wurden der Chefredakteur der von Goebbels herausgegebenen Wochenzeitung „Das Reich", Rudolf Sparing,[84] der HJ-Schriftleiter Hans Heinrich Henne und der Redakteur Heinrich Goitsch. Anders als die Genannten wurde Sparing vom Präsidium des Obersten Sowjets begnadigt und in ein abgelegenes Lager in der Sowjetunion deportiert, wo er zehn Jahre später (1955) starb.[85]

In der Regel lautete die Anklage in diesen Fällen - wenig überraschend - auf nationalsozialistische Propaganda im Allgemeinen und/oder antisowjetische Agitation im Besonderen. An den Beispielen Goitsch und Henne wird deutlich, wie empfindlich - um nicht zu sagen unerbittlich - die sowjetische Seite auf eine gegen sie gerichtete Propaganda reagierte. Goitsch, der zeitweise für die Zeitung „Das Reich" und für die Zeitung „Transo-Ulan" und als Korrespondent für diverse NS-Blätter gearbeitet hatte, wurde im Sommer 1946 vom SMT der Garnison Berlin wegen zweier prononciert antisowjetischer Buchveröffentlichungen zum Tode verurteilt - für sein 1942 erschienenes Werk „Die Wahrheit über den Ostfeldzug" und seine 1944 publizierte Broschüre „Niemals!". Für die sowjetische Seite waren solcherlei Einlassungen „boshafte Propaganda gegen die Rote Armee, die sowjetische Regierung und den Genossen Stalin", die zwar nicht mit dem Artikel 58-10 (antisowjetische Propaganda), dafür aber mit dem Artikel 58-2 (Eindringen konterrevolutionärer Verbrecher in die Sowjetunion) geahndet wurde.[86]

83 Verhaftet wurden u. a. Broder Bahnsen, Hauptschriftleiter der „Thüringischen Tageszeitung", Hans Hüttenrauch, Schriftleiter der „Blankenhainer Tageszeitung", und Adolf Schaar, Schriftleiter der „Thüringer Gauzeitung".

84 In einem seiner letzten großen Leitartikel, dem am 4.3.1945 im „Reich" erschienenen Aufsatz „Der Tod von Dresden", hatte Sparing den „kämpfenden Widerstand" als letzten Ausweg für die Deutschen gepriesen.

85 Sparing war am 23.5.1945 nach Paragraf 58-2 StGB der RSFSR zum Tode verurteilt, aber am 13.7.1945 per Erlass Nr. 122/33ss des Präsidiums des Obersten Sowjets zu zehn Jahren Freiheitsentzug begnadigt worden. Der Zeitpunkt der Begnadigung lässt zumindest die Überlegung zu, ob Sparing nicht deswegen begnadigt wurde, weil er den Moskauer Entscheidungsträgern für den engeren „Kandidaten"-Kreis des Nürnberger IMT prädestiniert erschien. Im Jahre 2002 erfolgte seine Rehabilitierung (Dokumentationsstelle Dresden, Akte Rudolf Sparing).

86 Verhaftungsbeschluss des Leiters der Operationsgruppe Nr. 4 der Stadt Berlin der SMAD vom 25.6.1946 gegen Heinrich Goitsch (ZA FSB, P-7562, Nr. 486 Heinrich Goitsch, Bl. 2). Zur Bewertung beider Bücher vergleiche Anklageschrift und Urteil in der Akte.

Dass die Bezeichnung „boshaft“ nicht aus der Luft gegriffen war, zeigt vor allem ein Blick auf die in hoher Auflage und - „nur für den Gebrauch innerhalb der Wehrmacht“ - zu verwendende Sonderschrift „Niemals“, die vom „NS-Führungsstab der Wehrmacht“ im parteieigenen Eher-Verlag der NSDAP herausgegeben worden war.[87] Goitschs Werk kann durchaus als eines der schlimmsten propagandistischen Machwerke aus der Kriegsendphase des „Dritten Reiches“ betrachtet werden. Die Niederlage Hitler-Deutschlands vor Augen, versuchte die antisemitische und antibolschewistische Schrift mit - teils absonderlich wirkenden - Anschuldigungen der Kriegsgegner, den Durchhaltewillen der Wehrmacht und des deutschen Volkes zu stärken.

Dabei zog Goitsch alle Register, einschließlich der Collage von offiziellen und nichtoffiziellen Bekundungen der Gegner, um das Ziel der „plutokratisch-jüdisch-bolschewistischen Weltkoalition“,[88] die Vernichtung des deutschen Volkes, in den grellsten Farben erscheinen zu lassen. Die „tödlichste Gefahr“ kam für ihn aus der „östlichen Steppe“: Ein „Dschingis Khan in moderner Gestalt“ rase heute mit seinen „Sklavenarmeen gegen das Abendland an, um diese Stätte der menschlichen Kultur für immer zu zerstören“. Stalins „einziges politisches Ziel“ bestehe darin, „Sowjetkolonien überall in Europa, in der Welt“ aufzurichten, der Sowjetherrscher erstrebe eine „jüdisch-bolschewistische Weltrepublik“. Goitschs Frage, wie Deutschlands Schicksal aussähe, wenn diese „vertierten Horden die Herren über Deutschland“ werden würden, beantwortete er zuerst mit der Floskel, keine noch so „kühne Phantasie“ könne sich das „furchtbare Unglück einer solchen Terrorherrschaft“ ausmalen.[89] Doch wenig später ließ er seiner Fantasie freien Lauf: Millionen Deutscher würden dann zur Sklavenarbeit in das „bolschewistische Elendsparadies verschleppt“ werden, Hunderttausende „summarisch“ erschossen; letzten Endes drohe dem ganzen deutschen Volk die „Ausrottung“ - und zwar durch Sterilisationen. Jüdische Ärzte würden dieses Werk vollbringen: „Alle viehischen Grausamkeiten, die bisher in den Kellern der GPU fern vom Licht der Öffentlichkeit vollführt wurden, können dann in den ‚Beratungszimmern‘ der jüdischen Menschheitsbeglücker ihre Auferstehung finden.“[90]

Da Deutschlands Gegner bereits angekündigt hätten, zwischen der deutschen Regierung und dem Volk keinen Unterschied zu machen, müsse folgende „Losung“ gelten: „lieber tot als in bolschewistisch-plutokratischer Sklaverei“;[91] eine Prophetie, die mit Blick auf den von Goitsch beschriebenen „bolschewistischen“ Teil der „Sklaverei“ für ihn selbst tatsächlich in Erfüllung ging.[92]

87 Heinrich Goitsch, Niemals!, Berlin 1944.
88 Ebd., S. 7.
89 Ebd., S. 17-20.
90 Ebd., S. 24 und 36.
91 Ebd., S. 25.
92 Urteil des SMT der Garnison Berlin gegen Heinrich Goitsch vom 12.8.1946 (ZA FSB, P-7562, Nr. 486 Heinrich Goitsch, Bl. 36f.). Goitschs Gnadengesuch vom 12.8.1946

Etwas anders lag da der Fall bei Henne: Er, der sich im Herbst 1945 selbst als Mensch beschrieb, der „kein Nazi im gewöhnlichen Sinne“[93] gewesen sei, hatte sich seine Sporen als leitender Redakteur von HJ-Zeitschriften und als freier Schriftsteller verdient. Nach Veröffentlichungen über die Sowjetunion und den Frankreichfeldzug von 1940 („Das Weiße im Auge des Feindes“) publizierte der langjährige Redakteur des „Angriff“ und der „Hitler-Jugend“ 1943 seinen Erlebnisbericht „Straße nach Kandalakscha“; ein Buch über die Karelienfront, das für die sowjetische Justiz von maßgeblicher Bedeutung sein sollte.[94] Das literarische Hohelied auf die deutsch-finnische „Waffenbrüderschaft“[95] war kein Propagandawerk im Sinne von Goitschs Broschüre; vielmehr spiegelte Henne, der 1941 für mehrere Monate als Kriegsberichter in Karelien tätig gewesen und sowohl mit dem „Finnischen Löwen“ als auch mit dem EK I ausgezeichnet worden war,[96] die Fronterfahrungen ziemlich realistisch wider. Sein Buch atmete förmlich Dreck, Blut und Strapazen einer klimatisch außergewöhnlichen Zone; beigegebene Fotos zeigten weniger Heldenszenen als Zerstörung und Elend. Auch die Gegner der deutsch-finnischen Division, die Angehörigen der sowjetischen Armee, wurden dem Leser nicht etwa als „Untermenschen“ oder „vertierte Horden“ (Goitsch) vorgeführt, sondern als hart und verbissen kämpfende Gegner, die um jeden Zentimeter Boden rangen.

Es waren also womöglich nicht dumpfe antibolschewistische Klischees, die das Buch für die sowjetische Seite so zentral erscheinen ließen, vielmehr trafen wohl die Beschreibungen über den in Augenschein genommenen Teil des Gulag den „wunden“ sowjetischen Punkt. An mehreren Stellen seines Buches hatte Henne nämlich aufgefundene Sowjetlager eingehend „gewürdigt“: Da war die Rede vom „Land der Verbannten“, dem „Reich der Ausgestoßenen“, in dem „zweihundertachtzigtausend Verbannte und Verbrecher“ hausten, das „größte Sklavenreich unseres Jahrhunderts, von dessen Furchtbarkeit sich die, die es nicht gesehen haben, kaum eine Vorstellung machen“ könnten. Das Land, das so „vermessen“ ge-

wurde nicht entsprochen; in dem Schreiben hatte er die Umwandlung seiner Todesstrafe in eine Freiheitsstrafe erbeten und den „Wunsch“ geäußert, „am Wiederaufbau der Sowjetunion mitzuarbeiten“. Ebd.

93 Brief Hennes an seine Eltern vom 11.11.1945. Zit. nach Eva Züchner, Der verschwundene Journalist. Eine deutsche Geschichte, Berlin 2010, S. 251. Züchners Buch widmet sich der Lebensgeschichte des Journalisten Gerhart Weise, eines Freundes von Henne, der wenige Wochen vor diesem verhaftet und vermutlich vor der Verurteilung verstorben ist.

94 Im Urteil hieß es darüber hinaus, Henne habe 12 Jahre lang „faschistische Ideen“ propagiert und die „Eroberungspolitik des Faschismus“ gerechtfertigt. Gutachten des Abteilungsleiters der 5. Verwaltung der Hauptmilitärstaatsanwaltschaft der Russischen Föderation, Oberst der Justiz Leonid P. Kopalin, zum Fall Hans Heinrich Henne vom 7.2.1996 (HAIT-Archiv).

95 Von „Waffenbrüdern“ war des Öfteren die Rede. Hans H. Henne, Straße nach Kandalakscha, Berlin 1943, S. 48 (Bildunterschriften in diesem Bildteil). Das Buch selbst war dem „Andenken des finnischen Grenzjägers Jorma Koivisto“ gewidmet (ebd., S. 5).

96 Vgl. Züchner, Der verschwundene Journalist, S. 138.

wesen sei, sich das „Paradies der Menschheit" zu nennen, habe hier in „zahllosen Konzentrationslagern Männer und Frauen zusammen, Mörder, Idioten, Geschlechtskranke, Saboteure und sogenannte politisch unzuverlässige Elemente" eingepfercht, die „über gewisse Zustände laut gesprochen, aus lauter Hunger ein Stück Brot gestohlen oder das ihnen vorgeschriebene Arbeitspensum nicht erfüllt hatten, weil sie vor Schwäche nicht mehr dazu fähig waren". Der Tod allein sei deren Freiheit gewesen, doch zuvor hätten sie „unter der Fron ihrer Peiniger schuften, Straßen bauen, Steine brechen und Holz fällen" müssen; unter „jeder Schwelle des Eisenbahndammes, der von Kandalakscha nach Salla führte, liegt ein toter Verbannter", so hätten es die Finnen berichtet.[97]

Hennes Resümee: „Was war hier schon ein Mensch, und was bedeutete er den Peinigern ...?"[98] traf gewiss den Kern des Gulag-Problems, ja des gesamten Systems Stalins, doch war eine solche moralische Entrüstung nicht auch selbst wieder ein beträchtliches Stück Propaganda angesichts des eigenen deutschen Lagersystems, das dadurch ausgeblendet werden konnte? Wie Goitsch wurde auch Henne nicht nach Artikel 58-10, dem sowjetischen Propaganda-Paragrafen abgeurteilt, sondern nach Artikel 58-2, der das „Eindringen konterrevolutionärer Verbrecher" in die Sowjetunion verfolgte. Damit hatte sich für ihn die „Straße nach Kandalakscha" gleich in doppelter Hinsicht als ein tödliches Verhängnis erwiesen, wurde Henne doch auf diesem Weg für seinen mehrmonatigen Fronteinsatz in Karelien und die darauf basierende literarische Verarbeitung juristisch belangt. Das zweifelhafte Urteil fasste eines der höchsten sowjetischen Gerichte, das SMT der Gruppe der Sowjetischen Streitkräfte in Deutschland. Henne wurde am 2. Juli 1946 zum Tode verurteilt und am 12. August erschossen.[99]

Die im Falle von Demandowsky ebenfalls herangezogene Rechtsgrundlage (58-2) musste da noch zweifelhafter erscheinen, war der vom SMT der Garnison Berlin am 6. Juli 1946 verurteilte „Delinquent" doch zu keiner Zeit in die Sowjetunion „eingedrungen". Doch auch im Falle des vormaligen Feuilleton-Redakteurs des „Völkischen Beobachters" (1933-1936) und Reichsfilmdramaturgs im Goebbels-Ministerium (1937-1939) sowie des Produktionschefs der Tobis Film (1939-1945) stand die Verwendung des zu diesem Zeitpunkt am häufigsten verwendeten NS- und Kriegsverbrecherparagrafen wohl nicht zur Disposition, obwohl auch da der KG 10 viel zielführender gewesen wäre. Für die sowjetische Seite war hier ohnehin schon frühzeitig klar, dass es sich bei ihm um einen en-

97 Henne, Kandalakscha, S. 40 f. Zweifellos handelt es sich bei dieser Beschreibung der Opferzahlen um eine Überzeichnung.

98 Ebd., S. 41.

99 Die russische Hauptmilitärstaatsanwaltschaft kam nachträglich zu dem Schluss, dass der im Fall Henne angezogene Art. 58-2 „nicht den Handlungen des Verurteilten" entspräche, da er de facto antisowjetische Propaganda betrieben habe, „was gemäß des 5. Gesetzes der Russischen Föderation vom 18. Oktober 1991 kein Verbrechen" darstelle. Gutachten des Abteilungsleiters der 5. Verwaltung der Hauptmilitärstaatsanwaltschaft der Russischen Föderation, Oberst der Justiz Leonid P. Kopalin, zum Fall Hans Heinrich Henne vom 7.2.1996 (HAIT-Archiv, Akte Hans Heinrich Henne).

gen Goebbels-Vertrauten handelte, der dem nationalsozialistischen Regime an führender Stelle propagandistisch Vorschub geleistet hatte.[100]

Tatsächlich hatte von Demandowsky als Reichsfilmdramaturg eine „staatliche Vorzensur" ausgeübt und als Tobis-Leiter neben „unpolitischen" Komödien auch eine Reihe von Propagandafilmen drehen lassen, wovon die antibritischen Streifen „Ohm Krüger" und „Mein Leben für Irland" sowie der Euthanasie-Film „Ich klage an" zu den bekannteren zählten.[101] Goebbels war - trotz mancher Kritik zu Anfang - meist von dessen Arbeit überzeugt. Im Februar 1944 notierte er in seinem Tagebuch: „Demandowski ist fünf Jahre Produktionschef der Tobis und hat seinen hundertsten Film herausgebracht. Ich überreiche ihm eine größere Geldsumme als Anerkennung und lade ihn zu einer kleinen Unterhaltung zu mir ein. Demandowski macht dabei einen guten Eindruck. Er ist unter unseren Filmproduktionschefs der eigentliche Nazi."[102] Nur wenige Tage später, nach einem weiteren Treffen, lobte Goebbels erneut, von Demandowsky sei der „einzige Produktionschef, der auch an politische Stoffe herangeht und sie meistens meistert".[103]

Dass der Goebbels-Vertraute gewiss ein überzeugter Nationalsozialist, aber wohl kein fanatischer Antisemit gewesen ist, verdeutlicht wiederum sein Familienhintergrund: Mit seiner Schwester brach er auch dann nicht, als sie in die Familie des bekannten deutsch-jüdischen Politikers Georg Gradnauer[104] einheiratete und mit ihrem Mann nach Frankreich flüchtete. Im Gegenteil: Mit einer von ihm besorgten Sondergenehmigung konnten Schwester und Nichte noch 1939 den in Kleinmachnow wohnenden Politiker besuchen,[105] der dann das KZ Theresienstadt nur knapp überlebte.[106] Nach Kriegsende war es der Pariser Zweig

100 Haftbeschluss des Leiters des Opersektors Berlins der SMAD im Falle Ewald von Demandowsky vom 12.6.1946 (ZA FSB, P 10603, Akte Demandowsky, Bl. 3). Doch weder hier noch im Urteil war von Demandowsky vorgeworfen worden, er habe Kriegspropaganda gegen die Sowjetunion betrieben, womit - in extensiver Auslegung des Artikels 58-2 - eine Verurteilung nach dieser Rechtsgrundlage hätte gerechtfertigt werden können. Urteil Nr. 00988 des SMT der Garnison Berlin vom 6.7.1946 gegen Ewald von Demandowsky (ebd., Bl. 132-134).

101 Ulrich Döge, Ewald von Demandowsky - Journalist, Dramaturg, Produzent. In: Cine-Graph - Lexikon zum deutschsprachigen Film, Lg. 51, D 1-D 18, hier D 2 und D 4 f.

102 Die Tagebücher von Joseph Goebbels, Teil II, Diktate 1941-1945, Band 11: Januar-März 1944, München 1994, S. 367 (Eintrag vom 29.2.1944).

103 Ebd., S. 417 (Eintrag vom 5.3.1944).

104 Zur Person des ersten sächsischen Ministerpräsidenten (1919/20) und Reichsinnenministers (1921) Georg Gradnauer (SPD) vgl. Mike Schmeitzner, Georg Gradnauer. Der Begründer des Freistaates (1918-1920). In: Mike Schmeitzner/Andreas Wagner (Hg.), Von Macht und Ohnmacht. Sächsische Ministerpräsidenten im Zeitalter der Extreme 1919-1952, Beucha 2006, S. 52-88.

105 Vgl. Schriftliche Auskunft von Sabine Griglio (geb. Gradnauer) an Mike Schmeitzner vom 25.3.2011. Sabine Griglio hatte gemeinsam mit ihrer Mutter Lorlies Gradnauer (geb. von Demandowsky) letztmalig ihren Großvater 1939 gesehen. Von ihrem Besuch in Kleinmachnow 1939 im Kreise der Großeltern existieren mehrere Fotos.

106 Ob Gradnauers späte Deportation nach Theresienstadt im Januar 1944 (seine „arische" Frau war schon 1940 verstorben) vielleicht auf Einflussnahmen von Demandowskys zu-

der Familie Gradnauer, der sich über die dortige sowjetische Botschaft dezidiert für von Demandowsky verwendete.[107]

Doch konnte sie nicht wissen, dass da der prominente NS-Verwandte längst nicht mehr lebte. Nur eine Woche nach dem Freispruch Fritzsches, eines noch engeren Goebbels-Vertrauten vor dem Nürnberger IMT,[108] war von Demandowsky am 7. Oktober 1946 in Berlin erschossen worden. In seinem Gnadengesuch hatte er das Präsidium des Obersten Sowjets davon zu überzeugen versucht, dass er „als Schauspieler und Schriftsteller rein gefühlsmäßig gehandelt habe". Er sei überzeugt gewesen, mit den von ihm gedrehten Filmen kein „Unrecht" verübt zu haben. Die jetzt erkannte Schuld bat er, „durch Arbeit für die Sowjetunion wiedergutzumachen".[109]

Doch welche Arbeit hatte er eigentlich für die Sowjetunion leisten wollen? Meinte er vielleicht, nun sowjetische Filme drehen zu können? Die - nicht nur rhetorisch gemeinten - Fragen lassen deutlich werden, dass für Personen wie von Demandowsky keine Gnade zu erwarten war: Auch in ihrem Fall machte die sowjetische Seite von Nützlichkeitserwägungen durchaus Gebrauch, nur kam sie zu dem Schluss, dass sie diese Gruppe nicht wirklich benötigte; Männer wie Goitsch, Henne oder eben von Demandowsky waren für sie nutzlos. Propagandisten hatte man selbst genug.

V. Spitzendiplomaten

Im Falle von Angehörigen des Auswärtigen Amtes gestaltete sich das sowjetische Vorgehen deutlich differenzierter, was wiederum vor dem Hintergrund sowjetischer Nützlichkeitserwägungen zu sehen ist. Ein Teil der (Spitzen-)Diplomaten wurde sehr wohl benötigt, vor allem, wenn sie intime Kenntnis von geopolitischen Zusammenhängen hatten, die Moskau besonders interessierten. Wie zielgerichtet die sowjetischen Dienste unmittelbar nach Kriegsende im zerstörten Berlin nach überlebenden Spitzendiplomaten suchten, geht aus einer Edition hervor, die russische Archivare und Historiker 2011 herausgegeben haben.[110] Am

rückgeführt werden kann, muss offenbleiben. Gerettet haben dürften ihn jedoch sein „Prominentenstatus" und die erzwungene Mitwirkung in dem Propagandafilm von 1944.

107 In ihrer Auskunft erklärte die sowjetische Botschaft in Paris gegenüber der Familie, dass Ewald von Demandowsky am 7.10.1947 an einem Herzanfall gestorben sei; eine Information, die nachweislich falsch war. Vgl. ebd. und Schreiben der sowjetischen Botschaft vom 30.4.1957 (Privatarchiv Mike Schmeitzner).

108 Fritzsche war gegen das sowjetische Votum am 1.10.1946 vom IMT Nürnberg freigesprochen worden. Nach seiner Freilassung wurde er allerdings von einer deutschen Spruchkammer als „Hauptschuldiger" eingestuft und zu neun Jahren Arbeitslager verurteilt. Vgl. Taylor, Nürnberger Prozesse, S. 653 f. und 706 f.

109 Gnadengesuch von Ewald von Demandowsky an das Präsidium des Obersten Sowjets vom 12.7.1946 (ZA FSB, P 10 603, Akte Demandowsky, Bl. 141 f.).

110 Vgl. Christoforov, Tajny diplomatii; vgl. auch Christian Neef, „Die schlimmste Stunde". Zu Kriegsende machte Stalins Geheimdienst Jagd auf deutsche Diplomaten. Wer gefasst

8. Juni 1945 gab der Chef der zentralen Operativgruppe des NKVD Berlin, Generalmajor Alexej Sidnev, die Anweisung Nr. 143s in Umlauf. Darin spornte er seine Mitarbeiter an, den deutschen Reichsaußenminister Joachim von Ribbentrop aufzuspüren. Doch nur eine Woche später wurden die sowjetischen Dienste mit einer TASS-Meldung konfrontiert, wonach der Chef des Auswärtigen Amtes bereits von den Briten gefasst worden war.[111] Auch bei der Suche nach von Ribbentrops Staatssekretären gingen Sidnevs Leute leer aus. Dennoch gelang es ihnen in jenen Wochen, eine ganze Reihe von Diplomaten zu inhaftieren. Insgesamt konnten die sowjetischen Dienste zwei Dutzend Diplomaten festnehmen, darunter auch jene, die bereits beim Vormarsch der Roten Armee auf dem Balkan in ihre Hände gefallen waren. Sie alle wurden - so wie die Ministerebene in Nürnberg vom IMT[112] - von SMT verurteilt; sieben von ihnen zum Tode.[113]

Eine Analyse der Urteile stimmt insofern befremdlich, als sich unter den zum Tode Verurteilten auch Personen befanden, die zum einen keine Spitzenpositionen innegehabt hatten und zum anderen durchaus nicht als fanatische Parteigänger des „Dritten Reiches“ gelten konnten. Umgekehrt fällt auf, dass zu Diplomaten avancierte SA- und SS-Führer „lediglich“ zu Freiheitsstrafen verurteilt wurden, obwohl sie wesentlich stärker belastet und sogar am Holocaust beteiligt gewesen waren. Lassen sich demnach überhaupt bestimmte Verurteilungsmuster erkennen?

Man kommt der Antwort etwas näher, wenn man beide Gruppen - nämlich die der zum Tode Verurteilten und die der zu Freiheitsstrafen Verurteilten - ge-

wurde, landete in der Moskauer Lubjanka. Jetzt sind Verhörprotokolle aufgetaucht. In: Der Spiegel, 43 (2011), S. 109f.

111 Christoforov, Tajny diplomatii.

112 Die Spitze des Auswärtigen Amtes, Reichsaußenminister Joachim von Ribbentrop sowie die Staatssekretäre Gustav Steengracht von Moyland und Ernst Wilhelm Bohle, war bereits im Frühsommer 1945 von den Westalliierten verhaftet worden. Sie wurden - gemeinsam mit Staatssekretär Ernst von Weizsäcker und anderen höheren Beamten des Amtes - im IMT-Hauptkriegsverbrecherprozess und in den Nachfolgeprozessen verurteilt, Ribbentrop als Einziger zum Tode. Vgl. Conze/Frei/Hayes/Zimmermann, Das Amt und die Vergangenheit, S. 332 und 375-401.

113 Zu den zum Tode und zu Freiheitsstrafen verurteilen Diplomaten zählten Rüdiger Adelmann von und zu Adelmannsfelden, Adolf-Heinz Beckerle, Helmut Bergmann, Adolf Marschall von Bieberstein, Wilhelm Bisse, Karl Clodius, Albert Dietl, Maximilian von Engelbrechten, Karl von Gregory, Fritz Grobba, Horst Kitschmann, Johann Lamla, Hans Moraht, Hermann Pörzgen, Walther Reinhardt, Gustav Richter, Herbert von Richthofen, Otto Soehring, Karl Spalcke, Gotthold Starke, Felix Tripeloury, Erich Zechlin. Karl Clodius starb während des Verfahrens, das vom Militärtribunal der Truppen des Staatssicherheitsministeriums der UdSSR des Verwaltungsgebietes Moskau geführt worden war. Vgl. Schreiben des Föderalen Archivdienstes Russlands, Koslov, an die Deutsche Botschaft, Leiter des Kulturreferates Conze, vom 8.5.2003 (PA AA, Rep. IV Personalia, Nr. 659, Helmut Bergmann). Die im Fallgruppentext und bei den Kurzbiografien genannten Emil Just, Friedrich Lenz, Willy Roedel, Rudolf Skuin, Eberhard Sasse und Olaf Zickner-Barron werden in diesem Kapitel nicht mit berücksichtigt, da sie bis 1945 entweder wesentlich länger in anderen Reichsministerien und Großorganisationen gearbeitet haben oder aber (wie Roedel) ohne ein Todesurteil zu Tode gekommen sind.

nauer beleuchtet. Bemerkenswert erscheint, dass ausnahmslos alle zum Tode Verurteilten in den letzten Kriegsjahren direkt im Auswärtigen Amt Positionen bekleidet hatten, während die Vertreter der anderen Gruppe auf Außenposten unterwegs gewesen waren und hier wiederum auf diplomatischen Missionen, die für die sowjetischen Interessen (z. B. in Bulgarien und Rumänien) größere Bedeutung hatten. Wie noch zu sehen sein wird, verlief wohl hier entlang die Grenze der Nützlichkeitserwägungen.

Die Gruppe der zum Tode Verurteilten - von ihr soll zuerst die Rede sein - kann indes als wenig homogen betrachtet werden. Fanatischen Parteigängern des „Dritten Reiches" standen „Aufklärungs"- bzw. „Abwehr"-Spezialisten sowie spät eingetretene NSDAP-Mitglieder gegenüber, die etwa vor 1933 als dezidierte Liberale hervorgetreten waren. Ein „alter Kämpfer" war der Referatsleiter Wilhelm Bisse, der seit 1931 der NSDAP angehörte und vor seinem Eintritt in das Auswärtige Amt (1938) Gauamtsleiter in der Auslandsorganisation der NSDAP gewesen war; Bisse hatte seit den Wahlen vom November 1933 überdies dem Deutschen Reichstag angehört. Er wurde im Frühjahr 1945 verhaftet, nach Ukaz 43 zum Tode verurteilt und hingerichtet.[114]

Ebenfalls nach Ukaz 43 waren auch Otto Soehring und Helmut Bergmann verurteilt worden. Soehring hatte vor seiner Tätigkeit als Referatsleiter im Auswärtigen Amt (1943) zwei Jahre lang die Verbindungsstelle des Bevollmächtigten des Reiches im besetzten Dänemark (Aarhus) geleitet.[115] Bergmann war vor 1945 stellvertretender Leiter der einflussreichen Personal- und Verwaltungsabteilung gewesen und damit eine der Schlüsselfiguren im Auswärtigen Amt. Das NSDAP-Mitglied (ab 1936) hatte 1939 an den deutsch-polnischen Verhandlungen ebenso teilgenommen wie Ende 1939 an NS-internen Besprechungen im besetzten Polen;[116] später war er zumindest randläufig in die NS-Judenpolitik in Bulgarien involviert.[117] Dennoch galt Bergmann als „politisch zurückhaltend, jedoch offen für oppositionelle Ansichten";[118] Antisemit sei er ebenso wenig gewesen.[119]

114 Zu Bisses Stationen im Auswärtigen Amt vgl. Lebenslauf Wilhelm Bisse o. D. (PA AA, Rep. IV Personalia, Nr. 812, Wilhelm Bisse, Bl. 46); vgl. auch Biographisches Handbuch des deutschen Auswärtigen Dienstes 1871-1945, Band 1, A-F, bearbeitet von Johannes Hürter, Martin Kröger, Rolf Messerschmidt, Christiane Scheidemann, Paderborn 2000, S. 170.

115 Zu Soehrings Stationen im Auswärtigen Amt vgl. ebd., Band 4, S, bearbeitet von Bernd Isphording, Gerhard Keiper, Martin Kröger, Paderborn 2012, S. 282 f. Soehring war nicht NSDAP-Mitglied gewesen. Vgl. ebd. und Longerich, Propagandisten im Krieg, S. 159.

116 Vgl. Reisekostenrechnung Helmut Bergmann betr. Besprechung von Danziger Fragen (25./28.4.1939) vom 26.10.1939; Reisekostenrechnung Helmut Bergmann betr. Kundgebung und Besprechung in Posen (15.-17.12.1939) vom 10.7.1940 (PA AA, Persönliche Geldangelegenheiten Bergmann). Als Grund der zweiten Dienstfahrt war handschriftlich vermerkt: „Kundgebung in Posen anlässlich der Anwesenheit des Reichsorganisationsleiters Dr. Ley u. Besprechungen mit dem Reichsstatthalter".

117 Vgl. Conze/Frei/Hayes/Zimmermann, Das Amt und die Vergangenheit, S. 283.

118 Ebd., S. 157.

119 Vgl. Browning, Die „Endlösung" und das Auswärtige Amt, S. 221.

Für die sowjetische Seite war jedoch nur seine Schlüsselrolle im Amt von Bedeutung: Er wurde sogar nach Moskau verbracht und dort vom Militärkollegium des Obersten Gerichts der UdSSR im Juni 1946 zum Tode verurteilt. Die Anschuldigungen konzentrierten sich auf zwei Punkte: die Mitgliedschaft in der NSDAP und die Tatsache, „einer der leitenden Mitarbeiter bei Hitlers Reichsaußenministerium“ gewesen zu sein. Bergmann habe als „Stellvertreter des Personalabteilungsleiters des Reichsaußenministeriums das Aufklärungsbüro Ribbentrops mit Mitarbeitern ausgestattet und Mitarbeiter anderer deutscher Aufklärungsbehörden auf diplomatische und konsularische Posten im Ausland gesetzt“.[120]

Fast ebenso früh wie Bergmann (April 1945) war auch Felix Tripeloury, der vor 1945 in der Nachrichten- und Presseabteilung des Auswärtigen Amtes gearbeitet hatte, verhaftet worden (Mai 1945).[121] Anders als die drei Vorgenannten wurde Tripeloury jedoch nach Artikel 58-2 StGB der RSFSR verurteilt; ein Schicksal, das auch Walther Reinhardt traf, obwohl keiner der beiden je besetztes sowjetisches Territorium betreten hatte.[122] Tripeloury und Reinhardt hatten einen Gutteil ihrer diplomatischen Laufbahn auf dem amerikanischen Kontinent verbracht, wobei Reinhardt nach seinem Zwischenspiel als Generalkonsul in Liverpool (1937-1939) abwechselnd bei der Wehrmacht und im Amt beschäftigt gewesen war.[123] Im Gegensatz zu Tripeloury und Reinhardt wurden Maximilian von Engelbrechten und Adolf Marschall von Bieberstein als „Spione“ angeklagt und im November 1945 bzw. September 1946 hingerichtet. Wenn auch in diesen beiden Fällen die Anklage tatsächlich einmal dem Sachverhalt entsprach, war damit noch keineswegs etwas über die Strafwürdigkeit der Angeklagten gesagt, sondern vielmehr über die Wahrnehmungsmuster und Sicherheitsphobien des stalinistischen Systems. Von Engelbrechten war als Abwehroffizier in diplomati-

120 Schreiben des Föderalen Archivdienstes Russlands, Koslov, an die Deutsche Botschaft, Leiter des Kulturreferates Conze, vom 8.5.2003 (PA AA, Rep. IV Personalia, Nr. 659, Helmut Bergmann). Das Urteil war am 8.6.1946 verkündet und am 15.6.1946 vollstreckt worden.

121 Tripeloury wurde vermutlich im sächsischen Vogtland verhaftet, wo er (konkret: in Plauen) Ende 1944 eine Ausweichstelle der Nachrichten- und Presseabteilung des Amtes einrichten sollte. Tripeloury war seit Frühjahr 1933 NSDAP-Mitglied und hatte überdies im Jahre 1933 für einige Monate als Referent im neu gegründeten Reichsministerium für Volksaufklärung und Propaganda gearbeitet; Ende 1933 trat er wieder in den Dienst des Amtes ein. Vgl. Biographisches Handbuch des deutschen Auswärtigen Dienstes 1871-1945, Band 5, T-Z, Nachträge, bearbeitet von Bernd Isphording, Gerhard Keiper, Martin Kröger, Paderborn 2014, S. 68 f.

122 Georg Rindfleisch, vor 1945 politischer Redakteur der „Europäischen Korrespondenz“ des Auswärtigen Amtes, wurde ebenfalls nach Artikel 58-2 zum Tode verurteilt. Da nicht direkt im diplomatischen Dienst angestellt, wird er diesem hier nicht zugeordnet.

123 Reinhardt hatte 1939-1945 als Major der Luftwaffe, als Vertreter des Amtes bei verschiedenen Armeeoberkommandos in Südosteuropa und zuletzt als Abteilungsleiter für die Betreuung amerikanischer und britischer Kriegsgefangener Verwendung gefunden. Vgl. Biographisches Handbuch des deutschen Auswärtigen Dienstes 1871-1945, Band 3, L-R, bearbeitet von Gerhard Keiper und Martin Kröger, Paderborn 2008, S. 608.

sche Vertretungen des Deutschen Reiches „eingebaut" gewesen,[124] Marschall von Bieberstein hatte wiederum eine maßgebliche Rolle im 1941 aufgebauten Nachrichtendienst des Auswärtigen Amtes gespielt,[125] der als „Dienststelle Hencke"[126] oder besser noch als „Deutsche Informationsstelle III" bekannt geworden ist.[127]

Um zu prüfen, was die sowjetischen Dienste gegen die zum Tode Verurteilten tatsächlich in der Hand hatten, erscheint es zielführend, zwei der Fälle näher zu beleuchten. Aus gutem Grund sollen dies im Folgenden der „Spion" Marschall von Bieberstein und der angeblich auf sowjetisches Territorium „eingedrungene" Reinhardt sein. Beide Spitzendiplomaten wohnten in Berlin-Charlottenburg,

124 Von Engelbrechten tat ab Ende 1939 offiziell als Konsul im deutschen Konsulat in Genf Dienst. Vgl. Auswärtiges Amt an Deutsches Konsulat in Genf vom 13.11.1939 (PA AA, Rep. IV Personalia, Nr. 219, Maximilian von Engelbrechten, Bl. 3).

125 Unabhängig von den weiter unten zitierten sowjetischen Quellen geben auch deutsche Quellen Auskunft über Marschall von Biebersteins parallele Tätigkeit im Auswärtigen Amt: So zeigen Reisekostenrechnungen des Amtes, dass er z. B. 1942 „Sonderaufträge im Rahmen der Aufgaben der Deutschen Informationsstelle III" in Spanien und Schweden „durchgeführt" hat. Reisekostenabrechnungen Marschall von Biebersteins bei der Deutschen Dienststelle III vom 26.11. und 30.11.1942 (PA AA, Rep. IV Personalia, Nr. 422, Marschall von Bieberstein, Bl. 10 und 15). Vgl. auch die als „Geheime Reichssache" deklarierte Aufzeichnung Marschall von Biebersteins über eine „etwaige Mitwirkung deutscher Auslandsärzte im politischen Nachrichtendienst" vom 24.3.1943 (ebd., R 27322, Handakten Ettel).

126 Die wohl zu Anfang (1941) umgangssprachlich sogenannte Dienststelle verdankte ihre Bezeichnung dem Spitzendiplomaten Andor Hencke (1895-1984), der nach seiner Laufbahn als Offizier 1922 in den Auswärtigen Dienst eingetreten war. Nach Stationen in der UdSSR und in Prag hatte er von April 1942 bis Ende 1942 die Leitung der offiziell als „Deutsche Informationsstelle III" bekannt gewordenen Einrichtung inne. Anfang 1943 kurzzeitig stellvertretender Botschafter in Madrid, avancierte er ab März 1943 zum Leiter der Politischen Abteilung im Auswärtigen Amt und damit zum Unterstaatssekretär. Nach kurzzeitiger Internierung bei den Westalliierten stieg er später zum Osteuropa-Berater der Bundesregierung auf. Vgl. Biographisches Handbuch des deutschen Auswärtigen Dienstes 1871-1945, Band 2, G-K, bearbeitet von Gerhard Keiper und Martin Kröger, Paderborn 2005, S. 263-265.

127 Aus drei Dokumenten zur „Deutschen Informationsstelle III" vom Frühjahr 1943 (PA AA, R 27 322, Handakten Ettel) lassen sich zumindest Umrisse und Nutzen des Ribbentrop-Dienstes erschließen: Der in Konkurrenz zur Abwehr und zum SD der SS aufgebaute Dienst wurde zeitweise von den Gesandten Hencke und Ettel geleitet; Marschall von Bieberstein spielte darin eine hervorgehobene Rolle. Der Dienst selbst stützte sich auf Mitarbeiter und Beamte in den verschiedenen deutschen Botschaften, war aber funktechnisch nicht in der Lage, autonom zu agieren. Er kooperierte hier mit dem SD, der Anfang 1943 eine viel weiter reichende Zusammenarbeit anbot - selbstverständlich zum eigenen Nutzen. Die Spitze des SD (Walter Schellenberg) machte Ettel gegenüber deutlich, dass sie den Dienst des AA „nicht für wirksam halte". Ettel plädierte darauf selbst für eine engere Kooperation.
Der Autor dankt in diesem Kontext den Herren Gerhard Keiper und Martin Kröger vom Politischen Archiv des Auswärtigen Amtes für ihre großzügige Unterstützung in der Causa „Hencke-Dienst" wie für ihre Hilfestellung im Projekt selbst.

beide wurden fast zur gleichen Zeit, im Juni 1945, inhaftiert. Ob die beiden Festnahmen in einem Zusammenhang zu sehen sind, muss vorerst offenbleiben.[128]

Im Verfahren gegen Marschall von Bieberstein wog von Anfang an die Tatsache schwer, dass die sowjetischen Dienste bereits seit 1944 einen Insiderbericht über den amtseigenen Nachrichtendienst vorliegen hatten, der noch während des Verfahrens durch einen weiteren Insiderbericht ergänzt werden konnte. Das erste belastende Dossier stammte von Eckard Briest, der vor 1941 Vize-Konsul in New York und Cleveland gewesen und 1943 als Wehrmachtoffizier in sowjetische Gefangenschaft geraten war. In seinem im April 1944 gefertigten Bericht beschrieb Briest den Aufbau und die Struktur des „Hencke-Dienstes" und seine Residenturen in Skandinavien, Bulgarien, Ungarn und Jugoslawien, in Griechenland, in der Türkei, in Rumänien, in Marseille, in der Schweiz, in Shanghai und „gegen die UdSSR". Den Beginn der Tätigkeit dieser „Aufklärungsorganisation" wusste Briest mit Mai 1941 exakt zu umreißen. Ebenso präzise schilderte er die anfängliche Struktur dieses Dienstes: Unter Hencke - so Briest - hätten direkt im Amt nur zwei Personen gearbeitet: Marschall von Bieberstein als sein Stellvertreter und Dr. Willi Diemke als sein Sekretär. Faktischer Chef der Organisation sei jedoch Marschall von Bieberstein gewesen, der eng mit dem Leiter der gegen die UdSSR gerichteten Residentur in Prag, dem Ukrainer Andrej Makarenko, zusammengearbeitet habe. Briest lieferte überdies Beschreibungen sämtlicher Agenturen im Ausland und dazu die Namen von Mitarbeitern.[129]

Doch Briests Dossier war nicht das einzige, was die sowjetischen Dienste in den Händen hatten; sie konnten zudem auf „eigenhändige Angaben" zurückgreifen, die Marschalls früherer Amtskollege Fritz Grobba kurz vor seiner Verhaftung Ende Mai 1946 geschrieben hatte.[130] Auch Grobbas Aussagen beschäftig-

128 Marschall von Bieberstein wurde am 9.6., Reinhardt am 19.6.1945 verhaftet. Möglicherweise hatte der Erstere im Verhör Reinhardts Namen genannt, so wie Reinhardt später in seinen Verhören Namen und Wohnorte von Kollegen in Berlin preisgab. In einem Nachtverhör am 17./18.9.1945 nannte Reinhardt z. B. die Namen Wilhelm Bisse und Hans Moraht, die zu diesem Zeitpunkt allerdings schon verhaftet worden waren. Vgl. Christoforov, Tajny diplomatii, S. 432.

129 Eigenhändige Angaben des Legationsrates E. Briest vom 29./30.8.1944. In: ebd., S. 102-110. Briest war 1947 in ein anderes Gefangenenlager verlegt, aber nicht verurteilt worden. Der im Spätsommer 1944 in Rumänien verhaftete Diplomat Karl Clodius lieferte in sowjetischer Haft (nämlich 1947) sogar ein 50-seitiges Dossier über die kompletten Strukturen des Auswärtigen Amtes. Vgl. Eigenhändige Angaben des Legationsrates K. Clodius „Über den Personalbestand des deutschen Ministeriums für auswärtige Angelegenheiten" vom Dezember 1947. In: ebd., S. 293-343.

130 Grobba wurde am 12.6.1946 von der operativen Gruppe der SMA des Chemnitzer Bezirks verhaftet, am 28.5.1946 hatte er seinen Bericht über Marschall von Bieberstein in deutscher Sprache abgefasst. Vgl. ebd., S. 147 und 781. Grobba wurde im Juli 1946 auf Weisung General Serovs nach Moskau überstellt und dort im Juni 1947 „wegen Spionage" zu 10 Jahren Arbeitslager verurteilt. Er kehrte 1956 nach (West-)Deutschland zurück. Vgl. ebd. Auffällig erscheint, dass Grobba genau vier Wochen nach Abschaffung der Todesstrafe zu einer eher geringfügigen Freiheitsstrafe verurteilt wurde; kurz zuvor hätte er aufgrund dieses Deliktes auch zum Tode verurteilt werden können.

ten sich mit dem amtseigenen Nachrichtendienst und Marschall von Biebersteins Rolle. Wie Briest schilderte auch Grobba, dass Marschall Henckes Stellvertreter im Dienst gewesen sei - auch dann noch, als dieser im Herbst 1943 Referent für „Kaderfragen“ für höhere Beamte in der Personalabteilung des Amtes wurde, habe er „daneben weiterhin Ribbentropps eigenen Geheimdienst geleitet“, dessen „Arbeitsumfang zu dieser Zeit“ allerdings „stark abgenommen“ habe. Es sei Marschalls Aufgabe gewesen, Informationen, die aus dem Ausland kamen, zu filtern; so seien Informationen entweder direkt an den Minister oder an die einzelnen Referate gegangen. Grobba gab überdies an, dass Marschall NSDAP-Mitglied gewesen sein müsse, weil in der „Personalabteilung nur Parteimitglieder arbeiten durften“. Schließlich berichtete er noch, warum von Ribbentrop überhaupt einen eigenen Geheimdienst habe installieren lassen: Als der Minister in Gesprächen mit Hitler habe feststellen müssen, dass diesem bereits mehr Auslandsinformationen vorgelegen hätten, als er selbst zu liefern in der Lage gewesen sei, habe er das Startsignal für einen eigenen Dienst gegeben.[131]

Auf so viel Material über einen Angeklagten vermochten die sowjetischen Dienste nur in Ausnahmefällen zurückzugreifen. Marschall von Bieberstein wurde noch im Sommer 1946 vom Militärkollegium des Obersten Gerichts der UdSSR nach Artikel 58-6 StGB der RSFSR zum Tode verurteilt und am 5. September desselben Jahres hingerichtet.[132] Warum er nicht als Quelle ersten Ranges am Leben blieb und weiter abgeschöpft wurde, bleibt weiterhin erklärungsbedürftig. Möglich ist, dass er - wie Bergmann - nach mehr als einjähriger Haft bereits als abgeschöpft galt oder aber sich in diesen beiden Fällen „lediglich“ die unterschiedlichen Zuständigkeiten und Entscheidungsprozesse von mehreren sowjetischen Diensten niederschlugen. Möglich ist aber auch, dass beide Spitzendiplomaten quasi stellvertretend für das Auswärtige Amt und dessen Politik im Zweiten Weltkrieg abgeurteilt werden sollten; darauf jedenfalls deutet ihre Verurteilung durch das höchste Militärgericht der Sowjetunion in Moskau selbst.

Im Falle Reinhardt konnten diese Dienste ausweislich der Moskauer Edition und der veröffentlichten Verhörprotokolle weit weniger Belastungsmaterial zusammentragen. Sie waren auf Reinhardts eigene Verhöraussagen angewiesen. Doch lassen sich aus eben jenen vorliegenden Protokollen keine Schuldeingeständnisse erkennen. Im Gegenteil: Alle vorgetragenen Anschuldigungen, Reinhardt habe „Spionage“ begangen, wies dieser - wie noch zu sehen sein wird - konsequent zurück. Ausweislich der vorliegenden Protokolle war den sowjetischen Diensten dabei nicht einmal bekannt, dass Reinhardt wohl tatsächlich in einen Spionagefall verwickelt gewesen war, weswegen er mit seiner Familie im Juni 1939 Liverpool hatte verlassen müssen.[133] Obwohl sich die Vernehmungen

131 Vgl. ebd., S. 147 f.
132 Ebd., S. 804.
133 Reinhardt erklärte wahrheitswidrig im Verhör, er sei im September 1939, also nach Kriegsausbruch, nach Deutschland zurückgekehrt. Mit der falschen Zeitangabe versuchte er wohl etwaigen Nachfragen nach den Hintergründen des korrekten Datums (Juni 1939)

also vorwiegend um Spionagevorwürfe drehten, wurde Reinhardt nicht etwa nach dem Artikel 58-6 verurteilt, sondern nach Artikel 58-2.[134] Offensichtlich war die sowjetische Seite von den eigenen Spionagevorwürfen selbst nicht hinreichend überzeugt, sodass sie Reinhardt als „konterrevolutionären Eindringling" verurteilte.

Der promovierte Jurist und Russland-Kenner - er musste bereits im Herbst 1918 als inhaftierter Petersburger Konsulatsangehöriger mit seiner Erschießung rechnen[135] - hatte sich in den Verhören souverän zu verteidigen gewusst. Immer wieder war er hier von sowjetischen Vernehmern über seine (angebliche) „politische, wirtschaftliche und militärische Spionage zugunsten Deutschlands" befragt worden, über die er berichten sollte. Dabei machten die Vernehmer nicht einmal einen Unterschied zwischen Reinhardts diplomatischen Missionen in der Weimarer Republik und dem Dritten Reich sowie seinen Aufgabenbereichen innerhalb der Wehrmacht. So musste sich der Diplomat selbst für seine völlig legitime Berichterstattung als deutscher Konsul in Seattle (1928-1934) „verantworten". Wie profan dieser Teil der Vernehmung ablief, verdeutlicht ein aufschlussreicher Wortwechsel zwischen Verhöroffizier und Angeklagtem:

„Frage: Glauben Sie, dass [S]ie, indem Sie Ihre Regierung über die Situation in anderen Ländern informiert haben, Spionage betrieben haben? Im Prinzip waren Sie ja so etwas wie ein staatlicher Informant. Antwort: Dass ich staatlicher Informant war, ist so. Aber das gibt es in jedem Land. Dass ich Informationen zu politischen, ökonomischen und militärischen Fragen des Landes, in dem ich diese Informationen gesammelt habe, weitergegeben habe, war auch so, aber ich weiß nicht, ob man das für Spionage ansehen kann, da ich das alles offiziell getan habe und nicht mit irgendeiner Untergrundinstanz in Verbindung stand, die speziell Spionage betrieben hat. Mit Instanzen von Gestapo, SD und Abwehr stand ich niemals in Verbindung und sämtliches von verschiedenen Quellen und auf verschiedenem Wege erhaltene Material habe ich nicht an diese Instanzen weitergegeben, sondern an das Auswärtige Amt, von dem ich auch weitere Instruktionen erhielt."[136]

aus dem Weg zu gehen. Vgl. Verhörprotokoll W. Reinhardt vom 19./20.9. 1945. In: ebd., S. 434; NS-Presseanweisungen der Vorkriegszeit. Edition und Dokumentation, Band 7/ II: 1939, Quellentexte Mai bis August. Bearbeitet von Karen Peter, München 2001, Nr. 1953 vom 21.6.1939, S. 598; „Reinhardt, Recalled, Leaves for Berlin". In: The Seattle Sunday Times vom 23.6.1939; Ladislas Farago, Burn After Reading: The Espionage History of World War II, Annapolis 2003, S. 52.

134 Vgl. ZA FSB Moskau, A. W. Vasilev, an komm. Leiter der StSG, Klaus-Dieter Müller, vom 27.12.2011 (Dokumentationsstelle Dresden, Akte Walther Reinhardt).

135 Vgl. Walther Reinhardt, Querweltein. Reiseeindrücke eines deutschen Diplomaten nach dem Kriege, Berlin 1925, S. 24 f.; „Dr. Reinhardt bids farewell to old Friends". In: The Seattle Sunday Times vom 1.9.1934. Anfang November 1918 waren die deutschen Konsulatsangehörigen in Moskau und St. Petersburg von Einheiten der Bolschewiki kurzzeitig inhaftiert worden, was wohl mit dem Abbruch der deutsch-russischen diplomatischen Beziehungen im Zusammenhang stand. Zum „Konsulatsputsch" in Moskau sowie der Rolle Karl Radeks und deutscher kommunistischer Kriegsgefangener vgl. Wolf-Dietrich Gutjahr, Revolution muss sein. Karl Radek - die Biographie, Köln 2012, S. 334 f.

136 Verhörprotokoll Walther Reinhardt vom 20.9.1945. In: Christoforov, Tajny diplomatii, S. 438.

Dass der Angeklagte ab 1942 tatsächlich „Abwehroffizier" der Wehrmacht gewesen war,[137] wussten die sowjetischen Vernehmer nicht, und Reinhardt tat alles, um diese Zusammenhänge auszusparen. Letztlich wurde er am 20. Oktober 1945 für schuldig befunden, aufgrund seiner „verantwortungsvollen Posten" im Auswärtigen Amt und seiner „praktischen Tätigkeit bei der Entstehung des Eroberungskrieges in Europa und des Krieges Deutschlands gegen die Sowjetunion" beteiligt gewesen zu sein. Das Todesurteil wurde am 11. Dezember 1945 in Berlin vollstreckt.[138] Keine Rolle spielte bei der Urteilsfindung, dass Reinhardt weder als Diplomat noch als Offizier gegen die Sowjetunion tätig geworden war und sich so der Artikel 58-2 als gegenstandslos erwies. Ebenso wenig spielten seine tatsächlichen Handlungen und Überzeugungen eine Rolle: So blieb völlig ausgeblendet, dass Reinhardt trotz seiner ab 1938 datierten NSDAP-Mitgliedschaft wohl kein fanatischer Parteigänger des NS-Regimes gewesen war.[139] Lange vor 1933 zählte er vielmehr mit seinen Leitartikeln für die „Frankfurter Zeitung" sowie seinen zahlreichen Büchern und Aufsätzen zu den maßgeblichen (links-) liberalen Köpfen des Auswärtigen Amtes. Seine antirassistischen Einlassungen der 1920er-Jahre[140] und seine mit Preisen überhäufte George-Washington-Biografie von 1931[141] ließen ein Profil erkennen, das - auch nach seiner aus politischen Gründen motivierten Abberufung aus Seattle 1934 und seiner danach erfolgten Anpassungsleistungen[142] - zumindest im Kern erhalten blieb.[143]

Wie hanebüchen dieses Urteil war, wird deutlich, wenn man sich die Gruppe jener Spitzendiplomaten näher betrachtet, die nur zu Freiheitsstrafen verurteilt wurden und später nach (West-)Deutschland zurückkehren durften. In diese Gruppe fielen - wie bereits erwähnt - auch jene, die als Holocaust-Täter bezeichnet werden können, aber wegen ihres Herrschaftswissens am Leben blie-

137 Beurteilungsnotiz über den Major Walther Reinhardt von Dr. Wilke, Luftgaustab Kreta, vom 17.12.1942 (BA, Abt. Militärarchiv, Pers 6/187237).

138 ZA FSB Moskau, A.W. Vasilev, an komm. Leiter der StSG, Klaus-Dieter Müller, vom 27.12.2011 (Dokumentationsstelle Dresden, Akte Walther Reinhardt).

139 Vgl. NSDAP-Mitgliedskarte Walther Reinhardt (BA, NSDAP OK, R 0078). Reinhardt war am 1.9.1938 beigetreten.

140 Vgl. Reinhardt, Querweltein, S. 213-215.

141 Vgl. Walther Reinhardt, George Washington. Die Geschichte einer Staatengründung, Frankfurt a.M. 1931. Der Band erschien in einer Zweitauflage 1965 wiederum im Frankfurter Societäts-Verlag. Das Vorwort stammte vom früheren Feuilletonchef der „Frankfurter Zeitung", Benno Reifenberg, der Reinhardts spurloses Verschwinden 1945 thematisierte.

142 In Veröffentlichungen nach 1933 kaprizierte er sich auch auf geopolitische Fragen und hoffte für Deutschland, „im friedlichen Wettbewerb mit den anderen großen Nationen der Erde [...] unter starker und zielbewusster Führung eines Tages wieder eine Kolonial- und Weltmacht zu werden". Walther Reinhardt, Die Vereinigten Staaten am Stillen Ozean, Berlin 1936, S. 88.

143 Sein letztes veröffentlichtes Buch, der Roman „Liebe im fernen Westen" (1941), ist eine faktische Liebeserklärung an Land und Leute in den USA, speziell an den Bundesstaat Washington und seine Hauptstadt Seattle, in der er selbst als Konsul tätig gewesen war. Rassismus und/oder Antisemitismus kommen in dem Buch nicht zum Tragen.

ben. Großen Wert legte die sowjetische Seite dabei auf Informationen, die direkt mit der Politik der Sowjetunion und deren geopolitischen Interessen zusammenhingen: Von erheblichem Interesse erschien ihr etwa die deutsche Balkanpolitik vor 1945. Hier standen vornehmlich Rumänien und Bulgarien im Blickfeld, Länder also, in denen sich Deutschland und die Sowjetunion 1940/41 ein diplomatisches Tauziehen um Einfluss und Macht geliefert hatten. Aber auch weit zurückreichende Ereignisse wie die Kooperation von Reichswehr und Roter Armee vor 1933 waren für die sowjetische Seite von elementarem Interesse. Hier allerdings wurde rasch deutlich, in welch hohem Maße auch stalinistische Obsessionen dominierten.

Von denen, die der Roten Armee bei ihrem Vorrücken auf dem Balkan in die Hände fielen, ragt der deutsche Gesandte in Sofia, Beckerle, in besonderer Weise hervor. Er, der als „alter Kämpfer" (NSDAP-Mitglied seit 1922), SA-Obergruppenführer und Frankfurter Polizeipräsident (ab 1933) sowohl den Machtergreifungsterror in Hessen als auch in seiner Funktion als Polizeipräsident von Litzmannstadt (1939) den Terror gegen Juden mit zu verantworten hatte, erwies sich bei Vernehmungen als geradezu redselig, womit er für die sowjetische Seite zu einer wichtigen, fortwährend sprudelnden Quelle avancierte. So belastete er seinen Vorgänger, Herbert von Richthofen, mit den Aussagen, dass bei seiner Ankunft in Sofia (Juni 1941) die „bulgarische Politik vollständig den deutschen Interessen im Südosten Europas untergeordnet" gewesen sei; von Richthofen habe als Gesandter entscheidend dazu beigetragen, Bulgarien im Frühjahr 1941 mit geheimen Gebietszusagen in Mazedonien und Thrakien in den Antikominternpakt zu bewegen und damit für einen deutschen Truppendurchzug zu öffnen,[144] der im Krieg gegen Griechenland und Jugoslawien tatsächlich von entscheidender Bedeutung war.[145]

In seinen weiteren Auslassungen äußerte Beckerle, er selbst habe „alles unternommen, um die Beziehungen zwischen Bulgarien und Russland zu verschärfen und zwischen ihnen eine militärische Auseinandersetzung herbeizuführen". So habe die deutsche Kriegsmarine, die seit 1941 über Stützpunkte in den bulgarischen Schwarzmeerhäfen Varna und Burgas verfügte, mit ihren Operationen gegen die Krim und Sewastopol immer wieder auch versucht, Bulgariens Neutralität gegenüber der Sowjetunion in Misskredit zu bringen oder gänzlich auszuhebeln. Beckerle, der Hitlers Instruktionen hatte, „auf einer uneingeschränkten Erfüllung aller deutschen Forderungen zu beharren", ohne jedoch das „Ehrge-

144 Verhörprotokoll A. Beckerle vom 23.3.1945. In: Christoforov, Tajny diplomatii, S. 46–54, hier 46f.

145 Vgl. Andreas Hillgruber, Hitlers Strategie. Politik und Kriegführung 1940–1941, Bonn 1993 (Erstausgabe 1965), S. 351, 461f., 469, 498. Bulgarien hatte sich erst im letzten Moment und nach starkem Drängen Hitlers auf die Seite des Antikominternpaktes geschlagen, wobei die in Aussicht gestellten territorialen Gewinne mit ein wichtiger Antrieb gewesen sein dürften. Auf ein militärisches Vorgehen gegen die UdSSR ließ sich Bulgarien jedoch nicht ein.

fühl von Zar Boris zu verletzen",[146] agierte in der Tat als williger Vollstrecker seiner Berliner Herren:[147] Er nahm massiven Einfluss auf die bulgarische Innenpolitik, initiierte umfangreiche Veranstaltungen zur Komintern und beteiligte sich aktiv an der Deportation von 14 000 bis 15 000 Juden aus den von Bulgarien besetzten Gebieten.[148]

Wenig verwunderlich erscheint, dass die sowjetische Seite in diesen und weiteren Verhören nicht Beckerles Beteiligung am Holocaust thematisierte, sondern ihre eigenen geopolitischen Interessen, die gerade in den späteren Vernehmungen mit Fragen nach den bulgarischen Eliten, den deutschen Agentennetzen und dem angloamerikanischen Einfluss auf dem Balkan vermehrt zum Ausdruck kamen.[149] Nach einem ganz ähnlichen Muster verliefen auch die Verhöre mit Beckerles Vorgänger als deutscher Gesandter in Sofia, von Richthofen, und dem deutschen Botschaftsrat Anton Mohrmann. Beide äußerten sich zuerst detailliert über die selbst mit eingefädelten Finessen deutscher Bulgarienpolitik 1940/41, um später auch über die eigenen Agentennetze auszusagen.[150] Wie schmal der Grat zwischen tatsächlicher sowjetischer Abwehr- und Abschöpfungsarbeit und stalinistischer Agentenobsession war, musste indes der frühere deutsche Militärattaché in Rumänien, Generalmajor Karl Spalcke, erfahren: Spalcke, der seit 1926 in der Abwehrabteilung T 3 des (verdeckt arbeitenden) deutschen Generalstabes gearbeitet hatte, wurde nicht nur veranlasst, Aussagen und eigene Aufzeichnungen zur Struktur und Arbeit der T 3 und der Wehrmacht-Abwehr zu machen.[151] Er sah sich auch genötigt, detaillierte Einlassungen zu seiner Arbeit als Begleitoffizier für sowjetische Kommandeure abzugeben, die im Rahmen der

146 Verhörprotokoll A. Beckerle vom 23.3.1945. In: Christoforov, Tajny diplomatii, S. 46–54, hier 46 f. und 49.

147 Gemeint sind hier vornehmlich Hitler, von Ribbentrop und Himmler.

148 Die Zahlen nannte Beckerle im Verhör, in dem er zugleich äußerte, er habe auf Weisung Himmlers gehandelt und nicht gewusst, wohin denn die Juden verbracht werden sollten. Ebd., S. 50. Tatsächlich wurden aus den von Bulgarien besetzten Gebieten (also Mazedonien und Thrakien) 11 343 Juden in das Vernichtungslager Treblinka deportiert. Aus Bulgarien selbst wurden keine Juden deportiert, was jedoch „weniger in der hohen Moral der bulgarischen Regierung als vielmehr in ihrem Bestreben" lag, sich „trotz der Anlehnung an Deutschland diplomatisch alle Türen offenzuhalten". Dieter Pohl, Holocaust. Die Ursachen - das Geschehen - die Folgen, Freiburg i. Brsg. 2000, S. 89 f.

149 Allein in Beckerles Verhör vom 30.1.1950 ging es einzig um die britischen und amerikanischen Agentennetze in Bulgarien; Beckerle lieferte auch hier bereitwillig Namen und Hintergründe, so sie ihm durch frühere bulgarische Zuträger, deutsche Abwehroffiziere und SD-Mitarbeiter bekannt waren. Vgl. Christoforov, Tajny diplomatii, S. 63–66.

150 Vgl. Verhörprotokolle A. Mohrmann vom 26.2.1945, 18.4.1945, 13.1.1948 und 6.2.1948. In: ebd., S. 379–390; vgl. Verhörprotokolle H. von Richthofen vom 18.5.1945, 24.5.1946, 14.6.1948 und 16.3.1951. In: ebd., S. 438–453 und 457–459. In den Verhören war zudem von drei deutsch-bulgarischen Geheimabkommen die Rede, die eine Regelung über die Finanzierung der Wehrmacht, die Rechtsprechung gegen Wehrmachtangehörige in Bulgarien und die deutsche Nutzung der Bergwerke in Mazedonien und Thrakien beinhaltete.

151 Vgl. Eigenhändige Angaben von Generalmajor K. Spalcke vom 19.6.1951. In: ebd., S. 707–721.

engen Kooperation zwischen Reichswehr und Roter Armee vor 1933 an Generalstabskursen in Berlin teilgenommen hatten.[152] Als Spalcke im Verhör erklärte, die Deutschen hätten die sowjetischen Kommandeure ohne ihr Wissen versucht abzuschöpfen, hielt ihm der sowjetische Vernehmer im aggressiven Tone vor zu lügen; man wisse doch, dass diese sowjetischen Kommandeure für Deutschland gearbeitet hätten![153]

Spalckes Weigerung, Stalins Mord an den eigenen Offizieren (1937/38) noch im Nachhinein zu legitimieren, hatte für ihn keine existenziellen Konsequenzen: So wie die meisten der inhaftierten deutschen (Spitzen-)Diplomaten wurde dieser bemerkenswerte „Militärdiplomat"[154] später zu einer Lagerhaftstrafe verurteilt und 1955 nach (West-)Deutschland entlassen.[155] Unter den Zurückgekehr-

152 Der damalige Major Spalcke hatte in seinen Charakteristiken für die Reichswehrspitze die sowjetischen Kommandeure „eher taktvoll bis wohlwollend" beurteilt; „völkisch-ideologische Denkmuster", wie sie andere deutsche Offiziere (z. B. Hans Krebs) bekundeten, lagen ihm fern. Manfred Zeidler, Reichswehr und Rote Armee 1920–1933. Wege und Stationen einer ungewöhnlichen Zusammenarbeit, München 1993, S. 254.

153 Vgl. Verhörprotokoll K. Spalcke vom 16.9.1946. In: Christoforov, Tajny diplomatii, S. 698–704, hier 701.

154 Spalcke hatte in der Zeit, als er die Kommandeure der Roten Armee betreute, mit einer Arbeit über „Die Diktatur des Proletariats bei Kautsky und Lenin" (Tübingen 1930) promoviert. Politisch unangepasst zeigte er sich auch späterhin: Im Sommer 1944 widersprach er dem deutschen Gesandten in Rumänien, dem früheren SA-Führer Manfred von Killinger, während einer internen Beratung. Von Killinger hatte den Hitler-Attentäter Stauffenberg als „Schwein" denunziert, was Spalcke zurückwies; er lobte seinerseits den Geschmähten als „tapferen" Offizier. Von Killinger und die anwesenden Botschaftsangestellten seien über Spalckes Haltung „irritiert" gewesen, hätten aber gegen diesen letztendlich nichts unternommen. Die Aussagen über das Gespräch machte ein früherer Mitarbeiter der deutschen Gesandtschaft in Sofia, der gleichfalls in sowjetische Gefangenschaft geraten war. Vgl. Christoforov, Tajny diplomatii. Ungeachtet dessen wurde Spalcke von der russischen Militärhauptstaatsanwaltschaft nach 1989/91 nicht rehabilitiert; genauso erging es Reinhardt, Bergmann oder von Richthofen. Marschall von Bieberstein hingegen erhielt 2001 eine Rehabilitierung. Die Frage, welcher Logik solche Entscheidungen folgten, vermag der Autor auch an dieser Stelle nicht zu beantworten. Die hier herangezogenen Rechtsgrundlagen dürften dabei kaum eine Rolle gespielt haben: Von Richthofen, Reinhardt oder Bergmann waren als Kriegsverbrecher abgeurteilt worden (also auf Basis von Ukaz 43, KG 10 und Art. 58-2 StGB der RSFSR), Marschall von Bieberstein hingegen als Spion (also auf Basis von Art. 58-6 StGB der RSFSR). Russische Rehabilitationen ergingen in anderen Fällen bei Personen, die auf Basis dieser Rechtsgrundlagen verurteilt worden waren. Gegen von Richthofen führte die russische Hauptmilitärstaatsanwaltschaft 2010 ins Feld, er habe sich mit seiner Beteiligung an der Vorbereitung des Angriffskrieges gegen die Sowjetunion 1941 von Bulgarien aus eines „kriminellen Vergehens" schuldig gemacht; damit falle er nicht unter die „Kategorie der politischen Verbrechen", was eine Rehabilitierung ausschloss. Warum Marschall von Bieberstein – trotz ähnlicher Vorwürfe – trotzdem rehabilitiert wurde, ist unklar. Ich bedanke mich bei meinem Kollegen Dr. Bert Pampel für die Einsichtnahme in das Schreiben der Generalstaatsanwaltschaft der Russischen Föderation, Hauptmilitärstaatsanwaltschaft, betr. Herbert v. Richthofen vom 20.7.2010

155 Vgl. Christoforov, Tajny diplomatii, S. 841. Spalcke, der im Oktober 1955 der „Regierung der DDR übergeben" worden war, flüchtete danach in den Westen. Mindestens drei deutsche Diplomaten kehrten allerdings nicht zurück: Der 73-jährige von Richthofen starb

ten befanden sich auch die Holocaust-Täter Beckerle und Gustav Richter, der bis 1944 SS-„Judenberater“ bei der rumänischen Regierung gewesen war.[156] Anders als Beckerle, der nach seiner Rückkehr von der Stadt Frankfurt sogar eine Entschädigung erhielt,[157] wurde Richter 1982 von der bundesdeutschen Justiz wegen Beteiligung am Holocaust zu vier Jahren Haft verurteilt.[158] Andere Diplomaten kehrten in das neue Auswärtige Amt zurück.[159]

VI. Fazit

Nimmt man alle vier hier vorgestellten Untersuchungsgruppen in den Blick, dann kann von einer konsequenten Abrechnung durch sowjetische Militärtribunale und Staatssicherheitsversammlungen (OSO) keine Rede sein. Es gab keinen Automatismus in dem Sinne, dass mit einem höheren Stellenwert des NS-Spitzenpersonals die Wahrscheinlichkeit der Verhängung eines Todesurteils folgte. Und doch war die in Nürnberg zur Schau gestellte Härte der sowjetischen Seite keineswegs gespielt. Unmittelbar nach Kriegsende - nämlich 1945/46 - hat die Führung der UdSSR eine ganze Reihe höherer NS- und Kriegsverbrecher öffentlichkeitswirksam hinrichten lassen. Auch in den dominierenden nicht öffentlichen Verfahren wurden hohe NS-Funktionäre zum Tode verurteilt.

Ungeachtet dessen spielten von Beginn an Nützlichkeitserwägungen und gegebenenfalls auch Propagandaabsichten bei der Verhängung des Strafmaßes eine entscheidende Rolle. Erschienen hohe und höchste NS-Funktionäre aus Gründen einer langfristigen Abschöpfungsmöglichkeit entsprechend relevant, wurde „lediglich“ eine hohe Freiheitsstrafe verhängt. Taugten gar höhere SS-Offiziere und KZ-Kommandanten als öffentlichkeitswirksame Schachfiguren im beginnenden Kalten Krieg, dann konnte ebenso „großzügig“ von einer Todesstrafe abgesehen werden. Auch die nach dem Krieg verhängten Freiheitsstrafen bedeuteten für die Verurteilten schwere Haft in Lagern und Gefängnissen, bei der nicht abzusehen war, dass sie zehn Jahre später im Zuge der Entstalinisierung enden würde.

Anders als die Repressions-, Partei- und Verwaltungsfunktionäre sowie die Spitzendiplomaten hatten die NS-Propagandisten allerdings kaum eine Chance,

nur wenige Monate nach seiner Verurteilung zu 25 Jahren Lagerhaft (Oktober 1951) in sowjetischem Gewahrsam; ähnlich erging es Karl Clodius und Karl von Gregory.

156 Vgl. Wolfgang Benz (Hg.), Lexikon des Holocaust, München 2002, S. 200. In dieser Zeit war Richter offiziell als Attaché an der deutschen Botschaft in Bukarest angestellt. Vgl. Christoforov, Tajny diplomatii, S. 821.

157 Neef, „Die schlimmste Stunde“, S. 110, spricht von 6000 DM Entschädigung.

158 Vgl. Benz (Hg.), Lexikon, S. 200.

159 Das betraf vor allem jüngere Diplomaten wie Eckard Briest, der ab 1956 wieder im Auswärtigen Amt arbeitete und später mehrere Botschafterposten innehatte. Auch Anton Mohrmann, der bereits Ende 1953 wieder freikam, arbeitete seit Juli 1954 im neuen Auswärtigen Amt der Bundesrepublik. Mohrmann und Briest waren - ausweichlich russischer Angaben - nicht verurteilt worden. Vgl. Christoforov, Tajny diplomatii, S. 770 und 808.

der Todesstrafe zu entkommen; sie waren aufgrund ihrer spezifischen Tätigkeit für die sowjetische Seite schlicht irrelevant - auch das ist gewiss als ein Ausfluss zweckrationaler Überlegung zu bewerten. Im Umkehrschluss bedeutete dieses sowjetische Vorgehen aber auch, dass schwer belastete NS- und Kriegsverbrecher (wie Panzinger, Streckenbach, Beckerle oder Richter) allein wegen ihres abschöpfbaren Herrschaftswissens mit einer Freiheitsstrafe davonkamen und Mitte der 1950er-Jahre ihre Freiheit wieder erlangten.

Bei einem kleineren Teil der zum Tode Verurteilten (wie von Demandowsky oder Reinhardt) bleibt fraglich, ob die Betreffenden in einem rechtsstaatlichen Verfahren überhaupt verurteilt worden wären. Der Freispruch für Fritzsche vor dem IMT in Nürnberg spricht hier eine deutliche Sprache.

Urteile sowjetischer Militärtribunale gegen Angehörige des Polizeibataillons 304 Chemnitz. Ein unbekanntes Kapitel justizieller NS-Aufarbeitung

Andreas Weigelt

Im Folgenden wird am Beispiel des Polizeibataillons 304 dargestellt, wie sowjetische Justizorgane unmittelbar nach dem Ende des Zweiten Weltkrieges gegen die „Täter im Vernichtungskrieg“[1] ermittelten und sie durch Militärtribunale aburteilten. Zum Verständnis der verwendeten Quellen muss jedoch zunächst auf die Genese der Strafverfolgung gegen Angehörige von Polizeieinheiten in der DDR eingegangen werden. Denn zum einen sind die verwendeten sowjetischen Quellen zum Polizeibataillon 304, wie auch zu anderen Polizeieinheiten, fast ausschließlich im Archiv des ehemaligen Ministeriums für Staatssicherheit (MfS) überliefert. Sie wurden ab Ende der 1960er-Jahre aus dem Archiv des sowjetischen Geheimdienstes an das MfS übergeben und waren für die Ermittler in der DDR entscheidende Quellen, um die Strafverfolgung gegen in der DDR lebende Bataillonsangehörige aufnehmen zu können. Zum anderen flossen die in den Vernehmungen der Jahre 1945 bis 1947 erzielten sowjetischen Ermittlungsergebnisse in Anklagen und Urteile der DDR-Gerichte ein, die den rechtsstaatlichen Überprüfungen nach 1990 weitgehend standgehalten haben.[2]

Der Beitrag gibt einen Überblick über die Verbrechen des Polizeibataillons 304 und referiert wichtige Aspekte der in der SBZ durchgeführten sowjetischen Militärgerichtsverfahren, wobei auch auf die zahlreichen zu Zeitstrafen verurteilten Angehörigen eingegangen wird. Am Ende steht ein Resümee der bislang bekannten sowjetischen Strafverfolgung gegen Einheiten der Ordnungspolizei im Zeitraum von 1944 bis 1951 nach gegenwärtigem Kenntnisstand.

1 Wolfgang Kaiser (Hg.), Täter im Vernichtungskrieg. Der Überfall auf die Sowjetunion und der Völkermord an den Juden, Berlin 2002.

2 Nähere Erläuterungen erfolgen hierzu im Kapitel „Ermittlungen in der DDR zu den Polizeibataillonen“.

I. Polizeibataillone „im Osteinsatz"

Polizeibataillone bildeten während des Zweiten Weltkrieges in den von Deutschland besetzten Ländern, vor allem in den osteuropäischen Staaten, eine tragende Säule bei der von der nationalsozialistischen Führung beabsichtigten Ausrottung der jüdischen Bevölkerung sowie der massenhaften Erschießung von kommunistischen Funktionären, Partisanen, Kriegsgefangenen sowie von zahlreichen unbeteiligten Zivilisten und Kranken. Im Zusammenwirken mit SS- und Wehrmachtseinheiten sowie den Einsatzgruppen der Sipo und des SD ermordeten sie mehr als 520 000 Menschen, überwiegend Juden. Sie führten darüber hinaus Bewachungsaufgaben in Ghettos aus, bei denen sie ebenfalls an Massenmorden beteiligt waren. Zudem nahmen sie an zahlreichen Deportationstransporten in die Vernichtungslager teil, prügelten die Opfer in die Waggons und begleiteten die Züge.

Obwohl in der neuesten Ausgabe von Daniel J. Goldhagens vor 29 Jahren erstmals erschienenem Band „Hitlers willige Vollstrecker" noch immer behauptet wird, dass „unsere Kenntnis von den Handlungen der Polizeibataillone im Krieg [...] bruchstückhaft und einseitig sei",[3] hat sich die Forschungslage in den vergangenen Jahren erheblich verbessert. Besonders hervorzuheben sind hier die Publikationen von Stefan Klemp und Wolfgang Curilla.[4]

3 Daniel Jonah Goldhagen, Hitlers willige Vollstrecker. Ganz gewöhnliche Deutsche und der Holocaust, München 2012, S. 224.

4 Vgl. Stefan Klemp, „Nicht ermittelt" - Polizeibataillone und die Nachkriegsjustiz. Ein Handbuch, 2. Auflage Essen 2011; ders., „Leben war nirgends zu sehen." Die Ordnungspolizei und die Judenvernichtung in der Region Zamość 1942. In: Ralf Piorr (Hg.), Ohne Rückkehr. Die Deportation der Juden aus dem Regierungsbezirk Arnsberg nach Zamość im April 1942, Essen 2012, S. 207-216; Wolfgang Curilla, Die deutsche Ordnungspolizei und der Holocaust im Baltikum und in Weissrussland 1941-1944, Paderborn 2006; ders., Der Judenmord in Polen und die deutsche Ordnungspolizei 1939-1945, Paderborn 2010. Vgl. Winfried Nachtwei, „Ganz normale Männer". Die Verwicklung von Polizeibataillonen aus dem Rheinland und Westfalen in den nationalsozialistischen Vernichtungskrieg. In: Alfons Kenkmann (Hg.), Villa ten Hompel. Sitz der Ordnungspolizei des Dritten Reichs, Münster 1996, S. 54-77; Klaus-Michael Mallmann, Vom Fußvolk der „Endlösung". Ordnungspolizei, Ostkrieg und Judenmord. In: Tel Aviver Jahrbuch für deutsche Geschichte, 26 (1997), S. 355-391; ders., „... Mißgeburten, die nicht auf diese Welt gehören". Die deutsche Ordnungspolizei in Polen 1939-1941. In: Klaus-Michael Mallmann/Bogdan Musial (Hg.), Genesis des Genozids in Polen, Darmstadt 2004, S. 71-90; Friedrich Wilhelm, Die Polizei im NS-Staat. Die Geschichte ihrer Organisation im Überblick, Paderborn 1997; Heiko Lange/Stephan Linck, Ein Hamburger Polizeibataillon im Osteinsatz. Anmerkungen zu einer neu entdeckten Quelle. In: Informationen zur schleswig-holsteinischen Zeitgeschichte, 41/42 (2003), S. 166-183; Jürgen Matthäus, Die Beteiligung der Ordnungspolizei am Holocaust. In: Kaiser (Hg.), Täter im Vernichtungskrieg, S. 166-185; Heiko Hüttmann, Das Polizeibataillon 307 (Lübeck) im „Osteinsatz" 1940-1945. Eine Ausstellung der Landespolizei Schleswig-Holstein, Polizeidirektion Süd (Lübeck), Lübeck 2002; Edward B. Westermann, Hitler's Police Batallion. Enforcing racial war in the East, Lawrence/Kansas 2005; Leonid Rein, Das 322. Polizeibataillon und der Mord an den weißrussischen Juden. In: Wolfgang Schulte (Hg.), Die

II. Das Polizeibataillon 304 und seine Verbrechen

Am 6. Juni 1975 fand ein Planierraupenfahrer am Stauweiherbecken Oberrabenstein, unweit von Karl-Marx-Stadt (Chemnitz), mehrere menschliche Skelette. Es handelte sich um eine Baustelle der Wismut AG für ein „Naherholungszentrum".[5] An dieser Stelle sollte der Grund eines Weihers entstehen.[6] Das MfS legte umgehend einen Zentralen Untersuchungsvorgang (ZUV) an, da es einen Fall von deutschen Kriegsverbrechen vermutete, der nun durch umfangreiche Recherchen erhärtet werden sollte. Doch es wurde einer der kürzesten Untersuchungsvorgänge in der Geschichte des MfS, nur wenige Blätter umfassend.[7]

Bei den aufgefundenen Skeletten handelte es sich nach Untersuchungen des vom MfS beauftragen Instituts für gerichtliche Medizin Leipzig um mindestens 14 männliche Leichen im Alter zwischen 20 und 65 Jahren. Die Liegezeit wurde auf 20 bis 40 Jahre geschätzt. Die Skelette waren durch die Planierarbeiten durcheinandergeraten. Es wurden sowohl Reste von Wehrmachtsuniformen als auch zivile Kleidungsstücke gefunden. An den Schädeln von zwei Leichen konnten Schäden festgestellt werden, bei denen es sich laut gerichtsmedizinischem Gutachten „um Folgen von Schussverletzungen oder anderen geformten Gewalteinwirkungen handeln kann".[8] Bei einer Leiche fand man Dokumente, die belegten, dass dieser Tote nach dem Ende des Zweiten Weltkrieges noch gelebt haben musste und somit kein Opfer des Nationalsozialismus gewesen sein konnte. Denn diese Person hatte zum Zeitpunkt ihrer Exekution Personaldokumente bei sich geführt, ein für NKVD-Gefangene ungewöhnlicher Sachverhalt. Es handelte sich um eine „zeitweilige Registrierkarte" der „Militärregierung von Deutschland", ausgestellt auf den Namen Adam Günther, geboren am 6. Juni 1910, Polizeioffizier, wohnhaft in Leuna.

Diese ersten gesicherten Daten übermittelte die Bezirksverwaltung des MfS Karl-Marx-Stadt am 14. August 1975 an die Zentrale nach Berlin, an die Hauptabteilung IX/11, die für die Ermittlung von NS-Verbrechen zuständig war.[9] Die Geheimdienstmitarbeiter in Berlin kamen dem wahren Sachverhalt schnell auf

Polizei im NS-Staat. Beiträge eines internationalen Symposiums an der Deutschen Hochschule der Polizei in Münster, Frankfurt a. M. 2009, S. 219-237; Frank Döbert, „Vorläufig ist alles noch harmlos." Das Jenaer Polizeibataillon 311 im Zweiten Weltkrieg. Eine Spurensuche. In: Polizei & Geschichte, 2 (2010), S. 38-69; Karl Schneider, „Auswärts eingesetzt!". Bremer Polizeibataillone und der Holocaust, Essen 2011.

5 Anzeige VPKA Karl-Marx-Stadt vom 6.6.1975 (BStU, ZA, HA IX/11, ZUV 38, Band 1, Bl. 3 f.). Ich danke Herrn Ulrich Müller, Sachgebietsleiter der Abteilung AU 6 des BStU, für den Hinweis auf diese Akte und für weitere sachdienliche Hinweise.

6 Protokolle VPKA Karl-Marx-Stadt vom 6.6.1975 und 2.7.1975 (BStU, ZA, HA IX/11, ZUV 38, Band 1, Bl. 5, 17).

7 BStU, ZA, HA IX/11, ZUV 38.

8 Gerichtsmedizinisches Gutachten vom 31.7.1975 (BStU, ZA, HA IX/11, ZUV 38, Band 1, Bl. 25-56, hier 30).

9 BV Karl-Marx-Stadt an MfS-Hauptabteilung IX/11 vom 14.8.1975 (BStU, ZA, HA IX/11, RHE 6/71, Band 4a, Bl. 3 f.).

die Spur und schrieben an die Bezirksverwaltung: „Es besteht operatives Interesse, dass, wie telefonisch vereinbart, keine Auswertung erfolgt." Denn unterdessen wussten die MfS-Ermittler, dass Günther einer von mehreren Angehörigen des Polizeibataillons 304 war, die im Februar 1946 in Chemnitz vom SMT der 19. mechanisierten Gardedivision zum Tode verurteilt und wenige Wochen später „an einem nicht genannten Ort" exekutiert wurden. Man hatte im NS-Archiv des MfS noch die Dienstkarteikarte von Adam Günther mit seinem Passbild gefunden.[10] Das MfS stellte umgehend alle sowjetischen Zeugenvernehmungen zusammen, in denen Günther von seinen Bataillonskameraden erwähnt worden war.[11] Denn der Fund fiel zufällig in die Zeit intensiver Ermittlungen des MfS zum Polizeibataillon 304.

Die aufgefundenen Gebeine wurden exhumiert und sollten im Krematorium Karl-Marx-Stadt eingeäschert und später beigesetzt werden.[12] Die Einäscherung erfolgte dort tatsächlich am 14. August 1975 im Beisein eines Oberleutnants der Kriminalpolizei. Die Asche wurde in fünf Urnen verfüllt und sollte - mit dem Buchstaben „K" gekennzeichnet - „bis zur weiteren Entscheidung" im Krematorium aufbewahrt werden.[13] Die Urnen sind nach dem 8. September 1975 in einem Gemeinschaftsgrab, vermutlich auf dem Friedhof der Stadt, beigesetzt worden.[14] Die Angehörigen von Adam Günther, des einzigen sofort identifizierten Toten, erhielten keine Information. Der Skelettfund von Oberrabenstein erwies sich als das einzige, nachweislich während der Existenz der DDR geöffnete Massengrab, das Hingerichtete der Nachkriegszeit barg.

Das 1940 in Chemnitz aufgestellte Polizeibataillon 304 bestand aus vier Kompanien zu je 140 Mann. Jede Kompanie hatte vier Züge zu je 33 Mann zuzüglich acht Führer. Einer der Züge war jeweils ein MG-Zug. Drei Gruppen zu je neun Mann zuzüglich sechs Führer bildeten einen Zug. Beim Bataillonsstab diente zusätzlich ein Kommando mit 19 Telefonisten.[15] Das Bataillon führte bis zum 16. September 1940 die Bezeichnung Polizei-Ausbildungsbataillon, war vollständig mit Fahrrädern und zusätzlich mit Lkw, Pkw sowie Krädern ausgerüstet und wurde um diese Zeit in das besetzte Polen nach Warschau in Marsch gesetzt, wo

10 Information der HA IX/11 an die BV Karl-Marx-Stadt vom 26.8.1975 mit Anlagen (BStU, ZA, HA IX/11, RHE 6/71, Band 4a, Bl. 9-23).

11 Auszüge diverser sowjetischer Vernehmungen 1945 und 1948, zusammengestellt am 20.8.1975 von Major Winkler (BStU, ZA, HA IX/11, RHE 6/71, Band 4a, Bl. 24-40).

12 1. Ergänzungsmeldung BDVP Karl-Marx-Stadt vom 6.7.1975 (BStU, ZA, HA IX/11, ZUV 38, Band 1, Bl. 81).

13 Protokoll VPKA Karl-Marx-Stadt vom 14.8.1975 (BStU, ZA, HA IX/11, ZUV 38, Band 1, Bl. 94).

14 Protokoll VPKA Karl-Marx-Stadt vom 8.9.1975 (BStU, ZA, HA IX/11, ZUV 38, Band 1, Bl. 95).

15 Vernehmungsprotokoll Martin Marquardt vom 10.9.1946 (BStU, ZA, HA IX/11, ZUV 38, Band 25, Bl. 2 f.).

es von Oktober 1940 bis vermutlich April 1941 das jüdische Ghetto in der okkupierten polnischen Hauptstadt bewachte.[16]

In Warschau war das Polizeibataillon 304 gemeinsam mit den Polizeibataillonen 308 und 301 im ehemaligen Universitätsgebäude untergebracht. Zusammen bildeten sie das Polizeiregiment Warschau, dessen Kommandeur, Oberstleutnant Joachim Petsch, zugleich der Kommandeur der Ordnungspolizei Warschau war.[17] In der polnischen Hauptstadt nahm das Polizeibataillon 304 Verhaftungen und Einweisungen von Juden in das Ghetto vor und bewachte Militär- und Industrieobjekte.

Doch schon bald sollten die Polizisten zu Mördern ausgebildet werden. Im Januar 1941 wurde in Krakau ein Kommando des Bataillons im Hof eines dortigen Polizeigebäudes - vermutlich der Innenhof der Dienststelle des Sicherheitsdienstes und der Sicherheitspolizei - während eines „Sonderlehrgangs" an lebenden Zielscheiben im Töten von Juden per Genickschuss unterwiesen. Der Bataillonsangehörige Arno Schumann, später in der DDR zu lebenslänglicher Haft verurteilt, sagte gegenüber dem MfS aus, dass Anfang Januar 1941 in Warschau unter Zugführer Hauptmann Herbert Welsch von der 2. Kompanie hierfür ein Kommando gebildet worden sei, dem er selbst, die Angehörigen des Bataillons Walter Wolle, Paul Reuter, Otto Müller, Karl Kaufmann sowie andere angehört hätten. Angeblich sollten sie Todesurteile gegen Justizhäftlinge vollstrecken. Sie erfuhren jedoch bald, dass es sich um nicht verurteilte Juden handelte. Laut Aussage Schumanns sollen 15 Angehörige des Polizeibataillons 304, damals auch Wachbataillon Warschau II genannt, daran teilgenommen haben. Dabei seien 60 bis 75 polnische Juden getötet worden, davon fünf durch Schumann persönlich. Die Opfer mussten sich zuvor hinknien und die Polizisten erschossen sie aus fünf bis sechs Metern Entfernung. Welsch habe ihnen in Krakau theoretisch erklärt, „wo die Schüsse sofort tödlich sind, wo der Genickschuss anzusetzen ist und wie er durchgeführt werden muss. [...] Anschließend haben wir diese theoretischen Kenntnisse praktisch üben müssen. [...] Keiner von uns im Sonderkommando hat danach gefragt, woher diese Menschen waren." Später, in der Sowjetunion, sei ihnen klargeworden, dass sie mit den in Krakau erworbenen Fähigkeiten „auf alle anderen Angehörigen des Bataillons bei den Massenerschießungen von Juden mobilisierend wirken" sollten. Tatsächlich hätten die Teilnehmer des Krakauer „Sonderlehrgangs" in der Sowjetunion auch als Erste auf die Juden an den Erschießungsgruben schießen müssen.[18]

16 Tagesbefehl Nr. 78/40 des Kommandeurs der Schutzpolizei Chemnitz vom 19.9.1940 (BStU, ZA, HA IX/11, ZUV 78, Band 6, Bl. 58f.).

17 Vgl. Curilla, Polen, S. 549-556; ders., Baltikum, S. 693.

18 Zum Lehrgang in Krakau vgl. das Schreiben Untersuchungsabteilung an Abteilung I vom 20.2.1978 (BStU, ZA, HA IX/11, ZUV 56, Band 2, Bl. 3f.) und die Vernehmungsprotokolle Arno Schumann vom 8. und 11.7.1977 (BStU, ZA, HA IX/11, ZUV 56, Band 3, Bl. 15-24). Vgl. Klemp, „Nicht ermittelt", S. 247, 250; Curilla, Polen, S. 553; ders., Baltikum, S. 794 f. Auch Angehörige anderer Polizeibataillone nahmen an dieser „Übung"

Das Polizeibataillon 304 gehörte zu den 23 Polizeibataillonen, die im Frühjahr 1941 für den Einsatz in der Sowjetunion vorgesehen waren. Am 13. August 1941 verließen die Polizisten Warschau wieder per Fahrrad und gelangten auf dem Weg zum ursprünglichen Ziel Baku, wo die Erdölfelder bewacht werden sollten, zunächst bis in die ostpolnische Stadt Zamość. Bei einem Bataillonsappell erklärte ein SS-General den in Zamość angetretenen Polizisten, dass das Bataillon wegen des vorläufigen Stockens des deutschen Vormarsches eine andere Aufgabe erhalte und nach Kiew verlegt werde. Dort traf es am 17. Oktober ein. In Zamość war dem Bataillon zudem mitgeteilt worden, dass es „während seines Marsches nach Kiew neben der Sicherung der Heeresgebietes hinter der Front zur Vernichtung der jüdischen Bevölkerung eingesetzt werden sollte".[19]

Laut einer sowjetischen Zusammenstellung aus dem Jahr 1971 nahm das Polizeibataillon 304 folgende Marschroute auf dem Gebiet der damaligen Sowjetunion: Starokonstantinow (August 1941), Winniza und Gaisin (September 1941), Uman, Kirowograd und Kiew (Oktober 1941), Korosten, Radomyschl, Fastow, Schitomir, Berditschew, Kasatin, Winniza, Kirowograd, Kriwoj Rog, Nikolajew, Taganrog/Schdanow, Mnoganetz, Snamenka, Smela, Belaja Zerkow (Juni bis September 1942) und Owrutsch (Oktober 1942). Dort erfolgte die Teilung des Bataillons: Die Route des einen Teilkommandos verlief über Mosir, Kalinkowitschi, Gomel/Swetlogorsk, Reschinka, Stolin, Pinsk (März 1943), Olewsk (April 1943), Kowel, Luzk, Rowno (August bis Dezember 1943), Dubno (Dezember 1943) und über Brodi wieder auf polnisches Gebiet. Die Route des zweiten Teilkommandos verlief von Owrutsch aus nach Kobryn (Oktober 1942) und Wysokoje in Richtung Nordwesten.[20]

Laut Tagebuch des später von einem SMT verurteilten Otto Müller von der 2. Kompanie nahm das Bataillon, noch bis mindestens 21. August 1941 ausschließlich auf Fahrrädern, den folgenden Weg: 13. August 1941 von Warschau nach Ryki, 14. August nach Piasky, 15. August nach Zamość, 18. August nach Slowita, 21. August nach Starokonstantinow, 4. September nach Latzew, 5. September nach Winniza, 6. September nach Gaisin, 17. September nach Uman, 18. September nach Dischkowa, 19. September nach Nowo-Ukrainka, 20. September

teil, so der Kompanieführer des Polizeibataillons 82, Johannes Piehl. Vgl. Klemp, „Nicht ermittelt", S. 215. Piehl hatte zunächst angegeben, dass auch die Polizisten als Lehrgangsteilnehmer schossen, später diese Aussage jedoch widerrufen und ausgesagt, ausschließlich SD-Angehörige hätten das Töten demonstriert. Vgl. Vernehmungsprotokoll Johannes Piehl vom 18.2.1981 und Widerruf seiner Aussage vom 20.2.1981 (BStU, ZA, HA IX/11, ZUV 64, Band 18, Bl. 5–11).

19 Vernehmungsprotokoll Arno Schumann vom 9.8.1977 (BStU, ZA, HA IX/11, ZUV 56, Band 3, Bl. 78–83).

20 KGB-Auskunftsbericht zum Polizei-Bataillon 304 vom 9.6.1971 (BStU, ZA, HA IX/11, ZUV 53, Band 7, Bl. 128–133). Vgl. Hüttmann, Polizeibataillon 307, S. 16 f.; Schneider, „Auswärts eingesetzt!", S. 440.

nach Kirowograd, 14. Oktober nach Snamenka, 17. Oktober über Fastow nach Kiew. Kiew wurde am 8. März 1942 wieder verlassen.[21]

Die Liste der dieser Spur zuzuordnenden Mordtaten lässt sich weitgehend rekonstruieren. Auf dem Weg nach Kiew verübte das Bataillon Massenerschießungen vor allem der jüdischen Bevölkerung in den verschiedenen ukrainischen Städten, aber auch Erschießungen von Fallschirmspringern und Kommunisten. So erschoss das Bataillon am 25. und 27. August 1941 in Starokonstantinow 14 sowjetische Fallschirmspringer und zwei Juden,[22] die von der 3. Kompanie festgenommen worden waren, und am 28. August 1941 neben zwei Fallschirmspringern auch drei Kommunisten und einen Juden.[23] In Starokonstantinow ermordeten Angehörige des Bataillons Ende August oder Anfang September 1941 insgesamt 500 Juden. Nach sowjetischen Angaben wurden dabei alle jüdischen Einwohner des Ortes getötet.[24] Neben etwa 2200 am 5. September 1941 außerhalb von Winniza erschossenen Juden, ermordete das Bataillon auch etwa 100 Juden auf dem Marktplatz der Stadt in einer eigens dazu ausgehobenen Grube.[25] Am 12. September 1941 führte das Bataillon offenbar zur Abschreckung der Einwohner einen „Propagandamarsch durch Gaisin" durch, durchsuchte anschließend die Wohnungen von Juden und erschoss am darauffolgenden Tag 486 Juden der Stadt in der Ortschaft Ladyschin, 20 Kilometer südlich von Gaisin.[26] Am 16. September wurden 1409 Juden aus Gaisin, 29 Juden aus Ladyschin sowie ein „Kommissar" erschossen.[27] Am 16. September 1941 tötete das Bataillon etwa 4000 Juden in Gaisin, wiederum außerhalb der Stadt. Die 1. Kompanie erschoss die Opfer, während die 2. und 3. Kompanie die Juden festnahmen, sie zum Erschießungsort brachten und die Erschießung absicherten.[28] Zwischen dem 17. und 20. September 1941 ermordete das Polizeibataillon 304 an einem nicht feststellbaren Ort, vermutlich bei Uman, 450 Juden.[29] Um den 22. September 1942 war es zur Sicherung der Rollbahn Uman-Kirowograd-Dnjepropetrowsk eingesetzt.[30]

21 Tagebuch Otto Müller (BStU, ZA, HA IX/11, ZUV 53, Band 8, Bl. 30-39). Das Original befindet sich im Archiv des heutigen FSB in Moskau.
22 Tagebuch Otto Müller (BStU, ZA, HA IX/11, ZUV 53, Band 8, Bl. 31).
23 Funkspruch Kommandostab RFSS vom 28.8.1941 (BStU, ZA, HA IX/11, AK 4627/74, Band 1, Bl. 99).
24 KGB-Auskunftsbericht zum Polizei-Bataillon 304 vom 9.6.1971 (BStU, ZA, HA IX/11, ZUV 53, Band 7, Bl. 128-133); vgl. Curilla, Baltikum, S. 794.
25 KGB-Auskunftsbericht zum Polizei-Bataillon 304 vom 9.6.1971 (BStU, ZA, HA IX/11, ZUV 53, Band 7, Bl. 128-133).
26 Tagebuch Otto Müller (BStU, ZA, HA IX/11, ZUV 53, Band 8, Bl. 31).
27 Tagebuch Otto Müller (BStU, ZA, HA IX/11, ZUV 53, Band 8, Bl. 31).
28 KGB-Auskunftsbericht zum Polizei-Bataillon 304 vom 9.6.1971 (BStU, ZA, HA IX/11, ZUV 53, Band 7, Bl. 128-133); vgl. Curilla, Baltikum, S. 796.
29 Ebd.
30 Fernschreiben Kommandostab RFSS vom 22.9.1942 (BStU, ZA, HA IX/11, AK 4627/74, Band 1, Bl. 89).

In kurzer Folge organisierte das Bataillon weitere Massaker und erschoss am 30. September 1941 in Kirowograd 4200 Juden, darunter 600 Kriegsgefangene.[31] Der 1946 von einem SMT zum Tode verurteilte Höhere SS- und Polizeiführer Russland Süd, Friedrich Jeckeln, nannte in einer Meldung dieses Gemetzel „Aktion nach Kriegsbrauch",[32] bei der die 3. Kompanie die Erschießungen durchführte und die beiden anderen Kompanien für die Festnahmen und Überstellungen zum Erschießungsplatz verantwortlich waren. Zwei Tage später wurden etwa 500 im städtischen Gefängnis Kirowograd bereits inhaftierte jüdische Rotarmisten außerhalb der Stadt erschossen.[33] Am 2. Oktober 1942 nahm das Bataillon in Schirowka, 40 Kilometer östlich von Kirowograd, zwei Sowjetoffiziere und mehrere Partisanen fest: „17.25 Uhr Erschießung des Offz. und des Mongolen", heißt es im Tagebuch eines beteiligten Polizisten.[34] Am 5. Oktober 1941 wurden 305 Juden an einem nicht bekannten Ort erschossen und am 8. Oktober 1941 etwa 6000 Juden außerhalb der Stadt Uman in einem Panzergraben,[35] darunter wiederum 600 Kriegsgefangene, wobei der 1. Zug der 2. Kompanie die Schützen stellte und die 1. und 3. Kompanie für die anderen Aufgaben eingeteilt waren.[36] Am 6. Oktober 1941 wurden sämtliche zuvor in Listen „eingetragenen Kommunisten" der Stadt Kirowograd festgenommen.[37] Am 14. Oktober 1941 fielen etwa 20 Juden in einem Wald bei Snamenka dem Bataillon zum Opfer;[38] am selben Tag wurden weitere 47 Juden in Snamenka ermordet.[39] In Kiew erschossen Angehörige der 2. Kompanie am 21. Oktober 1941 als Vergeltung für

31 Tagebuch Otto Müller (BStU, ZA, HA IX/11, ZUV 53, Band 8, Bl. 32).

32 Funkspruch Kommandostab RFSS vom 1.10.1941 (BStU, ZA, HA IX/11, AK 4627/74, Band 1, Bl. 90). In den Ereignismeldungen der Einsatzgruppen und der Polizeibataillone verbirgt sich hinter dieser Sprachreglung der Mord an Juden, anderen Zivilisten und Partisanen. Wegen der Beteiligung an der Ermordung von etwa 3000 Juden im Herbst 1941 in Kirowograd wurde von einem SMT in Bobruisk am 4.11.1947 der Kommandeur der 242. Feldkommandantur, Generalmajor Johann Tarbuk (Edler von Sensenhorst), zu 25 Jahren Zwangsarbeit verurteilt. Vgl. Walter M. Iber/Harald Knoll, Die Zugehörigkeit zu bestimmten Einheiten und Organisationen sowie die aktive Teilnahme an Kriegsverbrechen als Anklagepunkte gegen österreichische und sudetendeutsche Kriegsgefangene. In: Stefan Karner/Vjačeslav Selemenev (Hg.), Österreicher und Sudetendeutsche vor sowjetischen Militär- und Strafgerichten in Weißrussland 1945-1950, Graz 2007, S. 228-271, hier 256-260.

33 KGB-Auskunftsbericht zum Polizei-Bataillon 304 vom 9.6.1971 (BStU, ZA, HA IX/11, ZUV 53, Band 7, Bl. 128-133).

34 Tagebuch Otto Müller (BStU, ZA, HA IX/11, ZUV 53, Band 8, Bl. 32).

35 Tagebuch Otto Müller (BStU, ZA, HA IX/11, ZUV 53, Band 8, Bl. 32).

36 KGB-Auskunftsbericht zum Polizei-Bataillon 304 vom 9.6.1971 (BStU, ZA, HA IX/11, ZUV 53, Band 7, Bl. 128-133).

37 Tagebuch Otto Müller (BStU, ZA, HA IX/11, ZUV 53, Band 8, Bl. 32).

38 Vgl. Curilla, Baltikum, S. 797; Christopher R. Browning, Ganz normale Männer. Das Reserve-Polizeibataillon 101 und die „Endlösung" in Polen, Reinbek bei Hamburg 1999, S. 38. Identische Opferzahlen aus den Ermittlungen des MfS für Starokonstantinow, Winniza, Gaisin, Kirowograd und Uman vgl. den Schlussbericht zu Arno Schumann vom 20.6.1978 (BStU, ZA, HA IX/11, ZUV 56, Band 2, Bl. 36-126, hier 47).

39 Tagebuch Otto Müller (BStU, ZA, HA IX/11, ZUV 53, Band 8, Bl. 33).

eine Sabotageaktion gegen das Nachrichtenwesen des Bataillons 80 ukrainische Männer, neun Frauen und drei Kinder.[40] Ab diesem Zeitpunkt ging das Bataillon zu Aktionen im Partisanenkampf über.[41]

Von Kiew aus wurde das Bataillon im März 1942 über Winniza und Kirowograd nach Taganrog an das Asowsche Meer verlegt, wo es bis Mai im Bereich Taganrog/Kriwoj Rog an Frontkämpfen teilnehmen musste. Auf dem Weg dorthin war es an sogenannten Strafaktionen gegen Partisanen und Zivilisten in Korosten, Fastow, Schitomir, Berditschew und Kasatin beteiligt, wobei laut sowjetischen Angaben in jeder der Städte auch etwa 100 Juden erschossen wurden.[42] Die Morde an Juden in Kasatin sind in dem Tagebuch des später von einem SMT verurteilten Kurt Rink dokumentiert.[43] In den Monaten Juni bis September 1942 requirierten die Angehörigen in diesem Gebiet Lebensmittel und kontrollierten die Ernteeinbringung. Dies stellte eine neue, aber bald wesentliche Aufgabe des Bataillons bei der systematischen Unterdrückung und Dezimierung der Zivilbevölkerung in Zusammenarbeit mit den Landwirtschafts-Sonderführern dar. Seit Sommer 1942 war das Bataillon südlich und westlich von Kiew eingesetzt und befand sich im November 1942 bei Skorodnoje in den Pripjetsümpfen.[44] Von Oktober 1942 bis Dezember 1943 war es vollständig zu Partisanenaktionen im Gebiet Gomel in Weißrussland sowie in den Gebieten Rowensk und Schitomir in der Ukraine eingesetzt. Etwa 100 Polizisten des Bataillons wurden im Oktober 1942 dem in Kobryn gebildeten Sonder- oder Sturmkommando unter Hauptmann Heinrich Pieper zugeteilt. Sie nahmen im selben Monat an der Ermordung sämtlicher Insassen des jüdischen Ghettos Kobryn teil und erschossen insgesamt 3000 Menschen.[45]

Anfang 1943 wurden im Rahmen von Aktionen gegen Partisanen sämtliche Einwohner des Dorfes Pripjatz im Gebiet Kirowograd getötet und das Dorf eingeäschert.[46] Im Mai und Juli 1943 war das Bataillon im Rahmen der deutschen Partisanenunternehmen „Weichsel I“ und „Weichsel II“ im Gebiet Dnjepr/Pripjet mit anderen Einheiten, darunter Resten der Einsatzgruppe D, eingesetzt, bei denen mehr als 4000 Einwohner getötet und rund 19 000 zur Zwangsarbeit verschleppt wurden.[47] Das Polizeibataillon erschoss von April bis Juli 1943 nach sowjetischen Ermittlungen im Gebiet Kostopol etwa 300 Einwohner, im Gebiet Korosten, Owrutsch und Olewsk bei drei bis vier Erschießungen jeweils Grup-

40 Tagebuch Otto Müller (BStU, ZA, HA IX/11, ZUV 53, Band 8, Bl. 34).
41 KGB-Auskunftsbericht zum Polizei-Bataillon 304 vom 9.6.1971 (BStU, ZA, HA IX/11, ZUV 53, Band 7, Bl. 128–133).
42 Ebd.; KGB-Information (BStU, ZA, HA IX/11, ZUV 53, Band 7, Bl. 140 f.).
43 Analyse der Vernehmungsprotokolle (BStU, ZA, HA IX/11, ZUV 53, Band 1, Bl. 118 f.).
44 Vgl. Klemp, „Nicht ermittelt“, S. 247.
45 KGB-Auskunftsbericht zum Polizei-Bataillon 304 vom 9.6.1971 (BStU, ZA, HA IX/11, ZUV 53, Band 7, Bl. 128–133); KGB-Information (BStU, ZA, HA IX/11, ZUV 53, Band 1, Bl. 140 f.).
46 Ebd.
47 Vgl. Curilla, Baltikum, S. 732 f.

pen zwischen 50 und 300 Menschen.[48] Im Juni/Juli 1943 nahm es gemeinsam mit dem Polizeibataillon 307 am Unternehmen „Seydlitz“ mit mehr als 5000 Toten und 800 zerstörten Dörfern teil.[49] Im Dezember 1943 kämpfte das Bataillon im Gebiet von Dubno an der Front, kehrte im Januar 1944 nach Rowno zurück und war bis April 1944 bei Brodi und im Juni 1944 bei Lutschina erneut an der Front eingesetzt.[50] Insgesamt lassen sich nach deutschen Dokumenten neun einzelne Massentötungsaktionen des Polizeibataillons 304 mit 17 961 Opfern in der südlichen Sowjetunion und weiteren 75 Ermordeten in Polen nachweisen.[51] Die Polizisten dieser Einheit hatten überdies das Niederbrennen von 150 Dörfern zu verantworten.[52]

Bataillonskommandeure waren nacheinander Major Willy Nickel, Major Karl Deckert, Major Detlef Ohrt, Major Herbert Zohm und Hauptmann Hans-Georg Gewehr.[53] In der Phase der Massenerschießungen von Juden war von August bis Ende 1941 mit dem Major der Schutzpolizei und SS-Sturmbannführer Karl Deckert ein Mann Bataillonskommandeur, der als rigoroser Antisemit charakterisiert wird[54] und zuvor Adjutant beim Reichsminister und Chef der Reichskanzlei Hans Lammers gewesen war. Der von einem SMT zu lebenslänglicher Haft verurteilte Kurt Rink schrieb 1948 mit einfachen Worten für die sowjetischen Ermittler seinen Eindruck von ihm nieder. Für ihn war Deckert „ein ausgesprochener Judenhasser. Er sagte uns vor dem Bataillon, alle Juden müssen vernichtet werden, wir wollen unsere Rasse Germanischer Stamm rein halten, und kein Jude soll uns mehr eine Mischung machen.“[55]

Deckert selbst bezeichnete sein Bataillon im November 1941 nach dem bereits zehntausendfach verübten Mord an jüdischen Einwohnern der Ukraine „als bestes Bataillon der im Befehlsbereich Ukraine eingesetzten Bataillone“. Er bezog sich dabei auf eine Einschätzung des HSSPF Ostland, SS-Obergruppenführer und General der Polizei Friedrich Jeckeln. Deckert verwendete dieses Lob, als er sich im November 1941 einer dienstlichen Anweisung erwehren zu müssen glaubte, die er nicht akzeptieren konnte. Noch in Warschau hatten Bataillonsangehörige ohne jeden Befehl Juden des dortigen Ghettos erschossen und sollten auf Anweisung des Kommandeurs der Ordnungspolizei für den Distrikt

48 KGB-Information (BStU, ZA, HA IX/11, ZUV 53, Band 7, Bl. 140f.).
49 Vgl. Curilla, Baltikum, S. 736.
50 KGB-Auskunftsbericht zum Polizei-Bataillon 304 vom 9.6.1971 (BStU, ZA, HA IX/11, ZUV 53, Band 7, Bl. 128-133).
51 Vgl. Curilla, Baltikum, S. 800, 832f. Ähnliche Zahlen bei Klemp, „Nicht ermittelt“, S. 250; Rechtshilfeersuchen an UdSSR vom 28.12.1987 (BStU, ZA, HA IX/11, ZUV 78, Band 7, Bl. 166-179).
52 KGB-Auskunftsbericht zum Polizei-Bataillon 304 vom 9.6.1971 (BStU, ZA, HA IX/11, ZUV 53, Band 7, Bl. 128-133).
53 Vgl. Klemp, „Nicht ermittelt“, S. 509.
54 Vgl. ebd., S. 247.
55 Aufzeichnung Kurt Rink vom 3.3.1948 (BSTU, ZA, HA IX/11, ZUV 78, Band 26, Bl. 170).

Warschau, Oberstleutnant Petsch, hierzu von Deckert vernommen werden. Die überlieferte Antwort Deckerts erlaubt wie kaum ein anderes Dokument dieser Zeit Einblick in die Funktion und in die mentale Wirklichkeit des Polizeibataillons 304:

„Wenn ich in meinem Schreiben vom 16. September 1941 die Bitte aussprach, die Möglichkeit zu prüfen, Vernehmungen über belanglose, den Weltfeind Judäa betreffende Dinge, aus ‚begreiflichen Gründen' zu vermeiden, so wollte ich damit nicht nur die Vermeidung eines unnötigen Schriftwechsels erbitten, sondern auf die ‚Aktion nach Kriegsbrauch' verweisen. Ich kann als Einheitsführer heute nicht den Befehl geben, 10, 50, 100, 600, 1000 ja 5000 Juden auf einmal zu erschießen und am nächsten Tage vielleicht den gleichen Wachtmeister zur Vernehmung schicken, weil er in Warschau gelegentlich *einen* Juden angeschossen hat. Hier wird der gleiche Wachtmeister von mir bestraft, wenn er einem Schießbefehl nicht nachkommt, dort in Warschau ebenfalls, weil er geschossen hat. Dieses Verfahren muss meine Männer verwirren und unsicher machen, und unter Umständen dürfte dieses Verfahren gerade dazu angetan sein, eine Lockerung der Manneszucht herbeizuführen. Die Männer meines Bataillons haben sich während ihres Einsatzes, seit ich die Ehre habe, das Bataillon zu führen, geradezu vorbildlich benommen. [...] Wir sind in einem Krieg, den uns Judäa aufgezwungen hat und in dem es für unser Volk um Sein und Nichtsein geht. Da müssen Erwägungen menschlicher Milde zurücktreten. Es gilt nun einmal in diesem Krieg reinen Tisch zu machen und unser Großdeutsches Reich für künftige Jahrhunderte vor der jüdischen Weltpest und der asiatischen Gefahr aus dem Osten zu sichern. [...] Ich bedaure außerordentlich, aus weltanschaulichen Erwägungen heraus zum *gegebenen Zeitpunkt* ihrer Bitte um Vernehmung der Wachtmeister Wolf, Gother und Trumpe nicht Rechnung tragen zu können."[56]

Anders jedoch als von Deckert behauptet, ist kein einziger Angehöriger des Polizeibataillons 304 wegen Verweigerung der Teilnahme an den Massenexekutionen bestraft worden. Ab Juli 1942 gehörte das Polizeibataillon 304 mit den Polizeibataillonen 315 und 320 zum neu aufgestellten SS-Polizeiregiment 11.[57]

Aus den nur lückenhaft im Stadtarchiv Chemnitz überlieferten Tagesbefehlen des Bataillons lässt sich einiges über die politische Schulung der Polizisten ablesen. Die Themen entsprechen dem Befund von Christopher R. Browning zum Polizeibataillon 101, der die vom Hauptamt Ordnungspolizei allen Polizeibataillonen auferlegten Inhalte der weltanschaulichen Schulungen sowie die Polizei-Periodika und anderes Schulungsmaterial analysiert hat. Er fand nur einen Artikel, der sich mit der sogenannten Judenfrage beschäftigte, und zog den Schluss, zumindest die politische Schulung der Polizisten forderte „nirgendwo ausdrücklich dazu auf, durch das Töten von Juden einen persönlichen Beitrag zur Verwirklichung" eines „judenfreien" Europas zu leisten.[58] Im Oktober 1940 enthielt einer der Tagesbefehle des Kommandeurs der Chemnitzer Schutzpolizei eine von der Gestapoleitstelle Dresden aufgestellte Liste mit überwiegend christlicher Litera-

56 Klemp, „Nicht ermittelt", S. 473-476. Hervorhebung im Original.
57 KGB-Information (BStU, ZA, HA IX/11, ZUV 53, Band 7, Bl. 140f.). Vgl. Wilhelm, Polizei, S. 162; Klemp, „Nicht ermittelt", S. 525; Curilla, Baltikum, S. 653.
58 Browning, Männer, S. 237; vgl. Mallmann, Fußvolk, S. 378.

tur, die zum „schädlichen und unerwünschten" Schrifttum gezählt wurde. Ansonsten wurden im Zeitraum von April bis Juli 1941 Zeitungsbeiträge aus dem „Völkischen Beobachter" oder aus „Das Reich" als Vorlage für die wöchentlichen Schulungen genommen, wie „Der deutsche Bergmann ist der erste Soldat der Arbeit", „Niemandsland oder Kriegsgebiet?", „Englands bedrohte Mittelmeerstellung" oder „Der Sowjetmensch".[59]

Erhebungen über NSDAP-Mitgliedschaften beim Polizeibataillon 304 müssen insgesamt lückenhaft bleiben, doch kann auf die Biografien der hingerichteten Angehörigen zurückgegriffen werden. Demnach gehörten von diesen 78 Polizisten 35 der NSDAP oder den Parteigliederungen SS und SA an, d. h. rund 45 Prozent, also weit über dem Reichsdurchschnitt. Laut Brownings Untersuchungen waren beim Polizeibataillon 101 lediglich 33,6 Prozent der Bataillonsangehörigen Mitglied der NSDAP, nach Goldhagens Erhebungen zu mehreren Polizeibataillonen 32,5 Prozent.[60] Vier Polizisten wurden nach 1945 Mitglied der KPD, ein anderer hatte den Aufnahmeantrag erst abgegeben, ein weiterer war Mitglied der SED und drei gehörten der SPD an.

III. Ermittlungen in der DDR zu den Polizeibataillonen

Ab 1948, und damit drei Jahre vor dem ersten Verfahren in der Bundesrepublik, gab es in der SBZ/DDR zehn Ermittlungsverfahren gegen Angehörige von Polizeibataillonen, die sich bis zum Jahr 1953 hinzogen. Aus der gesamten DDR-Zeit sind 35 Verfahren bekannt. Davon endeten 26 mit Verurteilungen und neun mit der Einstellung des Verfahrens oder dem Freispruch der Angeklagten.

Klemp, Autor des Handbuchs zur juristischen Aufarbeitung der Verbrechen der Polizeibataillone in der Bundesrepublik, hält nach seiner Analyse der westdeutschen Ermittlungspraxis den Unterschied zu den Ergebnissen in der DDR für „fundamental" und sieht als Ursache der „zielsichere[n] Arbeitsweise im Osten" unter anderem den umfangreich erfolgten Rückgriff auf das Material der unmittelbar nach dem Krieg durchgeführten sowjetischen Tribunalverfahren. Trotz Zuständigkeit des MfS hätten die einzelnen Ermittlungen nicht in jedem Fall zu Anklage und Urteil geführt.[61] „Bei den Verfahren gegen Polizeibataillone hat die Stasi allem Anschein nach richtig ermittelt. Fehlten die Beweise, wurde

59 Rat der Stadt Karl-Marx-Stadt, Hauptverwaltung, Tagesbefehle der Schutzpolizei 1942/1943, Aktenzeichen 2052, Band III (BStU, ZA, HA IX/11, ZUV 78, Band 29, Bl. 331-351).

60 Vgl. Curilla, Baltikum, S. 918; Mallmann, Fußvolk, S. 375 f.

61 Dass auch nicht in jedem Fall ermittelt wurde, zeigt Liersch am Beispiel Erwin Strittmatters. Vgl. Werner Liersch, Die Geschichte der Ordnungspolizei, keine Geschichte der DDR. Eine Skizze am Beispiel der verschwiegenen Zugehörigkeit des namhaften DDR-Autors Erwin Strittmatter zur Orpo. In: Wolfgang Schulte (Hg.), Die Polizei im NS-Staat. Beiträge eines internationalen Symposiums an der Deutschen Hochschule der Polizei in Münster, Frankfurt a. M. 2009, S. 159-177.

das Verfahren bereits vor Abgabe an eine Staatsanwaltschaft eingestellt."[62] Dass in einigen Fällen nach einem sowjetischen Tribunalurteil ehemalige Polizisten in der DDR ein weiteres Mal strafrechtlich verfolgt wurden, war eng an den juristischen Grundsatz „ne bis in idem" geknüpft und setzte voraus, dass sie im zweiten Verfahren wegen anderer Delikte als vor dem Sowjetischen Militärtribunal angeklagt wurden.

Klemp hat herausgearbeitet, dass zwar Einwände fehlender Rechtsstaatlichkeit erhoben werden können, mehrere der DDR-Verfahren nach 1990 einer Überprüfung jedoch standgehalten hätten.[63] Dabei ist für unseren Kontext zu berücksichtigen, dass in die Anklage eingeflossene sowjetische Vernehmungsprotokolle von zum Tode oder zu Zeitstrafen verurteilten Polizisten immer dann als Beweisdokumente Verwendung fanden, wenn andere Aussagen nicht zur Verfügung standen. Sie flossen auch in die Urteilsfindung ein, wenn sich zu dem Tatkomplex noch weitere Aussagen, etwa von in der DDR lebenden Zeugen, fanden. Klemp kommt zu dem Schluss, dass das MfS jedem Vorwurf nachgegangen sei, und spricht von einer „äußerst gründliche[n] Vorgehensweise".[64] Damit sind allerdings vor allem die 1970er-und 1980er-Jahre gemeint. Er bestätigt darüber hinaus auch einen Großteil der in den DDR-Braunbuchkampagnen Anfang der 1960er-Jahre öffentlich gemachten Angaben etwa zu den in der Bundesrepublik lebenden Tätern des Polizeibataillons 316, die nur aus den sowjetischen Tribunalverfahren stammen konnten.[65] Dies legen die entsprechenden Veröffentlichungen zu den Angehörigen dieses Bataillons, z. B. zu Major Kurt Gehrmann[66] und Hermann Breuckmann,[67] nahe.

Eines der frühesten Ermittlungsverfahren in der DDR gegen einen Angehörigen des Bataillons ging auf die Initiative des VVN-Kreisvorstandes Wolfen im

62 Klemp, „Nicht ermittelt", S. 437, 450 f. Hinzuzufügen ist, dass das MfS den Verdächtigen wie auch die zuständige Staatsanwaltschaft selbst noch in den 1970er- und 1980er-Jahren erst nach erfolgter Festnahme über die Ermittlungen in Kenntnis setzte, ein Verfahren, das nicht nur gegen allgemeine Rechtsgrundsätze, sondern auch gegen die Strafprozessordnung der DDR verstieß. Festnahmen erfolgten erst dann, wenn für das MfS juristische Sicherheit über ein erfolgreiches Hauptverfahren bestand.

63 Nach Klemp existierte die Vorgabe, „nur belastende Zeugenaussagen" zu beschaffen. Im Zuge der nach 1990 erfolgten Rehabilitierungsklagen von fünf Bataillonsangehörigen wurden zwei zu DDR-Zeiten gefällte Urteile „als teilweise rechtswidrig eingestuft, die Strafen aber in allen Fällen bestätigt". Zu ergänzen ist, dass dies trotz der in der Bundesrepublik bekannt gewesenen Härte der Haft- und Vernehmungsbedingungen in den sowjetischen Nachkriegsgefängnissen der SBZ erfolgte. Ebd., S. 451 f.

64 Ebd., S. 454.

65 Vgl. ebd., S. 457-460.

66 Vgl. Braunbuch. Kriegs- und Naziverbrecher in der Bundesrepublik. Staat Wirtschaft Armee Verwaltung Justiz Wissenschaft, Hg. vom Nationalrat der Nationalen Front der DDR/Dokumentationszentrum der staatlichen Archivverwaltung der DDR, Berlin (Ost) 1961, S. 104.

67 Vgl. Gestapo- und SS-Führer kommandieren die westdeutsche Polizei. Eine Dokumentation über 250 leitende Polizeioffiziere Westdeutschlands. Hg. vom Ausschuß für deutsche Einheit, Berlin (Ost) 1961, S. 29.

Dezember 1950 zurück. Es war kurz und erfolglos. Die Wolfener Kreis-VVN bat das VVN-Generalsekretariat in Berlin um Aufnahme von Ermittlungen zu Ernst Breuer aus Wolfen. Ihm wurde vorgeworfen, von 1940 bis 1944 im Polizeibataillon 304 in Polen und Kroatien als Hauptwachtmeister eingesetzt gewesen zu sein, unter anderem im Ghetto Warschau. Zwar sei er 1946 deswegen aus dem Polizeidienst in Wolfen entlassen worden; er war jedoch 1. Sekretär der SED-Ortsgruppe geblieben und habe bis Oktober 1950 als Bauamtsleiter gearbeitet. Wegen „undemokratischen Verhaltens" sei er fristlos entlassen worden. Um eine von ihm erstrebte Wiedereinstellung zu verhindern, regte die VVN Wolfen eine Untersuchung gegen ihn an. Der VVN-Ermittlungsdienst veröffentlichte im März-Heft 1951 einen kurzen Beitrag zu seinem Fall, um Zeugen zu finden. Daraufhin wurde er am 10. Juni 1951 festgenommen, jedoch von der Kreispolizeidienststelle Bitterfeld nach zehn Tagen wieder auf freien Fuß gesetzt, da kein weiteres Belastungsmaterial gegen ihn vorlag. Noch am Tage der Entlassung floh er in die Bundesrepublik und ließ seine Familie in Wolfen zurück.[68]

IV. Ermittlungen des MfS zum Polizeibataillon 304

Im Kontext der bundesdeutschen Verjährungsdebatte 1969, als der Bundestag erneut über die Verlängerung der Strafverfolgung für Mord entscheiden musste und sich auch in diesem Fall (wie schon einmal 1965) mehrheitlich gegen eine Verjährung wandte,[69] entfachte das MfS eine intensive und systematische Ermittlungstätigkeit für den Nachweis, dass sich in der Bundesrepublik noch zahlreiche Tatverantwortliche befänden, die nicht außer Verfolgung gesetzt werden dürften.

Große Bedeutung für die DDR-Ermittlungen gegen Täter der Polizeibataillone hatte die u. a. durch die bundesdeutsche Verjährungsdebatte ausgelöste und vom MfS 1968 in Moskau durchgeführte „Aktion Besuch". Sie diente vor allem dem Abgleich sämtlicher in der DDR und in der Sowjetunion vorhandener Belastetenkarteien der verbündeten Geheimdienste, um Tatverdächtigte in der Bundesrepublik namhaft zu machen, aber auch in der DDR aufzuspüren. So meldete der KGB 1969 in den sieben Listen auch die Namen von insgesamt 213 Tatverdäch-

68 MfS-Ermittlungsunterlagen zu Ernst Breuer (BStU, ZA, HA IX/11, ZUV 78, Band 28, Bl. 158–182).

69 Hinsichtlich der Strafverfolgung von NS-Verbrechen hatte der Bundestag jedoch 1960 für eine Verjährung von Totschlag-Delikten entschieden; 1965 und 1969 votierte er allerdings gegen eine Verjährung von Mord-Delikten, wobei in beiden Fällen einer Verjährungsfrist (zuletzt von zehn Jahren) stattgegeben wurde, um NS-Verbrechen in einem überschaubaren Zeitraum verfolgen zu können. Vor Ablauf dieser Frist votierte der Bundestag 1979 dann allerdings gegen eine generelle Verjährung von Mord, was als Ausdruck einer im Wandel begriffenen Gesellschaft und einer wesentlich stärker sensibilisierten Öffentlichkeit betrachtet werden kann. Vgl. Clemens Vollnhals, „Über Auschwitz aber wächst kein Gras." Die Verjährungsdebatten im Deutschen Bundestag. In: Jörg Osterloh/Clemens Vollnhals (Hg.), NS-Prozesse und deutsche Öffentlichkeit. Besatzungszeit, frühe Bundesrepublik und DDR, Göttingen 2011, S. 375–401.

tigen verschiedener Polizeieinheiten, darunter von 86 Angehörigen des Polizeibataillons 304. Dass dabei einige Namen von bereits zum Tode Verurteilten mitgemeldet wurden, kann vernachlässigt werden.[70] Zwischen 1969 und April 1973 überprüfte das MfS auf Grundlage dieser Listen gemeinsam mit dem KGB annähernd 1000 Personen, darunter mehrere Hundert Angehörige des Polizeibataillons 304.[71] Die Ergebnisse der „Aktion Besuch" bildeten den Ausgangspunkt für die systematische Suche des MfS nach Tatverdächtigen des Polizeibataillons 304 in beiden deutschen Staaten. Sie stellen auch die Hauptquelle für die hier vorgestellten Erkenntnisse zur sowjetischen Strafverfolgung gegen diese Einheit dar.

Aus dem Rechtshilfeersuchen (RHE) 20/69 SU entstand der erste umfassende Aktenbestand des MfS mit insgesamt 21 Bänden zum Polizeibataillon 304. Ab Januar 1969 hatte das MfS - nach ersten Recherchen durch MfS-Mitarbeiter in Moskau im Rahmen der „Aktion Besuch" im Jahre 1968 - Auflistungen von Namen verdächtigter NS-Täter vom KGB erhalten, überwiegend aus dem Bereich Gestapo, SD, Geheime Feldpolizei, Einsatzgruppen sowie Sicherungs- und Polizeieinheiten. Im April 1969 ging mit Liste 7 eine erste, vom KGB vorgenommene Aufstellung mit den Namen von 99 Angehörigen der Polizeibataillone 304, 315 und 320 aus Moskau beim MfS ein, verbunden mit Angaben zu den von diesen Einheiten begangenen Verbrechen. Systematisch identifizierte das MfS nun die Polizeiangehörigen dieser und anderer Listen.[72]

Ungefähr im August 1969 begann das MfS auch eine allgemeine Überprüfung zu ehemaligen Bataillonsangehörigen in der Bundesrepublik und in Westberlin. Neben den Namenlisten mit Tatverdächtigen übergab der KGB 1970 dem MfS nach und nach Hunderte Vernehmungsprotokolle angeklagter Bataillonsangehöriger aus den Jahren 1945 bis 1950 zur Auswertung. Die ersten Übersetzungen stammen bereits aus dem Jahr 1970.[73] Bis Ende 1970 konnte das MfS ermitteln, dass neun der aufgeführten Bataillonsangehörigen noch in der DDR lebten, und fasste erste Vorwürfe gegen sie zusammen, in die auch die Ergebnisse der frühen SMT-Ermittlungen einflossen. Drei von diesen neun Angehörigen - Erich Hinsche, Walter Hoffmann und Karl Jäger - wurden nach einer gewissen Anlaufphase zu hohen Zuchthausstrafen verurteilt.[74] Ende März 1971 erhielt das

70 BStU, ZA, HA IX/11, RHE 20/69, Band 2. Das MfS beklagte sich intern Anfang 1971 darüber, dass sich in Liste 8 immerhin 21 Personen befanden, zu denen der KGB bereits Informationen gegeben worden waren und drei auf dieser Liste stehende Angehörige des Polizeibataillons 304 bereits 1946 hingerichtet worden waren. Vgl. BStU, ZA, HA IX/11, AV 2/87, Band 12, Bl. 205-208.

71 Untersuchungsabteilung an Generalstaatsanwaltschaft der DDR vom 18.4.1973 (BStU, ZA, HA IX/11 RHE 49/73, Band 1, Bl. 46 f.).

72 MfS-Bearbeitung der KGB-Liste 7 zu verschiedenen Polizeibataillonen (BStU, ZA, HA IX/11, RHE 20/69, Band 1, Bl. 61-82).

73 BStU, ZUV 78. Es handelt sich dabei um den Ermittlungsvorgang gegen Manfred Pöhlig.

74 Sachstandsbericht Hauptabteilung IX/11 vom 4.12.1970 (BStU, ZA, HA IX/11, RHE 20/69, Band 6, Bl. 3-9).

MfS noch einmal insgesamt 14 Vernehmungsprotokolle von zum Tode oder zu hohen Zeitstrafen verurteilten Angehörigen des Polizeibataillons 304.[75] Daraus ergab sich die Möglichkeit zu weiteren Ermittlungen.

Das Rechtshilfeersuchen RHE 6/71 SU begann mit der Übersendung der nach dem MfS-Besuch in Moskau zusammengestellten KGB-Liste 8 im Januar 1971. 74 von 197 Verdächtigten dieser Liste waren Angehörige des Polizeibataillons 304.[76] Wie schon der vorgenannte Vorgang diente auch dieser vornehmlich der Ablage, Analyse und Handhabung der Aktenmengen, die zur Verfügung standen.[77]

Immer mehr Verhörprotokolle aus der Nachkriegszeit wurden dem MfS auf Anforderung zur Verfügung gestellt. In dem Vorgang sind auch originale Lageberichte des Bataillons ausgewertet worden.[78] Im November 1971 hatte das MfS bereits die Personalien zu 238 Angehörigen des Polizeibataillons 304 überprüft. Davon lebten 35 in der DDR, von denen 15 von SMT zu Zeitstrafen verurteilt worden waren, 31 identifizierte Angehörige lebten in der Bundesrepublik oder in Westberlin.[79]

Im Frühjahr 1973 untersuchte das MfS im Vorgang XX Nr. 4720 erneut die Verbrechen des Polizeibataillons 304 in der Sowjetunion und stellte fest, dass insgesamt 107 Angehörige von sowjetischen Militärtribunalen verurteilt worden waren, von denen noch 23 in der DDR lebten und 84 gestorben waren oder in der Bundesrepublik bzw. Westberlin lebten. Weitere 34 Angehörige des Bataillons, die bisher noch nicht strafrechtlich zur Verantwortung gezogen worden waren, wohnten ebenfalls in der DDR. Von diesen 34 in der DDR lebenden Polizisten konnten neun durch Aussagen anderer Angehöriger bereits als belastet angesehen werden. 1976 verhaftete das MfS drei Verdächtigte: Erich Hinsche, Johannes Huster und Karl Jäger. In den Analysen des MfS wurden die Verbrechen der beteiligten Kompanien an jedem einzelnen Ort beschrieben. Gleichzeitig forderte das MfS weitere Vernehmungsprotokolle von 25 Angehörigen aus der Sowjetunion an.[80] In diesem Vorgang befindet sich das einzige Protokoll einer sowjetischen Gerichtsverhandlung gegen das Polizeibataillon. Es handelt sich dabei um das Sammelverfahren vom 26./27. Februar 1946 vor dem SMT der 19. mecha-

75 Deutsche Übersetzung der Auflistung der Vernehmungsprotokolle vom 25.3.1971 (BStU, ZA, HA IX/11, RHE 20/69, Band 1, Bl. 78 f.).

76 Liste Nr. 8 aus dem Jahr 1971 zur Anfrage des KGB 61/69 (russ.) (BStU, ZA, HA IX/11, RHE 6/71, Band 1a, Bl. 3-33).

77 Auskunftsbericht der Abteilung IX/11 zur Liste Nr. 8 vom 22.1.1971 (BStU, ZA, HA IX/11, RHE 6/71, Band 1a, Bl. 34-36).

78 MfS-Auswertung der Lageberichte des Polizeibataillons 304 vom 15.3.1972 (BStU, ZA, HA IX/11, RHE 6/71, Band 2, Bl. 3, 33-35). Die meisten sich auf das Polizeibataillon 304 beziehenden NS-Dokumente sind abgelegt in BStU, ZA, HA IX/11, AK 4627/74, Band 1.

79 Anfrage des MfS an den KGB vom 15.11.1971 (BStU, ZA, HA IX/11, RHE 6/71, Band 2, Bl. 52-58).

80 Analyse vom 15.3.1973 (BStU, ZA, HA XX, Nr. 4720, Bl. 34-52).

nisierten Gardedivision in Chemnitz gegen 18 Angehörige des Bataillons, deren Todesurteile vollstreckt wurden.[81]

V. Gerichtsurteile in der DDR

An dieser Stelle soll kurz auf die bisher bekannten und im Ergebnis der „Aktion Besuch“ durchgeführten Verfahren mit Urteil eingegangen werden, da die Urteilsgründe häufig mit denen der SMT identisch waren. Die vorgestellten Gerichtssachen sind vor allem deshalb für uns von Bedeutung, weil unsere Kenntnisse von den sowjetischen Ermittlungen in der unmittelbaren Nachkriegszeit aus den geschilderten geheimen Ermittlungsvorgängen des MfS stammen. Für sie erlangten die SMT-Materialien nicht nur eine wichtige Rolle bei der Überführung der Täter, sie wurden auch selbst als Beweisdokumente verwendet. Zudem sind zwei ursprünglich von SMT zum Tode verurteilte, aber später begnadigte Bataillonsangehörige, Werner Meintzschel und Herbert Gläser, in diesem Zusammenhang in der DDR erneut vernommen worden.[82] DDR-Gerichte verurteilten ab 1975 acht Angehörige des Polizeibataillons 304 zu Haftstrafen von 13 und mehr Jahren, davon fünf zu lebenslänglicher Haft.[83]

Die systematischen Ermittlungen, die schließlich am 29. August 1975 vor dem Bezirksgericht Halle zu einer lebenslänglichen Haftstrafe für den ehemaligen Gruppenführer Walter Hofmann führten,[84] hatten 1971 begonnen. Der Vorgang Hofmann entstand durch Anfrage des KGB an das MfS sowie durch dessen Eigenermittlungen und wurde im ZUV 53 in 18 Bänden zusammengefasst. Den Ermittlungen standen insgesamt 207 sowjetische Vernehmungsprotokolle aus der Nachkriegszeit, ein Gerichtsurteil, Tagebuchaufzeichnungen, diverse Auskunftsberichte des KGB sowie andere Unterlagen zur Verfügung. Ziele der Recherchen zu Hofmann sollten unter anderem die Einleitung von weiteren Ermittlungsverfahren „gegen die am meisten Belasteten“ und das Erlangen von Haftbefehlen sein.[85]

Im Januar 1973 lag eine Konzeption vor, die auf der Grundlage von bisher sieben Ermittlungsbänden die von August 1940 bis Dezember 1943 in Polen und in der Sowjetunion verübten Tötungsverbrechen gegen insgesamt 15 000 Sowjetbürger zur Anklage bringen sollte. Hierfür wurden die Protokolle von 85 in den Jahren 1945/46 von der sowjetischen Geheimpolizei vernommenen Polizis-

81 Gerichtsprotokoll des SMT der 19. mechanisierten Gardearmee vom 26.2.1946 (BStU, ZA, HA XX, Nr. 4720, Bl. 133-165).
82 Diverse Vernehmungsprotokolle Meintzschel 1988 (BStU, ZA, HA IX/11, ZUV 78, Band 4, Bl. 113-128) und Gläser 1974/75 (BStU, ZA, HA IX/11, ZUV 78, Band 23, Bl. 104-135).
83 Vgl. Klemp, „Nicht ermittelt“, S. 251 f.
84 Vgl. Curilla, Baltikum, S. 953.
85 Aktenvermerk der HA IX vom 23.11.1972 (BStU, ZA, HA IX/11, ZUV 53, Band 1, Bl. 31 f.).

ten einbezogen. Der KGB untersagte dem MfS jedoch die Verwendung des bereits erwähnten Tribunalprotokolls vom 26./27. Februar 1946 gegen 18 Angehörige des Bataillons als Beweisdokument, vermutlich zur Geheimhaltung der Tatsache von Todesurteilen. Das MfS erstellte Ermittlungsberichte über 36 in der DDR lebende Angehörige und eine Übersicht zu 15 in der Bundesrepublik und in Westberlin lebenden Angehörigen.[86]

Hofmann war erst am 12. August 1974 - nach dreijährigen geheimen Ermittlungen - verhaftet worden. Bereits am Tage der Verhaftung begann er, ein Geständnis zu verfassen, das er am 14. August 1975 abschloss.[87] Er fertigte 1974 mehrere detailreiche Skizzen zu den Mordaktionen in Winniza und Gaisin an, einschließlich seiner Standorte an der Erschießungsgrube, beim Magazinladen und beim Schießen in der Grube.[88]

Am 11. Februar 1975 richtete der Generalstaatsanwalt der DDR im Auftrag des MfS ein erneutes Rechtshilfeersuchen an die Sowjetunion.[89] Bereits am 30. Mai 1975 schickte die sowjetische Seite weitere 390 Blatt an Dokumenten und acht Blatt Beschreibung. Sie enthielten 115 neue Vernehmungsprotokolle, das Tagebuch von Otto Müller sowie Fotos aus den sowjetischen Urteilsakten von Gerhard Görner und Arno Fischer.[90] Später wurden auch diverse frühe Ermittlungsberichte der 1942 gebildeten Außerordentlichen Staatlichen Kommission der Sowjetunion[91] übergeben, die aber nur zum Teil Taten des Polizeibataillons 304 betrafen.[92] In der Sowjetunion vernahm der KGB zahlreiche Zeugen in den ehemaligen Einsatzgebieten des Bataillons, darunter auch jüdische Überlebende. Das MfS verfügte ebenso über Dokumente von SMT gegen Kollaborateure aus dem Jahr 1944.[93] In der DDR wurden zu Walter Hofmann, der in Halle in MfS-Untersuchungshaft saß, auch mehrere Bataillonsangehörige vernommen, die bereits nach 1945 von SMT verurteilt worden waren.

In größeren Abständen informierte die ermittelnde MfS-Abteilung ihren obersten Dienstherrn Erich Mielke über den Stand der Ermittlungen. Kurz vor

86 Konzeption vom 11.1.1973 (BStU, ZA, HA IX/11, ZUV 53, Band 1, Bl. 33-38).
87 Geständnis Walter Hofmann vom 14.8.1974 (BStU, ZA, HA IX/11, ZUV 53, Band 9, Bl. 40-42).
88 Lageskizzen von Walter Hofmann 24.1.-25.11.1974 (BStU, ZA, HA IX/11, ZUV 53, Band 14, Bl. 14-24).
89 Rechtshilfeersuchen an Generalstaatsanwaltschaft der UdSSR vom 11.2.1975 (BStU, ZA, HA IX/11, ZUV 53, Band 2, Bl. 276 f.).
90 Generalstaatsanwaltschaft der UdSSR an Generalstaatsanwalt der DDR vom 30.5.1975 (BStU, ZA, HA IX/11, ZUV 53, Band 2, Bl. 278-287).
91 Zur Bedeutung der Kommission vgl. Alexander Epifanov, Die Außerordentliche Staatliche Kommission, Wien 1997; Stefan Karner, Zum Umgang mit der historischen Wahrheit in der Sowjetunion. Die „Außerordentliche Staatliche Kommission" 1942 bis 1951. In: Wilhelm Wadl (Hg.), Kärntner Landesgeschichte und Archivwissenschaft. Festschrift für Alfred Ogris, Klagenfurt 2001, S. 509-523.
92 Mitteilung KGB und sowjetisches Untersuchungsmaterial zum Polizeibataillon 304 (BStU, ZA, HA IX/11, ZUV 53, Band 2, Bl. 288-305).
93 Laut Inhaltsverzeichnis Band VII (BStU, ZA, HA IX/11, ZUV 53, Band 8, Bl. 21-24).

Hofmanns Gerichtsverhandlung ging das MfS davon aus, dass 76 Polizisten des Bataillons nach 1945 zum Tode verurteilt und drei begnadigt worden waren. 15 Angehörige hätten demnach eine lebenslängliche Strafe erhalten und 35 Polizisten seien zu Strafen zwischen 25 und zehn Jahren verurteilt worden. Für den Schlussbericht des MfS vom 5. Mai 1975 wurden nur acht eigene Zeugenvernehmungen des MfS, hingegen jedoch 19 sowjetische Vernehmungsprotokolle von zum Tode Verurteilten berücksichtigt.[94] Im gesamten Hofmann-Verfahren sind 28 Vernehmungsprotokolle aus den Jahren 1945 bis 1949 verwendet worden.[95] Während der Hauptverhandlung am 20. August 1975 traten sechs Zeugen aus der Sowjetunion auf.[96] Das Gericht sah es als erwiesen an, dass Hofmann an der Ermordung von 500 Juden im September 1941 in Starokonstantinow, an 700 Juden am 5. September 1941 in Winniza, an 15 Kriegsgefangenen im September 1941 in Gaisin, an etwa 250 Juden am 16. September 1941 in Gaisin, an 450 Juden im September 1941 nahe Kirowograd, an 100 Juden am 30. September 1941 in Kirowograd und an 6000 Juden am 8. Oktober 1941 in Uman mitgewirkt hatte.[97]

Knapp zwei Jahre später, am 6. Mai 1977, standen Erich Hinsche und Johannes Huster vor demselben Gericht.[98] Beiden wurde vorgeworfen, von Oktober 1940 bis März 1941 an der Bewachung des Ghettos Warschau sowie an der Ermordung von 400 bis 500 Juden vom 31. August bis 4. September 1941 in Starokonstantinow, von 2100 Juden Anfang September 1941 in Winniza und von etwa 6000 Juden am 8. Oktober 1941 in Uman beteiligt gewesen zu sein. Huster, der dem Bataillonsstab angehört hatte[99], war zusätzlich wegen der Beteiligung an der Ermordung von 4000 Juden in Gaisin am 16. September 1941 und von 70 bis 80 Personen in Kirowograd am 30. September 1941 angeklagt.[100] Hinsche wurde zu 13 Jahren und Huster zu 15 Jahren Haft verurteilt.

Anderthalb Jahre nach diesem Verfahren wurden am 26. Oktober 1978 in einem Gruppenprozess - ebenfalls vor dem Bezirksgericht Halle - Arno Schumann und Kurt Melzer zu lebenslänglicher Haft und Rudolf Miksch zu 14 Jahren Haft verurteilt.[101] Die Anklage basierte auf ihrer Beteiligung an der Bewa-

94 Schlussbericht zu Walter Hofmann vom 5.5.1975 (BStU, ZA, HA IX/11, ZUV 53, Band 21, Bl. 1-37).

95 Laut den Inhaltsverzeichnissen zu Band VII und VIII (BStU, ZA, HA IX/11, ZUV 53, Band 8, Bl. 23-27).

96 Aktenvermerk HA IX/10 vom 16.7.1975 (BStU, ZA, HA IX/11, ZUV 53, Band 7, Bl. 40-42).

97 Urteil gegen Walter Hofmann vor dem Bezirksgericht Halle vom 29.8.1975 (BStU, ZA, HA IX/11, ZUV 56, Band 33, Bl. 5-29).

98 Vorschlag HA IX/10 zu Arno Schumann vom 22.9.1978 (BStU, ZA, HA IX/11, ZUV 53, Band 2, Bl. 314-317).

99 Aufstellung nach den Aussagen ehemaliger Angehöriger (BStU, ZA, HA IX/11, ZUV 53, Band 1, Bl. 162).

100 Urteil des Bezirksgerichts Halle/Salle vom 6.5.1977 gegen Erich Hinsche und Johannes Huster (BStU, ZA, HA IX/11, ZUV 56, Band 33, Bl. 30-43).

101 Vgl. Curilla, Baltikum, S. 953.

chung des Warschauer Ghettos und an der Ermordung von rund 17 200 Juden zwischen August und Oktober 1941 in Starokonstantinow, Winniza, Gaisin und Uman sowie auf der Festnahme von nichtjüdischen Sowjetbürgern in Kirowograd. Schumann war zusätzlich an der bereits erwähnten Erschießung von fünf Juden in Krakau im Januar 1941 zu Übungszwecken beteiligt gewesen, Miksch an der Erschießung von 15 sowjetischen Kriegsgefangenen und der Festnahme von drei Sowjetfunktionären am 14. Oktober 1941.[102] Die Ermittlungsunterlagen des MfS zu diesen drei Angeklagten wurden im ZUV 56 zusammengefasst.

Das Verfahren gegen den ehemaligen Gruppenführer der 2. Kompanie Arno Schumann war aus den Ermittlungen gegen Johannes Huster hervorgegangen und im Juni 1976 begonnen worden.[103] Ein Teil seiner Verbrechen ist den sowjetischen Sicherheitsorganen jedoch bereits 1946 bekannt gewesen. Denn laut einer im Jahr 1952 von einem sowjetischen Instrukteur der MfS-Landesverwaltung Sachsen in Dresden übermittelten Notiz hatte Schumann in der Sowjetunion an Erschießungen teilgenommen. Diese Angabe konnte nur aus sowjetischen Vernehmungen mit Bataillonsangehörigen stammen. In der nur schlecht aus dem Russischen übersetzten Information 335/52 heißt es u. a.: „(nach den Angaben 1946) [...]. Seit Anfang des Jahres 1941 nahm Schumann zusammen mit den Menschen seines Bataillons vielmal an den Erschießungen der sowjetischen Menschen teil.“[104] Sein Kompaniekamerad Willi-Max Heckel hatte im NKVD-Gefängnis Zwickau am 28. Februar 1946 u. a. ausgesagt, dass im September 1941 in Uman außer ihm selbst, der die Erschießung von 400 Juden während dieses Massakers einräumte, zu den anderen Schützen Erich Meißner, Karl Kaufmann, Martin Hempel, Kurt Rink und auch Arno Schumann gehörten.[105]

Schumann befand sich jedoch seit Mai 1945 außer Reichweite der NKVD-Organe der SBZ in einem sowjetischen Kriegsgefangenenlager und wurde dort am 20. Dezember 1949 von einem SMT wegen Mitwirkung an der Liquidierung sowjetischer Partisanen und der Ausplünderung der sowjetischen Zivilbevölkerung zu 25 Jahren verurteilt.[106] Dass seine Verurteilung auf die bereits erwähnten Aussagen von Willi-Max Heckel zurückzuführen ist, ist nicht anzunehmen. Denn Heckel hatte von Massenmorden an Juden in Uman, nicht von Partisanen als Opfer, gesprochen.

Im April 1950, nur wenige Monate nach dem SMT-Urteil, wurde Schumann in die DDR entlassen. Das sächsische MfS nahm im August 1952 Ermittlungen

102 Urteil des Bezirksgerichts Halle/Saale vom 26.10.1978 gegen Arno Schumann, Kurt Melzer und Rudolf Miksch (BStU, ZA, HA IX/11, ZUV 56, Band 35, Bl. 256–276).
103 HA IX an Abteilung VIII vom 10.6.1976 (BStU, ZA, HA IX/11, ZUV 56, Band 1, Bl. 21).
104 BStU, Ast Dresden, AP 2104/57, Bl. 1.
105 Vernehmungsprotokoll Willi-Max Heckel vom 28.2.1946 (BStU, ZA, HA IX/11, ZUV 78, Band 23, Bl. 279–283).
106 HA IX an Abt. XX vom 4.5.1977 (BStU, ZA, HA IX/11, ZUV 56, Band 1, Bl. 49–50); KGB-Auskunftsbericht vom 26.2.1977 (BStU, ZA, HA IX/11, ZUV 56, Band 1, Bl. 64); Urteil des SMT des MVD Gebiet Stalingrad vom 20.12.1949 gegen Arno Schumann (BStU, ZA, HA IX/11, ZUV 56, Band 1, Bl. 67 f.).

gegen ihn auf. Es wurden Zeugen vernommen, auch Schumann selbst. Bis Oktober 1952 fand man lediglich heraus, dass Schumann aufgrund eigener Aussagen ab Januar 1941 das Ghetto Warschau bewacht hatte und im August 1941 nach Taganrog verlegt worden war. Ab November 1942 sei er im Partisanenkampf eingesetzt gewesen. Von den Tötungsverbrechen gegen Juden bzw. Partisanen sprach er nicht, ebenso schwieg er über seine Verurteilung 1949 in der Sowjetunion. Schumann gelang es offenbar, der Staatssicherheit weiszumachen, alle relevanten Sachverhalte seien den sowjetischen Stellen bereits bekannt, denn er sagte laut einem MfS-Bericht vom 23. Oktober 1952 aus, „dass er in den Gefangenenlagern in jedem Jahr ein- bis zweimal in der gleichen Sache verhört" worden sei. Schumann unterschrieb eine Schweigeerklärung und konnte wieder nach Hause gehen.[107]

Erst mehr als 20 Jahre später gab Schumann in MfS-Untersuchungshaft zu, in Ladyschin und Uman persönlich 130 bis 160 Juden erschossen zu haben.[108] In seiner Vernehmung vom 3. Mai 1978 sagte er, „dass das, was ich getan habe, Verbrechen waren und dass ich damals ein falsches Bild von einer humanen Gesellschaft hatte".[109] Angeklagt wurde er schließlich wegen Beteiligung an der Ermordung von 7526 Sowjetbürgern, von denen er 187 eigenhändig getötet habe.[110] Der Rechtsgrundsatz „ne bis in idem" traf auf ihn nicht zu, da der Judenmord in dem sowjetischen Tribunalurteil von 1949 unberücksichtigt geblieben war. Schumann starb 1983 in DDR-Haft.

Die Ermittlungen gegen Kurt Melzer waren erst am 15. März 1978 eingeleitet worden. Dabei ging man von seiner Beteiligung an der Bewachung des Ghettos Warschau im Rahmen der 2. Kompanie sowie als Schütze an den Massakern in Starokonstantinow, Winniza, Gaisin, Ladyschin, Kirowograd, Kiew und Uman aus.[111] Angeklagt war er wegen Beteiligung an der Ermordung von insgesamt 7467 Sowjetbürgern, von denen er 171 eigenhändig getötet habe.[112] Melzer war bereits am 9. Oktober 1947 durch einen Bekannten bei der Polizei angezeigt worden. Dieser berichtete, Melzer habe ihm im Winter 1945 erzählt, dass er als SS-Polizist in der Ukraine Lebensmittel requiriert und auf dem Rückzug aus der Sowjetunion Gehöfte und Ortschaften niedergebrannt habe. Als Melzer daraufhin am 11. Oktober 1947 von der Kriminalpolizei in Coswig vernommen wor-

107 BStU, ASt Dresden, AP 2104/57.
108 Vernehmungsprotokolle Arno Schumann vom 10.8. und 12.9.1977 (BStU, ZA, HA IX/11, ZUV 56, Band 3, Bl. 84–89, 151–155).
109 Vernehmungsprotokoll Arno Schumann vom 16.3.1978 (BStU, ZA, HA IX/11, ZUV 56, Band 3, Bl. 265–270).
110 Vorschlag der HA IX/10 vom 22.9.1978 (BStU, ZA, HA IX/11, ZUV 56, Band 2, Bl. 314–317).
111 Untersuchungsabteilung an Abteilung I vom 28.4.1978 (BStU, ZA, HA IX/11, ZUV 56, Band 1, Bl. 114).
112 Vorschlag der HA IX/10 vom 22.9.1978 (BStU, ZA, HA IX/11, ZUV 56, Band 2, Bl. 314–317).

den war, bestritt er alle Vorwürfe. Trotz des Bezugs zu Besatzungsverbrechen erfolgte keine Meldung an die SMAD.[113]

Der dritte Angeklagte, Rudolf Miksch, war von 1940 bis 1943 Gruppen- und Zugführer der 2. Kompanie. Laut verschiedener Zeugen nahm er sowohl an der Bewachung des Ghettos Warschau als auch an den Massenerschießungen in der Ukraine teil.[114] Miksch drückte in zahlreichen Vernehmungen und Niederschriften während der Haft seine Abscheu vor dem Getanen aus, so auch in seinem ausführlichen Lebenslauf vom 9. August 1977. Er beschreibt darin seine Beteiligung an der Erschießung an einem unbekannten Ort.

„Ein Teil der Personen von den restlichen 6–7 war schon entkleidet, sie liefen zum Grubenrand. Ich hörte Schüsse. Der SD-Mann hatte es wahrscheinlich eilig, nahm die Pistole vom Tisch, gab sie mir, sprach die Worte ‚los komm, schieß, dass wir fertig werden'. Zaghaft nahm ich die Pistole, ging im gleichen Schritt mit einer entkleideten Frau, etwa in den mittleren Jahren, hob mit zitternder Hand die Pistole, sprach ihr tröstende Worte zu, wie ‚es tut nicht weh', drückte die Pistole ab, und die Frau fiel in die Grube. Als ich mich nach rechts drehte, stand ein entkleideter Mann neben mir, ähnlichen Alters, ich machte die gleiche Bewegung, nur brachten meine Lippen nicht die tröstenden Worte heraus, ich schoss, und auch er fiel in die Grube. Nachdem der Schuss gefallen war, merkte ich, dass ich am ganzen Körper zitterte. Mir wurde heiß, ich ging zur Seite und musste mich für einige Minuten hinsetzen."[115]

Angeklagt wurde Miksch schließlich wegen der Beteiligung an der Ermordung von 7798 Sowjetbürgern, von denen er zwei eigenhändig getötet habe.[116] Es waren jene beiden Menschen, die er in seinem Lebenslauf beschrieben hat.

Im vorletzten DDR-Prozess verurteilte das Bezirksgericht Halle am 2. Oktober 1981 Karl Jäger von der 3. Kompanie zu lebenslänglicher Haft.[117] Er wurde angeklagt, von Januar bis April 1941 zur Bewachung des Ghettos Warschau gehört zu haben und von September bis Oktober 1941 in Starokonstantinow, Winniza, Gaisin, Kirowograd und Uman an der Erschießung von ca. 16000 Juden beteiligt gewesen zu sein und dabei 280 Opfer eigenhändig erschossen zu haben. Außerdem war er an der Verhaftung sowjetischer Funktionäre beteiligt.[118] Jäger war nach dem Krieg übrigens der erste Polizist des Bataillons gewesen, der in der SBZ verhaftet worden war. Er wurde bereits am 20. und 24. Mai 1945 vernommen, offenbar nachdem er zunächst nur als aktiver Nationalsozialist – Parteiein-

113 Ermittlungsunterlagen Landeskriminalpolizei Sachsen zu Kurt Melzer von Oktober/November 1947 (BStU, ZA, HA IX/11, ZUV 56, Band 31, Bl. 18–25).
114 Strafrechtliche Einschätzung der HA IX/10 vom 15.6.1977 (BStU, ZA, HA IX/11, ZUV 56, Band 1, Bl. 69–76).
115 Lebenslauf Rudolf Miksch vom 9.8.1977 (BStU, ZA, HA IX/11, ZUV 56, Band 11, Bl. 65–81, hier 75).
116 Vorschlag HA IX/10 vom 22.9.1978 (BStU, ZA, HA IX/11, ZUV 53, Band 2, Bl. 314–317).
117 Vgl. Curilla, Baltikum, S. 953.
118 Zum Urteil vgl. Christiaan Frederik Rüter/D. W. de Mildt, DDR-Justiz und NS-Verbrechen, Band 1, München 2002, S. 333–338.

trittsdatum 1931 – in die Fänge des NKVD geraten war. In den Vernehmungen hatte er seinen Dienst im Polizeibataillon 304 zwar angegeben und Aussagen über Einsatzorte und -zeiten gemacht, den Judenmord jedoch völlig unerwähnt gelassen. Dafür schilderte er den Partisanenkampf und gab sogar an, dass die 2. Kompanie alle Bewohner des Dorfes Skorodnoje erschossen habe. Er selbst sei zu dieser Zeit jedoch in Stodomitschi gewesen. Obwohl er eingestand, persönlich 20 Häuser angezündet zu haben, wurde er nicht von einem SMT verurteilt.[119] Einen Tag nach seiner zweiten Vernehmung wurde sein Bataillonskamerad Walter Knauth in Chemnitz vernommen. Dieser sagte aus, Jäger habe an einem Gefecht mit Partisanen bei Antonowka in Weißrussland teilgenommen.[120] Knauth selbst wurde im Februar 1946 zum Tode verurteilt. Der mit Knauth hingerichtete Walter Neubert sagte im Oktober 1945 aus, Jäger habe während der Partisanenkämpfe zum Erschießungskommando gehört.[121] Nach Aussage des ebenfalls später hingerichteten Josef Vieweg vom November 1945 war Jäger außerdem als Schütze an der Erschießung der Juden in Gaisin im September 1941 beteiligt.[122] Zu dieser Zeit befand sich Jäger aber nicht mehr im NKVD-Gefängnis Chemnitz, sondern laut MfS-Unterlagen bereits als Teil des nicht verurteilten „Spezialkontingents" im Speziallager Sachsenhausen. Warum er, selbst nach Bekanntwerden der schwerwiegenden Belastungen, nicht verurteilt wurde, kann nicht beantwortet werden.

Am 11. August 1988, nur gut zwei Jahre vor dem Ende der DDR, wurde mit Manfred Pöhlig der letzte Angehörige des Polizeibataillons 304 in Halle zu lebenslänglicher Haft verurteilt.[123] Angeklagt war er, in Winniza, Gaisin und Kirowograd an der Erschießung von mindestens 5400 Juden durch die Zusammentreibung der Opfer, ihre Zuführung zum Erschießungsort und dessen Absicherung teilgenommen zu haben, in einem Fall durch eigenhändige Erschießung von 24 Opfern.[124] Pöhlig, gegen den das MfS seit 1984 ermittelte,[125] wurde am 4. Januar 1987 verhaftet. Er war als Gruppen- und später Zugführer im Nachrichtenzug eingesetzt und gab zu, an den Massenerschießungen teilgenommen

119 Vernehmungsprotokolle Karl Jäger vom 20. und 24.5.1945 (BStU, ZA, HA IX/11, RHE 20/69, Band 7, Bl. 43–49). Jäger wurde am 11.5.1945 in Chemnitz festgenommen und war bis zum 18.1.1950 im Speziallager Sachsenhausen mit dem Vorwurf „Straforgan" bzw. „Polizeibataillon 34" als Nichtverurteilter inhaftiert. Auskünfte von Enrico Heitzer, Gedenkstätte Sachsenhausen, vom 7. und 8.4.2014.

120 Vernehmungsprotokoll Walter Knauth vom 25.5.1945 (BStU, ZA, HA IX/11, ZUV 78, Band 24, Bl. 179–181).

121 Vernehmungsprotokoll Walter Neubert vom 20.10.1945 (BStU, ZA, HA IX/11, ZUV 78, Band 25, Bl. 256–262).

122 Vernehmungsprotokoll Josef Vieweg vom 14.11.1945 (BStU, ZA, HA IX/11, ZUV 78, Band 27, Bl. 164–168).

123 Vgl. Curilla, Baltikum, S. 953.

124 Schlussbericht zu Manfred Pöhlig vom 27.4.1988 (BStU, ZA, HA IX/11, ZUV 78, Band 13, Bl. 1–29).

125 Rechtshilfeersuchen des MfS an den KGB vom 24.5.1984 (BStU, ZA, HA IX/11, ZUV 78, Band 15, Bl. 293–295).

zu haben, beharrte aber darauf, dass sein Nachrichtenzug aufgrund anderer Aufgaben an den meisten Verbrechen nicht beteiligt gewesen sei. Er gab in seinen Vernehmungen an, zwischen 1946 und 1948 viermal vom sowjetischen Sicherheitsdienst wegen seiner Zugehörigkeit zum Polizeibataillon 304 festgenommen und dreimal für jeweils einige Wochen und sogar Monate in Sebnitz, Bautzen, Dresden und Leipzig inhaftiert und vernommen, ohne hingegen verurteilt worden zu sein.[126] Belege hierfür konnten beim KGB nicht gefunden werden.

In einem Rechtshilfeersuchen des MfS an den KGB vom 28. Dezember 1987 wurden weitere Unterlagen zu den zwischen 1945 und 1949 von SMT verurteilten Angehörigen des Polizeibataillons 304 angefordert, insbesondere solche, die Angaben über den Nachrichtenzug enthielten. Die Ermittlungen zu Pöhlig sind im ZUV 78 des MfS in 34 Bänden dokumentiert.

VI. Ermittlungen in der Bundesrepublik

Vergleichsweise gering waren die Ermittlungserfolge in der Bundesrepublik. Als die Zentralstelle der Staatsanwaltschaft Dortmund 1968 ein Ermittlungsverfahren gegen Angehörige des Polizeibataillons 304 durchführte, konnten zwar 64 Verdächtigte ausfindig gemacht werden, gegen die aber keine Anklage erhoben wurde. Die Staatsanwaltschaft unternahm nicht einmal den Versuch, aus der DDR Beweismittel zu erhalten. Den bereits erwähnten ehemaligen Bataillonskommandeur Deckert vernahm sie als Entlastungszeugen. Zu einer Zeit, als auch in der DDR die systematischen Untersuchungen dieser Verbrechen durch das MfS erst begannen, stellte die Staatsanwaltschaft Dortmund ihr Ermittlungsverfahren mit der Begründung ein, es hätten „sich keine Feststellungen treffen lassen, dass das Polizeibataillon 304 [...] und der Beschuldigte als Angehöriger dieses Bataillons im Osten an der Tötung von Juden oder sonstigen Aktionen gegen Juden in irgendeiner Weise beteiligt gewesen“ seien. Ein weiteres Ermittlungsverfahren der Staatsanwaltschaft München wurde 1982 ebenfalls eingestellt, gleichfalls in den 1990er-Jahren und zuletzt im Jahre 2001.[127]

Klemp kommt zu dem Schluss, dass sich auch ohne Urteil mit dem Material der Ermittlungsverfahren belegen ließ, dass die Polizeibataillone - das Polizeibataillon 304 eingeschlossen - einen wesentlich größeren Anteil am Völkermord an den europäischen Juden hatten als zuvor angenommen wurde. In der Enzy-

126 Rechtshilfeersuchen des MfS an den KGB vom 28.12.1987 (BStU, ZA, HA IX/11, ZUV 78, Band 7, Bl. 166-179).

127 Vgl. Klemp, „Nicht ermittelt“, S. 251-257; Nachtwei, „Ganz normale Männer“, S. 67 f.; Mallmann, Fußvolk, S. 356, 360; Hüttmann, Polizeibataillon 307, S. 52; Westermann, Hitler's Police Battalion, S. 231 f.; Andreas Mix, Erfolgsstory oder Skandalgeschichte? Die strafrechtliche Aufarbeitung der Polizeiverbrechen. In: Ordnung und Vernichtung. Die Polizei im NS-Staat. Eine Ausstellung der Deutschen Hochschule der Polizei, Münster und des Deutschen Historischen Museums, Berlin, 1. April bis 31. Juli 2011. Katalog zur Ausstellung. Hg. von Florian Dierl, Mariana Hausleitner, Martin Hölzl und Andreas Mix, Dresden 2011, S. 78-89.

klopädie des Holocaust wird das Polizeibataillon 304 allerdings nicht erwähnt und die Taten von Gaisin den Einsatzgruppen zugerechnet, die daran aber nicht beteiligt waren.[128]

VII. Frühe sowjetische Strafverfolgung

Zweifellos haben - wie Klemp betonte - die sowjetischen und ostdeutschen Verfolgungsorgane die Verbrechen des Polizeibataillons 304 engagiert geahndet.[129] Bisher galten laut seinen Forschungen 15 Todesurteile durch SMT als öffentlich bekannt.[130] Im Folgenden werden die sowjetischen Ermittlungen und die Aburteilung der Verbrechen des Polizeibataillons 304 durch Sowjetische Militärtribunale exemplarisch dokumentiert. Die zwar noch lückenhafte Darstellung bietet eine erste Orientierung auf dem heute noch weitgehend unerforschten Feld der sowjetischen Strafverfolgung von Kriegs- und Menschlichkeitsverbrechen durch deutsche Polizeieinheiten.

Aus den verschiedenen Berichten der Außerordentlichen Gebietskommissionen in der Sowjetunion geht hervor, dass unmittelbar nach dem Sieg über NS-Deutschland in der sowjetischen Öffentlichkeit - das heißt neben der geheim durchgeführten Strafverfolgung der Sicherheitsorgane - die Bezeichnung Polizeibataillon 304 unbekannt gewesen ist. Erst als die meisten SMT bereits durchgeführt worden waren, legte das Innenministerium der Sowjetunion 1949 eine Liste „über Einheiten, Formationen und Straforgane der ehemaligen deutschen Wehrmacht“ an, „die an Verbrechen und Gräueltaten auf dem zeitweilig okkupierten Territorium der UdSSR teilgenommen haben“. Am 19. Dezember 1949 machte auf dieser Liste der Untersuchungsrichter der Operativgruppe der Verwaltung des MVD, Hauptmann Jachowski, aktenkundig: „Das 11. Polizei-Regiment beteiligte sich 1941 an Verbrechen und Gräueltaten auf dem zeitweilig okkupierten Territorium der UdSSR in den Städten der Ukrainischen SSR.“[131] Das Polizeibataillon 304 hatte diesem Regiment seit Juli 1942 unterstanden. Doch auch dieses Dokument erreichte die Öffentlichkeit nicht.

Sowjetische Berichte über die Verbrechen des Bataillons an klar definierten Orten sind bis heute in Deutschland nur bruchstückhaft überliefert. Der früheste schriftliche Niederschlag der Verbrechen des Polizeibataillons 304, auch wenn dieses nicht genannt wird, findet sich in einem Bericht der Gaisiner Gebietskommission vom 22. März 1944 über die in der Zeit vom 24. Juli 1941 bis zur Befreiung am 14. März 1944 in der Stadt und im Kreis Gaisin verübten Verbrechen. Unter anderem seien allein in der Stadt Gaisin am 16. und 17. September 1941 6000 Menschen ermordet worden. Diese Zivilisten werden zwar nicht als

128 Vgl. Klemp, „Nicht ermittelt“, S. 412f.
129 Vgl. ebd., S. 434f., 450f.
130 Vgl. ebd., S. 252.
131 Auszug aus der Zusammenstellung über Einheiten vom 19.12.1949 (BStU, ZA, HA IX/11, ZUV 53, Band 7, Bl. 155).

Juden bezeichnet, aber es handelt sich zweifelsfrei um die zwischen dem 13. und 16. September 1941 in Gaisin vom Polizeibataillon 304 ermordeten 5924 Juden. Die Untersuchungen der Gebietskommission gaben jedoch einigen der sonst namenlosen Toten der geöffneten Massengräber ihre Namen wieder. So hieß ein Opfer mit Familienamen Klauss, zwei Frauen, die noch frühmorgens am 16. September 1941 entbunden hatten, hießen Kotljar und Wosgin. „Der 60-jährige Greis Grossman wurde zusammen mit seiner greisen Frau erschossen. Den vier Monate alten Borjan Dechtjarewa warfen die Deutschen mit dem Seitengewehr durch das Fenster auf die Straße, einige Minuten später starb er an den Folgen. Auf dem Wege zur Hinrichtung trank Dora Poljakman Zyankali und verstarb an Ort und Stelle", heißt es unter anderem in dem Bericht. Das waren die Menschen, an die sich die wenigen jüdischen Überlebenden und ihre ukrainischen Nachbarn erinnert hatten, als die Verbrechen dokumentiert worden waren.[132]

Am 18. Mai 1944 heißt es in einem Bericht der Außerordentlichen Kommission über die von Juli 1941 bis März 1944 in Winniza verübten Verbrechen, dass am 13. September 1941 außerhalb des Dorfes Scheremetka 1200 Menschen erschossen worden seien und am 19. September 1941 im Pjatnitschansker Wald weitere 15 000. Insgesamt seien 41 620 Einwohner von Winniza getötet worden.[133] Tatsächlich hatte das Polizeibataillon 304 in diesem Zeitraum mindestens 2200 Juden aus Winniza ermordet.

Der früheste Prozess zu den Morden des Polizeibataillons 304 fand am 16./17. Juni 1944 statt. Das SMT des Militärkreises Odessa verurteilte am 17. Juni 1944 in Kirowograd Lukjan Minossewitsch als Kollaborateur zum Tode und Iwan Molodin zu 20 Jahren Strafarbeitslager.[134] Laut Protokoll der Gerichtsverhandlung war Minossewitsch seit 15. August 1941 Kommandant der ukrainischen Ordnungspolizei in Kirowograd gewesen und Molodin dessen Stellvertreter. Am 30. September 1941 waren nahe der Stadt 3500 jüdische Kriegsgefangene und 2000 jüdische Zivilisten erschossen worden. Minossewitsch wurde vorgeworfen, sein Ordnungsdienst habe mitgeholfen, die Massenverhaftungen durchzuführen.[135] Spätestens am 28. September 1941, so Minossewitsch in seiner Aussage, habe Bataillonskommandeur Major Deckert versucht, den ukrainischen Ordnungsdienst seiner Verfügungsgewalt zu unterstellen, was schließlich am 29. September erfolgt sei. Minossewitsch erfuhr an diesem Tag, dass die Deutschen Massenverhaftungen unter der jüdischen Bevölkerung vornehmen wollten und der Ordnungsdienst dabei mitwirken sollte. Als er Deckert gefragt habe, wohin

132 Bericht der außerordentlichen Kommission in Gaisin vom 22.3.1944 (BStU, ZA, HA IX/11, ZUV 53, Band 15, Bl. 140–150).

133 Bericht der außerordentlichen Kommission in Winnizia vom 18.5.1944 (BStU, ZA, HA IX/11, ZUV 56, Band 13, Bl. 248–251).

134 Information 335/73 des KGB Moskau, o. D. (BStU, ZA, HA IX/11, ZUV 53, Band 1, Bl. 56).

135 Protokoll der Gerichtsverhandlung des SMT des Wehrkreises Odessa vom 16.6.1944 (BStU, ZA, HA IX/11, ZUV 53, Band 15, Bl. 95–107).

die Juden gebracht würden, fuhr Deckert mit ihm am 30. September aus der Stadt heraus und ließ ihn bei der Erschießung von ca. 3500 jüdisch-sowjetischen Kriegsgefangenen in einem Panzergraben zusehen. Kurz darauf brachte ihn Deckert auch zu jenem Ort, an dem gerade die jüdischen Zivilisten erschossen wurden.[136] Er sagte im Prozess aus: „Als wir mit dem Major zu den deutschen Soldaten gingen, die ausruhten, bewirteten sie ihn mit Wodka. Auf dem Glas, das man dem Major reichte, sah ich blutige Fingerabdrücke und mir wurde übel. Ich lehnte eine solche Bewirtung ab."[137] Unter Minossewitschs Verantwortung wurden am 30. September 1941 etwa 2000 Juden in Kirowograd verhaftet und hinter der Ortschaft Nowo-Alexejewka an der Rownoer Chaussee erschossen. Sein Todesurteil erging nach Ukaz 43, ohne Berufungsmöglichkeit.[138]

VIII. Sowjetische Todesurteile gegen Angehörige des Polizeibataillons 304[139]

Sowjetische Militärgerichtsprozesse gegen dieses Polizeibataillon in der SBZ lassen sich erst seit Anfang 1946 nachweisen. Alle bekannten Prozesse mit Todesurteilen fanden in Deutschland statt.

Allein im Februar 1946 verurteilte in Chemnitz das SMT der 19. mechanisierten Gardedivision in vier kurz aufeinanderfolgenden Prozessen 46 Polizisten zum Tode. Das war schon mehr als die Hälfte der insgesamt gegen Angehörige des Bataillons ausgesprochenen Todesurteile. Alle Urteile dieses Monats wurden vollstreckt. Am 18. Februar 1946 wurden die drei Bataillonsangehörigen *Erich Fahldorf*,[140] *Kurt Krykon*[141] von der 2. Kompanie und *Otto Härtner*[142] zum Tode verurteilt. Fahldorf legte man die Beteiligung an der Erschießung jüdischer Einwohner in Kirowograd durch Bewachung des Erschießungsortes sowie an der Requirierung von Lebensmitteln in Belaja Zerkow zur Last. Krykon hatte in seinen Verhören u. a. Erich Söllner als Schützen bei Partisanenaktionen genannt, woraufhin dieser im Februar 1947 zu zehn Jahren Haft verurteilt wurde. Härtner war im Juni 1942 im Gebiet Tscherkassy an der Getreiderequirierung be-

136 Tatsächlich waren es 3600 jüdische Zivilisten und 600 jüdische Kriegsgefangene.
137 Protokoll des SMT des Wehrkreises Odessa vom 18.6.1944 (BStU, ZA, HA IX/11, ZUV 56, Band 13, Bl. 239-244, hier 243).
138 Urteil des SMT des Wehrkreises Odessa vom 17.6.1944 (BStU, ZA, HA IX/11, ZUV 56, Band 13, Bl. 245-247).
139 Im folgenden Textabschnitt, der auch Besonderheiten der jeweiligen Prozesse behandelt, sind die Namen der Polizisten kursiv gesetzt, deren Todesurteil vollstreckt wurde. Detaillierte Kurzbiografien aller Verurteilten finden sich im downloadbaren biografischen Anhang (https://doi.org/10.13109/9783666369766.547).
140 Vernehmungsprotokoll Erich Fahldorf vom 1.11.1945 und 23.1.1946 (BStU, ZA, HA IX/11, ZUV 78, Band 22, Bl. 163, 166).
141 Vernehmungsprotokolle Kurt Krykon vom 22.12.1945 und 18.1.1946 (BStU, ZA, HA IX/11, ZUV 78, Band 24, Bl. 287-293; BStU, ZA, HA IX/11, ZUV 53, Band 1, Bl. 181).
142 Vernehmungsprotokoll Otto Härtner vom 1.11.1945 (BStU, ZA, HA IX/11, ZUV 78, Band 23, Bl. 327-329).

teiligt gewesen. Doch vor diesen dreien waren bereits Werner-Georg Feuker[143] und Willy Wermann festgenommen worden. Feuker, der zur 1. Kompanie gehört hatte, starb am 29. November 1945 in der Chemnitzer Untersuchungshaft, bevor es zum Prozess kam. Er war mit dem Geburtsjahr 1914 einer der Jüngsten des Bataillons und bereits 1932 der NSDAP beigetreten. Er gab an, dass er als Gehilfe des Zugführers in Starokonstantinow an der Festnahme und Erschießung von zwei sowjetischen Fallschirmspringern beteiligt gewesen sei. In Gaisin beteiligte er sich als stellvertretender Zugführer an der Verhaftung und Erschießung von 300 bis 400 Juden. Feuker hatte in der besetzten Sowjetunion Tagebuch geführt. Viele Jahre später, im Oktober 1949, beantragte seine Ehefrau, die nichts von seinem Tod wusste, die Scheidung und führte als Begründung u. a. die Teilnahme ihres Mannes an Massenerschießungen von Juden an, die dieser in seinem Tagebuch dokumentiert habe. Wermann war Telefonist im Bataillonsstab gewesen und wurde nach Verurteilung zu zehn Jahren Haft im Februar 1947 aus dem Speziallager Bautzen mit dem sogenannten Pelzmützentransport nach Sibirien deportiert. Nach seiner Rückkehr 1955 lebte er in der Bundesrepublik.[144]

Auf einen sich in nahezu allen Verhören wiederholenden Umstand sei an dieser Stelle hingewiesen. Wermann nannte in seinen Vernehmungen insgesamt 20 Namen von Polizisten, die er kannte, ohne sie jedoch zu belasten. Davon waren nach seiner Kenntnis bereits sechs verhaftet. Von den von ihm Genannten wurden später die Brüder Erich und Max Hänig, Rudolf Ranft, Alfred Horn, Josef Vieweg zum Tode, Walter Kunert und Armin Gütter zu lebenslänglicher Haft, Karl Hammer zu 25 Jahren und Helmut Loos sowie Kurt Walther zu einer unbekannten Zeitstrafe verurteilt. Die bei den Verhören jedem Bataillonsangehörigen gestellte obligatorische Frage nach den Namen ihrer Kameraden warf ein dichtes Netz aus. Manchmal lautete die Frage auch, wer an welchen Erschießungen sowie anderen Verbrechen teilgenommen habe. Die Polizisten konnten diesen Fragen nicht ausweichen, da bekannt war, dass jeder von ihnen mit einem größeren Kreis von Kameraden, zumal in derselben Kompanie, zu tun gehabt hatte. Die Folgen waren verschieden. Die genannten Personen konnten bereits verhaftet gewesen sein, teilweise auch schon verurteilt. Mit zunehmender Zahl an Vernehmungen verdichteten sich für die Vernehmungsoffiziere die Informationen über persönliche Tatbeteiligungen und konkrete Belastungen sowie die Zugehörigkeit zu einzelnen Kompanien.

Der zweite Prozess des SMT der 19. mechanisierten Gardedivision am 22. Februar 1946 richtete sich bereits gegen 16 Angeklagte, die nach Aktenlage mehrheitlich der 1. Kompanie angehört hatten, und war damit der zweitgrößte Pro-

143 Auskunftsbericht des KGB 1984 (BStU, ZA, HA IX/11, ZUV 78, Band 15, Bl. 289); Rechtshilfeersuchen des MfS an den KGB vom 24.5.1984 (BStU, ZA, HA IX/11, ZUV 78, Band 15, Bl. 293-295); Vernehmungsprotokoll Werner Feuker, undatiert (BStU, ZA, HA IX/11, ZUV 78, Band 22, Bl. 176-181).

144 Vernehmungsprotokoll Willy Wermann vom 18.10.1945 (BStU, ZA, HA IX/11, ZUV 78, Band 27, Bl. 243-247).

zess zum Polizeibataillon 304. Die zum Tode Verurteilten waren *Kurt Helmer,*[145] *Kurt Schiller,*[146] *Gerhard Starke,*[147] *Erich Unger,*[148] *Kurt Ernst,*[149] *Kurt Barth,*[150] *Werner Ficker*[151], *Arthur Bergmann,*[152] *Reinhold Blana,*[153] *Walter Höfer,*[154] *Alfred Horn,*[155] *Heinrich Koch,*[156] *Paul Grund,*[157] *Walter Pannoscha*[158] und *Paul Ficker.*[159] Ernst war Ordonnanz bei Kompanieführer Oberleutnant Hahnstein gewesen und sagte aus: „Das Bataillon sollte in Gaisin die jüdische Bevölkerung vernichten." Obwohl er die Morde in Gaisin und Kirowograd schilderte, wurde er nicht zu seiner Tatbeteiligung befragt. Barth sagte aus, dass selbst dann, wenn sich in den Orten keine Partisanen befunden hätten, die Männer erschossen, die Kinder und Frauen vertrieben und die Orte eingeäschert wurden. An den Judenerschießungen seien stets alle Kompanien beteiligt gewesen. Werner Ficker wurde als Erster bereits am 1. Oktober 1945 vernommen. Er gestand ein, in Gaisin persönlich 30 Juden erschossen zu haben, gab aber an, danach das Bewusstsein verloren zu haben. Bergmann war Leiter des Kfz-Zuges und als Kommandeur des Fuhrparks für den Transport der Polizisten und der jüdischen Opfer an die Erschießungsorte verantwortlich. Er bekannte sich nicht schuldig, da mit seinen Fahrzeugen nur in Kirowograd Juden zur Erschießung gefahren worden waren, und betonte, niemals an Erschießungen teilgenommen zu haben. Blana sagte

145 Vernehmungsprotokoll Kurt Helmer vom 22.12.1945 (BStU, ZA, HA IX/11, ZUV 78, Band 23, Bl. 303-306).
146 Vernehmungsprotokoll Kurt Schiller vom 25.12.1945 (BStU, ZA, HA IX/11, ZUV 78, Band 26, Bl. 413f.).
147 Vernehmungsprotokoll Gerhard Starke vom 25.12.1945 (BStU, ZA, HA IX/11, ZUV 78, Band 27, Bl. 2-8).
148 Vernehmungsprotokoll Erich Unger vom 25.12.1945 (BStU, ZA, HA IX/11, ZUV 78, Band 27, Bl. 131f.).
149 Vernehmungsprotokolle Kurt Ernst vom Dezember 1945 und vom 20.12.1945 (BStU, ZA, HA IX/11, ZUV 78, Band 22, Bl. 145-148, 155-158).
150 Vernehmungsprotokoll Kurt Barth vom 23.12.1945 (BStU, ZA, HA IX/11, ZUV 78, Band 8, Bl. 2-8).
151 Vernehmungsprotokoll Werner Ficker vom 1.12.1945 (BStU, ZA, HA IX/11, ZUV 78, Band 22, Bl. 220f.).
152 Vernehmungsprotokolle Arthur Bergmann vom 13. und 28.12.1945 (BStU, ZA, HA IX/11, ZUV 78, Band 22, Bl. 63f., 75f.).
153 Vernehmungsprotokoll Reinhold Blana vom 26.12.1945 (BStU, ZA, HA IX/11, ZUV 78, Band 22, Bl. 86-91).
154 Vernehmungsprotokoll Walter Höfer vom 22.12.1945 (BStU, ZA, HA IX/11, ZUV 78, Band 23, Bl. 333-337).
155 Vernehmungsprotokoll Alfred Horn vom 16.12.1945 (BStU, ZA, HA IX/11, ZUV 78, Band 23, Bl. 363f.).
156 Vernehmungsprotokolle Heinrich Koch vom 5. und 9.10.1946 (BStU, ZA, HA IX/11, ZUV 78, Band 24, Bl. 220-249).
157 Vernehmungsprotokoll Paul Grund vom 16.12.1945 (BStU, ZA, HA IX/11, ZUV 78, Band 33, Bl. 191-199).
158 Vernehmungsprotokoll Walter Pannoscha vom 19.12.1945 (BStU, ZA, HA IX/11, ZUV 78, Band 25, Bl. 346-350).
159 Vernehmungsprotokoll Paul Ficker vom 24.12.1945 (BStU, ZA, HA IX/11, ZUV 78, Band 22, Bl. 217f.; BStU, ZA, HA IX/11, ZUV 78, Band 33, Bl. 254-262).

aus, dass er in Kirowograd mit Namenslisten durch die Häuser gegangen sei und den Opfern vorgetäuscht habe, sie würden nach Odessa umgesiedelt. Höfer war einer der wenigen Polizisten des Bataillons, dem eine Beteiligung an den Judenerschießungen nicht nachgewiesen werden konnte. Ihm wurde vor allem die Teilnahme an der Niederbrennung von Dörfern angelastet. Paul Ficker beteuerte in den Vernehmungen, keinen einzigen Sowjetbürger getötet zu haben. Er war - neben Gottfried Puttrich - der einzige Angehörige des Polizeibataillons 304, über den nach 1990 öffentlich geschrieben wurde. In einem kurzen Text über ihn heißt es lediglich, er sei während des Krieges zum Militärdienst eingezogen worden und erst 1945 zur Polizei nach Chemnitz gekommen, wo er bis zum Kriegsende diente. Im November 1945 sei er von zwei russischen Militärangehörigen von der Arbeit weg verhaftet worden. Seiner Ehefrau sei zeitlebens nicht bekannt gewesen, was gegen ihn vorgelegen habe. 1969 teilte ihr der Suchdienst des DRK der DDR ohne weitere Angaben mit, dass er am 14. Mai 1946 in der Sowjetunion verstorben sei.[160] Dabei handelte es sich um das exakte Hinrichtungsdatum.

Nur drei Tage nach diesem Massenprozess, am 25. Februar 1946, wurden vom selben Tribunal in Chemnitz zehn Angehörige des Polizeibataillons 304 zum Tode verurteilt und wenig später hingerichtet. Wieder gehörte die Mehrzahl der Polizisten zur 1. Kompanie, ein Angeklagter war Stabsoffizier. Fritz Melzer[161] gehörte als Leutnant zum Bataillonsstab, war bereits am 1. Juni 1945 zum ersten Mal vernommen worden und damit einer der ersten verhafteten Angehörigen des Bataillons. Heinz Wohlgemuth[162] vom MG-Zug der 1. Kompanie wurde vermutlich zum Tode verurteilt, weil er in Gaisin am Ausheben des Massengrabes beteiligt war. *Erich Hänig*[163] war wie Wohlgemuth MG-Schütze in der 1. Kompanie und gab an, von den Judenerschießungen nur gehört zu haben. Sein Bruder *Max Hänig*[164] war in derselben Kompanie eingesetzt und behauptete, in Gaisin wie zahlreiche andere Polizisten magenkrank gewesen zu sein und daher nicht an den Erschießungen teilgenommen zu haben. Während der Morde in Kirowograd habe sein MG-Zug Wirtschaftsarbeiten in der Kaserne ausführen müssen. Auch er gestand ein, an der Einziehung des Getreides teilgenommen zu haben, behauptete aber, nur zum Schein von Haus zu Haus gegangen und in Wirklichkeit kein Getreide mitgenommen zu haben. Das Gericht sah in diesen Angaben jedoch keinen Strafmilderungsgrund. Wie in dieser Vernehmungsniederschrift

160 Vgl. Uwe Schneider, Vergangen, verdrängt, aber vergessen? Schicksale in Bernsbach/Oberpfannenstiel in zwei Diktaturen, Bernsbach 2006, S. 171.
161 Vernehmungsprotokolle Fritz Melzer vom 1.6. und 29.11.1945 (BStU, ZA, HA IX/11, ZUV 78, Band 25, Bl. 161-164).
162 Vernehmungsprotokoll Heinz Wohlgemuth vom 15.11.1945 (BStU, ZA, HA IX/11, ZUV 78, Band 10, Bl. 220-223).
163 Vernehmungsprotokoll Erich Hänig vom 16.10.1945 (BStU, ZA, HA IX/11, ZUV 78, Band 23, Bl. 210-214).
164 Vernehmungsprotokolle Max Hänig vom 7.12.1945 und Januar 1946 (BStU, ZA, HA IX/11, ZUV 78, Band 23, Bl. 223-238).

finden sich auch in anderen immer wieder ausführliche Passagen, in denen entlastende Aussagen protokolliert wurden. Sie fanden jedoch in den hier vorgestellten Fällen von Todesurteilen keine Berücksichtigung. *Felix Luft*[165] beschrieb im Verhör die Verbrechen, behauptete aber, dass er von den Judenerschießungen nur durch andere Bataillonsangehörige gehört habe. Ob er daran beteiligt war, bleibt anhand der vorliegenden Verhörprotokolle offen. *Johannes Hänel*[166] sagte aus, nicht einen Zivilisten erschossen und nicht an der Niederbrennung von Häusern teilgenommen zu haben. *Paul Redlich*[167] beschrieb zwar, wie im Partisanenkampf drei Dörfer niedergebrannt worden waren, erklärte aber, selbst nicht daran beteiligt gewesen zu sein, da er als Fahrer Nahrungsmittel und Ausrüstung transportieren musste. *Emil Klein*[168] bestritt seine Beteiligung an den Requirierungen und verschwieg auch seine Beteiligung an der Erschießung von Juden und einem sowjetischen Kriegsgefangenen, auf die erst Arno Schumann während der späteren Ermittlungen in der DDR hinwies.[169] Zum Partisanenkampf befragt, erklärte *Adam Günther*:[170] „Es gab nicht viele Fälle der Erschießung von Zivilbevölkerung, da die Mehrzahl der Bevölkerung die Dörfer verlassen hatte." Als er im Anschluss an seine Ausführungen zum Partisanenkampf gefragt wurde, ob er noch etwas hinzufügen wolle, antwortete er: „Meinen Aussagen füge ich hinzu, dass es in Warschau eine schöne Zeit war." Zu Beginn des Verhörs hatte er noch ausgesagt: „Mir ist bekannt, dass die Ghettobevölkerung [in Warschau] unter äußerst ärmlichen Verhältnissen lebte. Es gab alle Krankheiten, da auf engstem Raum sehr viele Menschen zusammengepfercht leben mussten." Ebenfalls angeklagt war in diesem Prozess Walter Scheibe[171] von der 3. Kompanie, der behauptete, er sei gerade deshalb in den Polizeidienst eingetreten, weil er nicht gegen Russland habe kämpfen wollen: „Als ich in Russland war, tat ich alles Mögliche für das russische Volk." Die Leichen der Hingerichteten dieses Prozesses wurden, wie eingangs beschrieben, am 6. Juni 1975 in Oberrabenstein bei Karl-Marx-Stadt (Chemnitz) gefunden.

165 Vernehmungsprotokoll Felix Luft vom 1. und 2.10.1945 (BStU, ZA, HA IX/11, ZUV 78, Band 24, Bl. 432-452).
166 Vernehmungsprotokoll Johannes Hänel vom 24.10.1945 (BStU, ZA, HA IX/11, ZUV 78, Band 23, Bl. 205 f.; BStU, ZA, HA IX/11, ZUV 78, Band 33, Bl. 166-171).
167 Vernehmungsprotokoll Paul Redlich vom 2.10.1945 (BStU, ZA, HA IX/11, ZUV 78, Band 10, Bl. 72 f.).
168 Vernehmungsprotokoll Emil Klein vom 10.11.1945 (BStU, ZA, HA IX/11, ZUV 78, Band 24, Bl. 170-173; BStU, ZA, HA IX/11, ZUV 78, Band 33, Bl. 143-148).
169 Vernehmungsprotokolle Arno Schumann vom 8.7., 10.8. und 27.10.1977 (BStU, ZA, HA IX/11, ZUV 56, Band 3, Bl. 15-19, 84-89, 191-194).
170 Vernehmungsprotokolle Adam Günther vom 22.10.1945 und 8.1.1946 (BStU, ZA, HA IX/11, ZUV 78, Band 8, Bl. 25-28, 40-44).
171 Vernehmungsprotokolle Walter Scheibe vom 19.10., 4.12.1945, 10.1. und 2.5.1946 (BStU, ZA, HA IX/11, ZUV 78, Band 26, Bl. 336-340, 350-352, 359 f., 365-366). Sein Strafmaß ist unbekannt. Vgl. Sachstandsbericht vom 4.12.1970 (BStU, ZA, HA IX/11, RHE 20/69, Band 6, Bl. 4).

Der letzte dieser vier ersten Prozesse in Chemnitz, am 26./27. Februar 1946, war mit 18 Angeklagten das größte, jemals gegen Polizisten dieses Bataillons durchgeführte SMT. Nur zu diesem Prozess liegt uns bisher ein Gerichtsprotokoll vor.[172] Die geschlossene Verhandlung dauerte am ersten Tag von 9.30 bis 23.00 Uhr und am 27. Februar 1946 von 9.00 bis 13.50 Uhr. Die Angeklagten mussten erklären, ob sie sich schuldig oder nicht schuldig fühlten, und Aussagen zur Anklage machen. Sie hatten die Möglichkeit, Fragen an andere Angeklagte zu stellen und ein letztes Wort an das Gericht zu richten. Die Angeklagten dieses Prozesses besaßen das Gnadenrecht. Die meisten gehörten der 3. Kompanie an. *Max Seidel*[173] war Zugführer und ab Oktober 1942 im Sonderkommando Hauptmann Pieper eingesetzt, das die Insassen des jüdischen Ghettos Kobryn bei Brest-Litowsk ermordet hatte. Mit ungewöhnlich offenen Worten erklärte Seidel:

> „Die Teilnehmer an der Erschießung haben während der Erschießungen Wodka getrunken, damit sie ungehinderter handeln konnten und sich der Kopf nicht drehte. [...] Ich habe ungefähr 50 unschuldige sowjetische Bürger erschossen. Ich habe dies getan, weil mir das mein Kompanieführer befohlen hat. Ich möchte noch hinzufügen, dass das Polizeibataillon 304 insgesamt voll und ganz gegenüber dem sowjetischen Staat für die von ihm auf dem Territorium der Sowjetunion begangenen Verbrechen schuldig ist."

Kein anderer Angehöriger des Bataillons legte trotz der Aussicht auf harte Bestrafung ein vergleichbares Geständnis ab. *Walter Neubert*[174], der kurz vor seiner Verhaftung einen KPD-Aufnahmeantrag gestellt hatte, gab erst im Verlauf des Prozesses zu, in Gaisin mitgeschossen zu haben. *Hans Georgi*[175] war vor seinem Dienst im Polizeibataillon ein lokaler NSDAP-Funktionär gewesen und gab an, während der Erschießungen von Juden die entsprechenden Orte abgesperrt zu haben. *Edmund Kuntel*[176] wurde wahrscheinlich wegen der eingestandenen Teilnahme an der Requirierung von Lebensmitteln verurteilt. *Herbert Walther*[177] bestätigte zwar, dass das Bataillon in der Sowjetunion „einige Tausend Juden erschossen" habe, erklärte aber, dass er sich stets nur in der Postenkette befunden habe. Des Weiteren gab er zu Protokoll: „Ich muss erklären, dass aufgrund eines Bataillonsbefehls über alle Maßnahmen, die vom Bataillon an der Ostfront

172 Gerichtsprotokoll des SMT der 19. mechanisierten Gardearmee vom 26.2.1946 (BStU, ZA, HA IX/11, RHE 20/69, Band 7, Bl. 115-148; BStU, ZA, HA XX, Nr. 4720, Bl. 133-165).
173 Fragebogen Max Seidel vom 17.12.1945 (BStU, ZA, HA IX/11, ZUV 78, Band 26, Bl. 272f.); Vernehmungsprotokoll Max Seidel vom 25.11.1945 (BStU, ZA, HA IX/11, ZUV 78, Band 26, Bl. 277-279).
174 Vernehmungsprotokoll Walter Neubert vom 20.10.1945 (BStU, ZA, HA IX/11, ZUV 78, Band 25, Bl. 256-262).
175 Vernehmungsprotokoll Hans Georgi vom 31.10.1945 (BStU, ZA, HA IX/11, ZUV 78, Band 23, Bl. 34-41).
176 Gerichtsprotokoll des SMT der 19. mechanisierten Gardearmee vom 26.2.1946 (BStU, ZA, HA XX, Nr. 4720, Bl. 133-165).
177 Vernehmungsprotokoll Herbert Walther vom 14.11.1945 (BStU, ZA, HA IX/11, ZUV 78, Band 10, Bl. 135-143).

durchgeführt wurden, niemand sprechen durfte, sogar nicht gegenüber seinem Kameraden." Schließlich nannte er Namen von Polizisten, die wie er selbst an der Niederbrennung von Wohngebäuden beteiligt gewesen waren. *Max Richter*[178] bestritt jede Beteiligung an Aktionen gegen Partisanen, hatte dem Bataillon aber bis zum Juni 1942 angehört, als es bereits zur Bekämpfung von Partisanen eingesetzt wurde. *Rudi Lämmel*[179] gab zwar zu, am Partisanenkampf und an Strafaktionen teilgenommen zu haben, beteuerte aber, niemanden dabei getötet zu haben. Während der Erschießung der Juden in Gaisin habe er krank im Lazarett gelegen. *Kurt Müller*[180] sagte aus: „Ich wollte den Krieg nicht und um nicht in den Krieg ziehen zu müssen, ging ich zum Polizeidienst, wobei ich nicht annahm, dass die Polizei an die Front geschickt würde." In Gaisin seien sie unter dem Vorwand, nach Waffen und verbotener Literatur zu suchen, in die Häuser der Juden eingedrungen und hätten sie auf die Straße getrieben. Gefragt, ob er sich schuldig bekenne, antwortete er: „Über einen langen Zeitraum hinweg befasste sich das Bataillon mit der Erschießung der jüdischen Bevölkerung und führte einen grausamen Kampf gegen Partisanen. Deshalb war es ein verbrecherisches Bataillon." *Helmut Stöckel*[181] räumte zwar ein, während des Einsatzes beim Sonderkommando Hauptmann Pieper persönlich an der Erschießung von Juden teilgenommen zu haben, bekannte sich aber nicht schuldig,

> „da ich nach Befehlen handelte und erkläre, dass ich tatsächlich eigenhändig friedliche Einwohner der Stadt Kobrin erschossen habe. [...] Ich habe nicht lange geschossen, dann versagten mir die Nerven und ich ging zur Seite. Unter den Erschossenen waren auch Kinder und Erwachsene aller Altersstufen beiderlei Geschlechts. Die Erschießung dauerte ca. 5 Stunden. 15 Autos brachten ununterbrochen immer neue Menschengruppen herbei. Ich habe 2 1/2 Stunden geschossen."

Kurt Seifert[182] hatte bei der Erschießung von jüdischen Rotarmisten außerhalb der Stadt Kirowograd Wache stehen müssen. *Walter Knauth*[183] war zum ersten Mal bereits am 25. Mai 1945 als Zeuge „im Vorgang gegen den Festgenommenen Karl Jäger" vernommen worden. Nachdem er dabei ausführlich die Partisanenaktionen in Antonowka und im Kreis Pripjati geschildert hatte, wurde er fünf

178 Vernehmungsprotokoll Max Richter vom 30.10.1945 (BStU, ZA, HA IX/11, ZUV 78, Band 26, Bl. 50-52).
179 Vernehmungsprotokoll Rudi Lämmel vom 12.11.1945 (BStU, ZA, HA IX/11, ZUV 78, Band 33, Bl. 93-101).
180 Vernehmungsprotokolle Kurt Müller vom 18.12. und einem weiteren Tag im Dezember 1945 (BStU, ZA, HA IX/11, ZUV 78, Band 25, Bl. 203-212).
181 Vernehmungsprotokoll Helmut Stöckel vom 23.12.1945 (BStU, ZA, HA IX/11, ZUV 78, Band 27, Bl. 31-33).
182 Vernehmungsprotokoll Kurt Seifert vom 15.11.1945 (BStU, ZA, HA IX/11, ZUV 78, Band 26, Bl. 290-293).
183 Vernehmungsprotokolle Walter Knauth vom 25.5. und 17.10.1945 (BStU, ZA, HA IX/11, ZUV 78, Band 24, Bl. 179-194).

Monate später erneut vernommen, nun als Inhaftierter. *Josef Vieweg*[184] berichtete ein grausiges Detail des Judenmordes in Kirowograd. Er befand sich zehn bis 15 Meter entfernt in der Absperrung, als er sah, dass eine in der Grube liegende Frau nicht sofort tot war. Sie hob den Arm und atmete schwer. Der anwesende SS-Arzt Busse befahl, um Munition zu sparen, sie mit einem Spaten zu erschlagen. Aus Mitleid habe er diese Frau daraufhin selbst erschossen. Angeblich sei ihm dann von dem ebenfalls anwesenden Höheren SS- und Polizeiführer Jeckeln befohlen worden, sein Magazin einem anderen Schützen zu geben. Seine Behauptung, dass er nur zur Bewachung des Erschießungsplatzes gehört habe, wirkt unglaubwürdig und es ist anzunehmen, dass er ebenfalls zum Erschießungskommando zählte. Anhand der einzigen bekannten Vernehmung von *Paul Ploch*[185] lässt sich so deutlich, wie an kaum einer anderen Stelle, die sowjetische Rechtsauffassung ablesen, die dem ab 1945 in den westalliierten Besatzungszonen verwendeten Rechtsgrundsatz des sogenannten „common design“ bzw. der „conspiracy theory“, dem gemeinsam verabredeten Verbrechen bzw. der Verschwörung, ähnelt.[186] Nach dieser Auffassung benötigten die Militärgerichte keinen Nachweis eines individuellen Tatbeitrags des Angeklagten für eine Schuldfeststellung, sondern lediglich den Beleg für die Kenntnis von den Verbrechen und die Anwesenheit des Angeklagten am Ort eines Verbrechens gegen die Menschlichkeit. Diese Auffassung lag den meisten britischen und amerikanischen Nachkriegsprozessen zugrunde und erlangt in der Gegenwart neue Bedeutung.[187] Ploch hatte zu seiner Verteidigung ins Feld geführt, beim Partisanenkampf nur als Kraftfahrer eingesetzt und somit nicht am Niederbrennen der Dörfer beteiligt gewesen zu sein. Sein Vernehmungsoffizier entgegnete ihm daraufhin mit der Frage: „Der Autotransport der Abteilung oder deren Versorgung mit Treibstoff – ist das etwa keine Beteiligung an einer Operation?“ Die weiteren zum Tode Verurteilten dieses Prozesses waren *Wal-*

184 Vernehmungsprotokoll Josef Vieweg vom 14.11.1945 (BStU, ZA, HA IX/11, ZUV 78, Band 27, Bl. 164–168).

185 Vernehmungsprotokoll Paul Ploch vom 24.12.1945 (BStU, ZA, HA IX/11, ZUV 78, Band 25, Bl. 370–372).

186 Zu den amerikanischen Prozessen. Vgl. Robert Sigel, Im Interesse der Gerechtigkeit. Die Dachauer Kriegsverbrecherprozesse 1945–1948, Frankfurt a. M. 1992. Zu den britischen Prozessen vgl. John Cramer, Belsen Trial 1945. Der Lüneburger Prozess gegen Wachpersonal der Konzentrationslager Auschwitz und Bergen-Belsen, Göttingen 2011.

187 Gegenwärtig werden in der Bundesrepublik Deutschland Hunderte Ermittlungsverfahren gegen Personen geführt, denen kein individueller Tatvorwurf gemacht werden kann. Es genügt für die Eröffnung des Verfahrens der Nachweis der Zugehörigkeit zu an Verbrechen beteiligten Institutionen und Einheiten. Vgl. Andreas Kopietz, Die verbannte Nazi-Jägerin. In: Berliner Zeitung vom 24.7.2013; Klaus Hillenbrand, Solange die Täter noch leben, wird ermittelt. In: Tageszeitung vom 8.4.2013; Katja Tichomirowa, Am Anfang der Ermittlungen, Interview mit Kurt Schrimm. In: Berliner Zeitung vom 9.4.2013.

ter Schönfeld[188], *Edgar Randt*,[189] *Erich Lehmann*[190] und *Fritz Maudrich*.[191] Noch vor Verkündigung des Urteils konnten die Angeklagten ein letztes Wort an das Gericht wenden. Die meisten baten um ein mildes Strafmaß, da sie auf Befehl gehandelt hätten. Als Einziger bat dabei Fritz Eidam um medizinische Hilfe,[192] ein Hinweis auf den schlechten Zustand der Angeklagten, möglicherweise infolge von Misshandlungen.

Der nächste Prozess fand am 15. März 1946 vor dem SMT der 57. Garde-Schützendivision an einem nicht bekannten Ort statt. Da die meisten Verurteilten in Auerbach verhört wurden, könnte dies auch der Tribunalort gewesen sein. Sieben Angehörige wurden zum Tode verurteilt und hingerichtet. Es gab keine Zeitstrafen. Die erste Vernehmung fand am 29. Oktober 1945 statt, d. h. fast parallel zur Vorbereitung der zuvor durchgeführten Prozesse. *Kurt Glass*[193] erklärte auf die Frage, „welche Bevölkerungsteile“ in Kirowograd erschossen wurden: „Erschossen wurden alle Juden, jedoch wurde uns der Grund nicht erklärt.“ *Herbert Oeser*[194] von der 1. Kompanie berichtete über das Massaker an den Juden in Gaisin: „Die von uns bewachten Juden haben die Erschießungen in der Senke nicht gesehen. Sie hörten aber die Schüsse aus den Maschinenpistolen und die Schreie der Menschen, die zu erschießen waren. Das Bild war grausam, die Juden rissen sich die Haare heraus, sie schrien und baten um Gnade. Einige haben sogar den Verstand verloren.“ Diesen Worten ist anzumerken, dass die von ihm selbst mit verantwortetem Gräuel den Angeklagten nicht kalt ließen. *Max Trützschler*[195] machte erstaunlich unbekümmert Angaben zur Bedeutung seines Einsatzes in der Sowjetunion, wenn er davon sprach, dass die „eingeführte ‚neue Ordnung‘ auf dem Territorium Russlands“, darin bestand, das russische Volk „zu zwingen, für die deutsche arische Rasse zu arbeiten; in der Vernichtung staatlicher sowjetischer Administrationseinrichtungen und der Kolchosordnung, der kommunistischen Partei und der Ausrottung slawischer Völker, die in Russland angesiedelt waren“. Obwohl durch Forschungen bekannt ist, dass Kranke und Gebrechliche während der Zusammentreibung der Juden

188 Vernehmungsprotokoll Walter Schönfeld vom 10.11.1945 (BStU, ZA, HA IX/11, ZUV 78, Band 26, Bl. 431-433).
189 Vernehmungsprotokoll Edgar Randt vom 18.10.1945 (BStU, ZA, HA IX/11, ZUV 78, Band 26, Bl. 8-12).
190 Vernehmungsprotokoll Erich Lehmann vom 14.12.1945 (BStU, ZA, HA IX/11, ZUV 78, Band 24, Bl. 404 f.).
191 Vernehmungsprotokoll Fritz Maudrich vom 19.10.1945 (BStU, ZA, HA IX/11, ZUV 78, Band 25, Bl. 34).
192 Gerichtsprotokoll des SMT der 19. mechanisierten Gardearmee vom 26.2.1946 (BStU, ZA, HA XX, Nr. 4720, Bl. 133-165).
193 Vernehmungsprotokolle Kurt Glass vom 10.11. und 10.12.1945 (BStU, ZA, HA IX/11, ZUV 78, Band 23, Bl. 137-146).
194 Vernehmungsprotokoll Herbert Oeser vom 24.12.1945 (BStU, ZA, HA IX/11, ZUV 78, Band 25, Bl. 315-518).
195 Vernehmungsprotokoll Max Trützschler vom 3.11.1945 (BStU, ZA, HA IX/11, ZUV 78, Band 27, Bl. 77-81).

überwiegend noch in den Wohnungen erschossen wurden[196], antwortete *Konrad-Georg Kramer*[197] auf die Frage, was denn aus den Kranken und Alten geworden sei: „Während der gesamten Zeit der Verhaftung stieß ich einmal auf eine Greisin, die nicht selbständig vom Bett aufstehen konnte. Ich befahl einem ukrainischen Polizisten, sie zu nehmen und zum Sammelpunkt zu bringen.“ *Erich Hutschenreuther*[198] schilderte als einer der wenigen Verurteilten detailliert die Ermordung der Juden in Winniza.

„Wir bildeten gemeinsam mit den Milizionären Gruppen - zwei Polizisten und drei russische Milizionäre, gingen in die von den Milizionären genannten Häuser, wo die Juden wohnten, verhafteten alle Juden (darunter auch Kinder verschiedener Altersstufen), brachten sie mit Autos zum Stadtplatz, d. h. bis zum Platz brachten wir sie zu Fuß. Dort mussten sie in Autos steigen. Sie wurden alle außerhalb der Stadt gebracht. Dort waren Gruben vorbereitet. Wenn das nicht der Fall war, so mussten sich die Juden unter Gewaltanwendung unsererseits selbst die Gruben ausheben. Alle angekommenen Juden mussten sich auf das Kommando mit dem Gesicht zur Erde in Reihen hinlegen. Dann wurde ihnen allen in den Kopf geschossen. Wer Widerstand leistete, musste unter Gewaltanwendung in die Grube gehen und sich hinlegen. Dann, als alle erschossen waren, musste sich die zweite Reihe auf die Leichen legen. Sie wurden auf dieselbe Art erschossen. In jede Grube kamen einige Reihen Erwachsener und Kinder. Die Miliz schüttete die Gruben zu.“

Walter Riedel[199] war als Zug- und Gruppenführer der 1. Kompanie der ranghöchste Verurteilte dieses Prozesses.

Nach zwei Einzelprozessen gegen Bataillonsangehörige im Mai 1946 fand am 12. und 13. Juni 1946 die nächste größere Verhandlung vor dem SMT der 57. Gardeschützendivision in Zwickau statt. Vier der angeklagten Bataillonsangehörigen waren zuvor im Speziallager Mühlberg interniert gewesen. Das belegt, dass die sowjetischen Ermittlungsorgane Verdächtigte unter den Insassen der Speziallager ausfindig machten, wenn deren Namen in Verhören genannt worden waren. Zehn Angeklagte wurden zum Tode verurteilt und hingerichtet. Es gab keine Zeitstrafen. Die erste Vernehmung für diesen Prozess fand am 9. Februar 1946 statt. *Erich Woynowsky*[200] war von Oktober 1945 bis zum 3. März 1946 mit dem Vorwurf „Hauptwachtmeister bei den Vergeltungsorganen“ im Speziallager Mühlberg inhaftiert gewesen. Dasselbe galt für *Rudolf Schieblich*[201]. Als Gruppenführer, so sagte er aus, befahl er bei der Judenerschießung in Uman

196 Vgl. die Forschungen zum Polizeibataillon 101 durch Christopher R. Browning.
197 Vernehmungsprotokolle Konrad-Georg Kramer vom 28.11.1945 (BStU, ZA, HA IX/11, ZUV 78, Band 24, Bl. 251-259).
198 Vernehmungsprotokoll Erich Hutschenreuther vom 29.10.1945 (BStU, ZA, HA IX/11, ZUV 78, Band 23, Bl. 366-374).
199 Vernehmungsprotokoll Walter Riedel vom 1. und 7.12.1945 (BStU, ZA, HA IX/11, ZUV 78, Band 26, Bl. 59-65; BStU, ZA, HA IX/11, ZUV 78, Band 33, Bl. 51-56).
200 Vernehmungsprotokoll Erich Woynowsky vom 26.3.1946 (BStU, ZA, HA IX/11, ZUV 78, Band 27, Bl. 367-374).
201 Vernehmungsprotokoll Rudolf Schieblich vom 26.3.1946 (BStU, ZA, HA IX/11, ZUV 78, Band 26, Bl. 389-393).

„den herangeführten Menschen, sich mit dem Gesicht nach unten in die Grube zu legen". Zu *Willi-Max Heckel*[202] erklärte später der in der DDR Verurteilte Kurt Melzer, dass er an den Judenerschießungen in Uman, Ladyschin und Gaisin beteiligt gewesen sei.[203] *Johannes Graupner*[204] bestand nicht nur darauf, dass er als Lagerverwalter der 2. Kompanie nie an der Erschießung jüdischer Einwohner teilgenommen habe, er weigerte sich auch geschickt, Namen der Schützen zu nennen: „Die Namen kann ich nicht nennen, jeder Polizeiangehörige war irgendwie an der Erschießung der Juden beteiligt." Auch *Karl-August Kellerer*[205] war mit dem strafrechtlich belastenden Haftgrund „Mord und Misshandlungen der sowjetischen Zivilbevölkerung und gefangen genomm[en]er Rotarmisten" bis zum 3. März 1946 im Speziallager Mühlberg inhaftiert. *Fritz-Martin Bemmann*[206] bestritt, direkt an den Judenerschießungen beteiligt gewesen zu sein. Aus den vorliegenden Verhörprotokollen von *Max-Ewald Lorenz*[207] geht nur hervor, dass er im Partisanenkampf eingesetzt war. *Herbert Kahle*[208] war im September 1945 der KPD beigetreten und leitete zum Zeitpunkt seiner Verhaftung im Februar 1946 sogar das 1. Polizeirevier in Zwickau. Es ist der einzige bekannte Fall, dass ein Angehöriger des Polizeibataillons 304 nach 1945 eine leitende Funktion in der Polizei innehatte.

Erst mehr als drei Monate später, am 27. September 1946, fand der nächste größere Prozess in Zwickau statt, diesmal wieder vor dem SMT der 19. mechanisierten Gardedivision, das im Februar 1946 bereits vier Sammelprozesse in Chemnitz durchgeführt hatte. Sieben Angeklagte wurden zum Tode verurteilt und hingerichtet. Es gab wiederum keine Zeitstrafen. Die erste Vernehmung fand am 30. Juli 1946 statt. In diesem Fall waren sogar fünf der sieben Angeklagten vor dem Prozess im Speziallager Mühlberg interniert gewesen. Der ehemalige Gruppenführer *Erich-Rudolf Engelmann*[209] beschrieb in den Verhören ausführlich seine Funktion bei der Erschießung der Juden in Gaisin: „Während der Erschießung der 1. Partie Juden stand ich neben der Grube, aber danach begab

202 Vernehmungsprotokoll Willi-Max Heckel vom 28.2.1946 (BStU, ZA, HA IX/11, ZUV 78, Band 23, Bl. 279-283).

203 Vernehmungsprotokoll Kurt Melzer vom 12.5.1978 (BStU, ZA, HA IX/11, ZUV 56, Band 25, Bl. 79-89).

204 Vernehmungsprotokoll Johannes Graupner vom 5.3.1946 (BStU, ZA, HA IX/11, ZUV 78, Band 23, Bl. 148-154).

205 Vernehmungsprotokoll Karl Kellerer vom 27.3.1946 (BStU, ZA, HA IX/11, ZUV 78, Band 24, Bl. 76-89).

206 Vernehmungsprotokoll Fritz-Martin Bemmann vom 16.3.1946 (BStU, ZA, HA IX/11, ZUV 78, Band 22, Bl. 48 f.; BStU, ZA, HA IX/11, ZUV 78, Band 33, Bl. 277-281).

207 Vernehmungsprotokolle Max-Ewald Lorenz vom 5. und 12.2.1946 (BStU, ZA, HA IX/11, ZUV 78, Band 24, Bl. 419-422).

208 Vernehmungsprotokoll Herbert Kahle vom 25.5.1946 (BStU, ZA, HA IX/11, ZUV 78, Band 24, Bl. 36-51).

209 Vernehmungsprotokolle Erich Rudolf Engelmann vom 30.7. und 26.8.1946 (BStU, ZA, HA IX/11, ZUV 78, Band 3, Bl. 21-28; BStU, ZA, HA IX/11, ZUV 78, Band 8, Bl. 16-19).

ich mich wegen des unerträglichen Geschreies der Frauen und Kinder zur Seite und ging nicht wieder zum Erschießungsplatz." *Friedrich Gerberdt*[210] war nach eigener Aussage in arbeitsteiliger Funktion am Judenmord in Gaisin, Kirowograd und Starokonstantinow beteiligt, habe aber nicht selbst geschossen. Über *Kurt Moeschke*[211] von der 2. Kompanie berichtete der in der DDR verurteilte Bataillonsangehörige Rudolf Miksch eine Begebenheit, vermutlich bei Snamenka. Während des Morgenappells habe Zugführer Winter den Polizisten mitgeteilt, dass sie an diesem Tag Juden erschießen sollten. Nach dem Appell kam der Gruppenführer des 3. Zuges der 2. Kompanie, Vogel, in die Unterkunft und forderte Kurt Moeschke und Oswald Staude auf, bei der kommenden Aktion zu schießen. Diese beiden und auch andere Angehörige aus dem 3. Zug lehnten dies jedoch ab, sodass für sie die beiden Gruppenführer des 2. Zuges Otto Müller und Fritz Müller an der Erschießung der Juden teilnahmen. Den Befehlsverweigerern Moeschke und Staude sei nichts passiert.[212] Dies ist der einzige in den Dokumenten überlieferte Bericht von einer Verweigerung, an Erschießungen teilzunehmen. Er belegt, wie es auch von anderen Polizeibataillonen bekannt ist, dass die betreffenden Polizisten nicht bestraft worden sind.[213] *Kurt Meier*,[214] der kurz vor seiner Verhaftung im Juni 1945 der SPD beigetreten und der ebenfalls zunächst im Speziallager Mühlberg inhaftiert war, sagte aus, dass er nicht auf Juden geschossen habe und auch keinen der Schützen kenne. Er habe auch nicht gewusst, dass vom Bataillon Sowjetbürger für die Verschleppung nach Deutschland festgenommen wurden.

Erst nach fast viereinhalb Monaten Unterbrechung verurteilte in Dresden das SMT Land Sachsen am 6. Februar 1947 sieben weitere Polizisten zum Tode, von denen jedoch fünf begnadigt wurden. Damit handelte es sich um den ersten Prozess, bei dem nicht alle zum Tode Verurteilten hingerichtet wurden. Die Vernehmungen fanden im Speziallager Bautzen sowie in Zittau und Dresden statt, die erste bereits am 4. Oktober 1946. Der ehemalige Gruppenführer der 3. Kompanie *Gottfried Puttrich*[215] sagte in Bautzen aus, dass er bei der Erschießung der Juden in Gaisin acht Menschen persönlich erschossen hatte, darunter zwei Kinder: „Nach Beendigung der Erschießung gegen 14 bis 15 Uhr wurden die Leichen von uns mit Erde bedeckt und die Bekleidung der Erschossenen in die Stadt zurückgebracht. Wohin, das weiß ich nicht. Anschließend erhielten alle Teilnehmer an

210 Vernehmungsprotokoll Friedrich Gerberdt vom 27.8.1946 (BStU, ZA, HA IX/11, ZUV 78, Band 23, Bl. 51 f.).

211 Vernehmungsprotokoll Kurt Moeschke vom 1.8.1946 (BStU, ZA, HA IX/11, ZUV 78, Band 25, Bl. 180-185).

212 Vernehmungsprotokolle Rudolf Miksch vom 4.10. und 22.12.1977 (BStU, ZA, HA IX/11, ZUV 56, Band 20, Bl. 106-111; BStU, ZA, HA IX/11, ZUV 56, Band 24, Bl. 48-53).

213 Beispielhaft für das Polizeibataillon 101 vgl. Browning, Männer, S. 94-104.

214 Vernehmungsprotokolle Kurt Meier vom 9. und 27.8.1946 (BStU, ZA, HA IX/11, ZUV 78, Band 25, Bl. 51-56; BStU, ZA, HA IX/11, ZUV 78, Band 33, Bl. 82-91).

215 Vernehmungsprotokolle Gottfried Puttrich vom 15.10., 19.10. und 9.11.1946 (BStU, ZA, HA IX/11, ZUV 78, Band 33, Bl. 379-389).

der Erschießungsaktion Wodka." Puttrich ist nach gegenwärtigem Kenntnisstand der einzige Polizist des Bataillons, für den nach 1990 ein Antrag auf Rehabilitierung bei den russischen Behörden gestellt worden ist. Die Rehabilitierung wurde mit der Begründung abgelehnt, Puttrich habe vor Gericht und in seinem Gnadengesuch seine Taten bestätigt, jedoch beteuert, „alles auf Befehl seiner Vorgesetzten in Ausführung seiner militärischen Dienstpflicht getan" zu haben.[216] Der später in der DDR verurteilte Arno Schumann, ebenfalls Gruppenführer der 3. Kompanie und wie Puttrich in Kirowograd im Erschießungskommando eingesetzt, war mit Puttrich befreundet gewesen. Puttrich bürgte 1937 sogar bei Schumanns NSDAP-Eintritt und warb Schumann im Herbst 1939 für die Polizei sowie zur Allgemeinen SS.[217] *Willi Kobelt*[218] erinnerte sich in seinen Verhören in Zittau im Unterschied zu anderen Verurteilten an sehr viele der Schützen beim Judenmord. Er nannte insgesamt fünf Namen. Während Puttrich und Kobelt schon am 1. April 1947 erschossen worden waren, wurde die Strafe bei einer Gruppe von fünf weiteren zum Tode Verurteilten erst im Juni 1947 infolge der Abschaffung der Todesstrafe in 25 Jahre Lagerhaft umgewandelt. Warum dies nicht auch bei den zwei anderen Verurteilten geschah, ist unbekannt. Werner Meintzschel[219] wurde vorgeworfen, zur Bewachung des Ghettos Warschau gehört zu haben, an der Absperrung des Erschießungsortes in Gaisin sowie an der Requirierung der Ernte beteiligt gewesen zu sein. Fritz Tost[220] wurde bereits am 11. August 1946 als Inhaftierter des Speziallagers Bautzen verhört, einen Monat später dann von der MVD-Operativgruppe Kreis Pirna. Aus den vorliegenden Verhörprotokollen lässt sich sein Tatbeitrag nicht ablesen. Curt-Paul Töppel[221] wurde vorgeworfen, am Partisanenkampf teilgenommen, bei der Erschießung der Juden in Gaisin die Opfer zum Erschießungsort eskortiert und in einigen ukrainischen Dörfern Lebensmittel requiriert zu haben. An seiner Verhaftung scheinen Einwohner, die von seinem Osteinsatz wussten, beteiligt gewesen zu sein, denn er hatte kurz zuvor eine Karte mit den Worten erhalten: „Seid auf der Hut – Ihr werdet alle

216 Vgl. Leonid P. Kopalin, Die Rehabilitierung deutscher Staatsbürger, die von sowjetischen Organen aus politischen Motiven repressiert wurden. In: Klaus-Peter Graffius/Horst Hennig (Hg.), Zwischen Bautzen und Workuta. Totalitäre Gewaltherrschaft und Haftfolgen, Leipzig 2004, S. 184–209, hier 205.

217 Vernehmungsprotokolle Arno Schumann vom 6.7.1977 und 16.3.1978 (BStU, ZA, HA IX/11, ZUV 56, Band 3, Bl. 5–9, 253–257).

218 Vernehmungsprotokoll Willi Kobelt vom 4.10.1946 (BStU, ZA, HA IX/11, ZUV 78, Band 24, Bl. 204–208).

219 Vernehmungsprotokoll Werner Meintzschel vom 28.10.1946 (BStU, ZA, HA IX/11, ZUV 78, Band 9, Bl. 160–162); Strafnachricht (A) 1955 (BStU, ZA, HA IX/11, ZUV 78, Band 18, Bl. 578).

220 Vernehmungsprotokoll Fritz Tost vom 29.9.1946 und 11.8.1949 (BStU, ZA, HA IX/11, ZUV 78, Band 27, Bl. 60–62, 65 f.); KGB-Aufstellung (BStU, ZA, HA IX/11, ZUV 53, Band 1, Bl. 75 f.).

221 Vernehmungsprotokoll Curt-Paul Töppel vom 14.9., 28.10.1946, 17. und 18.3.1975 (BStU, ZA, HA IX/11, ZUV 78, Band 27, Bl. 41–55); Ermittlungsbericht zu Curt-Paul Töppel vom 7.1.1972 (BStU, ZA, HA XX, Nr. 4718, Bl. 295–297).

noch geholt.“ Erich Lange[222] wurde Ende Oktober 1946 zu den gegen ihn vorgebrachten Anklagepunkten verhört. Demnach bewachte er in Gaisin den Erschießungsort, als 2600 Juden ermordet wurden. Im Partisanenkampf nahm er Hausdurchsuchungen und Festnahmen von Zivilisten vor, die er dem SD übergab. Er zündete etwa 50 Häuser an und nahm an der Beschlagnahme von Getreide teil.[223] Alle in diesem Prozess Verurteilten, deren Todesstrafe in 25 Jahre Lagerhaft umgewandelt worden war, wurden 1955 aus der DDR-Haft entlassen. Fritz Radisch[224] war als einziger Angeklagter in diesem Prozess zu einer Zeitstrafe verurteilt worden. Er sagte aus, dass er in Kirowograd zur Absperrung des Erschießungsortes gehörte und während der Erschießungen durch ihn und andere Polizisten acht Fluchtversuche verhindert wurden. Er erhielt angesichts der eingestandenen Tatbeteiligung mit zehn Jahren Lagerhaft eine vergleichbar geringe Strafe. Bis Anfang 1950 blieb er im Speziallager Sachsenhausen inhaftiert.

Nur wenige Tage nach diesem Prozess, am 12. Februar 1947, wurden vor dem SMT Land Sachsen in Chemnitz sechs Polizisten zum Tode verurteilt, jedoch alle später begnadigt. Zwei Verurteilte waren bereits im Februar 1946 zum ersten Mal verhört worden. Ähnlich wie bei dem vorstehend geschilderten Prozess lagen auch hier zwischen dem Todesurteil und der Begnadigung zu 25 Jahren Lagerhaft am 13. Juni 1947 beinahe vier Monate. Otto Becker[225] war zuletzt Leutnant. Im Herbst 1941 nahm er an einer Beratung des Kommandeurs der 3. Kompanie teil, auf der der Mord an den Juden in Kirowograd besprochen und befohlen wurde. Er leitete dann den Transport der Juden vom Gefängnis zur Erschießungsgrube, schoss aber selbst nicht. Seine Aufgabe war es, die Bewacher des Erschießungsortes zu kontrollieren. Rudolf Miksch sagte zudem später während der DDR-Ermittlungen gegen ihn aus, dass unter Beckers Kommando nördlich von Gaisin 15 sowjetische Kriegsgefangene erschossen worden seien.[226] In der ersten Vernehmung von Erich Tronicke[227] fragte Leutnant Rogow, der Operativbevollmächtigte der Operativgruppe der SMA für den Kreis Stollberg: „Was für einen Grund gab es, dass Sie jüdische Bürger erschossen?“ Tronicke antwortete:

222 Vernehmungsprotokoll Erich Lange vom 30.10.1946 (BStU, ZA, HA IX/11, ZUV 78, Band 24, Bl. 399–403); Datenblatt MfS vom 16.3.1982 (BStU, ZA, HA IX/11, ZUV 78, Band 18, Bl. 418).

223 KGB-Aufstellung (BStU, ZA, HA IX/11, ZUV 53, Band 1, Bl. 75 f.).

224 Vernehmungsprotokoll Fritz Radisch vom 7.10.1946 (BStU, ZA, HA IX/11, ZUV 78, Band 26, Bl. 2 f.); KGB-Aufstellung (BStU, ZA, HA IX/11, ZUV 53, Band 1, Bl. 75 f.).

225 Vernehmungsprotokolle Otto Becker vom 12. und 15.2.1946 (BStU, ZA, HA IX/11, ZUV 78, Band 22, Bl. 16–24, 40–42); KGB-Aufstellung (BStU, ZA, HA IX/11, ZUV 53, Band 1, Bl. 85–87).

226 Vernehmungsprotokolle Rudolf Miksch vom 11.4.1978 und 9.2.1978 (BStU, ZA, HA IX/11, ZUV 56, Band 24, Bl. 102–109, 160–168).

227 Vernehmungsprotokoll Erich Tronicke vom 18.2.1946 (BStU, ZA, HA IX/11, ZUV 78, Band 27, Bl. 86–96); KGB-Aufstellung (BStU, ZA, HA IX/11, ZUV 53, Band 1, Bl. 105–107); MfS-Ermittlungsbogen zu Erich Tronicke (BStU, ZA, HA IX/11, AK 4627/74, Band 3, Bl. 392).

„Es gab einen Befehl der Kommandoführung, keine Rücksicht auf die jüdische Bevölkerung zu nehmen, sie gnadenlos auszurotten und das nur deshalb, weil sie jüdischer Nationalität sind. Unter den Erschossenen waren Kinder, Greise und Frauen. Letztere baten vor der Erschießung um Gnade, es gab viel Tränen und Geschrei, aber wir waren gezwungen, den erhaltenen Befehl auszuführen und dem keine Beachtung zu schenken. Wir schossen mit Pistolen ins Genick. [...] Ich muss aufrichtig sagen, dass ich Angst vor der strafrechtlichen Verantwortung wegen meiner Handlungen hatte und habe, da ich weiß, dass Sie in der Folgezeit mit mir das Gleiche tun können, was ich auf dem okkupierten Territorium der Sowjetunion begangen habe."

Er hatte in Kirowograd den Erschießungsort bewacht, in Gaisin 20 bis 30 Familien zum Marktplatz getrieben und im Partisanenkampf mehrere Häuser niedergebrannt. Herbert Gläser[228] hatte an der Brandschatzung partisanenverdächtiger Dörfer teilgenommen, aber nach eigenen Angaben niemanden erschossen. Ab Oktober 1942 war er mit 30 Polizisten der 2. Kompanie dem Sturmbataillon unter Hauptmann Pieper unterstellt worden, das etwa 100 Polizisten zur Partisanenbekämpfung und zur Ermordung der Juden des Ghettos in Kobryn zusammenfasste. Gläser bestritt eine Beteiligung an der Vernichtung des Ghettos, da er zur selben Zeit zur Partisanenaufklärung unterwegs gewesen sei. Ewald Große[229] war der Koch der 1. Kompanie und berichtete, dass seine Kameraden von den eingezogenen Lebensmitteln Speck, Erbsen und anderes an ihre Familien nach Hause geschickt hätten. Auch er selbst habe an den Requirierungen teilgenommen. Über Georg Uhlmann[230] ist lediglich bekannt, dass er nach der Umwandlung der Todesstrafe in 25 Jahre Haft am 10. Juli 1947 im Gefängnis Chemnitz starb. Die anderen Verurteilten wurden 1955 entlassen. Im selben Chemnitzer Prozess gab es drei Verurteilungen zu Zeitstrafen. Den Angeklagten Fritz Kreusel,[231] Helmut Loos[232] und Georg Kröner[233] wurde die Beteiligung am Partisanenkampf und die Requirierung von Lebensmitteln vorgeworfen. Kröner, der als Schneider im Bataillonsstab der 1. Kompanie gedient hatte, gab außerdem an, im März 1943 an der Verschickung von Sowjetbürgern zur Zwangsarbeit nach

228 Vernehmungsprotokolle Herbert Gläser vom 21.2.1946, 11.8.1949, 7.1.1974, 4. und 5.3.1975 (BStU, ZA, HA IX/11, ZUV 78, Band 23, Bl. 89f., 96-137); KGB-Information vom 27.6.1978 (BStU, ZA, HA IX/11, ZUV 56, Band 2, Bl. 9f.).

229 Vernehmungsprotokoll Ewald Große vom 20.7.1946 (BStU, ZA, HA IX/11, ZUV 78, Band 23, Bl. 178-181); KGB-Aufstellung (BStU, ZA, HA IX/11, ZUV 53, Band 1, Bl. 85-87).

230 KGB-Aufstellung (BStU, ZA, HA IX/11, ZUV 53, Band 1, Bl. 105-107).

231 Vernehmungsprotokoll Fritz Kreusel vom 25.2.1946 (BStU, ZA, HA IX/11, ZUV 78, Band 24, Bl. 265f.); KGB-Aufstellung (BStU, ZA, HA IX/11, ZUV 53, Band 1, Bl. 105-107).

232 Vernehmungsprotokoll Helmut Loos vom 31.5.1946 (BStU, ZA, HA IX/11, ZUV 78, Band 24, Bl. 410-412; BStU, ZA, HA IX/11, ZUV 53, Band 1, Bl. 106, 195; BStU, ZA, HA IX/11, ZUV 53, Band 7, Bl. 52).

233 Vernehmungsprotokoll Georg Kröner vom 25.10.1945 (BStU, ZA, HA IX/11, ZUV 78, Band 24, Bl. 271-276); KGB-Aufstellung (BStU, ZA, HA IX/11, ZUV 53, Band 1, Bl. 105-107).

Deutschland beteiligt gewesen zu sein. Er wurde ebenso wie Kreusel zu zehn Jahren Haft verurteilt. Das Strafmaß von Helmut Loos ist nicht bekannt. Nach Angaben von Haftkameraden starb Loos im März 1948 im Speziallager Bautzen. Erich Wagler[234] war bereits Anfang Januar 1946 festgenommen worden. Er räumte zwar seine Teilnahme an den Requirierungen ein, ging aber auf alle anderen Vorwürfe nicht ein. Mehr als drei Monate vor dem Prozess nahm sich Wagler am 23. November 1946 im Gefängnis Chemnitz das Leben.

Auch der letzte Prozess mit Todesurteilen fand am 15. Februar 1947 vor dem SMT Land Sachsen in Chemnitz statt. Anders als drei Tage zuvor wurden die zum Tode Verurteilten jedoch nicht begnadigt. Hierfür lässt sich anhand der vorliegenden Unterlagen keine Erklärung finden. Es gab zusätzlich drei Verurteilungen zu Zeitstrafen. Bemerkenswert an den Ermittlungen zu diesem Prozess ist der Einsatz eines Zelleninformators, der aus den Reihen der Bataillonsangehörigen stammte. *Walter Hofmann*[235] und *Friedrich Müller*[236] wurden zum Tode verurteilt und hingerichtet. Zu jeweils zehn Jahren Haft verurteilte das SMT Willi Uhlig, Horst Matthes und Erich Söllner.[237] Obwohl Uhlig die Verbrechen des Bataillons umfassend schilderte, wurde er nicht zu seinem individuellen Tatbeitrag befragt.[238] Er starb am 8. Dezember 1949 im Speziallager Bautzen. Söllner war Waffenwart und stellvertretender Gruppenführer in der 3. Kompanie gewesen. Erst auf Nachfrage äußerte er sich zu den Judenerschießungen, erklärte aber, daran nicht beteiligt gewesen zu sein.[239]

Söllner wurde noch ein zweites Mal vernommen, jedoch erst nach seiner Verurteilung. Dieses Verhör diente einzig der Überprüfung von Aussagen seines Mitinhaftierten Theodor Voigt, der sich dem MVD als Zelleninformator zur Verfügung gestellt hatte. Söllner bestätigte, dass Voigt als Kantinenleiter weder an der Erschießung von Juden noch am Partisanenkampf oder der Requirierung von Lebensmitteln beteiligt gewesen sei. Über mögliche Belastungen Voigts vernommen wurde am 21.2.1947 auch Franz Bruckner, der mit Voigt auf einer Zelle lag und Voigts Aussagen ebenfalls bestätigte.[240] Zu Theodor Voigt liegt nur ein Verhörprotokoll vom 10. Oktober 1946 in Chemnitz vor. Er wurde 1907 in Chem-

234 Vernehmungsprotokoll Erich Wagler vom 5.8.1946 (BStU, ZA, HA IX/11, ZUV 78, Band 27, Bl. 215-217); KGB-Aufstellung (BStU, ZA, HA IX/11, ZUV 53, Band 1, Bl. 85-87).
235 Vernehmungsprotokolle Walter Hofmann vom 1.10., 1.11. und 22.11.1946 (BStU, ZA, HA IX/11, ZUV 78, Band 23, Bl. 345-357); KGB-Aufstellung (BStU, ZA, HA IX/11, ZUV 53, Band 1, Bl. 85-87).
236 Vernehmungsprotokoll Friedrich Müller vom 2.11.1946 (BStU, ZA, HA IX/11, ZUV 78, Band 25, Bl. 199).
237 KGB-Aufstellung (BStU, ZA, HA IX/11, ZUV 53, Band 1, Bl. 85-87).
238 Vernehmungsprotokoll Willi Uhlig vom 7.12.1945 (BStU, ZA, HA IX/11, ZUV 78, Band 27, Bl. 102-105, 126; BStU, ZA, HA IX/11, ZUV 78, Band 33, Bl. 39-45).
239 Vernehmungsprotokoll Erich Söllner vom 22.7.1946 (BStU, ZA, HA IX/11, ZUV 78, Band 26, Bl. 306-311).
240 Vernehmungsprotokoll Erich Söllner vom 21.2.1947 (BStU, ZA, HA IX/11, RHE 20/69, Band 5, Bl. 145 f.); Vernehmungsprotokoll Franz Bruckner vom 21.2.1947 (BStU, ZA, HA IX/11, RHE 20/69, Band 5, Bl. 143 f.).

nitz geboren, stammte aus der Familie eines Kunstmalers, hatte das Schlosserhandwerk erlernt, war von 1928 bis 1931 arbeitslos gewesen und 1931 der SA wie auch der NSDAP beigetreten. Er schlug sich von 1931 bis 1933 in Chemnitzer Restaurants als Schwarzarbeiter durch, bevor er 1934 eine Anstellung bei der Polizei fand. Bis 1938 war er im 9. Polizeirevier zur Straßenbeobachtung eingesetzt. 1939 besuchte er die Polizeischule Jena und wurde zum Polizeioberwachtmeister befördert. Als Angehöriger des Polizeibataillons 304 war er sowohl in Warschau als auch in Starokonstantinow Leiter der Kantine. Zu den Erschießungen von „Juden, Partisanen und Kommunisten" befragt, sagte er aus: „Von diesen Erschießungen habe ich nur durch Gespräche von Polizeiangehörigen gehört, die die Kantine besuchten, in der ich arbeitete." Seit August 1942 sei er als Schreiber in der Kaderabteilung des Regimentsstabes des SS-Polizeiregiments 11 eingesetzt gewesen. Nach Kriegsende hatte er ein Jahr in sowjetischer Kriegsgefangenschaft verbracht und war im August 1946 nach Chemnitz zurückgekehrt.[241]

Die dem MfS über Voigt später bekannt gewordenen sowjetischen Informationen waren widersprüchlich. Auf einer Liste mit den Namen verdächtiger Angehöriger des Polizeibataillons 304, die die Abteilung IX/11 des MfS im Jahre 1969 bei der „Aktion Besuch" erhielt, tauchte Voigt als Teilnehmer an Massenerschießungen von Sowjetbürgern auf.[242] Das MfS überprüfte Voigt wie jeden anderen Bataillonsangehörigen auch. Die Ermittlungen brachten aber keine Belastungen zutage. Voigt, der laut MfS-Ermittlungen in sowjetischer Kriegsgefangenschaft eine Antifaschule besucht hatte, war in der DDR sogar Angehöriger der Kampfgruppen der Arbeiterklasse geworden und als Sicherheitsbeauftragter und Gruppenleiter für Planung vermutlich im VEB Draht- und Federnwerke Karl-Marx-Stadt tätig.[243] Erst am 22. Juni 1970 informierte der KGB das MfS auf Nachfrage darüber, dass Voigt am 19. Juni 1947 von der Kreisabteilung Chemnitz der sowjetischen Sicherheitsorgane als „Erkunder" unter dem Decknamen „Feuer" verpflichtet worden war. In verschiedenen sächsischen Städten habe er in sowjetischem Auftrag nach Angehörigen des Polizeibataillons 304 gefahndet, „auf Grundlage seiner Materialien wurden einige Täter festgenommen". Weiter heißt es: „Mehrfach wurde er als ZI [Zelleninformator] verwendet. Die Auf-

241 Vernehmungsprotokoll Theodor Voigt vom 10.10.1946 (BStU, ZA, HA IX/11, RHE 20/69, Band 5, Bl. 138-142). Diese biografischen Angaben stimmen im Wesentlichen mit seinen in sowjetischer Kriegsgefangenschaft gemachten überein. Den Dienst im Polizeibataillon 304 in der besetzten Sowjetunion ließ er allerdings unerwähnt. Er gab an, zwischen 1931 und 1943 ausschließlich in Chemnitz eingesetzt gewesen zu sein und danach in der Wehrmacht als Obergefreiter gedient zu haben. Vom Besuch einer Antifa-Schule in sowjetischer Kriegsgefangenschaft, wie später vom MfS ermittelt, ist in seiner Kriegsgefangenenakte keine Rede. Vgl. Kriegsgefangenenakte Theodor Voigt (DRK-Suchdienst München).

242 KGB-Liste mit Namen verdächtiger Angehöriger des Polizeibataillons 304 von 1969 (BStU, ZA, HA IX/11, RHE 20/69, Band 2, Bl. 194).

243 Ermittlungsbericht zu Theodor Voigt vom 3.11.1969 (BStU, ZA, HA XX, Nr. 4718, Bl. 303-306).

träge erfüllte er akkurat und wurde dafür ausgezeichnet.“ Als Voigt 1950 von Chemnitz wegzog, übernahm ihn die Annaberger Kreisabteilung des MVD. Da „er kein operatives Interesse mehr hatte und zu den Treffs nicht erschien“, sei er im März 1952 aus dem „Agenturnetz“ ausgeschlossen worden.[244] Er wurde nie wieder vernommen und starb vor Anklage des ersten Polizisten des Bataillons in der DDR im April 1973.

Henry Leides kurze Darstellung zu Voigt, von dem er nur den Decknamen nennt, erweckt den Anschein, Voigt habe zu jenen Angehörigen des Bataillons gehört, die „an zahlreichen Massenmorden an Juden und Partisanen“ beteiligt gewesen seien. Hierfür bietet jedoch die von ihm verwendete Quelle keinen Anhaltspunkt. Auch die anderen bekannten Unterlagen zu Voigt lassen sich nicht in diesem Sinne interpretieren. Mithilfe der scheinbar erwiesenen Schuld glaubt er die These zu erhärten, die sowjetischen Organe seien auch im Falle Voigts „bei der Wahl ihrer Informanten nicht eben wählerisch“ gewesen, d. h., sie hätten bewusst einen Belasteten geworben. Er lässt zudem unerwähnt, dass Voigt dem MVD bei der Fahndung nach NS-Tätern wichtige Dienste leistete, wie es in der von ihm verwendeten Quelle mitgeteilt wird.[245]

IX. Sowjetische Tribunale ohne Todesurteile

Nach der Abschaffung der Todesstrafe in der Sowjetunion im Mai 1947 wurden weitere 50 Polizisten des Bataillons verurteilt, davon etwa die Hälfte zur Höchststrafe - lebenslängliche Haft. Im Unterschied zu den früheren Prozessen wurden nun meist nur ein oder zwei, maximal vier Angeklagte zugleich verurteilt. Eine Reihe weiterer Verhafteter aus dieser Zeit ist womöglich nie verurteilt worden.

Als neun Monate nach den letzten Prozessen am 19. November 1947 die nächste Verhandlung gegen Angehörige des Polizeibataillons 304 vor dem SMT Sachsen in Zwickau stattfand, erfolgte die Verurteilung erstmals auf der Grundlage des Alliierten Kontrollratsgesetzes Nr. 10.[246] Kurt Gebhardt[247] und Horst

244 KGB-Auskunftsbericht zu Theodor Voigt vom 22.6.1970 (BStU, ZA, HA IX/11, RHE 20/69, Band 5, Bl. 136 f.).

245 Henry Leide, NS-Verbrecher und Staatssicherheit. Die geheime Vergangenheitspolitik der DDR, Göttingen 2005, S. 32.

246 Ab Sommer 1947 haben zahlreiche SMT immer häufiger statt des sowjetischen Ukaz 43 das alliierte Kontrollratsgesetz 10 zur Aburteilung von derartigen Verbrechen herangezogen. Seit Anfang des 21. Jahrhunderts widmen russische Gerichte im Falle von Rehabilitierungsanträgen die alten Urteile gegen deutsche Staatsbürger nach Ukaz 43 auf Kontrollratsgesetz 10 um, lassen ansonsten jedoch die Schuldsprüche zumeist unangetastet.

247 KGB-Aufstellung (BStU, ZA, HA IX/11, ZUV 53, Band 1, Bl. 75 f.); Vernehmungsprotokoll Kurt Gebhardt vom 25.9.1946, 22.9.1947, 4.10.1947, 24.2.1975 (BStU, ZA, HA IX/11, ZUV 78, Band 23, Bl. 2-33); Vernehmungsprotokoll Arno Schumann vom 10.8.1977 (BStU, ZA, HA IX/11, ZUV 56, Band 3, Bl. 84-89).

Quadejakob[248] wurden jeweils zu 25, Reinhold-Hermann Wölfel[249] zu 20 Jahren Haft verurteilt. Allen drei Angeklagten wurde vorgeworfen, in Gaisin an der Zusammentreibung der jüdischen Einwohner auf den Sammelplatz beteiligt gewesen zu sein. Über die Massenerschießung in Kirowograd gab Wölfel zu Protokoll: „Am nächsten Tage ging ich mit den Angehörigen des 4. und 3. Zuges an den Ort der Erschießungen, um die Leichen der Erschossenen besser zu vergraben, da wir es am Abend nicht schafften, eine dicke Schicht Erde aufzuschütten." Alle drei wurden 1955/56 aus der DDR-Haft entlassen.

Ebenfalls aufgrund des Kontrollratsgesetzes Nr. 10 wurden am 16. Dezember 1947 vom SMT Land Sachsen in Leipzig Arno Fischer[250] und Gerhard Görner[251] zu lebenslänglicher Haft verurteilt. Als Zugführer in der 3. Kompanie hatte Fischer die Gruppen seines Zuges für die Zusammentreibung der jüdischen Opfer und die Bewachung des Erschießungsortes in Gaisin sowie die Bewachung und Erschießung der jüdischen Einwohner Kirowograds eingeteilt. Görner, der sowohl in Gaisin als auch in Kirowograd an der Erschießung der Juden beteiligt gewesen war, sagte aus, dass am Vorabend des Massakers in Gaisin ein SS-Offizier vor dem Bataillon behauptete habe, in der Stadt werde ein „Überfall auf die deutschen Truppen und Polizeieinheiten vorbereitet", den das Bataillon durch die Ermordung der in der Stadt lebenden Juden abzuwenden habe.

Der nächste Prozess in Chemnitz vor dem SMT Land Sachsen fand am 31. Januar 1948 wiederum auf Grundlage des Kontrollratsgesetzes Nr. 10 statt. Kurt Held[252] erhielt eine lebenslängliche Haftstrafe, Willi Neuhaus[253] und Gerhard

248 Vernehmungsprotokolle Horst Quadejakob vom 7.9. und 1.10.1947 (BStU, ZA, HA IX/11 ZUV 78, Band 31, Bl. 216f.; BStU, ZA, HA IX/11 ZUV 78, Band 33, Bl. 64-69); KGB-Aufstellung (BStU, ZA, HA IX/11, ZUV 53, Band 1, Bl. 75f.); BV Karl-Marx-Stadt an HA IX vom 11.12.1969 (BStU, ZA, HA IX/11, RHE 20/69, Band 4, Bl. 85); MfS-Ermittlungsbogen zu Horst Quadejakob (BStU, ZA, HA IX/11, AK 4627/74, Band 3, Bl. 155).

249 Vernehmungsprotokoll Reinhold-Hermann Wölfel vom 24.9.1947 (BStU, ZA, HA IX/11, ZUV 53, Band 18, Bl. 124-126); Karteikarte der Ordnungspolizei zu Reinhold Wölfel (BStU, ZA, HA XX, Nr. 4718, Bl. 333; ebd., IX/11, ZUV 78, Band 31, Bl. 314-319, 322-325); MfS-Ermittlungsbogen zu Reinhold Wölfel (BStU, ZA, HA IX/11, AK 4627/74, Band 3, Bl. 550).

250 Vernehmungsprotokolle Arno Fischer vom 12. und 17.11.1947 (BStU, ZA, HA IX/11, ZUV 78, Band 22, Bl. 239-247; BStU, ZA, HA IX/11, ZUV 78, Band 31, Bl. 56-60; BStU, ZA, HA IX/11, ZUV 78, Band 33, Bl. 237-246); KGB-Aufstellung (BStU, ZA, HA IX/11, ZUV 53, Band 1, Bl. 75f.); Vernehmungsprotokolle Arno Fischer vom 12. und 17.11.1947 (BStU, ZA, HA IX/11, ZUV 53, Band 17, Bl. 24f., 29-32).

251 KGB-Aufstellung (BStU, ZA, HA IX/11, ZUV 53, Band 1, Bl. 75f.); Vernehmungsprotokoll Gerhard Görner vom 24.10. und 13.11.1947 (BStU, ZA, HA IX/11, ZUV 78, Band 23, Bl. 57-61; BStU, ZA, HA IX/11, ZUV 78, Band 33, Bl. 203-219).

252 KGB-Aufstellung (BStU, ZA, HA IX/11, ZUV 53, Band 1, Bl. 75f.); Vernehmungsprotokoll Kurt Held vom 25.11.1947 (BStU, ZA, HA IX/11, ZUV 78, Band 23, Bl. 295-301); MfS-Ermittlungsbogen zu Kurt Held (BStU, ZA, HA IX/11, AK 4627/74, Band 2, Bl. 338).

253 Vernehmungsprotokoll Willy Neuhaus vom 28.11.1947 (BStU, ZA, HA IX/11, ZUV 56, Band 13, Bl. 4-13); KGB-Aufstellung (BStU, ZA, HA IX/11, ZUV 53, Band 1, Bl. 75f.);

Kühne[254] wurden jeweils zu 25 Jahren verurteilt. Held bestritt zwar, auch nur „einen Bürger der UdSSR erschossen" zu haben, gestand aber ein, in Kirowograd, Gaisin und Uman die Opfer der Massenerschießungen bewacht zu haben. Darüber hinaus gab er an, im Juni 1942 an der Bewachung des Erschießungsplatzes für 6000 bis 7000 Juden in der ostukrainischen Stadt Sumy, 300 Kilometer nördlich von Dnjepropetrowsk, beteiligt gewesen zu sein. Die Stadt gehörte bisher nicht zu den bekannten Tatorten des Bataillons, da Held aber versicherte, dem Polizeibataillon 304 bis Juli 1944 angehört zu haben, muss es sich um ein weiteres, bisher nicht geahndetes Verbrechen des Polizeibataillons handeln.[255] Zum Partisanenkampf sagte Held aus: „Im Polizeibataillon 304 gab es nicht einen Polizeiangehörigen, der nicht an Strafaktionen, besonders großer, teilgenommen hat, wenn das gesamte Bataillon eingesetzt wurde." Während der Verhöre gab Held an, dass Willi Neuhaus wie er selbst an der Bewachung der Massaker in Gaisin, Uman, Kirowograd und anderen Städten beteiligt gewesen sei sowie am Partisanenkampf und an der Requirierung von Getreide teilgenommen habe. Die drei Verurteilten wurden 1955 entlassen. Der vierte Angeklagte Karl Hähnel[256] war am 27. Dezember 1947 verhaftet, jedoch am 18. Januar 1948 „wegen des Fehlens des Tatbestandes einer Beteiligung an Verbrechen" wieder aus dem Gefängnis Chemnitz entlassen worden. Es ist der einzige bekannte Fall einer Entlassung aufgrund fehlender Beweise. Der nächste Prozess mit mehreren Angeklagten fand vermutlich in Bautzen am 27. März 1948 vor dem SMT Land Sachsen statt. Angeklagt waren Kurt Rink[257] und Arno Stodola[258]. Rink wurde zu lebenslanger Haft, Stodola zu 25 Jahren verurteilt. Rink

Gegenüberstellung Kurt Held und Willy Neuhaus 20.12.1947 (BStU, ZA, HA IX/11, ZUV 78, Band 23, Bl. 300 f.); MfS-Ermittlungsbogen zu Willy Heuhaus (BStU, ZA, HA IX/11, AK 4627/74, Band 3, Bl. 106).

254 KGB-Aufstellung (BStU, ZA, HA IX/11, ZUV 53, Band 1, Bl. 75 f.).

255 Bisher war die Ermordung von ca. 2000 Juden in Sumy 1941/42 durch Einsatzgruppen der Sipo und des SD bekannt. Vgl. http://www.fluchschrift.net/verbrech/Deutsche%20in%20ukraine.pdf; 21.3.2014. Die Registrierung der jüdischen Einwohner von Sumy begann am 5.12.1941. Vgl. hierzu: Ulrich Herbert/Götz Aly u. a. (Hg.), Die Verfolgung und Ermordung der europäischen Juden durch das nationalsozialistische Deutschland 1933–1945, Band 7: Bert Hoppe/Hildrun Glass (Bearb.), Sowjetunion mit annektierten Gebieten, 1: Besetzte sowjetische Gebiete unter deutscher Militärverwaltung, Baltikum und Transnistrien, München 2011, S. 387.

256 KGB-Aufstellung (BStU, ZA, HA IX/11, ZUV 53, Band 1, Bl. 105–108).

257 Vernehmungsprotokoll Kurt Rink vom 2.3.1948 (BStU, ZA, HA IX/11, ZUV 78, Band 26, Bl. 108–118); Persönliche Aufzeichnungen Kurt Rink vom 3.3.1948 (BStU, ZA, HA IX/11, ZUV 78, Band 26, Bl. 165–190); KGB-Aufstellung (BStU, ZA, HA IX/11, ZUV 53, Band 1, Bl. 85–87); Vernehmungsprotokoll Kurt Rink vom 11.3.1948 (BStU, ZA, HA IX/11, ZUV 53, Band 18, Bl. 72–77); KGB-Information vom 27.6.1978 (BStU, ZA, HA IX/11, ZUV 56, Band 2, Bl. 9 f.); MfS-Ermittlungsbogen zu Kurt Rink (BStU, ZA, HA IX/11, AK 4627/74, Band 3, Bl. 187).

258 KGB-Aufstellung (BStU, ZA, HA IX/11, ZUV 53, Band 1, Bl. 8587); Vernehmungsprotokoll Arno Stodola vom 28.2.1948 (BStU, ZA, HA IX/11, ZUV 78, Band 31, Bl. 263–266).

sagte aus, während des Wachdienstes in Warschau mindestens 65 Juden und sieben Polen verhaftet und der Gendarmerie übergeben zu haben. In Gaisin, Uman und Winniza sei er für die Absicherung des Erschießungsorts zuständig gewesen, in Gaisin habe er selbst dem Erschießungskommando angehört: „Wir haben eine Stunde geschossen, dann wurden wir abgelöst. Ich habe ungefähr 40 Juden erschossen." Über das Massaker in Uman berichtete Rink, Zugführer Oberleutnant Welsch habe die Erschießungen fotografiert: „Danach wurden die Fotografien heimlich unter den Offizieren verkauft, die einfachen Angehörigen des Bataillons erhielten sie nicht." Laut Rinks Ausführungen hatte es zwei Tage nach den Erschießungen in Winniza ein weiteres Massaker an 100 Juden in Kasatin gegeben, über das bisher kein von der sowjetischen Geheimpolizei vernommener Bataillonsangehöriger Aussagen gemacht hatte. Rink fertigte während der Verhöre auf Weisung des Vernehmungsoffiziers Zeichnungen von den Erschießungsorten in Uman und Winniza an. Aus der Skizze zu Winniza geht hervor, dass das Gelände von 17 Sicherungsposten umstellt gewesen war. An der Stirnseite des „Erschießungsplatzes" waren drei Mann mit Maschinengewehr als „Sicherung gegen Partisanen" postiert. An der linken Seite stand der „Erschießungsoffizier", an der rechten Seite befanden sich die Offiziere der Polizei, SD-Leute und der Gebietskommissar. Vor dem Erschießungsplatz erwartete das „Erschießungskommando, 7 Mann" die vom Sammelplatz aus einem Kilometer Entfernung herangeführten Juden. Ein Patronen- und Pistolenausgeber stand dem Erschießungskommando zur Seite. In der Nähe dieses Kommandos waren wiederum drei Mann mit Granatwerfer sowie vier Mann Reserve „zur Sicherung gegen Partisanen" postiert. Während der Haft schrieb Rink über das Massaker in Gaisin: „Am Abend nach der Erschießung feierten sämtliche Offiziere zusammen mit Wehrmacht und SD ihre Tat, was sie getan haben. Wir, als diejenigen, die so was begehen mussten, feierten nicht, denn so wahr ich hier stehe, meinten [wir zu uns] gegenseitig, warum das alles." Zu den Lebensmittelrequirierungen hieß es in seinen Aufzeichnungen: „Es war oft nicht anzusehen, wie die Sonderführer den Leuten die Sachen abnahmen." Einen Monat später, am 28. April 1948, verurteilte das SMT Land Sachsen in Chemnitz Walter Reuschel,[259] Walter Kunert[260] und Otto Kegel[261] zu lebenslan-

259 Vernehmungsprotokoll Walter Reuschel vom 28.3.1948 (BStU, ZA, HA IX/11, ZUV 78, Band 31, Bl. 220-225); MfS-Ermittlungsbogen zu Walter Reuschel (BStU, ZA, HA IX/11, AK 4627/74, Band 3, Bl. 172).

260 KGB-Aufstellung (BStU, ZA, HA IX/11, ZUV 53, Band 1, Bl. 105-107); Vernehmungsprotokoll Walter Kunert vom 5.4.1948 (BStU, ZA, HA IX/11, ZUV 78, Band 31, Bl. 146-149).

261 KGB-Aufstellung (BStU, ZA, HA IX/11, ZUV 53, Band 1, Bl. 105-107); Vernehmungsprotokolle Otto Kegel vom 2.4.1946 (BStU, ZA, HA IX/11, ZUV 53, Band 17, Bl. 75-88); HA IX an Abteilung VIII vom 28.6.1976 sowie diverses MfS-Material (BStU, ZA, HA IX/11, ZUV 56, Band 15, Bl. 6 f., 9-12).

ger Haft und Walter Kunerts Bruder Kurt Kunert[262] zu 25 Jahren. Weder bei Walter Reuschel noch bei Walter Kunert lassen sich aus den vorliegenden Verhörprotokollen die Vorwürfe ablesen. Otto Kegel war Sanitäter gewesen und hatte in Gaisin und Uman an der Zusammentreibung, Durchsuchung und Bewachung der Juden mitgewirkt. Nach seinen Angaben handelte er an beiden Orten auf Befehl des im Mai 1946 von einem SMT zum Tode verurteilten Gruppen- und Zugführers Willi Winter.

Auch die folgenden Prozesse bis Mitte September 1949 waren durch Höchststrafen charakterisiert. Am 24. Juni 1948 verurteilte das SMT Land Sachsen vermutlich in Leipzig auf alliierter Rechtsgrundlage Friedrich Kabelitz[263] und Martin Zwoboda[264] zu lebenslänglicher Haft. Kabelitz war in Gaisin an den Erschießungen beteiligt gewesen, erklärte aber: „Die Gründe der Erschießung wurden uns nicht bekanntgegeben.“ Im Partisanenkampf hatte er im Herbst 1942 persönlich mehrere Häuser in Brand gesetzt, „weil unsere Kompanie aus diesem Dorf von Partisanen beschossen wurde“. Er wurde 1955 entlassen.

Schon am nächsten Tag verurteilte dasselbe Gericht Walter Schödel,[265] Heinz Oberländer[266] und Heinz Henn[267] zu lebenslänglicher Haft. Alle drei wurden 1955 entlassen. Auch die nächsten drei Prozesse fanden vermutlich in Leipzig statt. Am 9. Juli 1948 wurden Arthur Fichte[268] und Otto Walter[269] vom SMT Land Sachsen in Leipzig zur Höchststrafe verurteilt. Beide waren an den Judenerschießungen in Gaisin beteiligt gewesen. Otto Walter berichtete, wie die jüdischen Einwohner zusammengetrieben worden waren: „Ich ging selbst in ein Haus, brachte einen Mann heraus und brachte ihn zum Sammelpunkt. Die im

262 KGB-Aufstellung (BStU, ZA, HA IX/11, ZUV 53, Band 1, Bl. 105-107); Vernehmungsprotokolle Kurt Kunert vom 17.2. und 3.4.1948 (BStU, ZA, HA IX/11, ZUV 78, Band 4, Bl. 82-104; BStU, ZA, HA IX/11, ZUV 78,, Band 33, Bl. 102-113).

263 KGB-Aufstellung (BStU, ZA, HA IX/11, ZUV 53, Band 1, Bl. 85-87); Vernehmungsprotokoll Friedrich Kabelitz vom 13.5. und 3.6.1948 (BStU, ZA, HA IX/11, ZUV 78, Band 9, Bl. 145 f., 150-154); MfS-Ermittlungsbogen zu Friedrich Kabelitz (BStU, ZA, HA IX/11, AK 4627/74, Band 2, Bl. 470).

264 Vernehmungsprotokoll Martin Zwoboda vom 25.5.1948 (BStU, ZA, HA IX/11, ZUV 78, Band 31, Bl. 356-359).

265 KGB-Aufstellung (BStU, ZA, HA IX/11, ZUV 53, Band 1, Bl. 75-77); MfS-Ermittlungsbogen zu Walter Schödel (BStU, ZA, HA IX/11, AK 4627/74, Band 3, Bl. 333).

266 KGB-Aufstellung (BStU, ZA, HA IX/11, ZUV 53, Band 1, Bl. 75-77); MfS-Ermittlungsbogen zu Heinz Oberländer (BStU, ZA, HA IX/11, AK 4627/74, Band 3, Bl. 113).

267 KGB-Aufstellung (BStU, ZA, HA IX/11, ZUV 53, Band 1, Bl. 75-77); MfS-Ermittlungsbogen zu Heinz Henn (BStU, ZA, HA IX/11, AK 4627/74, Band 2, Bl. 341).

268 KGB-Aufstellung (BStU, ZA, HA IX/11, ZUV 53, Band 1, Bl. 75-77); Vernehmungsprotokolle Arthur Fichte vom 17. und 25.6.1948 (BStU, ZA, HA IX/11, ZUV 78, Band 22, Bl. 211-215).

269 KGB-Aufstellung (BStU, ZA, HA IX/11, ZUV 53, Band 1, Bl. 85-97); Vernehmungsprotokolle Otto Walter vom 18. und 26.6.1948 (BStU, ZA, HA IX/11, ZUV 78 Band 9, Bl. 230-246); KGB-Auskunftsbericht zum Polizei-Bataillon 304 vom 9.6.1971 (BStU, ZA, HA IX/11, ZUV 53, Band 7, Bl. 128-133); Vernehmungsprotokoll Otto Walter vom 15.6.1948 (BStU, ZA, HA IX/11, ZUV 53, Band 17, Bl. 162 f.); MfS-Ermittlungsbogen zu Walter Otto (BStU, ZA, HA IX/11, AK 4627/74, Band 3, Bl. 123).

Haus anwesende Frau sagte mir, dass sie Ukrainerin sei, deshalb ließ ich sie dort, sie wurde aber von den nachfolgenden SS-Leuten mitgenommen." Fichte und Walter wurden 1955 entlassen.

Am 31. Juli 1948 verurteilte das SMT Land Sachsen aufgrund alliierter Gesetzgebung Alfred Schumann[270] und Kurt Wolf[271] zu lebenslangen Strafen. Beiden wurde vorgeworfen, an den Judenerschießungen beteiligt gewesen zu sein. Kurt Wolf aus Leipzig gab an, in Gaisin vier oder fünf jüdische Familien, einschließlich der Kinder, die er in Verstecken aufgespürt hatte, auf die Straße getrieben zu haben, von wo aus sie zum Marktplatz gebracht wurden. Zudem wurde ihm zur Last gelegt, neun sowjetische Fallschirmspringer, die 1941 in Starokonstantinow festgenommen worden waren, zur Erschießung geführt zu haben. Schumann und Wolf wurden 1955 entlassen. Weitere SMT - vermutlich ebenfalls in Leipzig - verurteilten Armin Gütter,[272] Paul Bräuer,[273] Herbert Weinhold[274] und Rolf Wolf.[275] Laut einer Vernehmung des zum Tode verurteilten Kurt Barth vom 23. Dezember 1945 hatte ihm Zugführer Rolf Wolf während des Einsatzes beim Einsatzkommando Pieper in Kobryn den Befehl gegeben, fünf aus dem Lager fliehende Juden zu erschießen. Es handelt sich vermutlich um jenen Wachtmeister Wolf, der im Jahre 1941 im Ghetto Warschau ohne entsprechenden Befehl gemeinsam mit den Wachtmeistern Gother und Trumpe Juden erschossen hatte und den Bataillonskommandeur Deckert deswegen vernehmen sollte.

Am 22. März 1949 verurteilte das SMT Land Sachsen in Zwickau - ebenfalls auf alliierter Rechtsgrundlage - Erich Matthes[276] und Rudolf Winkler[277] zu

270 Vernehmungsprotokolle Alfred Schumann vom 10., 13. und 20.7.1948 (BStU, ZA, HA IX/11, ZUV 78, Band 31, Bl. 248-251; BStU, ZA, HA IX/11, ZUV 78, Band 33, Bl. 4-7, 46-49).

271 KGB-Aufstellung (BStU, ZA, HA IX/11, ZUV 53, Band 1, Bl. 75-77); Vernehmungsprotokoll Kurt Wolf vom 10.7.1948 und 11.8.1949 (BStU, ZA, HA IX/11, ZUV 78, Band 31, Bl. 328-342, 351-353); MfS-Ermittlungsbogen zu Kurt Wolf (BStU, ZA, HA IX/11, AK 4627/74, Band 3, Bl. 553).

272 KGB-Aufstellung (BStU, ZA, HA IX/11, ZUV 53, Band 1, Bl. 75-77); Vernehmungsprotokolle Armin Gütter vom 5.10. und 30.9.1948 (BStU, ZA, HA IX/11, ZUV 78, Band 31, Bl. 76-82; BStU, ZA, HA IX/11, ZUV 78, Band 33, Bl. 172-177); MfS-Ermittlungsbogen zu Armin Gütter (BStU, ZA, HA IX/11, AK 4627/74, Band 2, Bl. 311).

273 Vermerk HA IX/11 vom 16.7.1975 (BStU, ZA, HA IX/11, ZUV 53, Band 7, Bl. 53).

274 KGB-Aufstellung (BStU, ZA, HA IX/11, ZUV 53, Band 1, Bl. 75-77); Aufstellung SMT-Verurteilte o. D. (BStU, ZA, HA IX/11, ZUV 78, Band 22, Bl. 11); HA IX an Abteilung VIII vom 25.5.1976 (BStU, ZA, HA IX/11, ZUV 56, Band 17, Bl. 98f.).

275 Vernehmungsprotokoll Kurt Barth vom 23.12.1945 (BStU, ZA, HA IX/11, ZUV 78, Band 8, Bl. 2-8); MfS-Datenblätter zu Rolf Wolf (BStU, ZA, HA IX/11, ZUV 78, Band 28, Bl. 121-126); vgl. Klemp, „Nicht ermittelt", S. 473-476.

276 KGB-Aufstellung (BStU, ZA, HA IX/11, ZUV 53, Band 1, Bl. 75-77); Vernehmungsprotokoll Erich Matthes vom 13.1.1949 (BStU, ZA, HA IX/11, ZUV 53, Band 18, Bl. 14-17); MfS-Ermittlungsbogen zu Erich Matthes (BStU, ZA, HA IX/11, AK 4627/74, Band 3, Bl. 2).

277 KGB-Aufstellung (BStU, ZA, HA IX/11, ZUV 53, Band 1, Bl. 75-77); Vernehmungsprotokolle Rudolf Winkler vom 3.12.1948 und 19.2.1949 (BStU, ZA, HA IX/11, ZUV 53, Band 18, Bl. 119-123); MfS HA IX an KD Döbeln vom 31.1.1975 und Auszüge aus

lebenslänglicher Haft. Beide waren an den Massenerschießungen in Uman beteiligt gewesen. Matthes hatte mehrere Gruppen von Juden vom Gefängnis zum Erschießungsort eskortiert, aber selbst nicht geschossen. Er gab zu Protokoll:

„Der Erschießungsort bot ein furchtbares Bild. Die zur Erschießung vorgesehenen Menschen gaben unmenschliche Schreie von sich, die Kinder weinten, die Leute rauften sich die Haare und die Frauen schrien. Auf die Angehörigen des Polizeibataillons wirkte das jedoch nicht, weil sie vor der Erschießung eine Flasche Wodka erhalten hatten und die Erschießung in angetrunkenem Zustand durchführten. [...] Ich selbst habe als Augenzeuge gesehen, wie eine Frau, ca. 40 bis 45 Jahre alt, an die Grube ging und auf ihren Armen ein Kind trug, einen Jungen oder ein Mädchen. Sie sagte dem Revieroberwachtmeister Winkler, Rudolf: ‚Töte erst vor meinen Augen mein Kind und danach mich.' Danach legte die Frau ihr Kindchen auf den Grubenboden und schaute so lange dorthin, bis Winkler, Rudolf aus der MPi auf das Kind geschossen hatte. Danach tötete er mit einem Genickschuss auch diese Frau."

Winkler bestätigte Matthes' Angaben zu seiner Beteiligung an der Massenerschießungen:

„Auf diese Art und Weise habe ich ca. eine Stunde ohne Unterbrechung geschossen [...]. Soweit mir erinnerlich, befanden sich auch Säuglinge darunter, die in den Armen ihrer Mütter mit diesen erschossen wurden. Das Bild der Erschießung war besonders furchtbar. Viele kamen schweigend heran, legten sich hin und waren bereit zu sterben, aber einige, besonders die Frauen, gaben unmenschliche Schreie von sich. Die Frauen und die Kinder weinten und so wurden von mir über 100 Menschen, Greise, Frauen und Kinder, erschossen."

Beide wurden 1955 entlassen. Auch Emil Kleen,[278] der am 18. Juli 1949 wegen seiner Beteiligung an den Judenerschießungen und der Requirierung von Lebensmitteln vom SMT Land Sachsen zu lebenslanger Haft verurteilt worden war, kam 1955 wieder frei.

Am 15. September 1949 fand vor dem SMT Land Sachsen, vermutlich in Bautzen, das letzte sowjetische Verfahren gegen Angehörige des Polizeibataillons 304 in Deutschland statt. Horst Dietrich[279] und Max Taubert[280] erhielten eine lebens-

der Vernehmung von Walter Hofmann vom 10.10.1974 zu Winkler (BStU, ZA, HA XX, Nr. 4718, Bl. 320, 327); BV Karl-Marx-Stadt an HA IX vom 11.12.1969 (BStU, ZA, HA, IX/11, RHE 20/69, Band 4, Bl. 86); MfS-Ermittlungsbogen zu Rudolf Winkler (BStU, ZA, HA IX/11, AK 4627/74, Band 3, Bl. 539).

278 Vernehmungsprotokoll Emil Kleen vom 25.10.1945 (BStU, ZA, HA IX/11, ZUV 56, Band 12, Bl. 107-132); KGB-Aufstellung (BStU, ZA, HA IX/11, ZUV 53, Band 1, Bl. 85-87); Vernehmungsprotokolle Emil Kleen vom 10.8.1949, 25.10.1945 und 25.7.1947 (BStU, ZA, HA IX/11, ZUV 78, Band 24, Bl. 176f.; BStU, ZA, HA IX/11, ZUV 78, Band 31, Bl. 120-129, 132-139).

279 Vernehmungsprotokoll Horst Dietrich vom 13.8.1949 (BStU, ZA, HA IX/11, ZUV 78, Band 31, Bl. 24-26).

280 KGB-Aufstellung (BStU, ZA, HA IX/11, ZUV 53, Band 1, Bl. 75-77).

längliche Haftstrafe, Max Berger[281] 25 Jahre und Willy Schmidt[282] 20 Jahre Haft. Ihnen wurde hauptsächlich die Beteiligung am Partisanenkampf und an Requirierungen vorgeworfen. Alle vier Verurteilten wurden 1955 entlassen.

Im Zusammenhang mit der Massenaburteilung deutscher Kriegsgefangener in der Sowjetunion Ende Dezember 1949 wurden drei weitere Bataillonsangehörige zu hohen Zeitstrafen verurteilt, obwohl sie sich bereits seit Jahren in Gefangenschaft befanden. Fritz Schwarze,[283] der am 19. Dezember 1949 vom SMT des MVD Saporosche zu einer unbekannten Zeitstrafe verurteilt worden war, wurde schon am 29. April 1950 durch Gerichtsbeschluss aus der Haft entlassen und, wie es dort ausdrücklich heißt, aus der UdSSR ausgewiesen. Einen Tag nach Schwarze verurteilte das SMT des MVD im Gebiet Stalingrad Arno Schumann[284] zu 25 Jahren Haft. In den Verhören hatte er die Aufgaben des Bataillons als normalen Polizeidienst dargestellt: „Von Gräueltaten ist mir nichts bekannt." Verurteilt wurde er lediglich wegen der Teilnahme an Partisanenaktionen und an der Eintreibung von Getreide. Daher konnte er später von einem DDR-Gericht für seine Beteiligung an der Erschießung jüdischer Sowjetbürger zur Verantwortung gezogen werden. Als er am 1. November 1978 zu lebenslänglicher Haft verurteilt wurde, legte er u. a. mit der Begründung Berufung ein, er bereue es ausdrücklich, in der Sowjetunion seine Mordtaten nicht gestanden zu haben, weil ihm das die zweite Verurteilung in der DDR erspart hätte.[285] Karl Hammer,[286] der am 23. Dezember 1949 auf Grundlage von Ukaz 43 vom SMT Kuibyschew zu 25 Jahren verurteilt wurde, sagte, zu den Gräueltaten des Bataillons befragt, aus, dass er als Telefonist gehört habe, „wie der Kommandeur meines Bataillons befahl, die Juden an bestimmten Orten zusammenzutreiben und danach zu erschießen. [...] Als wir uns im Kreis Mosyr aufhielten, befahl Major Orth dem Bataillon, alle Ortschaften wegen Partisanengefahr zu vernichten." Verurteilt wurde er allein aufgrund seiner Zugehörigkeit zum Polizeibataillon 304, das, so das Urteil summarisch, „auf dem zeitweilig okkupierten Territorium der UdSSR bis zu 5000 friedliche Sowjetbürger jüdischer Nationalität erschossen" habe.

281 Vernehmungsprotokoll Willi Schmidt vom 13.8.1949 (BStU, ZA, HA IX/11, ZUV 78, Band 22, Bl. 56-58); KGB-Aufstellung (BStU, ZA, HA IX/11, ZUV 53, Band 1, Bl. 75-77).

282 KGB-Aufstellung (BStU, ZA, HA IX/11, ZUV 53, Band 1, Bl. 75-77); KGB-Information vom 27.6.1978 (BStU, ZA, HA IX/11, ZUV 56, Band 2, Bl. 9f.); MfS-Ermittlungsbogen zu Willy Schmidt (BStU, ZA, HA IX/11, AK 4627/74, Band 3, Bl. 313).

283 MfS-Aufstellung (BStU, ZA, HA IX/11, ZUV 53, Band 1, Bl. 178).

284 Vernehmungsprotokoll Arno Schumann vom 12.3. und 5.4.1948 sowie Urteil des SMT des MVD Gebiet Stalingrad vom 20.12.1949 (BStU, ZA, HA IX/11, ZUV 56, Band 28, Bl. 51-55, 61-68, 80f.); Berufung Arno Schumann vom 1.11.1978 (BStU, ZA, HA IX/11, ZUV 56, Band 35, Bl. 278-280).

285 Berufung Arno Schumann vom 1.11.1978 (BStU, ZA, HA IX/11, ZUV 56, Band 35, Bl. 278-280).

286 Vernehmungsprotokolle Karl Hammer vom 8.6.1948, 13.10. und 11.11.1949, Urteil vom 23.12.1949 (BStU, ZA, HA IX/11, ZUV 78, Band 23, Bl. 251-277).

Die letzten beiden Urteile - zu jeweils 25 Jahren Lagerhaft - ergingen von sogenannten Sonderberatungen (OSO) des MGB. Die Urteile wurden ohne förmliche Gerichtsverhandlung gefällt und den Verurteilten lediglich mitgeteilt. Paul Spallek[287] befand sich zum Zeitpunkt des Urteils am 10. Juni 1950 vermutlich in einem Kriegsgefangenenlager in der Sowjetunion, Friedrich Förster[288] war bis Anfang 1950 in einem sowjetischen Speziallager auf dem Gebiet der DDR interniert gewesen. Bemerkenswert ist, dass Paul Spalleks Verurteilung auf der alliierten Rechtsgrundlage des Kontrollratsgesetztes Nr. 10 erfolgte. Er wurde Ende 1953 entlassen, Friedrich Förster 1955.

Mitte der 1950er-Jahre saßen in den DDR-Strafvollzugsanstalten Luckau, Torgau, Bautzen und Brandenburg noch 26 von ursprünglich 71 zu Zeitstrafen verurteilten Angehörigen des Polizeibataillons 304 ein.[289] Die Mehrheit von ihnen wurde spätestens 1956 entlassen. Noch 1971 lebten 18 SMT-Verurteilte in der DDR.[290]

X. Resümee

War eingangs davon die Rede, dass bislang nur 15 sowjetische Todesurteile und einige Zeitstrafenurteile gegen das Polizeibataillon in der Forschung bekannt waren, so können mit der vorliegenden Dokumentation neue Ergebnisse präsentiert werden.

Das im sächsischen Chemnitz beheimatete Polizeibataillon 304 war die Einheit der Ordnungspolizei mit der höchsten Anzahl zum Tode Verurteilter. Bereits bis Mai 1947 waren in 14 Prozessen 99 Polizisten dieses Bataillons abgeurteilt worden, darunter 90 zum Tode - von diesen wurden zwölf begnadigt - und neun zu Zeitstrafen. Zwei Polizisten starben vor dem Urteil in der Haft, einer von ihnen beging Selbstmord, vermutlich als Folge erlittener Misshandlungen und schlechter Haftbedingungen. Ein weiterer wurde ohne Urteil in einem Speziallager interniert. Bei zwei Bataillonsangehörigen ist ihr Verbleib nach den Vernehmungen ungeklärt. Seit der Aussetzung der Todesstrafe im Mai 1947 wurden in 30 Prozessen von 50 Verurteilten 25 zu lebenslänglicher Haft und 25 zu hohen Zeitstrafen verurteilt. Zwei Polizisten wurden nach Verhören ohne Urteil in Speziallager eingewiesen, fünf weitere verhaftet und lediglich verhört, einer von ih-

287 KGB-Aufstellung (BStU, ZA, HA IX/11, ZUV 53, Band 1, Bl. 75-77); HA IX an BV Karl-Marx-Stadt vom 13.12.1976 (BStU, ZA, HA IX/11, ZUV 56, Band 17, Bl. 88).

288 KGB-Aufstellung (BStU, ZA, HA IX/11, ZUV 53, Band 1, Bl. 85-87); Vernehmungsprotokolle Friedrich Förster vom 29. und 30.7.1946 (BStU, ZA, HA IX/11, ZUV 78, Band 22, Bl. 270-278); Vernehmungsprotokoll Friedrich Förster vom 29. und 30.7.1946 (BStU, ZA, HA IX/11, ZUV 78, Band 31, Bl. 61-65; BStU, ZA, HA IX/11, ZUV 78, Band 33, Bl. 247-253).

289 Aufstellung SMT-Verurteilte o. D. (BStU, ZA, HA IX/11, ZUV 78, Band 22, Bl. 8-14).

290 HA IX an BV Karl-Marx-Stadt vom 30.11.1971 (BStU, ZA, HA IX/11, ZUV 53, Band 1, Bl. 16f.); HA IX an BV Leipzig vom 17.11.1971 (BStU, ZA, HA IX/11, ZUV 53, Band 1, Bl. 19f.).

nen ist nachweislich entlassen worden. Das Schicksal der vier anderen ist nicht bekannt. Beim Polizeibataillon 304 lässt sich nachzeichnen, dass auch nach Aussetzung der Todesstrafe weiter eine große Zahl an Verurteilungen zur Höchststrafe, nun als lebenslängliche Haft, ausgesprochen wurde, nämlich immerhin bei der Hälfte der Verurteilten. Insgesamt wurden 149 Angehörige des Polizeibataillons 304 im Zeitraum 1945 bis 1950 von SMT verurteilt, nahezu jeder dritte.

Unter den zum Tode verurteilten Polizisten befanden sich nur relativ wenige Offiziere. Ein Oberleutnant war Leiter des Kfz-Zuges bzw. Kommandeur des Fuhrparks, ein Leutnant war im 11. Polizeiregiment zuständig für Wirtschaftsaufgaben, für die Lebensmittelbeschaffung und den Bau von Unterkünften, ein anderer Leutnant war Meldestaffelführer und wurde begnadigt. Kein einziger Kompanieführer wurde verurteilt. Lediglich zwei Zugführer und sechs Gruppenführer sind hingerichtet worden. Mit 13 von 90 der zum Tode Verurteilten sind knapp 15 Prozent dieser Gruppe als Befehlsgeber anzusehen, jedoch nur als untergeordnete. Unter den ab Mai 1947 zu lebenslänglichen Strafen verurteilten Bataillonsangehörigen befanden sich drei Zugführer. Ein Gruppenführer wurde zu zehn Jahren verurteilt. Die überwiegende Mehrheit der Verurteilten zählte also zu den Ausführenden der mörderischen Befehle, die dem Polizeibataillon 304 in Polen und in der Sowjetunion erteilt worden waren.

Keine deutsche Militäreinheit, nicht einmal die Einsatzgruppen der Sipo und des SD, war einer derart intensiven sowjetischen Strafverfolgung mit einer so hohen Zahl an Todesurteilen ausgesetzt wie das Polizeibataillon 304. Vergleichbar ist dies nur mit den noch zahlreicheren Verurteilungen zu hohen Zeitstrafen durch SMT gegen Angehörige des Polizeibataillons 9 im Juli/August 1947, kurze Zeit nach Aussetzung der Todesstrafe.[291]

Im vorliegenden Band werden in den Studien „Kurzbiografien“ der zum Tode verurteilten Deutschen[292] und „Fallgruppenübersicht und Erschließungsregister“ auch die Todesurteile gegen Angehörige anderer Einheiten der Ordnungspolizei behandelt. Am Schluss dieses Beitrages soll deshalb ein kurzer Überblick über die gegenwärtigen Erkenntnisse zur sowjetischen Strafverfolgung gegen Ordnungspolizeieinheiten stehen.

Laut Klemps Forschungen haben mindestens 67 Polizeibataillone in Osteuropa an Massenerschießungen von Zivilisten teilgenommen.[293] Gegenstand der nachstehenden Analyse sind 63 dieser 67 Polizeieinheiten, und zwar insofern, als ihre Taten anhand von SMT-Ermittlungen oder aus der Forschungslite-

291 Ein erster Überblick hierzu vgl. Stefan Klemp, „Ab nach Sibirien?“. Zur Sanktionierungspraxis gegenüber Polizeibeamten des Dritten Reichs: Der Fall des Polizeibataillons 9. In: Alfons Kenkmann/Christoph Spieker (Hg.), Im Auftrag. Polizei, Verwaltung und Verantwortung. Begleitband zur gleichnamigen Dauerausstellung - Geschichtsort Villa ten Hompel, Essen 2001, S. 278–300.

292 Im biografischen Anhang zum Download unter https://doi.org/10.13109/9783666369766.547.

293 Vgl. Klemp, „Nicht ermittelt“, S. 96.

ratur ersichtlich waren. Mindestens 788 Polizisten sind demnach zwischen 1944 und 1951 in 123 Prozessen verurteilt worden. Insgesamt lassen sich beim gegenwärtigen Forschungsstand 211 Todesurteile gegen Schutzpolizisten nachweisen, von denen 52, also jedes vierte, in eine Freiheitsstrafe umgewandelt wurden. Todesstrafen wurden gegen Angehörige von 27 Polizeibataillonen, zehn SS-Polizeiregimentern und vier motorisierten Gendarmeriezügen verhängt. Gegen weitere elf Bataillone, ein Regiment, elf Gendarmeriezüge und die Polizeireiterabteilungen I und II wurden Zeitstrafen ausgesprochen. Bemerkenswert ist, dass die Intensität der Strafverfolgung nach Abschaffung der Todesstrafe noch zunahm.

Obwohl sich die Forschungen zur sowjetischen Strafverfolgung gegen Angehörige von Ordnungspolizeieinheiten noch am Anfang befinden, soll hier ein kurzer Überblick über die Dienststellungen des zum Tode verurteilten Führungspersonals der vorgestellten Polizeieinheiten (außer Polizeibataillon 304) folgen. SMT verurteilten insgesamt drei Kommandeure von SS-Polizeiregimentern (2, 6, 26), sechs Bataillonskommandeure (6, 11, 22, 114, 255, 256), sieben Zugführer, einen Gruppenführer sowie einen Melder zum Tode. Ein Zug- und ein Gruppenführer erhielten eine lebenslängliche Strafe (41, 82). Zu Zeitstrafen wurden ein Bataillonskommandeur (9), vier Kompanieführer, fünf Zugführer und elf Gruppenführer verurteilt. Abgesehen von der Ebene der Regiments- und Bataillonskommandeure stimmt auch dieser Befund mit den Ergebnissen der Untersuchung zum Polizeibataillon 304 überein, wonach überwiegend die Befehlsempfänger der untersten Ebene als Vollstrecker der Verbrechen zur Verantwortung gezogen wurden. Zahlenmäßig waren sie ohnehin die größte Gruppe. Das nach 1945 vor allem in der Bundesrepublik strafmildernd wirkende Argument der bloßen Beihilfe oder sogar des Befehlsnotstandes spielte im Rahmen der SMT keine nachweisbare Rolle.

Die Analyse der sowjetischen Ahndung von NS-Verbrechen ermöglicht einen Überblick, welche Polizeibataillone an den wichtigsten Verbrechenskomplexen beteiligt waren. Da einige Bataillone in mehreren besetzten Staaten an unterschiedlichen Verbrechen teilnahmen, werden sie auch mehrmals genannt.

1. Judenmord

Mit mindestens 127 Todesurteilen und insgesamt 217 SMT-Verurteilungen sind die am intensivsten am Judenmord in der Ukraine und in Weißrussland beteiligten Einheiten der SS-Polizeiregimenter 10 (Polizeibataillone 45, 303, 314), 11 (Polizeibataillone 304, 315, 320) sowie Mitte (Polizeibataillone 307, 316, 322) auch in besonderem Maße zur Verantwortung gezogen worden. Wesentlich geringer ist der Anteil der Verurteilten, die im Rahmen der Aktion „Reinhard" von März 1941 bis November 1943 im Generalgouvernement an der Ermordung von etwa zwei Millionen polnischen Juden beteiligt waren, etwa die Polizeibataillone 41 und 316 mit sechs Todesurteilen und 28 Verurteilungen.

Am Judenmord in Polen waren 17 Einheiten beteiligt (Bataillone 6, 7, 11, 22, 41, 43, 61, 82, 91, 255, 264, 304, 307; Regimenter 2, 23, 35; Reiterabteilung II). Am Judenmord in der Ukraine/Sowjetunion nahmen 14 Einheiten teil (Bataillone 7, 9, 11, 45, 82, 264, 304, 311, 315, 320; Regiment 10; Gendarmeriezüge 14, 16; Reiterabteilung I) und in Weißrussland/Sowjetunion waren daran 14 Einheiten beteiligt (Bataillone 11, 22, 32, 91, 255, 256, 307, 310, 316, 320, 322; Regimenter 2, 26; Reiterabteilung II). In Lettland waren die Bataillone 11 und 22 in den Judenmord involviert, in Litauen das Bataillon 11.

Ein größerer Teil dieser Massenmorde wurde im Bereich jüdischer Ghettos begangen. Allerdings waren nicht alle Bataillone, die Ghettos bewachten, auch an Morden beteiligt. In Polen bildeten die Ghettos Warschau und Litzmannstadt Schwerpunkte. Insgesamt geht es um 15 Ghettos und mindestens 16 Polizeieinheiten. Zur Bewachung des Ghettos Warschau gehörten die Bataillone 41, 61 und 304. Möglicherweise haben auch die Bataillone 6, 7, 10 und 43 das Ghetto bewacht, da sie während seiner Existenz in Warschau stationiert waren. An Morden unterschiedlicher Ausmaße waren dort die Bataillone 41, 61 und 304 beteiligt. An der Niederschlagung des Warschauer Ghettoaufstandes 1943 nahmen das Bataillon 41 und die Polizeiregimenter 23 und 35 teil. Das Bataillon 7 wies jüdische Einwohner in das Ghetto Litzmannstadt ein. Zur Bewachung dieses Ghettos haben die Bataillone 41 und 43 gehört, möglicherweise auch das Bataillon 44. An Morden im Ghetto Litzmannstadt waren die Bataillone 41 und 43 beteiligt. Das Bataillon 41 gehörte auch zur Bewachung des Ghettos Kutno und war an Morden im Ghetto Kraśnik beteiligt. Für die Morde im Ghetto Glebokie waren die Bataillone 11, 22 und 255 sowie das Regiment 2 verantwortlich. Das Polizeibataillon 91 hat nicht nur das Ghetto Grodno bewacht, sondern war auch an Morden dort sowie auch im Ghetto Krynki beteiligt. Das Polizeibataillon 307 nahm an Deportationen aus den fünf Ghettos Lublin, Tarnow, Rzeszów, Novy Sacz und Przemyśl teil, bei denen Tausende Juden erschossen wurden. Es hatte zuvor auch das Ghetto Lublin bewacht. Vom Polizeibataillon 305 ist bekannt, dass es an nicht näher bestimmten Aktionen gegen die Ghettos Kielce, Radom und Kamienna teilnahm. Die Polizei-Reiterabteilung II war an Morden im Ghetto Janow beteiligt.

In der Ukraine waren fünf Polizeieinheiten in zehn Ghettos an Repressionen und an der Ermordung seiner Bewohner beteiligt. Nachdem Angehörige des Bataillons 7 das Ghetto Ternopol eingerichtet hatten, waren sie auch an der Massenerschießung der Insassen beteiligt. Das Bataillon nahm außerdem an Morden in den Ghettos Slotschew, Brody, Grabow, Tscherkow, Krasnoje, Pschenislan und Lemberg teil. Im Ghetto Kobryn mordeten ein aus den Bataillonen 304, 315 und 320 des Polizeiregimentes 11 gebildetes Sonderkommando unter Hauptmann Pieper sowie der Gendarmeriezug (mot) 16. Die Bataillone 315 und 320 wirkten auch im Ghetto Rowno an der Ermordung der Insassen mit; das Bataillon 315 stellte zusätzlich die Bewachung dieses Ghettos.

In Weißrussland sind elf Einheiten im Bereich von sechs Ghettos eingesetzt gewesen. Allein in Bialystok begingen die Bataillone 22, 255, 256, 316 und 322 ungezählte Morde. In Pinsk erschossen die Bataillone 310, 320 und die Reiterabteilung II die jüdischen Ghettobewohner. Das Bataillon 91 richtete nicht nur das Ghetto Chotimsk ein und bewachte die Insassen, sondern ermordete sie auch. Das Bataillon 22 beging in den Ghettos Mogiljew, Ossipowitschi und Sluzk Massenmorde. Das Bataillon 32 mordete in Minsk. Das Bataillon 310 deportierte und erschoss die Juden des Ghettos Brest. An der Bewachung und Deportation der Juden des Ghettos in Wisokie-Litowsk war das Polizeiregiment 2 beteiligt. Die Reiterabteilung II war für die Morde im Ghetto Stolin verantwortlich.

Das Ghetto Kowno in Litauen wurde durch das Polizeibataillon 11 bewacht. Es war mit dem Bataillon 22 auch an den Morden im Ghetto von Lettlands Hauptstadt Riga beteiligt.

18 Einheiten waren am Holocaust der sowjetischen Juden in 19 Ghettos beteiligt. Neun weitere Einheiten - die Bataillone 9, 32, 45, 82, 264 und 311, das Regiment 10, der Gendarmeriezug 14 und die Reiterabteilung I - haben ausschließlich außerhalb von Ghettos an den Massenerschießungen teilgenommen. Insgesamt waren 27 Einheiten an Repressionen und Massakern gegen die sowjetischen Juden beteiligt.

Es ist vor dem Hintergrund des Dargestellten nicht verwunderlich, dass sich die SMT in den ersten Jahren nach dem Kriegsende auf diese Verbrechen konzentrierten. Dennoch war das Ausmaß der Strafverfolgung aufgrund der sowjetischen Geheimhaltungspolitik kaum bekannt. Eine Ausnahme bildete bisher nur das Polizeibataillon 9.

Berücksichtigt man noch die sechs Einheiten, die ausschließlich in Polen am Völkermord an den Juden mitgewirkt haben (Bataillone 6, 41, 43, 61; Regimenter 23, 35), so sind auf der Grundlage der sowjetischen Verurteilungspraxis in der Nachkriegszeit 33 Einheiten wegen der Teilnahme an den Massenmorden gegen Juden gerichtlich zur Verantwortung gezogen worden.

2. Partisanenkampf

In dieser Übersicht wird keine Differenzierung dahingehend vorgenommen, welche Einheit mehr oder weniger an Erschießungen von Partisanen und Zivilisten oder an der Niederbrennung von Ortschaften und Häusern teilgenommen hat. In einem weiteren Abschnitt wird auf die Verschleppung von Einwohnern zur Zwangsarbeit nach Deutschland eingegangen, die wiederum überwiegend in der Sowjetunion im Zusammenhang mit dem Partisanenkampf und der sogenannten „Befriedung" ganzer Landstriche zu sehen ist.

In Polen waren die Bataillone 7, 10, 41, 43, 255, 256 und 311 sowie das Polizeiregiment 23 gegen Partisanen eingesetzt. Auf dem Gebiet der Sowjetunion waren von den Polizeieinheiten, mit denen sich die SMT befassten, insgesamt 46 im Partisanenkampf eingesetzt. In der Ukraine waren es die Bataillone 45, 108, 114, 264, 304, 307, 311, 315 und 320, die Regimenter 2, 6, 26 und 35, die Gendarmeriezüge 14, 15, 16, 24 und 47 sowie die Reiterabteilung II. In Weißrussland nahmen die Bataillone 6, 82, 255, 304, 305, 307, 310, 320 und ein weiteres unbekanntes Bataillon, die Regimenter 2, 16, 24 und 31, die Gendarmeriezüge 6, 11, 12, 15, 16, 17, 18 und 32 sowie die Reiterabteilung I am Partisanenkampf teil. Auf dem Territorium Russlands waren es bedeutend weniger, nämlich nur die Bataillone 82, 91, 102, 112 und 311 sowie die Regimenter 6 und 9. In Lettland wurden das Bataillon 102, das Regiment 16 und der Gendarmeriezug 10, in Litauen die Bataillone 42, 102 und 305, das Regiment 16 und die Gendarmeriezüge 9 und 28 und in Estland das Bataillon 112 sowie das Regiment 9 bei Partisanenaktionen eingesetzt. In weiteren, nicht näher bekannten Gebieten der Sowjetunion waren auch das Bataillon 61 und ein unbekanntes Regiment daran beteiligt.

Vier Bataillone waren in Südosteuropa im Partisanenkampf eingesetzt gewesen, in Jugoslawien die Bataillone 6, 10 und 322, in Griechenland wiederum das Bataillon 322 und in Ungarn das Bataillon 311. Während in Frankreich das Polizeibataillon 10 zum Einsatz kam, war es in Norwegen das Regiment 24.

3. Deportation zur Zwangsarbeit

An diesem Verbrechen haben in Polen drei Bataillone (7, 82 und 308) und in der Sowjetunion vor allem im Kontext des Partisanenkampfes acht Polizeieinheiten teilgenommen. In der Ukraine, die den territorialen Schwerpunkt bildet, waren es die Bataillone 108, 114, 304, 307 und 315 sowie der Gendarmeriezug 16, in Weißrussland das Bataillon 307 sowie die Gendarmeriezüge 6 und 12 und in Lettland das Polizeiregiment 16.

4. Requirierungen

Die rücksichtslose Requirierung von Lebensmitteln, Saatgut und Vieh war ein von der NS-Führung gezielt eingesetztes Instrument, das für die slawische Bevölkerung in den sowjetischen Gebieten massenhaften Hungertod bedeutete. Insofern hatte dieses Vorgehen nur teilweise mit dem Partisanenkampf zu tun. Die Einsätze zur Plünderung des überwiegenden Teils der Lebensmittel konzentrierten sich wiederum auf die Ukraine, wo die Polizeibataillone 82, 114, 304, 311, 315 und 320 sowie der Gendarmeriezug 16 daran beteiligt waren. In Weißrussland beraubten das Bataillon 307 und die Gendarmeriezüge 6, 11 und 12 und in Lettland das Bataillon 102 sowie das Polizeiregiment 16 die Einwohner ihrer Lebensgrundlagen.

5. Umsiedlungen

An der zwangsweisen Umsiedlung größerer Bevölkerungsgruppen nahmen Polizeieinheiten in Polen im Rahmen der sogenannten Germanisierung des Warthegaus teil. In Posen waren die Bataillone 41 und 44 und die Reiterabteilung II bei der Vertreibung von jüdischen und polnischen Einwohnern vermutlich im September 1941 bzw. im Februar 1942 beteiligt.

6. „Sonderkommando 1005" bzw. „Aktion 1005"

Drei Bataillone waren zur Verwischung der Spuren des Holocausts in Polen und in der Ukraine eingesetzt. Zur Exhumierung der von Einsatzgruppen der Sipo und des SD sowie von Polizeieinheiten ermordeten Juden und zur Einäscherung ihrer Leichname waren in Polen das Polizeibataillon 41 in Radom und Kamienna und das Bataillon 316 an nicht bekannten Orten im Distrikt Lublin eingesetzt. Das Polizeibataillon 7 hatte in der Ukraine dieselbe Aufgabe in Kleparowo bei Lemberg, in Tschewtschitza und in Stanislaw erhalten.

7. Bewachung und Ermordung sowjetischer Kriegsgefangener

Sechs Einheiten waren neben dem Polizeibataillon 304 an der Erschießung von jüdischen und nichtjüdischen sowjetischen Kriegsgefangenen beteiligt. Drei dieser Einheiten nahmen Kriegsgefangene fest, wiesen sie in Kriegsgefangenlager ein oder bewachten sie bei der Arbeit und beim Transport zur Zwangsarbeit nach Deutschland. An der Erschießung nichtjüdischer Kriegsgefangener waren in der Ukraine die Polizeibataillone 304, 311 und 322 und in Polen das Bataillon 82 und das Polizeiregiment 23 beteiligt. In der Ukraine ermordeten die Polizeibataillone 304 und 311 und in Weißrussland das Polizeiregiment 2 jüdische Rotarmisten. Bewacht wurden sowjetische Kriegsgefangene durch das Bataillon 304 und den Gendarmeriezug 15 in der Ukraine. Das Bataillon 82 verhaftete Rotarmisten in der Ukraine und bewachte Kriegsgefangene in Polen. Als einzige Einheit bewachte das Bataillon 82 sowjetische Kriegsgefangene auf Bahntransporten von Russland zur Zwangsarbeit nach Deutschland.

8. Vernichtungs- und Konzentrationslager

Nicht vollständig bekannt sind die Ziele der von den Polizeibataillonen begleiteten Deportationstransporte aus den Ghettos. Das Polizeibataillon 307 war an der Deportation der Juden aus den polnischen Ghettos Tarnow, Rzeszow, Novy Sacz und Przemysl in das Vernichtungslager Belzec und das Polizeiregiment 26 an der Verbringung der Juden aus dem weißrussischen Ghetto Bialystok nach

Majdanek und Treblinka beteiligt. Das Polizeibataillon 310 deportierte bei der Auflösung des Ghettos Brest einen Teil der Insassen zu verschiedenen Exekutionsorten. Auschwitz steht zweimal im Zusammenhang mit Polizeibataillonen. Das Bataillon 82 deportierte im Februar 1941 zur Erweiterung des Vernichtungslagers Auschwitz polnische und jüdische Einwohner aus den Orten Auschwitz und Birkenau in verschiedene KZ und Ghettos. Das Polizeibataillon 308 transportierte nicht näher bezeichnete Gefangene im August 1942 aus Breslau nach Auschwitz und Groß Rosen. Das Polizeibataillon 307 deportierte 1941 Juden aus dem Ghetto Lublin in ein Konzentrationslager. Als einziges Bataillon war das Polizeibataillon 311 nach dem Rückzug aus den besetzten Gebieten 1945 in Deutschland im Bereich des SS-WVHA zur Bewachung eines Außenlagers eingesetzt - des Außenlagers Jena des KZ Buchenwald.

Fallgruppenübersicht und Erschließungsregister – Leitfaden für die biografische Dokumentation

Andreas Weigelt

Anders als in den Ausführungen zu den statistischen Abfragen werden die Fälle in diesem Beitrag nicht ausschließlich nach den von den SMT angewendeten Rechtsgrundlagen ausgewertet, sondern nach den insgesamt recherchierten biografischen Angaben. Diese können einerseits aus den Aktenbruchstücken der SMT, die auf verschiedenen Wegen überliefert sind, rekonstruiert werden, andererseits aus den von den Angehörigen oder Mitverurteilten an unterschiedliche Institutionen übermittelten Daten und Erinnerungen (Gedenkstätten, StSG, HAIT, DRK-Suchdienst, Korrespondenzen usw.) sowie aus der Fachliteratur.

Es ist in diesem Zusammenhang wichtig zu verstehen, welche Deliktgruppen einerseits hinsichtlich der Herrschaftswirklichkeit des „Dritten Reiches" und der Kriegszeit sowie der Übergangszeit zwischen Krieg und Frieden und andererseits hinsichtlich der Besatzungszeit insbesondere seit April 1945 in den Blickwinkel der sowjetischen Militärtribunale gerieten.

Bei der Gruppe der in der Sowjetunion durchgeführten Prozesse gegen deutsche Bürger erfolgte die Aufnahme in die Projektdatenbank nur, wenn es für den Zeitpunkt der Verurteilung keinen Hinweis auf den Status des Verurteilten als Kriegsgefangener gab. Schon die Verhörprotokolle unterscheiden hier eindeutig zwischen „Arrestanten" und „Kriegsgefangenen". Wo diese Unterscheidung nicht deutlich wurde, war davon auszugehen, dass es sich nicht um Kriegsgefangene handelte. So werden etwa in den Vernehmungsprotokollen des Minsker Prozesses vom Januar 1946 die Angeklagten als Arrestierte und nicht als Kriegsgefangene bezeichnet.[1] Auf der Ebene der Gnadengesuche heißt es etwa in der

1 Vgl. Vernehmungsprotokolle des Minsker Prozesses zu den Angeklagten Ernst Falk und Georg Weissig (BStU, ZA, HA IX/11, ZUV 17, Band 6). Zu den Angeklagten des Rigaer Prozesses im Februar 1946, die ebenfalls als Arrestierte bezeichnet wurden (BStU, ZA, HA IX/11, ZM 1683). Zu den Verurteilten in einem bereits im Oktober 1944 durchgeführten SMT im Baltikum, die gleichfalls als Arrestierte bezeichnet werden, vgl. Frank Ellis, Dulag-205. The German Army's Death Camp for Soviet Prisoners at Stalingrad. In: The Journal of Slavic Military Studies, Vol. 19, 1. April 2006, S. 123–148. Vgl. auch die Aberkennung des Kriegsgefangenenstatus bei verschiedenen Angehörigen des Reichssicherheitsdienstes und anderer vom NKWD verhafteten Ende April/Anfang Mai 1945 im Bunker der Reichskanzlei Anwesenden, wie Rochus Misch, Hans Hofbeck, Josef Hen-

Vorlage der Gerichtskommission des Politbüros der KPdSU (B) vom 12. Dezember 1944 zu Helmut Schwarz und Gerhard Weiß, dass es sich um „ehemalige Kriegsgefangene" handele. Sie waren aus einem Lager geflohen und wurden dafür zum Tode verurteilt.[2]

In der folgenden Übersicht werden die sich aus dem Gesamtmaterial ergebenen Fallgruppen referiert und ausgewählte Fälle in der Darstellung hervorgehoben. Dabei werden nur Fälle aus den beiden Gruppen der sicher bzw. der wahrscheinlich Hingerichteten berücksichtigt. Es kann jedoch aufgrund der insgesamt schmalen sowjetischen Quellengrundlage durchaus noch Fälle geben, bei denen eine Hinrichtung doch nicht stattgefunden hat.

Personen, die allein aus biografischen Gründen einer Fallgruppe zuzuordnen waren, werden separat mit der Anmerkung „Aus anderen Gründen verurteilt oder Urteilsgründe nicht bekannt" aufgelistet.

Hinter dem Namen in Klammern gesetzt sind Verweise auf die Zuordnung dieser Person zu weiteren Fallgruppen. Kursiv sind Namen von Verurteilten gesetzt, die nicht hingerichtet wurden.

Die Fallgruppen sind an die drei grundlegenden Zeitphasen angelehnt, die 1. NS- und kriegsbezogene Delikte umfassen, 2. Delikte aus der Übergangszeit zwischen Krieg und Nachkrieg sowie 3. Delikte, die sich gegen die sowjetische Besatzungsmacht und ihre Unterstützer richteten:

1. Zur Klassifizierung der Delikte sind bei den kriegsbezogenen Fällen Untergruppen nach den verschiedenen gesellschaftlichen, staatlichen und verwaltungsmäßigen Handlungsebenen der Verurteilten gebildet worden, die sich teilweise an in der Forschung bekannten Schemata zur Einordnung verschiedener Kriegsverbrechen bzw. Verbrechen gegen die Menschlichkeit orientieren. Angefangen auf der Ebene der Reichsregierung, des Reichstages, zentraler und regionaler Partei- und NS-Staatsinstitutionen, über den Repressionsapparat, die NS-Justiz, Geistesschaffende, Künstler und Medienverantwortliche, den Kriegs- und Vernichtungsapparat in den besetzten Gebieten, das KZ-System und die Institutionen zur Ausbeutung und Repression von Zwangsarbeitern, Spionage- und Geheimdienststellen in Deutschland wie auch in den besetzten Gebieten bis hin zu Verantwortlichen der Wirtschaft sind fast alle Bereiche von NS-Staat und -Gesellschaft vertreten.
2. Zur Ausschaltung tatsächlichen bzw. zur präventiven Bekämpfung vermuteten paramilitärischen Widerstands gegen die Besatzungsmacht in der Über-

schel und Erich Rings am 27.2.1946 nach Überführung in das Butyrka-Gefängnis. Vgl. Henrik Eberle/Matthias Uhl (Hg.), Das Buch Hitler. Geheimdienstdossier des NKWD für Josef W. Stalin, zusammengestellt aufgrund der Verhörprotokolle des Persönlichen Adjutanten Hitlers, Otto Günsche, und des Kammerdieners Heinz Linge, Moskau 1949, Bergisch Gladbach 2005, S. 472 f.

2 Vorlage der Gerichtskommission des Politbüros der KPdSU (B) vom 12.12.1944 (RGASPI, op. 166, d. 734, l. 161 f.)

gangsphase zwischen Krieg und Frieden wurden vor allem Jugendliche unter dem Begriff Werwolf, Terror und Diversion des Partisanenkampfes verdächtigt oder überführt.

3. Bei den Besatzungsdelikten hat der Autor die Fallgruppen entsprechend den von den SMT verwendeten Rechtsgrundlagen gruppiert - fehlen diese, dann nach den darüber hinaus bekannten Angaben zum jeweiligen Fall. Auf die hierbei auftretenden Verzerrungen zwischen den beschriebenen Delikten und der angewendeten Rechtsgrundlage wird bei den Fallgruppenbeispielen hingewiesen. Auch hier wird Terror, zusätzlich aber auch Bildung konterrevolutionärer Organisationen sowie Widersetzlichkeit und Widerstand jeder Art, Sabotage und Spionage für einen westlichen Geheimdienst, illegaler Waffenbesitz, Tötung von Sowjetsoldaten usw. geahndet.

An dieser Stelle folgt zur besseren Erschließung die Gliederung des Beitrages.

I. NS- und kriegsbezogene Urteilsgründe und biografische Kontexte

1. Deutscher Reichstag

Bisher lassen sich zwei Todesurteile nachweisen, bei denen die Mitgliedschaft im Deutschen Reichstag ab 1933 als Urteilsgrund diente.

Anders als bei Kurt-Wilhelm Günther (vgl. Zentralverbände in Deutschland, NSDAP-OGL, SA, Justiz) und Willy Reichelt (vgl. Reichskolonialbund) gehörte die Mitgliedschaft zum Reichstag bei sieben weiteren NSDAP-Abgeordneten jedoch nicht zu den Anklagepunkten.

Aus anderen Gründen verurteilt oder Urteilsgründe nicht bekannt:
Wilhelm Bisse[3] (vgl. Auswärtiges Amt, NSDAP-AO)
Georg Lenk[4] (vgl. NSDAP-Gauleitungen)
Martin Mutschmann[5] (vgl. NSDAP-Gauleitungen, Werwolf Sachsen, frühe KZ, Zwangsarbeit Deutschland)

3 Vasilij S. Christoforov u. a. (Hg.), Tajny diplomatii Tret'ego Rejcha. Germanskie diplomaty, rukovoditeli zarubežnych voennych missij, voennye i policejskie attaše v sovetskom plenu. Dokumenty iz sledstvennych del 1944-1955, Moskau 2011, S. 75-90, 767; Eckart Conze/Norbert Frei/Peter Hayes/Moshe Zimmermann, Das Amt und die Vergangenheit. Deutsche Diplomaten im Dritten Reich und in der Bundesrepublik, Bonn 2011, S. 156f., 118f.

4 Zusammenfassende Biografie bei Mike Schmeitzner, Der Fall Mutschmann. Sachsens Gauleiter vor Stalins Tribunal, Beucha-Markkleeberg 2011, S. 157; Andreas Hilger (Hg.), „Tod den Spionen!" Todesurteile sowjetischer Gerichte in der SBZ/DDR und in der Sowjetunion bis 1953, Göttingen 2006, S. 114 ff.; Andreas Hilger, Sowjetische Justiz und deutsche Kriegsverbrechen. In: VfZ, 54 (2006) 3, S. 461-515, hier 476f.

5 Schmeitzner, Mutschmann. Vgl. den Aufsatz von Mike Schmeitzner in diesem Band; ebenfalls Hilger, Tod den Spionen, S. 114 ff.; Hilger, Sowjetische Justiz, S. 476f.

Theodor von Renteln[6] (vgl. Judenmord, HJ, Zivilverwaltung, NSDAP-Gauleitungen, Zentralverbände)
Alfred Spangenberg (vgl. Gauleitungen
Werner Wächter[7] (vgl. NSDAP-Gauleitungen, Reichsministerium für Propaganda und Volksaufklärung, Sonderführer)
Curt Wittje[8] (vgl. Stab RFSS, SS-HA)

2. Ministerien

2.1 Auswärtiges Amt

Diese Fallgruppe, die für die aggressive Politik gegenüber den europäischen Nachbarn Deutschlands eine herausragende Rolle spielte, ist erstaunlich häufig vertreten.[9] Insgesamt lassen sich 14 Personen dieser Gruppe zuordnen. Die meisten von ihnen wurden mit dem Vorwurf Kriegsverbrechen konfrontiert. Bei nur dreien von ihnen war Spionage ein Urteilsgrund.

Unter den Verurteilten befanden sich zwei Referatsleiter (Personal, Wirtschaft), drei Abteilungsleiter und stellvertretende Abteilungsleiter (für westalliierte Kriegsgefangene, Aufklärung, Personal), drei Botschaftsangehörige und vier im Bereich Presse und Geheimdienstarbeit tätige Mitarbeiter.

Drei Angeklagte wurden in Moskau verurteilt, die anderen überwiegend in Berlin.

Ausdrücklich wegen ihrer Tätigkeit im oder für das Auswärtige Amt wurden lediglich Helmut Bergmann,[10] Walter Reinhardt[11] (vgl. Kriegsgefangenenwesen Deutschland) und Karl Skuin[12] (vgl. Journalisten, Ministerium für Volksaufklärung und Propaganda) verurteilt.

6 Nach anderen Angaben soll er nach Südamerika geflüchtet sein. Vgl. Christoph Dieckmann, Überlegungen zur deutschen Besatzungsherrschaft in Osteuropa 1941-1944. Das Beispiel Litauen. In: Annaberger Annalen, 5 (1997), S. 26-46.

7 Ernst Klee, Das Kulturlexikon zum Dritten Reich. Wer war wer vor und nach 1945, Frankfurt a.M. 2007, S. 634f.

8 Jens-W. Kleist, Und entlasse ihn als ungeeignet aus der SS. Gerüchte um den Chef des SS-Hauptamts. 1945. In: Andreas Pretzel/Gabriele Roßbach, „Wegen der zu erwartenden hohen Strafe“. Homosexuellenverfolgung in Berlin 1933-1945, Berlin 2000, S. 194-200; Lutz Hachmeister, Der Gegnerforscher. Die Karriere des SS-Führers Franz Alfred Six, München 1998, S. 159.

9 Zur insgesamt kritischen Aufarbeitung dieses Amtes vgl. Conze/Frei/Hayes/Zimmermann, Das Amt und die Vergangenheit.

10 Christopher R. Browning, Die „Endlösung“ und das Auswärtige Amt, Das Referat D III der Abteilung Deutschland 1940-1943, Darmstadt 2010, S. 198, 212; Conze/Frei/Hayes/Zimmermann, Das Amt und die Vergangenheit, S. 156f., 283, 325, 409f.

11 Christoforov, Tajny diplomatii, S. 425-438, 819.

12 Hans Preuschoff, Journalist im Dritten Reich. In: Zeitschrift für die Geschichte und Altertumskunde Ermlands, Beiheft 6, Münster 1987 (http://his.ermlandfamilie.de/index.

Aus anderen Gründen verurteilt oder Urteilsgründe nicht bekannt:
Ein besonderer Fall dieser Gruppe stellt der deutsche Botschaftssekretär und Adjutant des deutschen Gesandten Manfred von Killinger in Bukarest, Willy Roedel (vgl. Amt Ausland/Abwehr, SA), dar. Killinger hatte sich beim Einmarsch der Roten Armee in Bukarest das Leben genommen. Über Roedel liegen nur wenige Angaben vor. Sein Tod liegt zeitlich zwar nach der Aussetzung der Todesstrafe im Mai 1947. Da die zugänglichen Quellen aber eine Tötungsabsicht von sowjetischer Seite dokumentieren, wurde der Fall in die Datenbank aufgenommen. Der Fall Roedel steht in einem gewissen Zusammenhang mit dem von Raoul Wallenberg, der als schwedischer Diplomat in Budapest Tausenden bedrohten ungarischen Juden mit Schutzpässen seines neutralen Landes das Leben rettete. Roedel und Wallenberg teilten im Moskauer Gefängnis Lefortowo von 1945 bis Februar 1947 eine Zelle und waren danach mehrere Monate in einer Zelle im Lubjanka-Gefängnis inhaftiert. Wallenbergs bis heute ungeklärter Tod am 17. Juli 1947 lag wenige Monate vor dem Tode Roedels. Da die Akte Wallenbergs vernichtet wurde, kann auch Roedels gewaltsamer Tod der Verwischung der Spuren von Raoul Wallenberg gedient haben.

Die Vorwürfe gegen Roedel sind unbekannt. Nach Aussagen eines ehemaligen KGB-Offiziers wurde Roedel heimlich vom MGB auf dem Transport in das bei Moskau gelegene Kriegsgefangenenlager Krasnogorsk getötet. Offiziell sei er an Herzparalyse gestorben, tatsächlich jedoch durch Rizinusinjektion.[13] Aus Angaben seiner Kollegen Eckard Briest und Karl Clodius geht hervor, dass er seit 1941/42 als Abwehrmitarbeiter in die Botschaft in Bukarest eingebunden war und zuvor im Auswärtigen Amt in der Deutschen Informationsstelle III diente, dem Geheimdienst des Außenamtes, für die er nun in Bukarest Resident war. Er habe als Legationsrat 1. Klasse von Bukarest aus Kontakte sowohl zum rumänischen Geheimdienst als auch zur britischen Aufklärung unterhalten und eine Agentengruppe auf dem Gebiet der Armenischen Sowjetrepublik aufgebaut. Während seiner Haft hat er auf sowjetisches Verlangen hin Aufzeichnungen über den in der Bukarester Botschaft für die Deportation der rumänischen Juden verantwortlichen Gustav Richter gemacht. Richter wiederum bestätigte den sowjetischen Vernehmern, dass Roedel 1943 in den Versuch des sowohl für den britischen Geheimdienst als auch für die deutsche Abwehrstelle Bukarest tätigen britischen Bankiers Artur Tester einbezogen war, mit Hilfe Englands und der Türkei 5000 rumänische Juden gegen Bezahlung über die Türkei nach Pa-

php/beihefte-zur-zgae.html; 30.5.2025).

13 Nikita Petrov, Pervyj predsedatel' KGB Ivan Serov, Moskau 2005, S. 158; András Masát/Márton Méhes/Wolfgang Rackebrandt (Hg.), Raoul Wallenberg – Mensch in der Unmenschlichkeit. Ergebnisse der internationalen Forschung, Leipzig 2002, S. 133, 141; Pawel A. Sudoplatow/Anatolij Sudoplatow, Der Handlager der Macht. Enthüllungen eines KGB-Generals, Düsseldorf 1994, S. 296–319; Andrej Angrick, Besatzungspolitik und Massenmord. Die Einsatzgruppe D in der südlichen Sowjetunion 1941–1943, Hamburg 2003, S. 296.

lästina zu retten. Dabei hatte er Roedel um Vermittlung gebeten.[14] Dieser Sachverhalt könnte erklären, warum Roedel und Wallenberg in einer Zelle inhaftiert wurden. In jüngeren Publikationen wird Roedel als SS-Brigadeführer und „Spezialist für die Endlösung der Judenfrage" bezeichnet.[15]

Marschall Adolf Freiherr von Bieberstein[16] (vgl. Spionage Sowjetunion)

Wilhelm Bisse[17] (vgl. Reichstag, NSDAP-AO)

Maximilian von Engelbrechten[18] (vgl. Spionage Sowjetunion, Amt Ausland/Abwehr)

Emil Just[19] (vgl. Amt Ausland/Abwehr, Militärverwaltung, Partisanenkampf, Zwangsarbeit Deutschland ohne Ortsangabe)

Friedrich Lenz[20] (Reichsministerium für Volksaufklärung und Propaganda)

Georg Rindfleisch (vgl. Journalisten)

Eberhard Sasse

Otto Soehring[21]

Felix Tripeloury (vgl. Reichsministerium für Volksaufklärung und Propaganda)

Olaf Zickner-Barron (vgl. Spionage Sowjetunion, Inlands-SD, Sabotage ohne Ort)

Johann Lamla, der 1918 für die deutsche Seite den Frieden von Brest-Litowsk mit Sowjetrussland unterschrieben hatte, war wegen Spionage und Kriegsverbrechen zum Tode verurteilt, aber begnadigt worden und starb 1949 in einem sowjetischen Lager in Kasachstan. Er hatte bis zum Beginn des deutsch-sowjetischen Krieges im Juni 1941 als Konsul und Leiter der Kanzlei in der deutschen Botschaft in Moskau und danach in der Rundfunkpolitischen Abteilung

14 Christoforov, Tajny diplomatii, S. 11, 14, 106, 282, 332, 423 ff., 684-688.

15 Vadim J. Birštejn, Raul' Vallenberg. Istorija gibeli. In: Evrejskie novosti, Nr. 2, Juli 2002, S. 1-6; Vadim J. Birštejn, Smersh. Stalin's Secret Weapon, Soviet Military Counterintelligence in WW II, London 2011, S. 267.

16 Conze/Frei/Hayes/Zimmermann, Das Amt und die Vergangenheit, S. 157, 325. MfS-Material zur „Informationsstelle III" (BStU, ZA, HA IX/11, FV 17/75, Band 1, Bl. 34-39). Henke leitete ab 1966 die BND-Dienststelle KPA in München (Ost- und auswärtiger Dienst). Vgl. Klaus Eichner/Gotthold Schramm (Hg.), Angriff und Abwehr. Die deutschen Geheimdienste nach 1945, Berlin 2007, S. 93.

17 Christoforov, Tajny diplomatii, S. 75-90, 767; Conze/Frei/Hayes/Zimmermann, Das Amt und die Vergangenheit, S. 156 f., 118 f.

18 Norbert Müller (Bearb.), Das Amt Ausland/Abwehr im Oberkommando der Wehrmacht. Eine Dokumentation, Koblenz 2007, S. 509.

19 Julius Mader, Hitlers Spionagegenerale sagen aus. Ein Dokumentarbericht über Aufbau, Struktur und Operationen des OKW-Geheimdienstamtes Ausland/Abwehr mit einer Chronologie seiner Einsätze von 1933 bis 1944, Berlin (Ost) 1976, S. 145 f., 223, 403; Christian Gerlach, Kalkulierte Morde. Die deutsche Wirtschafts- und Vernichtungspolitik in Weißrussland 1941 bis 1944, Hamburg 1999, S. 787, 1058.

20 Babette Quinkert, Propaganda und Terror in Weißrussland 1941-1944. Die deutsche „geistige" Kriegsführung gegen Zivilbevölkerung und Partisanen, Paderborn 2009, S. 92-95.

21 Christoforov, Tajny diplomatii, S. 378, 432, 788.

des Auswärtigen Amtes gearbeitet.[22] Nicht zum Tode verurteilt wurde der seit 1941 als deutscher Gesandter in Sofia an der Deportation der bulgarischen Juden beteiligte und bereits im September 1944 in Sofia festgenommene SA-Obergruppenführer *Adolf Beckerle*. Er erhielt 25 Jahre Lagerhaft und wurde 1955 in die Bundesrepublik entlassen.[23]

Dreizehn weitere Mitarbeiter des Auswärtigen Amtes, zumeist im Auslandsdienst oder mit Abwehraufgaben in deutschen Vertretungen betraut, wurden zu Zeitstrafen verurteilt. Die meisten Verurteilungen erfolgten durch Sonderberatungen des MGB im Zeitraum September 1951 bis Februar 1952. Die Mehrzahl dieser Verurteilten war 1944 in Rumänien festgenommen worden oder hatte früher in der deutschen Botschaft in Moskau gearbeitet.[24]

2.2 Reichsministerium für Volksaufklärung und Propaganda

Verurteilte Mitarbeiter dieses Ministeriums haben verschiedene Funktionen bekleidet. Sie wurden überwiegend wegen Kriegsverbrechen verurteilt, wobei für elf der 15 zum Tode Verurteilten und Hingerichteten dieser Gruppe konkrete Vorwürfe nicht bekannt sind. Nur Wladimir Eisenhart (vgl. Vaterlandsverrat), Ewald von Demandowsky (vgl. Filmschaffende, Journalisten), Karl Spannaus (vgl. Untergeordnete NSDAP-Funktionen, Auslandsorganisation der NSDAP) und Osmar Werner (vgl. Journalisten, Gestapo- und SD-V-Männer) wurden nach bisherigen Erkenntnisse wegen ihrer Arbeit für das Ministerium verurteilt.

Aus anderen Gründen verurteilt oder Urteilsgründe nicht bekannt:
Walter Bochow[25] (vgl. Journalisten, Gestapo- und SD-V-Männer)
Ernst Brauweiler
Alexander Durow[26] (vgl. NSDAP-Gauleitungen, Schriftsteller, Journalisten, Judenmord)
Friedrich A. Eck[27] (vgl. Einsatzgruppe A und B, Journalisten)
Wolff Heinrichsdorff[28] (vgl. Journalisten, Judenmord, Nationalsozialistischer Deutscher Studentenbund, NS-Dozentenschaft)

22 Ebd., S. 351-370, 798.
23 Ernst Klee, Das Personenlexikon zum Dritten Reich. Wer war wer vor und nach 1945, Frankfurt a.M. 2003, S. 35 f.; Conze/Frei/Hayes/Zimmermann, Das Amt und die Vergangenheit, S. 282 ff., 323, 341, 665 ff.
24 Christoforov, Tajny diplomatii, S. 760-846.
25 Hachmeister, Gegnerforscher, S. 19 f.
26 Zum „Weltdienst", bei dem Durow tätig war, vgl. Dieter Schiefelbein, Das „Institut zur Erforschung der Judenfrage Frankfurt am Main", Frankfurt a.M. 1993, S. 41 ff.
27 Quinkert, Propaganda, S. 103.
28 Klee, Personenlexikon, S. 240. Allgemein zur Hochschulpolitik vgl. Holger Fischer/Ludwig Huber/Eckhart Krause (Hg.), Hochschulalltag im „Dritten Reich". Die Hamburger Universität 1933-1945, Hamburg 1991; Hachmeister, Gegnerforscher, S. 136 f., 139, 226, 236. Heinrichsdorff wurde am 2.5.1945 in Berlin zusammen mit dem Goebbels-

Otto Kriegk[29] (vgl. Journalisten, Schriftsteller)
Friedrich Lenz[30] (vgl. Auswärtiges Amt)
Rainer Schlösser[31] (vgl. Journalisten, HJ)
Karl Skuin (vgl. Journalisten, Auswärtiges Amt)
Felix Tripeloury (vgl. Auswärtiges Amt)
Werner Wächter[32] (vgl. Reichstag, NSDAP-Gauleitungen, Sonderführer)

2.3 Reichsministerium für Bewaffnung und Munition

Nur zwei Fälle sind dieser Gruppe zuzuordnen. Mit Rudolf Stahl[33] (vgl. Zentralverbände, Untergeordnete NSDAP-Funktionen, Reichsbank) wurde einer der ranghöchsten deutschen Wirtschaftsfunktionäre hingerichtet, von dem hier nur einige der wichtigsten geschäftlichen und öffentlichen Funktionen aufgeführt werden können: Vorsitzender des Gesamtausschusses der Metallwirtschaft, Geschäftsführer der Salzdetfurth-Konzern GmbH, Aufsichtsrat der Deutschen Bank, Beiratsmitglied der Deutschen Bank, Generaldirektor und Vorsitzender des Vorstandes der Salzdetfurth AG und stellvertretender Vorsitzender der Reichsgruppe Industrie. Er hatte sich an der sogenannten Arisierung der niederlausitzer Energiewirtschaft beteiligt und sich im Krieg für die Übernahme belgischer und jugoslawischer Firmen stark gemacht, war aber später auch an Denkschriften beteiligt, die die Gewinnbarkeit des Krieges verneinten. Das SMT warf ihm aktive Unterstützung der Rüstungswirtschaft vor. Er habe sich für die Stärkung des Militärpotentials Hitlerdeutschlands zwecks erfolgreicher Implemen-

Mitarbeiter Hans Fritzsche, Leiter der Rundfunkabteilung im Propagandaministerium, verhaftet, der 1946 im Nürnberger Prozess freigesprochen wurde. Über seine Festnahme berichtete das „Nachrichtenblatt für die deutsche Bevölkerung“, Nr. 15, hg. von der Politischen Verwaltung der Roten Armee, bereits am 3.5.1945 auf Seite 1.

29 Über seine Festnahme berichtete das „Nachrichtenblatt für die deutsche Bevölkerung“, Nr. 15, bereits am 3.5.1945 auf Seite 1. Vgl. auch Jürgen Thorwald, Das Ende an der Elbe, München 1967, S. 109 ff., 196 ff.

30 Zu „Vineta“ vgl. Quinkert, Propaganda, S. 92–95.

31 Klee, Personenlexikon, S. 540; Klee, Kulturlexikon, S. 525. Allgemein zur Theaterpolitik vgl. Boguslaw Drewniak, Das Theater im NS-Staat. Szenarium deutscher Zeitgeschichte 1933–1945, Düsseldorf 1983, S. 16–19.

32 Klee, Kulturlexikon, S. 634 f.

33 Zum Konzern vgl. Hans Radandt, Kriegsverbrecherkonzern Mansfeld. Die Rolle des Mansfeld-Konzerns bei der Vorbereitung und während des zweiten Weltkriegs, Berlin (Ost) 1957; Franz Reuter, Der 20. Juli und seine Vorgeschichte, Berlin (Ost) 1946, S. 12; Der Prozess gegen die Hauptkriegsverbrecher vor dem Internationalen Militärgerichtshof. Hg. vom Internationalen Militärgerichtshof Nürnberg, Nürnberg 14. November 1945 - 1. Oktober 1946, Band XVI: Verhandlungsniederschriften 11.6.1946–24.6.1946, Nürnberg 1948, S. 525–561. Vgl. den bereits vier Monate zuvor durchgeführten SMT-Gruppenprozess mit Todesurteil gegen die Verantwortlichen der Mansfeld Aktiengesellschaft für Bergbau und Hüttenbetriebe (Mansfeld AG) Ewald Krone, Leo Majewski, Richard Maurer, Otto Schmidt (geb. 1891), Gustav Suder und Friedrich Wirths.

tierung der vom Führer und dem Oberkommando der Wehrmacht entwickelten Pläne zur Eroberung anderer Länder eingesetzt.

Hans Sauer[34] (vgl. Untergeordnete NSDAP-Funktionen, Zwangsarbeit Thüringen) war Inhaber einer der traditionsreichsten und größten Waffenfabriken Deutschlands, der 1751 gegründeten Suhler Waffenschmiede J. P. Sauer & Sohn in Suhl. Das Urteil, das ihm Ausbeutung und Misshandlung von Zwangsarbeitern vorwarf, vermerkte, dass er ab 1943 als Berater des Rüstungsministeriums für zehn Waffenfabriken tätig war und Rüstungsminister Albert Speer Berichte über Menge und Qualität der hergestellten Produkte zugeleitet hatte.

2.3.1 Organisation Todt (OT)

Zu dieser, mehr als eine Million Zwangsarbeiter und KZ-Häftlinge in ganz Europa ausbeutenden Organisation liegen nur wenige Beispiele vor. Die OT unterstand als Bauorganisation für militärische Anlagen dem Reichsminister für Bewaffnung und Munition und war an der Realisierung zentraler Bauprojekte des Dritten Reiches, wie dem sogenannten Atlantikwall, den Führerhauptquartieren oder der Untertageverlagerung der Rüstungsindustrie beteiligt. In der Sowjetunion waren Einsatzschwerpunkte etwa der Straßenbau in Bobruisk, Smolensk und Witebsk.

Häufigster Urteilsgrund in dieser sechs Fälle umfassenden Gruppe war Kriegsverbrechen. Keiner der genannten Verurteilten wurde nach gegenwärtigem Kenntnisstand wegen seiner Funktionen in der OT verurteilt.

Otto Förster

Johann Kinder

Johann Pollinger (vgl. Kriegsgefangenenlager Sowjetunion, Judenmord)

Ernst Rietzsch[35] (vgl. Bürgermeister, Kriegsverwaltungsräte, Militärverwaltung, frühe KZ, Zwangsarbeit Deutschland ohne Ortsangabe, Judenmord, Partisanenkampf)

August Steiner

Franz Willschinski

34 Peter Arfmann/Rolf Kallmeyer, J. P. Sauer & Sohn. Geschichte der ältesten deutschen Waffenfabrik, gegründet 1751. Suhler Zeit - Eckernförder Zeit, Suhl 2004, S. 91-97. Vgl. zur Suhler Waffenschmiede J. P. Sauer & Sohn auch den Fall Ernst Triebel (Zwangsarbeit Thüringen).

35 Lenore Lobeck, Die Schwarzenberg-Utopie. Geschichte und Legende im „Niemandsland", 3. Auflage Leipzig 2005; Günther Wagenlehner, Die russischen Bemühungen um die Rehabilitierung der 1941-1956 verfolgten deutschen Staatsbürger, Bonn 1999, S. 71. Vgl. auch Nancy Aris, Recherchebericht zur Tätigkeit von Dr. Ernst Albrecht Rietzsch während der NS-Zeit. In: 13. Tätigkeitsbericht 2004/2005 des Sächsischen Landesbeauftragten für die Unterlagen des Staatssicherheitsdienstes der ehemaligen DDR, Dresden 2005, S. 66-77.

2.4 Reichsministerium des Innern

2.4.1 Reichsarbeitsführer, Reichsarbeitsdienst (RAD)

Diese Organisation spielt bei den SMT kaum eine Rolle und es erscheint zumindest zweifelhaft, ob dieser biografische Bezug ein Urteilsgrund war. Ursprünglich im Rahmen der Arbeitsbeschaffungsmaßnahmen und der geheimen Aufrüstung dem Innenministerium unterstellt, übernahm der RAD ab Sommer 1944 die Grundausbildung der Wehrmachtrekruten und war in den Endkämpfen militärisch dem Volkssturm zugeordnet.

Rudolf Martini war Kammerverwalter des RAD in Landsberg/Warthe und Werner Sparmann (vgl. Werwolf Brandenburg, Widerstand Brandenburg) wird als RAD-Führer bezeichnet. Beide wurden wegen anderer Vorwürfe hingerichtet.

2.5 Reichsministerium für Wissenschaft, Erziehung und Volksbildung/ Inspektor der nationalsozialistischen Erziehungsanstalten

2.5.1 Nationalpolitische Erziehungsanstalten (Napola)

Die Napola, auch NPEA genannt, waren staatliche Oberschulen zur Vorbereitung des nationalsozialistischen Führernachwuchses. Während des Krieges dienten sie vor allem zur Heranbildung von Führerpersonal der SS und der Wehrmacht im Sinne einer vormilitärischen Ausbildung wie in einer Kadettenanstalt. Der Einfluss der SS auf dieses Schulsystem nahm im Krieg zu.

Rudolf Klötzke (vgl. Militärjustiz) war seit 1944 Ausbilder der Napola in Klotzsche bei Dresden, wurde aber wegen seiner Teilnahme an Standgerichtsurteilen im April 1945 während der Kämpfe um Bautzen hingerichtet.

Heinrich Debes[36] (vgl. Werwolf Sachsen-Anhalt, HJ)

2.6 Reichsfinanzministerium

Kurt Scheerbarth (vgl. NSDAP-OGL) war als Statistiker, Amtsrat und Zollinspektor Mitarbeiter des Reichsfinanzministeriums. Die Vorwürfe gegen ihn sind nicht bekannt.

36 Hans-Joachim Hantsche, Diktaturwechsel und seine Folgen im Kreis Querfurt und Umgebung, Magdeburg 2003, S. 13, 74-181. Vgl. die Berichte von Überlebenden Hans-Curt von Pannwitz, Vom Klosterschüler über Sachsenhausen, Bautzen in den Bankvorstand. In: Ernst Zander, Jugend hinter Stacheldraht und danach, München 2010, S. 134-141; Hasso von Poser, Von der Klosterschule über Buchenwald zum Kohlenmanager. In: ebd., S. 142-144.

2.6.1 Reichsbank

Neben Rudolf Stahl[37] (vgl. Zentralverbände, Untergeordnete NSDAP-Funktionen, Reichsministerium für Bewaffnung und Munition) gehört nur ein weiterer Mitarbeiter der Reichsbank zu den Verurteilten.[38] Paul Schabram arbeitete als Bankbeamter bei der Reichsbank in Berlin und wurde wegen nicht näher bekannter Kriegsverbrechen verurteilt.

2.7 Reichsministerium für die besetzten Ostgebiete

Dieses für einen Teil der in der besetzten Sowjetunion begangenen Kriegs- und Menschlichkeitsverbrechen verantwortliche Ministerium ist erstaunlicherweise nur mit vier Fällen vertreten. Bei zwei Fällen ist der Bezug zur Arbeit für das Ministerium Teil der sowjetischen Urteilsgründe.

Eduard Amphlett[39] (vgl. Schriftsteller) betreute unter anderem die antisowjetischen Publikationen der Wlassow-Armee und gab 1943 eine Sammlung von Farbfotos der deutschen Propaganda-Einheiten heraus.

Fritz Sonntag (vgl. Judenmord) war in dem dem Ministerium unterstehenden sogenannten Enterdungskommando 1005 tätig, das die Spuren des Völkermords an den Juden verwischen sollte.

Aus anderen Gründen verurteilt oder Urteilsgründe nicht bekannt:
Bruno Göring
Jacob Mehlhaff

2.8 Reichsluftfahrtministerium

Bei diesem Ministerium sind die Grenzen zu anderen Dienststellen der Wehrmacht fließend. Dennoch sollen hier fünf Fälle dargestellt werden, die dieser Dienststelle zuzuordnen sind. Zwei von ihnen wurden wegen Spionage, die anderen wegen Kriegsverbrechen verurteilt. Eine Verurteilung erfolgte in Moskau.

Nur bei Alexander Rieck (vgl. Spionage Sowjetunion) und Bernhard Kühl gehörten der Dienst beim Reichsluftfahrtministerium zum Urteilskontext.

37 Radandt, Kriegsverbrecherkonzern; Reuter, Der 20. Juli, S. 12; Prozess gegen die Hauptkriegsverbrecher, Band XVI, S. 525-561.

38 Mehrere Direktoren der Reichsbank waren ohne Verurteilung in den Speziallagern der SBZ inhaftiert, mehrere von ihnen im Speziallager Nr. 6 Jamlitz. Vgl. Andreas Weigelt, „Umschulungslager existieren nicht“. Zur Geschichte des sowjetischen Speziallagers Nr. 6 in Jamlitz 1945-1947, Potsdam 2001, S. 139.

39 Ralf Possekel (Bearb.), Sowjetische Speziallager in Deutschland 1945 bis 1950. Band 2: Sowjetische Dokumente zur Lagerpolitik. Hg. von Sergej Mironenko, Lutz Niethammer und Alexander von Plato in Verbindung mit Volkhard Knigge und Günter Morsch, Berlin 1998, S. 217; vgl. Eduard Amphlett (Hg.), Zeitgeschehen in Farben. Das Farbfoto als Dokument vom Freiheitskampf unseres Volkes, Leipzig 1943.

Aus anderen Gründen verurteilt oder Urteilsgründe nicht bekannt:

Helmut Haumer war als Regierungsrat im Luftfahrtsministerium und im Forschungsamt der höchstrangige Verurteilte dieser Gruppe. Er wurde wegen Kriegsverbrechen verurteilt.

Georg Fincke (vgl. Spionage Sowjetunion) war als Ic im Luftwaffenführungsstab für die Abwehr und Feindaufklärung zuständig.

Carl Seber (vgl. Amt Ausland/Abwehr, Militärverwaltung, Spionage Sowjetunion) diente nur kurz im diesem Ministerium und wurde wegen Spionagetätigkeit für die deutsche Abwehr als Kriegsverbrecher verurteilt.

3. Zentralverbände in Deutschland

Von den 13 Fällen dieser Gruppe wurden sieben wegen der Tätigkeit in oder Zugehörigkeit zu Zentralverbänden hingerichtet.

Georg Bellmann[40] (vgl. Untergeordnete NSDAP-Funktionen, Gestapo- und SD-V-Männer) war als hochrangiger Mitarbeiter des sächsischen Wirtschaftsministeriums und als Hauptgeschäftsführer der Industrie- und Handelskammer und der Wirtschaftskammer Dresden auch für die sächsische Rüstungsindustrie und den Zwangsarbeitereinsatz mitverantwortlich.

Walter Kranich, Kurt Linke (vgl. Sonderführer, Requirierungen), Georg Mühlig, Erich Wachter und Hans Wolf beschlagnahmten und raubten im Auftrag einer staatlichen Handelsgruppe unter Leitung von Dr. Heiler als Mitarbeiter der Deutsche Rauchwaren GmbH Leipzig bzw. der Inspektion Süd des Bevollmächtigten zur Beschlagnahme der Pelzrohmaterialien auf dem Gebiet der besetzten Sowjetunion Felle, Rauchwaren und Leder.

Rudolf Stahl[41] (vgl. Reichsbank, Untergeordnete NSDAP-Funktionen, Reichsministerium für Bewaffnung und Munition)

Aus anderen Gründen verurteilt oder Urteilsgründe nicht bekannt:

Den Schwerpunkt dieser Fallgruppe bildet die Wirtschaftsgruppe der Chemischen Industrie. Klaus Ungewitter war Hauptgeschäftsführer der Wirtschaftsgruppe der Chemischen Industrie und als Reichsbeauftragter Leiter der Reichsstelle Chemie bzw. Präsident des Interessenverbandes der Deutschen Chemie. Zugleich leitete er den Reichsforschungsrat. Er wurde wegen Kriegsverbrechen verurteilt. Mit ihm wurde Curt Pillau, Leiter der technischen Abteilung der Verwaltung der Chemischen Industrie, verurteilt.[42]

40 Hilger, Sowjetische Justiz, S. 476 f.; Schmeitzner, Mutschmann, S. 154.

41 Radandt, Kriegsverbrecherkonzern; Reuter, Der 20. Juli, S. 12; Prozess gegen die Hauptkriegsverbrecher, Band XVI, S. 525–561.

42 Dritter Verurteilter war Horst von Einsiedel, stellvertretender Leiter der Chemieindustrie in Deutschland. Er gehörte vor 1945 im „Kreisauer Kreis“ zum Widerstand gegen Hitler, lebte nach dem 20. Juli 1944 versteckt und war nach 1945 wie Pillau in der Zentralver-

Arwed Koch[43] gehörte zur Dienststelle des Reichskommissars für Kreditwesen und zur Wirtschaftsgruppe Privates Bankgewerbe. Claus Morgenstern (vgl. Journalisten, Spionage Sowjetunion, Amt Ausland/Abwehr) wurde als stellvertretender Abteilungsleiter der Reichsgruppe Industrie und stellvertretender Geschäftsführer beim Ausstellungs- und Messeausschuss der Deutschen Wirtschaft Berlin vermutlich für seine Tätigkeit bei der deutschen Abwehr wegen Spionage verurteilt.

Kurt-Wilhelm Günther (vgl. Justiz, Reichstag, SA, NSDAP-OGL)

Theodor von Renteln[44] (vgl. Judenmord, HJ, Reichstag, NSDAP-Gauleitungen, Zivilverwaltung)

4. Staat und Verwaltung in Deutschland

Die öffentliche Verwaltung ist bis auf wenige Ausnahmen selten im Zusammenhang mit den Todesurteilen genannt, dann überwiegend in Form des Vorwurfs „staatlicher Tätigkeit", wie auch bei einigen Juristen. Die Angeklagten stammten vor allem aus dem Raum Berlin/Brandenburg, wurden bereits in den ersten Monaten nach dem Kriegsende verurteilt, nach Frankfurt (Oder) gebracht und entweder dort oder in Brest erschossen. Später erscheint der Vorwurf „staatliche Tätigkeit/in Deutschland" kaum noch.

Die Gruppe umfasst 17 Fälle, von denen zwölf Personen wegen des Dienstes in Staat und Verwaltung verurteilt wurden. Die Tätigkeit von mindestens sieben Verurteilten ist im Umfeld staatlicher Arbeitsämter angesiedelt. So bei Rudolf Weizmann,[45] der von 1943 bis April 1945 Präsident des Gauarbeitsamt Halle-Merseburg war und wegen der Versklavung ausländischer Arbeiter, überwiegend Russen, verurteilt wurde.

Richard Christ (vgl. Justiz)

Kurt Hanssen[46] (vgl. NSDAP-Gauleitungen, Justiz Deutschland, Strafvollzug)

Hugo Kehrein

Walter Kühne

Max Nauck

waltung der SBZ tätig, bevor er im Oktober 1945 verhaftet wurde. Einsiedel wurde begnadigt und starb am 27.2.1947 im Speziallager Nr. 7 Sachsenhausen. Vgl. Björn Mensing/Heinrich Radtke, Mitmenschlichkeit Zivilcourage Gottvertrauen, Evangelische Opfer von Nationalsozialismus und Stalinismus, Leipzig 2003, S. 332 f.

43 Deutsche Opfer der Stalinistischen Gewaltherrschaft. Die Toten, Informationsbericht. Hg. von Bundesministerium für Familie und Senioren. Bearbeitet von Bernhard Priesemuth, 2. Lieferung, vorgelegt Februar 1992, Berlin 1992, Anlage 44.

44 Nach anderen Angaben soll er nach Südamerika geflüchtet sein. Vgl. Dieckmann, Überlegungen, S. 41 f.

45 Mit ihm sind drei weitere Personen zum Tode verurteilt worden, die jedoch namentlich nicht identifiziert werden konnten.

46 Klee, Personenlexikon, S. 225.

Alfons Neumann
Oswin Nitz
Erich Noack
Heinz Otto
Anton Schwarz (vgl. Justiz Deutschland)
Rudolf Weizmann (vgl. Zwangsarbeit in Deutschland).

Aus anderen Gründen verurteilt oder Urteilsgründe nicht bekannt:
Hans Brattig
Curt Donner (vgl. Untergeordnete NSDAP-Funktionen, Gestapo Dresden)
Friedrich Honscha (vgl. Sabotage deutsche Ostgebiete, Zivilverwaltung)
Leopold Ikonik (vgl. Werwolf besetzte Gebiete)
Max Nawior (vgl. Zwangsarbeit Brandenburg, Polizei Deutschland)

4.1 Bürgermeister

Fast alle der verurteilten 38 Bürgermeister aus Orten, die sich von Januar bis April 1945 in der Nähe der Oderfront befanden, sind auch in dieser Phase verurteilt worden, d. h. im unmittelbaren Zusammenhang mit den Kriegshandlungen der Roten Armee. Der Vorwurf Kriegsverbrechen dominiert. Bei den Urteilen treten sowohl vor als auch nach Kriegsende besatzungspolitische Delikte, wie Terror/Diversion, auf. Bei nur acht Bürgermeistern ist die Dienstfunktion jedoch Bestandteil der Vorwürfe.

Oskar Fuchs (vgl. NSDAP-OGL, Unterstützung der internationalen Bourgeoisie, frühe KZ [Sachsenhausen], Zwangsarbeit Brandenburg, Judenmord) ist als Oberbürgermeister der Stadt Oranienburg der prominenteste Vertreter dieser Gruppe. Oranienburg war einer der größten Rüstungs- und SS-Standorte in Deutschland, wo die SS von 1936 bis 1945 nicht nur eines der größten deutschen Konzentrationslager unterhielt, sonders sich mit der Amtsgruppe D des SS-WVHA auch die Zentrale der Konzentrations- und Vernichtungslager für Deutschland und die besetzten Gebiete in Europa befand. Fuchs wurde nach dem Artikel für Unterstützung der internationalen Bourgeoisie verurteilt.[47]

Oskar Bauer (vgl. Reichsbauernschaft)

47 Ob Fuchs stattdessen nach Artikel 58-2 verurteilt worden ist, lässt sich nicht mit Bestimmtheit klären. Sein Urteil stand für eine Auswertung nicht zur Verfügung. In der Zwischenmitteilung 7ud-1807-01 der Russischen Hauptmilitärstaatsanwaltschaft vom 28.5.2001 über den Reha-Antrag zu Fuchs ist durchgehend von Artikel 58-4 die Rede (Archiv der Gedenkstätte Sachsenhausen, Akte Oskar Fuchs). Im Beschluss des 3. Bezirksmilitärgerichts vom 28.6.2001, das seine Rehabilitierung schließlich ablehnte, wurde zunächst auf Artikel 58-4, im weiteren Text aber auch auf 58-2 Bezug genommen. Vgl. Beschluss Nr. 166-n des Präsidiums des 3. Bezirksmilitärgerichts der Russischen Föderation vom 28.6.2001 (Archiv der Gedenkstätte Sachsenhausen, Akte Oskar Fuchs). Siehe zu Fuchs auch den Aufsatz von Mike Schmeitzner in diesem Band. Ich danke Enrico Heitzer, Gedenkstätte Sachsenhausen, für die Bereitstellung der genannten Dokumente.

Ernst Brune (vgl. Kriegsgefangenenlager Sowjetunion)
Paul Busse (vgl. Terror Sachsen, Untergeordnete NSDAP-Funktionen)
Eberhart Elze (gl. Zwangsarbeit Sachsen)
Karl Freess (vgl. Untergeordnete NSDAP-Funktionen)
Richard Gabriel (vgl. Zwangsarbeit Sachsen-Anhalt)
Willy Hammermüller (vgl. Zwangsarbeit Sachsen)
Rudolf Risse (geb. 1883) (vgl. Zwangsarbeit Sachsen, Kriegsgefangenenwesen Deutschland)
Richard Schaefer[48] (vgl. Terror Thüringen).

Aus anderen Gründen verurteilt oder Urteilsgründe nicht bekannt:
Walter Bähr
Franz Battke (vgl. Polizei Deutschland)
Herrmann Bauchspieß (vgl. Zwangsarbeit Thüringen)
Friedrich Bellmann
Albert Brunkow
Erwin Dölz (vgl. Judenmord)
Ernst Franke
Eduard Gottwald (vgl. Werwolf deutsche Ostgebiete)
Paul Grentz (vgl. Zwangsarbeit deutsche Ostgebiete)
Willy Großhennig (vgl. Kriegsgefangenenwesen Deutschland)
Wilhelm Habermann
Paul Hagen (vgl. Zwangsarbeit deutsche Ostgebiete)
Willi Hofmann (vgl. Kriminalität)
Hermann Hurtienne (vgl. Zwangsarbeit Brandenburg)
William Kempe (vgl. Reichsbauernführer)
Otto Kranich
Gustav Krüger (geb. 1903) (vgl. antisowjetische Propaganda)
Karl Kunze (vgl. Sonderführer, Requirierungen)
Otto Maak (vgl. Terror Thüringen)
Arno Methefessel
Felix Muche (vgl. Terror Ostgebiete)
Hans Nauef[49] (vgl. Zwangsarbeit Sachsen-Anhalt, Kriegsverwaltungsräte, Polizei Deutschland)

48 V. V. Zacharov (Hg.), Dejatelnost' sovetskich Voennych Komendatur po likvidacii posledstvij vojny i organizacii mirnoj žizni v sovetskoj zone okkupacii Germanii, 1945-1949, Sbornik dokumentov, Moskau 2005, S. 515 f.; Petrov, Pervyj predsedatel', S. 52 f.; Manfred Thiele, Vae Victis. Mühlhausen unter sowjetischer Besatzungsdiktatur 1945-1953, Mühlhausen 2004, S. 38; Heinz Siebert, Das Eichsfeld unter dem Sowjetstern, Duderstadt 1992, S. 87-90.

49 Edda Ahrberg/Dorothea Harder (Hg.), Abgeholt und verschwunden (1). Von sowjetischen Militärtribunalen Verurteilte aus Sachsen-Anhalt und ihre Angehörigen. Hg. von der Vereinigung der Opfer des Stalinismus e. V. - Landesgruppe Sachsen-Anhalt, 3. erweiterte Nachauflage Magdeburg 2011, S. 15-22.

Ernst Peucker (vgl. Werwolf deutsche Ostgebiete, NSDAP-OGL)
Otto Pioch
Ernst Rietzsch[50] (vgl. Kriegsverwaltungsräte, Militärverwaltung, frühe KZ, Zwangsarbeit Deutschland ohne Ortsangabe, Judenmord, Organisation Todt, Partisanenkampf)
Paul Schmidt (geb. 1894) (vgl. Werwolf deutsche Ostgebiete, NSDAP-OGL, Abwehr/Frontaufklärung)
Friedrich Schönemann (vgl. Widerstand Sachsen-Anhalt)
Otto Schröder (vgl. Widerstand Sachsen-Anhalt)
Kurt Schuler (vgl. Polizei Deutschland)
Max Schwabe
Karl Siems[51]
Otto Stattrop (vgl. Reichsbauernführer)
Ernst Suffa (vgl. Sabotage Thüringen)
Kurt Thiele (vgl. Terror Sachsen)
Max Völkel (vgl. Terror deutsche Ostgebiete)
Karl Wagler (vgl. Einsatzgruppe D, Untergeordnete NSDAP-Funktionen)
Franz Wedig (vgl. Terror deutsche Ostgebiete)

5. NSDAP

5.1 Reichsleitung

Nicht zum Tode verurteilt wurde der 1945 verhaftete *Max Amann*, der NSDAP-Reichsleiter für die Presse, 1922 bis 1945 Geschäftsführer des NSDAP-Zentralverlages Eher, 1923 Teilnehmer am gescheiterten Hitlerputsch in München, Präsident der Reichspressekammer, Vorsitzender des Reichsverbandes der deutschen Zeitungsverleger und SS-Obergruppenführer war. Er erhielt 1948 eine Strafe von zehn Jahren Arbeitslager und wurde 1953 in die Bundesrepublik entlassen.[52]

5.2 Gauleitungen

Zu den zwölf aufgeführten Personen zählen sowohl Funktionsträger der genannten Ebene, wie einer der Gauleiter selbst, als auch höhere Angestellte bzw. Gauredner und -beauftragte.

50 Lobeck, Schwarzenberg-Utopie; Wagenlehner, Die russischen Bemühungen, S. 71. Vgl. auch Aris, Rechercheberich.
51 Rudolf Radtke, Die Russenzeit in Güstrow 1945, Simmern 1997, S. 166f., 184.
52 Klee, Personenlexikon, S. 14f.; Eberle/Uhl, Buch Hitler, S. 520.

Jedoch nur im Urteilsgrund von Werner Schmiedel[53] (vgl. Zwangsarbeit Sachsen), der Abteilungsleiter für Organisationsfragen in der Gauleitung Sachsen war, ist die Tätigkeit für eine NSDAP-Gauleitung angeführt worden.

Aus anderen Gründen verurteilt oder Urteilsgründe nicht bekannt:
Als einziger Gauleiter wurde im Februar 1947 in Moskau der sächsische Gauleiter Martin Mutschmann (vgl. Werwolf Sachsen, frühe KZ, Zwangsarbeit Deutschland, Reichstag) erschossen.[54] Als Wirtschaftsberater der NSDAP-Gauleitung Sachsen war der hingerichtete ehemalige sächsische Wirtschaftsminister Georg Lenk (vgl. Reichstag) tätig.[55]

Alexander Durow (vgl. Reichsministerium für Volksaufklärung und Propaganda, Schriftsteller, Journalisten, Judenmord)

Kurt Hanssen[56] (vgl. Justiz Deutschland, Staat und Verwaltung, Strafvollzug)

Georg Heinisch[57] (vgl. Zivilverwaltung, Judenmord, Requirierungen, Zwangsarbeit Deutschland ohne Ortsangabe)

Kurt Jahnke[58] (vgl. Auslands-SD, SA, Amt Ausland/Abwehr Division Brandenburg, Spionage Sowjetunion)

Georg Pfeiffer (vgl. NSDAP-OGL, NSDAP-Kreisleitungen, Werwolf Sachsen, Verbindung zu einem ausländischen Staat)

53 Schmeitzner, Mutschmann, S. 158.

54 Schmeitzner, Mutschmann; vgl. den Aufsatz von Mike Schmeitzner in diesem Band. Ebenfalls Hilger, Tod den Spionen, S. 114 ff.; Hilger, Sowjetische Justiz, S. 476 f.

55 Schmeitzner, Mutschmann; Hilger, Sowjetische Justiz, S. 476 f.

56 Klee, Personenlexikon, S. 225.

57 Gerichtsprozeß über die Bestialitäten der faschistischen deutschen Okkupanten in Stadt und Gebiet Charkow während ihrer vorübergehenden Besetzung, Moskau 1944, S. 5, 9, 52-58. Heinisch berichtete als Zeuge im öffentlichen Charkower Prozess detailliert u. a. über die Tötung von Häftlingen des KZ Auschwitz in den dortigen Gaskammern (S. 54 f.). Diese Aussagen sind bereits 1944 veröffentlicht worden.

58 Walter Schellenberg, Aufzeichnungen. Die Memoiren des letzten Geheimdienstchefs unter Hitler, Wiesbaden 1956, S. 43-50, 60-64, 149-153, 201-206, 230-235; Reinhard R. Doerries, Tracing Kurt Jahnke. Aspects of the Study of German Intelligence. In: Georg O. Kent (Hg.), Historians and Archivists. Essays on Modern German History and Archival Policy, Fairfax 1991, S. 27-44; Reinhard R. Doerries, Hitler's Last Chief of Foreign Intelligence. Allied Interrogations of Walter Schellenberg, London 2003, S. 20 f., 86 f., 95, 245 f., 277 ff., 327 f.; Ulrich Schlie, Carl Marcus (1911-1898) und das Jahnke-Büro im Fadenkreuz angloamerikanischer Dienste im Zweiten Weltkrieg. In: Reinhard R. Doerries (Hg.), Diplomaten und Agenten. Nachrichtendienste in der Geschichte der deutsch-amerikanischen Beziehungen, Heidelberg 2001, S. 85-111; Glenn P. Hastedt, Spies, Wiretaps and Secret Operations. An Encyclopedia of Espionage, o. O. 2010, S. 412 f.; Alfred Ramme, Der Sicherheitsdienst der SS, Berlin (Ost) 1970, S. 90; Susanne Meinl, Nationalsozialisten gegen Hitler. Die nationalrevolutionäre Opposition um Friedrich Wilhelm Heinz, Berlin 2000, S. 262 f., 338; Bryan Clough, State Secrets. The Kent-Wolkoff Affair, Hove 2005, S. 4, 158 ff., 219-236.

Theodor von Renteln[59] (vgl. Judenmord, HJ, Reichstag, Zivilverwaltung, Zentralverbände)
Walter Sommer (vgl. Justiz)
Alfred Spangenberg war seit 1934 DAF-Gauobmann in Berlin, seit 1942 Gauhauptamtsstellenleiter (vgl. Reichstag)
Werner Wächter[60] (vgl. Reichstag, Reichsministerium für Propaganda und Volksaufklärung, Sonderführer)

Neben Mutschmann waren zwei weitere Gauleiter seit 1945 in sowjetischem Gewahrsam: *Rudolf Jordan* (Gau Sachsen-Anhalt) und *Helmuth Brückner* (Gau Schlesien), die beide nicht zum Tode verurteilt worden sind.[61] Der Gauleiter der Kurmark/Mark Brandenburg, Emil Stürtz, wurde als seit dem 21. April 1945 vermisst gemeldet. Andere Angaben gehen von einer sowjetischen Inhaftierung im Mai 1945 im Raum Berlin aus, in deren Folge er gestorben sei.[62]

5.3 Auslandsorganisation der NSDAP (AO)

Karl Spannaus (vgl. Untergeordnete NSDAP-Funktionen, Ministerium für Volksaufklärung und Propaganda) war Leiter der NSDAP-Auslandsorganisation in Brasilien und später in Norwegen. Ihm wurde zusätzlich die Vorbereitung des Raubkrieges gegen die Sowjetunion vorgeworfen.
Karl Kühl (vgl. Unterstützung der internationalen Bourgeoisie)

Aus anderen Gründen verurteilt oder Urteilsgründe nicht bekannt:
Wilhelm Bisse (vgl. Reichstag, Auswärtiges Amt)

5.4 NSDAP-Kreisleitungen

Urteile zu diesem Verantwortungsbereich sind, etwa im Vergleich zur hohen Inhaftierungsrate in den Speziallagern, auffallend selten. Es ist anzunehmen, dass nach Erlass des NKVD-Befehls 00315 vom 18. April 1945 zur automatischen Inhaftierung auch der NSDAP-Kreisleiter deren Verurteilung durch SMT wenn nicht aufhörte, so doch stark nachließ. Vier Verurteilten wurde ihre Tätigkeit als Kreisleiter zur Last gelegt. Weitere sieben Personen wurden ohne bekannte Urteilsgründe hingerichtet.
Kurt Feitsch war als Mitarbeiter des Stabes des Horst-Wessel-Kreises in Berlin-Prenzlauer Berg hauptamtlicher Verwaltungsangestellter der NSDAP.

59 Nach anderen Angaben soll er nach Südamerika geflüchtet sein. Vgl. Dieckmann, Überlegungen, S. 41 f.
60 Klee, Kulturlexikon, S. 634 f.
61 Zu Jordan und Brückner siehe den Aufsatz von Mike Schmeitzner in diesem Band.
62 Laut mündlicher Auskunft des Leiters der Archivverwaltung des FSB, Vassilij St. Christoforov, an Dr. Klaus-Dieter Müller ist Stürtz nicht verurteilt worden.

Wilhelm-Otto Scheer[63] (vgl. Verbrechen gegen Kriegsgefangene kurz vor dem Kriegsende) organisierte als NSDAP-Kreisleiter in Berlin-Tempelhof aus Parteimitgliedern eine Feme-Gruppe, die noch Ende April 1945 sowjetische Kriegsgefangene und kampfesmüde deutsche Zivilisten und Soldaten ermordete.[64]

Karl Oczadly (vgl. Werwolf Sachsen, Spionage Hinterland der Roten Armee)

Herbert Wricke

Aus anderen Gründen verurteilt oder Urteilsgründe nicht bekannt:

Alfred Brandt (vgl. Reichsbauernschaft, Zivilverwaltung, Judenmord, Zwangsarbeit Sowjetunion und besetzte Gebiete)

Georg Pfeiffer (vgl. NSDAP-OGL, NSDAP-Gauleitungen, Werwolf Sachsen, Verbindung zu einem ausländischen Staat)

Fritz Reschke (vgl. Zwangsarbeit Deutschland, Abwehrbeauftragte Sachsen)

Emil Riebold (vgl. Feldgendarmerie)

Alfred Scholz (vgl. Terror deutsche Ostgebiete)

Paul Straube (vgl. Werwolf deutsche Ostgebiete)

Julius Winkler (vgl. Strafvollzug Deutschland)

5.5 NSDAP-Ortsgruppenleitungen

Gemeinsam haben die 20 verurteilten Ortsgruppenleiter, dass sie nahezu alle in den ersten Monaten der sowjetischen Besatzung verurteilt wurden. Häufigster Vorwurf war Kriegsverbrechen. Nur bei acht Urteilen ist die NSDAP-Funktion Teil der Anklage gewesen.

Paul Cämmerer (vgl. Reichsbauernführer, Zwangsarbeit Thüringen)

Oskar Fuchs (vgl. Bürgermeister, frühe KZ, Zwangsarbeit Brandenburg, Judenmord, Unterstützung der internationalen Bourgeoisie)

Hans Gathemann

Kurt Jurkscheit (vgl. Werwolf Berlin)

Paul Kruse (vgl. Sabotage Mecklenburg)

Hermann Lindner

Fritz Lorenz (vgl. Zwangsarbeit deutsche Ostgebiete)

Karl Uhlmann (vgl. Journalisten)

Aus anderen Gründen verurteilt oder Urteilsgründe nicht bekannt:

Kurt Florstedt

Kurt-Wilhelm Günther (vgl. Reichstag, Justiz, Zentralverbände, SA)

63 Erich Stockhorst, Fünftausend Köpfe. Wer war wer im 3. Reich, Kiel 1985, S. 376.

64 Vgl. zum Problem der Feme-Gruppen auch den Fall Kurt Watschipke (Werwolf Berlin).

Adolf Greuling[65] (vgl. Werwolf Thüringen)
Richard Holz (vgl. Spionage Hinterland der Roten Armee)
Herbert Hornig (vgl. Zivilverwaltung, Auslands-SD „Zeppelin", Spionage Hinterland der Roten Armee)
Karl Ingenhaag
Paul Kirchner (vgl. Terror Sachsen-Anhalt)
Walther de Laporte (vgl. Amt Ausland/Abwehr)
Ernst Peucker (vgl. Bürgermeister, Werwolf deutsche Ostgebiete)
Georg Pfeiffer (vgl. NSDAP-Gauleitungen, NSDAP-Kreisleitungen, Werwolf Sachsen, Verbindung zu einem ausländischen Staat)
Kurt Scheerbarth (vgl. Reichsfinanzministerium)
Paul Schmidt (geb. 1894) (vgl. Bürgermeister, Werwolf deutsche Ostgebiete, Abwehr/Frontaufklärung)

5.6 Untergeordnete NSDAP-Funktionen

Zu den hier vorgestellten 48 Verurteilten zählen auch einige Block- und Zellenleiter. Länger ist jedoch die Liste der ohne spezifische Funktion unter dem Vorwurf der aktiven NSDAP-Mitgliedschaft verurteilten Deutschen. Hier wird noch deutlicher als bei den Ortsgruppenleitern, dass der NKVD-Befehl 00315 Wirkungen hinsichtlich der Verurteilung der Gruppe der aktiven Nazis in untergeordneten Funktionen hatte. Denn fast alle genannten Fälle sind vor dem Überschreiten der Oder-Neiße-Linie durch die Rote Armee am 16. April 1945 verurteilt worden. Danach wurde der o. g. Befehl wirksam und die Verhafteten dieser Kategorie, darunter auch die überwiegende Zahl der Block- und Zellenleiter, sind im Wesentlichen in die neu entstandenen Speziallager eingewiesen worden. Die Urteilsgründe, sofern bekannt, wirken standardisiert. Die meisten wurden als Kriegsverbrecher verurteilt. 37 Personen wurden ausdrücklich als Untergeordnete NSDAP-Funktionäre hingerichtet.

Paul Wilde aus Küstrin warf man das Folgende vor: NSDAP-Mitglied, führte alle auf die Ausrottung des Sowjetvolkes, Eroberung und Vernichtung des Vermögens der UdSSR gerichtete Maßnahmen der Partei aktiv aus. Er wurde Ende März 1945 bei Küstrin verurteilt. Richard Dörfert,[66] wohnhaft in Bergkolonie (vormals Zantoch Kurmark) wurde etwa zur selben Zeit fast wörtlich dasselbe vorgeworfen: NSDAP-Mitglied, führte alle auf die Ausrottung des Sowjetvolkes, Eroberung und Vernichtung des Vermögens der UdSSR gerichtete Maßnahmen der Partei aktiv aus. Er wurde ebenfalls als Kriegsverbrecher verurteilt und erschossen. Nach dem Sommer 1945 liegen so gut wie keine Ver-

65 I. E. Wolf (Hg.), Unschuldig ... überlebt. Ein Buch wider das Vergessen, Autobiographische Aufzeichnungen über schreckliche Jahre im Leben von Werner Blechschmidt, Günter Junius, Heinz Luther, Willy Knauer, Föritz 2004, S. 256.
66 Hilger, Tod den Spionen, S. 106 f.

urteilungen wegen aktiver NSDAP-Mitgliedschaft mehr vor, mit einer Ausnahme.

Georg Bellmann[67] (vgl. Zentralverbände in Deutschland, Gestapo- und SD-V-Männer)

Erich Böhm (geb. 1895)

Paul Busse (vgl. Bürgermeister, Terror Sachsen)

Arno Conrad (vgl. frühe KZ, Gestapo- und SD-V-Männer)

Hermann Dankwerts (vgl. Sonderführer, Requirierungen, Zwangsarbeit Deutschland ohne Ortsangabe, Kriegsverwaltungsrat)

Curt Donner (vgl. Gestapo Dresden, Staat und Verwaltung Deutschland)

Johann Forch

Karl Freess (vgl. Bürgermeister)

Erich Greinert (vgl. Zwangsarbeit Brandenburg)

Alfred Gross (vgl. Anstiftung zum Krieg, Zwangsarbeit Brandenburg)

Helmuth Gürgen (vgl. Kriegsgefangenenwesen Deutschland)

Walter Herold (vgl. Reichsbauernführer, Zwangsarbeit Thüringen)

Rudolf Hock

Erich Hönig

Karl Kaiser (vgl. Zwangsarbeit deutsche Ostgebiete, Gestapo- und SD-V-Männer)

Fritz Kitz

Alexander Kodol (vgl. Zivilverwaltung, SA)

William Körber (vgl. Zwangsarbeit Thüringen)

Willi Kruschinski

Johannes Mahnkopf (vgl. Schriftsteller)

Ernst Magdeburg

Arno Meyer (vgl. Zwangsarbeit Thüringen)

Alexander Münch (geb. 1905) (vgl. Zwangsarbeit Sachsen)

Karl Oczadly (vgl. Werwolf Sachsen, Spionage Hinterland der Roten Armee)

Horst Oertel (vgl. Sabotage Sachsen)

Jakob Onaker

Max Reinhardt

Hans Sauer[68] (vgl. Zwangsarbeit Thüringen, Reichsministerium für Bewaffnung und Munition)

Kurt Siering

Karl Spannaus (vgl. Auslandsorganisation der NSDAP, Ministerium für Volksaufklärung und Propaganda)

Rudolf Stahl[69] (vgl. Zentralverbände, Reichsbank, Reichsministerium für Bewaffnung und Munition)

67 Hilger, Sowjetische Justiz, S. 476 f.; Schmeitzner, Mutschmann, S. 154.

68 Arfmann/Kallmeyer, J. P. Sauer & Sohn, S. 91–97.

69 Radandt, Kriegsverbrecherkonzern; Reuter, Der 20. Juli, S. 12; Prozess gegen die Hauptkriegsverbrecher, Band XVI, S. 525–561.

Otto Stangl (vgl. Kriegsgefangenenwesen Deutschland)
Albert Wachtel (vgl. RKPA, Zwangsarbeit Sachsen-Anhalt)
Ernst Warmuth
Rudolf Zäpernik

Aus anderen Gründen verurteilt oder Urteilsgründe nicht bekannt:
Erhard Beyer (vgl. Justiz Deutschland)
Kurt Elkt
Hans Fuchs (vgl. Justiz Deutschland, Justiz besetzte Gebiete)
Teodor Galjun (vgl. Polizei Deutschland, Spionage Hinterland der Roten Armee)
Theodor Gross (vgl. Polizei Deutschland, Polizei besetzte Gebiete, Gestapo besetzte Gebiete, Judenmord, Partisanenkampf)
Kurt Köhler (vgl. Untergeordnete NSDAP-Funktionen, Gendarmerie Deutschland)
Otto Konzok (vgl. Werwolf Berlin)
Max-Ewald Lorenz (vgl. Polizeibataillon 304)
Anton Schaal (vgl. Zwangsarbeit Brandenburg)
Gustav Schulz
Karl Wagler (vgl. Bürgermeister, Einsatzgruppe D)
Willy Walther (vgl. Gendarmeriedienst Deutschland, Kriegsverbrechen ohne bekannten Vorwurf, erf.)

5.7 Nationalsozialistisches Kraftfahrerkorps (NSKK)

Benno Regenbrecht diente als Schütze bei der Ersatzkompanie der Organisation Speer in Berlin-Spandau (Transportkorps Speer als Abteilung des NSKK) und wurde schon Ende März 1945 wegen Kriegsverbrechen verurteilt. Die Vorwürfe gegen ihn sind unbekannt.

5.8 NS-Dozentenschaft und Nationalsozialistischer Deutscher Studentenbund (NSDStB)

Wolff Heinrichsdorff (vgl. Reichsministerium für Volksaufklärung und Propaganda, Judenmord, Journalisten) war Funktionär in beiden Organisationen, wurde jedoch wegen Kriegsverbrechen verurteilt. Die konkreten Vorwürfe sind nicht bekannt.

5.9 Reichsbund für Leibesübungen

Bei dem der NSDAP unterstehenden Bund war Eugen Mangold beim Reichssportfeld in Berlin beschäftigt. Er wurde wegen Kriegsverbrechen verurteilte, die konkreten Vorwürfe sind jedoch unbekannt.

5.10 Hitlerjugend (HJ)

In einigen Fällen haben Verurteilte Funktionen in der Organisationsstruktur der HJ, der Jugendorganisation der NSDAP, innegehabt. Fast alle hier vorgestellten Personen wurden wegen Terror und Diversion verurteilt und gehörten damit zur Gruppe der für die Besatzungsmacht als Werwolf agierenden Jugendlichen. Darunter befinden sich mehrere Fälle, die frühen Widerstand gegen das Nachkriegsregime in Ostdeutschland leisteten. Von den 34 Verurteilten warf man 15 ihre HJ-Funktion vor, davon allein sieben in Thüringen.

Heinz Meier (vgl. Widerstand Sachsen, Unterstützung der internationalen Bourgeoisie) war ein nicht näher bezeichneter Führer der HJ in Chemnitz. Das SMT warf ihm vor, gegen die sowjetische Besatzungsmacht und die KPD eingestellt gewesen zu sein und im Februar 1946 zusammen mit drei anderen Jugendlichen eine Gruppe mit dem Ziel der Gründung einer gegen die Kommunisten gerichteten Partei geschaffen zu haben. In der Nacht zum 1. Mai 1946 habe die Gruppe auf einem Flugblatt zum Kampf gegen Kommunisten und Besatzungsmacht aufgerufen. Die Angeklagten sollen Mitglieder für ihre Partei geworben haben. Das Urteil erging wegen Unterstützung der internationalen Bourgeoisie und Mitgliedschaft in einer konterrevolutionären Organisation.[70]

Joachim Bock[71] (vgl. Werwolf Thüringen)

Werner Burger[72] (vgl. Werwolf Thüringen)

Horst Franz (vgl. Werwolf Thüringen)

Karl Hackinger[73] (vgl. Werwolf Thüringen)

Theo Heinze (vgl. Werwolf Thüringen)

Karl-Heinz Holzapfel (vgl. Werwolfverdacht Sachsen-Anhalt, Terror Sachsen-Anhalt)

Horst Käsler (vgl. Werwolf Berlin)

Franz Künzel (vgl. Werwolf Thüringen)

Joachim Müller (vgl. Werwolf Berlin)

Dietrich Pagel (vgl. Werwolf Berlin)

Günther Plachta (vgl. Widerstand Sachsen, Unterstützung der internationalen Bourgeoisie)

Arno Schoder[74] (vgl. Werwolf Thüringen)

70 Vgl. Urteil des SMT Sachsen in Dresden vom 15.8.1946 (Dokstelle StSG, Akte Armin Klinger).

71 Benno Prieß, Erschossen im Morgengrauen. Verhaftet - gefoltert - verurteilt - erschossen, „Werwolf"-Schicksale mitteldeutscher Jugendlicher, Calw 2005, S. 122; Wolf, Unschuldig, S. 50, 58 (Bericht Werner Blechschmidt), S. 138 (Bericht Günter Junius), S. 223–226 (Bericht Willy Knauer).

72 Prieß, Erschossen, S. 84 f., 90; Anne Kaminsky (Hg.), Orte des Erinnerns. Gedenkzeichen, Gedenkstätten und Museen zur Diktatur in SBZ und DDR, Berlin 2007, S. 494.

73 Prieß, Erschossen, S. 84 ff.; Kaminsky, Orte, S. 494.

74 Auch Lothar Liebeskind wurde zum Tode verurteilt. Er bestätigte die Vorwürfe gegen Schoder. Während das Politbüro der KPdSU Schoders Gnadengesuch erst am 31.8. 1946

Elisabeth Seeling (vgl. KZ Kauen, Medizinverbrechen, Zivilverwaltung, Judenmord)
Horst Weiße (vgl. Werwolf Thüringen)

Aus anderen Gründen verurteilt oder Urteilsgründe nicht bekannt:
Alfred Brabandt (vgl. Widerstand Brandenburg)
Hans Bresemann
Heinrich Debes[75] (vgl. vgl. Werwolf Sachsen-Anhalt, Napola)
Konrad Drews (vgl. Werwolf Berlin)
Heinz Faust[76] (vgl. Werwolf Sachsen)
Hans Hamann[77] (vgl. Werwolf Mecklenburg)
Günter Heitfeld
Herbert Heldt (vgl. Werwolf Berlin)
Hans-Heinrich Henne[78] (vgl. Schriftsteller, Journalisten, Filmschaffende)
Kurt Hüllemann (vgl. Werwolf Sachsen-Anhalt)
Heinz Mingramm (vgl. Terror Sachsen-Anhalt)
Klaus Niemann (vgl. Werwolf Mecklenburg)
Heinz Nordmann
Theodor von Renteln[79] (vgl. Judenmord, Zivilverwaltung, Reichstag, NSDAP-Gauleitungen, Zentralverbände)
Rainer Schlösser[80] (vgl. Reichsministerium für Volksaufklärung und Propaganda, Journalisten)
Günter Steup (vgl. Werwolf Berlin)

ablehnte, wurde Liebeskind bereits am 9.7.1946 begnadigt. Vgl. Gnadensache Schoder (RGASPI, op. 166, d. 775, l. 43 f.).

75 Hantsche, Diktaturwechsel, S. 13, 74-181. Vgl. die Berichte von Überlebenden: von Pannwitz, Klosterschüler; von Poser, Klosterschule.

76 Andreas Hilger/Mike Schmeitzner/Ute Schmidt (Hg.), Sowjetische Militärtribunale, Band 2: Die Verurteilung deutscher Zivilisten 1945-1955, Köln 2003, S. 560 f.; Hilger, Tod den Spionen, S. 122; Wagenlehner, Die russischen Bemühungen, S. 73; Leonid P. Kopalin, Die Rehabilitierung deutscher Opfer sowjetischer politischer Verfolgung. Vortrag vor dem Gesprächskreis Geschichte der FES in Bonn am 16. Mai 1995, Bonn 1995, S. 30 f.

77 Radtke, Russenzeit, S. 112 ff.; Arnulf H. K. Putzar, Im Schatten seiner Zeit, Schwerin 1998, S. 147, 152, 155, 164-166, 295-297; Hermann Grothe, Malchower Jugendliche erleben den Zusammenbruch 1945, Teil 1: Besiegt - Befreit - Verfolgt, Heft 4 zur Geschichte der Stadt Malchow (Meckl.), Malchow 1997, S. 12-17, 91-92; Hermann Grothe, Malchower Jugendliche erleben den Zusammenbruch 1945, Teil 2: Treu - aber wem? Bestraft - doch wofür?, Heft 5 zur Geschichte der Stadt Malchow (Meckl.), Malchow 1997, S. 31-40, 68-71; Hans-Joachim Deppe, Zur „Werwolf"-Tragödie der mecklenburgischen Jugend 1945. In: Carolinum. Historisch-literarische Zeitschrift, (1995) 115, S. 29-33.

78 Die Biografie aus der Feder seiner Tochter: Eva Züchner, Der verschwundene Journalist. Eine deutsche Geschichte, Berlin 2010.

79 Nach anderen Angaben soll er nach Südamerika geflüchtet sein. Vgl. Dieckmann, Überlegungen, S. 41 f.

80 Klee, Personenlexikon, S. 540; Klee, Kulturlexikon, S. 525; Drewniak, Theater im NS-Staat, S. 16-19.

Manfred Thomas (vgl. Werwolf Thüringen)
Günter Ziegenhagen (vgl. Werwolf Berlin)
Lothar Zobel[81] (vgl. Edelweißpiraten)

5.11 Wehrertüchtigungslager der Hitlerjugend (WEL)

Die WEL unterstanden der Reichsjugendführung und dienten der vormilitärischen Ausbildung von Hitlerjungen bzw. zur Ausbildung für den Volkssturm.[82] Kurz vor dem Kriegsende nutzte die NSDAP-Führung einige WEL zur verdeckten Ausbildung ausgewählter Jugendlicher für den Einsatz in der von ihr geplanten Partisanenbewegung Werwolf in der Zeit nach der Besetzung Deutschlands durch die Alliierten. Der sowjetischen Geheimpolizei war der Zusammenhang zwischen Volkssturmausbildung, WEL und geplantem Werwolf bekannt.[83]
Johannes Ihmann (vgl. Werwolf Mecklenburg)

Aus anderen Gründen verurteilt oder Urteilsgründe nicht bekannt:
Heinz Heusing (vgl. Werwolf Thüringen, Widerstand Thüringen)

5.12 Reichsbauernführer/Reichsnährstand

Während die Landwirte hinsichtlich der bekannten Berufe eine der größten sozialen Gruppen unter allen Verurteilten darstellen, werden nach bisherigen Kenntnissen nur zwölf Verurteilte als Ortsbauernführer (OBF) bezeichnet, von denen nur Oskar Bauer (vgl. Bürgermeister), Walter Herold (vgl. Untergeordnete NSDAP-Funktionen, Zwangsarbeit Thüringen) und Paul Cämmerer (vgl. NSDAP-OGL, Zwangsarbeit Thüringen) auch als solche verurteilt wurden. Die meisten OBF wurden wegen Kriegsverbrechen verurteilt.

Aus anderen Gründen verurteilt oder Urteilsgründe nicht bekannt:
Alfred Brandt (vgl. NSDAP-Kreisleitungen, Zivilverwaltung, Judenmord, Zwangsarbeit Sowjetunion und besetzte Gebiete)
Walter Fröhlich (vgl. Kriminalität)
Oswin Kempe[84] (vgl. Polizei Deutschland, Zwangsarbeit Sachsen)
William Kempe (vgl. Bürgermeister)

81 Deutsche Opfer; Hantsche, Diktaturwechsel, S. 10, 40, 45, 138, 216 f., 221.
82 Allgemein hierzu vgl. Hans Holzträger, Die Wehrertüchtigungslager der Hitler-Jugend 1942–1945. Ein Dokumentarbericht, Ippesheim 1991.
83 Bericht des Kommandeurs des 331. Grenzregiments, Oberstleutnant Smirnov, vom 6.10.1945, der davon spricht, dass die Werwolfausbildung als Volkssturmausbildung getarnt war. In: V. A. Matrosov/E. D. Solov'ev, Pograničnye vojska SSSR maj 1945–1950. Sbornik dokumentov i materialov, Moskau 1975, S. 141 f.
84 Klaus Eberhart Rümmler, Abgeholt, verschwunden, totgeschwiegen! Eine Dokumentation über die Nachkriegs-Gewaltherrschaft in der Region Mittelsachsen, o. O. 2013, S. 41–44.

Max Liepe (vgl. Terror SBZ)
Johannes Mattheis (vgl. Zwangsarbeit Mecklenburg, Kriegsgefangenenwesen Deutschland)
Werner Schwarz (vgl. Zwangsarbeit Thüringen)
Gotthold Schwarze (vgl. Zwangsarbeit Sachsen)
Otto Stattrop (vgl. Bürgermeister)

5.13 Sturmabteilung der NSDAP (SA)

Erstaunlich wenige verurteilte Personen, insgesamt nur elf, waren SA-Funktionäre. Von ihnen wurden neun wegen dieser Funktionen hingerichtet.
Heinrich Albert (vgl. Frühe KZ)
Fritz Bensing (vgl. Polizei, Zwangsarbeit Brandenburg)
Georg Böttcher (vgl. Zwangsarbeit Brandenburg)
Georg Graf
Kurt-Wilhelm Günther (vgl. Reichstag, Justiz, Zentralverbände, NSDAP-OGL)
Alexander Kodol (vgl. Untergeordnete NSDAP-Funktionen, Zivilverwaltung)
Walter Wolf[85] (vgl. frühe KZ, Polizei, Judenmord, Unterstützung der internationalen Bourgeoisie)
Rudolf Rechenberg[86] (vgl. Werwolf Sachsen-Anhalt)
Friedrich Zachries (vgl. Judenmord, Sonderführer, Partisanenkampf, Amt Ausland/Abwehr, Zwangsarbeit Deutschland ohne Ortsangabe)
Weitere, wegen anderer Gründe zum Tode Verurteilte:
Kurt Jahnke[87] (vgl. NSDAP-Gauleitungen, Auslands-SD, Amt Ausland/Abwehr Division Brandenburg, Spionage Sowjetunion)
Willy Roedel (vgl. Amt Ausland/Abwehr, Auswärtiges Amt)

85 Andreas Hilger, „Die Gerechtigkeit nehme ihren Lauf"? Die Bestrafung deutscher Kriegs- und Gewaltverbrecher in der Sowjetunion und der SBZ/DDR. In: Norbert Frei (Hg.), Transatlantische Vergangenheitspolitik. Der Umgang mit deutschen Kriegsverbrechen in Europa nach dem Zweiten Weltkrieg, Göttingen 2006, S. 180–246, hier 199.

86 Hantsche, Diktaturwechsel, S. 13, 74–181. Vgl. die Berichte von Überlebenden: von Pannwitz, Klosterschüler; von Poser, Klosterschule.

87 Schellenberg, Aufzeichnungen, S. 43–50, 60–64, 149–153, 201–206, 230–235; Doerries, Tracing; Doerries, Hitler's last chief, S. 20 f., 86 f., 95, 245 f., 277 ff., 327 f.; Schlie, Carl Marcus; Hastedt, Spies, S. 412 f.; Ramme, Sicherheitsdienst, S. 90; Meinl, Nationalsozialisten, S. 262 f., 338. Clough, State Secrets, S. 4, 158 ff., 219–236.

5.14 Schutzstaffeln der NSDAP (SS)

5.14.1 Reichsführer SS und Chef der deutschen Polizei

5.14.1.1 Höhere SS- und Polizeiführer (HSSPF)

Nur fünf Verurteilungen stehen in Zusammenhang mit den HSSPF, davon erging nur eine Todesstrafe wegen dieses Dienstbereiches.

Den HSSPF unterstanden auch die Befehlshaber der Sicherheits- und Ordnungspolizei (BdS, BdO) in den Verwaltungseinheiten eines Landes bzw. Gaues und in der besetzten Sowjetunion auf der Ebene der Reichskommissariate Ostland und Ukraine. Auf der darunterliegenden Verwaltungsebene der Generalkommissariate bzw. -bezirke walteten Kommandeure (KdS, KdO) mit ihren Außenstellen.

Friedrich Jeckeln[88] (vgl. Judenmord, Partisanenkampf) erhielt als einziger der von Himmler eingesetzten und ihm direkt unterstehenden HSSPF die Todesstrafe. Jeckeln, HSSPF Ostland und Russland-Nord, SS-Obergruppenführer und General der Polizei, wurde allerdings nicht allein verurteilt, sondern in einem Sammelprozess in Riga. Ihm wurden als wesentliche Anklagepunkte die Liquidierung des Ghettos Riga, die Aktion Rumbula sowie der Judenmord in Kamenez-Podolsk und Babi-Jar 1941 vorgeworfen. Er steht damit zweifellos im Kontext des Völkermordes an den europäischen Juden.

Aus anderen Gründen verurteilt oder Urteilsgründe nicht bekannt:
Nur in wenigen anderen Kontexten taucht die Funktion des HSSPF wieder auf. Die Feldwebel Erich Blocksdorf (vgl. Spionage Hinterland der Roten Armee, Werwolf deutsche Ostgebiete) und Erich Böhm (geb. 1921) (vgl. Spionage Hinterland der Roten Armee, Werwolf deutsche Ostgebiete) gerieten im Novem-

88 Richard Breitman, Friedrich Jeckeln. Spezialist für die Endlösung im Osten. In: Ronald Smelser/Enrico Syring (Hg.), Die SS. Elite unter dem Totenkopf. 30 Lebensläufe, Paderborn 2000, S. 267-275; Klee, Personenlexikon, S. 285; Sergej Mironenko/Lutz Niethammer/Alexander von Plato (Hg.) in Verbindung mit Volkhard Knigge und Günter Morsch, Sowjetische Speziallager in Deutschland 1945 bis 1950, Band 1: Studien und Berichte. Hg. und eingeleitet von Alexander von Plato, Berlin 1998, S. 247; Erwin Peter/Alexander E. Epifanov, Stalins Kriegsgefangene. Ihr Schicksal in Erinnerungen und nach russischen Archiven, Graz 1998, S. 281; Helmut Krausnick, Hitlers Einsatzgruppen. Die Truppe des Weltanschauungskriegs 1938-1942, Frankfurt a.M. 1993, S. 164, 167, 194, 219f., 308, 314; Irina V. Bezborodova, Die Generäle des Zweiten Weltkrieges in sowjetischer Kriegsgefangenschaft, Graz 1998, S. 251. Von einigen Autoren wird der Prozess allein in den „Kontext der Terrorwelle" in dem erneut sowjetisch besetzten Lettland ab Herbst 1944 gestellt und als „öffentliche Machtdemonstration im Umgang mit hochrangigen NS-Haupttätern" abgewertet. Vgl. Katrin Reichelt, Lettland unter deutscher Besatzung. Der lettische Anteil am Holocaust, Berlin 2011, S. 390f. Über Jeckelns Festnahme berichtete das „Nachrichtenblatt für die deutsche Bevölkerung", Nr. 15, bereits am 3.5.1945 auf Seite 1. Vgl. zu Jeckeln den Aufsatz von Mike Schmeitzner in diesem Band.

ber 1944 in Ostpreußen in sowjetische Gefangenschaft. Sie hatten ab Oktober 1944 mit anderen Militärangehörigen an einem Diversions- und Spionage-Sondereinsatz des HSSPF Russland Süd in Königsberg und in der Rominter Heide teilgenommen. In den Biografien der ebenfalls in diesem Prozess zum Tode verurteilten Klaus Ritter, Alexander Beil und Friedrich Schlingmann lässt sich dieser Zusammenhang nicht erkennen.

Tatsächlich hatte der Werwolfbeauftragte SS-Obergruppenführer Hans-Adolf Prützmann, der bis Sommer 1944 noch HSSPF Russland-Süd war, ab September 1944 in Königsberg mit der Mobilisierung von Werwolfkommandos begonnen. Er beauftragte im Oktober 1944 SS-Obersturmführer Schmitz, einen älteren Offizier der Sicherheitspolizei von Königsberg, der mit Prützmann zuvor in Kiew stationiert war, mit der Aufstellung von Sonderkommandos aus jeweils neun Kämpfern in der Rominter Heide. Schmitz selbst leitete bis Februar 1945 den Werwolf für Ostpreußen. Die Kämpfer dieser Gruppen wurden aus der Division „Hermann Göring" gewonnen und durch den Leiter der Wachmannschaft von Görings Landsitz in der Rominter Heide, Major Frevert, der auch Mitarbeiter der Abwehrstelle Königsberg war, ausgewählt und für Werwolfeinsätze ausgebildet. Zu diesem Wachregiment gehörte der zum Tode verurteilte Klaus Ritter. Der ebenfalls zum Tode verurteilte Friedrich Schlingmann hatte der Division „Hermann Göring" angehört. Die Gruppe unter Feldwebel Blocksdorf besaß neben Sprengstoff auch zwei Funkgeräte und zehn Brieftauben, ließ sich Mitte Oktober 1944 vor der Roten Armee überrollen und war im November 1944 eine von sechs hinter den Linien der 1. Belorussischen Front in Ostpreußen zurückgelassenen Werwolfgruppen. Ihre Aufgabe war die Übermittlung von Berichten über Zustand und Bewegungsrichtung der Sowjeteinheiten, was eine Verbindung zu Fremde Heere Ost nahelegt, sowie die Störung ihrer Transporte, wo immer es möglich war. Sie sollte auch über das Verhältnis zwischen Roter Armee und Zivilisten bei der Evakuierung der Frontbereiche berichten. Auf diesem Wege erfuhren deutsche Kommandobehörden erstmals von den Exzessen der Roten Armee gegen die zurückgelassenen deutschen Zivilisten. Den Werwolfverantwortlichen wurde so auch deutlich, wie effektiv die Massenverschleppung der Zivilbevölkerung durch das NKVD die Etablierung von Partisanenstrukturen verhinderte. Blocksdorf besaß den Befehl, aus versprengten Wehrmachtsoldaten weitere Gruppen aufzustellen. Blocksdorfs Gruppe gelang es, zehn Meldungen nach Königsberg abzusenden. Sie versuchten, zwei Brücken zu sprengen. Am 14. November 1944 gelang es dem 86. Grenzregiment der 3. Belorussischen Front, einen Kämpfer der von Schmitz aufgestellten Sonderkommandos in der Rominter Heide festzunehmen, der ihnen wesentliche Details über die anderen Gruppen lieferte. Daraufhin konnten Sprengstoff- und Waffendepots gefunden und auch die Gruppe unter Blocksdorf schließlich festgenommen werden.[89]

89 Vgl. die Darstellung des Falles u.a. nach sowjetischen Quellen in Aleksandr Ivanovič Čugunov, Pograničnye vojska SSSR v Velikoj otečestvennoj vojne, 1942–1945. Sbornik

Günther Merk[90] (vgl. Stab RFSS, Hauptamt Orpo, SS-Polizeiregiment 6, Partisanenkampf, Zwangsarbeit Deutschland)
Wilhelm Mulde (vgl. Einsatzgruppe D, KdS, Judenmord)

5.14.1.2 Dienststelle/Stab Reichsführer SS (RFSS)

Nur vier der zum Tode Verurteilten gehörten dieser Dienststelle an. Bei ihnen liegen die Urteilsgründe jedoch in anderen Vorwürfen oder sind unbekannt.
Curt Wittje[91] (vgl. Reichstag, SS-HA) war einer der frühen hohen Funktionäre der Allgemeinen SS, Gründer der SS-Zeitschrift „Das Schwarze Korps“ und 1934/35 Chef des SS-Hauptamtes. Im Mai 1935 wegen Homosexualität von Himmler als Amtsleiter abgesetzt, gehörte er 1937 noch zum Stab RFSS, wurde aber 1938 aus der SS entlassen.
Eberhard Herf (vgl. Judenmord, Partisanenkampf, Hauptamt Orpo)
Günther Merk[92] (vgl. Hauptamt Orpo, SS-Polizeiregiment 6, HSSPF, Partisanenkampf, Zwangsarbeit Deutschland)
Paul von Scheer (vgl. Hauptamt Orpo, Judenmord, Partisanenkampf, Zwangsarbeit besetzte Gebiete, Requirierungen)

5.14.1.3 Dienststelle Reichsarzt SS beim RFSS

Ernst Frowein[93] (vgl. SS-FHA, Strafvollzug, Medizinverbrechen, KZ Sachsenhausen)

5.14.2 Hauptämter der SS und Polizei

Aus vier der zwölf von Himmler aufgebauten SS-Hauptämter sind Mitarbeiter zum Tode verurteilt worden.

dokumentov i materialov, Moskau 1976, S. 550; Perry Biddiscombe, The Last Nazis. SS Werewolf Guerrilla Resistance in Europe 1944-1947, Brimscombe Port 2006, S. 179-181; ders., Werewolf! The History of the Nationalist Socialist Guerrilla Movement 1944-1946, Toronto 1998, S. 19f.
90 Bezborodova, Generäle, S. 144f.
91 Kleist, Und entlasse, S. 159.
92 Bezborodova, Generäle, S. 144f.
93 Astrid Ley/Günter Morsch (Hg.), Medizin und Verbrechen. Das Krankenrevier des KZ Sachsenhausen 1936-1945, Berlin 2007, S. 185-86; Günter Morsch (Hg.), Mord und Massenmord im Konzentrationslager Sachsenhausen 1936-1945, Berlin 2005, S. 167-169.

5.14.3 SS-Führungshauptamt (SS-FHA) und ihm unterstehende Einheiten

Dem SS-Führungshauptamt unterstanden alle Kommandoämter der Allgemeinen SS, der Waffen-SS und der SS-Wachtruppen sowie die Ausbildungseinheiten, Truppeninspektionen und das Sanitätswesen. Von den führenden Einheitskommandeuren der Waffen-SS sind nur relativ wenige zum Tode verurteilt worden. Die aufgezählten Personen waren Angehörige von SS-Einheiten, die dem FHA unterstanden. 16 der 32 Verurteilten dieser Gruppe ist dies vorgeworfen worden.

Dabei sind Hans Bernstein (vgl. KZ Majdanek, KZ Buchenwald, KZ Sachsenhausen) und Adolf Reinhart (vgl. Spionage Hinterland der Roten Armee) die einzigen bekannten Fälle, die wegen Zugehörigkeit zum SS-Sonderregiment Dirlewanger verurteilt wurden.

Johann Bayerl (vgl. Spionage Hinterland der Roten Armee)
Felix Busse (vgl. Spionage Hinterland der Roten Armee)
Hermann Campe (vgl. Frühe KZ, KZ Natzweiler, KZ Bergen-Belsen, KZ Sachsenhausen, KZ Buchenwald)
Franz Daxböck (vgl. Kriegsgefangenenlager Sowjetunion)
Ludwig Ehrsam[94] (vgl. KZ Sachsenhausen, Medizinverbrechen, KZ Dachau, KZ Buchenwald, frühe KZ, KZ Lichtenburg)
Hans Herold (vgl. Spionage Hinterland der Roten Armee)
Heinrich Fischer[95] (vgl. Partisanenkampf)
Kurt Frick (vgl. Partisanenkampf)
Hermann Frimmersdorf (vgl. Partisanenkampf, Kriegsgefangenenlager Sowjetunion)
Rudolf Gasenzer (vgl. Spionage Hinterland der Roten Armee)
Gerhard Kurth (vgl. Partisanenkampf, Verbrechen gegen Kriegsgefangene kurz vor dem Kriegsende)
Erich Langheim (vgl. Medizinverbrechen, Kriegsgefangenenlager besetzte Gebiete)
Günther Meier (vgl. Judenmord, Kriegsgefangenenlager besetzte Gebiete)
Johann Reichl (vgl. Kriegsgefangenenwesen Deutschland, Kriegsgefangenenlager Sowjetunion)
Waldemar Strohschein (vgl. Spionage Hinterland der Roten Armee)

94 Leon Szalet, Baracke 38. Hg. von Winfried Meyer, Berlin 2006, S. 488; Günter Morsch, Gründung und Aufbau des Konzentrationslagers Sachsenhausen. In: ders. (Hg.), Von der Sachsenburg nach Sachsenhausen. Bilder aus dem Fotoalbum eines KZ-Kommandanten, Berlin 2007, S. 87–194, hier 167 f., 177; Klee, Personenlexikon, S. 128; Harry Naujoks, Mein Leben im KZ Sachsenhausen 1936–1942. Erinnerungen des ehemaligen Lagerältesten, Berlin (Ost) 1989, S. 34 f., 93, 107 ff., 127; Ley/Morsch, Medizin, S. 182–185.

95 Messerschmidt, Manfred, Der Minsker Prozeß. Gedanken zu einem sowjetischen Kriegsverbrechertribunal. In: Hannes Heer/Klaus Naumann (Hg.), Vernichtungskrieg der Wehrmacht 1941–1944, Hamburg 1995, S. 551–568.

Aus anderen Gründen verurteilt oder Urteilsgründe nicht bekannt:
Theodor Büscher (vgl. Spionage Hinterland der Roten Armee)
Alfred Driemel[96] (vgl. KZ Sachsenhausen, KZ Dachau, frühe KZ, KZ Buchenwald, KZ Stutthof)
Josef Eiba-Lützow
Georg Elsinger (vgl. Spionage Hinterland der Roten Armee)
Jakob Fetz[97] (vgl. KZ-Neuengamme)
Ernst Frowein[98] (vgl. KZ Sachsenhausen, Strafvollzug, Medizinverbrechen, Reichsarzt SS)
Fritz Geist (vgl. Banditismus)
Franz Heß (vgl. KZ Sachsenhausen, KdS, Gestapo Prag, Einsatzgruppe B, Medizinverbrechen, Kriegsgefangenenwesen Deutschland, Judenmord)
Hans Isenmann[99] (vgl. Judenmord)
Josef Lebendig
Wilhelm Lehmann (geb. 1922) (vgl. KZ Sachsenhausen, Partisanenkampf)
Viktor Löwen (vgl. Kriegsgefangenenlager Sowjetunion, Vaterlandsverrat)
Wilhelm Mattig (vgl. Werkschutz, Zwangsarbeit Deutschland, KZ Sachsenhausen, KdS)
Heinz-Werner Oberleitner (vgl. Spionage Hinterland der Roten Armee)
Helmuth von Pannwitz[100] (vgl. Partisanenkampf, Wehrmachtseinheiten)
Hans Schoof (vgl. Widerstand Brandenburg)

Nicht zum Tode verurteilt wurde hingegen der persönliche Adjutant Hitlers und Führer in der SS-Leibstandarte „Adolf Hitler" zur Bewachung des Führerhauptquartieres, SS-Sturmbannführer *Otto Günsche*.[101] Er wurde zu 25 Jahren

96 Hilger/Schmeitzner/Schmidt (Hg.), SMT 2, S. 190; Klee, Personenlexikon, S. 119.
97 Karola Fings, Krieg, Gesellschaft und KZ, Himmlers SS-Baubrigaden, Paderborn 2005, S. 167; Hermann Kaienburg, „Vernichtung durch Arbeit". Der Fall Neuengamme, Bonn 1990, S. 159 f.; Detlef Garbe, Stammlager Neuengamme. In: Wolfgang Benz/Barbara Distel (Hg.), Der Ort des Terrors. Geschichte der nationalsozialistischen Konzentrationslager, Band 5: Hinzert Auschwitz Neuengamme, München 2007, S. 319 f.; Hans-Peter Klausch, Antifaschisten in SS-Uniform. Schicksal und Widerstand der deutschen politischen KZ-Häftlinge, Zuchthaus- und Wehrmachtstrafgefangenen in der SS-Sonderformation Dirlewanger, Bremen 1993, S. 179 f., 479, 511; Günther Wackernagel, Zehn Jahre gefangen, Berlin (Ost) 1987, S. 234.
98 Ley/Morsch, Medizin, S. 185-86; Morsch, Mord, S. 167-69.
99 Weitere SMT-Verurteilte der Division „Wiking" vgl. BStU, ZA, HA IX/11, RHE 41/82. Harry Seidel, Erich Schädler, Rudi Pophal, Adolf Ehbrecht, Gerhard Werner, Alfred Obst, Willi Karette, Fritz Ströhlein, Günter Schönfeld, die 1947-1950 zu 25 Jahren bzw. lebenslänglicher Haft verurteilt wurden.
100 Manfred Zeidler, Stalinjustiz contra NS-Verbrechen. Die Kriegsverbrecherprozesse gegen deutsche Kriegsgefangene in der UdSSR in den Jahren 1943-1952, Kenntnisstand und Forschungsprobleme, Dresden 1996, S. 72; Klee, Personenlexikon, S. 449; Angrick, Besatzungspolitik, S. 603; Bezborodova, Generäle, S. 252 f.; Vadim L. Telicyn, „Smerš". Operacii i ispolniteli, Smolensk 2000, S. 321 f.; Erich Kern, General von Pannwitz und seine Kosaken, Neckargemünd 1963.
101 Eberle/Uhl, Buch Hitler, S. 477-484, 560.

verurteilt, 1955 in die DDR gebracht, 1956 aus dem Zuchthaus Bautzen entlassen und zuvor als IM „Anton Gruber“ angeworben.

5.14.4 SS-Hauptamt (SS-HA)

Curt Wittje (vgl. Stab RFSS, Reichstag)

5.14.5 SS-Wirtschafts- und Verwaltungshauptamt (WVHA)

5.14.5.1 Konzentrationslager

In diesem Kapitel werden die dem SS-WVHA unterstehenden Konzentrationslager unabhängig von ihrem Status als KZ oder Vernichtungslager behandelt. Insgesamt lassen sich 74 Verurteilungen bezogen auf 15 Konzentrationslager, darunter zwei Vernichtungslager, feststellen, wobei eine Reihe von Hingerichteten in mehreren Lagern eingesetzt gewesen war. 56 dieser Verurteilungen erfolgten aufgrund verschiedener Vorwürfe hinsichtlich Verbrechen in den dem SS-WVHA unterstehenden Lagern.

Von den im WVHA an zentraler Stelle für die Häftlinge verantwortlichen SS-Führern ist möglicherweise lediglich der Mediziner *Ernst Schenck,*[102] SS-Obersturmführer, in sowjetischer Haft gewesen. Schenck war 1943/44 im WVHA als „Ernährungsinspektor der Waffen-SS“ zuständig für Ernährungsversuche an invaliden Häftlingen im KZ Mauthausen und diente seit 1944 als Ernährungsinspektor der Wehrmacht. Bekannter ist er durch seinen Aufenthalt im Bunker der Reichskanzlei in den letzten Tagen des „Dritten Reiches“ geworden. Entgegen seiner Behauptung, eine gegen ihn ausgesprochene Todesstrafe sei in 25 Jahre Lagerhaft umgewandelt worden, findet sich hierfür kein Beleg. Er war im Mai 1945 in Berlin in Gefangenschaft geraten, zu 25 Jahren Haft verurteilt und 1955 in die Bundesrepublik entlassen worden.

Frühe KZ sowie Verfolgung oder Verhaftung politischer Gegner

Von 16 Urteilen wurden elf ausdrücklich wegen Verbrechen im Zusammenhang mit den frühen Konzentrationslagern oder bei der Verfolgung oder Verhaftung politischer Gegner gefällt.

Heinrich Albert (vgl. SA)

Hermann Campe (vgl. KZ Natzweiler, KZ Bergen-Belsen, KZ Sachsenhausen, KZ Buchenwald, SS-FHA)

Arno Conrad (vgl. Untergeordnete NSDAP-Funktionen, Gestapo- und SD-V-Männer)

102 Klee, Personenlexikon, S. 530f.; Eberle/Uhl, Buch Hitler, S. 614f.

Alfred Dießner (vgl. Zwangsarbeit Sachsen, Polizei Deutschland, Kriegsgefangenenwesen Deutschland)
Oskar Fuchs (vgl. NSDAP-OGL, Unterstützung der internationalen Bourgeoisie, Bürgermeister, Zwangsarbeit Brandenburg, Judenmord)
Otto Junge (vgl. Gestapo Kiel, RKPA, Gestapo besetzte Gebiete)
Friedrich Keil (vgl. Zwangsarbeit Berlin)
Martin Mutschmann[103] (vgl. Werwolf Sachsen, NSDAP-Gauleitungen, Zwangsarbeit Deutschland, Reichstag)
Bernhard Pfob (vgl. Polizei Deutschland, Zwangsarbeit Deutschland)
Kurt Stark (vgl. Unterstützung der internationalen Bourgeoisie)
Walter Wolf[104] (vgl. SA, Polizei, Judenmord, Unterstützung der internationalen Bourgeoisie)

Aus anderen Gründen verurteilt oder Urteilsgründe nicht bekannt:
Alfred Driemel[105] (vgl. SS-FHA, KZ Dachau, KZ Sachsenhausen, KZ Buchenwald, KZ Stutthof)
Ludwig Ehrsam[106] (vgl. SS-FHA, Medizinverbrechen, KZ Dachau, KZ Buchenwald, KZ Sachsenhausen, KZ Lichtenburg)
Wolfgang Plaul (vgl. KZ Sachsenhausen, KZ Wewelsburg, KZ Buchenwald, KZ Ravensbrück)
Ernst Rietzsch[107] (vgl. Bürgermeister, Kriegsverwaltungsräte, Militärverwaltung, Zwangsarbeit Deutschland ohne Ortsangabe, Judenmord, Organisation Todt, Partisanenkampf)
Martin Wündrich (vgl. Zivilverwaltung, Requirierungen, Sonderführer)

KZ Lichtenburg

Ludwig Ehrsam[108] (vgl. SS-FHA, Medizinverbrechen, KZ Dachau, KZ Buchenwald, frühe KZ, KZ Sachsenhausen) diente 1939 bis 1941 in Lichtenburg, wurde hierfür jedoch nicht verurteilt.

103 Schmeitzner, Mutschmann; vgl. den Aufsatz von Mike Schmeitzner in diesem Band, ebenfalls Hilger, Tod den Spionen, S. 114 ff.; Hilger, Sowjetische Justiz, S. 476 f.
104 Hilger, „Die Gerechtigkeit nehme ihren Lauf?“, S. 199.
105 Hilger/Schmeitzner/Schmidt (Hg.), SMT 2, S. 190; Klee, Personenlexikon, S. 119.
106 Szalet, Baracke, S. 488; Morsch, Gründung, S. 167 f., 177; Klee, Personenlexikon, S. 128; Naujoks, Leben, S. 34 f., 93, 107 ff., 127; Ley/Morsch, Medizin, S. 182–185.
107 Lobeck, Schwarzenberg-Utopie; Wagenlehner, Die russischen Bemühungen, S. 71. Vgl. auch Aris, Rechercheberícht.
108 Szalet, Baracke, S. 488; Morsch, Gründung, S. 167 f., 177; Klee, Personenlexikon, S. 128; Naujoks, Leben, S. 34 f., 93, 107 ff., 127; Ley/Morsch, Medizin, S. 182–185.

KZ Natzweiler-Struthof

Hermann Campe (vgl. Frühe KZ, KZ Bergen-Belsen, KZ Sachsenhausen, KZ Buchenwald, SS-FHA)

KZ Bergen-Belsen

Hermann Campe (vgl. Frühe KZ, KZ Natzweiler, KZ Sachsenhausen, KZ Buchenwald, SS-FHA)

KZ Sachsenhausen

Insgesamt elf SS-Führer und -Unterführer des KZ Sachsenhausen sind wegen dieses Dienstes und der dabei begangenen Verbrechen zum Tode verurteilt worden.[109] Drei weitere hatten in diesem Lager gedient, wobei die Urteilsgründe sich auf andere Taten beziehen.

Das KZ Sachsenhausen gab den Hintergrund für jenes SMT in der SBZ ab, über das am umfangreichsten öffentlich berichtet wurde. Es fand im Herbst 1947 in Berlin-Pankow als sogenannter „Sachsenhausen-Prozess“ (auch „Berlinskij Prozess“) statt und urteilte einen Teil der höheren Lagerverantwortlichen ab. Sie alle kamen in den Genuss der noch während der Ermittlungstätigkeit erfolgten Abschaffung der Todesstrafe im Mai 1947. Ein Teil von ihnen wurde Mitte der 1950er-Jahre als sogenannte Nichtamnestierte in die Bundesrepublik entlassen.[110]

Ludwig Ehrsam[111] (vgl. SS-FHA, Medizinverbrechen, KZ Dachau, KZ Buchenwald, frühe KZ, KZ Lichtenburg) und Ernst Frowein[112] (vgl. SS-FHA, Strafvollzug, Medizinverbrechen, Reichsarzt SS) waren als Ärzte zu unterschiedlichen Zeiten für die Lazarettbereiche im KZ Sachsenhausen zuständig. Erich Prengemann (vgl. KZ Vught/Hertogenbosch) gehörte in Sachsenhausen sowie im holländischen KZ Vught/Hertogenbosch zum KZ-Kommandanturstab. Siegfried Schubert war Wachmann im Frauen-Außenlager Velten und begleitete im April 1945 eine Kolonne von 500 Häftlingen während des Todesmarschs des Haupt-

109 Außer dem Urteil zu Wilhelm Heer und Wilhelm Mattig befinden sich alle anderen SMT-Unterlagen zum KZ Sachsenhausen als Kopie im Archiv der Gedenkstätte Sachsenhausen.

110 Winfried Meyer, Britischer oder sowjetischer Sachsenhausen-Prozeß? Zur Vorgeschichte des „Berliner Prozesses“ vom Oktober 1947. In: Zeitschrift für Geschichtswissenschaft, 45 (1997) 11, S. 965-991; ders., Stalinistischer Schauprozeß gegen KZ-Verbrecher? Der Berliner Sachsenhausen-Prozeß vom Oktober 1947. In: Dachauer Hefte, 13 (1997), S. 153-180.

111 Szalet, Baracke, S. 488; Morsch, Gründung, S. 167 f., 177; Klee, Personenlexikon, S. 128; Naujoks, Leben, S. 34 f., 93, 107 ff., 127; Ley/Morsch, Medizin, S. 182-185.

112 Ley/Morsch, Medizin, S. 185-86; Morsch, Mord, S. 167-69.

lagers. Georg Howe[113] war Wachmann im Außenlager Klinkerwerk und dem Arbeitskommando Albrechtshof und Wilhelm Lehmann (geb. 1922) (vgl. SS-FHA, Partisanenkampf) Wachmann und Hundeführer im Hauptlager. Karl Horst (vgl. KZ Dachau) diente zunächst als Wachmann, dann in der Lagerschreibstube und zeitweilig als Schreiber des Krematoriums. Er nahm in der Nacht vom 31. Januar zum 1. Februar 1945 im Krematorium an der Erschießung von 23 Häftlingen, darunter Sowjetbürger, teil, indem er sie zur Erschießung ins Krematorium brachte. Diese Erschießung stellte den Beginn der Vernichtungsaktionen im KZ Sachsenhausen im Vorfeld der Lagerauflösung dar.[114] Alfred Driemel[115] (vgl. SS-FHA, KZ Dachau, frühe KZ, KZ Buchenwald, KZ Stutthof) war von Oktober 1941 bis Mai 1942 Lagerführer. SS-Unterscharführer Wilhelm Heer (vgl. KZ Buchenwald) war von Anfang Juni bis Mitte November 1944 als Blockführer eingesetzt. Hans Bernstein (vgl. KZ Majdanek, KZ Buchenwald, SS-FHA) wurde wegen seines Einsatzes in Sachsenhausen und im Vernichtungslager Majdanek verurteilt. Die Verurteilten Ehrsam, Frowein und Schubert waren aus der Haft in der britischen Besatzungszone an die SMAD übergeben worden.

Hermann Campe (vgl. Frühe KZ, KZ Natzweiler, KZ Bergen-Belsen, KZ Buchenwald, SS-FHA)

Aus anderen Gründen verurteilt oder Urteilsgründe nicht bekannt:

Wilhelm Mattig (vgl. Werkschutz, Zwangsarbeit Deutschland, SS-FHA, KdS)

Franz Heß (vgl. SS-FHA, Gestapo Prag, KdS, Einsatzgruppe B, Medizinverbrechen, Kriegsgefangenenwesen Deutschland, Judenmord)

Wolfgang Plaul (vgl. Frühe KZ, KZ Wewelsburg, KZ Buchenwald, KZ Ravensbrück)

Margot Kunz, Aufseherin in den Frauen-Außenlagern Wittenberg und Belzig, wurde nach der Verurteilung zum Tode zu 25 Jahren Lagerhaft begnadigt

113 Hilger/Schmeitzner/Schmidt (Hg.), SMT 2, S. 190.

114 Vgl. zur dieser Aktion Andreas Weigelt, Mordaktionen im Vorfeld der Räumung des Hauptlagers: 125 Häftlinge, 1./2. Februar 1945. In: Günter Morsch (Hg.), Mord und Massenmord im KZ Sachsenhausen, Berlin 2005, S. 135–147.

115 Hilger/Schmeitzner/Schmidt (Hg.), SMT 2, S. 190; Klee, Personenlexikon, S. 119.

und 1956 entlassen.[116] Ihre Entschädigung für erlittene Haft nach 1990 löste eine heftige Diskussion aus.[117]

KZ Wewelsburg

Wolfgang Plaul (vgl. Frühe KZ, KZ Sachsenhausen, KZ Buchenwald, KZ Ravensbrück)

KZ Stutthof

Von zehn Urteilen wurden neun ausdrücklich wegen Verbrechen in diesem Lager gefällt.

Zu diesem Konzentrationslager fand vor einem SMT in Baranowitschi/Sowjetunion Mitte Oktober 1945 ein gesonderter Prozess statt. Angeklagt waren nach gegenwärtigem Kenntnisstand vier SS-Angehörige und zwei ehemalige Häftlinge. Nach den überlieferten Unterlagen wurden wegen Verbrechen in Stutthof der Kommandant des jüdischen Frauenlagers des KZ Stutthof Paul Kussauer, und der ehemalige Häftling Wilhelm Freiwald (vgl. KZ Mauthausen, KZ Buchenwald) verurteilt.[118] Bei den Angehörigen des KZ Stutthof Erwin Kutschar und Paul Knopf sowie dem ehemaligen Häftling Alfons Moske sind die Urteilskontexte ebenfalls im KZ Stutthof zu sehen, jedoch im Konkreten nicht bekannt.

Obwohl er ein deutschstämmiger rumänischer Staatsbürger war, sei kurz auf den im selben Prozess zum Tode verurteilten *Lorenz Stummer* hingewiesen. Er gehörte ab 1943 zum Sturmbataillon, das das Lager bewachte, und sagte aus, dass die Gaskammer bis April 1945 arbeitete und er persönlich an Vergasungen teilgenommen habe. Er beschrieb den Vorgang des Gasmordes unter dem Lei-

116 Gerhard Dorbritz, Schicksale. Dokumentation über das Zwangsarbeitslager Roederhof in Belzig, Berlin 2001, S. 30 ff.; Renate Gruber-Lieblich, „... und morgen ist Krieg". Ein KZ-Lager entsteht, Wittenberg 1995, S. 86–141; Elfi Hartenstein, „... und nachts Kartoffeln schälen". Verfolgt, verschwiegen, verdrängt, Frauen berichten aus Nachkriegslagern, Berg am Starnberger See 1992, S. 49–57, 192–195; Gerhard Dorbritz, Belzig. In: Benz/Diestel, Ort des Terrors, Band 3, S. 78–80; Wolfram Lavern, Die Rehabilitierung der ehemaligen SS-Aufseherin Margot Pietzner. In: Simone Erpel (Hg.), Im Gefolge der SS. Aufseherinnen des Frauen – KZ Ravensbrück, Berlin 2007, S. 221–230; Wolfram Lavern, KZ – Aufseherinnen – Parteigängerinnen der NSDAP? In: Simone Erpel (Hg.), Im Gefolge der SS. Aufseherinnen des Frauen – KZ Ravensbrück. Begleitband zur Ausstellung, Berlin 2007, S. 39–47.

117 Renate Oschlies, Ehemalige KZ-Aufseherin muß Entschädigung zurückzahlen. In: Berliner Zeitung vom 24.7.1996.

118 Gnadensache Kussauer und Freiwald vom 15.1.1946 (GARF, f. 7523, op. 66, d. 49, l. 69). Zur Biografie Freiwalds: Piotr Chruścielski, „Asozial" als Haftkategorie im Konzentrationslager Stutthof. Eine Annäherung an Ort, Menschen und Begriffe. In: Im Zugriff von Fürsorge und Polizei. Erfahrungen sozialrassistischer Verfolgung im Nationalsozialismus. Beiträge zur Geschichte der nationalsozialistischen Verfolgung, 5 (2024), S. 82–100.

ter des Krematoriums SS-Unterscharführer Hans Rach.[119] Täglich seien 110 bis 120 Menschen vergast worden. Er wusste auch von Häftlingserschießungen an speziellen Orten.

Vermutlich waren auch die am 5. April 1945 wegen Häftlingsmisshandlungen verurteilten Funktionshäftlinge Werner Rosenbaum und Ernst Hess, beide jüdischer Herkunft, Häftlinge des KZ Stutthof, da sie Anfang April 1945 von einer Einheit der 2. Belorussischen Front verurteilt wurden. Beide waren nachweislich bis März 1945 KZ-Häftlinge. Auf dem Weg der 2. Belorussischen Front nach Westen kommt für diesen Zeitraum nur das KZ Stutthof infrage.

In einem anderen Prozess im Februar 1946 wurde mit Wilhelm Schulz (geb. 1906)[120] (vgl. Medizinverbrechen) der Lagerführer des Frauen-Außenlagers Bruss-Sophienwalde verurteilt.

Georg Thiede hatte 1944/45 im Frauenhauptlager des KZ Stutthof an Verbrechen teilgenommen.

Aus anderen Gründen verurteilt oder Urteilsgründe nicht bekannt:

Alfred Driemel[121] (vgl. SS-FHA, KZ Dachau, frühe KZ, KZ Buchenwald, KZ Sachsenhausen)

KZ Dachau

Nur einem von vier Verurteilten wurden ausdrücklich Verbrechen im KZ Dachau vorgeworfen. Johannes Berndt[122] diente von Februar 1940 bis April 1944 in der SS-Wache des KZ Dachau. Er war auch Leiter der Gärtnerei und einer der Kommandoführer im Außenlager Dachau/Schraubenfabrik Präzifix. Ihm wurde vorgeworfen, im März 1943 an der Erschießung von 40 sowjetischen Kriegsgefangenen teilgenommen zu haben.

Aus anderen Gründen verurteilt oder Urteilsgründe nicht bekannt:

Alfred Driemel[123] (vgl. SS-FHA, KZ Sachsenhausen, frühe KZ, KZ Buchenwald, KZ Stutthof)

119 Zu seinem Vorgesetzten Hans Rach vgl. Danuta Drywa, Stutthof - Stammlager. In: Wolfgang Benz/Barbara Distel (Hg.), Der Ort des Terrors. Geschichte der nationalsozialistischen Konzentrationslager, Band 6: Natzweiler Groß-Rosen Stutthof, München 2007, S. 477-529, hier 521.

120 Marek Orski, Bruss-Sophienwalde (Brusy-Dziemiany). In: Wolfgang Benz/Barbara Distel (Hg.), Der Ort des Terrors. Geschichte der nationalsozialistischen Konzentrationslager, Band 6: Natzweiler Groß-Rosen Stutthof, München 2007, S. 546-551, hier 547, 549.

121 Hilger/Schmeitzner/Schmidt (Hg.), SMT 2, S. 190; Klee, Personenlexikon, S. 119.

122 Sabine Schalm, Dachau (Präzifix). In: Wolfgang Benz/Barbara Distel (Hg.), Der Ort des Terrors. Geschichte der nationalsozialistischen Konzentrationslager, Band 2: Frühe Lager Dachau Emslandlager, München 2005, S. 310-313, hier 312.

123 Hilger/Schmeitzner/Schmidt (Hg.), SMT 2, S. 190; Klee, Personenlexikon, S. 119.

Ludwig Ehrsam[124] (vgl. SS-FHA, Medizinverbrechen, KZ Sachsenhausen, KZ Buchenwald, frühe KZ, KZ Lichtenburg)
Karl Horst (vgl. KZ Sachsenhausen)

KZ Vught/Hertogenbosch

Erich Prengemann (vgl. KZ Sachenhausen).

KZ Buchenwald

Von 20 Todesurteilen wurden neun ausdrücklich wegen Verbrechen im Zusammenhang mit Häftlingen dieses Lagers gefällt. Die meisten Todesurteile zu diesem KZ stehen allerdings im Kontext von Misshandlung und Ermordung von Häftlingen außerhalb des Lagers, d. h., diese Verurteilten dienten selbst nicht im KZ.

Erich Herold, Werner Schau, Paul Türke und *Hans-Joachim Widuwilt* waren an der Erschießung entflohener Häftlinge beteiligt. Widuwilt wurde nicht hingerichtet, sondern als Jugendlicher später begnadigt. Im April 1945 begann die Evakuierung des KZ Buchenwald. Während des Evakuierungsmarsches waren aus einer Kolonne, die Buchenwald am 10. April verlassen hatte und den Weg über Jena und Eisenberg in Richtung Weida nahm, 200 Häftlinge, darunter Sowjetbürger, bei einer kurzen Marschpause in der Nacht vom 11. auf den 12. April geflohen.[125] Sie hatten sich, es war der Tag vor der Besetzung Jenas durch Einheiten der US-Armee, in Dörfern versteckt und waren von Einwohnern verraten wurden. Eine Volkssturmeinheit hatte sich zusammen mit dem NSDAP-Kreisleiter Müller und dem Stabsleiter der Jenaer Volkssturmeinheit Dr. Arno Wagner in Großlöbichau einquartiert. Sie nahmen etwa 37 der entflohenen KZ-Häftlinge, überwiegend ausländischer Herkunft, fest, ließen sie in einen Steinbruch nahe Großlöbichau bei Jena führen und erschießen. Bald darauf wurden auch vier deutsche Häftlinge in diesem Steinbruch erschossen, nachdem Müller dies ausdrücklich gefordert habe, während die anderen Tatbeteiligten sie als sogenannte Arier schonen wollten. Schon kurz nach der Tat wurde Müller von einer amerikanischen Einheit wegen der Morde erschossen. Wagner kam zusammen mit seinem Stellvertreter Willi Griebel später in Prag in Haft. Während Wagner

124 Szalet, Baracke, S. 488; Morsch, Gründung, S. 167 f., 177; Klee, Personenlexikon, S. 128; Naujoks, Leben, S. 34 f., 93, 107 ff., 127; Ley/Morsch, Medizin, S. 182–185.

125 Laut Frank Döbert, Nie gesühnte Verbrechen. Das Jenaer Polizeibataillon 311 im Zweiten Weltkrieg, Teil IV. In: Gerbergasse 18, 13 (2007) 3, S. 18–23, hier 23, stammten die Geflohenen aus einem Evakuierungszug aus Buchenwald, der am 11.4.1945 kurz vor Großschwabenhausen von einem US-Flugzeug angegriffen wurde. Die Lokomotive wurde beschädigt, sodass die Häftlinge laufen mussten. In der Stadt Jena seien dabei 13 Häftlinge ermordet worden, in Großschwabenhausen fünf, in Großlöbichau 37 und in Bürgel sieben. Einigen Häftlingen gelang die Flucht.

die Flucht aus einem Internierungslager in Darmstadt gelang, wurde Griebel im Dezember 1947 wegen seiner Beteiligung an der Erschießung der Häftlinge zu lebenslanger Haft verurteilt.[126] Soweit der Forschungsstand.

Laut sowjetischer Darstellung waren für die Ergreifung der Entflohenen aus Jena Volkssturmmänner angefordert worden, zu denen Herold, Schau und Widuwilt gehörten. Am 12. April 1945 begann die Aktion, an der auch Türke, der Bürgermeister von Großlöbichau, teilnahm. Herold führte 20 der eingefangenen Häftlinge nach Großlöbichau, wo 17 von ihnen erschossen wurden. Einen erschoss Herold mit dem Karabiner selbst. Schau führte vier Häftlinge, wahrscheinlich die schon erwähnten vier deutschen, zum Erschießungsort und erschoss einen von ihnen persönlich. Widuwilt nahm an der Erschießung von 17 Häftlingen teil und erschoss selbst einen von ihnen. Türke unterstützte den Volkssturm bei der Aktion, ließ die Häftlinge an den Sammelpunkt führen und dort den Soldaten übergeben. Er war, laut sowjetischem Urteil, dadurch indirekt an den Erschießungen beteiligt.[127] Bereits im November 1946 hatte ein SMT in der Sowjetunion den bei Carl Zeiss Jena tätigen Bauingenieur Johannes Johne wegen der Beteiligung an denselben Morden zum Tode verurteilt. In seinem Urteil ist von 18 Opfern die Rede. Als weiterer Tatbeteiligter wurde in seinem Prozess der Volkssturmangehörige Münch genannt.[128]

Werner Bärsch war angeklagt, als Verwalter des fünf Kilometer vom KZ Buchenwald entfernten Ritterguts Schwerstedt ausländische Gefangene des KZ Buchenwald, darunter Sowjetbürger, misshandelt und einige von ihnen den deutschen Behörden übergeben zu haben.

Auch Günter Pernstil (vgl. Werwolf Thüringen) war an einem anderen Ort an der Erschießung entflohener Häftlinge beteiligt.

Hans Bernstein (vgl. KZ Majdanek, KZ Sachsenhausen, SS-FHA) war zeitweilig Leiter des Außenlagers Böhlen, was im Urteil angeführt ist.

Heinz Grabowski[129] war von März bis Herbst 1944 Lagerführer im mit etwa 1000 Häftlingen belegten Außenlager Rottleberode („A 5“, „Heinrich“). Das Lager mit sowjetischen, polnischen und jüdischen Häftlingen unterstand zunächst seit der Gründung im März 1944 dem KZ Buchenwald. Die etwa 1000 Häftlinge mussten in der Gipssteinhöhle „Heimkehle“ Flugzeugteile herstellen. Möglicherweise wurde Grabowski abgelöst, als die SS das Lager am 28. Oktober 1944 dem KZ Mittelbau-Dora unterstellte. Es bestand noch bis 25.

126 Katrin Greiser, Die Todesmärsche von Buchenwald. Räumung, Befreiung und Spuren der Erinnerung. Göttingen 2008, S. 117-120, 123f., 167.

127 Urteil des SMT Thüringen in Weimar vom 25.2.1947 (Dokstelle StSG, Akte Erich Herold).

128 Urteil des SMT MWD Bauverwaltung Nord-Petschora vom 21.11.1946 (Dokstelle StSG, Akte Johannes Johne).

129 Jens-Christian Wagner, Rottleberode („A 5“, „Heinrich“). In: Wolfgang Benz/Barbara Distel (Hg.), Der Ort des Terrors. Geschichte der nationalsozialistischen Konzentrationslager, Band 7: Niederhagen/Wewelsburg Lublin-Majdanek Arbeitsdorf Herzogenbusch (Vught) Bergen-Belsen Mittelbau-Dora, München 2008, S. 330-334.

April 1945. In dem Prozess gegen ihn sagten auch drei ehemalige Häftlinge aus. In den 1970er-Jahren wurde in der Bundesrepublik gegen Grabowski bis zum Bekanntwerden seines Todesurteils ermittelt. Ihm wurde zur Last gelegt, am Karfreitag 1944 einen sowjetischen Häftling nach einem Fluchtversuch erhängt zu haben. Er hatte Häftlinge dazu aufgefordert, sich für ein Brot freiwillig als Henker zu melden.

Wolfgang Plaul (vgl. Frühe KZ, KZ Sachsenhausen, KZ Wewelsburg, KZ Ravensbrück)

Albert Schröter

Alfred Tänzer

Alfred Thieme[130] (vgl. Polizei Deutschland)

Weitere Fälle:

August Baumbach (vgl. KZ Auschwitz)

Hermann Campe (vgl. Frühe KZ, KZ Natzweiler, KZ Bergen-Belsen, KZ Sachsenhausen, SS-FHA)

Alfred Driemel[131] (vgl. SS-FHA, KZ Dachau, frühe KZ, KZ Sachsenhausen, KZ Stutthof)

Ludwig Ehrsam[132] (vgl. SS-FHA, Medizinverbrechen, KZ Dachau, KZ Sachsenhausen, frühe KZ, KZ Lichtenburg)

Wilhelm Freiwald (vgl. KZ Mauthausen, KZ Stutthof)

Wilhelm Heer (vgl. KZ Sachsenhausen)

Max Kipping

Hermann Schindhelm (vgl. Abwehrbeauftragte Thüringen, Kriegsgefangenenwesen Deutschland)

KZ Mittelbau-Dora

In der Isenschnibber Feldscheune bei Gardelegen verbrannten auf Anweisung des NSDAP-Kreisleiters Gerhard Thiele am 13. April 1945 1016 Häftlinge verschiedener Außenlager des KZ Mittelbau Dora (SS-Baubrigade III in Nüxei, Wieda, Mackenrode und Osterhagen, SS-Baubrigade IV in Ellrich-Bürgergarten, Außenlager Rottleberode, Stempeda, Ilfeld und Außenlager des KZ Neuengamme in Hannover), die nicht lange vor diesem Ereignis auf einen Todesmarsch getrieben worden waren. 25 Häftlinge überlebten die Mordaktion.[133] Wegen der Morde in der Feldscheune bei Gardelegen wurde nur der SS-Rottenführer *Franz*

130 Zu den mit seiner Hilfe erschossenen Häftlingen der Außenlager Leipzig-Schönefeld und Taucha vgl. Greiser, Todesmärsche, S. 480 f., 494.

131 Hilger/Schmeitzner/Schmidt (Hg.), SMT 2, S. 190; Klee, Personenlexikon, S. 119.

132 Szalet, Baracke, S. 488; Morsch, Gründung, S. 167 f., 177; Klee, Personenlexikon, S. 128; Naujoks, Leben, S. 34 f., 93, 107 ff., 127; Ley/Morsch, Medizin, S. 182–185.

133 Diana Gring, Die Todesmärsche und das Massaker von Gardelegen – NS-Verbrechen in der Endphase des Zweiten Weltkrieges, Gardelegen 1993.

Unverdorben, der im Außenlager Ellrich und in der SS-Baubrigade III gedient hatte, zum Tode verurteilt, später jedoch begnadigt. *Adolf Pinnenkämpfer* wurde am 2. August 1946 vom SMT Land Sachsen zu 13 Jahren Haft verurteilt und am 28. Dezember 1955 aus dem Zuchthaus Torgau entlassen. Wahrscheinlich wurden auch *Gustav Palis* (er soll am 6. Mai 1952 gestorben sein) und *Rudolf Ringsmeier* (er floh aus der Haft und lebte 1961 in Bielefeld) verurteilt.[134] Zu je 25 Jahren wurden im Sommer 1947 die ehemaligen Volkssturmmänner *Arno Brake* und *Wilhelm Biermann* von einem SMT verurteilt. Beide starben in Torgau. Sie wurden beschuldigt, zwei entflohene slowakische Häftlinge eingefangen und auf Befehl Thieles erschossen zu haben. Der NSDAP-Kreisleiter SS-Obersturmbannführer Gerhard Thiele floh mit falschen Papieren. Nach Zeugenaussagen sollen als Tatbeteiligte etwa 20 SS-Männer von den Amerikanern an Ort und Stelle erschossen worden sein.[135] Der als Transportführer fungierende SS-Hauptscharführer Erhard Brauny, Führer des Außenlagers Rottleberode und Nachfolger des von einem SMT zum Tode verurteilten Heinz Grabowski, wurde 1947 in einem alliierten Dachauer Prozess zu lebenslanger Haftstrafe verurteilt. Er starb 1950.

Am 30. August 1945 wurde von einem SMT der ehemalige Häftling im KZ Dora-Mittelbau *Kurt Schreiber* wegen Misshandlung von Sowjetbürgern zu 20 Jahren Haft verurteilt. Er war nach Verbüßen einer Zuchthausstrafe von 1936 bis 1945 als Schutzhäftling inhaftiert gewesen.[136]

KZ Flossenbürg

Wegen Verbrechen in diesem Lager ist nur ein Todesurteil bekannt. Es wurde vollstreckt.

Häftlinge des KZ Flossenbürg wurden Opfer eines Massakers auf dem Todesmarsch. Am 13. April 1945 löste die SS das Außenlager Mülsen St. Micheln im Erzgebirge auf. Etwa 500 Häftlinge, darunter Sowjetbürger, Polen, Franzosen, Italiener, Deutsche, Tschechen sowie slowakische und ungarische Juden, die für die Erla Maschinenfabrik GmbH aus Leipzig Flugzeugteile hergestellt hatten, erreichten am folgenden Tag auf dem Fußmarsch den Ort Niederschlema. Kommandoführer SS-Untersturmführer Georg Degner ließ auf dem Sportplatz mehr als 80 geschwächte Häftlinge selektieren und marschierte mit den anderen Häftlingen in Richtung Eibenstock weiter. Zurückgelassen wurden bei den Kranken SS-Oberscharführer Dammast, einige SS-Wachmänner und vier weitere Häftlinge. Die selektierten Häftlinge mussten sich hinlegen und wurden von den SS-Männern, möglicherweise unter Beteiligung des Ortsbauernfüh-

134 Diverse Dokumente zu diesen Vorgängen vgl. BStU, ZA, HA IX/11, RHE-West 33/5, Bl. 2, 9, 31, 163–167.

135 Steffen Könau, Unterm Mühlstein der Geschichte. In: Mitteldeutsche Zeitung vom 8.12.2004.

136 Zu den SMT-Unterlagen Kurt Schreiber vgl. BStU, ZA, HA IX/11, ZM 1625, Band 50, Akte 248–255.

rers und des stellvertretenden Ortsgruppenleiters der NSDAP, erschossen. Vier oder fünf Volkssturmmänner aus Niederschlema umstellten währenddessen den Sportplatz. Nicht alle Häftlinge waren sofort tot. Einige konnten sich sogar vom Sportplatz schleppen. Ein Häftling wurde erst am folgenden Tag lebend gefunden und getötet. Bürgermeister Walter Weise ließ die Leichen durch den örtlichen Straßenmeister Richard Bär, den Totenbettmeister Emil Meier und sowjetische Kriegsgefangene beerdigen. Sie warfen die Leichen in umliegende Stollen.[137] Daran waren auch Volkssturmmänner aus Niederschlema beteiligt, die weitere Einwohner für die Aktion heranholten. Ein noch lebender Häftling wurde am folgenden Tag etwas abseits gefunden und ist von Volkssturmführer Lothar bzw. von Paul Friedemann erschossen worden.[138] Friedemann wurde Mitte Mai 1945 vom neuen Einwohnerausschuss zwecks Klärung der Erschießungen vorgeladen. Seine Spur verliert sich. Der frühere Bürgermeister Weise wurde 1945 vom NKVD verhaftet und 1948 aus dem Speziallager Mühlberg entlassen.

Ernst Trotz, der wahrscheinlich zu den bewachenden Volkssturmmännern am Sportplatz gehörte, wurde 1946 zum Tode verurteilt und hingerichtet, weil er nach Auffassung des sowjetischen Gerichts an dem Verbrechen beteiligt war. Die gerichtlichen Feststellungen bestätigen weitgehend das oben Dargestellte über die Ermordung der Häftlinge. Demnach sei Trotz einer der 20 herangezogenen Volkssturmleute gewesen, die die Leichen der Erschossenen beerdigen sollten. Dabei hätten sie festgestellt, dass fünf Häftlinge zwar schwer verletzt waren, aber noch lebten. Einer von ihnen lag in einem Waldstück 80 Meter vom Platz der Erschießung entfernt. Ernst Trotz habe dies dem SS-Mann mitgeteilt und ihm auch den Ort gezeigt, an dem die Verletzten lagen, woraufhin die verletzten Häftlinge von dem SS-Mann getötet wurden.[139]

Aus anderen Gründen verurteilt oder Urteilsgründe nicht bekannt:
Andreas Zahn (vgl. Kriegsgefangenenlager Sowjetunion)

137 Oliver Titzmann, Qualvoller Gang endet mit Erschießung in Niederschlema. In: Freie Presse (Chemnitz) vom 15.4.2005; ders., Häftling auf der Flucht im Steigerturm ermordet. In: ebd., vom 26.4.2005; ders., Protokolle bestätigen Massenmord in Niederschlema. In: ebd., vom 6.4.2005. Ich danke Lenore Lobeck für die Bereitstellung dieser Quellen. Vgl. Ulrich Fritz, Mülsen St. Micheln. In: Wolfgang Benz/Barbara Distel (Hg.), Der Ort des Terrors. Geschichte der nationalsozialistischen Konzentrationslager, Band 4: Flossenbürg Mauthausen Ravensbrück, München 2006, S. 203–206.

138 Dietmar B. Reimann, Bernsteinzimmer-Komplott. Die Enttarnung eines Mythos, Fürstenwalde 1997, S. 84 ff.

139 Urteil des SMT der 19. mechanisierten Gardedivison von 29.6.1946. Ich danke Lenore Lobeck für die Bereitstellung dieses Dokuments (Sammlung Lenore Lobeck, Schwarzenberg).

KZ Majdanek

Bereits im März 1945 verurteilte das SMT der vorrückenden 2. Ukrainischen Front Hans Bernstein (vgl. KZ Buchenwald, KZ Sachsenhausen, SS-FHA) unter anderem wegen der Teilnahme an den Vergasungen im Vernichtungslager Majdanek bei Lublin zum Tode. Es war das historisch erste Todesurteil wegen der Gasmorde in Vernichtungslagern und das einzige sowjetische, das für Majdanek bekannt ist. In einer persönlichen Stellungnahme beschrieb Bernstein detailliert seinen Anteil an den Vernichtungsaktionen. Er war Stellvertreter von SS-Hauptsturmführer Heinrich Worster, Leiter der Abteilung IV Verwaltung, die die Wirtschaftsabteilung im KZ Majdanek war, und der auch das Krematorium mit Gaskammer unterstand. In seiner Funktion verfügte Bernstein über die Ausgabe des Zyklon B an SS-Oberscharführer Anton Endres, der als SS-Sanitäter seit Januar 1943 die Gaskammern bediente. Anton Endres wurde 1945 im 1. Dachauer Prozess der Alliierten zum Tode verurteilt.[140] Aus Skrupel wegen der Morde in Majdanek hatte sich Bernstein nach eigenen Angaben in das KZ Buchenwald versetzen lassen. Dort wurde er vor ein Kriegsgericht gestellt, weil er den Dienst verweigert und einen Vorgesetzten beschimpft hatte. Nach seiner durch das Gericht verfügten Degradierung diente er im SS-Strafregiment Dirlewanger. Bereits am 23. Dezember 1944 geriet er in sowjetische Gefangenschaft.

Bereits vor dem Prozess gegen Bernstein hatte ein erster Kriegsverbrecherprozess zum Vernichtungslager Majdanek stattgefunden. Dieses polnisch-sowjetische Militärtribunal fand vom 27. November bis 2. Dezember 1944 vor einem polnischen Sonderstrafgericht in dem erst im Juli 1944 befreiten Lublin statt. Zum Tode verurteilt wurden auf der Grundlage des August-Dekrets der Polnischen Komitees zur Nationalen Befreiung vom 31. August 1944 die durch die Sowjetarmee festgenommenen SS-Obersturmführer *Anton Thernes*, SS-Hauptscharführer *Wilhelm Gerstenmeier*,[141] die SS-Rottenführer *Hermann Vogel* und *Theodor Schoellen*, sowie die Funktionshäftlinge *Heinz Stalp*, Blockältester, und *Edmond Pohlmann*, Lagerältester. Während noch am Tag der Urteilsverkündung Pohlmann Selbstmord beging, wurden die anderen am 3. Dezember 1944 auf dem früheren Lagergelände vor Tausenden Zuschauern gehängt.[142]

140 Tomasz Kranz, Lublin-Majdanek – Stammlager. In: Wolfgang Benz/Barbara Distel (Hg.), Der Ort des Terrors. Geschichte der nationalsozialistischen Konzentrationslager, Band 7: Niederhagen/Wewelsburg Lublin-Majdanek Arbeitsdorf Herzogenbusch (Vught) Bergen-Belsen Mittelbau-Dora, München 2008, S. 33–84, hier 40, 70, 78.

141 Vgl. Angaben zu Gerstenmeier in BStU, ZA, HA IX/11, AK 595/69, Bl. 53 f. Gerstenmeier, geboren in Augsburg, war Angehöriger der Bekleidungs- und Effektenkammer mit der sehr niedrigen SS-Nummer 13 300.

142 Tomasz Kranz, Lublin-Majdanek – Stammlager. In: Wolfgang Benz/Barbara Distel (Hg.), Der Ort des Terrors. Geschichte der nationalsozialistischen Konzentrationslager, Band 7: Niederhagen/Wewelsburg Lublin-Majdanek Arbeitsdorf Herzogenbusch (Vught) Bergen-Belsen Mittelbau-Dora, München 2008, S. 33–84, hier 70, 82. Zu Theodor Schoellen vgl. „Lublin" – Tatsachen, die jeder Deutsche wissen muß, Stockholm 1944, S. 10 f.

In NKVD-Haft befand sich auch der in sowjetischen Unterlagen als Leiter des Judenlagers in Majdanek bezeichnete *Wilhelm Strauß*, der angab, im September 1943 persönlich 45 Menschen erschossen zu haben und am 3. und 4. November 1943 den Befehl gegeben zu haben, 1200 Juden zu erschießen.[143] Sehr wahrscheinlich ist auch er von einem SMT zum Tode verurteilt worden. Die Datierung in der Vernehmung von Strauß verweist auf einen Massenmord in dem 1941 gegründeten jüdischen Zwangsarbeitslager Trawniki bei Lublin am 3. November 1943 hin. Das Lager wurde jedoch erst am 22. Oktober 1944 zu einem Außenlager des Vernichtungslagers Majdanek. Bereits wenige Tage später liquidierte es die SS während der „Aktion Erntefest" zur Auflösung sämtlicher jüdischer Zwangsarbeitslager im Distrikt Lublin infolge der Aufstände im Ghetto Warschau und im Vernichtungslager Sobibor ebenfalls, wobei in wenigen Tagen insgesamt 43 000 Juden ermordet wurden.[144]

Am 30. Juli 1946 wurde der in sowjetischer Kriegsgefangenschaft befindliche Angehörige der SS-Division „Totenkopf" *Otto Hensche* zum Tode verurteilt, weil er als Wachmann in Majdanek einen Flüchtenden erschossen und während der Erschießung von 18 000 Juden an der Bewachung teilgenommen hatte.[145] Von SMT in der SBZ sind 1948 außerdem zahlreiche Aufseherinnen wegen Misshandlungen im Frauenlager Majdanek verurteilt worden, darunter einige zu lebenslanger Haft, wie *Elisabeth Haselof*.[146]

Aus anderen Gründen verurteilt oder Urteilsgründe nicht bekannt:
Erich Braun (vgl. Dienststellen Sipo und SD, Gestapoleitstelle Wien, Partisanenkampf, Judenmord, RKPA, KZ Auschwitz, Gestapo besetzte Ostgebiete)

KZ Auschwitz

Vier Todesurteile stehen im Zusammenhang mit dem Vernichtungslager Auschwitz-Birkenau, wobei nur ein Verurteilter wegen Verbrechen in Auschwitz verurteilt wurde.

143 Federal'naja služba bezopasnosti Rossijskoj Federacii (Hg.), Smerš. Istoričeskie očerki i archivnye dokumenty, Moskau 2003, S. 328.

144 Angelika Benz, Trawniki. In: Wolfgang Benz/Barbara Distel (Hg.), Der Ort des Terrors. Geschichte der nationalsozialistischen Konzentrationslager, Band 7: Niederhagen/Wewelsburg Lublin-Majdanek Arbeitsdorf Herzogenbusch (Vught) Bergen-Belsen Mittelbau-Dora, München 2008, S. 99 f.; Thomas Sandkühler, „Endlösung" in Galizien. Der Judenmord in Ostpolen und die Rettungsinitiativen von Berthold Beitz 1941–1944, Bonn 1996, S. 270.

145 Entscheidung der Gerichtskommission des Politbüros der KPdSU (B) vom 31.8.1946 zur Ablehnung des Gnadengesuchs von Otto Hensche (RGASPI, op. 166, d. 755, l. 34 f.). Er war Kriegsgefangener.

146 Zu Elisabeth Haselof vgl. BStU, ZA, HA IX/11, RHE-West 714.

Walter Trevisany[147] wurde vom SMT auch als Angehöriger der persönlichen Wache Hitlers bezeichnet, was seinen Dienst in der SS-Leibstandarte „Adolf Hitler" nahelegt. Ihm wurde vorgeworfen, von Juni bis September 1943 als Kommandeur einer SS-Abteilung zur Wache im KZ Auschwitz gehört zu haben. Er habe an Erschießungen von Kriegsgefangen, friedlichen Bürgern und besonders von Juden teilgenommen und persönlich 60 Menschen erschossen.

Bernhard Hentschel (vgl. jüdische Zwangsarbeit, Judenmord, Polizei Deutschland)

Im Folgenden werden Fälle vorgestellt, bei denen entweder die Todesurteile nicht vollstreckt, nichts mit dem Dienst in Auschwitz zu tun hatten oder die Angeklagten nicht zum Tode verurteilt wurden.

Wegen SS-Mitgliedschaft, Misshandlung von KZ-Häftlingen und Teilnahme an der Selektion von Juden zur Vergasung wurde *Wilhelm Sawatzki* zum Tode verurteilt, jedoch begnadigt und im April 1956 aus Bautzen entlassen. In der Bundesrepublik wurde er später zweimal angeklagt, jedoch freigesprochen.[148] Auch *Oswald Kaduk*, Block- und Rapportführer, lebte wie Sawatzki lange Zeit unentdeckt in der SBZ und wurde am 25. August 1947 von einem SMT zu 25 Jahren Zwangsarbeit verurteilt. Im April 1956 aus Bautzen entlassen, wurde er 1965 in Frankfurt am Main zu lebenslanger Haft verurteilt und 1989 wegen Haftunfähigkeit entlassen.[149]

Zu den Fällen der früh verhafteten und an Massenverbrechen beteiligten Angehörigen des KZ Auschwitz gehört *Carl Clauberg*, früher Professor für Gynäkologie und Geburtshilfe an der Universität Königsberg.[150] Er misshandelte im Auftrag des Reichsführers SS Heinrich Himmler seit 1942 im KZ Auschwitz in medizinischen Experimenten Frauen bei Forschungen zur Massensterilisierung, an deren Folgen viele Frauen starben oder lebenslang geschädigt blieben.[151] Er war unter anderem verantwortlich für Sterilisierungen an 1000 belgischen und griechischen Jüdinnen in Auschwitz sowie ab Januar 1945 an Sintizze und Romnja im KZ Ravensbrück. Clauberg wurde am 8. Juni 1945 in Schleswig-Holstein in der britischen Besatzungszone verhaftet und befand sich bereits im Juli 1945 in Haft in der Sowjetunion. Er ist am 3.7.1948 von einem OSO nach Ukaz 43 in Moskau zu 25 Jahren verurteilt worden. Weswegen seine Verurteilung so spät

147 Anatolij V. Šarkov, Voennoplennye i internirovannye na territorii Belarusi. Rol' organov vnutrennich del v ich soderžanii i trudovom ispol'zovanii (1944–1951 gg.), Minsk 1997, S. 110; ders., Archipelag GUPVI na territorii Belarusi 1944–1951 gg., Minsk 2003, S. 106.

148 Zu Wilhelm Sawatzki vgl. BStU, ZA, HA IX/11, GSTA SL 76/68; BStU, ZA, HA IX/11, RHE-West 455/1.

149 Zu Oswald Kaduk vgl. BStU, ZA, HA IX/11, SV 11/82.

150 Zu seiner Biografie vgl. Silke Schäfer, Zum Selbstverständnis von Frauen im Konzentrationslager. Das Lager Ravensbrück, Diss. TU Berlin 2002, S. 127–130.

151 Der Dienstkalender Heinrich Himmlers 1941/42, bearbeitet, kommentiert und eingeleitet von Peter Witte, Michael Wildt, Martina Voigt, Dieter Pohl, Peter Klein, Christian Gerlach, Christoph Dieckmann und Andrej Angrick, Hamburg 1999, S. 157, 162, 480.

erfolgte, ist nicht bekannt. Nach seiner Entlassung als Nichtamnestierter aus sowjetischer Strafhaft am 11. Oktober 1955 wurde er nach einer Anzeige des Zentralrats der Juden in Deutschland bereits am 22. November 1955 in der Bundesrepublik verhaftet, starb jedoch während des Ermittlungsverfahrens am 9. August 1957 im Gefängnis Kiel.[152] Wenige Tage nach seiner Verhaftung kritisierte die SED-Tageszeitung Neues Deutschland (ND), dass die Synode der Evangelischen Kirche in Berlin-Brandenburg sich gegen die „Brandmarkung der Heimkehrer als Kriegsverbrecher" ausgesprochen habe. Das ND erinnerte dabei an Clauberg als einen solchen Kriegsverbrecher, allerdings ohne bekanntzumachen, dass er sich zehn Jahre in sowjetischer Haft befunden hatte.[153] Das MfS dokumentierte eine Information, wonach Clauberg „in VR Polen zum Tode verurteilt" worden sei. Dafür findet sich jedoch kein Beleg.[154]

Aus anderen Gründen verurteilt oder Urteilsgründe nicht bekannt:
August Baumbach (vgl. KZ Buchenwald)
Erich Braun (vgl. Dienststellen Sipo und SD, Gestapoleitstelle Wien, Partisanenkampf, Judenmord, RKPA, KZ Majdanek, Gestapo besetzte Ostgebiete)
Otto Gall[155] (vgl. Gestapo Berlin, Gestapo Prag, Unterstützung der internationalen Bourgeoisie)

KZ Ravensbrück

Heinz-Otto Stüve war Hauptaufseher einer Schicht im Schneidereiwerk des größten Frauen-Konzentrationslagers, wo ihm 1945 200 ausländische Häftlinge unterstanden. Er beging zahlreiche Grausamkeiten gegen die dort beschäftigten Frauen. Sein Todesurteil ist das einzige bisher bekannte, das vollstreckt wurde.

Zweimal zum Tode verurteilt, jedoch begnadigt, wurde der frühere Lagerälteste des Männerlagers *Heinrich Heidt.*[156] Er unterhielt eine Rechtsanwaltspraxis in Hamburg und war bis 1942 mehrmals wegen Kriminalität verurteilt worden. Seit 5. Februar 1942 im KZ Buchenwald inhaftiert, war er von 1942 bis

152 Federal'naja služba, Smerš, S. 327; Klee, Personenlexikon, S. 94; Jan Sehn, Carl Claubergs Verbrecherische Unfruchtbarkeitsversuche an Häftlings-Frauen in den Nazi-Konzentrationslagern. In: Hefte von Auschwitz, 2 (1959), S. 3-22.

153 Dr. K., Sind Kriegsverbrecher selig zu preisen? In: Neues Deutschland vom 23.10.1955.

154 Elżbieta Kobierska-Motas, Ekstradycja Przestępców Wojennych do Polski z czterech Stref Okupacyjnych Niemiec 1946-1950, Część II, Warszawa 1992. Hier wird ein solches Urteil nicht erwähnt.

155 Siegfried Grundmann, Der Geheimapparat der KPD im Visier der Gestapo. Das BB-Ressort - Funktionäre, Beamte, Spitzel und Spione, Berlin 2008, S. 99, 101, 136, 138, 140, 172, 263, 320, 442; Jaroslav Čvančara, Někomu život, někomu smrt. Československý odboj a nacistická okupačni moc, 1943-1945, Praha 2008, S. 27.

156 Bernhard Strebel, Das KZ Ravensbrück. Geschichte eines Lagerkomplexes, Paderborn 2003, S. 310f.; Ines Reich/Maria Schultz (Hg.), Sowjetisches Untersuchungsgefängnis Leistikowstraße Potsdam, Berlin 2012, S. 106-109; vgl. Konrad Finkelmeier, Die braune Apokalypse, Weimar 1947.

1945 in Ravensbrück zuerst als Blockschreiber und seit 1944 als Lagerältester des Männerlagers eingesetzt. Überlebende berichten, dass er für die „Politische Abteilung" des KZ Ravensbrück gespitzelt habe und aufgrund seiner Meldungen Häftlinge schwer bestraft wurden und sogar zu Tode kamen. Er wurde am 6. Dezember 1945 wegen „aktiver verbrecherischer Tätigkeiten gegen Ausländer" zum Tode verurteilt, jedoch am 9. Februar 1946 zu zehn Jahren Haft begnadigt. Er war seit 19. August 1946 im Speziallager Torgau inhaftiert. Am 28. Januar 1947 bestätigte das Militärkollegium des Obersten Gerichts der UdSSR die Todesstrafe und am 4. März 1947 lehnte der Oberste Sowjet sein Gnadengesuch ab. Er wurde dennoch nicht hingerichtet, vermutlich weil wenige Wochen danach die Todesstrafe ausgesetzt wurde. Gegen Heidt ermittelte von 9. April bis 9. Oktober 1947 die Oberstaatsanwaltschaft beim Landgericht Potsdam.[157] Er starb am 21. Februar 1952 im DDR-Zuchthaus Bautzen.

Es ist nicht bekannt, dass auch KZ-Aufseherinnen zum Tode verurteilt wurden. Jedoch gab es mindestens ein SMT mit zahlreichen Zeitstrafen. Der Gruppenuntersuchungsvorgang 566 der 6. Abteilung des Operativsektors des MVD Berlin gegen eine größere Zahl von Ravensbrück-Aufseherinnen wurde am 27. Mai 1947 geteilt.[158] So verurteilte das SMT der Garnison Berlin am 21. Juni 1948 zunächst 17 Aufseherinnen und einen Funktionshäftling des KZ Ravensbrück.[159] Dabei spielten auch die Verbrechen in den Außenlagern Barth und Neubrandenburg eine Rolle.[160] Laut einem Artikel in der Täglichen Rundschau vom 15. Juli 1948 erhielten *Herta Weidemann, Erika Knippel, Anna Kopla, Hertha Dähn, Rosa Streile, Andrea Ries, Ilse Maaß, Margarete Holzhüter, Käte Engel, Ilse Galkowski, Maria Marwede, Maria Rech, Elfried Saßnick* und *Margot Kaiser* lebenslange Haft, *Ursula Peter, Hilde Lübes* und *Helga Riechers* 25 Jahre und *Erna Kube* 20 Jahre Haft. Es wurden zahlreiche Zeugen vernommen.

1947 wurde *Margot Schridde* von einem SMT zu lebenslänglicher Haft verurteilt. Sie war bis Mai 1943 Häftling in Ravensbrück, dann des Außenlagers Barth und dort ab 1944 als Vorarbeiterin eingesetzt. Sie wurde 1956 entlassen.[161]

Vermutlich wurden zwei Verantwortliche des Außenlagers Karlshagen aufgrund der in den sowjetischen Ermittlungsunterlagen beschriebenen Taten zum Tode verurteilt und hingerichtet. Jedoch fehlen die Urteile. *Paul Burkert* war von 1939 bis 1940 als Wachmann im KZ Flossenbürg, von 1941 bis 1945 im KZ Ra-

157 Aktensplitter hierzu vgl. BStU, RHE-West 485, Band 4, Bl. 25, Bl. 203. Die Akten hierzu waren selbst für das MfS jedoch schon 1969 nicht mehr auffindbar gewesen. Zur zweiten Begnadigung Heidts vgl. GARF, f. 7523, op. 66, d. 55, l. 191.

158 Gruppenuntersuchungsvorgang 566 der 6. Abteilung des Operativsektors des MWD Berlin (BStU, ZA, HA IX/11, ZUV 1, Band 5, Bl. 424 f.).

159 Marlies Coburger, Ehemalige KZ-Aufseherinnen als Internierte und SMT-verurteilte Häftlinge im sowjetischen Speziallager Sachsenhausen (1945–1950). In: Simone Erpel (Hg.), Im Gefolge der SS. Aufseherinnen des Frauen-KZ Ravensbrück, Berlin 2007, S. 143–159, hier 154.

160 BStU, ZA, HA IX/11, ZUV 1, Band 4; BStU, ZA, HA IX/11, ZUV 3, Band 7.

161 SMT-Unterlagen Schridde (BStU, ZA, HA IX/11, ZUV 4, Band 1, Bl. 77–87).

vensbrück und vom April 1943 bis zum 4. Mai 1945 in dessen Außenlager Karlshagen eingesetzt. Dort unterstanden ihm als Leiter einer Wachschicht zehn bis 60 Wachmänner. Er selbst habe niemanden erschossen, sagte er aus, aber durch seine Wachschicht seien von November 1944 bis April 1945 insgesamt 13 Gefangene auf der Flucht erschossen worden, darunter Belgier, Franzosen, Russen und Polen.[162] Er nannte in den Verhören fünf der Schützen mit Namen. Die Leichen der Häftlinge seien im Krematorium Greifswald verbrannt worden. Burkert wurde im Mai und Juni 1946 von der Operativgruppe des NKVD im Kreis Annaberg vernommen.[163] *Anton Gruber* war von Mai 1943 bis April 1945 Häftlingsarzt im Außenlager Karlshagen, wurde wahrscheinlich unmittelbar nach der Befreiung des Lagers verhaftet und schon im Mai 1945 intensiv von SMERSCH vernommen. Hauptvorwurf war die Beteiligung an der Tötung von 22 Tbc-kranken Häftlingen. Gruber sagte aus, dass im Oktober 1944 alle Gefangenen geröntgt wurden, von denen 100 an Tbc und weitere 30 an offener Tbc erkrankt waren. Während acht von ihnen zuvor starben, spritzte der für das Revier verantwortliche SS-Rottenführer Schuller den anderen 22 Evipan-Natrium, darunter neun bis elf Russen, woran diese starben. Gruber hatte die Spritzen persönlich aufgezogen und während der Injektion jeweils die Hand des Opfers gehalten. Er wurde nach dem 29. Mai 1946 verurteilt.[164] Bereits am 10. Mai 1945 vernahm SMERSCH der 69. Garde-Schützendivision den ehemaligen Häftling des Lagers Karl Onderka ausschließlich zu Grubers Verhalten in Karlshagen. Gruber, so Onderka, habe die Gefangenen bestialisch geschlagen und auch verspottet. Im Juli 1944 sei ein Franzose kurz nach den Misshandlungen durch Gruber gestorben. Das Töten mit Giftinjektionen durch Gruber sei im Lager bekannt gewesen, sodass sich viele Häftlinge aus Angst nicht an ihn wendeten, wenn sie erkrankten.[165] Das MfS fand 1970 keinen Nachweis für Burkerts und Grubers Aufenthalt in DDR und keinen Hinweis auf sie im Strafregister der DDR bzw. in der SMT-Verurteiltenkartei.[166] Es ist darum sehr wahrscheinlich, dass sie zum Tode verurteilt und hingerichtet wurden.

Aus anderen Gründen zum Tode verurteilt:
Wolfgang Plaul (vgl. Frühe KZ, KZ Sachsenhausen, KZ Wewelsburg, KZ Buchenwald)

162 Insgesamt lassen sich in den Totenlisten für diesen Zeitraum 15 Häftlinge identifizieren, die erschossen wurden, davon elf auf der Flucht, vgl. Alfred Weber, Geheime Mordsache Peenemünde. In: Ostsee-Zeitung vom 8.5.1970.

163 Vernehmungsprotokolle Paul Burkert (BStU, RHE-West 485, Band 4, Bl. 171–181). Burkerts Vorgesetzter, Lagerführer SS-Untersturmführer Hans Baumgart, wurde 1948 von einem französischen Militärgericht zu lebenslanger Haft verurteilt.

164 Vernehmungsprotokolle Anton Gruber (BStU, RHE-West 485, Band 4, Bl. 192–206).

165 Vernehmungsprotokolle Karl Onderka (BStU, RHE-West 485, Band 4, Bl. 213–215).

166 MfS-Überprüfungsunterlagen Burkert und Gruber (BStU, RHE-West 485, Band 4, Bl. 147, Bl. 164, Bl. 189).

KZ Groß Rosen

Paul Dehnel war im Hauptlager als Sanitäter an der Ermordung von sowjetischen Kriegsgefangenen im KZ Groß Rosen beteiligt.[167] Erna Holtschke[168] wurde hingerichtet als ehemalige SS-Helferin im Außenlager Görlitz.

KZ Mauthausen

Von zwei vollstreckten Todesurteilen wurde eines ausdrücklich wegen Verbrechen in diesem Lager gefällt.

Johann van Loosen[169] war nach Angaben von Überlebenden u. a. „BVer"-Häftling des Außenlagers Gusen I des KZ Mauthausen und wird auch als „Henker von Gusen" bezeichnet. Er war als Lagerkapo und als Kapo im Arbeitskommando Steinbruch eingesetzt und wurde von Überlebenden äußerster Brutalität und der Beteiligung an der Ermordung von Häftlingen bei den sogenannten „Todbadeaktionen" beschuldigt. Er habe von der SS unbeschränkte Vollmachten zur Misshandlung von Häftlingen besessen. Nach eigener Aussage war er für den Tod von mehreren Tausend Häftlingen verantwortlich, darunter 2000 Sowjetbürger.

Aus anderen Gründen verurteilt oder Urteilsgründe nicht bekannt:
Wilhelm Freiwald (vgl. KZ Stutthof, KZ Buchenwald)
Als Angehöriger der Lagerleitung wurde *Georg Treger*, geboren 1912 und wohnhaft in Zwickau, am 23. Mai 1947 vom SMT Sachsen aufgrund Ukaz 43 zum Tode verurteilt, jedoch begnadigt. Er hatte laut Urteil an der Ermordung von Häftlingen im KZ Mauthausen teilgenommen.

KZ Neuengamme

Der Kölner Kommunist Jakob Fetz[170] (vgl. SS-FHA) wurde hingerichtet, weil er von 1941 bis 1944 als Lagerältester im KZ Neuengamme öffentliche Häftlingserhängungen auf dem Appellplatz durchführte und an der Misshandlung von

167 Verurteilt wurde auch Walter Schwarze, von Februar 1941 bis Oktober 1943 Blockführer, Rapportführer und Arbeitseinsatzführer im KZ Groß-Rosen, am 10.6.1948 vom SMT der Garnison Berlin nach alliiertem Recht zu lebenslänglicher Haft wegen persönlicher Erschießung von sowjetischen Kriegsgefangenen im April/Mai 1942. Ein weiterer Verurteilter heißt Treske. Vgl. BStU, ZA, HA IX/11, ZUV 52. Ich danke Ulrich Müller/BStU für den Hinweis auf diese Fälle.

168 Kartei des WVHA (BArch Berlin, NS 3/1570). Für den Hinweis auf diese Akte danke ich Andrea Rudorff.

169 Ablehnungssachen des Gnadengesuchs von Johann van Loosen (GARF, f. 7523, op. 66, d. 48, l. 81; RGASPI, op. 166, d. 758, l. 52f.).

170 Fings, Krieg, S. 167; Kaienburg, Vernichtung, S. 159f.; Garbe, Neuengamme, S. 319f. Klausch, Antifaschisten, S. 179f., 479, 511. Wackernagel, Zehn Jahre, S. 234.

Häftlingen beteiligt war. Andererseits wurde ihm bescheinigt, wichtige Lagerfunktionen mit politischen Häftlingen besetzt, durch sein Verhalten einen Ausgleich zwischen den Funktionshäftlingen verschiedener Häftlingsgruppen hergestellt und den Aufbau von Widerstandsgruppen im Lager gedeckt zu haben.

KZ Kauen

Elisabeth Seeling (vgl. HJ, Medizinverbrechen, Zivilverwaltung, Judenmord) war zunächst beim Reichskommissariat für das Ostland/Generalkommissariat Litauen für die Aufsicht von jüdischen Arbeitslagern sowie des jüdischen Ghettos in Kaunas tätig, bevor sie ab September 1943 die Verantwortung für vier Außenlager des KZ im litauischen Kaunas übernahm. Sie wurde bereits im Oktober 1944, das heißt in einem der frühesten KZ-Prozesse, vom SMT der 3. Belorussischen Front verurteilt. 14 Zeugen sagten über sie aus.[171]

5.14.6 SS-Sanitätshauptamt

Petra von Manteuffel hatte Medizin studiert, bevor sie nach eigenen Angaben Anfang 1943 als wissenschaftliche Mitarbeiterin beim „Reichsforschungsinstitut der SS, Sonderabteilung Brandt, mit dem Sitz in Beelitz/Heilstätten" zu arbeiten begann. Hierbei dürfte es sich um das 1939 gegründete Hygiene-Institut der Waffen-SS handeln, das als Bakteriologische Untersuchungsstelle der SS tätig war und sich mit Forschungen zu verschiedenen Krankheitserregern beschäftigte. Dabei wurden in größerem Umfang KZ-Häftlinge durch Experimente missbraucht und getötet. M. wurde 1948 zu lebenslanger Haft verurteilt. 1965 saß sie noch immer in der Strafanstalt Hoheneck ein und wurde vom MfS vernommen. Sie sagte aus, dass die Forschungen in Beelitz, das auch Sitz der „Aktion Brandt" zur Freimachung von Hospitalplätzen für Kriegsgeschädigte durch Ermordung von psychisch Kranken aus den deutschen Heil- und Pflegeanstalten war, in zwei Richtungen geführt wurden: Entwicklung wirksamer Antibiotika sowie bakteriologischer Kampfstoffe für den Kriegseinsatz. Dazu seien in Beelitz Geheimlabors eingerichtet worden. Ihr war bekannt, dass medizinische Versuche an Menschen, vermutlich an Häftlingen aus dem KZ Ravensbrück, durchgeführt wurden. Die Antibiotika könnten im SS-Sanatorium Hohenlychen erprobt worden sein. Sie selbst sei an diesen Verbrechen nicht beteiligt gewesen und im Nürnberger Ärzteprozess freigesprochen worden.[172] Die Vorwürfe gegen sie sind nicht bekannt.

171 Gnadensache Elisabeth Seeling vom 5.12.1944 (RGASPI, op. 166, d. 736, l. 59).
172 MfS-Bericht 1965 zu Petra von Manteuffel (BStU, ZA, HA IX/11, ZUV 1, Band 2, Bl. 291 ff.).

5.14.7 Hauptamt Ordnungspolizei (HA-Orpo) und Kommandeure der Ordnungspolizei und Gendarmerie

Zum Hauptamt Orpo zählten neben den im Krieg eingesetzten mobilen Einheiten der Polizei und der Gendarmerie auch Revier-Polizisten der Schutzpolizei sowie Land-Gendarmen und in den Gendarmeriestützpunkten der von Deutschland okkupierten Staaten eingesetzte Gendarmen und Polizisten.

Angehörige der Polizei und der Gendarmerie wurden überwiegend wegen Kriegsverbrechen verurteilt, genannt werden auch Urteilsgründe, die sich auf die Besatzungszeit beziehen.

Erik von Heimburg[173] war Kommandeur der Schupo Berlin, SS-Brigadeführer und Generalmajor der Polizei und bis Juli 1942 Kommandeur der Ordnungspolizei Weißruthenien mit Sitz in Minsk. Generalleutnant der Polizei Paul von Scheer[174] (vgl. Stab RFSS, Judenmord, Partisanenkampf, Zwangsarbeit besetzte Gebiete, Requirierungen) war Kommandeur der Ordnungspolizei in Kiew und mit von Heimburg einer der höchstrangigen hingerichteten Polizisten. Ihm wurde die Beteiligung an der Ermordung von 75 000 Zivilisten, vor allem Juden, und an der Verschleppung von 25 000 Sowjetbürgern aus dem Gebiet Kiew zur Zwangsarbeit nach Deutschland vorgeworfen.

Wilbrand Grevemeyer (vgl. Partisanenkampf)

Eberhard Herf (vgl. Judenmord, Partisanenkampf, Stab RFSS)

Wilhelm Lindemann (vgl. Partisanenkampf, Gendarmerie)

Herbert Lux (vgl. Gendarmerie besetzte Gebiete, Judenmord)

Günther Merk[175] (vgl. Stab RFSS, SS-Polizeiregiment 6, HSSPF, Partisanenkampf, Zwangsarbeit Deutschland)

5.14.7.1 Einheiten der Ordnungspolizei

Polizisten, überwiegend als Schutzpolizisten, stellen eine der größten Gruppen unter den Verurteilten dar. Sie und die Gendarmen waren als Angehörige von Einheiten der Ordnungspolizei neben Gestapo-, SD- und SS-Angehörigen auch die zahlenmäßig tragende Gruppe beim Judenmord in der besetzten Sowjetunion. Die Verbrechenskomplexe Judenmord, Partisanenkampf, Deportationen zur Zwangsarbeit nach Deutschland und Requirierung von Lebensmitteln werden in der folgenden Aufstellung nicht hervorgehoben, da sie nahezu allen Fällen zugrunde lagen.

173 Gerlach, Morde, S. 190, 191, 427, 919; Wolfgang Curilla, Die deutsche Ordnungspolizei und der Holocaust im Baltikum und in Weißrussland 1941-1944, Paderborn 2006, S. 335, 398.

174 Bezborodova, Generäle, S. 191.

175 Ebd., S. 144 f.

Das Polizeibataillon 304 wird in einem separaten Aufsatz in diesem Band behandelt, der auch eine Funktions- und Verbrechensanalyse der anderen hier aufgeführten Polizei-Einheiten enthält.

Polizeibataillon 6

Otto Schröder (geb. 1890)

Polizeibataillon 11 und 22

Bruno Walden

Polizeibataillon 13

Hans Griep (vgl. SS-Polizeiregiment 2)

Polizeibataillon 22

Kurt Klemp

Polizeibataillon 32

August Fehlau (vgl. SS-Polizei-Schützenregiment 34)
Peter Schlebusch
Erich Schulze

Polizeibataillon 41

Fritz-Herbert Fiedler
Herbert Hänel
Erich Kern
Arthur Kube
Kurt Marsch
Ruvin Zemelka

Polizeibataillon 42

Johannes Herzog (vgl. Zwangsarbeit Sachsen)

Polizeibataillon 45

Henri Ernst (vgl. Kriegsgefangenenlager Sowjetunion)
Karl Hälbich

Gottfried Swehla
Heinz Werbeck

Polizeibataillon 81

Aus anderen Gründen verurteilt oder Urteilsgründe nicht bekannt:
Robert Mletzko (vgl. Polizei Deutschland, Sabotage deutsche Ostgebiete)

Polizeibataillon 82

Aus anderen Gründen verurteilt oder Urteilsgründe nicht bekannt:
Friedrich Bernhard[176] (vgl. Polizeibataillon 309, Partisanenkampf, Militärverwaltung)

Polizeibataillon 103

Johann Dreßl (vgl. Inlands-SD, Partisanenkampf, Einsatzgruppe B)

Polizeibataillon 108

Alfred Dietsch (vgl. Zwangsarbeit Sachsen, Polizei Deutschland)

Polizeibataillon 118

Aus anderen Gründen verurteilt oder Urteilsgründe nicht bekannt:
Jakob Dorflinger (vgl. Kriegsgefangenenlager Sowjetunion)

Polizeibataillon 202

Aus anderen Gründen verurteilt oder Urteilsgründe nicht bekannt:
Paul Beuermann (vgl. Verbrechen gegen Kriegsgefangene kurz vor dem Kriegsende, Polizei Deutschland, Feldgendarmerie)

Polizeibataillon 207

Paul Kürsten (vgl. SS-Polizeiregiment 23)

176 Bezborodova, Generäle, S. 40f.; dem 1942 aufgestellten Korück 532 der 2. Panzer-Armee waren u. a. die Polizeibataillone 309 und 82 unterstellt, vgl. MfS-Ermittlungen zum Korück 532 (BStU, ZA, HA IX/11, AB 737, Bl. 32–35).

Polizeibataillon 255

Ernst Falk

Polizeibataillon 256

Wilhelm Dubetzy
Georg-Robert Weissig (vgl. Polizeibataillon 305, SS-Polizeiregiment 26)

Polizeibataillon 304

Kurt Barth
Fritz-Martin Bemmann
Arthur Bergmann
Reinhold Blana
Kurt Broggio
Fritz Eidam
Erich-Rudolf Engelmann
Kurt Ernst (geb. 1912)
Erich Fahldorf
Reinhold Fahldorf
Paul Ficker
Werner Ficker
Reinhold Fuchs
Hans Georgi
Friedrich Gerberdt
Kurt Glass
Johannes Graupner
Paul Grund
Adam Günther
Johannes Hänel
Erich Hänig
Max Hänig
Otto Härtner
Willi-Max Heckel
Kurt Helmer
Walter Höfer
Walter Hofmann
Alfred Horn
Erich Hutschenreuther
Walter Junghähnel
Herbert Kahle (vgl. SS-Polizeiregiment 28)
Karl-August Kellerer
Emil Klein

Walter Knauth
Willi Kobelt
Heinrich Koch
Konrad-Georg Kramer
Arthur-Hermann Kropf
Kurt Krykon
Edmund Kuntel
Rudi Lämmel
Erich Lehmann (geb. 1912)
Max-Ewald Lorenz (vgl. Untergeordnete NSDAP-Funktionen)
Felix Luft
Fritz Maudrich
Kurt Meier
Fritz Melzer
Kurt Moeschke
Friedrich Müller
Kurt Müller
Walter Neubert
Herbert Oeser
Walter Pannoscha
Paul Ploch
Gottfried Puttrich
Edgar Randt
Paul Redlich
Max Richter (vgl. Feldgendarmerie)
Walter Riedel (vgl. SS-Polizei-Regiment 24)
Rudolf Richter
Rudolf Schieblich
Kurt Schiller
Walter Schönfeld
Max Seidel
Willi Seidel
Kurt Seifert (geb. 1908)
Kurt Seifert (geb. 1910)
Gerhard Starke
Helmut Stöckel
Max Trützschler
Erich Unger
Herbert-Emil Unger
Josef Vieweg
Walter Wabersich
Herbert Walther
Willi Winter

Heinz Wohlgemuth
Erich Woynowsky

Aus anderen Gründen verurteilt oder Urteilsgründe nicht bekannt:
Gottfried Erler (vgl. Polizeibataillon 307)

Polizeibataillon 305

Max Dutzi
Georg-Robert Weissig (vgl. Polizeibataillon 256, SS-Polizeiregiment 26)

Polizeibataillon 307

Gottfried Erler (vgl. Polizeibataillon 304)
Heinrich Komphausen
Hermann Lehmkuhl
Anton Scholz
Karl Tehler

Polizeibataillon 309

Aus anderen Gründen verurteilt oder Urteilsgründe nicht bekannt:
Friedrich Bernhard[177] (vgl. Polizeibataillon 82, Partisanenkampf, Militärverwaltung)

Polizeibataillon 311

Karl Bärwolf
Willy Böttger
Otto Crull
Willy Donner
Paul Jäckel (geb. 1897)
Friedrich Forkmann
Kurt Heimann
Otto Kronschwitz
Benno Krug
Alfred Meier
Kurt Mühlig

177 Bezborodova, Generäle, S. 40f. Dem 1942 aufgestellten Korück 532 der 2. Panzer-Armee, in dessen Zusammenhang Bernhard verurteilt wurde, waren u. a. die Polizeibataillone 309 und 82 unterstellt. Vgl. MfS-Aufstellung (BStU, ZA, HA IX/11, AB 737, Bl. 32–35).

Eugen Perthel
Otto Schneider
Otto Schönfeld
Fritz Schuhknecht
Paul Sonntag
Friedrich Wolff

Polizeibataillon 315

Bräutigam
Erich Freitag
Fuchs
Gabler
Kowelke
Langhof
Martin Lindemann
Meinel
Franz Michala
Rambach
Robert Rank
Hans Schmalfuß
Schmidt
Hans Schmitz
Helmut Schneider
Schobert
Sellner
Anton Spill
Spindler
Kurt Wessel

SS-Polizeiregiment 2

Hans Griep (vgl. Polizeibataillon 13)

SS-Polizeiregiment 6

Günther Merk[178] (vgl. Stab RFSS, Hauptamt Orpo, HSSPF, Partisanenkampf, Zwangsarbeit Deutschland)

178 Bezborodova, Generäle, S. 144 f.

SS-Polizeiregiment 23

Paul Kürsten (vgl. Polizeibataillon 207)

SS-Polizeiregiment 24

Walter Riedel (vgl. Polizeibataillon 304)

SS-Polizeiregiment 26

Georg-Robert Weissig (vgl. Polizeibataillon 256 und 305)

SS-Polizeiregiment 28

Herbert Kahle (vgl. Polizeibataillon 304)

Polizei-Schützenregiment 31

Hans-Werner Papst

Polizei-Schützenregiment 34

August Fehlau (vgl. Polizeibataillon 32)

Gendarmerie-Zug (mot) 24

Max Heinrich (geb. 1897)
Friedrich Koch

5.14.7.2 Polizei

Die meisten der in diesem Abschnitt genannten Verurteilten haben ihren Polizeidienst in Deutschland geleistet.

Einer der höherrangigen Schutzpolizisten, der letzte Berliner Polizeipräsident und General der Schutzpolizei, SS-Gruppenführer *Kurt Göhrum,*[179] wurde schon Anfang Mai 1945 im Raum Berlin festgenommen, jedoch nicht zum Tode verurteilt. Er soll zu 25 Jahren Lagerhaft verurteilt worden sein und starb am 11. April 1953 in sowjetischer Haft, vermutlich im Gefängnis Wladimir. Er war im Frühjahr 1945 an der Ausbildung von Werwolfaktivisten beteiligt gewesen.

179 Volker Koop, Himmlers letztes Aufgebot. Die NS-Organisation „Werwolf", Köln 2008, S. 211.

Polizeidienst in Deutschland

Von den 102 zum Tode verurteilten Polizisten waren nur 26 wegen Verbrechen im Zusammenhang mit dem Polizeidienst verurteilt worden.

Heinrich Truckenbrodt aus Lauscha war Revierleutnant und Leiter der Schutzpolizei Lauscha und Wasungen. Er habe etwa 30 ausländische Arbeiter wegen Verstoßes gegen Vorschriften 1942 bis 1945 in Lauscha bestraft und sei für die Festnahme von etwa 20 Ausländern, die Verhängung von Polizeihaft wegen Verlassens des Arbeitsplatzes, Diebstahls und Arbeitsverweigerung sowie für die Festnahme von drei KPD- und zwei SPD-Mitgliedern bei der Aktion „Gitter" 1944 verantwortlich gewesen.

Erich Badtke (vgl. Zwangsarbeit deutsche Ostgebiete)

Emil Becher (vgl. Kriegsgefangenenwesen Deutschland)

Fritz Bensing (vgl. SA, Zwangsarbeit Brandenburg)

Albert Braunes (vgl. Zwangsarbeit Sachsen)

Herbert Buchholz (vgl. Gendarmerie Deutschland)

Alfred Dietsch (vgl. Zwangsarbeit Sachsen, Polizeibataillon 108)

Otto Fischer (geb. 1892) (vgl. Gestapo- und SD-V-Männer)

Teodor Galjun (vgl. Untergeordnete NSDAP-Funktionen, Spionage Hinterland der Roten Armee)

Erich Ginsching (vgl. Zwangsarbeit Sachsen)

Theodor Gross (vgl. Polizei besetzte Gebiete, Untergeordnete NSDAP-Funktionen, Gestapo besetzte Gebiete, Judenmord, Partisanenkampf)

Paul Jahn (vgl. Zwangsarbeit Sachsen)

Oswin Kempe[180] (vgl. Reichsbauernführer, Zwangsarbeit Sachsen)

Paul Krafzig

Max Krebs (vgl. Zwangsarbeit Brandenburg)

Alfred Pendorf (vgl. Zwangsarbeit Sachsen)

Oskar Pfeifer (vgl. Zwangsarbeit Sachsen)

Martin Pietscher (vgl. Gendarmerie Deutschland)

Karl Ritscher

Hugo Rödiger (vgl. Zwangsarbeit Thüringen)

Kurt Ruczynski

Paul Schulz (vgl. Kriegsgefangenenwesen Deutschland, Gestapo ohne Ortsangabe)

Richard Seifert (vgl. Zwangsarbeit Sachsen)

Richard Storm (vgl. Zwangsarbeit Mecklenburg)

Emil Streuch (vgl. Kriegsgefangenenwesen Deutschland, Zwangsarbeit Mecklenburg)

Alfred Thieme[181] (vgl. KZ Buchenwald)

180 Rümmler, Abgeholt, S. 41–44.

181 Zu den mit seiner Hilfe erschossenen Häftlingen der Außenlager Leipzig-Schönefeld und Taucha vgl. Greiser, Todesmärsche, S. 480f., 494.

Aus anderen Gründen verurteilt oder Urteilsgründe nicht bekannt:
Franz Battke (vgl. Bürgermeister)
Julius Baumbach (vgl. Zwangsarbeit Thüringen)
Paul Beuermann (vgl. Verbrechen gegen Kriegsgefangene kurz vor dem Kriegsende, Feldgendarmerie, Polizeibataillon 202)
Kurt Boring (vgl. Zwangsarbeit besetzte Gebiete, Gendarmerie Deutschland, Partisanenkampf, Requirierungen)
Ernst Brade (vgl. Werkschutz)
Otto Dartsch (vgl. Polizei besetzte Gebiete, Zwangsarbeit Deutschland ohne Ortsangabe)
Martin Derdulla (vgl. Gendarmerie Deutschland)
Alfred Dießner (vgl. frühe KZ, Zwangsarbeit Sachsen, Kriegsgefangenenwesen Deutschland)
Herbert Donath (vgl. Gendarmerie Deutschland, Polizei besetzte Gebiete)
Ferdinand Finke (vgl. Zwangsarbeit Berlin, Werkschutz)
Otto Fischer[182] (geb. 1897)
Gustav Fiske
Alfred Flügge
Karl Fokkenson
Heinrich Fott (vgl. Gendarmerie Deutschland)
Emil Gaede (vgl. Polizei besetzte Gebiete, Partisanenkampf)
Werner Gentz
Alfred Gerber (vgl. Judenmord)
Helmut Germershausen (vgl. Werwolf Österreich, Verbrechen gegen Kriegsgefangene kurz vor dem Kriegsende)
Otto Goltz (vgl. Gendarmerie Deutschland)
Rudolf Granzer (vgl. Gendarmerie Deutschland, Werwolf deutsche Ostgebiete)
Friedrich Grassnickel
Erwin Harnisch
Oswald Heller (vgl. Polizei besetzte Gebiete, Einsatzgruppe B/C, Zwangsarbeit Deutschland)
Bernhard Hentschel (vgl. jüdische Zwangsarbeit, Judenmord, KZ Auschwitz)
Max Herrmann (geb. 1894) (vgl. Zwangsarbeit Sachsen)
Ludwig Hesch (vgl. Polizei besetzte Gebiete)
Fritz Hesse (vgl. Gendarmerie Deutschland, Gendarmerie besetzte Gebiete, Judenmord, Partisanenkampf)
Werner Hofmann (vgl. Kriegsgefangenenwesen Deutschland, Werkschutz, Zwangsarbeit Sachsen)
Walter Jade (vgl. Kriegsgefangenenwesen Deutschland)

182 Lenore Lobeck, Zum Beispiel Schwarzenberg. Verhaftungen im Landkreis Schwarzenberg im Zeitraum 1945–1950. In: Zeitschrift des Forschungsverbundes SED-Staat, Nr. 34/2013, S. 35–51.

Hermann Kieser
Otto Kleist
Egon Klinghammer
Paul Knappe (vgl. Judenmord, Gendarmerie besetzte Gebiete, Partisanenkampf)
Walter Komm
Robert Kreissler (vgl. Polizei besetzte Gebiete, Zwangsarbeit besetzte Gebiete, Requirierungen, Partisanenkampf)
Kühn
Fritz Kunz
Reinhard Lehmann (vgl. Gendarmerie Deutschland, Verbindung zu einem ausländischen Staat)
Max Lehnieger
Herbert Lobenstein (vgl. Gendarmerie besetzte Gebiete)
Leo Machnikowski
Robert Mletzko (vgl. Polizeibataillon 81, Sabotage deutsche Ostgebiete)
Walter Modes (vgl. Polizei besetzte Gebiete, Gestapo- und SD-V-Männer)
Wilhelm Mund (vgl. Kriegsgefangenenwesen Deutschland, Zwangsarbeit Thüringen)
Alfons Musiol (vgl. Polizei besetzte Gebiete, Zwangsarbeit besetzte Gebiete, Requirierungen, Partisanenkampf)
Hans Nauer[183] (vgl. Bürgermeister, Kriegsverwaltungsräte, Zwangsarbeit Sachsen-Anhalt)
Max Nawior (vgl. Zwangsarbeit Brandenburg, Staat und Verwaltung Deutschland)
Albert Neubert (vgl. Zwangsarbeit Sachsen)
Hans Nietschke (vgl. antisowjetische Propaganda)
Paul Nische (vgl. Terror Berlin)
Hans Paletta (vgl. Unterstützung der internationalen Bourgeoisie, Werkschutz)
Walter Paul (vgl. Gendarmerie Deutschland, Gendarmerie besetzte Gebiete, Partisanenkampf, Zwangsarbeit Deutschland)
Fritz Pfeiffer
Bernhard Pfob (vgl. Zwangsarbeit Sachsen, frühe KZ)
Gerhard Poel (vgl. Militärverwaltung)
Max Porth[184] (vgl. Gendarmerie Deutschland, Judenmord, Militärverwaltung, Feldgendarmerie)
Willy Puschmann (vgl. Zwangsarbeit Sachsen, Gendarmerie Deutschland, Partisanenkampf)
Wilhelm Radzanowski (vgl. Kriegsgefangenenwesen Deutschland)

183 Ahrberg, Abgeholt, S. 15–22.
184 Porth beschrieb in einem Brief an seine Freundin in Potsdam ausführlich von der Erschießung sowjetischer Juden in Weißrussland, die wiederum ihrer Freundin davon berichtete. Diese wurde nach 1945 sowjetische Informantin und meldete den Fall. Vgl. Reich/Schultz (Hg.), Untersuchungsgefängnis, S. 79f.

Max Rittler (vgl. Polizei Deutschland, Werkschutz, Zwangsarbeit Sachsen, Kriegsgefangenenwesen Deutschland)
Oskar Rudolf
Erich Schattschneider (vgl. antisowjetische Propaganda)
Paul Schmidt (geb. 1907) (vgl. Judenmord, Gendarmerie besetzte Gebiete, Partisanenkampf, Requirierungen)
Rudolf Schmoller
Walter Schneider
Kurt Schuler (vgl. Bürgermeister)
Anton Schumacher (vgl. Polizeidienst Ostgebiete, Kriegsgefangenenlager Sowjetunion)
Franz-August Schweingruber (vgl. Polizei Deutschland)
Karl Simon (vgl. Kriegsgefangenenwesen Deutschland)
Otto Sommer (vgl. Kriegsgefangenenwesen Deutschland, Zwangsarbeit Deutschland ohne Ortsangabe)
Johannes Strohbusch
Alfred Vogel (vgl. Gendarmerie Deutschland)
Paul Vogel (geb. 1904) (vgl. Gendarmerie Ostgebiete, Kriegsverbrechen ohne bekannten Vorwurf)
Hermann Vogt (Abwehrbeauftragte Thüringen, Polizei besetzte Gebiete, Zwangsarbeit Thüringen)
Albrecht Voigt (vgl. Zwangsarbeit Thüringen)
Erhard Zickmüller (vgl. Feldgendarmerie, Gendarmerie Deutschland)

Polizeidienst in den besetzten Ostgebieten

Relativ wenige der zum Tode verurteilten Polizisten außerhalb der Polizei-Einheiten sind in den besetzten Ostgebieten, entweder in Polen oder in der Sowjetunion, eingesetzt gewesen. Von 22 Fällen wurde 13 Personen der Dienst in den besetzten Gebieten zur Last gelegt.
Kurt Boring (vgl. Zwangsarbeit besetzte Gebiete, Gendarmerie Deutschland, Partisanenkampf, Requirierungen, Polizei Deutschland)
Helmut Brunsch (vgl. Terror deutsche Ostgebiete)
Otto Dartsch (vgl. Polizei Deutschland, Zwangsarbeit Deutschland ohne Ortsangabe)
Emil Gaede (vgl. Polizei Deutschland, Partisanenkampf)
Oswald Heller (vgl. Polizei Deutschland, Einsatzgruppe B/C, Zwangsarbeit Deutschland)
Emil Klaus
Robert Kreissler (vgl. Polizei Deutschland, Zwangsarbeit besetzte Gebiete, Requirierungen, Partisanenkampf)
Otto Kurz (vgl. Zwangsarbeit Deutschland ohne Ortsangabe)
Alfons Musiol (vgl. Polizei Deutschland, Zwangsarbeit besetzte Gebiete, Requirierungen, Partisanenkampf)

Anton Schumacher (vgl. Polizeidienst Deutschland, Kriegsgefangenenlager Sowjetunion)
Erich Strauch (vgl. Partisanenkampf, Gestapo ohne Ortsangabe)
Walter Waldtmann (vgl. Partisanenkampf)
Walter Wolf (vgl. SA, frühe KZ, Judenmord, Unterstützung der internationalen Bourgeoisie)

Aus anderen Gründen verurteilt oder Urteilsgründe nicht bekannt:
Über den Hauptmann der Polizei Emil Ullrich (vgl. Zivilverwaltung, Judenmord, Unterstützung der internationalen Bourgeoisie) ist wenig bekannt. Er war von Beruf Volksschullehrer und im Sonderdienst Radom eingesetzt, der als unterste Institution der deutschen Besatzungspolitik im Generalgouvernement u. a. Straßenpatrouillen im lokalen Bereich stellte, die Ernte absicherte und im begrenzten Maße auch Polizeiaufgaben wahrnahm. Er setzte sich aus in Polen lebenden Deutschen, sogenannten Volksdeutschen, zusammen, wurde im Mai 1940 gegründet und war als Polizei-Einheit den jeweiligen Stadt- und Kreishauptmännern unterstellt. Der Sonderdienst Radom war 1941 an der Ghettoisierung polnischer Juden im Generalgouvernement und bei der Deportation in das Vernichtungslager Belzec beteiligt. Der Sonderdienst Radom transportierte im August 1942 Juden auch aus dem Dorf Ryczywol in das Vernichtungslager Sobibor. Seit Oktober 1942 unterstand der Sonderdienst dem Befehlshaber der Ordnungspolizei. Im Frühjahr 1944 wurden die Angehörigen des Sonderdienstes im Partisanenkampf eingesetzt, im September der Wehrmacht unterstellt und der Sonderdienst Ende Februar 1945 aufgelöst.[185]
Herbert Donath (Polizei Deutschland, Gendarmerie Deutschland)
Raimund Fuchs (vgl. Partisanenkampf, Unterstützung der internationalen Bourgeoisie)
Theodor Gross (vgl. Polizei Deutschland, Untergeordnete NSDAP-Funktionen, Gestapo besetzte Gebiete, Judenmord, Partisanenkampf)
Ludwig Hesch (vgl. Polizei Deutschland)
Walter Modes (vgl. Polizei Deutschland, Gestapo- und SD-V-Männer)
Josef Spiller (vgl. Werwolf besetzte Gebiete)
Hermann Vogt (Polizei Deutschland, Abwehrbeauftragte Thüringen, Zwangsarbeit Thüringen)
Franz Witzleb

185 Zum Sonderdienst vgl. Peter Black, Indigenous collaboration in the Government General. The case of the Sonderdienst. In: Pieter M. Judson/Marsha L. Rozenblit (Hg.), Constructing nationalities in East Central Europe, Oxford 2005, S. 243-266.

5.14.7.3 Gendarmerie

Die Angehörigen der Gendarmerie wurden überwiegend wegen Kriegsverbrechen verurteilt. Ein Teil von ihnen war auch zu Besatzungs- und Vernichtungsaufgaben in den besetzten Ostgebieten eingesetzt.

Gendarmeriedienst in Deutschland

Insgesamt 34 Gendarmen wurden zum Tode verurteilt, jedoch warf man nur acht von ihnen Handlungen während des Gendarmeriedienstes vor.
Paul Broschwitz (vgl. Kriegsgefangenenwesen Deutschland)
Willy Broschwitz (vgl. Kriegsgefangenenwesen Deutschland)
Herbert Buchholz (vgl. Polizei Deutschland)
Kurt Köhler (vgl. Untergeordnete NSDAP-Funktionen, Kriegsgefangenenwesen in Deutschland)
Paul Salzmann (vgl. Zwangsarbeit Sachsen)
Bernhard Uhrlandt (vgl. Kriegsverbrechen ohne konkreten Vorwurf)
Alfred Vogel (vgl. Polizei Deutschland)
Willy Walther (vgl. Untergeordnete NSDAP-Funktionen, Kriegsverbrechen ohne bekannten Vorwurf)
Alfred Wittenberg
Christoph Zander

Aus anderen Gründen verurteilt oder Urteilsgründe nicht bekannt:
Hermann Andritzke
Kurt Boring (vgl. Zwangsarbeit besetzte Gebiete, Polizei Deutschland, Polizei besetzte Gebiete, Partisanenkampf, Requirierungen)
Luzian Bürkel
Martin Derdulla (vgl. Polizei Deutschland)
Herbert Donath (Polizei Deutschland, Polizei besetzte Gebiete)
Thomas Eckert (vgl. Gendarmerie besetzte Gebiete, Kriegsgefangenenwesen Sowjetunion, Zwangsarbeit besetzte Gebiete, Judenmord)
Hugo Fichte
Heinrich Fott (vgl. Polizei Deutschland)
Max Gerstenberger (vgl. Zwangsarbeit Sachsen)
Rudolf Granzer (vgl. Polizei Deutschland, Werwolf deutsche Ostgebiete)
Karl Gurke
Alfred Herrmann (vgl. Partisanenkampf, Zwangsarbeit Deutschland, Gendarmerie besetzte Gebiete)
Fritz Hesse (vgl. Polizei Deutschland, Gendarmerie besetzte Gebiete, Judenmord, Partisanenkampf)
Arno Kemter
Reinhard Lehmann (vgl. Polizei Deutschland, Verbindung zu einem ausländischen Staat)

Johann-Michel Missulis
Robert Neidigk
Walter Paul (vgl. Polizei Deutschland, Gendarmerie besetzte Gebiete, Partisanenkampf, Zwangsarbeit Deutschland)
Martin Pietscher (vgl. Polizei Deutschland)
Max Porth[186] (vgl. Judenmord, Polizei Deutschland, Militärverwaltung, Feldgendarmerie)
Hermann Schmeikel
Franz-August Schweingruber (vgl. Polizei Deutschland)
Hermann Seidenstücker (vgl. GFP, RKPA)
Lebrecht Seidlitz
Erhard Zickmüller (vgl. Polizei Deutschland, Feldgendarmerie)

Gendarmeriedienst in den besetzten Ostgebieten

Von den 17 Verurteilten wurde gegen zwölf das Todesurteil wegen Handlungen als Gendarmen in den besetzten Gebieten gefällt.
Bruno Mittmann (vgl. Judenmord) gehörte dem Gendarmerie-Einsatzkommando Minsk an und wurde als Wachtmeister der Gendarmerie Minsk verurteilt, unter anderem wegen der Teilnahme an der Massenvernichtung von Sowjetbürgern, speziell an einem Massaker im Rayon Marina Gorka im September 1941 an etwa 1000 Juden.[187]
Alfred Busch (vgl. Partisanenkampf, Judenmord)
Thomas Eckert (vgl. Gendarmerie Deutschland, Kriegsgefangenenwesen Sowjetunion, Zwangsarbeit besetzte Gebiete, Judenmord)
Anton Heid (vgl. Partisanenkampf)
Alfred Herrmann (vgl. Partisanenkampf, Zwangsarbeit Deutschland, Gendarmerie Deutschland)
Fritz Hesse (vgl. Polizei Deutschland, Gendarmerie Deutschland, Judenmord, Partisanenkampf)
Martin Johne (vgl. Partisanenkampf, Requirierungen, Judenmord)
Franz Lenz
Wilhelm Lindemann (vgl. Hauptamt Orpo, Partisanenkampf)
Herbert Lobenstein (vgl. Polizei Deutschland)

186 Porth beschrieb in einem Brief von der Front an seine Freundin in Potsdam ausführlich die Erschießung sowjetischer Juden in Weißrussland, die wiederum ihrer Freundin davon berichtete. Diese wurde nach 1945 sowjetische Informantin und meldete den Fall. Vgl. Reich/Schultz, Untersuchungsgefängnis, S. 79f.

187 Peter Klein (Hg.), Die Einsatzgruppen in der besetzten Sowjetunion, 1941/42. Die Tätigkeits- und Lageberichte des Chefs der Sicherheitspolizei und des SD, Berlin 1997, S. 242, FN 6; Stefan Klemp, „Nicht ermittelt" – Polizeibataillone und die Nachkriegsjustiz. Ein Handbuch, 2. Auflage Essen 2011, S. 365; Messerschmidt, Minsker Prozeß; Gerlach, Morde, S. 224, 587, 691, 1069.

Herbert Lux (vgl. Hauptamt Orpo, Judenmord)
Walter Paul (vgl. Gendarmerie Deutschland, Polizei Deutschland, Partisanenkampf, Zwangsarbeit Deutschland)
Paul Schmidt (geb. 1907) (vgl. Polizei Deutschland, Judenmord, Partisanenkampf, Requirierungen)

Aus anderen Gründen verurteilt oder Urteilsgründe nicht bekannt:
Paul Knappe (vgl. Polizei Deutschland, Gendarmerie besetzte Gebiete, Partisanenkampf)
Johann Prax (vgl. Unterstützung der internationalen Bourgeoisie)
Paul Vogel (geb. 1904) (vgl. Polizeidienst Deutschland, Kriegsverbrechen ohne bekannten Vorwurf)
Rudolf Zeidler (vgl. Verbindung zu einem ausländischen Staat)

5.14.8 Reichssicherheitshauptamt (RSHA)

Bisher ist nur ein Todesurteil gegen Verwaltungsangestellte des RSHA bekannt: *Elisabeth Marks* war 1941 bis 1945 Büroangestellte im RSHA und wurde wegen staatsfeindlicher Agitation zum Tod verurteilt, jedoch begnadigt.

Bei der nachfolgenden Stellengliederung wird vom Geschäftsverteilungsplan im März 1941 ausgegangen.

5.14.8.1 Personal - Amt I RSHA

Nach Abschaffung der Todesstrafe wurde der Chef des Amtes I (Personal) SS-Gruppenführer und Generalleutnant der Polizei *Bruno Streckenbach*[188] durch ein SMT 1952 in Moskau zu 25 Jahren verurteilt, jedoch bereits 1955 in die Bundesrepublik entlassen. Er hatte maßgeblichen Anteil an der Zusammenstellung der Einsatzgruppen der Sipo und des SD.

5.14.8.2 Inland-Sicherheitsdienst (Inlands-SD) - Amt III RSHA

Unter den zahlreichen Angehörigen verschiedener Repressions- und Vernichtungsorgane dürften sich noch weitere SD-Angehörige befinden, ohne dass diese als solche aufgrund der dürftigen Quellenlage kenntlich werden. Im Folgenden werden nur die Fälle kurz berührt, bei denen der Bezug zum SD dokumentiert ist. Von den zwölf Fällen wurden vier ausdrücklich als SD-Agenten zum Tode verurteilt.

188 Klee, Personenlexikon, S. 607 f.

Walter von Kielpinski,[189] von Beruf Philologe, Leiter des Referates III C 4 des RSHA, zuständig für Presse, Schrifttum, Rundfunk und Einsatzauswertung, ist der höchstrangige zum Tode verurteilte SD-Funktionär. Er war Redakteur der Zeitschrift „Volk im Werden", gehörte 1939 der Einsatzgruppe IV in Polen („EG z.b.V. Krakau") an und war danach als Pressereferent beim Kommandeur der Sicherheitspolizei und des SD in Warschau eingesetzt. 1941 wurde er zum SS-Sturmbannführer befördert. Nach dem 20. Juli 1944 verhörte er inhaftierte Attentatsbeteiligte. Er konnte sich in Reinsdorf/Thüringen bis Anfang Juli 1946 als Obstgutpächter verbergen und wurde im August 1946 in Berlin wegen Kriegsverbrechen verurteilt.

Fritz Bartenschlager[190] (vgl. Werkschutz, Zwangsarbeit besetzte Gebiete, Judenmord)

Heinz Truise (vgl. Verbrechen gegen Kriegsgefangene kurz vor dem Kriegsende, Judenmord, Medizinverbrechen, Kriegsgefangenenlager Sowjetunion)

Olaf Zickner-Barron (vgl. Spionage Sowjetunion, Auswärtiges Amt, Sabotage ohne Ort)

Aus anderen Gründen verurteilt oder Urteilsgründe nicht bekannt:

Otto Bendix (vgl. Partisanenkampf, GFP)

Johann Dreßl (vgl. Einsatzgruppe B, Partisanenkampf, Polizeibataillon 103)

Karl Lengert (vgl. Gestapo Potsdam)

Günther Lutz[191] (vgl. Wissenschaftler)

Wilhelm Schlegel (vgl. Werkschutz, Judenmord)

Frieda Stranz[192] (vgl. Gestapo Potsdam)

Walter Tränkmann[193] (vgl. Justiz Deutschland, Zwangsarbeit Sachsen)

Kurt Trebs (vgl. Zwangsarbeit Sachsen, Kriegsgefangenenwesen Deutschland, RKPA)

189 Klee, Personenlexikon, S. 307; Hachmeister, Gegnerforscher, S. 113, 168f., 178; Michael Wildt, Generation des Unbedingten. Das Führungskorps des Reichssicherheitshauptamtes, Hamburg 2008, S. 385, 425, 482, 707, 776. Vgl. zu von Kielpinski den Aufsatz von Mike Schmeitzner in diesem Band.

190 Felicja Karay, Death Comes in Yellow. Skarzysko-Kamienna Slave Labor Camp, London 2004, S. 43, 80, 100. Allgemein zum Lager Kamienna vgl. Hans Frey, Die Hölle von Kamienna, Potsdam 1949.

191 Klee, Kulturlexikon, S. 440; Zur Arbeitsstelle von Lutz, dem Nietzsche-Archiv in Weimar, vgl. Ursula Sigismund, Denken im Zwiespalt. Das Nietzsche-Archiv in Selbstzeugnissen 1897–1945, Münster 2001; David Marc Hoffmann, Zur Geschichte des Nietzsche-Archives, Berlin 1991, S. 81, 110–120, 183.

192 Arbeitserziehungslager Fehrbellin. Zwangsarbeiterinnen im Straflager der Gestapo. Hg. von der Berliner Geschichtswerkstatt, Potsdam 2004., S. 89f., 100, 105.

193 Carsten Schreiber, Elite im Verborgenen: Ideologie und regionale Herrschaftspraxis des Sicherheitsdienstes der SS und seines Netzwerks am Beispiel Sachsens, München 2008, S. 85, 112f., 145, 294, 419f., 426, 440–444.

Dienststellen der Sicherheitspolizei und des SD

Kommandeure der Sicherheitspolizei und des SD (KdS)

Von 19 Verurteilten wurden sechs wegen dieser Dienstzugehörigkeit zum Tode verurteilt.
Erich Braun (vgl. Gestapoleitstelle Wien, Partisanenkampf, Judenmord, RKPA, KZ Auschwitz, KZ Majdanek, Gestapo besetzte Ostgebiete)
Erwin Daehre[194] (vgl. Polizei Deutschland, RKPA, Einsatzgruppe C/D)
Wilhelm Hellerforth
Hans Koch[195] (vgl. Gestapo Stuttgart, Gestapo Brünn, Gestapo Berlin, Judenmord, Einsatzgruppe B, Spionage Sowjetunion, Partisanenkampf)
Karl Rußwurm (vgl. RKPA, Gestapo Weimar)
Wilhelm Sinschek (vgl. Einsatzgruppe B, RKPA, Partisanenkampf)

Aus anderen Gründen verurteilt oder Urteilsgründe nicht bekannt:
Adolf Dziadek (vgl. Kriegsgefangenenlager Sowjetunion)
Gustav Frodl (vgl. Unterstützung der internationalen Bourgeoisie, Feldgendarmerie)
Franz Heß[196] (vgl. SS-FHA, Einsatzgruppe B, Gestapo Prag, KZ Sachsenhausen, Medizinverbrechen, Kriegsgefangenenwesen Deutschland, Judenmord)
Gustav Hoffmann (vgl. Gestapo Berlin, Gestapo besetzte Gebiete, Zwangsarbeit Deutschland)
Eugen Jooss (vgl. Kriegsgefangenenlager Sowjetunion)
Wilhelm Mattig (vgl. Werkschutz, Zwangsarbeit Deutschland, SS-FHA, KZ Sachsenhausen)
Wilhelm Mulde (vgl. HSSFP, Einsatzgruppe D, Judenmord)

194 Andreas Hilger/Ute Schmidt/Günther Wagenlehner (Hg.), Sowjetische Militärtribunale, Band 1: Die Verurteilung deutscher Kriegsgefangener 1941-1955, Köln 2001, S. 207, FN 149, Vermerk Stalins für Beria 10. September 45; Achim Kilian, Die Häftlinge in den sowjetischen Speziallagern der Jahre 1945-1950. Zusammenfassung des derzeitigen Kenntnisstandes hinsichtlich Zahl, Verbleib und Zusammensetzung nach Internierungsgründen. In: „Überwindung der Folgen der SED-Diktatur im Prozeß der deutschen Einheit", Band VI: Gesamtdeutsche Formen der Erinnerung an die beiden deutschen Diktaturen und ihre Opfer. Hg. vom Deutschen Bundestag, Enquete-Kommission Archive, Baden-Baden 1999, S. 373-440, hier 421; Peter Klein, Die Einsatzgruppe C 1941/42. In: ders. (Hg.), Die Einsatzgruppen in der besetzten Sowjetunion, 1941/42. Die Tätigkeits- und Lageberichte des Chefs der Sicherheitspolizei und des SD, Berlin 1997, S. 71-87.

195 Messerschmidt, Minsker Prozeß; Kochs Vernehmung vom 18.1.1946 vgl. Prestuplenija nemecko-fašistskich okkupantov v Belorussii 1941-1944, Minsk 1965, S. 337-340; Gerlach, Morde, S. 228, 410, 1017; Paul Kohl, Der Krieg der deutschen Wehrmacht und der Polizei 1941-1944. Sowjetische Überlebende berichten, Frankfurt a.M. 1995, S. 148-161.

196 Messerschmidt, Minsker Prozeß; Gerlach, Morde, S. 224, 545, 625, 699, 705, 735, 764, 767f., 772, 865, 1070f.

Johannes Ott (vgl. RKPA, Gestapo Saarbrücken)
Hans Sandner (vgl. RKPA, Judenmord, Einsatzgruppe C, Kriegsgefangenenlager Sowjetunion)
Heinrich Schmaler
Gustav Schnoor (vgl. Kriegsgefangenenlager Sowjetunion)
Paul Stenzel (vgl. Gestapo Berlin, Gestapo besetzte Gebiete)
Rudolf Strelzner (vgl. RKPA, Gestapoleitstelle Weimar, Partisanenkampf)

5.14.8.3 Gestapo - Amt IV

Neben den auch bei anderen Deliktgruppen zu erwähnenden Fällen von Gestapomitarbeit sollen hier Fälle vorgestellt werden, die in der Nomenklatura wesentliche Bedeutung besaßen. Hierher gehört auch die Verantwortung für die Gestapoarbeitserziehungslager. Die Verurteilten waren fast ausnahmslos Kriminalpolizisten und wurden überwiegend wegen Kriegsverbrechen verurteilt.

Von 61 Verurteilungen stehen 27 nachweislich im Kontext der Gestapotätigkeit, wobei einige Gestapofunktionäre in mehreren Dienststellen eingesetzt waren.

Gestapoleitstelle Berlin

Schwerpunkt ist mit 19 Fällen Berlin, wobei acht ausdrücklich im Zusammenhang mit ihrer Gestapozugehörigkeit verurteilt wurden. Unter den Verurteilten befanden sich auch einige Abteilungsleiter der Stapoleitstelle Berlin.

Karl Heller[197] war unter anderem als Untersuchungsrichter der Gestapo Berlin im Rahmen der „Sonderkommission 20. Juli" in Berlin tätig.

Dem Polizeiinspektor in der Abteilung IV C 2, Felix Kettenhofen,[198] warf das SMT vor, rechtskräftig die dauerhafte Inhaftierung des Sekretärs des ZK der KPD Ernst Thälmann ausgefertigt zu haben und die von Gestapochef Hein-

197 Berliner Zeitung und Tägliche Rundschau vom 8.6.1945; Deutsche Opfer.
198 Eberhard Czichon/Heinz Marohn, Thälmann. Ein Report, Berlin 2010, S. 864. Die Autoren zitieren ein Schreiben von DDR-Rechtsanwalt Prof. Dr. Friedrich K. Kaul aus dem Jahre 1974 an ein Gericht in der Bundesrepublik mit dem Vorwurf, es suche nicht intensiv genug nach den Gestapo-Akten zu Ernst Thälmann und finde sie daher auch nicht (S. 912 f.). Die Autoren selbst haben für ihr Buch den Thälmann-Vorgang des MfS mit der Signatur BStU, ZA, HA IX/11, RHE V 9/62 ausgewertet, erwähnen jedoch nicht, dass sich in dem von ihnen genannten Band auch der Hinweis auf die Aussage Kettenhofens über die Vernichtung der Thälmann-Akten durch ihn findet. Als Prof. Kaul seinen Brief schrieb, war dem MfS dieser Sachverhalt bereits bekannt. Sie behaupten auf Seite 873 entgegen den Angaben aus dem MfS-Vorgang auch, es sei in der SBZ keine Person verhaftet oder verurteilt worden, die mit Haft und Ermordung Thälmanns in Verbindung gestanden habe. Aus dem von den Autoren benutzten RHE V 9/62 geht jedoch hervor, dass sowohl Kettenhofen hingerichtet wurde, als auch, dass der stellvertretende Leiter des Zuchthauses Bautzen Dr. Curt Schumann am 7.1.1946 im sowjetischen Speziallager Mühlberg verstarb, der Bautzener Anstaltsarzt Dr. Konrad Schumann von einem SMT

rich Müller geführte Thälmann-Akte unter dem Decknamen „Ernst Mann" persönlich verwahrt und auf Weisung von Kriminaldirektor Förster beim Nahen der Roten Armee in Berlin im April 1945 vernichtet zu haben.

Emil Radloff[199] (vgl. Judenmord) diente als einziger aus dieser Gruppe ab 1943 in der Abteilung IV A 4 (Fachabteilung weltanschauliche Gegner; bis März 1944 als Referat IV B 4 bezeichnet) unter SS-Obersturmbannführer Adolf Eichmann und war somit unmittelbar für den Völkermord an den europäischen Juden verantwortlich.

Ernst Harjes[200] (vgl. RKPA)

Gustav Hoffmann (vgl. KdS, Gestapo besetzte Gebiete, Zwangsarbeit Deutschland)

Gustav Krüger (geb. 1890)

Wilhelm Nobelmann

Ernst Rassow (vgl. GFP, RKPA)

Aus anderen Gründen verurteilt oder Urteilsgründe nicht bekannt:

Hans Koch[201] (vgl. Gestapo Stuttgart, Gestapo Brünn, Einsatzgruppe B, Judenmord, KdS, Spionage Sowjetunion, Partisanenkampf)

Max Lietzke (vgl. RKPA)

August Rottau[202] war Leiter der Abteilung IV 6 „Haft- und Schutzhaftangelegenheiten/Arbeitserziehungslager" und hierbei zuständig für die Gestapo-AEL Wuhlheide und Großbeeren. Die Vorwürfe gegen ihn sind nicht bekannt.

Paul Elbers (vgl. Gestapo Prag)

verurteilt und Hermann Hilliges, der das Versteck Thälmanns verraten hatte, bereits am 11.7.1945 festgenommen worden war.

199 Karteikarte der MfS-Abteilung IX/11 zu Emil Radloff (BStU); MfS-Material zu Radloff (BStU, ZA, HA IX/11, RHE West 340, Band 3, Bl. 2-5) Organigramme des Eichmann-Referates, dem er angehörte (BStU, ZA; HA IX/11, RHE West 340, Band 6, Bl. 116-122).

200 Ursula Meinhard, Tatort: Köpenick. Karl H. sucht einen jungen Freund, 1936. In: Andreas Pretzel/Gabriele Roßbach, „Wegen der zu erwartenden hohen Strafe", Homosexuellenverfolgung in Berlin 1933-1945, Berlin 2000, S. 201-205, hier 201; dies., Ich versichere, dass ich mit meinen Schülern keinerlei Unzuchtshandlungen begangen habe. Im Zweifel gegen den Angeklagten, 1940. In: Andreas Pretzel/Gabriele Roßbach, „Wegen der zu erwartenden hohen Strafe", Homosexuellenverfolgung in Berlin 1933-1945, Berlin 2000, S. 248-252, hier 248, 250; Kleist, Und entlasse.

201 Messerschmidt, Minsker Prozeß; Kochs Vernehmung vom 18.1.1946 vgl. Prestuplenija, S. 337-340; Gerlach, Morde, S. 228, 410, 1017; Kohl, Krieg, S. 148-161.

202 Szalet, Baracke, S. 467-473; Fehrbellin, S. 66; Christine Steer, Das Arbeitserziehungslager Wuhlheide. In: Versklavt und fast vergessen. Zwangsarbeit im Berliner Bezirk Lichtenberg 1939-1946. Hg. vom Bezirksamt Lichtenberg in Berlin, Berlin 2001, S. 12-58, hier 23; Komitee der antifaschistischen Widerstandskämpfer der Deutschen Demokratischen Republik - Kreiskomitee Berlin-Lichtenberg, Forschungsbericht über das Gestapo-Lager Wuhlheide, Berlin (Ost) 1982, S. 32, 58, 67, 69.

Otto Gall[203] (vgl. Gestapo Prag, KZ Auschwitz, Unterstützung der internationalen Bourgeoisie)
Ernst Jung (vgl. Gestapo Saarbrücken)
Franz Siebenhühner (vgl. Gestapo besetzte Gebiete, Zwangsarbeit Sowjetunion)
Paul Stenzel (vgl. KdS, Gestapo besetzte Gebiete)
Walter Thiemann (vgl. Partisanenkampf)
Dr. Franz Wächter (vgl. RKPA, Kriegsverbrechen ohne bekannten Vorwurf)
Heinrich Wiese (vgl. Kriegsverbrechen ohne bekannten Vorwurf)

Gestapoleitstelle Wien

Erich Braun (vgl. Dienststellen Sipo und SD, Partisanenkampf, Judenmord, RKPA, KZ Auschwitz, KZ Majdanek, Gestapo besetzte Ostgebiete)

Gestapoleitstelle Prag

Einen zweiten Schwerpunkt bildet die Stapoleitstelle in Prag mit den Außenstellen Trautenau, Kolin und Reichenberg. Neun Todesurteile sind bekannt, davon ergingen drei nachweislich wegen Handlungen im genannten Dienstbereich.
Wilhelm Leimer (vgl. Gestapo Wiesbaden, Spionage Hinterland der Roten Armee, Partisanenkampf) war ab November 1940 Leiter des Referates II A (Politische Polizei/Kommunismus, Marxismus) der Prager Gestapo und leitete die Liquidierung des ersten und des zweiten Zentralkomitees der illegalen Kommunistischen Partei der Tschechoslowakei. Er war Angehöriger der Sonderkommission zur Aufklärung des Attentates auf den stellvertretenden Reichsprotektor von Böhmen und Mähren und Chef des RSHA, Reinhard Heydrich, und als Gestapokommandeur am 24. Juni 1942 an der Erschießung von männlichen und weiblichen Widerstandskämpfern in Pardubice beteiligt, wo sich die meisten Anlaufstellen der Fallschirmspringer befunden hatten. Er gehörte am 24. Juni 1942 der Gestapokommission zur Vernichtung des Dorfes Ležáky mit den 80 Einwohnern an, wo sich der Geheimsender der Fallschirmspringer befand. Leimers Biografie muss als wenig aufgeklärt gelten. Angeblich habe er am 8. Mai 1945 im Auftrag des früheren Staatsministers beim Reichsprotektor in Böhmen und Mähren, Karl Hermann Frank, mit den tschechischen bürgerlichen Politikern über eine unabhängige Regierung im Protektorat verhandelt. Er sei jedoch am 9. Mai 1945 im Auftrag des Tschechischen Nationalrats verhaftet und dem sowjetischen Geheimdienst übergeben worden. Ende der 1960er-Jahre behauptete der 1968 in den Westen übergelaufene tschechische Geheimdienstoffizier Josef Frolík in seinen Erinnerungen „Ein Spion sagt aus", der KGB habe 1961 angeblich jede Nachforschung zu Leimer verboten,

203 Grundmann, Geheimapparat, S. 99, 101, 136, 138, 140, 172, 263, 320, 442; Čvančara, Někomu život, S. 27.

für dessen Kampf gegen die tschechoslowakische Widerstandsbewegung bis 1945 sich der Geheimdienst in der ČSSR zu dieser Zeit interessierte. Auch habe KGB-Generaloberst Kotow, so Frolík, dem Leiter der Spionage-Hauptabteilung in Prag angeblich mitgeteilt, Leimer sei am 10. September 1947 aufgrund von Beweisen und seines Geständnisses hingerichtet worden. 1948 sei bei einem Brand im KGB-Gebäude in Saratow die Leimer-Akte verbrannt. Als Frolík keine Ruhe gegeben habe, informierte ihn angeblich sein Vorgesetzter, Oberstleutnant Táborsky, persönlich von dem Verbot der Nachprüfungen über Leimer und habe erklärt, Leimer lebe noch und arbeite für den KGB, habe bereits während des Krieges für die Sowjetunion gearbeitet und über den nationalen Widerstand in der besetzten Tschechoslowakei informiert. Laut Táborsky sei Leimer nunmehr Oberst des KGB.[204] Tatsächlich war die Leimer-Akte keineswegs 1948 verbrannt, denn noch 1959 machte der KGB dem MfS auf dessen Anfrage umfangreiche Angaben zu Leimers Biografie und seinen Verbrechen. Hingegen erfuhr man in Ostberlin nichts über seinen Verbleib, nur, dass er sich in sowjetischer Haft befunden habe, sein Aufenthalt zum Zeitpunkt der Auskunftserteilung jedoch sei unbekannt.[205]

Willi Abendschön[206] (vgl. Unterstützung der internationalen Bourgeoisie) deckte im März 1942 endgültig den für die tschechische Exilregierung geheimdienstlich tätigen deutschen Mitarbeiter der Abwehrstelle Prag, Paul Thümmel, und dessen tschechischen Verbindungsoffizier Stabskapitän Vaclav Moravek auf und war nach der Aufklärung des Attentates auf Reinhard Heydrich im Juni 1942 als der hervorragendste Mitarbeiter der Gestapo Prag bei der Aufdeckung der Fallschirmspringerorganisation bezeichnet worden.

Otto Gall[207] (vgl. Gestapo Berlin, KZ Auschwitz, Unterstützung der internationalen Bourgeoisie)

Aus anderen Gründen verurteilt oder Urteilsgründe nicht bekannt:

Hugo Domke

Werner Drees (vgl. Unterstützung der internationalen Bourgeoisie)

Paul Elbers[208] (vgl. Gestapo Berlin)

204 Rudolf Ströbinger, Der „Schlächter von Prag“ machte als Oberst im KGB Karriere. In: Die Welt vom 3.3.1983; vgl. Josef Frolík, Špión vypovídá, Köln 1979, S. 158-165. Auch im heutigen Tschechien gilt Leimer, in Fortführung der Frolík'schen Thesen, als Agent einer nichtbürgerlichen Entwicklung der Tschechoslowakei im Auftrag der Sowjetunion bereits vor der deutschen Kapitulation, vgl. hierzu auch Čvančara, Někomu život.

205 MfS-Akte zu Wilhelm Leimer mit sowjetischem Material (BStU, ZA, MfS All. P. 14750/62).

206 Günther Deschner, Reinhard Heydrich. Statthalter der totalen Macht, Esslingen am Neckar 1992, S. 282-284.

207 Grundmann, Geheimapparat, S. 99, 101, 136, 138, 140, 172, 263, 320, 442; Čvančara, Někomu život, S. 27.

208 Steer, Arbeitserziehungslager, S. 23-25, Komitee, Forschungsbericht, S. 26, 32 f., 67 f.

Franz Heß (vgl. SS-FHA, KdS, KZ Sachsenhausen, Einsatzgruppe B, Medizinverbrechen, Kriegsgefangenenwesen Deutschland, Judenmord)
Karl Mühl
Teofil Skaletz (vgl. Judenmord, Kriegsgefangenenlager Sowjetunion)

Gestapoleitstelle Koblenz

Josef Preil (vgl. Kriegsgefangenenlager Sowjetunion)

Gestapoleitstelle Brünn

Hans Koch[209] (vgl. Gestapo Stuttgart, Einsatzgruppe B, Gestapo Berlin, Judenmord, KdS, Spionage Sowjetunion, Partisanenkampf)

Gestapoleitstelle Dessau

Walter Friedrich (vgl. Einsatzgruppe D Einsatzkommando 12, Judenmord)

Gestapoleitstelle Dresden

Von den vier bekannten Todesurteilen, standen zwei im Zusammenhang mit der Gestapoleitstelle Dresden.
Curt Donner (vgl. Untergeordnete NSDAP-Funktionen, Staat und Verwaltung Deutschland)
Kurt Götz (vgl. RKPA)

Aus anderen Gründen verurteilt oder Urteilsgründe nicht bekannt:
Otto Heinrich
Werner Kühne (vgl. RPKA, Unterstützung der internationalen Bourgeoisie)

Gestapoleitstelle Breslau

Die Gestapoleitstelle Breslau wurde am 15. Oktober 1944 in eine Kommandeursdienststelle der Sicherheitspolizei (KdS) umgewandelt. Zwei Angehörige wurden wegen des Dienstes dort hingerichtet.
Arthur Maletke hatte als Oberinspektor der Gestapo Breslau gegen 175 ausländische Zwangsarbeiter ermittelt, von denen ein Teil in KZs eingewiesen, ein anderer Teil erschossen wurde. Erich Remler kam erst im Januar 1945 nach Breslau und hat gegen etwa 25 Personen aus verschiedenen Nationen auf

209 Messerschmidt, Minsker Prozeß; Kochs Vernehmung vom 18.1.1946 vgl. Prestuplenija, S. 337-340; Gerlach, Morde, S. 228, 410, 1017; Kohl, Krieg, S. 148-161.

Befehl Todesurteile durch Genickschüsse vollstreckt.[210] Vermutlich wurden beide hingerichtet.

Der Leiter der Gestapoleitstelle und spätere KdS Breslau, Dr. jur. SS-Obersturmbannführer *Wilhelm Scharpwinkel*, war seit Mai 1945 in sowjetischer Haft. Dabei ging es auch um Vorwürfe zur Ermordung von 50 britischen Fliegeroffizieren, die im März 1944 aus dem Oflag Luft III Sagan geflohen und nach ihrer Wiederergreifung erschossen worden waren, wofür Scharpwinkel teilweise die Verantwortung trug. Zur Vorbereitung des ersten britischen Sagan-Verfahrens am 3. September 1947 in Hamburg, in dessen Folge 13 von 18 zum Tode Verurteilte im Februar 1948 hingerichtet wurden, hatte das NKVD im September 1946 Vernehmungen Scharpwinkels durch britische Geheimdienstoffiziere in der Moskauer Haftanstalt erlaubt. *Max Wielen*, mit dem gemeinsam er in Berlin die Mordbefehle empfangen hatte, wurde von den Briten 1947 zu lebenslanger Haft verurteilt. *Erwin Wieczorek*, Leiter der Abteilung III der Breslauer Gestapo, der nach Scharpwinkels Aussage an der Ermordung von sechs der Offiziere beteiligt war, wurde 1948 von einem britischen Militärgericht zum Tode verurteilt und später zu lebenslanger Haft begnadigt. Nach eigener Aussage hatte Scharpwinkel den Befehl des RSHA lediglich an seine Untergebenen weitergegeben, sei er bei der Erschießung von sechs Piloten lediglich anwesend gewesen und habe insgesamt durch seine Unterschrift die Morde quittiert. Angeblich soll Scharpwinkel, der in Moskau seit spätestens März 1946 als Beschuldigter für ein SMT vorgesehen war, am 17. Oktober 1947 oder im Mai 1948 in sowjetischer Haft gestorben sein.[211]

Gestapoleitstelle Potsdam

Bei den drei bekannten Todesurteilen ist nur für Karl Lengert (vgl. Inlands-SD) belegt, dass sich die Vorwürfe auf Handlungen im Dienst beziehen.

Aus anderen Gründen verurteilt oder Urteilsgründe nicht bekannt:
Walter Binting
Frieda Stranz[212] (vgl. Inlands-SD) war in dem der Gestapoleitststelle Potsdam unterstehenden Arbeitserziehungslager Fehrbellin Krankenpflegerin und wurde im Juni 1945 wegen Kriegsverbrechen verurteilt.

210 Zu unbekannten Strafen wurden die Angehörigen Alfred Hampel und Kulnek verurteilt. Hampel war für die Deportation der Juden verantwortlich. Erich Maschke erhielt 1950 25 Jahre. Er war gegen Homosexuelle sowie gegen Deutsche mit Kontakten zu ausländischen Zwangsarbeitern vorgegangen. Vgl. zu diesen Vorgängen BStU, ZA, HA IX/11, ZUV 52. Ich danke Herrn Ulrich Müller/BStU für den Hinweis auf die Fälle der Gestapoleitstelle Breslau.

211 BStU, ZA, HA IX/11, ZUV 52. Zu den britischen Vernehmungen Scharpwinkels vgl. Gestapo Chief said Airmen died bravely. In: The Advertiser vom 8.7.1947.

212 Fehrbellin, S. 89f., 100, 105.

Gestapoleitstelle Saarbrücken

Die konkreten Urteilsgründe von Ernst Jung (vgl. Gestapo Berlin) und Johannes Ott (vgl. RKPA, Kommandeure der Sipo) sind nicht bekannt.

Gestapoleitstelle Wiesbaden

Aus anderen Gründen verurteilt oder Urteilsgründe nicht bekannt:
Wilhelm Leimer (vgl. Gestapo Prag, Spionage Hinterland der Roten Armee, Partisanenkampf)

Gestapoleitstelle Stuttgart

Aus anderen Gründen verurteilt oder Urteilsgründe nicht bekannt:
Hans Koch[213] (vgl. Einsatzgruppe B, Gestapo Brünn, Gestapo Berlin, Judenmord, KdS, Spionage Sowjetunion, Partisanenkampf)

Gestapo Essen

Peter Weidenbruch (vgl. Kriegsgefangenenlager Sowjetunion)

Gestapo Leipzig

Der erste, bis 1935 aktive Gestapochef von Leipzig, Oberregierungsrat Dr. *Friedrich Ebbecke* wurde von einem SMT zu einer unbekannten Zeitstrafe verurteilt und kehrte im Oktober 1953 aus der Haft in der Sowjetunion nach Leipzig zurück. Die deutsche Kriminalpolizei hatte ab 1946 gegen ihn ermittelt und ihn an die sowjetische Geheimpolizei übergeben.[214]

Aus anderen Gründen verurteilt oder Urteilsgründe nicht bekannt:
Carl Languth (vgl. RKPA, Kriegsgefangenenlager Sowjetunion)

Gestapo Kiel

Otto Junge (vgl. frühe KZ, RKPA, Gestapo besetzte Gebiete)

213 Messerschmidt, Minsker Prozeß; Kochs Vernehmung vom 18.1.1946 vgl. Prestuplenija, S. 337-340; Gerlach, Morde, S. 228, 410, 1017; Kohl, Krieg, S. 148-161.

214 Hans-Dieter Schmidt, Gestapo Leipzig. Politische Abteilung des Polizeipräsidiums und Staatspolizeistelle Leipzig 1933-1945, Beucha 1997, S. 78; MfS-Material zu Ebbecke vgl. BStU, ZA, HA IX/11, ZR 872, A. 2, Bl. 104; ebd., AS 6/54, Band 35, Bl. 358 und Band 37, Bl. 11.

Gestapo Weimar

Karl Rußwurm (vgl. RKPA, Kommandeure der Sipo)
Rudolf Strelzner (vgl. RKPA, Partisanenkampf, Kommandeure der Sipo)

Ohne Ortsangabe

Walter Burrmeister (vgl. Werwolf Mecklenburg)
Albert Graber (vgl. RKPA)
Max Liebscher (vgl. Kriegsgefangenenwesen Deutschland)
Karl Mohr (vgl. Zwangsarbeit ohne Ortsangabe)
Paul Schulz (vgl. Kriegsgefangenenwesen Deutschland, Polizei Deutschland)
Erich Strauch (vgl. Partisanenkampf, Polizei besetzte Gebiete)

Besetzte Ostgebiete

Relativ wenige Fälle stehen im Kontext der okkupierten Gebiete, vor allem im Osten. Von acht zum Tode Verurteilten warfen die SMT fünf Taten als Gestapoangehörige in den besetzten Gebieten vor.
Theodor Groß[215] (vgl. Polizei Deutschland, Untergeordnete NSDAP-Funktionen, Polizei besetzte Gebiete, Judenmord, Partisanenkampf) nahm von September 1941 bis Mai 1942 als SS-Unterscharführer und Kriminalassistent im Referat 3 der 4. Gestapoabteilung in Tarnopol im besetzten Polen an der „Judenumsiedlung“ im Distrikt Galizien teil, war bis Oktober 1942 in Stanislaw im Referat 4 S der Gestapo tätig und von Oktober 1942 bis Februar 1943 in Taterowo, leitete dann bis März 1944 in Sokal bei der Gestapo den Kampf gegen Fallschirmspringer und Überläufer und die Bespitzelung von Partisanen.
Erich Braun (vgl. Dienststellen Sipo und SD, Gestapoleitstelle Wien, Partisanenkampf, Judenmord, RKPA, KZ Auschwitz, KZ Majdanek)
Herbert Ertel[216] (vgl. Partisanenkampf, Kriegsgefangenenlager Sowjetunion)
Gustav Hoffmann (vgl. KdS, Gestapo Berlin, Zwangsarbeit Deutschland)
Otto Junge (vgl. frühe KZ, RKPA, Gestapo Kiel)

Aus anderen Gründen verurteilt oder Urteilsgründe nicht bekannt:
Wilhelm Drömer (vgl. Kriegsgefangenenlager Sowjetunion)
Franz Siebenhühner (vgl. Gestapo Berlin, Zwangsarbeit Sowjetunion)
Paul Stenzel (vgl. Gestapo Berlin, KdS)

215 Bericht der sowjetischen Außerordentlichen Kommission Sokal vom 7.10.1944 zu den in Sokal verübten Verbrechen (BStU, ZA, HA IX/11, AK 629/74, Band 3, Bl. 164-171).
216 Armin Ziegler, „Wer kennt schon Zabikowo ...“. Ein Bericht über das Polizeigefängnis der Sicherheitspolizei und SS-Arbeitserziehungslager Posen-Lenzingen, Schönaich 1994, S. 73.

Gestapo- und SD-V-Männer und -Denunzianten

Vorwürfe dieser Art werden in den Unterlagen relativ selten sichtbar. Bei 15 Fällen sind entsprechende Vorwürfe zum Urteilsgrund geworden, in sechs weiteren Fällen ist die Spitzeltätigkeit dokumentiert, ohne dass die Gewissheit einer diesbezüglichen Anklage besteht.

Georg Bellmann[217] (vgl. Untergeordnete NSDAP-Funktionen, Zentralverbände in Deutschland)
Arno Conrad (vgl. Untergeordnete NSDAP-Funktionen, frühe KZ)
Otto Fischer (geb. 1892) (vgl. Polizei Deutschland)
Karl Kaiser (vgl. Untergeordnete NSDAP-Funktionen, Zwangsarbeit deutsche Ostgebiete)
Heinrich Kayser
Georg Keller (vgl. Zwangsarbeit deutsche Ostgebiete)
Georg Kostka[218] (vgl. Verrat)
Ernst Laaser
Hans Laaser
Walter Ritter
Heinrich Wenzel (vgl. Spionage Hinterland der Roten Armee)
Osmar Werner (vgl. Journalisten, Reichsministerium für Volksaufklärung und Propaganda)
Kurt Will (vgl. Verbrechen gegen Kriegsgefangene kurz vor dem Kriegsende, Kriegsgefangenenwesen Deutschland)
Walter Witt (vgl. Zwangsarbeit Thüringen)
Georg Wolf (vgl. Amt Ausland/Abwehr, Spionage Sowjetunion)

Aus anderen Gründen verurteilt oder Urteilsgründe nicht bekannt:
Walter Bochow[219] (vgl. Reichsministerium für Propaganda und Volksaufklärung, Journalisten)
Otto Heinrich
Walter Modes (vgl. Polizei besetzte Gebiete, Gestapo- und SD-V-Männer)
Ernst Rambow[220] (vgl. Verrat)

217 Hilger, Sowjetische Justiz, S. 476 f.; Schmeitzner, Mutschmann, S. 154.
218 Hans-Rainer Sandvoß, Die „andere" Reichshauptstadt. Widerstand aus der Arbeiterbewegung in Berlin von 1933 bis 1945, Berlin 2007, S. 414-423.
219 Hachmeister, Gegnerforscher, S. 19 f.
220 Wer war Gestapoagent S 9? In: Neues Deutschland vom 12.9.1946; Ursel Hochmuth, Illegale KPD und Kampfbewegung „Freies Deutschland" in Berlin-Brandenburg. In: Beiträge zur Geschichte der Arbeiterbewegung, (1994) 2, S. 82-101, hier 95-97; Regina Scheer, Rambow. Spuren von Verfolgung und Verrat. In: Dachauer Hefte, Heft 10, 1994, S. 191-213; Johannes Tuchel, Kontakte zwischen Sozialdemokraten und Kommunisten im Sommer 1944. Zur historischen Bedeutung des 22. Juni 1944. In: Dachauer Hefte, Heft 11, 1995, S. 78-101; Hans-Joachim Fieber, Widerstand in Berlin gegen das NS-Regime 1933 bis 1945, Band 6, Berlin 2003, S. 109; Sandvoß, Reichshauptstadt, S. 147 f., 500-522;

Max Schläger[221] (vgl. Werwolf Sachsen)
Axel Schlicht[222] (vgl. Werkschutz, Judenmord, Abwehrbeauftragte Generalgouvernement, Zwangsarbeit Sachsen)

5.14.8.4 Reichskriminalpolizeiamt (RKPA) - Amt V RSHA

Die 44 zum Tode verurteilten Kriminalpolizisten bilden eine größere Gruppe unter den Verurteilten. 20 von ihnen wurden ausdrücklich als Angehörige verschiedener Kriminalpolizeidienststellen verurteilt. Die Gruppe überschneidet sich teilweise mit den in den Einsatzgruppen und/oder in der Gestapo eingesetzten Polizeiangehörigen. Zu ihr gehören auch die regional bei den Kripo-Dienststellen eingesetzten Polizisten, die überwiegend mit der Bearbeitung von nach Deutschland verschleppten Zwangsarbeitern beschäftigt waren. Wieder ist Berlin verhältnismäßig oft der Dienstort der Verurteilten. Die meisten Polizisten dieser Gruppe sind bereits in der Phase der Besetzung der Stadt durch die Rote Armee verhaftet, überwiegend als Kriegsverbrecher verurteilt, teils mit dem Vorwurf der Verspottung von Sowjetbürgern, und meist entweder in Frankfurt (Oder) oder in Brest erschossen worden. Weitere Kripo-Angehörige stammten aus Sachsen, Sachsen-Anhalt, den deutschen Ostgebieten, aus Thüringen und aus Brandenburg, darunter die Leiter Kriminalpolizei in Berlin, Breslau, Görlitz und Burgstädt.

SS-Oberführer *Friedrich Panzinger,*[223] 1941 Gruppenleiter im Amt IV (Gestapo) des RSHA für die Bekämpfung des Kommunismus, 1943/44 Führer der Einsatzgruppe A und seit 1944 Leiter des Amtes V (Reichkriminalpolizeiamt), wurde erst 1946 von der sowjetischen Geheimpolizei in Österreich festgenommen und nach sechs Jahren Haft 1952 in Moskau zu 25 Jahren verurteilt, aber 1955 in die Bundesrepublik entlassen. Darüber hinaus waren drei Referenten des RKPA in sowjetischen Speziallagern inhaftiert. *Kurt Amend,* Referent für Fahndung im Amt V C, war in den Speziallagern Fünfeichen und Buchenwald inhaftiert und wurde Anfang 1950 entlassen. Dr. Franz Wächter (vgl. Gestapoleitstelle Berlin, Kriegsverbrechen ohne bekannten Vorwurf), 1941/42 Referent für Rechtsfragen und Kriminalforschung im Amt V A 1, soll 1947 im Speziallager Ketschendorf gestorben sein. Er wurde aber zum Tode verurteilt.[224] Regierungs- und Kriminalrätin *Friederike Wiecking,* Leiterin des Amtes V A 3 im

Vgl. diverse Anzeigen gegen und Berichte über Rambow nach 1945, aus denen hervorgeht, dass sein Todesurteil öffentlich bekannt war (SAPMO/BArch, NY 4072, Band 143 und RY 1/I 2/3/165).

221 Possekel, Sowjetische Speziallager, Band 2, S. 206; Kilian, Häftlinge.

222 Schreiber, Elite, S. 436; Felicja Karay, Heaven or Hell? The two faces of the HASAG-Kielce Camp. In: Yad Vashem Studies, (2004) 3, S. 269-321. Allgemein zum Lager Kamienna vgl. Frey, Hölle.

223 Klee, Personenlexikon, S. 449; vgl. eine Auswahl von Vernehmungsprotokollen aus den Jahren 1947/48 in Christoforov, Tajny diplomatii, S. 638-650.

224 Wildt, Generation des Unbedingten, S. 745.

RKPA, Weibliche Kriminalpolizei, wurde nach Haft in mehreren Speziallagern Anfang 1950 entlassen.[225]

Mit Max Haertel (vgl. Auslands-SD „Zeppelin", Zwangsarbeit Deutschland ohne Ortsangabe) wurde der in dieser Liste ranghöchste Verantwortliche verurteilt. Er war von September 1936 bis April 1937 Leiter der Kripoleitstelle Breslau und von April 1937 bis März 1943 Leiter der Kripoleitstelle Berlin, bevor er beim Auslands-SD im Unternehmen „Zeppelin" eingesetzt wurde.

Erich Braun (vgl. Dienststellen Sipo und SD, Gestapoleitstelle Wien, Partisanenkampf, Judenmord, KZ Auschwitz, KZ Majdanek, Gestapo besetzte Ostgebiete)
Robert Eckart (vgl. Zwangsarbeit Thüringen)
Albert Fielitz (vgl. Kriegsgefangenenwesen Deutschland)
Karl Gerzeg (vgl. Zwangsarbeit Thüringen)
Kurt Götz (vgl. Gestapo Dresden)
Artur Huth (vgl. Zwangsarbeit Thüringen)
Franz Kujus (vgl. Strafvollzug)
Johann-Georg Kunze (vgl. Zwangsarbeit Sachsen)
Willi Löffler (vgl. Zwangsarbeit Sachsen)
Erich Loocke (vgl. Zwangsarbeit Sachsen)
Johannes Richter[226] (vgl. Werwolf Sachsen)
Josef Roth (vgl. Zwangsarbeit Thüringen)
Karl Rußwurm (vgl. Gestapo Weimar, Kommandeure der Sipo)
Kurt Sachse (vgl. Zwangsarbeit Thüringen, Judenmord)
Wilhelm Sinschek (vgl. Einsatzgruppe B, KdS, Partisanenkampf)
Karl-Heinz Tempel (vgl. Einsatzgruppe D, Partisanenkampf, Judenmord)
August Torwart (vgl. Zwangsarbeit Thüringen)
Kurt Trebs (vgl. Zwangsarbeit Sachsen, Kriegsgefangenenwesen Deutschland, Inlands-SD)
Max Vogel (vgl. Strafvollzug, Zwangsarbeit ohne Ortsangabe)
Albert Wachtel (vgl. Untergeordnete NSDAP-Funktionen, Zwangsarbeit Sachsen-Anhalt)

Aus anderen Gründen verurteilt oder Urteilsgründe nicht bekannt:
Hugo Brückenhaus (vgl. Zwangsarbeit ohne Ortsangabe)
Otto Büttner (vgl. Zwangsarbeit Berlin)
Erwin Daehre[227] (vgl. KdS, RKPA, Einsatzgruppe C/D)
Richard Doligkeit

225 Weigelt, Umschulungslager, S. 154 f.; falsche Angaben bei Wildt, Generation des Unbedingten, S. 745.
226 Koop, Himmlers letztes Aufgebot, S. 99 f.; MfS-Material zu Richter (BStU, ZA, HA IX/11, ZUV 74, Band 2, Bl. 109).
227 Hilger/Schmidt/Wagenlehner, Sowjetische Militärtribunale, Band 1, S. 207, FN 149, Vermerk Stalins für Beria 10.9.45; Kilian, Häftlinge, S. 421; Klein, Einsatzgruppe C.

Otto Drescher
Albert Graber (vgl. Gestapo ohne Ortsangabe)
Hans Gülzow
Georg Hahn (vgl. Zwangsarbeit Sachsen)
Ernst Harjes[228] (vgl. Gestapo Berlin)
Otto Junge (vgl. frühe KZ, Gestapo Kiel, Gestapo besetzte Gebiete)
Ernst Kaiser
Werner Kühne (vgl. Gestapo Berlin, Unterstützung der internationalen Bourgeoisie)
Carl Languth (vgl. Gestapo Leipzig, Kriegsgefangenenlager Sowjetunion)
Max Lietzke (vgl. Gestapo Berlin)
Johannes Ott (vgl. Gestapo Saarbrücken, Kommandeure der Sipo)
Willy Probst (vgl. Kriegsverbrechen ohne bekannten Vorwurf)
Ernst Rassow (vgl. GFP, Gestapo Berlin)
Hans Sandner (vgl. KdS, Judenmord, Einsatzgruppe C, Kriegsgefangenenlager Sowjetunion)
Hermann Seidenstücker (vgl. GFP, Gendarmerie Deutschland)
Rudolf Strelzner (vgl. Gestapoleitstelle Weimar, Partisanenkampf, Kommandeure der Sipo)
Gerhard Täsch
Ludwig Werneburg

5.14.8.5 Auslands-SD – Amt VI RSHA

Mit drei Fällen, die direkt mit dem Amt VI in Zusammenhang standen, von denen zwei wegen anderer Vorwürfe verurteilt wurden, und sieben weiteren im Unternehmen „Zeppelin" eingesetzten und später zum Tode verurteilten Personen ist die Gruppe relativ klein.

Kurt Jahnke[229] (vgl. NSDAP-Gauleitungen, SA, Amt Ausland/Abwehr Division Brandenburg, Spionage Sowjetunion) war im Ersten Weltkrieg inoffizieller deutscher Abwehrmitarbeiter in den USA und avancierte später zum Berater des Auslands-SD-Chef Walter Schellenberg. Seine Biografie ist nicht vollständig auszuloten. Er stand im Verdacht, Doppelagent gewesen zu sein, wurde von einem SMT jedoch wegen Spionage für Großbritannien verurteilt. Jahnke war nicht der einzige bereits vor der NS-Zeit tätige deutsche Abwehrmitarbeiter, der verhaftetet wurde. Auch den Chef des militärischen Nachrichtendienstes IIIb im Großen Generalstab (1913–1918), Oberst a. D. *Wal-*

228 Meinhard, Tatort, S. 201; Meinhard, Ich versichere, S. 248, 250; Kleist, Und entlasse.
229 Schellenberg, Aufzeichnungen, S. 43–50, 60–64, 149–153, 201–206, 230–235; Doerries, Tracing; Doerries, Hitler's last chief, S. 20 f., 86 f., 95, 245 f., 277 ff., 327 f.; Schlie, Carl Marcus; Hastedt, Spies, S. 412 f.; Ramme, Sicherheitsdienst, S. 90; Meinl, Nationalsozialisten, S. 262 f., 338. Clough, State Secrets, S. 4, 158 ff., 219–236.

ther Nicolai,[230] Mitte der 1930er-Jahre wie Jahnke Berater von Rudolf Heß, verhaftete das NKVD im September 1945 in seiner Villa in Nordhausen und brachte ihn nach Moskau. Der 73-Jährige starb ohne Urteil am 4. Mai 1947 im Butyrka-Gefängnis.

Erich Naehler[231] wurde im Oktober 1945 in Berlin als Kriegsverbrecher verurteilt, die genauen Gründe sind nicht bekannt. Naehler war als SD-Angehöriger Angestellter beim RSHA, Abteilung VI C1 Org. bzw. VI F 5 (Technik). Als SS-Hauptsturmführer war sein SD-Dienstort Oranienburg. Die Abteilung VI C war für die Aufklärung der Länder Mittelasiens zuständig und verfügte über eine Reihe von Funkstationen und verschiedene Laboratorien. Es wurden gefälschte Dokumente hergestellt und von dort aus Waffen in andere Länder zugestellt. Naehlers Dienst in Oranienburg erfolgte wahrscheinlich im Zusammenhang mit der vom Amt VI F des RSHA 1939/40 im KZ Sachsenhausen eingerichteten sogenannten Fälscherwerkstatt in den Blöcken 18 und 19 des „Kleinen Lagers" unter der Tarnbezeichnung „Unternehmen Bernhard". Im Häftlings-Außenkommando Friedenthal des KZ Sachsenhausen hatte auch das Amt VI S (Sabotage) eine Ausbildungsstelle für Auslandsagenten eingerichtet, wo ebenfalls Häftlinge eingesetzt waren. Dort wurden die Druckplatten für die gefälschte Auslandswährung hergestellt. Nach sowjetischen Erkenntnissen war Naehler 1942 bis 1944 als Ostexperte beim Auslands-SD tätig.

Herbert Giel[232] (vgl. Abwehr andere Einsätze hinter den sowjetischen Linien, Werwolf besetzte Gebiete) leitete die Abwehr-Diversionsschule des SS-Jagdverband Ost - Gruppe B im Gebiet Schwarzenberg/Trautenau in der Tschechoslowakei und hat laut eigener Aussage 800 Diversanten für den Einsatz hinter den sowjetischen Linien ausgebildet, die durch den Stab der Heeresgruppe Mitte mit Waffen, Ausrüstung und Verpflegung ausgestattet wurden. Er hatte vom Leiter des Jagdverbandes Ost, Major Alexander Auch, den Befehl erhalten, sich von der Roten Armee überrollen zu lassen und den Stab in das Gebirge von Südschlesien/nördliches Sudetenland zu verlegen, um dort terroristische Akte gegen die Rote Armee zu verüben. Er ging mit seiner Ein-

230 Žan Taratuta/Aleksandr Zdanovič, Tainstvennyj šef Mata Chari. Sekretnoe dos'e KGB No. 21 152, Moskau 2000, S. 304-310; Reinhard R. Doerries, Imperial Challenge. Ambassador Count Bernstorff and German-American Relations, 1908-1917, Chapel Hill 1989, S. 316, FN 38. Doerries weist darauf hin, dass sowohl Jahnke als auch Nicolai 1945 den Sowjets in die Hände fielen. Vgl. Ramme, Sicherheitsdienst, S. 90.

231 Angrick, Besatzungspolitik, S. 87 f.; Hermann Kaienburg, Der Militär- und Wirtschaftskomplex der SS im KZ-Standort Sachsenhausen-Oranienburg, Berlin 2006, S. 363; Andreas Weigelt, Friedenthal. In: Wolfgang Benz/Barbara Distel (Hg.), Der Ort des Terrors, Geschichte der nationalsozialistischen Konzentrationslager, Band 3: Sachsenhausen, Buchenwald, München 2006, S. 174-175. Vgl. seine Nennung im Telefonverzeichnis des Auslands-SD 1944 (BStU, ZA, HA IX/11, ZR 920, A. 61, Bl. 12).

232 Vgl. Auszüge aus seinen Aussagen in Vladimir G. Makarov, Lubjanskoe dos'e Skorceni. In: Novaja und novejšaja istorija, 2/2008, S. 122-138, hier 129 f.

heit ins Fichtelgebirge und erwartete für seine Schule weitere Anweisungen von Major Auch, die jedoch nicht eintrafen. In den letzten Apriltagen 1945 traf er in Wien Otto Skorzeny, Leiter des Amtes VI S im RSHA (Schulung, Widerstandsbekämpfung), der ihm befahl, im Hinterland der Roten Armee zu verbleiben. In den Bergen werde er den Truppen Generalleutnants Hyazinth Graf Strachwitz von Groß-Zauche und Camminetz unterstellt werden. Ein Teil der von Giel ausgebildeten sowjetischen Kollaborateure wurde von Flugzeugen des Kampfgeschwaders 200 mehr als 1000 Kilometer hinter die sowjetischen Linien abgesetzt und zerstörte eine Fabrik an der Wolga.[233]
Vorläufer der im Sommer 1944 geschaffenen Jagdverbände, von denen es die territorialen Jagdverbände Ost, Südost, Südwest und Nordwest gab, waren die sogenannten Streifkorps. Die Jagdverbände waren formell Teil der Waffen-SS, wurden aber durch Skorzeny vom SD kontrolliert. Alle verfügbaren Jagdverbände waren in den letzten Kriegswochen im Raum Schwedt/Bad Freienwalde stationiert.[234]

Auslands-SD Amt VI, Abteilung VI C - Unternehmen „Zeppelin"

Diesem Anfang 1942 gebildeten Unternehmen des RSHA zur verdeckten Kriegsführung und Werbung von freiwilligen Agenten in den besetzten Gebieten der Sowjetunion, das auch Kommandos im Rahmen der Einsatzgruppen der Sipo und des SD durchführte[235] und mit dem Amt Ausland/Abwehr zusammenarbeitete,[236] lassen sich nur wenige Fälle zuordnen. Insgesamt sollen allein 1942 3000

233 Zu Giel und dem Einsatz hinter den Linien vgl. Perry Biddiscombe, The SS Hunter Battalions. The Hidden History of the Nazi Resistance Movement 1944-1945, Brimscombe Port 2006, S. 57.

234 Biddiscombe, The SS Hunter Battalions, S. 33, 51.

235 Dokumente zum „Unternehmen M" im Bereich des SD-Einsatzkommandos 12 zur Durchschleusung sowjetischer Kriegsgefangener als deutsche Agenten hinter die sowjetischen Linien im Juli 1942 (BStU, ZA, HA IX/11, ZR 920, A. 51, Bl. 21-28). Ab September 1942 sollte z. B. jedem Einsatzkommando im Bereich der Einsatzgruppe D in der Sowjetunion ein Kommando des Unternehmens „Zeppelin" beigegeben werden (BStU, ZA, HA IX/11, ZR 920, A. 51, Bl. 29-33). Ebenfalls hierzu Vladimir I. Lota, Sorvat' „Çdel'vejs". Sovetskaja voennaja razvedka v bitve za Kavkaz (1942-1943), Kučkovo pole 2010, S. 228. Im November 1942 bestand in Charkow auch ein Sonderkommando „Zeppelin" bei der Einsatzgruppe C, vgl. BStU, ZA, HA IX/11, ZR 920, A. 51, Bl. 224f.

236 Dokumente zu „Zeppelin" und Abwehr (BStU, ZA, HA IX/11, ZR 920, A. 51). Die Einsätze von „Zeppelin" im Bereich der Einsatzgruppen mussten ab Mai 1942 jedoch durch die Abwehrabteilung der jeweiligen Heeresgruppe genehmigt werden (BStU, ZA, HA IX/11, ZR 920, A. 51 Bl. 45). Im Bereich der Einsatzgruppe C vereinbarte das RSHA für die „Zeppelin"-Einsätze Anfang Juni 1942, dass Abwehr und SD gemeinsam geeignetes Personal auswählen, der SD die Ausbildung vornehmen werde, jeder Einsatz dem Stab „Walli" zu melden sei und dieser die Einsatzmöglichkeiten von Fall zu Fall prüfen werde (BStU, ZA, HA IX/11, ZR 920, A. 51 Bl. 259-262). Das Unternehmen „Zeppelin" teilte schließlich jeder Einsatzgruppe sogenannte Verbindungsführer zu, die den Einsatzgruppen jedoch nicht unterstellt waren (BStU, ZA, HA IX/11, ZR 920, A. 51, Bl. 266-268).

„Zeppelin"-Agenten ausgebildet und von 1942 bis 1943 zwischen 500 und 800 Agenten hinter den sowjetischen Linien eingesetzt worden sein.[237]

Ein spezielles „Zeppelin"-Kommando hatte im September 1944 die Aufgabe, ein Attentat auf Stalin sowie andere sowjetische Regierungsmitglieder, wie Beria, Kaganowitsch und Molotow in Moskau auszuführen. Vorausgegangen war diesem Entschluss der deutschen Führung eine Unterredung zwischen Walter Schellenberg, Chef des Amtes VI Mil im RSHA, und Außenminister Ribbentrop sowie ein bereits zuvor stattgefundenes Treffen zwischen Himmler, Hitler und Ribbentrop.[238] Bekannt ist hierzu, dass das Spionage-Transportflugzeug Arado-232 B-05 des Kampfgeschwaders 200 im Rahmen des „Unternehmens Zeppelin" den ehemaligen sowjetischen Leutnant Pjotr I. Tawrin-Schilo (Deckname Politow) aus Pskow und seine Frau Lidia J. Adamitschewa-Schilowa vom „Zeppelin"-Hauptkommando Nord in Riga auf einen ehemaligen deutschen Feldflughafen bei Smolensk in der Nähe Moskaus fliegen sollte.

Tawrin-Schilo wurde am 12. Juni 1909 in Bobrik/Bobruisk geboren, seine Mutter hieß Tawrina-Schilo, sein Vater Schilo. Er lebte bei Kriegsbeginn in Kiew als Geologe und Buntmetallingenieur und diente ab Juli 1941 als Oberleutnant und Bataillonskommandeur im 1196. Schützenregiment. Am 30. Mai 1942 war er in Njelubino zu den Deutschen „übergelaufen", wie er selbst angab. Am 15. Juli 1942 wurde er in das für hochrangige Sowjetoffiziere eingerichtete Oflag 62 in Nürnberg-Langwasser eingewiesen, registriert als „Eingang 3. November 42" mit dem Zusatz „Zug.[ang] Fremde Heere Ost Lötzen", d. h., er war bereits im Vernehmungslager der Abteilung FHO ganz in der Nähe des Führerhauptquartierts in Ostpreußen überprüft worden. Bereits am 16. Dezember 1942 wurde sein Zugang im Stalag XVII B im österreichischen Gneixendorf registriert, „Eingang 4. Januar 43". Am 19. Februar 1943 floh Tawrin-Schilo aus dem Oflag XIII D Nürnberg-Langwasser. Die Gründe hierfür sind nicht bekannt. Seine Flucht wurde am 22. Februar 1943 als geglückt registriert, doch der Eintrag irgendwann auf seiner Karteikarte wieder durchgestrichen und hingeschrieben „Abg. Zindorf" [schlecht lesbares Wort auf seiner WASt-Karteikarte], denn am 8. August 1943 war er wiederergriffen und am 9. August 1943 in das „Zivilverhältnis" überführt worden.[239] Das bedeutete nichts anderes, als dass er nun

237 Birštejn, Smersh, S. 170.

238 Schellenberg, Aufzeichnungen, S. 345-347.

239 Angaben laut Dokumenten der WASt. In: Elektronisches Archiv der Dokumentationsstätte Dresden der Stiftung Sächsische Gedenkstätten, Datenbank Sowjetische Kriegsgefangene. Dem stehen differierende Angaben von Tawrin selbst und der sowjetischen Spionageabwehr gegenüber. So war Tawrin-Schilo laut eigener Aussage im November 1942 aus dem Stalag Hammelsburg in die Abwehrschule Breitenfurt/Österreich gebracht worden und Ende November 1942 in das „Konzentrationslager 17-B" in Bruck an der Leitha (womit das Stalag XVII B Gneixendorf gemeint ist) sowie später in das KZ Mauthausen, aus dem er geflohen sei. Nach anderen Angaben von ihm floh er im Juni 1943 aus dem Gefängnis Wien. Wiederergriffen am 22.2.1943, brachte man ihn nach Breitenfurt zurück. Danach habe er sich für die Gestapo Wien an der Zerschlagung einer russi-

für den deutschen Geheimdienst angeworben worden war. Dieser zweite Verrat ereignete sich im Gefängnis in Wien nach seiner Wiederergreifung. Von dort wurde er in ein SD-Schulungslager vermutlich in Sandberg/Unterfranken gebracht.[240] Was seinen Sinneswandel so unmittelbar nach der Wiederergreifung auslöste, ist nicht bekannt.

Laut Version russischer Forscher lief er zu den Deutschen über, nachdem er kurz zuvor von der sowjetischen Militärabwehr SMERSCH hinsichtlich seiner Vergangenheit vernommen worden war. Angeblich sei er zwischen 1931 und 1938 mehrmals wegen krimineller Delikte verhaftet gewesen und habe 1939 seinen Ausweis statt auf den Vatersnamen Schilo nun auf Tawrin ausstellen lassen, was in der Sowjetunion allerdings schwer möglich erscheint. In deutscher Haft nannte er sich übrigens Tawrin-Schilo. Im Juli 1943 sei er freiwillig in den Dienst des deutschen Geheimdienstes getreten. Dies würde in etwa mit dem Zeitpunkt der schon erwähnten Übernahme in das „Zivilverhältnis", d. h. dem Dienst bei FHO, übereinstimmen. Während seiner bis August 1944 währenden Vorbereitung auf das Attentat sei er von Georgi Schilenko,[241] einem ehemaligen KPdSU-Funktionär und hochrangigen sowjetischen Überläufer, der nun als Propagandachef der Wlassow-Armee tätig war, betreut worden. Schilenko sagte nach seiner Verhaftung im Jahr 1946 in Moskau aus, Tawrin-Schilo habe ihm in Deutschland erzählt, er sei in den 1930er-Jahren aus der Haft geflohen, habe dennoch eine juristische Ausbildung erhalten und später bei der Staatsanwaltschaft in Woronesch gearbeitet. Schilenko sagte auch aus, Tawrin-Schilo sei beim NKVD in Woronesch Chef der Leibwache des 1. Sekretärs des Gebietskomitees der Kommunistischen Partei gewesen.[242] Tawrin-Schilo hatte Schilenkow und General Wlassow bereit im September 1943 kennengelernt. Seine praktische Sabotageausbildung fand bis Dezember 1943 in einem Lager von „Zeppelin" Nord in Pskow statt, dann kam er kurz nach Berlin und schließlich bis April 1944 nach Riga. Im April 1944 sei in Berlin bei einer Besprechung mit „Zeppelin"-Verantwortlichen schließlich der Attentatsplan bestätigt worden. Der erste Versuch, das russische Ehepaar mit dem Flugzeug von Minsk aus hinter die sowjetischen

schen Emigrantengruppe beteiligt, die mit dem britischen Geheimdienst zusammenarbeitete. Im Juni 1943 wurde er von Wien nach Berlin gebracht, wo er in einem größeren Kreis von russischen Emigranten verkehrte. Von Dezember 1943 bis Januar 1944 war er in Riga. Vgl. Vladimir Makarov/Andrej Tjurin, Lučšije specoperacii SMERŠa. Vojna v ėfire, Moskau 2009, S. 253–264, 273–276.

240 Vgl. Aleksandr Michailov, Ubit' Stalina. In: Aėroport, 8 (2007) 37 (http://www.rimv.ru/aeroport/37/predatel.htm; 20.9.2013; Link mittlerweile nicht mehr abrufbar).

241 Laut Aussage Tawrin-Schilos habe Schilenkow den Attentatsplan ausgearbeitet und ihn in diesen eingeweiht. Vgl. Makarov/Tjurin, Lučšije specoperacii, S. 282.

242 V.A. Sobolev (Hg.), Lubjanka. Iz istorii otečestvennoj kontrrazvedki, tom 2, Moskau 1999, S. 255. Vgl. zu Tawrins Vorgeschichte Birštejn, Smersh, S. 226–231, der hinter der von Tawrin-Schilo erwähnten Flucht aus sowjetischer Haft die Legalisierung Tawrin-Schilos als NKWD-Agent vermutet, jedoch weder hierfür noch für die Andeutung Belege liefert, dass Tawrin-Schilo angeblich als NKWD-Agent nach Deutschland geschickt worden sei (S. 230).

Linien zu bringen, schlug im Juni 1944 fehl, weil das Flugzeug in der Luft beschossen wurde und wieder zurückkehren musste.[243] Ursprünglich sollte das Attentat bereits im Februar 1944 durchgeführt werden, wie Tawrin später aussagte.[244] Laut seinen Angaben seien zwischen 15. Januar 1944 und 4. September 1944 sogar sieben Einschleusungsversuche gestartet worden.[245]

Das im Februar 1944 aufgestellte Kampfgeschwader 200 unterstand der Luftwaffe und stellte neben anderen Aufgaben auch Flugzeuge für Kommandoeinsätze des „Unternehmen Zeppelin" sowie für das Amt Ausland/Abwehr zur Verfügung, so auch für das Stalin-Attentat. Beim letzten Versuch in der Nacht vom 4. auf den 5. September 1944 musste die Arado-332 jedoch wegen einer Havarie auf einem anderen als dem geplanten Feldflugplatz notlanden.[246] Das Ehepaar Tawrin-Schilo gelangte mit einem Motorrad bis 15 Kilometer vor Moskau, wurde jedoch am Morgen desselben Tages an einer Straßensperre festgenommen. Tawrin-Schilo war als Major Tawrin, stellvertretender Leiter der Abwehrabteilung SMERSCH der 39. Armee der 1. Baltischen Front, getarnt, seine Frau als Sekretärin derselben Abteilung.

Laut Angaben der sowjetischen Militärabwehr war ihr das Vorhaben zuvor in Umrissen durch Funksprüche einer Agentin aus Berlin mit der Bezeichnung „Frau Seifert" bekannt geworden. Im August 1944, bald nach der Bestätigung des Landungsgebiets und des Termins der Operation durch den Chef des RSHA Ernst Kaltenbrunner habe einer der Mitarbeiter des „Unternehmens Zeppelin", ein Vertrauter von SS-Obersturmführer Dr. Erich Hengelhaupt, Leiter der für das Attentat zuständigen Abteilung VI C des Auslands-SD,[247] Frau Seifert, der Besitzerin einer Schänke am Rande von Berlin, eine Parfümschachtel geschenkt. Darin habe sich ein schmaler Papierstreifen befunden, dicht mit Zahlenspalten beschrieben. Diesen chiffrierten Text habe Frau Seifert nach Moskau gefunkt. Am nächsten Morgen bereits habe auf dem Tisch des Leiters der Hauptverwaltung

243 Michailov, Ubit' Stalina.

244 Vgl. das undatierte Vernehmungsprotokoll mit Tawrin-Schilo. In: Sergej G. Čuev, Specslužby Tret'ego Rejcha, Sankt-Peterburg 2003, S. 286-314. Seine Verratsgeschichte vgl. A. Beljaev/B. Syromjatnikov/V. Ugrinovič, Proval akcii „Ceppelina". In: Lijalin, S. N. (Hg.), Front bez linii fronta, Moskau 1970, S. 365-375. Dort sind auch Abbildungen der beiden und von deren gefälschten Papieren und ihrer Ausrüstung. Laut Makarov, Lubjanskoe dos'e Skorceni, S. 134 f., war der Leiter der Abteilung VI S im Auslands-SD, Otto Skorzeny, an der Ausarbeitung des Attentatplans beteiligt und Tawrin-Schilo traf sich zwischen November 1943 und Januar 1944 dreimal mit Skorzeny. Dies bestätigt Biddiscombe, The SS Hunter Battalions, S. 44, und gleichfalls, dass der sowjetische Geheimdienst vorab von dem Unternehmen gewusst hat.

245 Makarov/Tjurin, Lučšije specoperacii, S. 284.

246 Als Abflugtag wird der 4.9.1944 angegeben, u. a. durch Tawrin-Schilo selbst. Vgl. Čuev, Specslužby Tret'ego Rejcha, S. 286-314; vgl. auch Lebedew, Valerian P./Langour, Fritz, Panzerfaust im Jackett. Der Mordanschlag auf Stalin. In: Der Zweite Weltkrieg, Band 5: 1943-1945. Der totale Krieg, Hamburg 1989, S. 254-257.

247 Vgl. Jens Wegener, Die Organisation Gehlen und die USA. Deutsch-Amerikanische Geheimdienstbeziehungen 1945-1949, Berlin 2008, S. 91.

für Gegenspionage SMERSCH das entzifferte Fernschreiben gelegen: „Die Abteilung VI des RSHA bereitet eine Gruppe vor, deren Ziel die Liquidierung des Obersten (Stalin) ist. Die Gruppe besteht aus zwei Menschen. Die Verlegung wird auf dem Luftwege stattfinden. Gebiet: Nordwestlicher Bezirk. Termin: erste Hälfte September. Frau." SMERSCH habe daraufhin binnen weniger Tage die Gegenoperation „Abfang" ausgearbeitet.[248] Weder Frau Seifert noch der Mitarbeiter Hengelhaupts sind bis heute identifiziert.

Es gab für die sowjetische Spionageabwehr noch weitere Hinweise auf deutsche Aktionen tief im Hinterland der Roten Armee. Bereits Ende März 1944 war der später hingerichtete „Zeppelin"-Nord-Agent Alois Halfe im Raum Jegorewsk Gebiet Moskau kurz nach seinem Fallschirmabsprung festgenommen worden. Seine Aufgabe war es u. a. gewesen, Flugplätze nahe Moskau ausfindig machen, selbst bis nach Moskau vorzudringen und das Verhalten der sowjetischen Führung bei den Feierlichkeiten zum 1. Mai in Moskau zu erkunden.[249] Drei Monate später, im Juni 1944, fiel SMERSCH eine Gruppe von abgesetzten Angehörigen des „Unternehmens Zeppelin" in den Wäldern nördlich von Smolensk in die Hände, die Landemöglichkeiten auf verlassenen deutschen Feldflugplätzen sondierte.[250] Diese festgenommenen Deutschen, deren Namen nicht bekannt sind, wurden zu einem Funkspiel mit der „Zeppelin"-Abteilung in Riga und zur Übermittlung der Landedaten des von der sowjetischen Abwehr festgelegten Feldflugplatzes bei dem Dorf Baturino gezwungen.[251]

Möglicherweise waren dies die ursprünglichen Landedaten für das Ehepaar Tawrin-Schilowa. Bekanntlich musste das Flugzeug mit den Stalinattentätern jedoch am 4./5. September 1944 wegen schlechten Wetters und einer Havarie aufgrund von Angriffen der sowjetischen Flugabwehr auf einem Ausweichplatz bei dem Dorf Kuklowo im Kreis Karmanowo Gebiet Smolensk notlanden. Von

248 Telicyn, Smerš, S. 252 f.

249 Er war im März 1944 nicht weit von Moskau als Zeppelin-Agent festgenommen worden. In Deutschland war er als SD-Offizier Ausbilder von sowjetischen Kriegsgefangenen für Zeppelin-Einsätze und nahm in sowjetischer Haft am SMERSCH-Funkspiel „Zagadga" („Puzzle") zur Desinformation der Wehrmacht teil. Er wurde auch von SMERSCH-Chef Abakumow vernommen. Vgl. Birštejn, Smersh, S. 231.

250 Die Erkundung eines Feldflugplatzes erwähnen auch Peter W. Stahl/Manfred Jäger, „Geheimgeschwader" KG 200, Stuttgart 1978, S. 100, 108; Günther W. Gellermann, Moskau ruft Heeresgruppe Mitte. Was nicht im Wehrmachtsbericht stand. Die Einsätze des Kampfgeschwaders 200 im Zweiten Weltkrieg, Koblenz 1988, S. 88 f. Tawrin-Schilo soll andererseits laut sowjetischen Angaben von SMERSCH bereits observiert worden sein, desgleichen sein Schneider. Vgl. Perry Biddiscombe, Unternehmen Zeppelin, The Deployment of SS Saboteurs and Spies in the Soviet Union 1942-1945. In: Europe-Asia Studies, 52 (2000) 6, S. 1115-1142, hier 1129. So auch laut 1967 in der Zeitschrift „Sowjetunion" veröffentlichten sowjetischen Quellen, wiedergegeben in Zeppelin plante die Ermordung Stalins. Sowjetische Darstellung eines geheimen deutschen Kommando-Unternehmens. In: Der Spiegel, Nr. 30/1967, S. 42-51.

251 Das Eintreffen von Funksprüchen beim RSHA erwähnen auch Stahl/Jäger, Geheimgeschwader, S. 106 f.

dem Ehepaar Tawrin-Schilowa wusste die sowjetische Abwehr zunächst nichts, da beide mit dem mitgeführten Motorrad sofort den Landeplatz verlassen hatten. Doch bei einer Straßenkontrolle am Morgen des 5. September 1944 war aufgefallen, dass Tawrin-Schilo seine Orden nicht an der seit kurzem vorgeschriebenen Seite der Uniform trug. Diese Änderung war dem SD nicht bekannt gewesen.

Neben dem Ehepaar Tawrin-Schilowa wurden nach der Notlandung der Maschine aber auch fünf deutsche Mitglieder der Flugzeugbesatzung durch die NKVD-Kreisabteilung Karmanowo festgenommen.[252] Gerhart Haberecht (vgl. Terror Sowjetunion) war ein 21-jähriger Unteroffizier der Wehrmacht und Bordfunker. Eugen Hetterich (vgl. Terror Sowjetunion) aus Ulm war 24 und begleitete als Obergefreiter der Wehrmacht und Bordmechaniker den Flug. Gerhard Schneider (vgl. Terror Sowjetunion), 23 Jahre alt, war Unteroffizier der Wehrmacht und Bordschütze. Der 24-jährige Berliner Gerhard Tiedt (vgl. Terror Sowjetunion) war Feldwebel der Wehrmacht und Beobachter. Helmut Vierus[253] (vgl. Terror Sowjetunion), geboren 1918 in Neu-Ulm, war Oberfeldwebel der Wehrmacht und Pilot sowie Kommandant des Flugzeuges. Der sechste, nach sowjetischen Angaben Oberleutnant Neumann, sei bei einem Feuergefecht unmittelbar nach der Notlandung getötet worden.[254] Laut deutschen Angaben handelt es sich aber um den Unteroffizier Wilhelm Braun, geboren 1910 in Zell/Weierbach, der als Bordmechaniker an dem Flug teilgenommen hatte.[255] Vermutlich waren die Besatzungsmitglieder mit falschen Identitäten ausgestattet, was von der sowjetischen Spionageabwehr bei Braun aufgrund seines Todes nicht aufgeklärt werden konnte.

Die fünf anderen Besatzungsmitglieder waren nicht sofort festgenommen worden, sondern hatten zunächst, wie aus dem Vernehmungsprotokoll von Helmut Vierus vom 9. Oktober 1944 hervorgeht,[256] versucht, zu Fuß die Frontlinien in Richtung Westen zu überschreiten. Vierus war im Juni 1944 zur Vorbereitung des Auftrages von der Transportflugeinheit 5 aus Mühldorf mit seinem Flugzeug ins brandenburgische Finsterwalde an den damaligen Stationierungsort des Kampfgeschwaders 200 verlegt worden, wo ihn der Kommandeur, Major Koch, in seine Aufgaben einweihte. Erst seit diesem Zeitpunkt gehörte er zum Kampfgeschwader 200. In Finsterwalde lernte er Gerhard Tiedt kennen. Nur einen Tag vor dem Einsatz, am 3. September 1944, flogen sie von Finsterwalde nach

252 Beljaev/Syromjatnikov/Ugrinovič, Proval akcii „Ceppelina", S. 374.
253 Geoffrey J. Thomas/Barry Ketley, KG 200. The Luftwaffe's most secret Unit, Mardens Hill 2003, S. 183.
254 Vgl. Sergej N. Ostrjakow, Militärtschekisten, Berlin (Ost) 1985, S. 185–193, der nach eigener Angabe die Abwehrmaßnahmen gegen den Attentatsversuch leitete. Vgl. Lebedew/Langour, Panzerfaust.
255 Namentliche Verlustmeldung Nr. 18 des Kampfgeschwaders 200 vom 8.9.1944 für das Reichsluftfahrtministerium. Für die Verwendung des Dokuments danke ich Herrn Frank Drauschke von facts & files Berlin.
256 Vernehmungsprotokoll Vierus 9.10.1944 (ZA FSB, Akte P-46 774). Für die Verwendung des Dokuments danke ich Herrn Frank Drauschke von facts & files Berlin.

Riga. Die sowjetischen Vernehmer erfuhren von Vierus auch, dass das Unternehmen beim ersten Mal mit einem anderen Flugzeug gescheitert war, weil es beschossen wurde und zurückkehren musste. Vierus sagte aus, dass er das russische Ehepaar, deren Namen ihm nicht bekannt waren, erst kurz vor dem Abflug auf dem Flughafen Riga kennengelernt habe und er auch über ihre genaue Mission nicht informiert worden sei. Landen sollte Vierus das Flugzeug in der Nähe der Stadt Bely zwischen Rschew und Smolensk, 200 Kilometer von Moskau entfernt. Die Route hatte Vierus selbst vorgeschlagen. Doch habe das Flugzeug infolge der Notlandung nicht mehr gestartet werden können. In seiner Vernehmung beim NKGB gab Vierus an, dass die beiden russischen Agenten nach der Landung sofort mit dem Motorrad davonfuhren. Die im Falle einer Startunfähigkeit verabredete Sprengung des Flugzeuges unterließ die Besatzung, da sie befürchtete, verhaftet zu werden, wenn sie sich zu lange in der Nähe des Landeplatzes aufhielt. Mit Lebensmitteln und Schlafsäcken zogen die fünf Besatzungsmitglieder in Richtung Westen. Vierus berichtet nichts über einen Schusswechsel nach der Landung, erklärt aber auch nicht, wo der sechste Mann geblieben war.

Drei Besatzungsmitglieder wurden laut sowjetischen Unterlagen am 10. September 1944 bei dem Dorf Lukjankow Kreis Subzowsk im Gebiet Rschew festgenommen.[257] Stalin erhielt erst am 30. September 1944 eine Information über den gescheiterten Attentatsplan.[258] Nach anderen Angaben seien alle fünf Besatzungsmitglieder am selben Tag, am 30. September 1944, im Kreis Pustoschkin[259] verhaftet worden. Sie wurden jedoch erst fast ein Jahr später, am 8. September 1945, in Moskau wegen Terrors zum Tode verurteilt. Schilo-Tawrin und Schilowa, die sich von September 1944 bis 9. April 1945 am SMERSCH-Funkspiel „Tuman“ mit der „Zeppelin“-Zentrale beteiligten, wurden erst am 1. Februar 1952 vom Militärkollegium des Obersten Gerichts der Sowjetunion zum Tode verurteilt und am 28. März und am 2. April 1952 erschossen. Im Prozess trug Tawrin-Schilo den Namen Schilo. Er sagte aus, dass er nicht vorhatte, das Attentat auszuführen. Seine Frau erklärte, sie glaube, dass ihr Mann beim Betreten der Heimaterde entschieden habe, nichts gegen sein Vaterland zu tun.[260] Auch zwei weitere „Zeppelin“-Agenten, *Eugen Rusch* und *Alexander John*, wurden vom sowjetischen Geheimdienst verhaftet und vernommen. Beide hatten Kenntnis von diesem sogenannten „Unternehmen L-81“, dem Attentat auf die sowjetische Führung. Ihr Schicksal ist jedoch nicht bekannt.[261]

257 Makarov/Tjurin, Lučšije specoperacii, S. 286 f.
258 Ebd., S. 283 f.
259 Vermutlich handelt es sich um Pustoschka, etwa 50 km vor der Grenze zu Lettland, d. h. in Richtung Riga, und somit rund 250 km westlich von Rschew.
260 Telicyn, Smerš, S. 260 f.; Birštejn, Smersh, S. 228 f., nennt des Weiteren die Funkspiele „A Couple“ und „Fog“ und erwähnt ohne Namensnennung auch die Hinrichtung der fünf Besatzungsmitglieder.
261 Makarov/Tjurin, Lučšije specoperacii, S. 307 f.

Aus anderen Gründen verurteilt oder Urteilsgründe nicht bekannt:
Max Haertel (vgl. RKPA, Zwangsarbeit ohne Ortsangabe)
Herbert Hornig (vgl. NSDAP-OGL, Zivilverwaltung, Spionage Hinterland der Roten Armee)

5.14.8.6 Chef der Sicherheitspolizei (Sipo) und des SD - Amtsleiter des RSHA

Einsatzgruppen der Sipo und des SD

Eine für die deutschen Kriegsziele wesentliche Neugründung stellten die Einsatzgruppen der Sicherheitspolizei und des SD dar, die keinem der Ämter direkt unterstellt worden waren. Die vor allem zur Tötung von Juden und kommunistischen Funktionären sowie Partisanen in den besetzten Teilen der Sowjetunion eingesetzten Einsatzgruppen A bis D sowie H der Sipo und des SD waren zwar auch Bestandteil der Militärordnung in diesen Gebieten, sollen aber wegen der direkten Unterstellung unter den Chef der Sicherheitspolizei (Sipo) und des SD als Amtsleiter des RSHA hier gesondert behandelt werden.

Viele der Verfahren dieses sowjetischen Schwerpunkts bei der Verfolgung von Kriegsverbrechen fanden in der Sowjetunion statt. Bereits am 19. Dezember 1942 hatte die Prawda über den Hitlerplan berichtet, in Osteuropa vier Millionen Juden zu ermorden.[262] Fast auf den Tag genau ein Jahr später, im Dezember 1943, wurde im Charkower Prozess der ehemalige stellvertretender Kommandeur der SS-Kompanie im SD-Sonderkommando (vermutlich 10a) in Taganrog und Angehöriger der Charkower Gestapo, Hans Rietz, im Zusammenhang mit den Einsatzgruppenmorden zum Tode verurteilt. Er war jedoch Kriegsgefangener und sein Fall wird deshalb hier nicht näher betrachtet.[263]

Die Zuordnung der einzelnen Sonder- und Einsatzkommandos zu den Einsatzgruppen A-D erfolgt nach der ab 11. Juli 1941 geltenden Befehlslage.[264]

Insgesamt wurden 19 Angehörige der Einsatzgruppen zum Tode verurteilt, davon 14 für die durch die Einsatzgruppen begangenen Verbrechen.

262 Magnus Pahl, Fremde Heere Ost. Hitlers militärische Feindaufklärung, Berlin 2012, S. 30.

263 Vgl. Gerichtsprozess. Aussage Rietz vom 30.11.1943 im Verfahren gegen Trimborn, Severin und Görz wegen Morden bei der Einsatzgruppe D, Einsatzkommando 10a (Staatsanwaltschaft München I, 22 Js 201/61, Band sowjetisches Material, Bl. 174-175R). Vgl. die frühe westliche Berichterstattung über diesem Prozess in Richard E. Lauterbach, These are the Russians, New York 1944, S. 294-308.

264 Christian Gerlach, Die Einsatzgruppe B 1941/42. In: Peter Klein (Hg.), Die Einsatzgruppen in der besetzten Sowjetunion, 1941/42. Die Tätigkeits- und Lageberichte des Chefs der Sicherheitspolizei und des SD, Berlin 1997, S. 52-70, hier 52.

Einsatzgruppen A und B

Friedrich A. Eck (vgl. Journalisten, Reichsministerium für Volksaufklärung und Propaganda) war als Berichter bei den Einsatzgruppen A und B sowie auch beim Kommandeur der Sicherheitspolizei und des SD in Minsk eingesetzt. Seine Familienangehörigen hatten dem Suchdienst des DRK gegenüber angegeben, er sei beim Pressedienst des Sicherheitsdienstes angestellt gewesen. Möglicherweise gehörte er zu den Zuträgern von Informationen über das Wirken der Einsatzgruppen, die in die Tätigkeits- und Lageberichte des Chefs der Sicherheitspolizei und des SD eingeflossen sind.[265]

Angemerkt sei, dass der Führer der Einsatzgruppe A von September 1943 bis Mai 1944, SS-Oberführer *Friedrich Panzinger*, 1945 ebenfalls vom NKVD verhaftet, jedoch nach Moskau gebracht und erst 1952 zu lebenslänglicher Haft verurteilt wurde. Bereits 1955 wurde er entlassen.[266] Sein Untergebener im Einsatzkommando 3, SS-Hauptsturmführer *Heinrich Erlen*, später Kriminalkommissar in Wilna, befand sich zunächst in sowjetischer Kriegsgefangenschaft und wurde um 1948 wegen seiner Verbrechen in Litauen zu 25 Jahren Lagerhaft verurteilt, jedoch 1955 in die Bundesrepublik entlassen.[267]

Einsatzgruppe B

Die der Heeresgruppe Mitte zugeordnete und aus 655 Mann bestehende Einsatzgruppe B rückte am 26. Juni 1941 in die besetzte Sowjetunion ein und ihre ursprüngliche Kernaufgabe war es, das eroberte Moskau sicherheitspolitisch zu zerstören, was nichts anderes hieß, als die komplette Führungsschicht der sowjetischen Zentralinstanzen physisch auszulöschen.[268]

Die meisten Verurteilungen zum Tode gegen Angehörige der Einsatzgruppe B fanden in der Sowjetunion statt.

Im Urteil gegen Oswald Heller (vgl. Polizei Deutschland, Polizei besetzte Gebiete, Zwangsarbeit Deutschland) wird die Ermordung von 30 000 Menschen mittels Gaswagen während seiner Anwesenheit in Weißrussland im Rahmen der Einsatzgruppe B als Grund für die Todesstrafe angegeben.[269]

265 Die Berichte sind veröffentlicht in Peter Klein (Hg.), Die Einsatzgruppen in der besetzten Sowjetunion, 1941/42. Die Tätigkeits- und Lageberichte des Chefs der Sicherheitspolizei und des SD, Berlin 1997.
266 Klee, Personenlexikon, S. 449.
267 Ebd., S. 138 f.
268 Gerlach, Einsatzgruppe B.
269 Vgl. hierzu Beschluss 4ur-155/10 der Russischen Militärhauptstaatsanwalt in der Reha-Sache Oswald Heller vom 28.12.2010 (Dokstelle StSG, Akte Oswald Heller).

Einsatzkommandos 7a und 7b

Johann Dreßl (vgl. Inlands-SD, Partisanenkampf, Polizeibataillon 103), Fritz Graupner (vgl. Partisanenkampf) und Emil Sonntag wurden Morde an der Bevölkerung Weißrusslands in den Gebieten Smolensk, Brjansk, Orjol und Kalinin vorgeworfen. Sie waren u. a. an Gaswagenmorden beteiligt.[270] Auch dem im Minsker Demonstrationsverfahren verurteilten Hans Koch[271] (vgl. Gestapo Stuttgart, Gestapo Brünn, Gestapo Berlin, Judenmord, KdS, Spionage Sowjetunion, Partisanenkampf) wurden Gaswagenmorde zu Last gelegt. Vor seinem Einsatz war er in der Gestapoleitstelle Stuttgart an der Deportation von 2500 Stuttgarter Juden nach Lublin, Riga und Theresienstadt beteiligt.

Einsatzkommando 8

Die Einsatzkommandos 8 und 9 erhielten die umfangreichsten Mordbefehle im Bereich der Einsatzgruppe B. Bis Ende Februar 1942 hatte das Einsatzkommando 8 mehr als 60000 Juden ermordet, das waren zwei Drittel aller Opfer der Einsatzgruppe B.[272]

Franz Heß[273] (vgl. SS-FHA, KdS, Gestapo Prag, KZ Sachsenhausen, Medizinverbrechen, Kriegsgefangenenwesen Deutschland, Judenmord) hat laut Urteil an der Erschießung von 100 Kranken und 250 Inhaftierten in Minsk und an der Erschießung von 2000 Minsker Juden am 10. und 11. Dezember 1941 sowie als Angehöriger der KdS-Außenstelle Wilejka an der Erschießung von mindestens 11000 Juden im Gebiet Wilejka von März bis September 1942 teilgenommen. Wilhelm Sinschek (vgl. RKPA, KdS, Partisanenkampf) war Hundeführer. Er sagte aus, dass im Gebiet Mogiljew im Sommer 1941 von den von ihm verhafteten Menschen zehn erschossen wurden.

Bereits im Sommer 1945 wurde vom SMT der 3. Gardearmee der zeitweilige Beifahrer des Gaswagens des Einsatzkommandos 8, der frühere Kriminalangestellte im Referat IV 1 b 2a und Fahrer bei der Gestapo in Prag, *Otto Matonoga* (oder: Matanoha), verurteilt. Das Urteil ist nicht bekannt. Aufgrund des von ihm in den Vernehmungen durch SMERSCH der 3. Gardearmee beschriebenen Tatbeitrages ist davon auszugehen, dass er zum Tode verurteilt wurde, auch weil er nachweislich nicht nach Deutschland zurückkehrte. Matonoga sagte aus, am 3.

270 Die ebenfalls in diesem Verfahren zum Tode verurteilten SD-Angehörigen Reinhold Zwetzig, Jakow Leppke, Herbert Reichert, Anton Decksteimer, Iwan Pankraz und Anatoli Herzog waren deutschstämmige Sowjetbürger.

271 Messerschmidt, Minsker Prozeß; Kochs Vernehmung vom 18.1.1946 vgl. Prestuplenija, S. 337-340; Gerlach, Morde, S. 228, 410, 1017; Kohl, Krieg, S. 148-161.

272 Gerlach, Einsatzgruppe B.

273 Urteil des SMT Minsker Militärkreis vom 26.1.1946. Abgedruckt in Sudebnyj process po delu o zlodejanijach, soveršënnych nemecko-fašistskimi zachvatčikami v Belorusskoj SSR, Minsk 1947, S. 439-471. Vgl. Messerschmidt, Minsker Prozeß; Gerlach, Morde, S. 224, 545, 625, 699, 705, 735, 764, 767f., 772, 865, 1070f.

November 1941 bei der Erschießung von etwa 5000 Juden aus dem Ghettos Mogiljew die Juden aufgefordert zu haben, sich auszuziehen, und den Sammelplatz neben dem Erschießungsort bewacht zu haben. Zuvor habe er (den später zum Tode verurteilten) SS-Obersturmführer Hans Koch vom Einsatzkommando 7b dorthin gefahren. Zwischen dem 12. November 1941 und Januar 1942 war Matonoga als Beifahrer an mehreren Vergasungsaktionen mit einem Gaswagen beteiligt, u. a. durch Herstellung einer Verbindung des Auspuffrohres zur geschlossenen Ladefläche des Fahrzeugs. 100 bis 120 Juden wurden auf diese Weise durch Matonoga getötet. Matonoga nahm ab Mitte 1943 wieder seine Tätigkeit in der Gestapoleitstelle Prag auf und war als Dolmetscher an Vernehmungen politischer Gegner beteiligt, wobei er die Vernommenen schlug.[274]

Wahrscheinlich ebenfalls im Sommer 1945 in Berlin verurteilte ein SMT den Kriminaloberassistenten im Berliner Polizeipräsidium *Karl König*, der mit der Aufgabe in die Sowjetunion kommandiert war, von Mogiljew aus die örtliche Kriminalpolizei sowie einen Apparat zur Partisanenbekämpfung aufzubauen. Er gab an, dass er Agenten rekrutiert und mehrere Partisanenrazzien durchgeführt habe und dass auf der Grundlage seiner Untersuchungen zahlreiche Sowjetbürger getötet wurden. Auch König wurde intensiv zu den Gaswagen verhört. Er gab an, die Zeichnungen für die Herstellung der Gaswagen bereits im September 1939 im Kriminaltechnischen Institut des SD gesehen zu haben. Ihm waren auch fünf der in Mogiljew für die Gaswagenmorde Verantwortlichen namentlich bekannt. Aufgrund seiner Aussage wurde Anfang Juni 1945 Wilhelm Sinschek in Berlin verhaftet. Vermutlich wurde König zum Tode verurteilt.[275]

In getrennten SMT sind die ehemaligen Kommandoangehörigen *Gerhard Mädler*, *Johannes Fischer* und *Willi Kremers* zu Zeitstrafen verurteilt worden.[276] Im Rahmen des Ermittlungsverfahrens gegen Gerhard Mädler wurde im Mai 1947 in Mogiljew auch *Reinhold Wertenberger* vernommen. Seine Funktion, die Anschuldigungen und das Urteil sind unbekannt.[277]

Einsatzkommando 9

Max Borken wurde von einem nicht bekannten SMT zu einer Zeitstrafe verurteilt, der vermutlich die Todesstrafe vorausgegangen war.[278]

274 Vernehmungen Matonoga BStU vom 28.5., 6.6. und 9.6.1945 (BStU, IX/11, ZUV 9, Band 2, T. 2 von 2 und Band 11). Das Urteilsdatum ist nicht bekannt.
275 Vernehmungen König (BStU, ZA, HA IX/11, ZUV 9, Band 19).
276 SMT-Unterlagen zu Mädler, Fischer und Kremers (BStU, ZA, HA IX/11, ZUV 9, Band 7).
277 Vernehmungen Wertenberger Mai 1947 (BStU, ZA, HA IX/11, ZUV 9, Band 20, T. 2 von 2).
278 SMT-Unterlagen zu Borken (BStU, ZA, HA IX/11, AV 6/88).

Einsatzgruppe C

Die Einsatzgruppe C war in der Ukraine im Bereich der 6. und 17. Armee eingesetzt. Allein das Einsatzkommando 5 hat mehr als 10 000 Juden umgebracht.
Hermann Winkler (vgl. Militärverwaltung) wurde wegen Beteiligung an Morden in Nikolajew verurteilt.

Aus anderen Gründen verurteilt oder Urteilsgründe nicht bekannt:
Erwin Daehre[279] (vgl. Polizei Deutschland, RKPA, KdS, Einsatzgruppe D) war Kommandeur im Einsatzkommando 5, wurde in Deutschland festgenommen und in der Sowjetunion in einem Einzelverfahren verurteilt, jedoch für Morde, die er nach seiner Einsatzgruppenzeit begangen hatte. Er sollte ursprünglich zusammen mit Hans Sandner verurteilt werden, denn Stalin selbst hatte angewiesen, gegen Sandner und Daehre „ein strenges Volksgericht" tagen zu lassen. Hans Sandner (vgl. KdS, RKPA, Judenmord, Kriegsgefangenenlager Sowjetunion) gehörte nacheinander zum Einsatzkommando 5 und zum Einsatzkommando 4 und wurde in einem in Nikolajew durchgeführten Prozess laut sowjetischen Dokumenten als ehemaliger Chef der Sipo von Nikolajew wegen der Teilnahme an der Erschießung von 4000 Juden und von bis zu 300 Kriegsgefangenen verurteilt.

Einsatzgruppe D

Bei dieser Einsatzgruppe, die in den südlichen Gebieten der Sowjetunion agierte und deren Einsatzorte sich in der Ostukraine mit denen der Einsatzgruppe C überschnitten, standen das in Krasnodar stationierte Sonderkommando 10a[280] und das Einsatzkommando 12 im Mittelpunkt der sowjetischen Ermittlungen.[281]

Sonderkommando 10a

Die sowjetischen Ermittlungen gegen das Sonderkommando 10 hatten bereits im Juni 1943 begonnen, als dessen Mordtaten noch nicht einmal beendet waren. Bereits zu diesem Zeitpunkt war Smersch durch frühere russische Tatbeteiligte bekannt, dass das Kommando 4000 Einwohner der Stadt Krasnodar mit Gaswagen ermordet hatte.[282] Es gelang der sowjetischen Militärabwehr, elf Kol-

279 Hilger/Schmidt/Wagenlehner, Sowjetische Militärtribunale, Band 1, S. 207, FN 149, Vermerk Stalins für Beria 10.9.45; Kilian, Häftlinge, S. 421; Klein, Einsatzgruppe C.
280 Eine der frühesten öffentlichen Erwähnungen des Führers des Sonderkommandos 10a, SS-Obersturmbannführers Kurt Christmann, findet sich in P. K. Ignatow, Podnole krasnodara, Moskau 1947. Darin wird u. a. die Anwerbung von russischen Kollaborateuren durch Christmann thematisiert.
281 Vgl. zu beiden Kommandos Angrick, Besatzungspolitik.
282 Birštejn, Smersh, S. 247 f.

laborateure zu identifizieren, festzunehmen und im ersten sowjetischen Kriegsverbrecherprozess vom 14. bis 17. Juli 1943 zu verurteilen, acht von ihnen zum Tode.[283] Dabei waren als Opfer „das russische Volk", „Kommunisten, Jungkommunisten und Juden" bzw. „Partisanen und Juden" angegeben.[284]

Otto Enoch (vgl. Medizinverbrechen/Krankenmord, Judenmord), war Fahrer des Gaswagens in Krasnodar. Aus seinem Urteil vom Juni 1946 geht darüber hinaus hervor, dass er im Sommer 1942 in Bielitz/Oberschlesien eine Spezialausbildung in der Fahrschule für Spezialfahrzeuge („Gaswagen") erhielt, am 17. August 1942 mit vier weiteren Wehrmachtangehörigen und fünf Gaswagen von Bielitz per Zug nach Krasnodar in Marsch gesetzt wurde und dort am 28. August 1942 ankam. Karl Wagler (vgl. Bürgermeister, Untergeordnete NSDAP-Funktionen) wurde wegen Judenmordes im Saporoscher Gebiet verurteilt.

Sonderkommando 11b

Laut dem Urteil gegen Karl-Heinz Tempel (vgl. Partisanenkampf, RKPA, Judenmord) vom 5. Juli 1945 waren die Gaswagenmorde in Simferopol Gegenstand seiner Anklage gewesen. Tempel ist nach gegenwärtigem Forschungsstand damit der erste Deutsche, der wegen Gaswagenmorden zum Tode verurteilt wurde.[285]

Einsatzkommando 12

Es agierte innerhalb der Einsatzgruppe D am weitesten westlich und war u. a. für die Ermordung von 3000 jüdischen Frauen und Kindern am 11. September 1941 in Dubossary/Bessarabien verantwortlich. In Nikolajew ermordeten das Einsatzkommando 12 und das Sonderkommando 11a am 14. September 1941 die gesamte jüdische Gemeinde der Stadt.[286]

Rudolf Hoffmann (geb. 1898) war Angehöriger der Wirtschaftsgruppe des EK 12 und wurde Mitte August 1945 vermutlich in der Sowjetunion verurteilt.

283 Ignacij F. Kladov, Prozess in der Strafsache gegen die faschistischen deutschen Okkupanten und ihre Helfershelfer wegen ihrer Bestialitäten im Gebiet der Stadt Krasnodar und den Krasnodarer Gaus während der zeitweiligen Besetzung dieses Gebietes, verhandelt am 14.-17. Juli 1943, Moskau 1943.

284 Ignacij F. Kladov, Prozess in der Strafsache, S. 1, 24, 27.

285 Bereits im August 1944 wurde der Sowjetbürger Wladimir W. Kostinitsch wegen der Beteiligung an der Erschießung und Vergasung von Juden im Gebiet Moglijew verurteilt, vgl. BStU, ZA, HA IX/11, ZUV 9, Band 7. Siehe auch das etwa mit Enoch zeitgleiche Verfahren gegen Otto Matonoga vom Einsatzkommando 8 der Einsatzgruppe B, dessen letzte Vernehmung am 9.6.1945 stattfand, BStU, ZA, HA IX/11, ZUV 9, Band 2, Band 11, Band 20.

286 Andrej Angrick, Die Einsatzgruppe D. In: Peter Klein (Hg.), Die Einsatzgruppen in der besetzten Sowjetunion, 1941/42. Die Tätigkeits- und Lageberichte des Chefs der Sicherheitspolizei und des SD, Berlin 1997, S. 88-110.

Wilhelm Mulde (vgl. Judenmord, HSSFP, KdS) war zusätzlich Kommandoführer des direkt dem HSSPF Russland-Süd unterstehenden „Sonderkommando Plath" im Raum Dnjepropetrowsk und später Kommandeur der Sicherheitspolizei und des SD für den Generalbezirk Dnjepropetrowsk im Reichskommissariat Ukraine. Die Vorwürfe gegen ihn sind nicht bekannt. Bereits seit 23. Oktober 1943 in Gefangenschaft, gehört er zu den am frühesten in sowjetischen Gewahrsam geratenen Verurteilten.

Aus anderen Gründen verurteilt oder Urteilsgründe nicht bekannt:
Erwin Daehre[287] (vgl. Polizei Deutschland, RKPA, KdS, Einsatzgruppe C)
Walter Friedrich (vgl. Gestapoleitstelle Dessau, Judenmord)
Robert Pfeiffer wurde Ende April 1947 in Sachsen wegen der Erschießung jüdischer Bürger in der Sowjetunion und der Zugehörigkeit zum Geheimdienst zum Tode verurteilt, jedoch begnadigt. *Willy Hettrich, Helmut Lawrenz, Gustav Gent* und *Gustav Mareck* wurden von SMT zu Zeitstrafen verurteilt.[288] *Walter Kehrer,* Angehöriger der Kaukasischen Kompanie im EK 12, wurde unmittelbar nach 1945 oder in den 1960er-Jahren in dem bisher einzigen bekannten Fall in der Sowjetunion in Abwesenheit zum Tode verurteilt. Laut DDR-Braunbuch war er als SS-Führer Angehöriger des Sonderkommandos 10a.[289] Er wurde 1969 in der Bundesrepublik zu vier Jahren Gefängnis verurteilt.[290]

Einsatzgruppe H

Erwein Graf von Thun und Hohenstein[291] (vgl. Abwehr Frontaufklärung, Amt Ausland/Abwehr, Abwehr Division Brandenburg, Partisanenkampf, Judenmord)
Zu Zeitstrafen sind von SMT die Angehörigen der Einsatzgruppe H *Gotthart Schubert, Fritz Herrmann* und *Günther Worms* verurteilt worden.[292]

5.14.8.7 Amt Mil - RSHA

siehe I.14.6 Amt Ausland/Abwehr des OKW

287 Hilger/Schmidt/Wagenlehner, Sowjetische Militärtribunale, Band 1, S. 207, FN 149, Vermerk Stalins für Beria 10.9.45; Kilian, Häftlinge, S. 421; Klein, Einsatzgruppe C.
288 SMT-Material zu Pfeiffer, Hettrich, Lawrenz, Gent, Mareck (BStU, ZA, HA IX/11, AV 6/88).
289 Braunbuch. Kriegs- und Naziverbrecher in der Bundesrepublik. Staat Wirtschaft Armee Verwaltung Justiz Wissenschaft. Hg. vom Nationalrat der Nationalen Front der DDR/ Dokumentationszentrum der staatlichen Archivverwaltung der DDR, Berlin (Ost) 1961, S. 82.
290 MfS-Material zu Kehrer (BStU, ZA, HA IX/11, RHE 112/76 T. 5 und 6).
291 Federal'naja služba, Smerš, S. 125; Lenka Šindelářová, Finale der Vernichtung. Die Einsatzgruppe H in der Slowakei 1944/1945, Darmstadt 2013, S. 67; Biddiscombe, The SS Hunter Battalions, S. 110-113.
292 Šindelářová, Finale, S. 296, 299f.

6. Justiz

6.1 Deutschland

In diesem Kapitel werden Juristen, sowohl Staatsanwälte als auch Richter verschiedener Instanzen, vom Volksgerichtshof (VGH) bis hinunter zum Amtsgericht vorgestellt. Schwerpunkt bildet die Hauptstadt Berlin, die Sitz fast sämtlicher justizieller Ebenen war. Berlin als Ort bedingte, dass viele der Verurteilten früh festgenommen und bereits in den ersten Monaten nach Kriegsende entweder in Frankfurt (Oder) oder in Brest hingerichtet wurden. Sie wurden überwiegend wegen Kriegsverbrechen verurteilt.

Von 32 im Justizdienst in Deutschland stehenden zum Tode Verurteilten, spielte bei sieben dieser Dienst während des Prozesses eine Rolle.

Der wohl ranghöchste Verurteilte war Walter Sommer[293] (vgl. NSDAP-Gauleitungen), seit 1941 Präsident des Reichsverwaltungsgerichts. Er leitete die staatsrechtliche Abteilung in der Münchener NSDAP-Zentrale, trat für eine Beschneidung der kommunalen Selbstständigkeit ein, war Träger zahlreicher Regierungstitel und bereits seit Dezember 1939 beim Stellvertreter des Führers, Rudolf Hess, Generalreferent für die besetzten Ostgebiete. Ihm wurden die Stärkung des Nationalsozialismus und die Förderung des Aggressionskrieges gegen die Sowjetunion vorgeworfen, das Urteil erging wegen Kriegsverbrechen.

Nur zwei verurteilte Juristen gehörten zum obersten Ankläger des Dritten Reiches, dem Oberreichsanwalt (ORA) beim VGH. Heinz Wittmann war Erster Oberstaatsanwalt und Sachbearbeiter in der Abteilung V des ORA beim VGH und am Todesurteil gegen den Kommunisten Theodor Neubauer im Januar 1945 beteiligt. Christian Wrede war persönlicher Referent des Staatsanwaltes beim Oberreichsanwalt beim Volksgerichtshof und Leiter der Abteilung I. Er leitete Verfahren im Kontext der Schulze-Boysen/Harnack-Widerstandsgruppe. Die genauen Vorwürfe gegen beide Verurteilte sind unbekannt.[294]

Nur Kurt-Wilhelm Günther (vgl. Reichstag, SA, Zentralverbände, NSDAP-OGL), der auch wegen anderer Gründe hingerichtet wurde, warf das Urteil seine Tätigkeit als Beisitzer am VGH ab August 1944 vor.
Georg Reinicke

293 Allgemein zur Reichsverwaltung vgl. Eckhard Hansen, Wohlfahrtspolitik im NS-Staat. Motivlage, Konflikte und Machtstrukturen im „Sozialismus der Tat“ des Dritten Reiches, Augsburg 1991; Petrov, Pervyj predsedatel’, S. 298; Klee, Personenlexikon, S. 587; Dieter Marek, Walther Sommer (1893-1946). Die Karriere eines Thüringer Juristen im Dritten Reich. In: „Ältestes bewahrt mit Treue, freundlich aufgefasstes Neue“, Festschrift für Volker Wahl zum 65. Geburtstag, Rudolstadt 2008, S. 505-522. Vgl. Auskunft der russischen Militärhauptstaatsanwaltschaft an die Deutsche Botschaft in Moskau vom 5.3.2008 (Dokstelle StSG, Akte Walther Sommer).

294 Weder Wittmann noch Wrede finden Erwähnung im Standardwerk zum Volksgerichtshof. Vgl. Walter Wagner, Der Volksgerichtshof im nationalsozialistischen Staat. Mit einem Forschungsbericht für die Jahre 1974 bis 2010 von Jürgen Zarusky, München 2011.

Erich Sternsdorff (vgl. Justiz besetzte Gebiete, Zwangsarbeit Berlin)
Gerhard Vogel

Aus anderen Gründen verurteilt oder Urteilsgründe nicht bekannt:
Arno Bach
Ferdinand Becker
Erhard Beyer (vgl. Untergeordnete NSDAP-Funktionen)
Hans Block[295] (vgl. Justiz besetzte Gebiete)
Gustav Böhme (vgl. Spionage Sachsen)
Walter Böhmert
Ernst Eggermann (vgl. Diversion SBZ)
Carl-Georg Emmrich[296] (vgl. Zivilverwaltung)
Konrad Fischer (vgl. Amt Ausland/Abwehr)
Rudolf Gaigal (vgl. Justiz besetzte Gebiete)
Emil Giese (vgl. Sabotage deutsche Ostgebiete)
Werner Heun
Hans-Georg Kochmann (vgl. Justiz besetzte Gebiete)
Richard Christ (vgl. Staat und Verwaltung)
Hans Fuchs (vgl. Justiz besetzte Gebiete, Untergeordnete NSDAP-Funktionen)
Kurt Hanssen[297] (vgl. NSDAP-Gauleitungen, Staat und Verwaltung, Strafvollzug)
Heinrich Hölscher
Oswin Nitz (vgl. Staat und Verwaltung)
Dr. Curt Platzbecker (vgl. Kriegsgefangenenwesen Deutschland, Sonderführer)
Walther Rabbow[298]
Werner Schilling (vgl. Amt Ausland/Abwehr)
Johann-Friedrich Stang (vgl. Amt Ausland/Abwehr)
Dr. Walter Strube
Walter Tränkmann[299] (vgl. Inlands-SD, Zwangsarbeit Sachsen)
Otto Tzschentke (vgl. Kriegsgefangenenwesen Deutschland, Reichskriegsgericht)

6.2 Besetzte Gebiete

Relativ wenige zum Tode verurteilte Juristen, insgesamt sieben, waren in den okkupierten und besetzten Gebieten eingesetzt. Drei von ihnen wurden wegen dieses Einsatzes verurteilt.

295 Klee, Personenlexikon, S. 53.
296 Markus Roth, Herrenmenschen. Die deutschen Kreishauptleute im besetzten Polen. Karrierewege, Herrschaftspraxis und Nachgeschichte, Göttingen 2009, S. 451.
297 Klee, Personenlexikon, S. 225.
298 Joachim Scherrieble (Hg.), Der Rote Ochse. Politische Justiz 1933-1945/1945-1989, Halle (Saale) 2008, S. 314.
299 Schreiber, Elite, S. 85, 112f., 145, 294, 419f., 426, 440-444.

Hans-Georg Kochmann (vgl. Justiz Deutschland) war nach zahlreichen Zwischenstationen von 1941 bis 1944 als Staatsanwalt in Krakau, Scheschew und Tarnopol/Distrikt Galizien (Ukraine) tätig und wirkte an Strafverfahren gegen 250 polnische und 100 sowjetische Bürger mit, gegen die verschiedene hohe Strafen verhängt wurden.
Hans Fuchs (vgl. Justiz Deutschland, Untergeordnete NSDAP-Funktionen)
Erich Sternsdorff (vgl. Justiz Deutschland, Zwangsarbeit Berlin)

Aus anderen Gründen verurteilt oder Urteilsgründe nicht bekannt:
Hans Block[300] (vgl. Justiz Deutschland)
Rudolf Gaigal (vgl. Justiz Deutschland)
Ernst Weber
Karl Weiß (vgl. Amt Ausland/Abwehr, Militärjustiz)

7. Strafvollzug

7.1 Deutschland

Schwerpunkt bei dieser 28 Fälle umfassenden Gruppe von Verurteilten, wobei 22 auch aufgrund ihres Dienstes im deutschen Strafvollzug hingerichtet wurden, bildet das Zuchthaus Halle/Saale. Von insgesamt 30 verhafteten Vollzugsbeamten wurden 13 wegen Kriegsverbrechen in einem Gruppenprozess zum Tode verurteilt und somit nahezu das gesamte leitende Personal.[301] Bei Adolf Böhme, Walter Beyer, Rudolf Risse (geb. 1903) und Friedrich Schumann sind die Bezüge zum Zuchthaus Halle dokumentiert. Rudolf Risse war Werkbeamter in der Buchbinderei. Ihm wurde konkret die Beteiligung an etwa 500 Hinrichtungen vorgeworfen, darunter auch als Scharfrichter. Bei Friedrich Belger, Fritz Friedrich, Walter Hebold, Rudolf Hoffmann (geb. 1887), Ernst Hofmann, Bruno Reißner, Max Schaschner, Kurt Sieber und Julius Winkler (vgl. NSDAP-Kreisleitungen) sind die genauen Vorwürfe nicht bekannt.

Richard Schulz und Josef Wagner wurde vorgeworfen, an Hinrichtungen im Zuchthaus Brandenburg-Görden beteiligt gewesen zu sein.

Ausdrücklich für seinen Dienst im Wehrmachtgefängnis Torgau wurde Max Vogel (vgl. RKPA, Zwangsarbeit ohne Ortsangabe) hingerichtet.

Ein weiterer Schwerpunkt ist eine Gruppe von Scharfrichtern aus Gommern in Sachsen-Anhalt, die schon kurz nach der sowjetischen Besetzung Ostdeutschlands hingerichtet wurden. August Kauert war für das Frauengefängnis/Zuchthaus Gommern zuständig. Er wird in den Quellen zudem als Scharfrichter bzw. Gehilfe des Scharfrichters bezeichnet. Rochus Geng wird in einer Akte des Volks-

300 Klee, Personenlexikon, S. 53.
301 Scherrieble, Der Rote Ochse, S. 314.

gerichtshofes ebenfalls als Gehilfe des Scharfrichters, gemeint ist der ebenfalls hingerichtete Ernst Reindel aus Gommern bei Magdeburg, bezeichnet. Reindel war seit 1937, als Nachfolger des preußischen Scharfrichters Carl Gröpler aus Magdeburg, dessen Gehilfe er lange Zeit war, Scharfrichter für den Vollstreckungsbezirk VI und einer der letzten Scharfrichter, der bis 1943 Todesurteile noch mit dem Handbeil vollstreckte. Er war vor allem an den in seinem Vollstreckungsbezirk liegenden zentralen Hinrichtungsstätten Halle/Saale, Weimar und Dresden tätig, nahm Hinrichtungen aber auch in anderen Vollstreckungsbezirken, zum Beispiel in Berlin, Brandenburg und Hamburg, darunter auch gegen sogenannte „Rasseschänder“ und Widerstandskämpfer gegen den Nationalsozialismus, vor. Er besaß neben dem Scharfrichteramt eine Tierkörperbeseitigungs- und -verwertungsanstalt in Gommern. Als das Reichsfinanzministerium die Besteuerung der Scharfrichter einführte, gab er zum 30. November 1943 sein Amt auf. Nach anderen Quellen war er noch bis 1945 tätig und auch an Hinrichtungen von Männern des Widerstandes im Gefängnis Berlin-Plötzensee durch Erhängen beteiligt.[302] Kauert war bereits seit 1938 Gehilfe bei Reindel gewesen und blieb bis 1945 bei dessen Nachfolger Alfred Roselieb als Ersatzgehilfe. Kauert, Geng und Reindel wurden Mitte Juni 1945 in demselben Prozess zusammen mit Carl Engelmann, ebenfalls Gehilfe von Reindel in Gommern, verurteilt und im selben Transport nach Brest deportiert und erschossen. Auch Reindels Vorgänger *Carl Gröpler* wurde 1945 in Magdeburg vom NKVD festgenommen, verstarb am 30. Januar 1946 aber in sowjetischer Haft ebenso wie ein weiterer Gehilfe Gröplers, *Karl Treudler*, geboren 1876.[303] Laut sowjetischer Auskunft an das MfS übergab das NKVD Gröpler nach eigener Vernehmung am 17. Oktober 1945 in Magdeburg schon im Jahr 1946 dem örtlichen deutschen Landgericht. Dort sei er zur Höchststrafe verurteilt worden und danach angeblich in deutscher Haft verstorben. Gröplers Biografie bildete die Vorlage für das 1965 in der DDR erschienene Buch von Arnold Zweig „Das Beil von Wandsbek“.

Am 14. Juni 1946 wurden vom Landgericht Halle/Saale zwei weitere anhaltinische Scharfrichter zum Tode verurteilt: *Andreas Rose* und *Johannes Kleine*. Hierzu hatte die SMAD das deutsche Gericht ausdrücklich ermächtigt, anders als ein Jahr zuvor, als ein SMT die Todesurteile gegen Reindel, Kauert, Geng und Engelmann verhängte.[304]

Kurt Hanssen (vgl. NSDAP-Gauleitungen, Staat und Verwaltung, Justiz Deutschland)

Franz Kujus (vgl. RKPA)

302 Thomas Waltenbacher [Pseudonym], Zentrale Hinrichtungsstätten. Der Vollzug der Todesstrafe in Deutschland von 1937-1945, Scharfrichter im Dritten Reich, Berlin 2008, S. 141-146; Richard J. Evans, Rituale der Vergeltung. Die Todesstrafe in der deutschen Geschichte 1532-1987, Berlin 2001, S. 864, 918.

303 Scherrieble, Der Rote Ochse, S. 182.

304 BArch Berlin, DP1/326, Band 3.

Aus anderen Gründen verurteilt oder Urteilsgründe nicht bekannt:
Für die beiden Zuchthausbediensteten im Strafgefängnis Berlin-Tegel Emil Korth, Oberinspektor und Abteilungsleiter, und Hermann Weingarten, Aufseher, sind die Urteilsgründe nicht bekannt.

Hermann Tesch, dessen Urteilsgründe unbekannt sind, war Verwaltungsobersekretär der Hauptanstalt Sudenburg des Strafgefängnisses und der Untersuchungshaftanstalt Magdeburg sowie Verwaltungsobersekretär im Frauengefängnis Gommern.

Ernst Frowein[305] (vgl. SS-FHA, KZ Sachsenhausen, Medizinverbrechen, Reichsarzt SS)
Annemarie Ortmann[306] (vgl. Werwolf Mecklenburg)
Bernhardt-Johannes Rohde (vgl. Strafvollzug besetzte Gebiete)

7.2 Besetzte Gebiete

Von den drei bekannten Fällen wurden zwei wegen des Einsatzes in den besetzten Gebieten abgeurteilt.

Die deutsche Verwaltung überzog auch das besetzte Polen mit einem Netz von Gefängnissen und Lagern. Im sogenannten Generalgouvernement dienten einige dieser Haftstätten dazu, die Juden des entsprechenden Gebietes zunächst zu ghettoisieren und von hier aus zu den Vernichtungsorten zu deportieren. Bernhardt-Johannes Rhode (vgl. Strafvollzug Deutschland), zuvor Wachtmeister in der Sicherungsanstalt Werl, diente ab September 1939 als Hauptwachtmeister der Justiz in Lodz, das seit 1939 Litzmannstadt hieß. In derselben Funktion diente er auch in der Strafanstalt Schieratz. Dort bestand ein jüdisches Ghetto, dessen Insassen nach und nach in das Ghetto Litzmannstadt gebracht wurden. Das gleiche gilt für Juden aus dem Warthegau, die über die Strafanstalt Schieratz ebenfalls ins Ghetto Litzmannstadt deportiert wurden. Aus der Strafanstalt Schieratz, die den Charakter eines Lagers hatte, wurden Juden auch in das Vernichtungslager Auschwitz-Birkenau und in Außenlager von Auschwitz verbracht.

Ernst Herrmann (vgl. Zivilverwaltung)

Aus anderen Gründen verurteilt oder Urteilsgründe nicht bekannt:
Johannes Nacke (vgl. Kriegsgefangenenlager Sowjetunion, Kriegsgefangenenwesen Deutschland)

305 Ley/Morsch, Medizin, S. 185-86; Morsch, Mord, S. 167-69.
306 Grothe, Malchower Jugendliche, Teil 2, S. 40; Verschwiegene Geschichte, Die Werwolftragödie in Malchow. Begleitheft zur Wanderausstellung des Fleesensee-Gymnasiums Malchow, Malchow 2005, S. 41.

8. Medizinverbrechen, Krankenmord

Diese Gruppe umfasst 22 Personen. 21 von ihnen wurden Medizinverbrechen oder Krankenmord vorgeworfen.

Die Rote Armee erreichte am 30. Januar 1945 die Heil- und Pflegeanstalt Meseritz-Obrawalde für Psychisch- und Nervenkranke in Pommern und entdeckte dort mehrere Massengräber. Am 16. Februar 1945 begann eine Kommission der 16. sowjetischen Luftarmee mit den Ermittlungen zu den Verbrechen an diesem Ort. Das Pflegepersonal war geflohen und hatte etwa 1000 Patienten ohne Versorgung zurückgelassen. Aus den Anstaltsunterlagen ging hervor, dass etwa 97 Prozent der 1944 eingewiesenen Patienten spätestens am siebten Tag nach der Einweisung getötet worden waren, die meisten von ihnen durch Einspritzen von tödlichen Dosen der Medikamente Skopolamin, Morphium, Evipan und Pernekton. Die Anstalt wurde von sowjetischer Seite als nationale Einrichtung zur Tötung vor allem deutscher Insassen angesehen, denn unter den Toten des Jahres 1943 befanden sich nur 1,5 Prozent Ausländer: Russen, Franzosen, Ungarn, Bolivianer, Polen, Belgier und Briten. Während zu Beginn der Euthanasie die Leichen zur Verbrennung in das Krematorium nach Frankfurt (Oder) gebracht wurden, legte man später Massengräber auf dem Anstaltsfriedhof an. Der Bau eines eigenen Krematoriums war geplant. Meseritz-Obrawalde fungierte als Tötungsanstalt für 36 Heil- und Pflegeanstalten in Deutschland und Österreich. In dem wohl frühesten Euthanasieprozess der Geschichte verurteilte ein SMT die zunächst geflohene Oberpflegerin Amanda Ratajczak wegen der Tötung von 1500 Patienten und den Stationspfleger des Hauses 21, Hermann Guhlke, wegen der Ermordung von 100 Patienten zum Tode. Das Gericht konstatierte anhand der Aussagen von Ratajczak den Tod von rund 18000 geistig und körperlich behinderten Insassen in den Jahren 1941 bis 1945, darunter nur sehr wenige Sowjetbürger, durch Gabe von Überdosen von Veronal und Luminal, aber auch durch Injektion von Morphium und Skopolamin oder durch Luftinjektionen.[307]

307 Ernst Klee (Hg.), Dokumente zur „Euthanasie“, Frankfurt a. M. 1986, S. 306–322; Thomas Beddies, Die Heil- und Pflegeanstalt Meseritz-Obrawalde im Dritten Reich. In: Kristina Hübener (Hg.), Brandenburgische Heil- und Pflegeanstalten in der NS-Zeit, Berlin 2002, S. 231–258; Susan Benedict/Arthur Caplan/Traute Lafrentz Page, Duty and „Euthanasia“. The nurses of Meseritz-Obrawalde. In: Nursing Ethics, 14 (2007) 6, S. 783–793; Dick de Mildt, In the name of the people. Perpetrators of genocide in the reflection of their post-war prosecution in West-Germany. The ‚Euthanasia‘ and ‚Aktion Reinhard‘ Trial Cases, Hague 1996, S. 65 ff.; Hilde Steppe/Franz Koch/Herbert Weisbrod-Frey, Krankenpflege im Nationalsozialismus, Frankfurt a. M. 1986, S. 101–105; Ernst Klee, „Euthanasie“ im NS-Staat. Die „Vernichtung lebensunwerten Lebens“, Frankfurt a. M. 1994, S. 401–410. Bilder vom SMT in Meseritz-Obrawalde in Angelika Ebbinghaus (Hg.), Opfer und Täterinnen. Frauenbiographien des Nationalsozialismus, Nördlingen 1987, S. 220 f. Für Verbrechen in Meseritz-Obrawalde wurden 1947 in Westberlin die Pflegerin Helene Wieczorek und die Anstaltsoberärztin Dr. Hilde Wernicke hingerichtet und 1950 in den Waldheimer Prozessen die Pflegerin Auguste Jeschke zu lebenslänglicher Haft verurteilt.

Auch in einem weiteren - allerdings nicht leicht zu bewertenden - Fall lautete die Anklage eines SMT auf Tötung kranker Menschen, d. h. Euthanasie. Das SMT der 90. Schützendivision verurteilte im Mai 1946 in Schwerin den Leiter der Heil- und Pflegeanstalt Domjüch, den Arzt und Medizinalrat Dr. Johannes Hecker, sowie drei ehemalige Angestellte der Heil- und Pflegeanstalt Sachsenberg/Schwerin (Landesklinik), die von 1941 bis Mai 1945 in der Frauenabteilung tätige Oberschwester Emilie Beuge, die Schwester Margarete Nebel und den Oberpfleger Friedrich Holst, zum Tode. Dr. Hecker wurde zur Last gelegt, deutsche Tbc-Kranke und ausländische Bürger getötet zu haben. Er habe hierzu eine Anweisung des Gestapochefs in Neustrelitz, Pohl, erhalten, und insgesamt 20 Menschen auf dessen Befehl getötet, davon sechs ausländische Bürger. Von ihm persönlich seien drei Menschen getötet worden. Neben der Heil- und Pflegeanstalt Domjüch, dessen Direktor er seit Juli 1943 vertreten hatte, betreute Dr. Hecker nach eigenen Angaben seit 1940 im Nebenamt auch die Landesanstalt Neustrelitz-Strelitz mit geisteskranken Rechtsbrechern. In Strelitz wurden 1940 etwa 70 Geisteskranke und 100 bis 130 Schutzhäftlinge versorgt. Dr. Hecker war ab Juli 1943 auch stellvertretender Amtsarzt im staatlichen Gesundheitsamt Neustrelitz und verfasste Gutachten für das Erbgesundheitsgericht Berlin.

Die mitangeklagte Margarethe Nebel notierte am 13. Februar 1946 in der Haft auf einer Liste 16 Namen der in der Klinik Sachsenberg von 1941 bis 1945 „von mir Vergifteten". Eine ähnliche Liste mit 28 Namen fertigte Emilie Beuge während der Untersuchung an. Diese Listen sind als Beweisstücke in der SMT-Akte von Dr. Hecker abgelegt.

Der Grundirrtum der sowjetischen Ankläger bestand nach Auswertung der jüngsten Forschungen offenbar darin, dass sie Dr. Hecker für den Leiter der Anstalt Sachsenberg hielten, wo nachweislich umfangreiche Euthanasieverbrechen begangen wurden, sodass seine drei Mitangeklagten, von denen die Schwestern M. Nebel und E. Beuge durch die Namenslisten der Vergifteten Geständnisse abgelegt hatten, als seine Untergebenen erschienen. Der Pfleger Holst, der angegeben hatte, zwei Sterbenden eine Spritze verabreicht zu haben, soll nach Ansicht der Familie von Dr. Hecker nicht Angestellter in Sachsenberg, sondern in der Heil- und Pflegeanstalt Neustrelitz-Strelitz gewesen sein (die allerdings Dr. Hecker unterstand). Holsts Angehörige wiederum haben gegenüber dem Suchdienst des DRK zweifelsfrei angegeben, Holst sei ausschließlich in Sachsenberg tätig gewesen. Dies bedeutet, dass die den Mitangeklagten zur Last gelegten Taten nicht im Verantwortungsbereich Dr. Heckers stattfanden.

Unklar geblieben ist dennoch das Dienstverhältnis Dr. Heckers zur Anstalt Sachsenberg und zum Pfleger Holst, von dem Hecker in seinem Gnadengesuch sagte, Holst habe auf seine Anweisungen gehandelt, was hinsichtlich der Unterstellungsverhältnisse verwirrt. Im Urteil Dr. Heckers steht: Er sei von 1935 bis 1945 Gefängnisarzt in Neustrelitz gewesen und er habe auf eigene Initiative und auf Befehl der Gestapo getötet, laut seiner eigenen Aussage bis zu 15 Patienten, darunter drei Sowjetbürger und zwei Polen. Persönlich habe er acht Menschen getötet, darunter zwei Sowjetbürger, einer von beiden hieß Schewschenko. Er habe dem Obersanitäter Holst Anweisungen gegeben, Kranke zu töten. Laut Aussage Holsts habe er persönlich sechs Personen, darunter ein Pole und ein Sowjetbürger, durch Einspritzen von erhöhten Dosen Veronal und Dilandid-Skopolamin getötet. Die mitangeklagten Krankenschwestern der Anstalt Sachsenberg wurden in Dr. Heckers Urteil nicht erwähnt. In seinem Gnadengesuch vom 17. Mai 1946 gab Dr. Hecker an, er sei dem Wunsch des Gestapochefs von Neustrelitz nach „Beseitigung von Kranken" keineswegs gefolgt. (Er ließ dabei offen, ob er hierbei von Domjüch oder von Sachsenberg sprach).

„Alle Kranken sind ordnungsgemäß behandelt und gepflegt worden. Gestorben sind nur Kranke, die so spät aus Arbeitslagern usw. nach der Landesanstalt kamen, dass keine Rettung mehr möglich war. [...] Veronal und Dilandid-Skopolamin wurde, als gegen Kriegsende gebräuchliche Hustenmittel fehlten, nach dem Vorbild unserer Krankenhäuser in kleiner Dosierung zur Linderung des Hustenreizes und Minderung der Streuungsgefahr gegeben, in größerer Dosierung nur bei Kranken, die bereits im Sterben lagen, zur Linderung und Abkürzung der letzten Qualen. [...] Es ist dies keine ‚Vergiftung' im Sinne eines Mordes, sondern nach dem, was ich gelernt habe, ein ärztlich international erlaubtes Handeln, das mit den Geschehnissen in der Anstalt Sachsenberg nicht gleichzusetzen ist. [...] Weiter bitte ich um Begnadigung des Oberpflegers Holst, der nur in meinem Auftrag handelte und im Gegensatz zu dem Sachsenberger Personal in meinen Anordnungen nichts Unerlaubtes erblicken konnte."

Holst, so Hecker, habe ihm mitgeteilt, eigenständig bei zwei Ausländern im Todeskampf eine Spritze verabreicht zu haben. Diese Ausführungen konnten die Gnadeninstanz nicht milde stimmen, zumal Dr. Hecker eingeräumt hatte, Sterbenden eine „abkürzende" Gabe verabreicht zu haben und dass Holst auf seine Anweisungen gehandelt habe. Offen bleibt, welche Anstalt er meinte.[308] Etwa zum selben Zeitpunkt standen vor dem Landgericht Schwerin mehrere frühere Angestellte der Landesanstalt Sachsenberg wegen Euthanasieverbrechen vor Gericht.[309]

Wilhelm Bolze (vgl. Kriegsgefangenenwesen Deutschland)

308 Vgl. Christiane Witzke, Dömjüch. Erinnerungen an eine Heil- und Pflegeanstalt in Mecklenburg-Strelitz, Neubrandenburg 2001, S. 60f.; Klee, Euthanasie, S. 301, 418, 436, 448, 491; Andreas Broocks, Die Geschehnisse auf dem Sachsenberg im Rahmen des nationalsozialistischen Euthanasieprogramms. In: Heinrich-Christian Kuhn (Hg.), Schweriner Gespräche, Hg. von der Landeszentrale für Politische Bildung Mecklenburg-Vorpommern, Schwerin 2007, S. 3-35. Vgl. Heckers Prozessakte mit dem Urteil des SMT der 90. Schützendivision in Schwerin vom 16.5.1946 (BStU, ZA, HA IX/11, RHE 58/89 DDR , Bl. 27-219).

309 Urteil des Schwurgerichts Schwerin vom 16.8.1946 (BArch Berlin, DP 1/797). Die Angestellten Gräfenitz, Berkholz, Kamphusen und Meyer wurden zum Tode verurteilt, die Angeklagten Braunroth, Ahrens, Thiel, Buschow, Wandschneider und Jürfeldt freigesprochen. Braunroth war von 1933-1946 Assistenzarzt in Sachsenberg, der Leiter Dr. Fischer beging Suizid und der eigentliche Leiter Dr. Leu verabreichte ab Ende 1940/Anfang 1941 Veronaltabletten. Er hat zweimal jeweils 140 Patienten auf Befehl aus Berlin in die Tötungsanstalt Bernburg gebracht. Dr. Hecker und die anderen Angeklagten des SMT wurden in diesem Verfahren nach Befehl 201 nicht erwähnt.

Rolf Burchardt (vgl. Judenmord, Sonderführer, Militärverwaltung, Zwangsarbeit besetzte Gebiete)
Ludwig Ehrsam[310] (vgl. SS-FHA, KZ Sachsenhausen, KZ Dachau, KZ Buchenwald, frühe KZ, KZ Lichtenburg)
Otto Enoch (vgl. Einsatzgruppe D, Judenmord)
Ernst Frowein[311] (vgl. SS-FHA, Strafvollzug, KZ Sachsenhausen, Reichsarzt SS)
Gustav Häger[312] (vgl. Kriegsgefangenenlager Sowjetunion)
Kurt Heckert[313] (vgl. Kriegsgefangenenlager Sowjetunion)
Franz Heß (vgl. SS-FHA, Gestapo Prag, KdS, Einsatzgruppe B, KZ Sachsenhausen, Kriegsgefangenenwesen Deutschland, Judenmord)
Karl Hoffmann[314] (vgl. Kriegsgefangenenlager Sowjetunion)
Paul Kern[315] (vgl. Wehrmachteinheiten)
Kasimir Krzyzanowski (vgl. Kriegsgefangenenlager Sowjetunion)
Erich Langheim (vgl. SS-FHA, Kriegsgefangenenlager besetzte Gebiete)
Franz Menzel (vgl. Kriegsgefangenenwesen Deutschland)
Karl Scherff (vgl. Kriegsgefangenenwesen Deutschland)
Wilhelm Schulz (geb. 1906) (vgl. KZ Stutthof)
Elisabeth Seeling (vgl. HJ, KZ Kauen, Zivilverwaltung, Judenmord)
Heinz Truise (vgl. Verbrechen gegen Kriegsgefangene kurz vor dem Kriegsende, Kriegsgefangenenlager Sowjetunion, Judenmord, Inlands-SD)

Aus anderen Gründen verurteilt oder Urteilsgründe nicht bekannt:
Ein anderer Fall ist der des Mitarbeiters der der Euthanasie dienenden Kinderheilstätte für Nervenkranke in Loben/Oberschlesien[316] Max Radimersky (vgl. Sabotage deutsche Ostgebiete), der bereits am 28. Februar 1945, jedoch als Saboteur, hingerichtet wurde. Die Vorwürfe gegen ihn sind unbekannt.

310 Szalet, Baracke, S. 488; Morsch, Gründung, S. 167 f., 177; Klee, Personenlexikon, S. 128; Naujoks, Leben, S. 34 f., 93, 107 ff., 127; Ley/Morsch, Medizin, S. 182-185.
311 Ley/Morsch, Medizin, S. 185 f.; Morsch, Mord, S. 167-169.
312 Vgl. Iber, Walter M., Verbrechen an sowjetischen Kriegsgefangenen als Anklagepunkt gegen österreichische und sudetendeutsche Kriegsgefangene. In: Stefan Karner/Vjačeslav Selemenev (Hg.), Österreicher und Sudetendeutsche vor sowjetischen Militär- und Strafgerichten in Weißrussland 1945-1950, Graz 2007, S. 330-367, hier 346-348.
313 Vgl. Iber, Verbrechen, S. 346-348.
314 Ebd.
315 Bezborodova, Generäle, S. 110 f.
316 Zu diesem Ort gibt es nur wenige Angaben. Vgl. Quellen zur Geschichte der Euthanasie-Verbrechen 1939-1945 in polnischen Archiven. Ein Inventar, Im Auftrag des Bundesarchivs. Bearbeitet von Jerzey Grzlak, o. O. o. J.; Quellen zur Geschichte der Euthanasie-Verbrechen 1939-1945 in deutschen und österreichischen Archiven. Ein Inventar, Im Auftrag des Bundesarchivs. Bearbeitet von Dr. Harald Jenner, o. O. o. J.

9. Intellektuelle

Diese nicht kleine Gruppe umfasst 42 Verurteilte, von denen 19 ausdrücklich wegen der spezifischen Gründe verurteilt und hingerichtet wurden.

9.1 Filmschaffende

Ewald von Demandowsky[317] (vgl. Journalisten, Reichsministerium für Volksaufklärung und Propaganda) war seit 1939 Produktionschef bei der Tobis-Filmgesellschaft. Er war zunächst einer der engsten Goebbels-Vertrauten in der Filmbranche, von 1937 bis 1939 Reichsfilmdramaturg und schließlich Mitarbeiter des Propagandaministeriums. Unter seiner Leitung wurde eine auf die Interessen der Nationalsozialisten zugeschnittene Neuordnung des deutschen Films in der Tobis-Filmgesellschaft verwirklicht. 1937 war er einer von vier Intendanten des deutschen Rundfunks. Er ließ die nationalsozialistischen Propagandafilme „Ohm Krüger" und „Die Degenhardts", den antisemitischen Film „Robert und Bertram" und den Euthanasiefilm „Ich klage an" drehen. Das SMT verurteilte ihn wegen Kriegsverbrechen.

Aus anderen Gründen verurteilt oder Urteilsgründe nicht bekannt:
Hans-Heinrich Henne[318] (vgl. Schriftsteller, HJ, Journalisten)

9.2 Künstler

Neben den Filmschaffenden bilden auch die Künstler nur eine kleine Gruppe unter den Urteilsfällen. Georg Haase etwa lebte als Bildhauer und Kunstmaler in Altenburg und wurde wegen Kriegsverbrechen erschossen. Genaue Vorwürfe sind unbekannt.

9.3 Schriftsteller und Autoren

Heinrich Goitsch (vgl. Journalisten) arbeitete als freier Schriftsteller in Berlin und war zeitweilig Redakteur der 1943 verbotenen Frankfurter Zeitung. Er verfasste Broschüren und Artikel zu den Kriegsereignissen. Kurz nach dem Krieg wurde er als Psychotherapeut in Berlin zugelassen. Da er ausgebombt war, lebte er in Luckenwalde. Mit dem Vorwurf, von 1942 bis November 1944 Mitglied der Reichsschrifttumskammer, Redakteur der Zeitschrift „Transo-Ulan" und Korrespondent faschistischer Zeitungen gewesen zu sein, wurde er wegen Kriegsver-

317 Hildegard Knef, Der geschenkte Gaul. Bericht aus einem Leben, Wien 1970, S. 64-150; Christian Schröder, Mir wollten sämtliche Wunder begegnen. Hildegard Knef, Biographie, Berlin 2006, S. 62-70; Jürgen Trimborn, Hildegard Knef. Die Biographie, München 2007, S. 77-115.

318 Züchner, Journalist.

brechen verurteilt. Sein 1942 erschienenes Buch „Die Wahrheit über den Krieg im Osten“ in 20 000 Exemplaren und die 1944 herausgegebene Broschüre „Niemals“ in 20 000 Exemplaren seien gegen die Sowjetunion gerichtet gewesen und in 40 Ländern verbreitet worden.[319]

Hans-Heinrich Henne[320] (vgl. Schriftsteller, HJ, Filmschaffende) war ab März 1933 stellvertretender Schriftleiter bei der HJ-Zeitung „Die Hitler-Jugend“ (ab 1939 „Junge Welt“) und arbeitete ab August 1935 beim „Angriff“. Als Berichterstatter der sogenannten Fliegenden Redaktion war er mit Flugzeug und Wagen unterwegs. Er verfasste 1937 die antikommunistische Propagandabroschüre „Ich war Prolet in Sowjet-Russland“. Im Januar 1942 erschien sein Buch „Das Weiße im Auge des Feindes“ zum Frankreichkrieg. Später berichtete er von der Ostfront. Er wurde wegen faschistischer Propaganda und seines antisowjetischen Kriegsbuches „Straße nach Kandalakscha“ verurteilt.[321]

Eduard Amphlett (vgl. Ministerium für die besetzten Ostgebiete)

Johannes Mahnkopf (vgl. Untergeordnete NSDAP-Funktionen)

Aus anderen Gründen verurteilt oder Urteilsgründe nicht bekannt:

Heinrich Dungs[322] (vgl. Journalisten, Propaganda vor 1945, Geistliche)

Alexander Durow[323] (vgl. NSDAP-Gauleitungen, Reichsministerium für Volksaufklärung und Propaganda, Journalisten, Judenmord)

Herbert von Hoerner (vgl. Sonderführer)

Otto Kriegk[324] (vgl. Reichsministerium für Volksaufklärung und Propaganda, Journalisten)

Werner Stachowitz (vgl. Requirierungen, Werwolf Berlin)

9.4 Journalisten

Unter den zum Tode verurteilten Journalisten dürfte *Rudolf Sparing*[325] der prominenteste gewesen sein. Er war Mitbegründer und seit 1943 Chefredakteur der von Propagandaminister Goebbels herausgegebenen Wochenzeitung „Das Reich“. Er leitete zuvor Besatzungszeitungen in Brüssel und Paris. Während er in die Sowjetunion deportiert wurde – wofür es sonst kaum Beispiele gibt –, begnadigte ihn das Präsidium des Obersten Sowjets und er starb 1955 in einem Lager in Potma.

319 Zu Goitsch vgl. den Aufsatz von Mike Schmeitzner in diesem Band.
320 Züchner, Journalist.
321 Zu Henne vgl. den Aufsatz von Mike Schmeitzner in diesem Band.
322 Holger Weitenhagen, Evangelisch und deutsch. Heinz Dungs und die Pressepolitik der Deutschen Christen, Köln 2001.
323 Zum „Weltdienst“, bei dem Durow arbeitete, vgl. Schiefelbein, Institut, S. 41 ff.
324 Thorwald, Ende, S. 109 ff., 196 ff.
325 Klee, Kulturlexikon, S. 577.

Die meisten der hier vorgestellten 20 Journalisten sind wegen Kriegsverbrechen verurteilt worden, davon sieben ausdrücklich mit Bezug auf ihre Tätigkeit.

Ewald von Demandowsky[326] (vgl. Filmschaffende, Reichsministerium für Volksaufklärung und Propaganda)

Heinrich Dungs[327] (vgl. Schriftsteller, Propaganda vor 1945, Geistliche)

Heinrich Goitsch (vgl. Schriftsteller)

Georg Rindfleisch (vgl. Auswärtiges Amt)

Rudolf Skuin[328] (vgl. Auswärtiges Amt, Reichsministerium für Volksaufklärung und Propaganda)

Karl Uhlmann (vgl. NSDAP-OGL)

Osmar Werner (vgl. Reichsministerium für Volksaufklärung und Propaganda. Gestapo- und SD-V-Männer)

Aus anderen Gründen verurteilt oder Urteilsgründe nicht bekannt:

Broder Bahnsen

Walter Bochow[329] (vgl. Reichsministerium für Volksaufklärung und Propaganda, Gestapo- und SD-V-Männer)

Alexander Durow[330] (vgl. NSDAP-Gauleitungen, Reichsministerium für Volksaufklärung und Propaganda, Schriftsteller, Judenmord)

Friedrich A. Eck (vgl. Einsatzgruppen A/B, Reichsministerium für Volksaufklärung und Propaganda)

Wolff Heinrichsdorff[331] (vgl. Reichsministerium für Volksaufklärung und Propaganda, Judenmord, Nationalsozialistischer Deutscher Studentenbund, NS-Dozentenschaft)

Hans-Heinrich Henne[332] (vgl. Schriftsteller, HJ, Filmschaffende)

Hans Hüttenrauch

Otto Kriegk[333] (vgl. Reichsministerium für Volksaufklärung und Propaganda, Schriftsteller)

Claus Morgenstern (vgl. Zentralverbände, Amt Ausland/Abwehr, Spionage Sowjetunion)

Willi Oppermann (vgl. Spionage Berlin)

Adolf Schaar

326 Knef, Gaul, S. 64-150; Christian Schröder, Mir wollten, S. 62-70; Trimborn, Knef, S. 77-115.

327 Weitenhagen, Evangelisch. Für die Zitate in seiner Kurzbiografie vgl. ebd., S. 176f., 256, 363, 390.

328 Preuschoff, Journalist (http://his.ermlandfamilie.de/index.php/beihefte-zur-zgae.html; 30.5.2025).

329 Hachmeister, Gegnerforscher, S. 19f.

330 Zum „Weltdienst", bei dem Durow arbeitete, vgl. Schiefelbein, Institut, S. 41 ff.

331 Klee, Personenlexikon, S. 240; Krause, Hochschulalltag; Hachmeister, Gegnerforscher, S. 136f., 139, 226, 236.

332 Züchner, Journalist.

333 Thorwald, Ende, S. 109 ff., 196 ff.

Rainer Schlösser[334] (vgl. Reichsministerium für Volksaufklärung und Propaganda, HJ)
Karl Zeuch

9.5 Geistliche

Nur bei Heinrich Dungs[335] (vgl. Propaganda vor 1945, Schriftsteller, Journalisten), Pfarrer in Weimar und der führende Vertreter der Bewegung Deutsche Christen in der Evangelischen Landeskirche Thüringen, lässt sich der Verurteilungsgrund auf seine geistliche Tätigkeit zurückführen. Er wurde Ende Oktober 1946 mit dem Vorwurf „Hauptredakteur geistlicher Presse" wegen Propaganda verurteilt. Dahinter verbarg sich seine publizistische Beteiligung an der sogenannten Entjudung der Evangelischen Kirchen in Deutschland als Geschäftsführer des 1939 von der Bewegung der „Deutschen Christen" gegründeten „Instituts zur Erforschung und Beseitigung des jüdischen Einflusses auf das deutsche kirchliche Leben" in Eisenach sowie an der Erarbeitung und Herausgabe eines sogenannten entjudeten evangelischen Gesangbuchs („Großer Gott wir loben dich", 1941).

Aus anderen Gründen verurteilt oder Urteilsgründe nicht bekannt:
Reinold Fieler (vgl. Kriegsgefangenenlager Sowjetunion)
Heinrich Noé (vgl. Kriegsgefangenenlager Sowjetunion)
Viktor Sandberger (vgl. Militärverwaltung)
Johannes Scharf (vgl. Verbindung zu einem ausländischen Staat)

9.6 Schauspieler

Bisher ist aus dieser Gruppe nur die Schauspielerin *Herta-Lucia Wedler* bekannt. Sie selbst bezeichnete sich als Vortragskünstlerin und Stenotypistin. Ein SMT verurteilte sie im Februar 1947 wegen Spionage zum Tode. Obwohl ihr Gnadengesuch Ende März 1947 abgelehnt worden war, richtete man sie nicht hin.[336] Sie wurde 1955 aus dem Zuchthaus Hoheneck entlassen.

334 Klee, Personenlexikon, S. 540; Klee, Kulturlexikon, S. 525; Drewniak, Theater im NS-Staat, S. 16–19.
335 Weitenhagen, Evangelisch. Für die Zitate in der Kurzbiografie vgl. ebd., S. 176f., 256, 363, 390. Vermutlich wurde auch Max Krebs zum Tode verurteilt, der führender Vertreter der Deutschen Christen in Sachsen. Er wurde er am 22.7.1945 in Dresden festgenommen und kehrte nicht zurück. Er ist in keinem der Speziallager gestorben. Vgl. zu ihm Georg Wilhelm, Die Diktaturen und die evangelische Kirche. Totaler Machtanspruch und kirchliche Antwort am Beispiel Leipzigs 1933 bis 1958, Göttingen 2004, S. 169.
336 Gnadengesuchsablehnung in Sachen Wedler vom 18.3.1947 (RGASPI, op. 166, d. 787, l. 17f.).

9.7 Verleger

Der Inhaber des renommierten Sachbuchverlages J. Neumann Neudamm/Berlin, Walther Neumann (vgl. Diversion deutsche Ostgebiete), wurde bereits im März 1945 mit dem Vorwurf der Diversion verurteilt. Die konkreten Vorwürfe sind nicht bekannt.[337]
Gotthold Mühlner (vgl. Amt Ausland/Abwehr, Spionage andere Orte)

9.8 Wissenschaftler

Georg Gerullis[338] war Spezialist für baltische Philologie an den Universitäten Königsberg, Leipzig und Berlin. Er war seit 1933 Ministerialdirektor und Leiter der Hochschulabteilung im Preußischen Ministerium für Volksbildung und Vorsitzender des „Nationalen Ausschusses für die Erneuerung der Universität Leipzig", wurde 1933 in den einstweiligen Ruhestand versetzt und war von 1935 und bis 1937 wieder als Rektor an der Universität Königsberg tätig. Wegen Auseinandersetzungen mit dem ostpreußischen NSDAP-Gauleiter Erich Koch wechselte er an die Berliner Universität. Ihn verurteilte ein SMT wegen Kriegsverbrechen, die genauen Gründe sind unbekannt.

Mit Max Oehler und Günther Lutz (vgl. Inlands-SD) wurden der Leiter des Nietzsche-Archivs in Weimar und der wissenschaftliche Mitarbeiter im Nietzsche-Archiv wegen Kriegsverbrechen zum Tode verurteilt. Die konkreten Vorwürfe sind unbekannt. Das Archiv war intensiv von Hitler gefördert worden. Max Oehler hatte nach dem Einmarsch der amerikanischen Besatzungsarmee das Archiv in einer Abhandlung gegen den Vorwurf der Unterstützung des Nationalsozialismus verteidigt. Beide führten das Archiv zunächst nach der Besetzung Thüringens durch die Rote Armee weiter, bis es am 9. Dezember 1945 geschlossen wurde.[339]

10. Beschäftigung, Bewachung, Misshandlung und Ermordung von Zwangsarbeitern in Deutschland

Handlungen in Bezug auf ausländische Zwangsarbeiter und die Verantwortung für entsprechende Lager sowie während der Zwangsarbeit außerhalb der Lager sind nicht nur ein häufiger Urteilsgrund, sondern wurden selbst von den oft nicht

337 Rehabilitationsbescheinigung Walther Neumann (Dokstelle StSG, Akte Walther Neumann).
338 Ulf Morgenstern, „Jetzt ist es blosses Vergnügen, Nazi zu sein." Der Leipziger Baltist Georg Gerullis (1888-1945) zwischen Universität und NS-Politik. In: Universität Leipzig, 5/2007, S. 10f.
339 Klee, Kulturlexikon, S. 440; Sigismund, Denken; Hoffmann, Geschichte des Nietzsche-Archives, S. 81, 110-120, 183.

in Details eingeweihten Angehörigen der Verhafteten gegenüber dem Suchdienst des DRK oder bei Sterbefallsachen sehr oft als Verhaftungsgrund angegeben. Die ebenfalls in diesen Kontext gehörenden Sachverhalte „Abwehrbeauftragter" und „Werkschutz" werden in gesonderten Kapiteln behandelt. Der mitunter in den Dokumenten angegebene Begriff „Wachschutz" oder „Wachdienst" kann unter Umständen bedeuten, dass der Betreffende nicht ein Häftlingslager, sondern eine Fabrik bewacht hat, also auch zum Werkschutz gehörte. Wo dies jedoch nicht eindeutig ist, werden die Wachschutz- und Wachdienstmänner zur Lagerwache gezählt. Ansonsten werden unspezifisch wirkende Vorwürfe, die lediglich mit „Verspottung von Sowjetbürgern" angegeben sind, ebenfalls in dieser Fallgruppe aufgeführt.

Die am stärksten industrialisierten ostdeutschen Länder Sachsen und Thüringen bilden den Schwerpunkt bei dieser Gruppe. Insgesamt zum Tode verurteilt und davon ausdrücklich wegen dieser Vorwürfe wurden in: Sachsen 84 von 94, in Thüringen 48 von 51, in Brandenburg 39 von 50, in Sachsen-Anhalt 35 von 37, in Berlin 15 von 16, in Mecklenburg 10 von 11, in den deutschen Ostgebieten 9 von 9 und in Gebieten ohne Ortsangabe 54 von 58 Fällen. Insgesamt sind von 325 Verurteilten 292 wegen dieser Vorwürfe verurteilt worden.

10.1 Sachsen

Kurt Beutler (vgl. Kriegsgefangenenwesen Deutschland)
Alois Birke
Martin Blei (vgl. Kriegsgefangenenwesen Deutschland)
R. Böttger[340]
Albert Braunes (vgl. Polizei Deutschland)
Kurt Bröhl
Eberhart Elze (vgl. Bürgermeister)
Arno Colditz
Robert Christen (vgl. Kriegsgefangenenwesen Deutschland)
Alfred Dießner (vgl. Kriegsgefangenenwesen Deutschland, Polizei Deutschland, frühe KZ)
Alfred Dietsch (vgl. Polizei Deutschland, Polizeibataillon 108)
Alfred Forwerk
Ewald Ficker
Herbert Friedel[341] (vgl. Kriegsgefangenenwesen Deutschland, Werkschutz)
Max Gerstenberger (vgl. Gendarmerie Deutschland)
Martin Gerzabeck
Erich Ginsching (vgl. Polizei Deutschland)

340 Eberhard Reichelt, Wilsdruff im Zweiten Weltkrieg. Erlebnisse, Ereignisse, Episoden, Berichte über eine schwere Zeit in und um unsere Heimatstadt, Wilsdruff 2006, S. 86.
341 Hilger/Schmeitzner/Schmidt (Hg.), SMT 2, S. 556–558.

Gustav Gittke
Wolfgang Göhler (vgl. Abwehrbeauftragte Sachsen)
Richard Goltzsche (vgl. Werkschutz)
Karl Grießbach (vgl. Abwehrbeauftragte Sachsen)
Arthur Häntzschel (vgl. Kriegsgefangenenwesen Deutschland)
Georg Hahn (vgl. RKPA)
Willy Hammermüller[342] (vgl. Bürgermeister)
Walter Herrmann
Johannes Herzog (vgl. Polizeibataillon 42)
Rudolf Herzog
Adolf Hinze
Max Hölig (vgl. Werkschutz)
Rudolf Hofmann (vgl. Werkschutz)
Werner Hofmann (vgl. Polizei Deutschland, Kriegsgefangenenwesen Deutschland, Werkschutz)
Paul Jahn (vgl. Polizei Deutschland)
Alwin Janke
M. Jentsch[343]
Hans Jugelt
Gottfried Kaempfe (vgl. Werkschutz, Abwehrbeauftragte Sachsen)
Oswin Kempe[344] (vgl. Reichsbauernführer, Polizei Deutschland)
Hermann Kieback
Walter Klocke (vgl. Werkschutz)
Herbert Kosmahl (vgl. Requirierungen, Zivilverwaltung)
Kropf
Heinrich Krug
Johann-Georg Kunze (vgl. RKPA)
Fritz Lindenau
Willi Löffler (vgl. RKPA)
Erich Loocke (vgl. RKPA)
Roland Müller[345]
Alexander Münch (geb. 1905) (vgl. Untergeordnete NSDAP-Funktionen)
Martin Mutschmann[346] (vgl. Werwolf, frühe KZ, Zwangsarbeit Deutschland)
Albert Neubert (vgl. Polizei Deutschland)
Alfred Pendorf (vgl. Polizei Deutschland)
Oskar Pfeifer[347] (vgl. Polizei Deutschland)

342 Rümmler, Abgeholt, S. 41-44.
343 Reichelt, Wilsdruff, S. 92f.
344 Rümmler, Abgeholt, S. 41-44.
345 Reichelt, Wilsdruff, S. 92f.
346 Schmeitzner, Mutschmann; vgl. den Aufsatz von Mike Schmeitzner in diesem Band. Ebenfalls Hilger, Tod den Spionen, S. 114 ff.; Hilger, Sowjetische Justiz, S. 476f.
347 Rümmler, Abgeholt, S. 41-44.

Bernhard Pfob (vgl. Polizei Deutschland, frühe KZ)
Willi Pinsel (vgl. Werkschutz)
Curt Pommer (vgl. Abwehrbeauftragte Sachsen, Kriegsgefangenenwesen Deutschland)
Friedrich Popp (vgl. Werkschutz)
Adam Powroznik
Willy Puschmann (vgl. Polizei Deutschland, Gendarmerie Deutschland, Partisanenkampf)
Richard Raphelt (vgl. Kriegsgefangenenwesen Deutschland)
Fritz Reschke (vgl. Abwehrbeauftragte Sachsen, NSDAP-Kreisleitungen)
Martin Riedel (vgl. Kriegsgefangenenwesen Deutschland)
Rudolf Risse (geb. 1883) (vgl. Bürgermeister, Kriegsgefangenenwesen Deutschland)
Max Rittler (vgl. Polizei Deutschland, Werkschutz, Kriegsgefangenenwesen Deutschland)
Paul Salzmann (vgl. Gendarmerie Deutschland)
Emil Schirmer
Franz Schirmer
Artur Schmidt (geb. 1893)
Werner Schmiedel (vgl. NSDAP-Gauleitungen)
Gustav Schmurdi
Rudolf Schneider
Alfred Schulz
Willy Schuster (geb. 1900) (vgl. Werkschutz)
Gotthold Schwarze (vgl. Reichsbauernführer)
Ludwig Seidel
Richard Seifert (vgl. Polizei Deutschland)
Maria Simon
Anton Spengler (vgl. Abwehrbeauftrage Sachsen)
Kurt Trebs (vgl. RKPA, Kriegsgefangenenwesen Deutschland, Inlands-SD)
Johannes Ulbricht (vgl. Kriegsgefangenenwesen Deutschland)
Alwin Walde
Heinrich Walter[348]
Manfred Weber
Wilhelm Werft

Aus anderen Gründen verurteilt oder Urteilsgründe nicht bekannt:
Max Herrmann (geb. 1894) (vgl. Polizei Deutschland)
Margot Hofmann
Pfeiffer
Otto Richter

348 Deutsche Opfer.

Axel Schlicht[349] (vgl. Werkschutz, Judenmord, Gestapo- und SD-V-Männer, Abwehrbeauftragte Generalgouvernement)
Walter Tränkmann[350] (vgl. Inlands-SD, Justiz Deutschland)
Josef Vonderbank
Otto Wagner
Erich Wünsch[351] (vgl. Kriegsgefangenenwesen Deutschland)
Gottfried Wünsch (vgl. Kriegsgefangenenwesen Deutschland)

10.2 Thüringen

Rudolf Allner
Georg Aschoff
Herrmann Bauchspieß (vgl. Bürgermeister)
Julius Baumbach (vgl. Polizei Deutschland)
Karl Berger (vgl. Abwehrbeauftragte Sachsen)
Paul Cämmerer (vgl. NSDAP-OGL, Reichsbauernführer)
Friedel Dittmann
Robert Eckart (vgl. RKPA)
Artur Ellinger
Albert Fahnrich
Edgar Feldrappe
Karl Gerzeg (vgl. RKPA)
Georg Gremels
Walter Herold (vgl. Reichsbauernführer, Untergeordnete NSDAP-Funktionen)
Ernst Heubach (vgl. Abwehrbeauftragte Thüringen, Kriegsgefangenenwesen Deutschland)
Fritz Höfig (vgl. Abwehrbeauftragte Thüringen)
Artur Huth (vgl. RKPA)
Max Irmischer (vgl. Abwehrbeauftragte Thüringen)
Albert Kleye (vgl. Abwehrbeauftragte Thüringen)
William Körber (vgl. Untergeordnete NSDAP-Funktionen)
Hans Langbein
Iwan Lippold
Rudi Lindner
Franz Luther
Theodor Macheleidt
Wilhelm Mattig (vgl. Werkschutz, KZ Sachsenhausen, SS-FHA, KdS)
Arno Meyer (vgl. Untergeordnete NSDAP-Funktionen)
Wilhelm Mund (vgl. Kriegsgefangenenwesen Deutschland, Polizei Deutschland)

349 Schreiber, Elite, S. 436; Karay, Heaven; allgemein zu Kamienna vgl. Frey, Hölle.
350 Schreiber, Elite, S. 85, 112f., 145, 294, 419f., 426, 440–444.
351 Hilger/Schmeitzner/Schmidt (Hg.), SMT 2, S. 556–558.

Rudolf Ortmann
Andreas Ringleb (vgl. Sabotage Thüringen)
Hugo Rödiger (vgl. Polizei Deutschland)
Christian Roß (vgl. Werkschutz)
Josef Roth (vgl. RKPA)
Gerhard Rüdiger (vgl. Kriegsgefangenenlager in der Sowjetunion, Werkschutz)
Kurt Sachse (vgl. RKPA, Judenmord)
Hans Sauer[352] (vgl. Untergeordnete NSDAP-Funktionen, Reichsministerium für Bewaffnung und Munition)
Walter Scharfenberg
Max Schieferdecker (vgl. Abwehrbeauftragte Thüringen)
Werner Schwarz (vgl. Reichsbauernführer)
Hans Seeber (vgl. Abwehrbeauftragte Thüringen)
Ernst Töpfer
August Torwart (vgl. RKPA)
Ernst Triebel[353]
Hermann Uibrig
Wilhelm Utting
Hermann Vogt (Polizei Deutschland, Polizei besetzte Gebiete, Abwehrbeauftragter Thüringen)
Albrecht Voigt (vgl. Polizei Deutschland)
Rudolf Weizmann (vgl. Verwaltung in Deutschland)
Walter Witt (vgl. Gestapo- und SD-V-Männer)

Aus anderen Gründen verurteilt oder Urteilsgründe nicht bekannt:
Karl Gietzel
Franz Reinhart
Otto Wagner

10.3 Brandenburg

Brandenburg, dessen Industrialisierung durch den Aufbau einer Rüstungsindustrie in der Zeit des Nationalsozialismus einen Aufschwung erfuhr, weist fast gleichviele Fälle auf wie Thüringen.
Adolf Adamczak
Kurt Alt
Walter Bachmann
Fritz Bensing (vgl. Polizei, SA)

352 Arfmann/Kallmeyer, J. P. Sauer & Sohn, S. 91-97.
353 Er war in der Waffenschmiede „Sauer & Sohn" in Suhl tätig. Vgl. den Fall des Inhabers dieser Firma, Hans Sauer (Reichsministerium für Bewaffnung und Munition, Zwangsarbeit Thüringen).

Georg Böttcher (vgl. SA)
Willi Boettcher (vgl. Zivilverwaltung)
Richard Bohs (vgl. Werkschutz)
Karl-Heinz Dame
Adolf Dittmann (vgl. Militärverwaltung)
Otto Düngler
Hugo Fränkler
Oskar Fuchs (vgl. NSDAP-OGL, Unterstützung der internationalen Bourgeoisie, frühe KZ, Bürgermeister, Judenmord)
Erich Greinert (vgl. Untergeordnete NSDAP-Funktionen)
Alfred Gross (vgl. Untergeordnete NSDAP-Funktionen, Anstiftung zum Krieg)
Margareta Grünewald
Hans-Julian von Hartmann-Krey (vgl. Amt Ausland/Abwehr)
Josef Hendrichs
Hermann Hurtienne (vgl. Bürgermeister)
Günther Kickelbusch
Max Krebs (vgl. Polizei Deutschland)
Johannes Krüger
Josef Kunz
Wilhelm Lischke
Adolf Löwe
Friedrich Ludwig
Margarethe Muche
Franz Müller
Max Nawior (vgl. Polizei Deutschland, Staat und Verwaltung Deutschland)
Josef Proks
Eugen Reichel
Josef Rogowski
Anton Schaal (vgl. Untergeordnete NSDAP-Funktionen)
Friedrich Schmidt
Hugo Schröder
Paul Schröder
Gustav Schulze
Günter Segebrecht
Werner Wucke
Willi Thoms
Felix Tietz

Aus anderen Gründen verurteilt oder Urteilsgründe nicht bekannt:
Marian Bronsko
Bernhard Hamann (vgl. Werkschutz)
Kurt Hartmann (geb. 1913)
Paul Hartmann
Fritz Jahn

Willy Kaube
Julius Liese
Hermann Martin
Max Schoppe

10.4 Sachsen-Anhalt

Willy Bergholz
Otto Fischer (geb. 1904)
Paul Fröb
Richard Gabriel (vgl. Bürgermeister)
Julius Holzschuher (vgl. Abwehrbeauftragte Sachsen-Anhalt)
Heinrich Kettern (vgl. Kriegsgefangenenwesen Deutschland)
Friedrich König (vgl. Abwehrbeauftragte Sachsen-Anhalt)
Georg Kronberg (vgl. Kriegsgefangenenwesen Deutschland)
Ewald Krone (vgl. Werkschutz)
Karl Krüger (vgl. Kriegsgefangenenwesen Deutschland)
Leo Majewski (vgl. Werkschutz, Kriegsgefangenenwesen Deutschland)
Richard Maurer (vgl. Abwehrbeauftragte Sachsen-Anhalt)
Hans Naue[354] (vgl. Bürgermeister, Kriegsverwaltungsräte, Polizei Deutschland)
Wilhelm Naumann[355]
Otto Neubauer (vgl. Kriegsgefangenenwesen Deutschland)
Richard Plato (vgl. Kriegsgefangenenwesen Deutschland)
John Pingel (vgl. Kriegsgefangenenwesen Deutschland)
Wilhelm Pyttel
Kurt Redlich (vgl. Kriegsgefangenenwesen Deutschland)
Karl Rieche (vgl. Kriegsgefangenenwesen Deutschland)
Helene Rudloff
Otto Schmidt (geb. 1891) (vgl. Abwehrbeauftragte Sachsen-Anhalt)
Ernst Schneider (vgl. Kriegsgefangenenwesen Deutschland)
Richard Schoppe
Wilhelm Schröder[356]
Georg Silbermann (vgl. Abwehrbeauftragte Sachsen-Anhalt)
Gustav Suder (vgl. Abwehrbeauftragte Sachsen-Anhalt)
Edwin Tiemann
Albert Wachtel (vgl. Untergeordnete NSDAP-Funktionen, RKPA)
Franz Wagner (vgl. Kriegsgefangenenwesen Deutschland)
Friedrich Weinholtz
Ernst Winning

354 Ahrberg, Abgeholt, S. 15–22.
355 Ebd., S. 28–36.
356 Ahrberg, Abgeholt, S. 28–36.

Friedrich Wirths (vgl. Abwehrbeauftragte Sachsen-Anhalt)
Aus anderen Gründen verurteilt oder Urteilsgründe nicht bekannt:
Marian Bronsko
Gustav Pietrzok (vgl. Kriegsgefangenenwesen Deutschland)

10.5 Berlin

Gustav Appel
Otto Büttner (vgl. RKPA)
Ferdinand Finke (vgl. Polizei Deutschland, Werkschutz)
Heinz Göbel
Otto Graef
Georg Jeschke
Friedrich Keil (vgl. frühe KZ)
Gerhard Mertel
Karl Pallentin
Paul Quander
Friedrich Springer
Erich Sternsdorff (vgl. Justiz Deutschland, Justiz besetzte Gebiete)
Richard Wählisch
Hermann Windisch
Otto Zierd

Aus anderen Gründen verurteilt oder Urteilsgründe nicht bekannt:
Wilhelm Lachmann

10.6 Mecklenburg

Hermann Jürgens
Karl Kracht
Johannes Mattheis (vgl. Reichsbauernführer, Kriegsgefangenenwesen Deutschland)
Ernst Müller (geb. 1890)
Werner Ruge
Magnus Schult
Carl von Schultz
Franz Stalke
Richard Storm (vgl. Polizei Deutschland)
Emil Streuch (vgl. Kriegsgefangenenwesen Deutschland, Polizei Deutschland)

Aus anderen Gründen verurteilt oder Urteilsgründe nicht bekannt:
Emil Glawe

10.7 Deutsche Ostgebiete

Erich Badtke (vgl. Polizei Deutschland)
Thomas Eckert (vgl. Gendarmerie Deutschland, Gendarmerie besetzte Gebiete, Kriegsgefangenenwesen Sowjetunion, Judenmord)
Anna Friedrich
Anton Friedrich
Paul Grentz (vgl. Bürgermeister)
Paul Hagen (vgl. Bürgermeister)
Karl Kaiser (vgl. Untergeordnete NSDAP-Funktionen, Gestapo- und SD-V-Männer)
Georg Keller (vgl. Gestapo- und SD-V-Männer)
Fritz Lorenz (vgl. NSDAP-OGL)

10.8 Ohne Ortsangabe bzw. andere Orte

Zu dieser Gruppe werden auch Personen gezählt, die in den besetzten Gebieten für die Verschleppung von Zwangsarbeitern nach Deutschland verantwortlich waren.
Albert Altmann
Fritz Beckenhof (vgl. Militärverwaltung, Sonderführer)
August Bittner[357] (vgl. Militärverwaltung, Sonderführer)
Hugo Brückenhaus (vgl. RKPA)
Karl Burckhardt[358] (vgl. Judenmord, Militärverwaltung, Requirierungen, Kriegsgefangenenlager Sowjetunion)
Hermann Dankwerts (vgl. Sonderführer, Untergeordnete NSDAP-Funktionen, Requirierungen, Kriegsverwaltungsrat)
Otto Dartsch (vgl. Polizei besetzte Gebiete, Polizei Deutschland)
Bartholomäus Gilch (vgl. Partisanenkampf, Wehrmachteinheiten)
Bernhard Haberbosch (vgl. Partisanenkampf, Kriegsgefangenenlager Sowjetunion, Feldgendarmerie)
Max Haertel (vgl. RKPA, Auslands-SD „Zeppelin“)
Emil Haupt (vgl. Partisanenkampf, Militärverwaltung)
Wilhelm Haus (vgl. Partisanenkampf)
Oswald Heller (vgl. Polizei Deutschland, Einsatzgruppe B/C, Polizei besetzte Gebiete)
Fritz Hentschel
Alfred Herrmann (vgl. Partisanenkampf, Gendarmerie besetzte Gebiet, Gendarmerie Deutschland)

357 Messerschmidt, Minsker Prozeß; Angaben aus seinen Aussagen bei Gerlach, Morde, S. 169f., 198, 249, 983.
358 Bezborodova, Generäle, S. 249f.

Gerhard Hirsch (vgl. Partisanenkampf, Militärverwaltung)
Gustav Hoffmann (vgl. KdS, Gestapo besetzte Gebiete, Gestapo Berlin)
Erich Hohnstein (vgl. Partisanenkampf, Requirierungen)
Alfred Jaschke (vgl. Kriegsgefangenenlager Sowjetunion, Kriegsgefangenenwesen Deutschland, Amt Ausland/Abwehr)
Max Jentsch (vgl. Partisanenkampf, Requirierungen)
Emil Just[359] (vgl. Auswärtiges Amt, Militärverwaltung, Partisanenkampf, Amt Ausland/Abwehr)
Emil Kalin
Heinrich Keller
August Krieger
Hans Küpper[360] (vgl. OKW, Kriegsgefangenenwesen in der Sowjetunion, Partisanenkampf, Militärverwaltung, Requirierungen)
Otto Kurz (vgl. Polizei besetzte Gebiete)
Alfred Labowski
Karl Lohmann (vgl. Partisanenkampf, Requirierungen)
Gerhard Meier (vgl. Judenmord, Feldgendarmerie, Partisanenkampf)
Karl Meier
Günther Merk[361] (vgl. Stab RFSS, Hauptamt Orpo, SS-Polizeiregiment 6, Partisanenkampf, HSSPF)
Karl Mohr (vgl. Gestapo ohne Ortsangabe)
Albrecht Digeon von Monteton[362] (vgl. Partisanenkampf, Kriegsgefangenenlager Sowjetunion, Militärverwaltung, Requirierungen)
Bruno Neumann (geb. 1896) (vgl. Partisanenkampf, Requirierungen)
Alfred Nil
Heinrich Otto
Walter Paul (vgl. Gendarmerie Deutschland, Gendarmerie besetzte Gebiete, Partisanenkampf, Polizei Deutschland)
Bruno Pawel[363] (vgl. Partisanenkampf, Wehrmachteinheiten, Militärverwaltung, Kriegsgefangenenlager Sowjetunion)
Erich Pilz (vgl. Partisanenkampf)
Richard Schmidt
Karl Scholz (vgl. Partisanenkampf, Requirierungen)
Hans Schröter (vgl. Judenmord)
Geiswerther Schulze
Paul Schwendike
Karl Seufert
Franz Simbeck (vgl. Partisanenkampf, Requirierungen)

359 Mader, Hitlers Spionagegenerale, S. 145 f., 223, 403; Gerlach, Morde, S. 787, 1058.
360 Bezborodova, Generäle, S. 126.
361 Ebd., S. 144 f.
362 Ebd., S. 101; Gerlach, Morde, S. 216, 906, 1001, 1103.
363 Bezborodova, Generäle, S. 163.

Otto Sommer (vgl. Kriegsgefangenenwesen Deutschland, Polizei Deutschland)
Walter Stettin (vgl. Partisanenkampf, Requirierungen)
Georg von Unold[364] (vgl. OKW, Militärverwaltung, Requirierungen)
Max Vogel (vgl. Strafvollzug, RKPA)
Johannes Volkmer (vgl. Partisanenkampf, Kriegsgefangenenlager Sowjetunion)
Karl Wolf (geb. 1899) (vgl. Partisanenkampf, Requirierungen)
Friedrich Zachries (vgl. SA, Sonderführer, Partisanenkampf, Amt Ausland/Abwehr, Judenmord)
Josef Zerjak (vgl. Partisanenkampf, Militärverwaltung)

Aus anderen Gründen verurteilt oder Urteilsgründe nicht bekannt:
Woldemar von Berg
Georg Heinisch[365] (vgl. Zivilverwaltung, Judenmord, Requirierungen, NSDAP-Gauleitungen)
Ernst Rietzsch[366] (vgl. Militärverwaltung, Militärverwaltungsrat, Bürgermeister, frühe KZ, Judenmord, Organisation Todt, Partisanenkampf)
Stefan Schmitz

11. Zwangsarbeit von Juden - Sonderbeauftragter des Reichsführers SS für den fremdvölkischen Arbeitseinsatz in Ostoberschlesien (Organisation Schmelt)

Bernhard Hentschel (vgl. Polizei Deutschland, Judenmord, KZ Auschwitz) ist der ranghöchste zum Tode verurteilte Verantwortliche im Kontext des Völkermordes an den europäischen Juden. Zunächst Polizeirat im Polizeipräsidium in Breslau, war er ab 1940 als Stellvertreter und Stabschef von SS-Brigadeführer Albrecht Schmelt, des für die Zwangsarbeit von Juden in Schlesien und im Sudetenland zuständigen „Sonderbeauftragten des Reichsführers SS für den fremdvölkischen Arbeitseinsatz in Ostoberschlesien“, verantwortlich für die Deportation jüdischer Zwangsarbeiter in die Lager nach Deutschland und ins Sudetenland sowie für die Versorgung der jüdischen Zwangsarbeiter in den schlesischen Lagern. Das SMT warf Hentschel vor, dass er die Juden in den Lagern grausam ausbeutete, misshandelte und sie, wenn die Arbeit zu schwer war, in den Vernichtungslagern tötete, darunter in Auschwitz. Ende 1943 habe er den Befehl Himmlers

364 Gerlach, Morde, S. 152–156, 287, 311, 315, 370, 786, 833, 1028, 1031 f., 1050, 1081, 1087 f., 1097; Klee, Personenlexikon, S. 636.
365 Gerichtsprozeß, S. 5, 9, 52–58. Heinisch berichtete als Zeuge im öffentlichen Charkower Prozess detailliert u. a. über die Tötung von Häftlingen des KZ Auschwitz in den dortigen Gaskammern (ebd., S. 54 f.). Diese Aussagen sind bereits 1944 veröffentlicht worden.
366 Lobeck, Schwarzenberg-Utopie; Wagenlehner, Die russischen Bemühungen, S. 71. Vgl. auch Aris, Recherchebericht.

ausgeführt, alle Juden, die bisher zur Zwangsarbeit eingesetzt waren, in die Vernichtungslager zu bringen.

12. Abwehrbeauftragte

Neben den Delikten, die sich aus dem Einsatz und der Unterbringung von Zwangsarbeitern und Kriegsgefangenen in der Wirtschaft, in der Landwirtschaft und im öffentlichen Bereich ergaben, machen die zur Überwachung der Arbeiter in allen Rüstungsbetrieben eingesetzten Abwehrbeauftragten, die ihre Anweisungen von den Gestapo-Leitstellen erhielten, eine größere Gruppe unter den Verurteilten aus. Bemerkenswert ist auch hier, dass sie überwiegend aus Thüringen und Sachsen stammen. Innerhalb Sachsens bestehen zudem eine Häufung für den Industrieort Reichenbach mit sieben Fällen, wobei in Reichenbach die Urteile ohne Revisionsanspruch ergingen. Bei vielen dieser Verurteilten sind die konkreten Vorwürfe nicht bekannt.

In Thüringen wurden 13 von 22, in Sachsen 10 von 18, in Sachsen-Anhalt 7 von 7, in Berlin 2 von 2 und im Generalgouvernement 1 von 1 und somit insgesamt 33 von 50 Verurteilten wegen dieser Vorwürfe hingerichtet.

12.1 Thüringen

Im September 1945 fand gegen zwölf Angeschuldigte aus Sonneberg ein Sammelprozess statt, bei dem die vier zum Tode Verurteilten ohne Gnadenmöglichkeit hingerichtet wurden. Drei zum Tode Verurteilte hatten Positionen im Zahnradwerk G. E. Reinhardt (Hauptwerk Leipzig) in Sonneberg bekleidet, das Zahnräder für Ford und Junkers, später für Panzer und bis zum Kriegsende für V1- und V2-Raketen herstellte. Johannes Friedrich (vgl. Kriegsgefangenenwesen Deutschland) war Ingenieur und seit 1939 Werkleiter. Ihm wurde seine Tätigkeit für die Abwehrstelle vorgeworfen, auch habe er einige der 175 sowjetischen Kriegsgefangenen geschlagen. Erich Schubert (vgl. Werkschutz), Ingenieur im Werk, war Leiter des Werkschutzes und Abwehrbeauftragter. Ihm unterstanden die 1943/44 im Werk eingesetzten 174 Zwangsarbeiter (1 Norweger, 15 Holländer, 8 Flamen, 65 Franzosen, 5 Protektoratsangehörige und 80 Polen). Hermann Schindhelm (vgl. KZ Buchenwald, Kriegsgefangenenwesen Deutschland), Schmied und Meister im Zahnradwerk, wurde wegen seiner Tätigkeit für die Abwehrstelle angeklagt, auch habe er an einer Treibjagd auf entflohene sowjetische Kriegsgefangene teilgenommen. Ernst Heubach (vgl. Zwangsarbeit Thüringen, Kriegsgefangenenwesen Deutschland) war Porzellanwarenfabrikbesitzer in Köppeldorf bei Sonneberg und Abwehrbeauftragter seines Werkes. Er habe in seiner Fabrik 200 Ausländer, darunter 95 sowjetische Kriegsgefangene, beschäftigt und sie verhöhnt. 1943/44 waren in seinem Werk auch 54 Ostarbeiterinnen, 20 Polinnen, 31 Französinnen und 11 Franzosen eingesetzt, für die er ein Lager unterhielt.

Vor einem SMT in Weimar hatten sich vom 28. bis 30. Januar 1946 26 Offiziere, Betriebsbesitzer, Abwehrbeauftragte und Schreibkräfte des Rüstungskommandos Weimar aus Greiz zu verantworten. Es wurden elf Todesurteile wegen Kriegsverbrechen verhängt. Von den zwölf zu Zeitstrafen Verurteilten sollen elf in der Haft gestorben sein.[367] Diese SMT-Verurteilung wurde in einer Akte „Oberstleutnant Düsterberg" zusammengefasst.[368] Ausdrücklich wegen dieser Vorwürfe zum Tode verurteilt wurden Edmund Riepenhausen und Arnold Schilbach (vgl. Amt Ausland/Abwehr). Die anderen, ohne bekannte Urteilsgründe Hingerichteten waren Wilhelm Böttcher, Ernst Drechsler, Adolf von Duisburg, Heinrich Endert, Hanns-Ernst Harnack, Franz Horlbeck, Heinrich Reber und Rudolf Scheffel. Wobei nur bei Adolf von Duisburg (vgl. Amt Ausland/Abwehr) bekannt ist, dass er bis Februar 1944 als Oberstleutnant Leiter der Spionageabwehr Weimar war, und bei Franz Horlbeck, dass er Abwehrbeauftragter war.

Josef Dahlen
Fritz Höfig (vgl. Zwangsarbeit Thüringen)
Max Irmischer (vgl. Zwangsarbeit Thüringen)
Albert Kleye (vgl. Zwangsarbeit Thüringen)
Max Schieferdecker (vgl. Zwangsarbeit Thüringen)
Hans Seeber (vgl. Zwangsarbeit Thüringen)
Hermann Vogt (vgl. Polizei Deutschland, Polizei besetzte Gebiete, Zwangsarbeit Thüringen)

12.2 Sachsen

Karl Berger (vgl. Zwangsarbeit Thüringen)
Johannes Gerber
Wolfgang Göhler (vgl. Zwangsarbeit Sachsen)
Karl Grießbach (vgl. Zwangsarbeit Sachsen)
Max Günther
Kurt-Georg Müller
Willy Müller

367 Gerhard Finn, Die politischen Häftlinge in der Sowjetzone 1945-1948, Köln 1989, S. 208.

368 Vgl. den Bericht des zu einer Zeitstrafe mitverurteilten Herbert Schmidt vom 13.5.1959. Ich danke facts & files Berlin für die Verwendung dieses Dokuments. Um welchen Oberstleutnant Düsterberg es sich handelte, bleibt unklar. Theodor Düsterberg (1875-1950) war Oberstleutnant, lebte noch im Frühjahr 1945 in Leipzig und veröffentlichte 1949 in Wolfenbüttel sein Buch „Der Stahlhelm und Hitler". Er könnte die verurteilten Abwehrbeauftragten angeleitet haben. Sein Sohn Dr. Georg Düsterberg (1903-1990) diente seit 1940 bei der Abwehr, war 1943 Stabsintendant und stellvertretender Gruppenleiter der Gruppe ZF im Amt Ausland/Abwehr des OKW, sympathisierte mit den am Attentat auf Hitler beteiligten Hans Oster und Wilhelm Canaris, wurde im Februar 1945 wegen seiner jüdischen Herkunft aus der Wehrmacht entlassen und geriet am 19.5.1945 in amerikanische Gefangenschaft.

Curt Pommer (vgl. Zwangsarbeit Sachsen, Kriegsgefangenenwesen Deutschland)
Fritz Reschke (vgl. Zwangsarbeit in Deutschland, NSDAP-Kreisleitungen)
Willy Schuster (geb. 1885)
Anton Spengler (vgl. Zwangsarbeit Sachsen)

Aus anderen Gründen verurteilt oder Urteilsgründe nicht bekannt:
Gottfried Kaempfe (vgl. Zwangsarbeit Sachsen, Werkschutz)
Heinrich Lommatzsch (vgl. Spionage)
Richard Roder
Bernhard Schönfeld
Georg-Paul Schleber
Paul Singer
Albert Wohlrab

12.3 Sachsen-Anhalt

Julius Holzschuher (vgl. Zwangsarbeit Sachsen-Anhalt)
Friedrich König (vgl. Zwangsarbeit Sachsen-Anhalt)
Richard Maurer (vgl. Zwangsarbeit Sachsen-Anhalt)
Georg Silbermann (vgl. Zwangsarbeit Sachsen-Anhalt)
Otto Schmidt (geb. 1891) (vgl. Zwangsarbeit Sachsen-Anhalt)
Gustav Suder (vgl. Zwangsarbeit Sachsen-Anhalt)
Friedrich Wirths (vgl. Zwangsarbeit Sachsen-Anhalt)

12.4 Berlin

Dorothea Lenning
Karl Rottgardt

12.5 Generalgouvernement

Axel Schlicht[369] (vgl. Werkschutz, Judenmord, Gestapo- und SD-V-Männer, Zwangsarbeit Sachsen) ist der einzige aus den besetzten Gebieten bekannte Abwehrbeauftragte, gegen den ein Todesurteil verhängt wurde. Er war in den Werken der Leipziger HASAG in Kamienna und Kielce im besetzten Polen tätig, wo vor allem jüdische Zwangsarbeiter eingesetzt waren. Die Verbrechen in den polnischen HASAG-Filialen waren Gegenstand weiterer zehn Todesurteile, allerdings wegen Misshandlung und Tötung von Zwangsarbeitern ohne Zugehörigkeit zur Abwehr, wie etwa bei Fritz Bartenschlager.[370]

369 Schreiber, Elite, S. 436; Karay, Heaven; allgemein zu Kamienna vgl. Frey, Hölle.
370 Erich Blau, Walter Schmidt und Willi Stein wurden aufgrund ihrer Funktion als Werkschutzangehörige in Deutschland verurteilt, Georg Hering (vgl. Zwangsarbeit besetzte Ge-

13. Werkschutz

Die relativ geringe Anzahl von 33 zum Tode verurteilten Werkschutzpolizisten findet ihre Erklärung vermutlich darin, dass diese Personengruppe teilweise in der der Polizisten aufgeht. Für den Werkschutz waren die jeweiligen Abteilungen E der Gestapoleitstellen zuständig. 24 Verurteilten warfen die SMT ihre Tätigkeit im Werkschutz vor.

Ein besonderer Fall stellt der von Wilhelm Schlegel[371] (vgl. Inlands-SD, Judenmord) dar. Er war Ausbilder in dem Werkschutzausbildungslager Moderowka im besetzten Polen und wurde wegen Beteiligung an der Erschießung von Juden im September 1942 im Wald bei Jaslo zum Tode verurteilt. Die genauen Urteilsgründe sind nicht bekannt. Das Werkschutzausbildungslager Moderowka bei Jaslo war Ausbildungslager für Werkschutzangehörige der „Kontinental-Öl-Aktiengesellschaft Berlin". In dreimonatigen Kursen wurden hier Esten, Letten, Ukrainer, Kasachen und deutschstämmige Sowjetbürger als Bewacher sowie für den Kampf gegen sowjetische Partisanen ausgebildet. Im Auftrag der örtlichen Gestapo nahmen Angehörige des Werkschutzausbildungslagers Moderowka an Mordaktionen gegen Juden im Kreisgebiet von Jaslo teil, die von Juli bis Oktober 1942 andauerten, teils noch länger, durch Zusammentreibung der Juden, durch Bewachung der Transporte und der Erschießungsorte, sowie durch direkte Teilnahme am Erschießen. Sie bewachten von Juni 1942 bis Mai 1943 das Zwangsarbeitslager für polnische Juden in Szebnie Kreis Jaslo, wo eine unbekannte Anzahl von Juden ermordet wurde, und begleiteten Märsche zu den Deportationsbahnhöfen. In den Jahren 1946/1947 wurden mindestens vier ehemalige Sowjetbürger, darunter drei deutschstämmige, die in Moderowka ausgebildet worden waren, von SMT zu Zeitstrafen verurteilt. Die in Moderowka ausgebildeten Volksdeutschen nahmen teilweise an der Zusammentreibung von Juden in Polen, z. B. in Jaslo, an Partisanenaktionen und an der Bewachung von Treibstofflagern oder Erdölanlagen teil.[372]
August Arbeit (vgl. Kriegsgefangenenwesen in Deutschland)

biete, Judenmord) und Erich Werner (geb. 1914) als Werksmeister sowie Paul Kiesling, Ludwig Krause, Dora Pawlowski sowie Richard Pawlowski als Mitarbeiter der Werke. Zu Georg Hering vgl. Suzan E. Hagstrom, Sara's Children, San Diego 2001, S. 173, 191, 193, 196. Zum Tode verurteilt, aber begnadigt wurde auch Friedrich Pätzhold wegen Misshandlung von Fremdarbeitern, darunter Sowjetbürger, als Aufseher in der Filiale der Fa. HASAG in Schlieben. – Zwischen der HASAG und den SS-Jagdverbänden bestand eine fachliche Kooperation. Die HASAG arbeitete für den Kleinkrieg der Jagdverbände an der Entwicklung von Sprengstoffen auf Kunststoffbasis, z. B. Nipolit. Vgl. Biddiscombe, The SS Hunter Battalions, S. 35.

371 SMT-Material zu Schlegel (BStU, ZA, HA IX/11, ZUV 71, Band 2, Bl. 98–102; BStU, ZA, HA IX/11, ZUV 71, Band 3, Bl. 178 f., 205 f.; BStU, ZA, HA IX/11, ZUV 71, Band 4/1, Bl 5 f.). Ich danke Ulrich Müller, BStU, für den Hinweis auf diesen Fall.

372 SMT-Material zu verurteilten deutschen Sowjetbürgern (BStU, ZA, HA IX/11, ZUV 71, Band 1, Bl. 107). *Herbert Driesner* erhielt 20 Jahre, *Jakow Loresch, Heinrich Dieck* und *Jewgenij Schukow* jeweils zehn Jahre Haft.

Fritz Bartenschlager[373] (vgl. Inlands-SD, Zwangsarbeit besetzte Gebiete, Judenmord)
Richard Bohs (vgl. Zwangsarbeit Brandenburg)
Ernst Brade (vgl. Polizei Deutschland)
Richard Goltzsche (vgl. Zwangsarbeit Sachsen)
Erich Herbig
Rudolf Hofmann (vgl. Zwangsarbeit Sachsen)
Werner Hofmann (vgl. Polizei Deutschland, Zwangsarbeit Sachsen, Kriegsgefangenenwesen Deutschland)
Gottfried Kaempfe (vgl. Zwangsarbeit Sachsen, Abwehrbeauftragte Sachsen)
Walter Klocke (vgl. Zwangsarbeit Sachsen)
Ewald Krone (vgl. Zwangsarbeit Sachsen-Anhalt)
Josef Lange (geb. 1882)
Leo Majewski (vgl. Zwangsarbeit Sachsen-Anhalt, Kriegsgefangenenwesen Deutschland)
Wilhelm Mattig (vgl. Werkschutz, Zwangsarbeit Deutschland, SS-FHA, KdS)
Hans Paletta (vgl. Polizei Deutschland, Unterstützung der internationalen Bourgeoisie)
Willi Pinsel (vgl. Zwangsarbeit Sachsen)
Friedrich Popp (vgl. Zwangsarbeit Sachsen)
Max Rittler (vgl. Polizei Deutschland, Zwangsarbeit Sachsen, Kriegsgefangenenwesen Deutschland)
Christian Roß (vgl. Zwangsarbeit Thüringen)
Gerhard Rüdiger (vgl. Kriegsgefangenenlager Sowjetunion, Zwangsarbeit Thüringen)
Walter Schmidt (vgl. Zwangsarbeit besetzte Gebiete, Judenmord)
Willy Schuster (geb. 1900) (vgl. Zwangsarbeit Sachsen)
Willi Stein (vgl. Zwangsarbeit besetzte Gebiete, Judenmord)

Aus anderen Gründen verurteilt oder Urteilsgründe nicht bekannt:
Erich Blau (vgl. Zwangsarbeit besetzte Gebiete)
Ferdinand Finke (vgl. Polizei Deutschland, Zwangsarbeit Berlin)
Herbert Friedel[374] (vgl. Kriegsgefangenenwesen in Deutschland, Zwangsarbeit Sachsen)
Bernhard Hamann (vgl. Zwangsarbeit Brandenburg)
Max Meier (vgl. Widerstand Brandenburg)
Walter Mielke
Paul Müller (vgl. Unterstützung der internationalen Bourgeoisie)

373 Karay, Death, S. 43, 80, 100; Hagstrom, Sara's Children, S. 130f., 184, 257–259; allgemein zu Kamienna vgl. Frey, Hölle.
374 Hilger/Schmeitzner/Schmidt (Hg.), SMT 2, S. 556–558.

Axel Schlicht[375] (vgl. Abwehrbeauftragte Generalgouvernement, Judenmord, Gestapo- und SD-V-Männer, Zwangsarbeit Sachsen)
Erich Schubert (vgl. Abwehrbeauftragte Thüringen)
Willi Strothenk

14. Wehrmacht

Nur relativ wenige höhere Verantwortungsträger, d. h. Generäle oder Offiziere, zählen zu den als Zivilisten verurteilten Militärs. Dies liegt daran, dass der größte Teil von ihnen als Kriegsgefangene abgeurteilt worden ist. Aufgenommen wurden bei einer Verurteilung in der Sowjetunion nur Fälle, bei denen kein Hinweis auf den Status als Kriegsgefangener zum Zeitpunkt des Urteils vorlag. Die größte Teilgruppe stellen die in der Abwehr dienenden Militärs dar. Haupturteilsgrund ist Kriegsverbrechen.

14.1 Wehrmachteinheiten

In 12 der vorgestellten 25 Fälle spielte die Zugehörigkeit zu einer Militäreinheit für die Verurteilung eine Rolle.

Ewert von Renteln war Angehöriger der Zarenarmee und gehörte im Zweiten Weltkrieg als Oberstleutnant und Kommandeur dem deutschen 8. Kosaken-Kavallerie-Regiment an. In Autun/Frankreich hatte er zuvor als Kommandeur des 360. Regiments gedient. Er wurde in der Sowjetunion mit einem außergewöhnlichen Grund verurteilt: Kriegsverbrechen in Frankreich, Komplize bei Repressalien. In Frankreich wurde er später in Unkenntnis des sowjetischen Todesurteils in Abwesenheit noch zwei weitere Male zum Tode verurteilt, am 13. Februar 1952 in Bordeaux wegen Beihilfe zu vorsätzlicher Tötung und des Verdachts der Plünderung und am 12. Juni 1953 in Lyon wegen Beihilfe zum Totschlag bei Vergeltungsmaßnahmen.

Bekannter ist das Schicksal von Generalleutnant Helmuth von Pannwitz[376] (vgl. Partisanenkampf, SS-FHA), Kommandeur des aus Kosaken gebildeten XIV. Kavalleriekorps. Er war auch General der Waffen-SS und laut sowjetischen Unterlagen für die Erschießung von Partisanen verantwortlich. Er wurde zusammen mit fünf Generälen der ab 1920 im Bürgerkrieg gegen die Sowjetmacht kämpfenden „weißen Armee“ verurteilt.[377]

375 Schreiber, Elite, S. 436; Karay, Heaven; allgemein zu Kamienna vgl. Frey, Hölle.
376 Zeidler, Stalinjustiz contra NS-Verbrechen, S. 72; Klee, Personenlexikon, S. 449; Angrick, Besatzungspolitik, S. 603; Bezborodova, Generäle, S. 252 f.; Telicyn, Smerš, S. 321 f.; Kern, General von Pannwitz.
377 Aufhebung der Rehabilitierung von 1996 durch das Schreiben der russischen Militärhauptstaatsanwaltschaft Nr. 7u-6115-47 vom 20.8.2001 (Dokstelle StSG, Akte Helmuth von Pannwitz/Botschaft M71.10).

Emil Albrecht (vgl. Amt Ausland/Abwehr andere Einsätze hinter den sowjetischen Linien)
Wolfgang von Ditfurth[378] (vgl. Militärverwaltung, Partisanenkampf, Judenmord)
Rudolf Georger (vgl. Kriegsgefangenenlager in der Sowjetunion, Partisanenkampf)
Bartholomäus Gilch (vgl. Partisanenkampf, Zwangsarbeit Deutschland ohne Ortsangabe)
Paul Kern[379] (vgl. Medizinverbrechen)
Ernst Manfred von Maydell (vgl. Amt Ausland/Abwehr, Spionage Sowjetunion)
Bruno Pawel[380] (vgl. Partisanenkampf, Zwangsarbeit Deutschland ohne Ortsangabe, Militärverwaltung, Kriegsgefangenenlager Sowjetunion)
Johann Richert[381] (vgl. Partisanenkampf)
Hans von Rittberg (vgl. Judenmord, Partisanenkampf)
Hans Spallek (vgl. Partisanenkampf, Requirierungen)

Aus anderen Gründen verurteilt oder Urteilsgründe nicht bekannt:
Ähnlich den noch darzustellenden Fällen der Frontaufklärungskommandos der Abwehr und dem SS-Nachrichtenbataillon 511 (vgl. SS-FHA) haben auch Wehrmachteinheiten, die weder der SS noch der Abwehr eindeutig zuzuordnen sind, hinter den sowjetischen Linien operiert. Wie bei den genannten Einheiten, so kann es sich hierbei um Unternehmen der Abteilung Fremde Heere Ost (FHO) zur Nachrichtengewinnung gehandelt haben. Der Gefreite Gerhard Fuxjäger (vgl. Spionage Hinterland der Roten Armee) diente beim Fallschirm-Ersatz-und-Ausbildungsbataillon Posen und war im Raum der Festung Graudenz am Unternehmen „Siegfried" beteiligt. Nach Angaben von Angehörigen hatte er den „Auftrag zur Erkundung hinter den russischen Linien. Er benützte hierzu Zivilkleidung. Er kehrte nicht mehr zurück." Fuxjäger wurde wegen Spionage gemeinsam mit dem Grenadier Hans-Jürgen Kubatzki (vgl. Spionage Hinterland der Roten Armee) verurteilt, der sein Pilot war. Beide hatten laut Urteil ab 15. Februar 1945 die Aufgabe, u.a. die Stärke der sowjetischen Einheiten und die Situation an der Chaussee zwischen Graudenz und Reden zu erkunden.

Auch andere Fälle dürften in diesen Kontext gehören. Josef Langer diente zuletzt beim Aufklärungsschwadron Fürstenwalde. Rudolf Schulz (geb. 1895) war ab Herbst 1944 Angehöriger eines Sonderkommandos der Wehrmacht in Posen, wo er auch im Oktober 1945 verurteilt wurde. Otto Franke war Funker der Funknachrichtenabteilung Berlin sowie im Funksicherungs-Regiment-Ost. Er wurde

378 Bezborodova, Generäle, S. 63.
379 Ebd., S. 110f.
380 Ebd., S. 163.
381 Zu den Verbrechen der 286. Sicherungsdivision vgl. Jörn Hasenclever, Wehrmacht und Besatzungspolitik. Die Befehlshaber der rückwärtigen Heeresgebiete 1941-1943 (Krieg in der Geschichte, Band 48), Paderborn 2010, S. 396-408; Messerschmidt, Minsker Prozeß; Richerts Vernehmung vom 15.1.1946 vgl. Prestuplenija, S. 331f.

bereits im April 1945 verurteilt und hingerichtet. Für alle drei sind die konkreten Urteilsgründe nicht bekannt.

Max Görsch[382]
Carl Hilpert[383]
Erhard Kulenkampf[384]
Willi Meier (vgl. Judenmord)
Heinz Pschigoda (vgl. Spionage Hinterland der Roten Armee)
Eduard Freiherr von Saß[385] (vgl. Partisanenkampf)
Karl Schwarz (vgl. Partisanenkampf)
Willi Schwarz (vgl. Partisanenkampf)

14.2 Oberkommando der Wehrmacht (OKW)

Nur vier der zum Tode Verurteilten gehörten dem OKW an, zwei von ihnen wurden für Taten während der Ausübung dieser Funktion angeklagt.

Oberst Georg von Unold[386] (vgl. Militärverwaltung, Requirierungen, Zwangsarbeit Deutschland ohne Ortsangabe), Oberquartiermacher beim Oberbefehlshaber der Heeresgruppe Mitte, war seit 1940 Leiter der Chefgruppe beim Generalquartiermeister des OKH und zuständig für die Planung sowie für Sonderaufträge, zuletzt bis Dezember 1944 beim Heeresquartiermeister der Heeresgruppe Mitte. Er befahl Zerstörungen und Plünderungen in der Sowjetunion und vertrat die Auffassung, Kriegsgefangene sollten nicht ernährt werden. Gefangene wurden von ihm laut SMT-Urteil als Freiwild für die Einzeljagd freigegeben. Von Unold war 1944 einbezogen in die Wehrdorfplanung im besetzten Osteuropa und unterstützte Himmlers Germanisierungspläne.

382 Vgl. die TASS-Meldung vom 1.2.1946 in Reinhard Tiemann, Geschichte der 83. Infanterie-Division 1939–1945, Bad Nauheim 1960, S. 178.

383 Peter-Ferdinand Koch, Enttarnt, Doppelagenten: Namen, Fakten, Beweise, Salzburg 2011, S. 147 f., 436 FN 16.

384 Vgl. die zitierte TASS-Meldung vom 1.2.1946 in Tiemann, Geschichte, S. 178.

385 Zum gescheiterten Versuch des NKFD, von Saß zur Aufgabe des Kampfes im Kessel Welikije Luki zu bewegen vgl. Franz Gold, Im Bunker bei Oberstleutnant von Sass. In: Bernt von Kügelgen (Hg.), Die Front war überall. Erlebnisse und Berichte vom Kampf des Nationalkomitees „Freies Deutschland“, Berlin (Ost) 1958, S. 66–69. Zur Chronik der Ereignisse im Zusammenhang mit dem Kessel Welikije Luki im Zeitraum 25.11.1942 bis 17.1.1943 vgl. Tiemann, Geschichte, S. 137–178. Saß wurde die Leitung von Massenvernichtungen unter Kriegsgefangenen und der Zivilbevölkerung, die Verschleppung von Zivilisten zur Zwangsarbeit nach Deutschland, die Ausplünderung von Kolchosen und die Zerstörung von Siedlungen zur Last gelegt. Vgl. SMT-Material zu von Saß (BStU, ZA, HA IX/11, AK 1939/76, Bl. 12).

386 Gerlach, Morde, S. 152–156, 287, 311, 315, 370, 786, 833, 1028, 1031 f., 1050, 1081, 1087 f., 1097; Klee, Personenlexikon, S. 636.

Werner von Kunowski[387] (vgl. Requirierungen, Kriegsgefangenenlager Sowjetunion)

Aus anderen Gründen verurteilt oder Urteilsgründe nicht bekannt:
Paul Gramatke
Hans Küpper[388] (vgl. Militärverwaltung, Kriegsgefangenenwesen in der Sowjetunion, Zwangsarbeit Deutschland ohne Ortsangabe, Partisanenkampf, Requirierungen)

14.3 Fremde Heere Ost (FHO)

Nur bei zwei Biografien lässt sich eine direkte Verwendung in der Abteilung Fremde Heere Ost des Generalstabs des Heeres nachweisen, wobei FHO in den Urteilen nicht in dieser Begrifflichkeit erwähnt wird, weil im Vordergrund Handlungen im Bereich Abwehr/Spionage standen.

Der größere Teil aus der Gruppe von FHO-Einsätzen dürfte sich bei der Frontaufklärung der Abwehr bzw. vereinzelt im Übergangsbereich zu den Werwolfgruppen finden lassen, bei denen sich in nicht wenigen Fällen der Vorwurf Spionagetätigkeit nachweisen lässt. Seit Februar 1945 unterstanden die Werwolfstrukturen nur noch nominell der Spezialabwehr unter Prützmann, sondern über die Ic-Abwehr-Offiziere den Armeegruppen und über die FAK's der FHO und erfüllten immer mehr Erkundungsaufgaben. In diesen Zusammenhang gehört auch Gehlens Anstrengung zur Erforschung der sowjetischen und polnischen Partisanentätigkeit. So ließ er im Generalstab eine Übersetzung des klassischen Werkes „Der Kleinkrieg, Partisanentum und Sabotage" des sowjetischen Militärstrategen Drasow aus dem Jahr 1931 kursieren und die Struktur der antideutschen und antisowjetischen polnischen Heimatarmee untersuchen. Die Walli-Abwehr-Dienststelle in Breslau erhielt die Aufgabe, den Warschauer Aufstand zu studieren. Alles dies geschah, um praktische Rückschlüsse für die eigene Untergrundarbeit nach Kriegsende ziehen zu können.[389] In den letzten Kriegsmonaten oblag FHO die Koordinierung und Unterstützung des Einsatzes von Werwolf- und Streifkommandos im sowjetischen Hinterland, wobei sich die dabei auszuführenden Aufträge für Abwehr I (Spionage) und III (Spionageabwehr/Gegenspionage) immer stärker den Aufgaben von Abwehr II (Sabotage) annäherten und zum Teil des Partisanenkrieges wurden.[390]

387 Hilger, „Die Gerechtigkeit nehme ihren Lauf?", S. 217–221; Hilger/Schmidt/Wagenlehner, Sowjetische Militärtribunale, Band 1, S. 199, 204; vgl. Leonid Reschin, Feldmarschall im Kreuzverhör. Friedrich Paulus in sowjetischer Gefangenschaft 1943–1953, Berlin 1996, S. 176; ders., General zwischen den Fronten. Walther von Seydlitz in sowjetischer Kriegsgefangenschaft und Haft 1943–1955, Berlin 1995.
388 Bezborodova, Generäle, S. 126.
389 Biddiscombe, Werewolf, S. 94–96; Koop, Himmlers letztes Aufgebot, S. 43 f.
390 Pahl, Fremde Heere Ost, S. 132.

Zwischen FHO und der Frontaufklärung der Abwehr bestanden so enge Beziehungen, dass nach 1945 der Leiter von Walli I, Oberst Hermann Baun, mit all seinen Erfahrungen und Verbindungen in die vom FHO-Chef Gehlen gegründete Organisation Gehlen und später in den BND integriert wurde.[391] Bereits ab Februar 1945 hatte Gehlen mittels Frontaufklärungseinheiten ein ausschließlich der Erkundung dienendes Netz zu schaffen versucht. Hierfür ließ er sich 1000 freiwillige Grenzgänger für den Einsatz bei den FAK 102 und 103 zuordnen.[392] Ein Teil von ihnen dürfte aufgrund dieser Dienste von der sowjetischen Militärabwehr wegen Spionage im Hinterland der Roten Armee hingerichtet worden sein.

Neueren Forschungen zufolge lässt sich trotz des Charakters der Stabsarbeit im Bereich Auswertung eine „weitaus direktere Verbindung zwischen Fremde Heere Ost und den völkerrechtswidrigen Methoden, mit denen der Vernichtungskrieg an der Ostfront geführt wurde“ konstatieren. Dies lässt sich besonders aus der Überlieferung des für den Partisanenkampf („Bandenlage“) zuständigen Referats von FHO ableiten.[393]

Hans-Waldemar Schimmel[394] (vgl. Amt Ausland/Abwehr, Abwehr Frontaufklärung, Spionage Hinterland der Roten Armee)

Walter Hoesch (vgl. Abwehr Frontaufklärung, Amt Ausland/Abwehr, Spionage Hinterland der Roten Armee)

14.4 Marine

Generaladmiral Alfred Saalwächter wurde in Berlin in einem Einzelprozess wegen „Beihilfe zur Entfesselung des Angriffskriegs“ verurteilt. Er hatte die Nordflotte kommandiert, später deren Westgruppe. Am 30. November 1942 trat er wegen Differenzen mit Hitler in den Ruhestand. Er ist der ranghöchste der zwei bekannten Marineangehörigen, die zum Tode verurteilt wurden.

Kurt Bornemann

391 Wegener, Organisation, S. 57-62.

392 Biddiscombe, Werewolf, S. 96. Im FAK 103 befand sich seit spätestens Mai 1943 ein sowjetischer Agent. Vgl. Pahl, Fremde Heere Ost, S. 310.

393 Vgl. Wegener, Organisation, S. 27.

394 A. Bogdanow/G. Wlassow u. a., Duell mit der Abwehr. Dokumentarische Skizzen über Tschekisten der Leningrader Front 1941-1945, Berlin (Ost) 1971, S. 73, 115, 127; Norbert Müller, Amt, S. 213 f., 501; Helmut Roewer, Die Rote Kapelle und andere Geheimdienstmythen. Spionage zwischen Deutschland und Russland im Zweiten Weltkrieg 1941-1945, Graz 2008, S. 101 f.; Makarov/Tjurin, Lučšije specoperacii, S. 374.

14.5 Militärjustiz - Reichskriegsgericht (RKG), Kriegsgerichte, Feldkriegsgerichte, Standgerichte

Diese Gruppe umfasst acht Fälle. Wegen Teilnahme an den Standgerichtsurteilen bei Bautzen in der Endphase des Krieges wurde Oberleutnant Rudolf Klötzke (vgl. Napola) verurteilt. Möglicherweise stand sein Fall im Kontext der Ermittlungen der ostdeutschen Justiz zu Standgerichtsurteilen in Bautzen. Am 28. August 1946 verurteilte das Schwurgericht des Landgerichts Bautzen den Sattler *Otto Köhler* zu zehn Jahren Zuchthaus. Nachdem die Rote Armee Ende April 1945 die Stadt Bautzen teilweise besetzt hatte, befahl ein sowjetischer Stoßtrupp am Fleischmarkt dem Gastwirt der „Gärtnerbörse“, Rudolf Schicketanz, als Parlamentär mit einer weißen Fahne die am Schülertor stationierte Volkssturm-Abteilung zur Kapitulation aufzufordern, was er auch tat. Während der zeitweiligen Rückeroberung der Stadt wurde Schicketanz hierfür am 24. April 1945 während einer kurzen Verhandlung von einem deutschen Standgericht auf der Ortenburg, bestehend aus einem Stabsrichter, einem Gefreiten und einem Zahlmeister, wegen Zersetzung der Wehrmacht gemeinsam mit einem 17-jährigen Soldaten namens Rippert zum Tode verurteilt, am folgenden Morgen im Vorhof der Ortenburg erschossen und im alten Richthof der Burg verscharrt. Otto Köhler, der als Gruppenführer beim Volkssturm am Schülertor eingesetzt gewesen war, hatte Schicketanz angezeigt und ist im Standgerichtsurteil als Zeuge genannt. Kurz nach Beginn der seit Januar 1946 andauernden deutschen Ermittlungen nahm das NKVD den Zeugen des Standgerichtsverfahrens gegen Schicketanz und dessen Erschießung, Emil Claus, fest, der Schicketanz auf der Ortenburg bewacht hatte. Sein Schicksal ist unbekannt. Otto Köhler hat seine Strafe vollständig verbüßt.[395]

Nikolaj Lemmerhirt (vgl. Militärverwaltung, Amt Ausland/Abwehr, Kriegsgefangenenlager in der Sowjetunion, Partisanenkampf) und Sergej Lewitzki (vgl. Spionage Sowjetunion, Partisanenkampf) waren Dolmetscher von Kriegsfeldgerichten in der besetzten Sowjetunion und an Todesurteilen gegen Sowjetbürger beteiligt. Karl Weiß (vgl. Justiz besetzte Gebiete, Amt Ausland/Abwehr) war u. a. als Oberstabsrichter im Wehrkreis IX tätig.

Wegen Spionage wurden Werner Klinkenberg (vgl. Spionage Hinterland der Roten Armee), entweder Soldat oder Bewährungshäftling im 560. Strafbataillon (Infanterie-, später Grenadierbataillon z.B.V. 560), und Werner Kalsow (vgl. Spionage Hinterland der Roten Armee), entweder Soldat oder Häftling im beweglichen Heeres-Gefängnis 519, bereits im März 1945 in Polen verurteilt und hingerichtet. Die genauen Vorwürfe sind nicht bekannt.

Otto Tzschentke (vgl. Justiz Deutschland, Kriegsgefangenenwesen Deutschland) ist der einzige Vertreter des Reichskriegsgerichts, der nach bisherigen Erkenntnissen verurteilt wurde. Seit dem 3. Juli 1941 war er als Ankläger beim

395 BStU, ASt Dresden, ASt 1/46.

RKG tätig und wirkte ab 1942 an Todesurteilen mit. Die genauen Urteilsgründe sind allerdings unbekannt.

Wolfgang Diestel[396] (vgl. Kriegsgefangenenwesen Deutschland) war Gerichtsoffizier im Stalag Mühlberg und hat Ermittlungen gegen Kriegsgefangene geführt, die aufgrund dessen an Gerichte übergeben wurden.

14.6 Amt Ausland/Abwehr des OKW

Die 39 Personen dieser Gruppe wurden überwiegend wegen Kriegsverbrechen, ein nicht unbedeutender Teil aber auch wegen Spionage hingerichtet. Bei 23 Personen spielte ihr Abwehrdienst während des Prozesses nachweisbar eine Rolle.

Im Charkower Prozess im Dezember 1943 wurde der erste Angehörige der deutschen Abwehr, *Wilhelm Langheld,* wegen der Ermordung von sowjetischen Kriegsgefangenen in den Lagern Poltawa, Kiew, Dergatschi und Rossosch zum Tode verurteilt. Er war jedoch Kriegsgefangener.[397]

Wolfgang Abshagen[398] (vgl. Spionage Sowjetunion, Abwehr Frontaufklärung, Abwehr Division Brandenburg) war als Gruppenleiter der Chefgruppe der für Sabotage und Sonderdienste zuständigen Abwehrabteilung II der höchstrangige hingerichtete Abwehrmitarbeiter. Sein letzter Vorgesetzter als Leiter der Abteilung, Generaloberst Erwin Lahousen Edler von Vivremont, gehörte wie Abshagen selbst zum militärischen Widerstand gegen Hitler. Lahousen sagte im Nürnberger Kriegsverbrecherprozess als Zeuge aus und starb 1955.

Anders erging es von Lahousens ranggleichen Kollegen und einigen seiner Untergebenen, die in der Moskauer Lubjanka und im Gefängnis Butyrka jahrelang inhaftiert waren. Dazu zählen der von 1936 bis 1943 amtierende Leiter der Abwehr-Abteilung I (Spionage) Generalleutnant *Hans Piekenbrock,* der von 1943 bis 1944 als stellvertretender Leiter der Abwehr-Abteilung II (Sabotage und Sonderdienste) und Leiter der Abwehrstelle („Meldegebiet") Berlin dienende Oberst *Erwin Stolze* (dessen Chef Lahousen war), der bis 1943 amtierende Leiter der Abwehr-Abteilung III (Spionageabwehr), Generalleutnant Franz *Eccard von Bentivegni,* der Leiter des Referats „U" in der Abteilung Abwehr III bis 1943 (zuständig für Abwehrpropaganda und Desinformation), später Leiter der Abwehrstelle Wiesbaden und ab April 1944 der Abwehrstelle Wien, Oberst *Otto Ernst Arms-*

396 Achim Kilian, Mühlberg 1939-1948. Ein Gefangenenlager mitten in Deutschland, Köln, 2001, S. 138.

397 Vgl. Gerichtsprozeß. Die sechs ersten deutschen Abwehr-Agenten wurden jedoch bereits 1942 in den USA zum Tode verurteilt, vgl. Mader, Hitlers Spionagegenerale, S. 176-183.

398 Hans Ulrich Abshagen, Generation Ahnungslos, Berlin 2003; Norbert Müller, Amt, S. 279f., 492; Max Trecker/Michael Kamp, Geheimdienst und Widerstand. Das Leben des Wolfgang Abshagen (1897-1945), München 2011, S. 162, 188f. Vgl. den undatierten Geschäftsplan der Abteilung II des Amtes Ausland/Abwehr des OKW (BStU, ZA, HA IX/11, FW 470 Akte 1, Bl. 20 u. 22; BStU, ZA, HA IX/11, RHE 4/85 SU, Band 7, Bl. 23).

ter,[399] der Leiter der Abwehrstelle Prag, Oberst Hans *von Dehmel*, sowie der Leiter der Abwehrstelle Bukarest seit 1941, Oberst *Ernst Rodler.*[400]

Aus dieser Gruppe wurde jedoch nur *Stolze* in Moskau zum Tode verurteilt, wegen Spionage, Kriegsverbrechen und Verbrechen gegen die Menschlichkeit, allerdings erst im Januar 1952.[401] Er war Ende Mai 1945 in Berlin als Zivilist festgenommen worden und soll eine Untergrundbewegung aus 800 Kämpfern angeführt haben. Ob sich darin die am Kriegsende von FHO-Chef General Gehlen und Walli-Kommandeuren mit Blick auf die Nachkriegszeit vorgenommene Verschmelzung von Walli I und III mit Teilen von FHO spiegelt, bleibt dahingestellt.[402]

Die sowjetische Anklagevertretung hatte bereits im Nürnberger Kriegsverbrecher-Prozess die in sowjetischer Haft gemachten Aussagen *Piekenbrocks, von Bentivegnis* und *Stolzes* zum Nachweis der Rolle der Abwehr bei den völkerrechtswidrigen Kriegsplanungen verwendet. Die DDR machte während des Kalten Krieges in einer vom MfS unterstützten Publikation Andeutungen, dass, anders als sein 1955 in Österreich gestorbener Vorgesetzter von Lahousen-Vivremont in westalliierter Haft, *Stolze* in sowjetischer Haft „ausführlich" über das Abwehr-Agentennetz in Osteuropa ausgesagt habe. *Stolze* informierte tatsächlich den sowjetischen Geheimdienst ausführlich über Operationen und V-Leute in Osteuropa seit Mitte der 1920er-Jahre. In seiner Vernehmung vom 14. Juli 1947 gab er unter anderem an, er habe gegen Ende des Krieges eine Untergrundgruppe von etwa 800 Mann in Ostdeutschland rekrutiert, die nach dem Krieg Subversion gegen die Sowjetunion betreiben sollte. So sah man in der DDR in ihm sogar einen „Kronzeugen" gegen die Abwehr.[403]

399 Der frühere Leiter der Abteilung Abwehr III, Generalleutnant Franz Eccard von Bentivegni, wurde in sowjetischer Haft eingehend zu Oberst Armster vernommen, vgl. seine Vernehmungsprotokolle (russisch und deutsch) vom 15.4.1946, 27.4.1946 und 3.3. 1949 (BStU, ZA, HA IX/11, ZR 920, A. 138, Bl. 4–32). B. nennt Armster einen „Gegner des Nationalsozialismus". Er war nach dem 20. Juli bis zum Kriegsende als Mitwisser des Attentats auf Hitler in Gestapohaft. Von 1945 bis 1955 befand er sich in sowjetischer Haft. Zu Armsters Vernehmungen über den Doppelagenten Richard Kauser alias Klatt vgl. Birštejn, Smersh, S. 157.

400 Der frühere Leiter der Abteilung Abwehr III, Generalleutnant Franz Eccard von Bentivegni, sagte in sowjetischer Haft über ihn aus, vgl. sein Vernehmungsprotokoll vom 11.1.1947 (BStU, ZA, HA IX/11, ZR 920, A. 138, Bl. 70–91).

401 Arsenij Roginskij, Frank Drauschke, Anna Kaminsky (Hg.), „Erschossen in Moskau ...". Die deutschen Opfer des Stalinismus auf dem Moskauer Friedhof Donskoje 1950–1953, Berlin 2008, S. 419. Zu den Vorwürfen gegen Stolze aus sowjetischer Sicht vgl. Federal'naja služba, Smerš, S. 159f.

402 Laut Birštejn, Smersh, S. 316f., allerdings ohne Quelle für die Nennung von 800 durch Stolze angeführten Untergrundkämpfern.

403 Zu Stolzes Biografie und seinen Vernehmungen sowie schriftlichen Darlegungen in sowjetischer Haft vgl. Mader, Hitlers Spionagegenerale, S. 128–175, 184–198. Stolzes Aussagen und Niederschriften für den sowjetischen Geheimdienst 1945–1951 (BStU, ZA, HA IX/11, ZR 920, A. 130 bis A. 132, A. 138, A. 139).

Piekenbrock wurde von einem SMT zu einer langjährigen Strafe verurteilt. Angaben aus seiner Vernehmung vom 12. Dezember 1945 in Moskau verwendete die sowjetische Anklagevertretung während des Nürnberger Kriegsverbrechertribunals zum Nachweis der Beteiligung des OKW und speziell des Amtes Ausland/Abwehr an den Kriegsvorbereitungen gegen die Sowjetunion. *Piekenbrock* hatte sich in der Moskauer Haft ebenfalls kooperativ gezeigt; er wurde 1955 in die Bundesrepublik entlassen.[404] *Von Bentivegni* wurde im April 1952 von einem SMT in der Sowjetunion zu 25 Jahren verurteilt. Dem Suchdienst des DRK machte er 1955 nach seiner Entlassung in die Bundesrepublik darüber keine Angaben. Von Januar 1946 bis September 1951 befand er sich im Gefängnis Lubjanka.[405] Er hat, wie *Stolze,* in sowjetischer Haft ausführliche Aufzeichnungen über die Tätigkeit der Abwehr verfasst und charakterisierte darin die Kriegsorganisationen (KO) der Abwehr im Ausland und einzelne Mitarbeiter und V-Leute detailliert. Seine Aussagen vom 28. Dezember 1945 und 11. Februar 1946 wurden im Nürnberger Prozess als Beweise für die langfristigen Angriffsvorbereitungen gegen die Sowjetunion verwendet.[406] *Von Dehmel* war zuerst in Prag inhaftiert, wurde im November 1947 an die Sowjetunion ausgeliefert, verurteilt und 1955 in die Bundesrepublik entlassen.

Zusammen mit diesen ehemaligen Leitern der Abwehrzentrale war in Moskau auch Friedrich von Rosenberg-Gruszczynski[407] inhaftiert. Er wurde allerdings zum Tode verurteilt und hingerichtet. Gedient hatte er als Referent einer Abwehrstelle, dann als Leiter der Abwehr-Unterabteilung für Gegenspionage im westlichen Ausland III F 1 (Abwehr hinter den Linien) sowie als Leiter der Spionageabwehrstellen in Prag und Breslau. Der Abteilung III F unterstanden die Aufklärungskommandos und-trupps der Spionageabwehr. Während des sogenannten Westfeldzugs war er Vertreter von Abwehr III bei der OKH-Abteilung „Fremde Heere West“ im Zusammenhang mit der Sicherstellung des Materials von französischen und belgischen Nachrichtenstellen durch deutsche Abwehrtrupps für die Abwehroffiziere der Armeen.

Unter den zum Tode Verurteilten befanden sich ein langjähriger Stellvertreter der Abteilung I, mehrere für die Abwehr zuständige Ic-Offiziere, die teils in

404 Mader, Hitlers Spionagegenerale, S. 7, 47-56, 72-91. Zu den Aussagen Piekenbrocks: Der Prozess gegen die Hauptkriegsverbrecher vor dem Internationalen Militärgerichtshof. Hg. vom Internationalen Militärgerichtshof Nürnberg, Nürnberg 14. November 1945-1. Oktober 1946, Band VII: Verhandlungsniederschriften 5.2.1946-19.2.1946, Nürnberg 1947, S. 293f., 300.

405 Vgl. einen Teil seiner Vernehmungsprotokolle 1946 bis 1951 und seiner persönlichen Niederschriften in sowjetischer Haft (BStU, ZA, HA IX/11, ZR 920, A. 138).

406 Mader, Hitlers Spionagegenerale, S. 7, 204-224, 230-262. Zu den Aussagen von Bentivegnis vgl. Prozess gegen die Hauptkriegsverbrecher, Band VII, S. 293f., 300.

407 Sein Vorgesetzter, der frühere Leiter der Abteilung Abwehr III, Generalleutnant Franz Eccard von Bentivegni, sagte in sowjetischer Haft über ihn aus. Vgl. Vernehmungsprotokoll vom 11.1.1947 und vom 13.12.1949 (BStU, ZA, HA IX/11, ZR 920, A. 138, Bl. 70-91 und 115-119). Vgl. Mader, Hitlers Spionagegenerale, S. 255.

Kriegsgefangenenlagern eingesetzt waren, ehemalige Militärattachés in deutschen Botschaften, die Leiter der Abwehrstellen (AST) Kopenhagen, Rom und Weimar, Mitarbeiter der Auslandsbriefprüfstelle der Abteilung III, der Abwehroffizier einer Rüstungsinspektion, ein Kommandeur der Abwehrschule Mischen bei der Abwehrstelle Königsberg, Teilnehmer von Abwehrschulen, ein Mitarbeiter der Kriegsabteilung (KO) Finnland, der Leiter der Amtsgruppe Finanzen der Zentralabteilung der Abwehr (ZF), ein Dolmetscher bei der Panzer-Aufklärungsabteilung 88 der 18. Panzerdivision, der stellvertretender Leiter der Abteilung für Rüstungsindustrie bei der Abwehrstelle Kassel, ein Sonderführer im Georgischen Bataillon II/798 der Georgischen Legion, ein Dolmetscher bei einer OKW-Truppenabwehrstelle, ein Mitarbeiter der Abwehrstelle Paris und ein Angehöriger des Funkmesstrupp 100 bei der Marineabwehrnebenstelle Reval.

Konrad Fischer (vgl. Justiz Deutschland)

Walter Hoesch (vgl. Abwehr Frontaufklärung, FHO, Spionage Hinterland der Roten Armee)

Alfred Jaschke (vgl. Kriegsgefangenenlager Sowjetunion, Kriegsgefangenenwesen Deutschland, Zwangsarbeit Deutschland ohne Ortsangabe)

Emil Just[408] (vgl. Auswärtiges Amt, Militärverwaltung, Partisanenkampf, Zwangsarbeit Deutschland ohne Ortsangabe)

Nikolaj Lemmerhirt (vgl. Militärverwaltung, Militärjustiz, Kriegsgefangenenlager in der Sowjetunion, Partisanenkampf)

Heinz Reschke (vgl. Spionage Hinterland der Roten Armee, Abwehr Frontaufklärung, Partisanenkampf)

Martin Sarfert (vgl. Partisanenkampf, Militärverwaltung)

Walter Schango

Eberhard von Scheller[409] (vgl. Abwehr Frontaufklärung, Spionage Hinterland Rote Armee)

Arnold Schilbach (vgl. Abwehrbeauftragte Thüringen)

Werner Schilling[410] (vgl. Justiz Deutschland)

Hans-Waldemar Schimmel[411] (FHO, Abwehr Frontaufklärung, Spionage Hinterland der Roten Armee)

Carl-Hugo Schönherr

Carl Seber (vgl. Spionage Sowjetunion, Militärverwaltung, Reichsluftfahrtministerium)

408 Mader, Hitlers Spionagegenerale, S. 145 f., 223, 403; Gerlach, Morde, S. 787, 1058.

409 Federal'naja služba, Smerš, S. 196–201. Zu den Vernehmungen von Schellers vgl. das Buch von Archivaren des FSB: Makarov/Tjurin, Lučšije specoperacii, S. 149–178, 371 f.

410 Norbert Müller, Amt, S. 494, 501. Vgl. das Vernehmungsprotokoll seines Vorgesetzten und Leiters der Auslandsbriefprüfstelle des Amtes Ausland/Abwehr Ulrich von Sell vom 8.5.1945, der ihn namentlich erwähnt (Jamlitz-Archiv der Evangelischen Kirchengemeinde Lieberose und Land, Akte: NKWD Ulrich von Sell). Von Sell starb am 12.11.1945 im Speziallager Jamlitz, vgl. Weigelt, Umschulungslager, S. 160 f.

411 Bogdanow/Wlassow, Duell S. 73, 115, 127; Norbert Müller, Amt, S. 213 f., 501; Roewer, Rote Kapelle, S. 101 f.; Makarov/Tjurin, Lučšije specoperacii, S. 374.

Johann-Friedrich Stang (vgl. Justiz Deutschland)
Erwein Graf von Thun und Hohenstein[412] (vgl. Abwehr Frontaufklärung, Abwehr Division Brandenburg, Partisanenkampf, Einsatzgruppe H, Judenmord)
Johannes Toeppen[413]
Ernst Manfred von Maydell (vgl. Wehrmachteinheiten, Spionage Sowjetunion)
Karl Weiß (vgl. Militärjustiz, Justiz besetzte Gebiete)
Georg Wolf[414] (vgl. Gestapo- und SD-V-Männer, Spionage Sowjetunion)
Friedrich Zachries (vgl. SA, Sonderführer, Partisanenkampf, Judenmord, Zwangsarbeit Deutschland ohne Ortsangabe)

Aus anderen Gründen verurteilt oder Urteilsgründe nicht bekannt:
Adolf von Duisburg
Maximilian von Engelbrechten[415] (vgl. Spionage Sowjetunion, Auswärtiges Amt)
Rudolf Freimann (vgl. Spionage Sowjetunion)
Franz Grueger (vgl. Spionage andere Orte)
Hans-Julian von Hartmann-Krey (vgl. Zwangsarbeit Brandenburg)
Walther de Laporte (vgl. NSDAP-OGL)
Hermann Kabel (vgl. Spionage andere Orte)
Christian Kahl (vgl. Terror Sowjetunion)
Otto Mauer (vgl. Kriegsgefangenenlager Sowjetunion)
Claus Morgenstern (vgl. Zentralverbände, Journalisten, Spionage Sowjetunion)
Gotthold Mühlner (vgl. Spionage andere Orte, Verleger)
Lothar Philipp
Willy Roedel (vgl. Auswärtiges Amt, SA)
Reinhold Rosentreter (vgl. Spionage andere Orte)
Hubert Schröder (vgl. Kriegsgefangenenlager Sowjetunion)
Hans Watzek (vgl. Kriegsgefangenenlager Sowjetunion)

14.6.1 Abwehr - Frontaufklärung (Frontaufklärungskommandos und -trupps - FAK und FAT)

Insgesamt sind nur 20 Todesurteile gegen Angehörige der deutschen Frontaufklärungseinheiten bekannt. Bei neun von ihnen lassen sich die spezifischen Vorwürfe, die zur Verurteilung führten, auch nachweisen.

412 Federal'naja služba, Smerš, S. 125; Šindelářová, Finale, S. 67; Biddiscombe, The SS Hunter Battalions, S. 110-113.
413 Winfried Meyer, Unternehmen Sieben. Eine Rettungsaktion für vom Holocaust Bedrohte aus dem Amt Ausland/Abwehr im Oberkommando der Wehrmacht, Frankfurt a.M. 1993, S. 323-326, 336-344, 351, 365, 387 f., 391, 395, 447, 545-549, 569-571, 576; Heinz Höhne, Canaris. Patriot im Zwielicht, München 1976, S. 471; Michael Mueller, Canaris. Hitlers Abwehrchef, Berlin 2006, S. 392-394.
414 Possekel, Sowjetische Speziallager, Band 2, S. 209-212.
415 Norbert Müller, Amt, S. 509.

Diese Gruppe von Verurteilten bilden Leiter und Mitarbeiter der Frontaufklärungskommandos (FAK) und Frontaufklärungstrupps (FAT) der Abwehrabteilungen I bis III, die bis zur Eingliederung der Abwehr als Amt Mil in das RSHA im Februar 1944 Abwehrkommandos und Abwehrtrupps genannt wurden.[416] Laut dem Chef der Generalstababteilung Fremde Heere Ost (FHO), Generalmajor Reinhard Gehlen, verblieb die Frontaufklärung im Osten im Frühjahr 1944 bei der Zerschlagung des Amtes Ausland/Abwehr bei FHO, genauer: nach seiner Darstellung hatte Canaris schon ab 1941 an der Ostfront die Frontaufklärung der Abwehrabteilungen I und III der Abteilung FHO unterstellt, sodass die Ergebnisse der Frontaufklärung außer über den Ic an die Heeresgruppe gleichzeitig auch an FHO gemeldet wurden, sodass FHO denselben Informationsstand besaß wie das Amt Ausland/Abwehr.[417]

Während die schon vor dem Krieg in größeren Städten am Rand der Sowjetunion eingerichteten Abwehrstellen, etwa in Königsberg, weiterbestanden und das operative Hinterland des deutschen Einsatzgebietes bearbeiteten, wurden die FAK und FAT im unmittelbaren Frontgebiet und hinter der Front eingesetzt.[418] 1943 unterhielt die Abwehr 130 Aufklärungs- und Sabotagezentren in den besetzten sowjetischen Gebieten, wo nach Informationen von SMERSCH die Ausbildung von Agenten, Saboteuren, Terroristen und Propagandisten für den Einsatz hinter den Linien erfolgte.[419]

Die FAK und FAT waren im Rahmen der Kriegsvorbereitungen gegen die Sowjetunion zunächst nur von der Abteilung I (Spionage) aufgestellt worden, später jedoch auch von den Abteilungen II (Sabotage) und III (Spionageabwehr).[420] Schließlich sollen sie alle zur Abwehrabteilung III F (Abwehr Ausland/Gegenspionage) gehört haben[421] und unterstanden mit Hunderternummern den Abwehr-Stäben „Walli"[422] I bis III für den Osten sowie den Abwehr- bzw. Frontaufklärungsleitstellen West I bis III für den Westen. Seit der beginnenden Fusion des Amtes Ausland/Abwehr des OKW mit dem Amt VI (Ausland SD) des RSHA im Frühjahr 1944 unterstanden die Kommandos und Trupps den fachlichen Weisungen des Reichsführers SS Heinrich Himmler.[423] „Walli I" war der Abwehr-

416 Erwin Stolze, Ausarbeitung zur Geschichte der deutschen militärischen Abwehr ab 1914 in sowjetischer Haft, Juli 1951 (BStU, ZA, HA IX/11, ZR 920, A. 131, Bl. 69).

417 Reinhard Gehlen, Der Dienst. Erinnerungen 1942-1971, Mainz 1972, S. 53-59.

418 Erwin Stolze, Organisation der deutschen Abwehr, insbesondere der Abwehr II, ihre Vor- und Nachteile, undatierte Ausarbeitung in sowjetischer Haft, 1946 (BStU, ZA, HA IX/11, ZR 920, A. 130, Bl. 39).

419 Birštejn, Smersh, S. 171

420 Nach den Aussagen des früheren Leiters der Abteilung I, Piekenbrock. In: Prozess gegen die Hauptkriegsverbrecher, Band VII, S. 301 f.

421 So der frühere Chef der Abteil Abwehr III von Bentivegni in seinen Aufzeichnungen in sowjetischer Haft (BStU, ZA, HA IX/11, ZR 920, A. 85, Teil 1, Bl. 88).

422 Zu den unterschiedlichen Bezeichnungen der Dienststelle, vgl. Pahl, Fremde Heere Ost, S. 351, FN 121. Hier wird die Bezeichnung „Stab-Walli" verwendet.

423 Albrecht Charisius/Erhard Moritz, Zur Fusion des OKW-Amtes Ausland/Abwehr mit dem Sicherheitsdienst (SD) 1944. In: Militärgeschichte, 16 (1977), S. 44-57.

Abteilung I unterstellt. Später wurden entsprechend „Walli II" der Abteilung Abwehr II und „Walli III" der Abteilung Abwehr III zugeordnet. Diese drei zusammenfassend als „Stab Walli" bezeichneten Dienststellen leiteten als vorgeschobener Stab den gesamten gegen die Sowjetunion gerichteten Nachrichten-, Abwehr- und Sabotagedienst.[424]

Die Walli-Stäbe oder auch Frontaufklärungseinheiten I bis III waren auf der Ebene des Generalstabs des Heeres der Abteilung FHO zugeordnet, die Frontaufklärungskommandos (FAK) I bis III der jeweiligen Heeresgruppe und die Frontaufklärungstrupps (FAT) I bis III den Armeen. Darunter kamen auf der Ebene der Korps nach Bedarf Meldköpfe oder Außenstellen von Abwehr I bis III zum Einsatz.

Der Sonderstab „Walli" war ab 9. Juni 1941 in Sulejówek bei Warschau als Teil der Abwehrstelle Warschau gegründet und stationiert[425] sowie als Sondernachrichtenstab - wie auch die anderen „Walli"-Stäbe - in unmittelbarer Vorbereitung auf den Einmarsch in die Sowjetunion im Januar 1941 zur Aktivierung der Agentenarbeit in der Sowjetunion und der Nachrichtendienststellen aller infrage kommenden Armeen und Heeresgruppen geschaffen worden. Sie wurden seit 18. Juni 1941 von Oberst Hermann Baun, vor 1941 deutscher Konsul in Moskau und später Chef des Russland-Referats in der Abwehr-Abteilung I, geleitet.[426] Der Stab wurde zuletzt von Oberst Heinz Schmalschläger geführt, dem seit Juni 1941 zunächst „Walli III" unterstanden hatte.[427] Bei Gründung von „Walli" vereinbarten Wehrmacht und Abwehr, dass im Bereich von 50 Kilometern hinter der Front die Zuständigkeit für Abwehrfragen bei den Ic-Offizieren der Heeresgruppen verblieb, „Walli I" hingegen Agentenoperationen bis zu 200 Kilometer hinter der Front durchführen dürfe.[428]

Die ersten „Frontaufklärungskommandos" wurden bereits am 1. Juni 1941 bei den drei Heeresgruppen Nord, Mitte und Süd gebildet, bestanden aus jeweils mindestens 25 einheimischen Kollaborateuren in sowjetischen Uniformen und sollten bei Kriegsbeginn jeweils fünfzig bis 300 Kilometer vor den Spitzen der Wehrmacht in die Sowjetunion eindringen und zuvor festgelegte Diversions-

424 Aufstellungsbefehl des Chefs des Abteilung II des Amtes Ausland/Abwehr des OKW, Generaloberst Erwin Edler von Lahousen-Vivremont, vom 14.6.1941 (BStU, ZA, HA IX/11, RHE 4/85 SU, Band 6, Bl. 458-461). Vgl. Wegener, Organisation, S. 21.

425 Vgl. ebd.

426 Zu Baun, auch zu seiner Nachkriegskarriere in der Bundesrepublik vgl. Eichner/Schramm, Angriff, S. 44 f.

427 Mader, Hitlers Spionagegenerale, S. 98; schriftliche Angaben von Hans Piekenbrock, ehemaliger Leiter der Abwehr-Abteilung I (Nachrichtenbeschaffung) (ebd., S. 185); aus einer Aufzeichnung von Oberst Erwin Stolze (ebd., S. 258). Schmalschläger arbeitete nach 1945 für den CIA, später für den BND. Vgl. Roewer, Die Rote Kapelle, S. 102. Schmalschläger war seit Sommer 1945 für den Bereich Gegenspionage des amerikanischen Geheimdienstes OSS tätig, später bei der Organisation Gehlen und beim BND. Vgl. Eichner/Schramm, Angriff, S. 166.

428 Wegener, Organisation, S. 21 f.

akte verüben, wie etwa in der Nacht vom 21. zum 22. Juni 1941 in Brest-Litowsk durch ein Frontaufklärungskommando der Abwehr III. Ende 1941 wurden die Frontaufklärungskommandos auf etwa 1000 Mann verstärkt.[429] Im August 1942 gab es 17 FAK und FAT.[430] Bereits am 11. Juni 1941 wurde vom Oberquartiermeister IV festgelegt, dass für den Einsatz der FAK ein Offizier von Abwehr III als leitender Offizier zu FHO tritt.[431]

„Walli I", bisweilen Frontaufklärungsleitstelle I Ost genannt, zunächst ebenfalls in Sulejówek stationiert, wurde bald in die Ukraine nach Winniza vorgeschoben, war seit Herbst 1943 in Neuhof/Samland, dann in Nikolaiken/Ostpreußen, 1944 in Harnekop bei Strausberg, Anfang April 1945 kurzzeitig im sächsischen Bad Elster und bei Kriegsende in den Bayrischen Alpen nahe Berchtesgaden stationiert. Seit Januar 1942 warb der Stab in den Kriegsgefangenenlagern in der besetzten Sowjetunion verstärkt Kollaborateure an.[432] Aufgabe der „Walli I" unterstehenden FAK war es u. a., ihre in sowjetischer Uniform und Ausrüstung operierenden Agenten als sogenannte Frontläufer durch die Kampflinien zu schleusen.[433] „Walli I" war seit Mitte Mai 1943 fachlich FHO unterstellt.[434] Anfang April 1945 gab der Chef des RSHA, Kaltenbrunner, den Befehl, die FAK-I-Verbände den SS-Jagdverbänden Skorzenys einzugliedern. Zuletzt wurden sie um den 20. April 1945 noch einem SD-Führer unterstellt, zu einem Zeitpunkt, als niemand mehr einen Überblick über die Einsätze der Frontaufklärung besaß. Die Abwehr-I- und Abwehr-II-Verbände erfüllten jedoch weiterhin Aufklärungsaufgaben und kamen nicht bei allgemeinen Frontkämpfen zum Einsatz.[435] Aus dem Personal der Frontaufklärung I schuf der Chef von FHO, General Gehlen, im Übergang zur Nachkriegszeit ein V-Mann-Netz für die Zeit nach der Besetzung Ostdeutschlands durch die Rote Armee.[436]

„Walli II" unter Leitung von Major Seeliger unterstanden die Frontaufklärungstrupps und-Kommandos mit den 200er Nummern. Die Angehörigen der „Walli II" unterstellten FAK setzten ihre Diversanten zumeist mittels Fallschirmen hinter den Linien ab.[437] Sie waren im August 1942 bei den Heeresgruppen und Armeen der Ostfront und bei der Panzerarmee in Nordafrika eingesetzt und hatten die Aufgabe, Sabotage- und Zersetzungs-V-Leute im Frontgelände bzw.

429 Mader, Hitlers Spionagegenerale, S. 354, 356 f., 366.
430 Nach einem Verteiler der Abwehrabteilung II vom 1.8.1942 (BStU, ZA, HA IX/11, RHE 4/85 SU, Band 8, Bl. 1).
431 Pahl, Fremde Heere Ost, S. 83 f.
432 Mader, Hitlers Spionagegenerale, S. 258, 368. Vgl. Pahl, Fremde Heere Ost, S. 311.
433 2. Information zum Forschungsvorgang „Dienst" vom 2.4.1974 (BStU, ZA, HA IX/11, RHE 4/85 SU, Band 2, Bl. 3019.
434 Pahl, Fremde Heere Ost, S. 139.
435 Ebd., S. 315 f.
436 Ebd., S. 318–321.
437 2. Information zum Forschungsvorgang „Dienst" vom 2.4.1974 (BStU, ZA, HA IX/11, RHE 4/85 SU, Band 2, Bl. 301).

in der Nähe der Front auszubilden und einzusetzen.[438] Schon in seinem zweiten Verhör am 1. Juni 1945 gab der bereits erwähnte ehemalige stellvertretende Leiter der Abteilung II der Abwehr, Oberst *Erwin Stolze* an, dass während der Kämpfe in der Sowjetunion die Aufklärungskommandos 201, 202, 203 und 204 jeweils bei den Stäben der deutschen Armeegruppierungen tätig waren. Zu jedem Aufklärungskommando gehörten zwölf Gruppen mit insgesamt 200 bis 400 Mann, die den Stäben der Armeen unterstanden, und im Hinterland der Roten Armee eingesetzt wurden.[439] Als 1942 durch das RSHA zur Forcierung der Sabotage- und Spionagetätigkeit gegen die Sowjetunion das Unternehmen „Zeppelin" gegründet wurde, wurde dieses einerseits zu einer Konkurrenz für die Sabotageeinheiten von „Walli II", arbeitete hingegen bei der Spionage intensiv mit den Kommandos und Trupps von „Walli I" zusammen.[440]

„Walli III" unter Leitung von Hauptmann Heinz Schmalschläger musste wegen der weiten Entfernung zur Front bald eine Umschlagstelle in Lemberg einrichten, wo erbeutetes Material zunächst gesichtet und dann an die OKH-Abteilung FHO[441] weitergeleitet wurde. Seine Hauptaufgabe war die Gesamtauswertung des in der Sowjetunion erbeuteten schriftlichen Materials zum Zwecke der Ausschaltung der sowjetischen Gegen-Spionage. Seit Ende 1941 wurde „Walli III" verstärkt zur Unterwanderung der sowjetischen Partisanenbewegung eingesetzt.[442] Ihre Agenten aus den Reihen der Kriegsgefangenen sollten auch in die sowjetischen Stäbe eindringen.[443] Vermutlich befand sich die Dienststelle „Walli III" im Januar/Februar 1942 in Smolensk.[444] Als ab Herbst 1943 immer häufiger bei den Aufklärungstrupps und -kommandos tätige sowjetische Kollaborateure auf die sowjetische Seite wechseln wollten, wies „Walli III" im Oktober 1943 die Abwehrabteilungen an, die für sie tätigen Hilfswilligen (Hiwis) wieder in den Status des Kriegsgefangenen zurückzuversetzen, um ihnen die Angst vor späterer Bestrafung durch sowjetische Gerichte zu nehmen.[445]

Auf der Grundlage von Hitlers Befehl vom 12. Februar 1944 zur Schaffung eines einheitlichen Geheimen Meldedienstes strebte das RSHA nach einer vollständigen Zuordnung von „Walli I bis III". Ab Mai 1944 kamen schließlich Ab-

438 Dienstanweisung des Leiters der Abwehrabteilung II, Generaloberst Erwin Edler von Lahousen-Vivremont, vom 1.8.1942 (BStU, ZA, HA IX/11, RHE 4/85 SU, Band 8, Bl. 1–9).
439 Vernehmungsprotokoll Stolze vom 1.6.1945 (BStU, ZA, HA IX/11, ZR 920, A. 130, Bl. 42a-47).
440 Pahl, Fremde Heere Ost, S. 139.
441 Zum Verhältnis der FAK und FAT zum FHO vgl. die Biografien von Hans-Waldemar Schimmel und Walter Hoesch. Allgemein und zur Übernahme von Walli I und III im Frühjahr 1944 durch FHO vgl. Eichner/Schramm, Angriff, S. 44f., 49.
442 Mader, Hitlers Spionagegenerale, S. 257–259, basierend auf Aufzeichnungen von Bentivegnis in sowjetischer Haft, sowie S. 366.
443 2. Information zum Forschungsvorgang „Dienst" vom 2.4.1974 (BStU, ZA, HA IX/11, RHE 4/85 SU, Band 2, Bl. 301).
444 HA IX an ZAIG vom 13.10.1986 (BStU, ZA, HA IX/11, RHE 4/85 SU, Band 1, Bl. 9).
445 Mader, Hitlers Spionagegenerale, S. 390.

wehr I und II zu dem anstelle des Amtes Abwehr/Ausland geschaffenen Amt Mil und durch Führung dieses Amtes in Personalunion durch den Leiter des Amtes VI/Auslands-SD unter die Verfügung des RSHA. Auch Teile von Abwehr III wurden somit dem RFSS Himmler unterstellt. Hingegen blieb die Truppenabwehr von Abwehr III beim OKW. Auch die Leitstellen der Frontaufklärung verblieben formal dort, wurden allerdings fachlich an den RFSS angebunden. Für die unmittelbare Führung und den Einsatz der FAK und FAT im Bereich „Walli I" (Spionage) und III (Spionageabwehr) wurde im Dezember 1944 das Amt F („Chef der Frontaufklärung") im RSHA gegründet, diese so der Verfügung durch das OKW entzogen und formell dem RSHA angegliedert. Das Amt F sollte die Aufträge der FAK und FAT an allen Fronten koordinieren, was es faktisch aber nicht tat und daher der Einfluss auf die Frontaufklärung äußerst gering blieb. Vielmehr war das FHO Koordinator der Frontaufklärung I und III. Auch dem Leiter der SD-Sabotageabteilung im Amt Mil, Otto Skorzeny, gelang es bis Kriegsende nicht vollständig, die Abwehr-II-Frontaufklärung komplett den ihm unterstehenden SS-Jagdverbänden unterzuordnen. Erst im Herbst 1944 kam es zu einer vereinbarten Arbeitsteilung zwischen Jagdverbänden und Abwehr-II-Frontaufklärung, wobei die Jagdverbände in der Tiefe des sowjetischen Hinterlands operieren und Abwehr-II Einheiten in nicht genau festgelegten frontnahen Bereichen eingesetzt werden sollten.[446]

Ab Frühjahr 1942 unterstanden die „Walli "-Unternehmen I und III der operativen Führung durch FHO.[447] „Walli I" war von Juni 1941 bis Ende 1944 überwiegend in der unmittelbaren Nähe des FHO-Stabes stationiert. Seit Juli 1942 bewertete FHO die von „Walli I" und III eingehenden Informationen über die Lage der Roten Armee.[448] Ab Frühjahr 1943 gingen die Meldung von „Walli I" direkt an FHO und ihr Leiter Baun wurde Gehlen direkt personell unterstellt. Zwischen „Walli II" und FHO bestanden hingegen keine Auftragsbeziehungen, jedoch flossen Nachrichtenmeldungen von „Walli-II"-Unternehmungen auch an FHO.[449] Gehlen gelang es schließlich, in Auseinandersetzung mit dem RSHA die Frontaufklärung I und III fachlich FHO zu unterstellen. Dennoch wurden sie nie Bestandteil der FHO-Struktur. Vielmehr brachte das RSHA vor Kriegsende noch einzelne Frontaufklärungseinheiten unter seine Kontrolle, nachdem es personell ab Ende 1944 stark in die Einsatzstruktur eingedrungen war.[450] Zum Kriegsende waren über FHO die Einsätze verschiedener Frontaufklärungseinheiten mit der Tätigkeit der in Entstehung begriffenen Werwolfgruppen verknüpft.[451]

446 Pahl, Fremde Heere Ost, S. 141–144, 153; vgl. Birštejn, Smersh, S. 316.
447 Pahl, Fremde Heere Ost, S. 133; vgl. Wegener, Organisation, S. 22.
448 Birštejn, Smersh, S. 153.
449 Pahl, Fremde Heere Ost, S. 136–138.
450 Ebd., S. 131.
451 So nahm der FAT 210 Panzer des FAK 205 Anfang März 1945 in Stettin unmittelbar nach seinem Eintreffen mit der dortigen Werwolfführung unter SS-Standartenführer Hiller Kontakt auf, um ihre Aktionen auf der Linie Abwehr III (Spionageabwehr) im Hinter-

In allen drei „Walli"-Bereichen waren jeweils 1000 Mann eingesetzt.[452] Die Aufgaben der Frontaufklärung waren vielfältig. Die FAT 101, 201 und 304 zum Beispiel unterstanden Anfang Januar 1944 direkt der Oberkommando der Heeresgruppe A. Die FAT 101 und 304 nahmen beispielsweise im August 1943 die Vernehmungen der von Einsätzen zurückgekehrten V-Männer des FAK 201 (ehemalige sowjetische Kriegsgefangene) vor, um deren Aufklärungsergebnisse zu überprüfen. Der FAT 101 wertete auch Vernehmungsergebnisse sowjetischer Kriegsgefangener für das FAK 201 aus. Leiter des FAT 101 war Oberstleutnant von Hopf und 1944 Oberleutnant Schlegel.[453]

Das FAK 201 war dem Oberkommando der 6. Armee unterstellt und hat von Oktober bis Dezember 1943 gemeinsam mit der GFP-Gruppe 721 im Rahmen des Unternehmens „Nasses Dreieck" getarnt im Gebiet westlich von Nikopol durch Aufklärung aktiv in die Bekämpfung von Partisanen-Verbänden eingegriffen und sowjetische Nachschublinien im Raum Stalino-Melitopol durch Sabotageakte gestört. Die zur Tarnung verwendeten sowjetischen Uniformen wurden aus dem Dulag 182 Stalino beschafft. Das FAK 201 schleuste zur Auswahl neuer V-Leute auch seine russischen V-Leute in das Dulag 182 ein. Es wurde geleitet von Leutnant Giersch, dann von Oberleutnant Schlegel und bis Ende Januar 1944 von Leutnant d. R. Dr. Rolf Nissen. Nissen wurde danach Leiter des FAT 210. Die GFP-Gruppe 721 arbeitete auch mit dem Abwehrtrupp 304 zusammen. So überstellte dessen Außenkommando in Krasni-Sullin im Januar 1943 zwei festgenommene weibliche Angehörige einer sowjetischen Aufklärungsgruppe dem Abwehrtrupp 304. Der Trupp wurde 1943 erst von Hauptmann Dr. von Weber und später von Leutnant Gamm geführt. GFP und Abwehrtruppe entschieden gemeinsam über die Exekution von verhafteten sowjetischen Aufklärern, so u. a. geschehen am 2. September 1943 in Smoljanka. Der Trupp lag zu dieser Zeit nördlich von Pokrowskoje.[454] In seinen Memoiren behauptete der Leiter der Abteilung Fremde Heere Ost, Generalmajor Reinhard Gehlen, mit Verweis auf Abwehrchef Wilhelm Canaris, Abwehr II habe sich der Tötung gegnerischer Kräfte verweigert.[455]

Über die Zahl der in Haft geratenen Teilnehmer an Frontaufklärungseinsätzen gibt es nur wenige Erkenntnisse. Die deutsche Luftwaffe soll allein 450 Angehörige von FAK der Abteilung II (Sabotage) im Sommer 1944 hinter die sowjetischen Linien gebracht haben, insgesamt über 1000 Mann. Ende 1944 waren

land der Roten Armee zu koordinieren. Vgl. Koop, Himmlers letztes Aufgebot, S. 45 f. Der Kommandeur des FAK 205, Hauptmann Waldemar Göttler, wurde später von einem SMT zum Tode verurteilt.

452 Pahl, Fremde Heere Ost, S. 142 f.

453 Undatierte Aufstellung, 1944 (BStU, ZA, HA IX/11, RHE 4/85 SU, Band 7, Bl. 23).

454 Diverse Einsatzberichte des FAK 201 von 1943 und 1944 (BStU, ZA, HA XX, Nr. 4990, T. 1, Bl. 7, 29, 33).

455 Gehlen, Dienst, S. 47.

noch 600 Saboteure im sowjetischen Hinterland im Einsatz.[456] Laut russischen Angaben wurden bereits von Januar bis November 1942 im sowjetischen Nordkaukasus 170 für die deutsche Abwehr I und II tätige Spione und Diversanten ausgehoben.[457] Insgesamt 80 Prozent der Einsätze im Kaukasus wurden von sowjetischen Geheimdiensten aufgebracht.[458] Von September 1944 bis Mai 1945 habe die deutsche Abwehr insgesamt 1310 Aktionen hinter den sowjetischen Linien durchgeführt. Nach jüngeren russischen Angaben seien sämtliche der dabei in Gefangenschaft geratenen Kommandoangehörigen im Oktober/November 1945 von sogenannten Sonderberatungen (OSO) des NKVD verurteilt worden,[459] was jedoch nicht den Tatsachen entspricht. Nach neueren deutschen Forschungen ist es „Walli I" und „Walli III" nie gelungen, Agenten oberhalb der Armeebene der Roten Armee zu platzieren. Da viele Unternehmen schon bald nach Beginn des Einsatzes scheiterten, war der Bedarf an Personal hoch. Jährlich sollen etwa 10 000 Kandidaten aus den Abwehrschulen durch die Linien geschleust worden sein, eine enorm große Zahl. Andererseits waren die Schulen von sowjetischen Geheimdiensten observiert und unterwandert.[460] Der namentlich nicht bekannte Leiter der deutschen Untergrundbewegung in Minsk wurde Anfang März 1945 zusammen mit sechs Angehörigen seines Kommandos zum Tode verurteilt und erschossen.[461] Aufgrund der schnell vorrückenden sowjetischen Front war es „Walli I" und „Walli III" auch nicht gelungen, rechtzeitig deutsche Residenten im Rücken des Gegners zurückzulassen. Gehlen als Leiter von FHO forderte dies nachdringlich noch Ende Februar 1945 in einem Rapport an den Generalstab des Heeres. Im November 1944 hatten nur 200 Abwehr-I-Agenten zur Verfügung gestanden, darin enthalten sind aber nicht die ungezählten Frontläufer.[462] Dies mag ein Grund dafür sein, warum sich unter den hingerichteten Frontaufklärern überwiegend im Bereich der Sabotage (Abwehr II) eingesetzte Militärangehörige befanden.

Der Leiter des „Walli"-Stabes, Hermann Baun, sagte 1947 in US-Gefangenschaft aus, dass nicht eines der „Walli III"-Unternehmen erfolgreich gewesen sei und die Sowjets einen Agenten nach dem anderen aufgerollt hätten.[463] Von dieser Abwehrabteilung befinden sich jedoch erstaunlich wenige Hingerichtete in unserer Fallgruppe.

Hauptmann Kurt Reinhardt[464] (vgl. Amt Ausland/Abwehr Division Brandenburg, Spionage Sowjetunion) gehörte zum Amt Ausland/Abwehr Abteilung II,

456 Biddiscombe, The SS Hunter Battalions, S. 11.
457 Mader, Hitlers Spionagegenerale, S. 369.
458 Biddiscombe, The SS Hunter Battalions, S. 60.
459 Telicyn, Smerš, S. 237 f.
460 Wegener, Organisation, S. 25 f.
461 Biddiscombe, The SS Hunter Battalions, S. 66.
462 Pahl, Fremde Heere Ost, S. 145 f.
463 Birštejn, Smersh, S. 150.
464 Zu „Erna" und Kurt Reinhardt vgl. Roewer, Rote Kapelle, S. 126–130.

war 1941 bis 1942 Leiter der überwiegend aus Esten zusammengesetzten und vom finnischen und deutschen Abwehrdienst im Frühjahr 1941 zur Aufklärung und Sabotage gegründete Diversionsgruppe „Erna" in Finnland im Hinterland der Roten Armee. Ihm zugeteilt waren die deutschen Offiziere Sonderführer Werner Schwarze, Major Richter, Oberst Seber (vermutlich der zum Tode verurteilte Oberst Carl Seber, Stadtkommandant von Helsinki, vgl. Militärverwaltung, Spionage Sowjetunion, Amt Ausland/Abwehr, Reichsluftfahrtministerium), Major Seeliger, Sonderführer Leutnant Horn, Major Gartenfeld und Oberleutnant Nebel.[465] Der frühere stellvertretende Leiter der Abteilung II der Abwehr, Oberst Stolze, sagte aus, dass Schwarze als Leiter einer Gruppe von 16 estnischen Stabsoffizieren hinter der sowjetischen Front Diversionsgruppen mit insgesamt 200 Mann anführte.[466] Die unmittelbare Anleitung der estnischen Freiwilligen von „Erna" oblag dem finnischen Abwehr-Oberst Henn-Ants Kurg. Seit Beginn des deutsch-sowjetischen Krieges operierten „Erna"-Kämpfer gemeinsam mit den „Waldbrüdern", antisowjetische Partisanen-Verbände in Estland,[467] Litauen und Lettland, gegen die Rote Armee. Im sowjetisch-finnischen Winterkrieg 1939/40 war Finnland wegen der geheimen Zusatzprotokolle des deutsch-sowjetischen Nichtangriffspaktes vom August 1939 nicht von Deutschland unterstützt worden. Nach der sowjetischen Annektierung des Baltikums im Juni 1940 stationierte Deutschland jedoch im August 1940 in Nord-Finnland eine Division. Bis 1944 waren beide Staaten Verbündete gegen die Sowjetunion. Vom Unternehmen „Erna" wurden am 1. Juni 1941, kurz vor dem Überfall auf die Sowjetunion, etwa 100 in Finnland ausgebildete estnische Freiwillige in sowjetischen Uniformen mit Funkgeräten in den 1940 von der Sowjetunion okkupierten baltischen Gebieten abgesetzt. Zwei Gruppen wurden von der Insel Pellinge auf dem Seeweg zur Kumnabucht gebracht, wovon die eine bereits im Finnischen Meerbusen von der sowjetischen Abwehr entdeckt wurde. 15 estnischen Offizieren gelang jedoch der Absprung mit Fallschirmen unter Führung des deutschen Sonderführers Werner Schwarze zur Aufstellung einer Kampfgruppe aus Ein-

465 Laut einem Bericht des vom NKWD verhafteten lettischen „Erna"-Angehörigen Toomas Hellat vom 26.12.1944. Vgl. Ritson, Tonis, Toomas Hellat ja KGB, Tallinn 1998.

466 Vernehmungsprotokoll Erwin Stolze vom 1.6.1945 (BStU, ZA, HA IX/11, ZR 920, A. 130, Bl. 42a-47).

467 Mart Laar, Der vergessene Krieg. Die bewaffnete Widerstandsbewegung in Estland 1944-1956, Tallinn 2005. Er erwähnt, dass Esten, unter anderem der spätere Führer einer Waldbrüder-Gruppe Ülo Altermann, in der Estnischen Legion der SS-Panzergrenadier-Division „Wiking" und später der 20. Estnischen SS-Freiwilligen-Division (S. 25) bzw. in Wehrmachteinheiten gegen die Rote Armee gekämpft hatten (S. 46) und dass nach 1945 gemeinsam mit den Waldbrüdern in Estland auch Deutsche bewaffneten Widerstand gegen die sowjetische Herrschaft leisteten (S. 15). Insgesamt sollen in Estland 900 Sowjet-Repräsentanten durch Waldbrüder-Gruppen getötet worden sein, deren Zahl auf 30000 geschätzt wird. Während der Kämpfe kamen 8468 Esten ums Leben (S. 14). Zum Kampf gegen die estnische Partisanenbewegung aus postsowjetischer Perspektive vgl. Ivan L. Ustinov, Krepče stali. Zapiski veterana voennoj kontrrazvedki, Moskau 2005, S. 87-90. Er war Teilnehmer der Kämpfe auf sowjetischer Seite.

heimischen in Estland. Die Spionagegruppen von „Erna“ wirkten im Bereich der Heeresgruppe Nord besonders bei Aegviidu, Narwa, Tallin und Wesenburg.[468] Sie sollten die sowjetischen Truppenbewegungen aufklären und den Sitz der Militärstäbe erkunden. Sie waren an den Kämpfen Ende Juli 1941 um das sowjetische Basislager in Albu und Ende August 1941 um Tallin beteiligt. Aufgrund von Meinungsverschiedenheiten schied nach dem Tallin-Kämpfen Oberst Kurg jedoch aus der „Erna“-Gruppe aus.[469] Ein Teil der zu „Erna“ gehörenden finnischen Militärs wurden später im Rahmen des FAK 204 ausgebildet und stellten ab Sommer/Herbst 1944 antisowjetische Partisaneneinheiten im sowjetischen Hinterland in Estland auf.[470]

Nach dem Einsatz bei „Erna“ war Reinhardt bis Dezember 1942 Leiter des FAK 212, bis März 1943 des FAT 205,[471] von April 1943 bis Juni 1944 Leiter des FAT 203 im Bereich der Panzerarmee-Oberkommandos 1[472] und seit Juni 1944 Leiter des FAK 206. Reinhardt, der „Erna“-Verbindungsoffizier Sonderführer Werner Schwarze und die Flieger Gartenfeld und Nebel sollen von dem zunächst im Unternehmen „Erna“ tätigen und 1944 vom NKVD in Tallin festgenommenen estnischen V-Mann der deutschen Abwehr Toomas Hellat verraten worden sein.[473] Oberst *Erwin Stolze* hingegen gab 1945 in einem NKVD-Verhör an, die Gruppe Schwarze sei bei einem Flugzeugunglück ums Leben gekommen.[474] Reinhardt wurde wegen Spionage und Diversion zum Tode verurteilt.

Der Leiter des FAK 203[475] und des FAK 204, Hauptmann Waldemar Göttler[476] (vgl. Amt Ausland/Abwehr, Partisanenkampf), noch im August 1943 als Zugführer im FAK 201 eingesetzt, war gleichfalls mit der Führung zahlreicher Kommandos beauftragt gewesen und wurde ebenfalls zum Tode verurteilt und hingerichtet. Das FAK 203 unterstand von Juni 1943 bis Januar 1944 der Hee-

468 Mader, Hitlers Spionagegenerale, S. 190, 354.

469 Aino Siebert, Estnische Freiwillige in Finnland. Die Aufklärungsgruppe „Erna“ (www.baltische-rundschau.eu/2011/08/11; 17.1.2012).

470 Biddiscombe, The SS Hunter Battalions, S. 82.

471 Einsatzbericht FAT 205 vom 31.1.1943 (BStU, ZA, HA IX/11, RHE 4/85 SU, Band 6, Bl. 617). 1944 war Oberleutnant Thomsen der Leiter (BStU, ZA, HA IX/11, RHE 4/85 SU,, Band 7, Bl. 23). Laut einem Teilnehmer des Kampfes gegen den antisowjetischen Untergrund im Baltikum war Leiter des FAK 212 Major Hasselmann, vgl. Ustinov, Krepče stali, S. 85. Tatsächlich handelte es sich bei Hasselmann um den Leiter des FAT 212, vgl. Biddiscombe, The SS Hunter Battalions, S. 86.

472 Einsatzbericht FAT 203 vom 20.9.1943 (BStU, ZA, HA IX/11, RHE 4/85 SU, Band 6, Bl. 609).

473 Roewer, Rote Kapelle, S. 128.

474 Vernehmungsprookoll Erwin Stolze vom 1.6.1945 (BStU, ZA, HA IX/11, ZR 920, A. 130, Bl. 42a-47).

475 Leiter des FAK 203 war 1944 Oberstleutnant Hotzel, Undatierte Aufstellung, 1944 (BStU, ZA, HA IX/11, RHE 4/85 SU, Band 7, Bl. 23).

476 Zu Göttler vgl. Federal'naja služba, Smerš, S. 124, 157, 159f.; Biddiscombe, The SS Hunter Battalions, S. 64.

resgruppe Süd.[477] Ihm zugeordnet waren nach einer Aufstellung für das Jahr 1942 die FAT 207, 208, 209, 210[478] und 1944 zusätzlich auch das FAT 205.[479] SMERSCH war es 1943 gelungen, durch einen russischen Überläufer mehrere SMERSCH-Agenten in das FAK 203 einzuschleusen, wodurch bis Juni 1944 die Festnahme von zahlreichen deutschen Saboteuren der FAK 203 und 204 hinter den sowjetischen Linien gelang sowie die Rekrutierung von deutschen Kommandeuren als SMERSCH-Agenten.[480] Göttler initiierte mit dem FAK 203 von Pommern aus im Sommer 1944 zahlreiche Einsätze in Litauen, unter anderem im Rahmen der Unternehmen „Libinan I bis IV" zur Unterstützung der Litauischen Befreiungsbewegung LLA.[481] Das FAK 204 war zuletzt an der Oderfront eingesetzt und bei Prenzlau stationiert.[482] Auch das FAK 203 war noch kurz vor Kriegsende in Brandenburg disloziert.[483] Göttler wurde erst am 2. Mai 1945 im Hinterland der Roten Armee in Neuruppin zusammen mit Ernst Holm, Wilhelm Schenk-Raab und August Browarzik festgenommen, deren Schicksal allerdings unbekannt ist. Am Ort der Festnahme wurden Waffen und eine Funkstation gefunden. Sie hatten nach einem Bericht von SMERSCH der 1. Belorussischen Front den Auftrag, terroristische Akte gegen Offiziere und Soldaten der Roten Armee zu verüben.

Auch weitere zum Tode Verurteilte wurden in den letzten Monaten und Wochen des Krieges während ihres Einsatzes festgenommen. So war Hans Baumann (vgl. Spionage Hinterland der Roten Armee) mit dem FAT 111 noch bis März 1945 in Pommern tätig. Jakob-Peter Metzger[484] (vgl. Vaterlandsverrat) wurde noch im März 1945 von Glogau aus zur Unterstützung der Ukrainischen Freiheitsbewegung (UPA) beim FAK 202 weit im sowjetischen Hinterland ein-

477 Zu den Aufgaben des FAK 203 im Zeitraum April 1942 bis April 1943 bei der Aufstellung und Überwachung des auf Befehl der Abteilung II der Abwehr aus russischen Freiwilligen geschaffenen Versuchsverbandes Osintorf bzw. Versuchsverbandes Mitte bzw. Versuchsverbandes „Graukopf" zur „Zersetzung der Roten Armee" im Bereich der Heeresgruppe Mitte unter Oberstleutnant Hotzel (BStU, ZA, HA IX/11, ZR 920, A. 53). Siehe auch Burkhard Grafenstein, Vom Putschplan zum militärischen Experiment: Das Unternehmen Graukopf. In: Journal for Intelligence, Propaganda and Security Studies, 4 (2010) 2, S. 108–127.

478 Karte der Einsätze 1942 des FAK 203 (BStU, ZA, HA IX/11, RHE 4/85 SU, Band 6, Bl. 629). Das FAT 210 arbeitete ab 6.3.1945 im Bereich der Heeresgruppe Weichsel mit dem Werwolf zusammen. Vgl. hierzu Pahl, Fremde Heere Ost, S. 155.

479 Undatierte Aufstellung, 1944 (BStU, ZA, HA IX/11, RHE 4/85 SU, Band 7, Bl. 23).

480 Birštejn, Smersh, S. 232 f.

481 Biddiscombe, The SS Hunter Battalions, S. 83 f.

482 Pahl, Fremde Heere Ost, S. 248.

483 Biddiscombe, The SS Hunter Battalions, S. 58.

484 Zur UPA vgl. auch den Fall von Heinrich Wigmann, zur litauischen Widerstandsbewegung LLA den Fall von Andre Stolzenberg.

gesetzt.[485] Eberhard von Scheller[486] (vgl. Amt Ausland/Abwehr, Spionage Hinterland Rote Armee), bereits im Mai 1944 tief in der Sowjetunion im Gebiet Astrachan festgenommen, hatte die Aufgabe, mit dem FAT 103 des FAK 101 einen kalmückischen Nationalaufstand gegen die Sowjetmacht zu entfachen. Hans-Waldemar Schimmel[487] (vgl. Amt Ausland/Abwehr, FHO, Spionage Hinterland der Roten Armee) war von Juli 1942 bis Juli 1944 Leiter des Frontaufklärungskommandos 104 und hat zwischen Oktober 1942 und September 1943 etwa 150 Gruppen von drei bis zehn Mann zu Spionagezwecken in das Hinterland der Roten Armee geschickt. Der Einsatz von Erwein Graf von Thun und Hohenstein[488] (vgl. Amt Ausland/Abwehr, Abwehr Division Brandenburg, Partisanenkampf, Einsatzgruppe H, Judenmord) lag überwiegend im Bereich der Sabotage. Mit dem FAK 218 Edelweiß war er 1944 im Rahmen der Einsatzgruppe H an der Niederschlagung des slowakischen Nationalaufstandes, an der Ermordung der letzten slowakischen Juden und an Verbrechen im Partisanenkampf beteiligt.

Paul Heinrich (vgl. Sonderführer, Partisanenkampf, Spionage Hinterland der Roten Armee)

Max Zwiener (vgl. Werwolf deutsche Ostgebiete)

Aus anderen Gründen verurteilt oder Urteilsgründe nicht bekannt:

Aus einer Gruppe von wegen Werwolfvorwürfen[489] zum Tode Verurteilten im oberschlesischen Kreis Habelschwerdt hatten Paul Schmidt (geb. 1894) (vgl.

485 Akten des FAK-202-Unternehmens „Kirn" haben den Krieg überdauert, weil sie von FHO gesammelt wurden. Auch der Kommandeur Diedrich Witzel überlebte, vgl. Pahl, Fremde Heere Ost, S. 339, FN 176. In Galizien legte das FAK 205 im Wald 40 Waffen- und Munitionslager für die UPA an, vgl. Biddiscombe, The SS Hunter Battalions, S. 73; zum FAK und UPA vgl. ebd., S. 74 f.

486 Federal'naja služba, Smerš, S. 196–201; zu den Vernehmungen von Schellers vgl. das Buch von Archivaren des FSB Makarov/Tjurin, Lučšije specoperacii, S. 149–178, 371 f.; Birštejn, Smersh, S. 223–231.

487 Bogdanow/Wlassow, Duell S. 73, 115, 127; Norbert Müller, Amt, S. 213 f., 501; Roewer, Rote Kapelle, S. 101 f.; Makarov/Tjurin, Lučšije specoperacii, S. 374.

488 Federal'naja služba, Smerš, S. 125; Šindelářová, Finale, S. 67, 80, 106 FN 260; Biddiscombe, The SS Hunter Battalions, S. 110–113, 207 f.

489 Den Zusammenhang zwischen Frontaufklärungskommandos (FAK) bzw. Frontaufklärungstrupps (FAT) der Wehrmacht und der Werwolforganisation dokumentiert bereits der Arbeitsbericht des Beauftragten für Spezialabwehr im Bereich der Heeresgruppe Mitte vom 31.3.1945. Darin heißt es, dass im Ostsudetenland FAK und FAT „bereits zahlreiche Gruppen" für den Kampf hinter den sowjetischen Linien gebildet hatten, die nun vom Werwolf übernommen würden. Sie hätten vor allem in Reiners und Odrau eigene Schulungsmöglichkeiten. Das FAK 206 verfügte zu diesem Zeitpunkt in vier Kreisen über sieben Offiziere, 20 Unteroffiziere und 40 Mannschaften. Beim FAK 202 befanden sich 40 Werwolfgruppen für den Einsatz im Gebirge zwischen Reichenberg und Freudenthal im Aufbau. Werwolfkämpfer befanden sich bei FAT-Unternehmen in Tarnowitz, Tschenstochau, Turawa, Stausee, Sulau, Trebnitz und Görlitzer Heide im Einsatz. Vgl. BStU, ZA, HA IX/11, ZUV 74, Band 3, Bl. 211–222.

Werwolf deutsche Ostgebiete, NSDAP-OGL, Bürgermeister)[490] und Georg Presche (vgl. Werwolf deutsche Ostgebiete) dem FAK 212 und Alois Mattner (vgl. Werwolf deutsche Ostgebiete) dem FAK 126 angehört.

Auf übergeordneter Ebene waren Heinz Reschke (vgl. Spionage Hinterland der Roten Armee, Amt Ausland/Abwehr, Partisanenkampf) bei der Frontaufklärungsleitstelle III Ost (ehemals „Walli III "), zuletzt 1944 in der Sammelstelle Rüdersdorf[491] und Hans-Joachim Schröder im April 1945 beim Abwehr-II-Sonderkommando in Fürstenwalde für die Frontaufklärung eingesetzt. Inhaftiert und nach Moskau gebracht hat die sowjetische Geheimpolizei auch den Leiter einer Abwehr-Unterabteilung beim Stab „Walli II" Theodor Müller. Sein Schicksal ist jedoch unbekannt.[492] Wolfgang Abshagen[493] (vgl. Spionage Sowjetunion, Amt Ausland/Abwehr, Abwehr Division Brandenburg) hatte 1944 Befehle zur Neubesetzung von Führungspositionen im FAK 210 unterzeichnet.

Walter Hoesch (vgl. FHO, Amt Ausland/Abwehr, Spionage Hinterland der Roten Armee) hatte den FAK 202 und 204 angehört. 1943 war er mit dem FAK 202 im Unternehmen „Aurora" zur Aktivierung von „Wlassow"-Einheiten im zentralen sowjetischen Hochland eingesetzt.[494] Die genauen Urteilsgründe sind nicht bekannt.

Fritz Rödiger (vgl. Partisanenkampf, GFP) ist der einzige Verurteilte, bei dem sich dienstlich ein Zusammenhang zur Geheimen Feldpolizei belegen lässt. Denn die GFP war unter anderem zuständig für die Rekrutierung von Landesverrätern zur Arbeit bei der Militär-Abwehr, besonders in den hinter den Linien eingesetzten Frontaufklärungseinheiten.

Thomas Kornberger (vgl. Diversion deutsche Ostgebiete)
Lothar Mensdorf (vgl. Spionage Hinterland der Roten Armee)
Josef Langer

490 Ein nicht zum Tode Verurteilter dieser Gruppe bezeugte später, dass Werwolfvorwürfe Teil der Anklage gewesen seien. Vgl. Pautsch, Eberhard, Und dennoch überlebt. Als Sechzehnjähriger auf dem „Archipel Gulag", Dülmen 1984.

491 Die Leitstelle III Ost wurde Ende 1944, Anfang 1945 einsatzmäßig FHO unterstellt, vgl. Pahl, Fremde Heere Ost, S. 147.

492 Federal'naja služba, Smerš, S. 159f.

493 Abshagen, Generation; Norbert Müller, Amt, S. 279f., 492; Trecker/Kamp, Geheimdienst, S. 162, 188f. Vgl. den undatierten Geschäftsplan der Abteilung II des Amtes Ausland/Abwehr des OKW in BStU, ZA, HA IX/11, FW 470 Akte 1, Bl. 20, 22; BStU, ZA, HA IX/11, RHE 4/85 SU, Band 7, Bl. 23.

494 Biddiscombe, The SS Hunter Battalions, S. 62.

14.6.2 Division Brandenburg

Diese weitere für die Kriegsvorbereitung gegen die Sowjetunion wesentliche und berüchtigte Einheit unterstand der Sabotage-Abteilung II des Amtes Ausland/Abwehr.[495] Die Division Brandenburg hieß zuerst Baulehrbataillon z.B.V. 800, dann Lehrregiment Brandenburg z.B.V. 800 sowie Sonderverband Brandenburg und ab 1. April 1943 Division Brandenburg. Sie unterstand zwar ab diesem Zeitpunkt nicht mehr der Abwehr, sondern dem Wehrmachtführungsstab und dann dem Generalstab des Heeres, doch behielten ihre Aufgaben Sabotagecharakter und sie wird deshalb der Abwehr zugeordnet.

Von zwölf bekannten Fällen wurden sechs wegen Zugehörigkeit bzw. Handlungen im Rahmen der Division zum Tode verurteilt.

Der Vorwurf „Plünderung in sowjetischer Uniform" gegen Max Peter verweist auf seinen Dienst bei der Division Brandenburg. Es ist das einzige Urteil, bei dem dies der Fall ist. Auch die sechs anderen mit ihm Verurteilten gehörten dem der Division Brandenburg unterstehenden Lehrregiment „Kurfürst" (Pestalozzischule) Kamenz an. Es war eine Spezialeinheit mit hochqualifizierten Fachleuten zur Rekrutierung und Ausbildung von Spionen, Sabotage- und Sonderkampftruppen, die jedoch nicht im Rahmen des Lehrregiments eingesetzt, sondern zu anderen Einzel- bzw. Kleinkommandos abkommandiert wurden. Es befand sich erst seit Herbst 1944 in Kamenz. Im Soldbuch stand zur Tarnung „Nachrichten-Ersatz-Abteilung Meise".[496] Nach sowjetischer Auffassung unterstand das Lehrregiment „Kurfürst" dem Abwehrstab „Walli".[497] Der zeitweilige Leiter der Abteilung II des Amtes Ausland/Abwehr, Oberst *Erwin Stolze*, hatte 1949 in sowjetischer Haft ausgesagt, sowohl die Division „Brandenburg" als auch das Lehrregiment „Kurfürst" gehörten zur Abteilung II der Abwehr.[498] Als Teil von Abwehr-II wurde „Kurfürst" ab Dezember 1944 in das Amt Mil des RSHA eingegliedert.[499] Konkrete Anklagepunkte bei den sechs Mitverurteilten Walter Benz,[500] Karl Engelmohr, Kurt Ernst (geb. 1914), Richard Genike (phon.), Werner von Scheibner[501] und Werner Zumpe sind unbekannt. Benz und von Scheibner waren Offiziere. Bei Genike ist die Zugehörigkeit zu „Kurfürst" nicht nachgewiesen, aber wahrscheinlich.

495 Bekanntgabe zu Gliederung, Aufgaben und Einsatz der Abteilung II der Abwehr vom 26.6.1942, gez. Abshagen (BStU, ZA, HA IX/11, RHE 4/85 SU, Band 6, Bl. 538-541).
496 Norbert Müller, Amt, S. 457.
497 Beljaev/Syromjatnikov/Ugrinovič, Proval akcii „Ceppelina", laut Organigramm im Anhang.
498 Vernehmungsprotokoll Erwin Stolze vom 13.12.1949 (BStU, ZA, HA IX/11, ZR 920, A. 138, Bl. 176-178).
499 Pahl, Fremde Heere Ost, S. 147.
500 Norbert Müller, Amt, S. 502.
501 Ebd., S. 493.

Aus anderen Gründen verurteilt oder Urteilsgründe nicht bekannt:
Wolfgang Abshagen[502] (vgl. Spionage Sowjetunion, Amt Ausland/Abwehr, Abwehr Frontaufklärung)
Kurt Jahnke[503] (vgl. Auslands-SD, NSDAP-Gauleitungen, SA, Spionage Sowjetunion)
Josef Matciol (vgl. Spionage Sowjetunion)
Erwein Graf von Thun und Hohenstein[504] (vgl. Abwehr Frontaufklärung, Amt Ausland/Abwehr Division, Partisanenkampf, Einsatzgruppe H, Judenmord)
Kurt Reinhardt[505] (vgl. Abwehr Frontaufklärung, Spionage Sowjetunion)
Oskar Ziegler (vgl. Spionage Sowjetunion)

Andere Einsätze hinter den sowjetischen Linien

In diesem Abschnitt sind zehn Fälle versammelt, die nicht eindeutig der Frontaufklärung bzw. anderen Einheiten der Abwehr zuzuordnen sind, die aber aufgrund bekannter Details ihres Einsatzes in diesen Zusammenhang gehören.

Emil Albrecht (vgl. Wehrmachteinheiten) wurde Anfang April 1944 beim Rückzug der Wehrmacht in Odessa zurückgelassen, um Sabotageakte zu verüben. Hugo Bartz (vgl. Terror deutsche Ostgebiete), Max Jessen (vgl. Terror deutsche Ostgebiete) und Franz Schwamberger (vgl. Terror deutsche Ostgebiete) wurden im Februar 1945 bei Grodno eingesetzt, Gerhard Baumert (vgl. Spionage Hinterland der Roten Armee) im März 1945 vermutlich im Raum Prag. Johann Besendorfers Einsatz (vgl. Terror Hinterland der Roten Armee) erfolgte im Oktober 1944 im Gebiet Nordtranssylvanien, der von Hermann Dreger (vgl. Spionage Hinterland der Roten Armee) im Januar 1945 im Gebiet Labiau in Ostpreußen. Im März 1945 wurden Adolf Malysch (vgl. Spionage Hinterland der Roten Armee) vermutlich in den Sudeten und Jakob Schmitt (vgl. Spionage Hinterland der Roten Armee) im Gebiet von Königsdorf bei Ratibor/Oberschlesien festgenommen.

Herbert Giel[506] (vgl. Auslands-SD, Werwolf besetzte Gebiete)

502 Abshagen, Generation; Norbert Müller, Amt, S. 279f., 492; Trecker/Kamp, Geheimdienst, S. 162, 188f. Vgl. den undatierten Geschäftsplan der Abteilung II des Amtes Ausland/Abwehr des OKW in BStU, ZA, HA IX/11, FW 470 Akte 1, Bl. 20 und 22; BStU, ZA, HA IX/11, RHE 4/85 SU, Band 7, Bl. 23.

503 Schellenberg, Aufzeichnungen, S. 43-50, 60-64, 149-153, 201-206, 230-235; Doerries, Tracing; Doerries, Hitler's last chief, S. 20f., 86f., 95, 245f., 277 ff., 327f.; Schlie, Carl Marcus; Hastedt, Spies, S. 412f.; Ramme, Sicherheitsdienst, S. 90; Meinl, Nationalsozialisten, S. 262f., 338. Clough, State Secrets, S. 4, 158 ff., 219-236.

504 Federal'naja služba, Smerš, S. 125; Šindelářová, Finale, S. 67; Biddiscombe, The SS Hunter Battalions, S. 110-113.

505 Zu „Erna" und Kurt Reinhardt vgl. Roewer, Rote Kapelle, S. 126-130.

506 Vgl. Auszüge aus seinen Aussagen in Makarov, Lubjanskoe dos'e Skorceni, S. 129f.

14.6.3 Geheime Feldpolizei (GFP)

Die GFP, im August 1939 zur Agenten- und Spionageabwehr aufgestellt, hatte als polizeiliches Exekutivorgan der militärischen Abwehr der Feldarmee in den besetzten Gebieten auch weitreichende polizeiliche Aufgaben erhalten und war den jeweiligen Oberkommandos der Heeresgruppen, den Armeeoberkommandos, den Oberfeldkommandanturen und anderen Kommandobehörden zugeteilt. 1942 wurde die GFP vom Heer zur Sicherheitspolizei überführt. Ende 1944 kamen die einzelnen Einheiten zu den kämpfenden Truppen.[507] Im Charkower Prozess im Dezember 1943 wurde mit dem deutschen Kriegsgefangenen *Reinhard Retzlaff* der erste Angehörige der GFP zum Tode verurteilt.[508]

Von neun bekannten Fällen wurden acht Personen wegen Zugehörigkeit bei der GFP zum Tode verurteilt.

Ernst Rassow (vgl. RKPA, Gestapo Berlin) war als Heerespolizeichefs Leiter aller Gruppen der Geheimen Feldpolizei an der Ostfront unter dem Kommandeur der Zentralgruppe der Ostfront Feldmarschall Fedor von Bock und später als Personalchef im Stab der Geheimen Feldpolizei beim OKW in Berlin der höchstrangige Verantwortliche der GFP in dieser Gruppe. In seinem sowjetischen Urteil wurde die GFP der Gestapo zugeordnet, vermutlich da sie ab 1942 zur Sipo gehörte.[509]

Ein im August 1946 in Leipzig durchgeführtes SMT verurteilte die Angehörigen der Gruppe 580 der Geheimen Feldpolizei Kurt Appold (vgl. Partisanenkampf), Otto Bendix (vgl. Partisanenkampf, Inlands-SD), Oskar Kleeberg (vgl. Partisanenkampf), Fritz Rödiger (vgl. Partisanenkampf, Abwehr Frontaufklärung) und Werner Streicher (vgl. Partisanenkampf). Die Gruppe 580 kam nach dem Einsatz in Polen, Belgien und Frankreich 1940 erneut nach Polen in das Generalgouvernement, im Sommer 1941 in die besetzte Sowjetunion und schließlich im Frühjahr 1942 in das Gebiet Smolensk. Wesentliche Aufgabe war hier die Aufklärung und Bestrafung von Sabotage- und Partisanenarbeit unter der Bevölkerung sowie die Rekrutierung von Landesverrätern für die Arbeit in Einheiten der Militär-Abwehr, besonders bei den hinter den Linien eingesetzten Abwehrtrupps, die dem Abwehrstab „Walli" unterstanden. Im Dezember 1942 wurde die Gruppe 580 nach Serkowo verlegt und verübte dort bis März 1943 Morde an mehr als 150 Sowjetbürgern. Den fünf zum Tode verurteilten Feldpolizisten wurden die im Frühjahr 1942 in Sytschewka durchgeführten Erschießungen von Partisanen und Zivilisten vorgeworfen.[510]

507 Allg. siehe Klaus Gessner, Geheime Feldpolizei. Zur Funktion und Organisation des geheimpolizeilichen Exekutivorgans der faschistischen Wehrmacht, Berlin (Ost) 1986.
508 Vgl. Gerichtsprozeß.
509 Urteil des SMT der 5. Stoßarmee vom 24.12.1945 (Dokstelle StSG, Akte Ernst Rassow).
510 Protokoll der Gerichtsverhandlung vom 14.8.1946 vor dem SMT der 9. Panzerdivision Bobruisk-Berliner Rotbanner (BStU, ZA, HA IX/11, AS 35/69, Band 3, Bl. 40–56).

Im Juli 1942 erschoss die GFP-Gruppe 580 zudem bei Rschew einen jüdischen Gefangenen, sechs per Fallschirm abgesetzte sowjetische Agenten, eine Partisanin und von 218 festgenommenen Zivilisten eine Gruppe von 69 Menschen.[511] Im August 1942 wurden von 348 festgenommenen Zivilisten 56 erschossen.[512] Im Juli 1943 ermordete die GFP-Gruppe 580 vor dem Abzug aus Brjansk und Orel 350 bzw. 450 ihrer Häftlinge.[513]

Zuerst war im März 1946 von der deutschen Polizei der Kellner Oskar Kleeberg in Leipzig verhaftet und vernommen worden. Er wurde an das NKVD überstellt und berichtete ausführlich über die Gruppe 580, ihre Verbrechen und nannte die Namen zahlreicher Angehöriger der Gruppe 580 mit ausführlichen Charakterisierungen sowie die Namen von durch ihn angeworbenen Kollaborateuren. 1976, im Zusammenhang mit den MfS-Ermittlungen gegen den 1974 in der DDR zum Tode verurteilten Angehörigen der Gruppe 580 *Karl Gorny* verwendete in der Sowjetunion die Tageszeitung der kommunistischen Jugendorganisation, „Komsomolskaja Prawda", Aussagen von ehemaligen Kollaborateuren, die Kleeberg geworben und angeleitet hatte (und von denen er 1946 einige im Verhör namentlich nannte), um Kleebergs Rolle in der Gruppe 580 zu beleuchten. Da war dieser bereits seit 30 Jahren tot. Die von ihm genannten Kollaborateure wurden nach dem Gorny-Prozess in der Sowjetunion ebenfalls verurteilt.[514] Ironischerweise hatte im Januar 1943 auch die deutsche Wochenzeitschrift „Die Koralle" ein Foto veröffentlicht, das Kleeberg in der besetzten Sowjetunion mit dem Leiter der Gruppe 580 Feldpolizeikommissar Gramsch bei der für den Frontberichterstatter eigens gestellten Verhaftung eines russischen Zivilisten zeigt, der ein Funkgerät bei sich trug. Kleeberg war auch an der Niederschlagung des Warschauer Aufstandes im Sommer 1944 beteiligt.
Hans Külzer (vgl. Partisanenkampf)
Walther Queissert

Aus anderen Gründen verurteilt oder Urteilsgründe nicht bekannt:
Hermann Seidenstücker (vgl. RKPA, Gendarmerie Deutschland)
Kurt Schaarschmidt gehörte von 1941 bis 1945 der Gruppe der GFP 713 an, wurde nach Entlassung aus britischer Kriegsgefangenschaft wegen der Erschießung von Sowjetbürgern von einem SMT zum Tode verurteilt, jedoch begnadigt und Ende 1955 aus Bautzen entlassen.

511 Bericht der GFP für Juli 1942 (BStU, ZA, HA IX/11, RHE 4/85 SU, Band 6, Bl. 354–368).
512 Bericht der GFP für August 1942 (BStU, ZA, HA IX/11, RHE 4/85 SU, Band 6, Bl. 370–380).
513 Dieter Pohl, Die Herrschaft der Wehrmacht. Deutsche Militärbesatzung und einheimische Bevölkerung in der Sowjetunion 1941–1944, München 2008, S. 329.
514 L. Ovčinnikova, Leben und Gedenken. Nachwort zu einem Gerichtsprozeß über Vaterlandsverräter. In: Komsomolskaja Prawda vom 4.11.1976; Angaben über diesen Prozess in Orjol auch in: Der Tagesspiegel vom 5.11.1976. Vgl. BStU, ZA, HA IX/11 35/69, Band 16.

15. Kriegsgefangenenwesen in Deutschland

Die Vorwürfe gegen diese Gruppe stehen im Kontext zahlreicher Stalags und ihrer Filiallager in Deutschland, wo die Verurteilten als Kommandeure, im Lagerstab oder in der Bewachung dienten, also auch Verantwortliche am Tod von geflohenen Gefangenen sein konnten oder als Zivilisten in ihren Betrieben Kriegsgefangene beschäftigt und misshandelt hatten.

In einigen Fällen sind Bezüge zu Kriegsgefangenen-Stammlagern zu erkennen: Stalag I A Stablak bei Königsberg/Ostpreußen, Stalag IV-B/Z Zeithain, Stalag IV B Mühlberg/Elbe, Stalag III C Groß-Drewitz, Stalag III A Luckenwalde, Stalag (308) VIII E Neuhammer, Stalag VIII A, Stalag IV A Hohnstein und die Filialen Dippoldiswalde und Dresden, Stalag IV F in Hartmannsdorf/Sachsen bei Chemnitz, Oflag XII B Mainz-Hadamar sowie die Filiallager von Stalags in Blankenburg, Brandenburg, Braunau (Österreich), Danzig, Erla, Königsberg, Krugau/Lübben, in Mühlbach bei Frankenberg/Sachsen und Oranienburg.

Bei den Verurteilungen spielten der Einsatz und die Behandlung von Kriegsgefangenen bei der Zwangsarbeit in der deutschen Industrie und in der Landwirtschaft an folgenden Orten eine Rolle: Beierfeld bei Aue, Berlin, Blankenburg, Bockau, Brandenburg, Burgstädt, Dresden, Droyßig bei Zeitz, Eisleben, Elbing/Westpreußen, Geringswalde bei Rochlitz, Gumbinnen, Görlitz, Guthmannshausen bei Weimar, Leisten bei Karow, Köppelsdorf bei Sonneberg, Küstrin, Kunow/Ostprignitz, Metgethen bei Königsberg, Oelsnitz, Oranienbaum, Oranienburg, Parum/Mecklenburg, Schwerin, Sonneberg und Weißensee/Thüringen. Einige der Verurteilten gehörten den Landesschützenbataillonen 203, 206, 344, 394, 395 und 396 an.

Insgesamt gehören 104 Personen in diesen Zusammenhang, davon wurden 96 ausdrücklich wegen Handlungen in Bezug auf Kriegsgefangene verurteilt.
Paul Ankersen
August Arbeit (vgl. Werkschutz)
Emil Becher (vgl. Polizei Deutschland)
Otto Bechmann
Wilhelm Behrend
Ludwig Berg
Kurt Beutler (vgl. Zwangsarbeit Sachsen)
Martin Blei (vgl. Zwangsarbeit Sachsen)
Wilhelm Bolze (vgl. Medizinverbrechen)
Walter Brand
Paul Broschwitz (vgl. Gendarmerie Deutschland)
Willy Broschwitz (vgl. Gendarmerie Deutschland)
Robert Christen (vgl. Zwangsarbeit Sachsen)
Alfred Dießner (vgl. Zwangsarbeit Sachsen, Polizei Deutschland, frühe KZ)

Wolfgang Diestel[515] (vgl. Militärjustiz)
Paul Döhring
Walter Feige
Heinz Fiedler
Albert Fielitz (vgl. RKPA)
Herbert Friedel[516] (vgl. Zwangsarbeit Sachsen, Werkschutz)
Johannes Friedrich (vgl. Abwehrbeauftragte Thüringen)
Kurt Friedrich (geb. 1901)
Willy Großhennig (vgl. Bürgermeister)
Helmuth Gürgen (vgl. Untergeordnete NSDAP-Funktionen)
Arthur Häntzschel (vgl. Zwangsarbeit Sachsen)
Erich Hartmann
Julius Hesse
Ernst Heubach (vgl. Abwehrbeauftragte Thüringen, Zwangsarbeit Thüringen)
Herbert Hippmann
Werner Hofmann (vgl. Polizei Deutschland, Zwangsarbeit Sachsen, Werkschutz)
Johann Imhoff
Walter Jade (vgl. Polizei Deutschland)
Alfred Jaschke (vgl. Kriegsgefangenenlager Sowjetunion, Amt Ausland/Abwehr, Zwangsarbeit Deutschland ohne Ortsangabe)
Eugen Just (vgl. Kriegsgefangenenlager Sowjetunion)
Heinrich Kettern (vgl. Zwangsarbeit Sachsen-Anhalt)
Kurt Köhler (vgl. Gendarmerie Deutschland, Untergeordnete NSDAP-Funktionen)
Karl Kraus
Otto Kremling
Georg Kronberg (vgl. Zwangsarbeit Sachsen-Anhalt)
Karl Krüger (vgl. Zwangsarbeit Sachsen-Anhalt)
Max Liebscher (vgl. Gestapo ohne Ortsangabe)
Iwan Lindemann
Leo Majewski (vgl. Zwangsarbeit Sachsen-Anhalt, Werkschutz)
Johannes Mattheis (vgl. Zwangsarbeit Mecklenburg, Reichsbauernführer)
Wolfgang Mende
Franz Menzel (vgl. Medizinverbrechen)
Ernst Mertens
Wilhelm Mund (vgl. Zwangsarbeit Thüringen, Polizei Deutschland)
Johannes Nacke (vgl. Kriegsgefangenenlager Sowjetunion, Strafvollzug besetzte Gebiete)
Karl Nehls
Richard Nestler

515 Kilian, Mühlberg, S. 138.
516 Hilger/Schmeitzner/Schmidt (Hg.), SMT 2, S. 556–558.

Otto Neubauer (vgl. Zwangsarbeit Sachsen-Anhalt)
Horst Noss
Franz Nowottnick
Alfred-Bruno Paul
Hermann Peters
Gustav Pietrzok (vgl. Zwangsarbeit Sachsen)
John Pingel (vgl. Zwangsarbeit Sachsen-Anhalt)
Richard Plato (vgl. Zwangsarbeit Sachsen-Anhalt)
Dr. Curt Platzbecker (vgl. Justiz Deutschland, Sonderführer)
Curt Pommer (vgl. Zwangsarbeit Sachsen, Abwehrbeauftragte Sachsen)
Wilhelm Radzanowski (vgl. Polizei Deutschland)
Richard Raphelt (vgl. Zwangsarbeit Sachsen)
Paul Rackebrandt
Johann Reichl (vgl. SS-FHA, Kriegsgefangenenlager Sowjetunion)
Kurt Redlich (vgl. Zwangsarbeit Sachsen-Anhalt)
Karl Rieche (vgl. Zwangsarbeit Sachsen-Anhalt)
Martin Riedel (vgl. Zwangsarbeit Sachsen)
Rudolf Risse (geb. 1883) (vgl. Zwangsarbeit Sachsen, Bürgermeister)
Max Rittler (vgl. Polizei Deutschland, Werkschutz, Zwangsarbeit Sachsen)
Kurt Rothe
Karl Sabrowski
Karl Scherff (vgl. Medizinverbrechen)
Hermann Schindhelm (vgl. Abwehrbeauftragte Thüringen, KZ Buchenwald)
Ernst Schneider (vgl. Zwangsarbeit Sachsen-Anhalt)
Karl Schönebaum
Friedrich Schoppe
Max Schreiber (geb. 1907)
Paul Schulz (vgl. Polizei Deutschland, Gestapo ohne Ortsangabe)
Georg Schwarz
Wilhelm Senff
Karl Simon (vgl. Polizei Deutschland)
Otto Sommer (vgl. Zwangsarbeit Deutschland ohne Ortsangabe, Polizei Deutschland)
Otto Stangl (vgl. Untergeordnete NSDAP-Funktionen)
Emil Streuch (vgl. Polizei Deutschland, Zwangsarbeit Mecklenburg)
Gustav Subotta
Gustav Süss
Gustav Teitorat
Kurt Trebs (vgl. Zwangsarbeit Sachsen, RKPA, Inlands-SD)
Erich Vogelsang
Franz Wagner (vgl. Zwangsarbeit Sachsen-Anhalt)
Adolf Wild
Kurt Will (vgl. Verbrechen gegen Kriegsgefangene kurz vor dem Kriegsende, Gestapo- und SD-V-Männer)

Benno Wolff
Erich Wünsch[517] (vgl. Zwangsarbeit Sachen)
Gottfried Wünsch (vgl. Zwangsarbeit Sachen)

Aus anderen Gründen verurteilt oder Urteilsgründe nicht bekannt:
Georg Treiter[518] war von Januar 1943 bis August 1944 Kommandant des Stalag III A Luckenwalde, wurde zum Tode verurteilt, jedoch begnadigt. Oberst *Kurt Lorenz* war vermutlich der Lagerführer des Stalag IV C Wistritz, wurde wegen Misshandlung sowjetischer Kriegsgefangener zum Tode verurteilt, jedoch ebenfalls begnadigt.
Gerhard Christ
Franz Heß (vgl. SS-FHA, KdS, Gestapo Prag, Einsatzgruppe B, Medizinverbrechen, KZ Sachsenhausen, Judenmord)
Johannes Keller (vgl. Kriegsgefangenenlager in der Sowjetunion, Partisanenkampf)
Johann Polowczyk
Walther Reinhardt[519] (vgl. Auswärtiges Amt)
Otto Tzschenkte (vgl. Justiz Deutschland, Reichskriegsgericht)
Hans Walter (vgl. Werwolf Mecklenburg)
Oswald Wünsche (vgl. Kriegsgefangenenlager Sowjetunion)

15.1. Verbrechen gegen Kriegsgefangene kurz vor dem Kriegsende

Als eine spezielle Gruppe stellen sich 20 Verurteilte heraus, die noch kurz vor Kriegsende Verbrechen gegen Kriegsgefangene begingen.

Ein besonderer Fall des Mordes an Kriegsgefangenen in der Endphase des Krieges geht auf das Konto von Angehörigen der motorisierten Feldgendarmerieeinheit 500 des Panzerkorps Großdeutschland. Paul Beuermann (vgl. Feldgendarmerie, Polizei Deutschland, Polizeibataillon 202) wurde wegen der Organisation und Teilnahme an der Ermordung von 100 sowjetischen Kriegsgefangenen in Spreefurth/Uhyst am 20. April und in Bautzen am 23. April 1945 zum Tode verurteilt. Beuermann war zunächst von der Politischen Abteilung der Leipziger Kriminalpolizei im November 1945 verhaftet und vernommen worden. Danach übergab ihn der Leiter der Abteilung, der ehemalige politische Häftling des KZ Sachsenhausen Kriminalkommissar Rudi Wunderlich, dem NKVD. In seinem Gnadengesuch schrieb Beuermann: „Nur durch einen Befehl höherer Nazioffiziere bin ich ins Unglück geraten. [...] Innerlich zerrüttet, befand ich mich

517 Ebd.
518 Uwe Mai, Kriegsgefangen in Brandenburg, Stalag II A in Luckenwalde 1939–1945, Berlin 1999, S. 26, 53, 190.
519 Christoforov, Tajny diplomatii, S. 425–438, 819.

damals in einem Zustand seelischer und geistiger Verlassenheit. [...] Ja, wusste man denn noch, was gut und böse war!"[520]

Die sächsische Kleinstadt Weißenberg bei Bautzen war nur zwei Tage nach Beginn der Berliner Operation der Roten Armee bereits am 18. April 1945 vom 7. mechanisierten Gardekorps unter Generalleutnant Kortschagin besetzt worden. Wenige Tage später wurden die sowjetischen Einheiten unter dem stellvertretenden Korpskommandeur Generalmajor Maximow in Weißenberg eingekesselt und konnten sich nur durch einen konzertierten, aber verlustreichen Ausbruch retten. 3000 Sowjetsoldaten fanden dabei den Tod. Am 24. April war Weißenberg wieder in deutscher Hand. Sowjetische Kriegsgefangene mussten nun die nach der ersten sowjetischen Besetzung von Rotarmisten getöteten Zivilisten und deutschen Kriegsgefangenen beerdigen und wurden anschließend selbst erschossen. Am 29. April eroberte die Rote Armee Weißenberg zum zweiten Mal.[521] Im August 1946 verurteilte ein SMT die 1928 und 1929 geborenen Jugendlichen Christoph Grützner, Friedemann Heber, Karl Hurtig, Rainer Menschel, Manfred Miersch und Johann Mirtschin zum Tode, weil sie nach Feststellungen des SMT als Angehörige des regionalen Volkssturms zwischen 24. und 29. April 1945 in Weißenberg zahlreiche eingeschlossene sowjetische Soldaten festgenommen, verhört und dann erschossen hatten. Jeder der Verurteilten habe persönlich einen Sowjetsoldaten erschossen.[522]

Helmut Germershausen (vgl. Werwolf Österreich, Polizei Deutschland)
Erich Hennig
Harri Hildebrandt (vgl. Judenmord, Partisanenkampf)
Günther Kubitz
Gerhard Kurth (vgl. SS-FHA, Partisanenkampf)
Hermann Müller
Ewald Orival
Rolf Pache
Wilhelm-Otto Scheer[523] (vgl. NSDAP-Kreisleitungen)
Karl Thiede
Heinz Truise (vgl. Inlands-SD, Judenmord, Medizinverbrechen, Kriegsgefangenenlager Sowjetunion)
Manfred Wels
Kurt Will (vgl. Gestapo- und SD-V-Männer, Kriegsgefangenenwesen Deutschland)

520 Zum Verfahren Beuermann vgl. BStU, ZA, HA IX/11, ZUV 26; BStU, ZA, HA IX/11, AK 5354/78, Band 2.
521 Theodor Seidel, Kriegsverbrechen in Ostsachsen. Die vergessenen Toten von April/Mai 1945, Leipzig 2005, S. 61 ff.
522 Gnadensache Grützner, Heber, Hurtig, Menschel, Miersch und Mirtschin vom 26.11. 1946 (RGASPI, op. 166, d. 780, l. 138 f.).
523 Stockhorst, Köpfe, S. 376.

16. Besatzungsverbrechen

Die Grenzen zwischen Besatzungsverbrechen im zivilen und militärischen Bereich waren fließend. Auffallend wenige Angestellte der in den besetzten und eroberten Gebieten geschaffenen Verwaltungen wurden zum Tode verurteilt.

16.1 Militärverwaltung

Prägend für diese Gruppe von 57 Verurteilten, von denen ausdrücklich 41 ihre Verantwortung innerhalb der Militärverwaltung der besetzten Gebiete angelastet wurde, ist die Funktion des Ortskommandanten. Hinzu kommen Feldkommandanten, Kommandanten der Rückwärtigen Gebiete sowie Landwirtschaftskommandanten. Unter den Verurteilten dieser Gruppe findet sich eine große Zahl von Generälen. Die meisten von ihnen sind in der Sowjetunion, oft am früheren Einsatzort, verurteilt worden. Die Verurteilten waren:

- Kommandeure der Rückwärtigen Gebiete (Korück) 532, 559 und 583
- Kommandanten und stellvertretende Kommandanten der Städte und Orte Baranowitschi, Blochino Gebiet Kursk, Bobruisk, Borodjansk, Brjansk, Brno/Tschechoslowakei, Demidow, Gomel, Helsinki/Finnland, Kardymowo, Kiew, Korosten, Korystyschew, Kremenez, Kursk, Merefa bei Dnepropetrowsk, Mogiljew, Nikolajew, Orel, Orscha, Parischskaja Kommuna (Stadt Pariser Commune), Paritschi, Perwomajsk, Pschelislaw, Reval, Riga, Rodsechow, Schisdra, Schklow, Smolensk, Starodub, Starui Krim, Vilnius, Welikije und Witebsk
- Ic-Offiziere/Adjutanten/Dolmetscher des Ortkommandanten in Demidow, Jaroslawz, Opotschka Gebiet Pskow, Smolensk, Spas-Demjansk sowie der Ortskommandantur I/44 und der Kreis-Kommandantur 883
- Ia-Offiziere, Chefs/Kommandeure der Feld- oder Oberfeldkommandanturen: 186 Opotschka, 189 Krasnije Strugi bei Leningrad, 392 Minsk, 396 Kauen, 531 Chalons-sur-Marne/Frankreich, 605 La Roche-sur-Yon/Frankreich, 818 in Dwinsk/Dünaburg, 821 Pleskau/Kauen, 853 in Rumänien sowie in Borodjansk, Dnjepropetrowsk, Kobeljaki, Krasnodar, Krementschuk und Leiter der Abteilung VII der Feldkommandantur 181 (V) in Lepel, Militärverwaltungsoberrat bei der Kreis-Feld-Kommandantur des Verwaltungs- und Wirtschaftsdienstes in den Städten Welikije Luki, Lida und Witebsk sowie Verwaltungsgruppenleiter bei den Oberfeldkommandanturen bzw. Feldkommandanturen 894 und 544 in Marseille und Chartres
- Kommandant der landwirtschaftlichen Bezirke Bobruisk und Luisjansk im Gebiet Kiew
- Sonderführer der Landwirtschaftskommandantur im Gebiet Borodjansk/Region Kiew, bei der Kommandantur Bobruisk, der Ortskommandantur I/866 in Belgien und auf dem Balkan, der Bezirksverwaltung für Landwirtschaft Ligowsk und Kasatinsk sowie bei der Landwirtschaftskommandantur Gomel

- Feldgendarme der Feld-bzw. Ortskommandantur I und II Nr. 368 in Rumänien und der Feldkommandantur 653 im Bereich der Heeresgruppe Mitte in Weißrussland
- beim Wirtschaftsstab Ost der Heeresgruppe Mitte, Wirtschaftskommando in Bobruisk, stellvertretender Leiter der Gruppe Ackerbau im Wirtschaftskommando des Gebietes Orlowsk
- Sonderführer Abteilung 1c des Wirtschaftskommandos Nord in Pskow
- Oberquartiermacher beim Oberbefehlshaber der Heeresgruppe Mitte Smolensk

Albrecht Digeon von Monteton[524] (vgl. Partisanenkampf, Kriegsgefangenenlager Sowjetunion, Zwangsarbeit Deutschland ohne Ortsangabe, Requirierungen) war Ortskommandant in Libau/Lettland. In seiner Zeit als Kommandeur der 391. Feldausbildungs-Division war er verantwortlich u. a. für die Erschießung von Kindern und Alten nahe der Eisenbahnstation Schumilino bei Podolsk im Januar 1943 im Zusammenhang mit dem Partisanenkampf.

Aus dem Kreis der Chefs von Ortskommandanturen ist der Fall Ernst Lohmeyer[525] von der Ortskommandantur OK 708 hervorzuheben. Er war einer der bekanntesten deutschen Theologen des 20. Jahrhunderts. Als Neutestamentler und Anhänger der Bekennenden Kirche gehörte er zu den Nazigegnern, setzte sich 1933 im Konflikt mit der Evangelischen Amtskirche unter anderem öffentlich für den gemaßregelten und 1938 nach Palästina emigrierten Religionsphilosophen jüdischer Herkunft Martin Buber ein und schützte 1935 seine jüdischen Kollegen an der Universität Breslau vor Übergriffen der SA. Er musste deswegen Breslau verlassen, wurde Professor in Greifswald und zog sich aus dem politischen und kirchlichen Leben zurück. Mit Kriegsbeginn 1939 wurde er als Reserveoffizier zum Landesschützenbataillon 24 einberufen und bis April 1943 in Polen, Holland, Belgien und in der Sowjetunion eingesetzt. Als Stadt- und Kreis-Kommandant in Slawiansk in der besetzten Sowjetunion setzte er sich nach Zeugenaussagen besonders für die Verbesserung der Lebensbedingungen der Zivilbevölkerung ein. Dennoch war er gegen seinen Willen in die mörderi-

524 Bezborodova, Generäle, S. 101; Gerlach, Morde, S. 216, 906, 1001, 1103.

525 James R. Edwards, Ernst Lohmeyer - ein Schlußkapitel. In: Evangelische Theologie, 56 (1996), S. 320-342; Wolfgang Otto (Hg.), Freiheit in der Gebundenheit. Zur Erinnerung an den Theologen Ernst Lohmeyer anläßlich seines 100. Geburtstages, Göttingen 1990; Günter Haufe, Gedenkvortrag zum 100. Geburtstag Ernst Lohmeyer. In: In memoriam Ernst Lohmeyer, 8. Juli 1890 - 19. September 1946. Gedenkveranstaltung anlässlich des 100. Geburtstages und der Wiederkehr des Todestages, Greifswald 1991, S. 6-16; Andreas Köhn, Der Neutestamentler Ernst Lohmeyer. Studien zur Biographie und Theologie, Tübingen 2004; Jürgen Schröder, Ein früher Protest gegen die Verhaftung des ersten Nachkriegsrektors der Greifswalder Universität, Prof. Dr. Ernst Lohmeyer. In: Zeitgeschichte regional - Mitteilungen aus Mecklenburg-Vorpommern, 1 (1997), S. 13 f.; Hilger, Tod den Spionen, S. 109-113; Hilger, „Die Gerechtigkeit nehme ihren Lauf?“, S. 234-236.

sche deutsche Besatzungspolitik eingebunden. So bewilligte er, der die Besatzungsziele nicht guthieß, im November 1942 in seiner Funktion die Überstellung eines russischen Saboteurs an ein Feldgericht. Dass Lohmeyer an diesem Vorgang beteiligt war und der Saboteur hingerichtet wurde, erfuhren sowjetische Ermittler durch Vernehmungen von Einwohnern kurz nach der Befreiung des Gebiets Slawjansk im Juli 1943. Lohmeyer wurde also, anders als lange Zeit angenommen, nicht für seine geäußerte Kritik an der sowjetischen Hochschulpolitik, sondern wegen seiner unfreiwilligen Beteiligung an Aktionen gegen Sowjetbürger unerbittlich verfolgt und zum Tode verurteilt. Dem Tribunal waren die entlastenden Momente seiner Biografie bekannt.[526] Seine Verhaftung im Februar 1946 steht möglicherweise im Zusammenhang mit der Verhaftung von Angehörigen des Greifswalder Landesschützenbataillons 24 bereits im Dezember 1945, die seinen Namen genannt haben können. Jedenfalls haben Forschungen belegt, dass bereits unmittelbar nach seiner Verhaftung der militärische Kontext seiner Inhaftierung bekannt wurde.

Heinz Beck

Fritz Beckenhof (vgl. Sonderführer, Zwangsarbeit Deutschland ohne Ortsangabe)

Friedrich Bernhard[527] (vgl. Polizeibataillon 82, Polizeibataillon 309, Partisanenkampf)

August Bittner[528] (vgl. Sonderführer, Zwangsarbeit Deutschland ohne Ortsangabe)

Karl Burckhardt[529] (vgl. Judenmord, Zwangsarbeit Deutschland ohne Ortsangabe, Requirierungen, Kriegsgefangenenlager Sowjetunion)

Heinrich Descher (vgl. Sonderführer, Requirierungen, Partisanenkampf)

Wolfgang von Ditfurth[530] (vgl. Judenmord, Wehrmachteinheiten, Partisanenkampf)

Adolf Dittmann (vgl. Zwangsarbeit Brandenburg)

Paul Eick (vgl. Judenmord)

Gottfried von Erdmannsdorff[531] (vgl. Judenmord, Partisanenkampf)

526 Vgl. Auszüge aus der Urteilsakte Lohmeyer vor dem SMT der 5. Stoßarmee (Dokstelle StSG, Akte Ernst Lohmeyer).

527 Bezborodova, Generäle, S. 40f. Zur Unterstellung der Polizeibataillone 309 und 82 vgl. BStU, ZA, HA IX/11, AB 737, Bl. 32–35.

528 Messerschmidt, Minsker Prozeß; Angaben aus seinen Aussagen bei Gerlach, Morde, S. 169f., 198, 249, 983.

529 Bezborodova, Generäle, S. 249f.

530 Ebd., S. 63.

531 Messerschmidt, Minsker Prozeß; Klaus-Dieter Müller (Hg.), Das Tagebuch des Levan Atanasjan, Leipzig 2009, S. 86; von Erdmannsdorffs Vernehmung vom 17.1.1946 vgl. Prestuplenija, S. 335f.; Gerlach, Morde, S. 501, 766, 1097, 1100; seine Vernehmung vom 17.1.1946 in deutscher Übersetzung vgl. Kohl, Krieg, S. 146, 267 ff., 292; Bezborodova, Generäle, S. 69f. Gutachten der Kommission zur Ermittlung und Untersuchung der Greueltaten der deutschen faschistischen Eindringlinge und ihrer Helfershelfer zur Aus-

Hans Gelch (vgl. Partisanenkampf)
Adolf Hamann[532]
Emil Haupt (vgl. Partisanenkampf, Zwangsarbeit Deutschland ohne Ortsangabe)
Erhard Hermsdorf
Gerhard Hirsch (vgl. Partisanenkampf, Zwangsarbeit Deutschland ohne Ortsangabe)
Emil Just[533] (vgl. Auswärtiges Amt, Amt Ausland/Abwehr, Partisanenkampf, Zwangsarbeit Deutschland ohne Ortsangabe)
Alfred Korn (vgl. Partisanenkampf)
Hans Küpper[534] (vgl. OKW, Kriegsgefangenenwesen in der Sowjetunion, Zwangsarbeit Deutschland ohne Ortsangabe, Partisanenkampf, Requirierungen)
Nikolaj Lemmerhirt (vgl. Militärjustiz, Amt Ausland/Abwehr, Kriegsgefangenenlager in der Sowjetunion, Partisanenkampf)
Josef Link (vgl. Spionage Sowjetunion, Sonderführer)
Egbert von Löbbecke (vgl. Sonderführer, Requirierungen)
Reinhard Moll[535] (vgl. Partisanenkampf)
Max von zur Mühlen (vgl. Requirierungen)
Bruno Pawel[536] (vgl. Partisanenkampf, Zwangsarbeit Deutschland ohne Ortsangabe, Wehrmachteinheiten, Kriegsgefangenenlager Sowjetunion)
Gerhard Puhl
Heider Reimann (vgl. Sonderführer)
Ernst Rietzsch[537] (vgl. Bürgermeister, Kriegsverwaltungsräte, Militärverwaltung, frühe KZ, Zwangsarbeit Deutschland ohne Ortsangabe, Judenmord, Organisation Todt, Partisanenkampf)
Kurt Rudorf (vgl. Zivilverwaltung, Kriegsgefangenenlager Sowjetunion, Kriegsgefangenwesen Deutschland)
Siegfried Ruff[538]
Viktor Sandberger (vgl. Geistliche)
Martin Sarfert (vgl. Partisanenkampf, Amt Ausland/Abwehr)
Max Schreiber (geb. 1898) (vgl. Requirierungen)
Carl Seber (vgl. Spionage Sowjetunion, Amt Ausland/Abwehr, Reichsluftfahrtministerium)
Georg Truckenbrod (vgl. Judenmord)

rottung von Sowjetbürgern auf dem Territorium der Stadt und der Umgebung von Mogiljew vom 5.10.1944 (BStU, ZA, HA IX/11, ZUV 9, Band 2, T. 2 von 2, Bl. 298-305).
532 Bezborodova, Generäle, S. 92.
533 Mader, Hitlers Spionagegenerale, S. 145 f., 223, 403; Gerlach, Morde, S. 787, 1058.
534 Bezborodova, Generäle, S. 126.
535 Messerschmidt, Minsker Prozeß, S. 551-568.
536 Bezborodova, Generäle, S. 163.
537 Lobeck, Schwarzenberg-Utopie; Wagenlehner, Die russischen Bemühungen, S. 71. Vgl. auch Aris, Recherchebericht.
538 Bezborodova, Generäle, S. 183.

Eckart Hans von Tschammer und Osten[539] (vgl. Judenmord)
Georg von Unold[540] (vgl. Requirierungen, Zwangsarbeit Deutschland ohne Ortsangabe, OKW)
Oskar Walliser (vgl. Partisanenkampf)
Friedrich Werther[541] (vgl. Partisanenkampf)
Josef Zerjak (vgl. Partisanenkampf, Zwangsarbeit Deutschland ohne Ortsangabe)

Aus anderen Gründen verurteilt oder Urteilsgründe nicht bekannt:
Prominentester Vertreter der aus nicht bekannten Gründen Verurteilten dürfte Generalmajor Gerhard Poel (vgl. Polizei Deutschland) sein. Er war von 1941 bis 1945 nacheinander Kommandant von Witebsk, von Smolensk, Kommandant der Oberfeldkommandantur 400 in Baranowitschi, später in Wilna/Vilnius sowie Stadtkommandant in Brno/Brünn.
Rolf Burchardt (vgl. Judenmord, Zwangsarbeit besetzte Gebiete, Medizinverbrechen, Judenmord)
Caspar Ebmeier
Heinrich Fick (vgl. Spionage Sowjetunion)
Josef Geppert (vgl. Unterstützung der internationalen Bourgeoisie)
Josef Hasch (vgl. Feldgendarmerie)
Josef Henkel (vgl. Feldgendarmerie)
Georg Heubeck (vgl. Feldgendarmerie)
Willi Kalkbrenner (vgl. Feldgendarmerie)
Hans Knuth
Josef Liedmayer (vgl. Feldgendarmerie)
Rudolf Platz
Max Porth[542] (vgl. Gendarmerie Deutschland, Polizei Deutschland, Judenmord, Feldgendarmerie)
Fritz-Georg von Rappard[543] (vgl. Partisanenkampf)
Wilhelm Sonnewald[544]

539 Ebd., S. 255; Götz Aly/Bert Hoppe, Die Verfolgung und Ermordung der europäischen Juden durch das nationalsozialistische Deutschland 1933–1945, Band 7: Sowjetunion mit annektierten Gebieten I, München 2011, S. 193 f.
540 Gerlach, Morde, S. 152–156, 287, 311, 315, 370, 786, 833, 1028, 1031 f., 1050, 1081, 1087 f., 1097; Klee, Personenlexikon, S. 636.
541 Bezborodova, Generäle, S. 240.
542 Porth beschrieb in einem Brief an seine Freundin in Potsdam ausführlich von der Erschießung sowjetischer Juden in Weißrussland, die wiederum ihrer Freundin davon berichtete. Diese wurde nach 1945 sowjetische Informantin und meldete den Fall. Vgl. Reich/Schultz, Untersuchungsgefängnis, S. 79 f.
543 Vgl. die zitierte TASS-Meldung vom 1.2.1946 in Tiemann, Geschichte, S. 178.
544 Vgl. ebd. Sonnewald wurde die Leitung von Vernichtungsaktionen unter der Zivilbevölkerung, die Massenverschleppung von Zivilisten zur Zwangsarbeit nach Deutschland zur Last gelegt. Vgl. BStU, ZA, HA IX/11, AK 1939/76, Bl. 12.

Hermann Winkler[545] (vgl. Einsatzgruppe C)
Wilhelm von Zitzewitz

16.2 Kriegsverwaltungsräte/Militärverwaltungsräte

Kriegsverwaltungsräte konnten sowohl der Militär- als auch der Zivilverwaltung unterstellt sein und hatten Rechtsberatung für Vorgesetzte zu leisten, aber auch Unterschriften unter Deportationsverfügungen zu setzen, wie auch Verhaftungen von Juden oder die Einziehung von Arbeitskräften zur Zwangsarbeit in Deutschland zu sanktionieren.[546]

Sechs Verurteilte führten eine solche Dienstfunktion aus, von denen zwei ihre Tätigkeit vorgeworfen wurde.

Mit dem Vorwurf „Kriegsverwaltungsrat in Riga" wurde Otto Neukirchen (vgl. Zivilverwaltung), der in Riga in der Glasindustrie eingesetzt war, verurteilt.

Ernst Rietzsch[547] (vgl. Bürgermeister, Militärverwaltung, frühe KZ, Zwangsarbeit Deutschland ohne Ortsangabe, Judenmord, Organisation Todt, Partisanenkampf)

Aus anderen Gründen verurteilt oder Urteilsgründe nicht bekannt:

Friedrich Ehlich (vgl. Zivilverwaltung) war als Major der Zivilverwaltung an einem nicht bekannten Ort in der Sowjetunion eingesetzt und wurde wegen Kriegsverbrechen hingerichtet. Seine Frau sah rückblickend seine Verhaftung im Zusammenhang mit seiner „Tätigkeit als Kriegsverwaltungsrat".

Hermann Dankwerts (vgl. Sonderführer, Untergeordnete NSDAP-Funktionen, Zwangsarbeit Deutschland ohne Ortsangabe, Requirierungen)

Egbert Jungclausen (vgl. Sonderführer, Kriegsverwaltungsrat)

Hans Naue (vgl. Bürgermeister, Zwangsarbeit Sachsen-Anhalt, Polizei Deutschland)

545 Bezborodova, Generäle, S. 242 f. Sie gibt als Gericht ein SMT im Militärbezirk Odessa an.

546 Vgl. Wilhelm Könneker, Ausflüge in die Vergangenheit, Teil II. Als Etappenhase im Russlandkrieg Dezember 1942 bis Mitte Mai 1945, o. O. o. J. Er war als Militärverwaltungsrat bei der Wirtschaftsinspektion der Heeresgruppe Mitte in Borisow, beim Wirtschaftskommando der IV. Armee im Raum Smolensk mit Standort Lublin und Limowitsch, diente beim Wirtschaftskommando der III. Panzerarmee im Raum Witebsk/Polozk sowie in Beschenkowitschi und Tschaschniki und lässt in seinen edierten Feldpostbriefen nur am Rande seine eigene Machtposition im Gefüge der repressiven Besatzungsmacht durchblicken („aus einer Hütte haben wir die Leute hinausgesetzt", „Verpflegung [...] mußten wir von den Leuten eintreiben", ebd., S. 53), aber ansonsten seinen eingeschränkten Sympathien für die russische Bevölkerung Ausdruck verleiht („von einer dumpfen, vertierten Unterrasse kann man wohl in Bausch und Bogen nicht sprechen", ebd., S. 10 f.).

547 Lobeck, Schwarzenberg-Utopie; Wagenlehner, Die russischen Bemühungen, S. 71. Vgl. auch Aris, Recherchebericht.

16.3 Zivilverwaltung

Hiermit ist für das besetzte Polen die Zivilverwaltung im sogenannten Generalgouvernement und im Reichsgau Wartheland unter dem Chef der Zivilverwaltung gemeint. In der besetzten Sowjetunion umfasste die Zivilverwaltung nur Gebiete, die dem Reichsministerium für die besetzten Ostgebiete unterstanden, sowie den Bezirk Bialystok, der bis 1939 zu Polen gehört hatte.

Mit 22 Verurteilten ist die Gruppe kleiner als die der Verantwortlichen der Militärverwaltung. Elf Angeklagten wurde ihr Dienst in der Zivilverwaltung zur Last gelegt. Zu den Verurteilten zählen:

- im Reichskommissariat für das Ostland der Generalkommissar für Litauen sowie ein Mitarbeiter des Generalkommissariats Litauen
- im Reichskommissariat für das Ostland Generalbezirk Lettland der stellvertretende Leiter der Landwirtschaftsabteilung, später Referent der Landwirtschaftsabteilung sowie ein Kriegsverwaltungsrat in Riga für die Glasindustrie
- im Reichskommissariat Ukraine der Gebietskommissar im Kreisgebiet Melitopol des Generalbezirks Krim und der Leiter der Forstabteilung des Generalkommissariats Ukraine
- ein Landwirtschaftssonderführer in Nemirow bei Winniza/Ukraine, auch tätig als Landwirtschaftsführer und Stützpunktführer in der Zivilverwaltung in Rubany Kreis Nemirow und in der Zweigstelle der Landbewirtschaftungsgesellschaft in Mährisch-Ostrau
- Stellvertreter des Gefängnisleiters in Schitomir und Leiter des Gefängnisses in Nowograd/Wolhynien
- ein Mitarbeiter der Zentralhandelsgesellschaft Ost für landwirtschaftlichen Absatz und Bedarf m.b.H. in Bastuny bei Lida/Weißrussland
- im Distrikt Lublin des Generalgouvernements der Leiter der Finanzverwaltung und der Kreishauptmann in Puławy
- im Distrikt Galizien des Generalgouvernements der Oberleiter Liegenschaften und der Hauptleiter der Kreis-Landwirtschaftsverwaltung im Kreis Solotschewsk im Gebiet Lemberg und später Kreisoberleiter der Liegenschaften im Distrikt Galizien sowie der Kreishauptmann in Sambor
- im Distrikt Radom des Generalgouvernements ein Angehöriger des Sonderdienstes Radom
- von der Haupttreuhandstelle Ost/Reichsgau Wartheland ein Buchhalter der Treuhandstelle Posen sowie ein Siedlungsdezernent[548]

548 Während Alexander Kodol und Kurt Rudorf wegen Arbeit bei der Haupttreuhandstelle Ost (HTO) von SMT zum Tode verurteilt und hingerichtet wurden, musste der Gründer und Leiter der HTO Max Winkler lediglich einige Jahre in westlichen Internierungslagern und Gefängnissen verbringen und wurde 1949 als Nichtbelasteter entlassen. Vgl. Utz Anhalt/Steffen Holz, „Das verbotene Dorf". Das Verhörzentrum Wincklerbad der britischen Besatzungsmacht in Bad Nenndorf 1945–1947, Hannover 2011, S. 98f.

- ein Sonderführer der Kreiswirtschaftsverwaltung der Zivilverwaltung in Klinzi
- ein Mitarbeiter im Zolldienst im Osten, zuletzt in Litzmannstadt.

In seiner Funktion als Generalkommissar für Litauen im Reichskommissariat für das Ostland war Theodor von Renteln[549] (vgl. Judenmord, HJ, Reichstag, NSDAP-Gauleitungen, Zentralverbände) hauptverantwortlich für die Ermordung der Juden in Litauen und der höchstrangige Vertreter dieser Fallgruppe.

Alexander Boecking[550] ist ein weiterer prominenter Fall eines Vertreters der deutschen Zivilverwaltung in den besetzten Ostgebieten. Er wurde verurteilt mit dem Vorwurf, von Dezember 1941 bis 1944 als Gebietskommissar Reval-Land in Estland/Reichskommissariat Ostland die Verantwortung für den Tod von 50 000 Kriegsgefangenen in den Kreisen Wirumassesk, Petschersk und Walgowsk, die Verschleppung von 3000 Menschen nach Deutschland sowie die Beschlagnahme großer Mengen Lebensmittel und die Verhaftung zahlreicher Zivilisten getragen zu haben.
Werner Beier (vgl. Requirierungen)
Erich Gehrt (vgl. Sonderführer, Zwangsarbeit besetzte Gebiete, Requirierungen)
Reinhard Hass
Georg Heinisch[551] (vgl. Zivilverwaltung, NSDAP-Gauleitungen, Requirierungen, Zwangsarbeit Deutschland ohne Ortsangabe)
Werner Helff (vgl. Requirierungen, Sonderführer)
Ernst Herrmann (vgl. Strafvollzug besetzte Gebiete)
Alexander Kodol (vgl. Untergeordnete NSDAP-Funktionen, SA)
Herbert Kosmahl (vgl. Requirierungen, Zwangsarbeit Sachsen)
Martin Wündrich (vgl. frühe KZ, Requirierungen, Sonderführer)

Aus anderen Gründen verurteilt oder Urteilsgründe nicht bekannt:
Willi Boettcher (vgl. Zwangsarbeit Brandenburg)
Heinrich Bollweg
Alfred Brandt (vgl. NSDAP-Kreisleitungen, Reichsbauernschaft, Judenmord, Zwangsarbeit Sowjetunion und besetzte Gebiete)
Friedrich Ehlich (vgl. Kriegsverwaltungsräte)
Carl-Georg Emmrich (vgl. Justiz Deutschland)
Friedrich Honscha (vgl. Staat und Verwaltung, Sabotage deutsche Ostgebiete)

549 Nach anderen Angaben soll er nach Südamerika geflüchtet sein. Vgl. Dieckmann, Überlegungen, S. 41 f.
550 Bezborodova, Generäle, S. 249.
551 Gerichtsprozeß, S. 5, 9, 52–58. Heinisch berichtete als Zeuge im öffentlichen Charkower Prozess detailliert u. a. über die Tötung von Häftlingen des KZ Auschwitz in den dortigen Gaskammern (ebd., S. 54 f.). Diese Aussagen sind bereits 1944 veröffentlicht worden.

Herbert Hornig (vgl. NSDAP-OGL, Zivilverwaltung, Auslands-SD „Zeppelin“, Spionage Hinterland der Roten Armee)
Otto Neukirchen (vgl. Kriegsverwaltungsrat)
Kurt Rudorf (vgl. Militärverwaltung, Kriegsgefangenenlager Sowjetunion)
Elisabeth Seeling (vgl. HJ, Medizinverbrechen, KZ Kauen, Judenmord)
Emil Ullrich (vgl. Unterstützung der internationalen Bourgeoisie, Judenmord, Polizei besetzte Gebiete)

16.4 Partisanenkampf

Auf die Bedeutung des sowjetischen Partisanenkampfs für den Ausgang des Krieges kann an dieser Stelle nicht eingegangen werden. Tausende deutsche Polizisten, Gendarmen, SD- und SS-Männer sowie Wehrmachtsoldaten waren auf deutscher Seite an der Bekämpfung der Partisanenbewegung beteiligt. Die Opfer unter der sowjetischen Zivilbevölkerung gingen in die Millionen.

Mit 124 Verurteilten zählt die Gruppe daher zu den größten Fallgruppen unter den zum Tode Verurteilten. In 117 Fällen ist Partisanenkampf Teil der Anklage. Im Aufsatz zum Polizeibataillon 304 in diesem Band spielt der Partisanenkampf ebenfalls eine wesentliche Rolle.

Eberhard Herf[552] (vgl. Hauptamt Orpo, Judenmord, Stab RFSS) war nicht nur als kurzzeitiger Stabschef beim „Chef der Bandenbekämpfungsverbände“ im Juli 1943 der höchstrangige Verantwortliche dieser Fallgruppe, sondern von 1941 bis 1943 auch Kommandeur der Orpo (KdO) in Minsk/Weißrussland und Charkow/Ukraine. Nach seiner Kritik am Partisanenunternehmen „Cottbus“ im Juli 1943 wurde er zwar von Himmler abgesetzt, bald jedoch erneut als KdO in Minsk eingesetzt.
Martin Ahrens
Paul Alisch (vgl. Requirierungen)
Kurt Appold (vgl. GFP)
Helmut Bartezko
Otto Bendix (vgl. GFP, Inlands-SD)
Friedrich Bernhard[553] (vgl. Polizeibataillon 82, Polizeibataillon 309, Militärverwaltung)
Kurt Boring (vgl. Zwangsarbeit besetzte Gebiete, Gendarmerie Deutschland, Polizei Deutschland, Polizei besetzte Gebiete, Requirierungen)

552 Messerschmidt, Minsker Prozeß; Bezborodova, Generäle, S. 101; Klee, Personenlexikon, S. 246; Gerlach, Morde, S. 53, 190, 224, 469, 690f., 704, 738, 771f., 850, 908, 953, 1074; Curilla, Baltikum, S. 334, 399, 401, 481, 488, 875; Klemp, Nicht ermittelt, S. 435.

553 Bezborodova, Generäle, S. 40f.; dem 1942 aufgestellten Korück 532 der 2. Panzer-Armee waren u. a. die Polizeibataillone 309 und 82 unterstellt. Vgl. BStU, ZA, HA IX/11, AB 737, Bl. 32–35. Über seine Festnahme berichtete das „Nachrichtenblatt für die deutsche Bevölkerung“, Nr. 15, bereits am 3.5.1945 auf Seite 1, nannte ihn aber fälschlich stellvertretenden Oberbefehlshaber der 9. Armee.

Erich Braun (vgl. Dienststellen Sipo und SD, Gestapoleitstelle Wien, Judenmord, RKPA, KZ Auschwitz, KZ Majdanek, Gestapo besetzte Ostgebiete)
Paul Broszeit (vgl. Zwangsarbeit besetzte Gebiete)
Alfred Busch (vgl. Gendarmerie besetzte Gebiete, Judenmord)
Christian Christ (vgl. Requirierungen)
Nikolaus Christen
Heinrich Descher (vgl. Sonderführer, Requirierungen, Militärverwaltung)
Wolfgang von Ditfurth[554] (vgl. Judenmord, Wehrmachteinheiten, Militärverwaltung)
Johann Dreßl (vgl. Inlands-SD, Einsatzgruppe B, Polizeibataillon 103)
Gottfried von Erdmannsdorff (vgl. Militärverwaltung, Judenmord)
Herbert Ertel[555] (vgl. Gestapo besetzte Gebiete, Kriegsgefangenenlager Sowjetunion)
Oskar Eyring
Heinrich Fischer (vgl. SS-FHA)
Kurt Frick (vgl. SS-FHA)
Paul Friedrich (vgl. Spionage Hinterland der Roten Armee, Abwehr Frontaufklärung)
Paul Heinrich (vgl. Abwehr Frontaufklärung, Sonderführer, Spionage Hinterland der Roten Armee)
Hermann Frimmersdorf (vgl. SS-FHA, Kriegsgefangenenlager Sowjetunion)
Emil Gaede[556] (vgl. Polizei Deutschland, Polizei besetzte Gebiete)
Hans Gelch (vgl. Militärverwaltung)
Rudolf Georger (vgl. Kriegsgefangenenlager in der Sowjetunion, Wehrmachteinheiten)
Bartholomäus Gilch (vgl. Wehrmachteinheiten, Zwangsarbeit Deutschland ohne Ortsangabe)
Kurt Glöss
Fritz Graupner (vgl. Einsatzgruppe B)
Wilbrand Grevemeyer (vgl. Hauptamt Ordnungspolizei)
Bernhard Haberbosch (vgl. Zwangsarbeit ohne Ortsangabe, Kriegsgefangenenlager Sowjetunion, Feldgendarmerie)
Fritz Habermann
Emil Haupt (vgl. Militärverwaltung, Zwangsarbeit Deutschland ohne Ortsangabe)
Wilhelm Haus (vgl. Zwangsarbeit Deutschland ohne Ortsangabe)
Anton Heid (vgl. Gendarmerie besetzte Gebiete)
Alfred Herrmann (vgl. Gendarmerie besetzte Gebiete, Gendarmerie Deutschland, Zwangsarbeit Deutschland)

554 Bezborodova, Generäle, S. 63.
555 Ziegler, Wer kennt schon Zabikowo, S. 73.
556 Thiele, Vae Victis, S. 75; Possekel, Sowjetische Speziallager, Band 2, S. 211.

Fritz Hesse (vgl. Polizei Deutschland, Gendarmerie besetzte Gebiete, Judenmord, Gendarmerie Deutschland)
Harri Hildebrandt (vgl. Judenmord, Verbrechen gegen Kriegsgefangene kurz vor dem Kriegsende)
Wilfried Hinkeltein (vgl. Judenmord, Kriegsgefangenenlager besetzte Gebiete)
Gerhard Hirsch (vgl. Militärverwaltung, Zwangsarbeit Deutschland ohne Ortsangabe)
Erich Hohnstein (vgl. Requirierungen, Zwangsarbeit Deutschland ohne Ortsangabe)
Max Jentsch (vgl. Requirierungen, Zwangsarbeit Deutschland ohne Ortsangabe)
Emil Jogschat (vgl. Feldgendarmerie)
Martin Johne (vgl. Gendarmerie besetzte Gebiete, Requirierungen, Judenmord)
Emil Just[557] (vgl. Auswärtiges Amt, Militärverwaltung, Amt Ausland/Abwehr, Zwangsarbeit Deutschland ohne Ortsangabe)
Johannes Keller (vgl. Kriegsgefangenenlager in der Sowjetunion, Kriegsgefangenenwesen in Deutschland)
Kurt Kiank (vgl. Feldgendarmerie)
Heinz Kirchberger (vgl. Requirierungen)
Oskar Kleeberg (vgl. GFP)
Wilhelm-Hermann Konrad
Alfred Korn (vgl. Militärverwaltung)
Robert Kreissler (vgl. Polizei Deutschland, Zwangsarbeit besetzte Gebiete, Requirierungen, Polizei besetzte Gebiete)
Krupka
Hans Külzer (vgl. GFP)
Hans Küpper[558] (vgl. OKW, Kriegsgefangenenwesen in der Sowjetunion, Zwangsarbeit Deutschland ohne Ortsangabe, Militärverwaltung, Requirierungen)
Gerhard Kurth (vgl. Verbrechen gegen Kriegsgefangene kurz vor dem Kriegsende, SS-FHA)
Hans Lehmann
Wilhelm Lehmann (geb. 1922) (vgl. SS-FHA, KZ Sachsenhausen)
Nikolaj Lemmerhirt (vgl. Militärverwaltung, Amt Ausland/Abwehr, Kriegsgefangenenlager in der Sowjetunion, Militärjustiz)
Wilhelm Lindemann (vgl. Hauptamt Orpo, Gendarmerie besetzte Gebiete)
Wilhelm Leimer (vgl. Gestapo Wiesbaden, Spionage Hinterland der Roten Armee, Gestapo Prag)
Sergej Lewitzki (vgl. Militärjustiz, Spionage Sowjetunion)
Karl Lohmann (vgl. Requirierungen, Zwangsarbeit Deutschland ohne Ortsangabe)

557 Mader, Hitlers Spionagegenerale, S. 145 f., 223, 403; Gerlach, Morde, S. 787, 1058.
558 Bezborodova, Generäle, S. 126.

559 Ebd., S. 144 f.
560 Ebd., S. 101; Gerlach, Morde, S. 216, 906, 1001, 1103.
561 Zeidler, Stalinjustiz contra NS-Verbrechen, S. 72; Klee, Personenlexikon, S. 449; Angrick, Besatzungspolitik, S. 603; Bezborodova, Generäle, S. 252 f.; Telicyn, Smerš, S. 321 f.; Kern, General von Pannwitz.
562 Bezborodova, Generäle, S. 163.
563 Vgl. die zitierte TASS-Meldung vom 1.2.1946 in: Tiemann, Geschichte, S. 178.
564 Zu den Verbrechen der 286. Sicherungsdivision vgl. Hasenclever, Wehrmacht, S. 396–308; Messerschmidt, Minsker Prozeß; Richerts Vernehmung vom 15.1.1946 in Prestuplenija, S. 331 f.
565 Lobeck, Schwarzenberg-Utopie; Wagenlehner, Die russischen Bemühungen, S. 71. Vgl. auch Aris, Recherchebericht.

Hans von Rittberg (vgl. Judenmord, Wehrmachteinheiten)
Fritz Rödiger (vgl. GFP, Abwehr Frontaufklärung)
Martin Sarfert (vgl. Militärverwaltung, Amt Ausland/Abwehr)
Oberst Eduard Freiherr von Saß[566] (vgl. Wehrmachteinheiten)
Paul von Scheer[567] (vgl. Stab RFSS, Judenmord, Hauptamt Orpo, Zwangsarbeit besetzte Gebiete, Requirierungen)
Hans-Georg Schiebeck
Paul Schmidt (geb. 1907) (vgl. Polizei Deutschland, Gendarmerie besetzte Gebiete, Judenmord, Requirierungen)
Karl Scholz (vgl. Requirierungen, Zwangsarbeit Deutschland ohne Ortsangabe)
Karl Schwarz (vgl. Wehrmachteinheiten)
Willi Schwarz (vgl. Wehrmachteinheiten)
Kurt Siegmund (vgl. Feldgendarmerie)
Franz Simbeck (vgl. Zwangsarbeit Deutschland ohne Ortsangabe, Requirierungen)
Wilhelm Sinschek (vgl. Einsatzgruppe B, KdS, RKPA)
Hans Spallek (vgl. Wehrmachteinheiten, Requirierungen)
Alfred Sterch
Walter Stettin (vgl. Requirierungen, Zwangsarbeit Deutschland ohne Ortsangabe)
Erich Strauch (vgl. Gestapo ohne Ortsangabe, Polizei besetzte Gebiete)
Werner Streicher (vgl. GFP)
Rudolf Strelzner (vgl. RKPA, Gestapoleitstelle Weimar, Kommandeure der Sipo)
Karl-Heinz Tempel (vgl. Einsatzgruppe D, RKPA, Judenmord)
Walter Thiemann (vgl. Gestapo Berlin)
Johannes Volkmer (vgl. Zwangsarbeit Deutschland ohne Ortsangabe, Kriegsgefangenenlager Sowjetunion)
Fritz Wagner
Walter Waldtmann (vgl. Polizei besetzte Gebiete)
Oskar Walliser (vgl. Militärverwaltung)
Fritz Werner (vgl. Feldgendarmerie)
Friedrich Werther (vgl. Militärverwaltung)
Bergard Wipken (vgl. Requirierungen)

566 Zum gescheiterten Versuch des NKFD, von Saß zur Aufgabe des Kampfes im Kessel Welikije Luki zu bewegen vgl. Gold, Bunker. Zur Chronik der Ereignisse im Zusammenhang mit dem Kessel Welikije Luki im Zeitraum 25.11.1942 bis 17.1.1943 vgl. Tiemann, Geschichte, S. 137-178. Saß wurde die Leitung von Massenvernichtungen unter Kriegsgefangenen und der Zivilbevölkerung, die Verschleppung von Zivilisten zur Zwangsarbeit nach Deutschland, die Ausplünderung von Kolchosen und die Zerstörung von Siedlungen zur Last gelegt. Vgl. SMT-Material zu von Saß (BStU, ZA, HA IX/11, AK 1939/76, Bl. 12).

567 Bezborodova, Generäle, S. 191.

Karl Wolf (geb. 1899) (vgl. Requirierungen, Zwangsarbeit Deutschland ohne Ortsangabe)
Karl Wuff
Karl Zabel
Friedrich Zachries (vgl. SA, Sonderführer, Amt Ausland/Abwehr, Judenmord, Zwangsarbeit Deutschland ohne Ortsangabe)
Josef Zerjak (vgl. Militärverwaltung, Zwangsarbeit Deutschland ohne Ortsangabe)
Wilhelm Zinn

Aus anderen Gründen verurteilt oder Urteilsgründe nicht bekannt:
Raimund Fuchs (vgl. Polizei besetzte Gebiete, Unterstützung der internationalen Bourgeoisie)
Theodor Gross (vgl. Polizei Deutschland, Untergeordnete NSDAP-Funktionen, Gestapo besetzte Gebiete, Judenmord, Polizei besetzte Gebiete)
Friedrich Jeckeln (vgl. HSSPF, Judenmord)
Paul Knappe (vgl. Polizei Deutschland, Gendarmerie besetzte Gebiete, Judenmord)
Hans Koch[568] (vgl. Gestapo Stuttgart, Gestapo Brünn, Gestapo Berlin, Judenmord, KdS, Spionage Sowjetunion, Einsatzgruppe B)
Erwein Graf von Thun und Hohenstein[569] (vgl. Abwehr Frontaufklärung, Amt Ausland/Abwehr, Abwehr Division Brandenburg, Einsatzgruppe H, Judenmord)

16.5 Feldgendarmerie

Die Feldgendarmerie war Organ allgemeiner Besatzungsfunktionen und führte polizeiliche Aufgaben wie Verkehrskontrolle und Kontrolle der Bevölkerung aus, wurde aber auch im Partisanenkampf eingesetzt. Es ist darum folgerichtig, dass die meisten der hier aufgezählten 19 Fälle entweder am Partisanenkampf beteiligt waren oder Funktionen innerhalb der Militärverwaltung ausübten. In acht Fällen ist der Dienst bei der Feldgendarmerie ein Urteilsgrund.
Paul Beuermann (vgl. Verbrechen gegen Kriegsgefangene kurz vor dem Kriegsende, Polizei Deutschland, Polizeibataillon 202)
Gustav Frodl (vgl. Unterstützung der internationalen Bourgeoisie, KdS)
Bernhard Haberbosch (vgl. Zwangsarbeit ohne Ortsangabe, Kriegsgefangenenlager in der Sowjetunion, Partisanenkampf)
Emil Jogschat (vgl. Partisanenkampf)

568 Messerschmidt, Minsker Prozeß; Kochs Vernehmung vom 18.1.1946 in Prestuplenija, S. 337-340; Gerlach, Morde, S. 228, 410, 1017; Kohl, Krieg, S. 148-161.
569 Federal'naja služba, Smerš, S. 125; Šindelářová, Finale, S. 67; Biddiscombe, The SS Hunter Battalions, S. 110-113.

Kurt Kiank (vgl. Partisanenkampf)
Gerhard Meier (vgl. Judenmord, Partisanenkampf, Zwangsarbeit Deutschland ohne Ortsangabe)
Kurt Siegmund (vgl. Partisanenkampf)
Fritz Werner (vgl. Partisanenkampf)

Aus anderen Gründen verurteilt oder Urteilsgründe nicht bekannt:
Willi Brand
Josef Hasch (vgl. Militärverwaltung)
Josef Henkel (vgl. Militärverwaltung)
Georg Heubeck (vgl. Militärverwaltung)
Willi Kalkbrenner (vgl. Militärverwaltung)
Emil Knoll (vgl. Kriegsgefangenenlager in der Sowjetunion)
Josef Liedmayer (vgl. Militärverwaltung)
Max Porth[570] (vgl. Gendarmerie Deutschland, Polizei Deutschland, Militärverwaltung, Judenmord)
Emil Riebold (vgl. NSDAP Kreisleitungen)
Max Richter (vgl. Polizeibataillon 304)
Erhard Zickmüller (vgl. Polizei Deutschland, Gendarmerie Deutschland)

16.6 Requirierungen

Eine weitgreifende Maßnahme zur Ernährung der Wehrmacht und der deutschen Bevölkerung war der Raub von Lebensmitteln in den besetzten Teilen vor allem der Sowjetunion. Er führte zur massenhaften Verarmung und zum Tod von Millionen am Krieg nicht beteiligten Menschen. Neben den Polizeibataillonen, die in diesem Abschnitt nicht berücksichtigt werden, und den weiteren bei Vernichtungsaktionen gegen Juden, andere Zivilisten und Partisanen eingesetzten Militäreinheiten spielten vor allem die Landwirtschafts-Sonderführer bei der Requirierung von Lebensmitteln die entscheidende Rolle. So verwundert es nicht, dass eine Reihe dieser Sonderführer unter dieser Anklage zum Tode verurteilt wurde. Doch unter den Verurteilten befinden sich nur zwei höherrangige Funktionäre dieses gigantischen Raubes an Lebensmitteln.

Zur Fallgruppe gehören 46 Verurteilungen, 44 davon ausdrücklich wegen Beteiligung an Requirierungsaktionen.

Werner Beier (vgl. Zivilverwaltung) war von September 1941 bis Oktober 1944 stellvertretender Leiter der Landwirtschaftsabteilung und später Referent der Landwirtschaftsabteilung des Generalkommissariats der deutschen Militär-

570 Porth beschrieb in einem Brief an seine Freundin in Potsdam ausführlich von der Erschießung sowjetischer Juden in Weißrussland, die wiederum ihrer Freundin davon berichtete. Diese wurde nach 1945 sowjetische Informantin und meldete den Fall. Vgl. Reich/Schultz, Untersuchungsgefängnis, S. 79f.

administration in Lettland. Er war aus sowjetischer Sicht verantwortlich für das entschädigungslose Eintreiben von 300 000 Tonnen Getreide und deren Abtransport nach Deutschland. Herbert Kosmahl (vgl. Zivilverwaltung, Zwangsarbeit Sachsen), Leiter der Forstabteilung im Generalkommissariat Kiew, gebot nach Ansicht des ihn verurteilenden SMT über 10 000 ukrainische Waldarbeiter und hat 500 000 Kubikmeter Holz nach Deutschland ausgeführt.[571]

Paul Alisch (vgl. Partisanenkampf)
Georg Belger (vgl. Sonderführer)
Kurt Boring (vgl. Zwangsarbeit besetzte Gebiete, Gendarmerie Deutschland, Partisanenkampf, Polizei besetzte Gebiete, Polizei Deutschland)
Karl Burckhardt[572] (vgl. Judenmord, Zwangsarbeit Deutschland ohne Ortsangabe, Militärverwaltung, Kriegsgefangenenlager Sowjetunion)
Christian Christ (vgl. Partisanenkampf)
Hermann Dankwerts (vgl. Sonderführer, Untergeordnete NSDAP-Funktionen, Zwangsarbeit Deutschland ohne Ortsangabe, Kriegsverwaltungsrat)
Heinrich Descher (vgl. Sonderführer, Militärverwaltung, Partisanenkampf)
Erich Gehrt (vgl. Sonderführer, Zwangsarbeit besetzte Gebiete, Zivilverwaltung)
Werner Helff (vgl. Zivilverwaltung, Sonderführer)
Adolf Hillmer (vgl. Sonderführer, Zwangsarbeit besetzte Gebiete)
Erich Hohnstein (vgl. Partisanenkampf, Zwangsarbeit Deutschland ohne Ortsangabe)
Max Jentsch (vgl. Partisanenkampf, Zwangsarbeit Deutschland ohne Ortsangabe)
Martin Johne (vgl. Gendarmerie besetzte Gebiete, Partisanenkampf, Judenmord)
Egbert Jungclausen (vgl. Sonderführer, Kriegsverwaltungsrat)
Heinz Kirchberger (vgl. Partisanenkampf)
Robert Kreissler (vgl. Polizei Deutschland, Zwangsarbeit besetzte Gebiete, Requirierungen, Polizei besetzte Gebiete)
Hans Küpper[573] (vgl. OKW, Kriegsgefangenenwesen in der Sowjetunion, Zwangsarbeit Deutschland ohne Ortsangabe, Militärverwaltung, Partisanenkampf)
Werner von Kunowski[574] (vgl. OKW, Kriegsgefangenenwesen in der Sowjetunion)
Karl Kunze (vgl. Bürgermeister, Sonderführer)
Hermann Leistner (vgl. Sonderführer)
Kurt Linke (vgl. Sonderführer, Zentralverbände)
Egbert von Löbbecke (vgl. Sonderführer, Militärverwaltung)

571 Urteil des SMT der 8. mechanisierten Division vom 29.3.1946 (Dokstelle StSG, Akte Werner Beier).
572 Bezborodova, Generäle, S. 249 f.
573 Ebd., S. 126.
574 Hilger, „Die Gerechtigkeit nehme ihren Lauf?“, S. 217–221; Hilger/Schmidt/Wagenlehner, Sowjetische Militärtribunale, Band 1, S. 199, 204; Reschin, Feldmarschall, S. 176; vgl. Reschin, General.

Karl Lohmann (vgl. Partisanenkampf, Zwangsarbeit Deutschland ohne Ortsangabe)
Georg Michael (vgl. Sonderführer)
Albrecht Digeon von Monteton[575] (vgl. Partisanenkampf, Kriegsgefangenenlager Sowjetunion, Zwangsarbeit Deutschland ohne Ortsangabe, Militärverwaltung)
Max von zur Mühlen (vgl. Militärverwaltung)
Alfons Musiol (vgl. Polizei Deutschland, Zwangsarbeit besetzte Gebiete, Polizei besetzte Gebiete, Partisanenkampf)
Paul Muth (vgl. Partisanenkampf)
Heinrich Naucke (vgl. Sonderführer)
Bruno Neumann (geb. 1896) (vgl. Partisanenkampf, Zwangsarbeit Deutschland ohne Ortsangabe)
Paul von Scheer[576] (vgl. Stab RFSS, Judenmord, Partisanenkampf, Zwangsarbeit besetzte Gebiete, Hauptamt Orpo)
Paul Schmidt (geb. 1907) (vgl. Polizei Deutschland, Gendarmerie besetzte Gebiete, Partisanenkampf, Judenmord)
Hans-Joachim Schneider (vgl. Sonderführer, Zwangsarbeit besetzte Gebiete)
Karl Scholz (vgl. Partisanenkampf, Zwangsarbeit Deutschland ohne Ortsangabe)
Max Schreiber (geb. 1898) (vgl. Militärverwaltung)
Franz Simbeck (vgl. Partisanenkampf, Zwangsarbeit Deutschland ohne Ortsangabe)
Hans Spallek (vgl. Partisanenkampf, Wehrmachteinheiten)
Werner Stachowitz (vgl. Schriftsteller, Werwolf Berlin)
Walter Stettin (vgl. Partisanenkampf, Zwangsarbeit Deutschland ohne Ortsangabe)
Georg von Unold[577] (vgl. OKW, Militärverwaltung, Zwangsarbeit Deutschland ohne Ortsangabe)
Bergard Wipken (vgl. Partisanenkampf)
Karl Wolf (geb. 1899) (vgl. Partisanenkampf, Zwangsarbeit Deutschland ohne Ortsangabe)
Martin Wündrich (vgl. frühe KZ, Sonderführer, Zivilverwaltung).

Aus anderen Gründen verurteilt oder Urteilsgründe nicht bekannt:
Georg Heinisch[578] (vgl. Zivilverwaltung, Judenmord, NSDAP-Gauleitungen, Zwangsarbeit Deutschland ohne Ortsangabe)

575 Bezborodova, Generäle, S. 101; Gerlach, Morde, S. 216, 906, 1001, 1103.
576 Bezborodova, Generäle, S. 191.
577 Gerlach, Morde, S. 152–156, 287, 311, 315, 370, 786, 833, 1028, 1031 f., 1050, 1081, 1087 f., 1097; Klee, Personenlexikon, S. 636.
578 Gerichtsprozeß, S. 5, 9, 52–58. Heinisch berichtete als Zeuge im öffentlichen Charkower Prozess detailliert u. a. über die Tötung von Häftlingen des KZ Auschwitz in den dortigen Gaskammern (S. 54 f.). Diese Aussagen sind bereits 1944 veröffentlicht worden.

16.7 Sonderführer

Von 32 zum Tode verurteilten Sonderführern sind 19 ausdrücklich auch als solche verurteilt worden.

August Bittner[579] (vgl. Militärverwaltung, Zwangsarbeit Deutschland ohne Ortsangabe) wurde verurteilt, weil er zuerst als Sonderführer im Gebiet Schlobinsk, dann als Kommandant des landwirtschaftlichen Bezirks Bobruisk an der Erschießung von 250 Menschen sowie an der Verschleppung von 1300 Menschen nach Deutschland beteiligt war. Er wurde im Minsker Prozess im Januar 1946 verurteilt. Bemerkenswerterweise spielte in dem Prozess die Ausfuhr von Lebensmitteln keine Rolle, obwohl er darüber und über seine Strafvollmachten ausführlich ausgesagt hatte. So bezeugte er, dass Dörfer in Asche gelegt und die Bevölkerung vollständig getötet werden sollte, wenn der Ablieferungsrückstand sechs Kühe betrug.

Jedoch waren nicht alle Sonderführer an der Requirierung von Nahrungsmitteln beteiligt. Als Sonderführer wurden Zivilisten auch in anderen Bereichen der Wehrmacht und der Organisation Todt eingesetzt, etwa zur Propaganda, als Dolmetscher und Ingenieure, in der Finanzenverwaltung, im Eisenbahnwesen und sogar als Archäologen. Der deutsche kommunistische Schriftsteller Willi Bredel thematisierte bereits 1943 im sowjetischen Exil in der Erzählung „Der Sonderführer“ (Moskau 1944) diese Gruppe von Besatzungspersonal am Beispiel eines Wehrmachtoffiziers im Umfeld der Schlacht von Stalingrad.

Georg Belger (vgl. Requirierungen)
Heinrich Descher (vgl. Militärverwaltung, Requirierungen, Partisanenkampf)
Paul Heinrich (vgl. Abwehr Frontaufklärung, Partisanenkampf, Spionage Hinterland der Roten Armee)
Erich Gehrt (vgl. Requirierungen, Zwangsarbeit besetzte Gebiete, Zivilverwaltung)
Adolf Hillmer (vgl. Requirierungen, Zwangsarbeit besetzte Gebiete)
Egbert Jungclausen (vgl. Requirierungen, Kriegsverwaltungsrat)
Karl Kunze (vgl. Bürgermeister, Requirierungen)
Hermann Leistner (vgl. Requirierungen)
Josef Link (vgl. Militärverwaltung, Spionage Sowjetunion)
Kurt Linke (vgl. Requirierungen, Zentralverbände)
Egbert von Löbbecke (vgl. Requirierungen, Militärverwaltung)
Georg Michael (vgl. Requirierungen)
Heinrich Naucke (vgl. Requirierungen)
Dr. Curt Platzbecker (vgl. Justiz Deutschland, Kriegsgefangenenwesen Deutschland)
Heider Reimann (vgl. Militärverwaltung)

579 Messerschmidt, Minsker Prozeß; Angaben aus seinen Aussagen in Gerlach, Morde, S. 169f., 198, 249, 983.

Hans-Joachim Schneider (vgl. Requirierungen, Zwangsarbeit besetzte Gebiete)
Martin Wündrich (vgl. frühe KZ, Requirierungen, Zivilverwaltung)
Karl Windzius

Aus anderen Gründen verurteilt oder Urteilsgründe nicht bekannt:
Fritz Beckenhof (vgl. Militärverwaltung, Zwangsarbeit Deutschland ohne Ortsangabe)
Rolf Burchardt[580] (vgl. Medizinverbrechen, Militärverwaltung, Judenmord, Zwangsarbeit besetzte Gebiete)
Hermann Dankwerts (vgl. Requirierungen, Untergeordnete NSDAP-Funktionen, Zwangsarbeit Deutschland ohne Ortsangabe, Kriegsverwaltungsrat)
Willi Fritsche
Hugo Hahn[581]
Werner Helff (vgl. Zivilverwaltung, Requirierungen)
Herbert von Hoerner (vgl. Schriftsteller)
Willi Metzner (vgl. Spionage andere Orte, Vaterlandsverrat)
Hans Thieme
Werner Wächter[582] (vgl. NSDAP-Gauleitungen, Reichsministerium für Propaganda und Volksaufklärung, Reichstag)
Max Weißflog
Friedrich Wolf[583]
Friedrich Zachries (vgl. SA, Amt Ausland/Abwehr, Partisanenkampf, Judenmord, Zwangsarbeit Deutschland ohne Ortsangabe)

16.8 Beschäftigung, Bewachung, Misshandlung und Ermordung von Zwangsarbeitern in den besetzten Gebieten

Kleiner als die Gruppe der für Zwangsarbeiter in Deutschland Verantwortlichen ist diese Gruppe für die besetzten Gebiete. Von 19 Verurteilten spielte bei 17 die Verantwortung für Zwangsarbeiter bei der Verurteilung eine Rolle.

Wegen seiner Verantwortlichkeit für die Ausbeutung, Misshandlung und Tötung von polnischen, sowjetischen und jüdischen Zwangsarbeitern wurde der in verschiedenen Filialen der Firma Heinkel Flugzeugwerke sowie bei der Firma Daimler-Benz im besetzten Polen tätige kaufmännische Direktor Raphael Thiel[584] (vgl. Judenmord) zum Tode verurteilt.

580 Messerschmidt, Minsker Prozeß, S. 551–568.
581 Vgl. die TASS-Meldung vom 1.2.1946 in Tiemann, Geschichte, S. 178.
582 Klee, Kulturlexikon, S. 634f.
583 Vgl. die TASS-Meldung vom 1.2.1946, in Tiemann, Geschichte, S. 178.
584 Reich/Schultz, Untersuchungsgefängnis, S. 122–125; zu Thieles Karriere vgl. Lutz Budraß, „Arbeitskräfte können aus der reichlich vorhandenen Bevölkerung genommen werden". In: Jahrbuch für Wirtschaftsgeschichte, (2004) 1, S. 41–64, hier 54f. Im Gefängnis Leistikowstraße in Potsdam berichtete er einem Mithäftling, ihm seien die Misshandlung

Fritz Bartenschlager[585] (vgl. Inlands-SD, Werkschutz, Zwangsarbeit besetzte Gebiete, Judenmord)
Erich Blau (vgl. Werkschutz)
Kurt Boring (vgl. Polizei Deutschland, Gendarmerie Deutschland, Polizei besetzte Gebiete, Partisanenkampf, Requirierungen)
Paul Broszeit (vgl. Partisanenkampf)
Erich Gehrt (vgl. Sonderführer, Requirierungen, Zivilverwaltung)
Georg Hering[586] (vgl. Judenmord)
Adolf Hillmer (vgl. Sonderführer, Requirierungen)
Robert Kreissler (vgl. Polizei Deutschland, Polizei besetzte Gebiete, Requirierungen, Partisanenkampf)
Alfons Musiol (vgl. Polizei Deutschland, Polizei besetzte Gebiete, Requirierungen, Partisanenkampf)
Paul von Scheer[587] (vgl. Stab RFSS, Judenmord, Partisanenkampf, Hauptamt Orpo, Requirierungen)
Axel Schlicht[588] (vgl. Abwehrbeauftragte Generalgouvernement, Judenmord, Gestapo- und SD-V-Männer, Zwangsarbeit Sachsen)
Walter Schmidt (vgl. Werkschutz, Judenmord)
Hans-Joachim Schneider (vgl. Sonderführer, Requirierungen)
Franz Siebenhühner (vgl. Gestapo besetzte Gebiete, Gestapo Berlin)
Willi Stein (vgl. Werkschutz, Judenmord)
Erich Werner (geb. 1914).

Aus anderen Gründen verurteilt oder Urteilsgründe nicht bekannt:
Alfred Brandt (vgl. NSDAP-Kreisleitungen, Zivilverwaltung, Judenmord, Reichsbauernführer)
Rolf Burchardt[589] (vgl. Medizinverbrechen, Sonderführer, Militärverwaltung, Judenmord)

von Zwangsarbeitern, die Vorbereitung des Angriffskriegs gegen die Sowjetunion und die Teilnahme am Partisanenkampf vorgeworfen worden, vgl. Reinhard Pöller, Freiheit ist der Atem des Lebens. Unauslöschlich - Zehn geraubte Jahre (1946-1956), o. O. 2004, S. 27.

585 Karay, Death, S. 43, 80, 100; allgemein zum Tatort Kamienna vgl. Frey, Hölle.
586 Hagstrom, Sara's Children, S. 173, 191, 193, 196.
587 Bezborodova, Generäle, S. 191.
588 Schreiber, Elite, S. 436; Karay, Heaven; allgemein zu Kamienna vgl. Frey, Hölle.
589 Messerschmidt, Minsker Prozeß.

16.9 Kriegsgefangenenlager in der Sowjetunion und in anderen besetzten Gebieten

Auch von den für die Kriegsgefangenen in den besetzten Gebieten Verantwortlichen wurden weniger als von den in Deutschland Verantwortlichen verurteilt. Von 102 Todesurteilen spielte bei 95 der Einsatz in den besetzten Gebieten in den überlieferten Urteilsgründen eine Rolle.

In mehreren in der Sowjetunion zum Teil öffentlich abgehaltenen Prozessen wurden Verantwortliche für Massenverbrechen an Kriegsgefangenen in den okkupierten Teilen der Sowjetunion abgeurteilt. Diese Fälle wurden in die Darstellung aufgenommen, wenn sich kein Anzeichen dafür fand, dass die Verurteilten sich im Status eines Kriegsgefangenen befanden. Die Verurteilten waren in unterschiedlichen Funktionen verantwortlich:

- als Leiter des Dulag 131 Bobruisk
- als stellvertretender Leiter des Dulag 142 Brjansk
- im Dulag 205 Stalingrad
- im Dulag 240 Smolensk und Rschew
- im Landesschützenbataillons 307 des Stalag 336/Z Schaulen und des Stalag 361 Schaulen, später Mielau
- im Stalag (308) VIII E Sumi/Ukraine
- im Stalag 340 Dwinsk
- im Stalag 344 Wilna/Vilnius
- im Stalag 347 Rositten/Lettland
- im Stalag 348 Dnepropetrowsk/Ukraine
- im Stalag 352 Minsk
- in Kriegsgefangenenlagern der Gebiete Dwinsk/Lettland und Libau/Litauen
- in Kriegsgefangenenlagern der Gebiete Iskow und Dwinsk in Litauen
- im Kriegsgefangenenlager Paneweschis/Litauen
- in der Armee-Gefangenensammelstelle 13 der Gebiete Iskow, Dwinsk und Libau in Litauen
- als Kommandeur der 3. Kompanie des 529. Landesschützenbataillons im Stalag 352 Minsk
- im Offiziersgefangenenlager Libau (Oflag 60)
- in Kriegsgefangenenlagern im Bereich der 6. Armee
- im Lager Wischinow Gebiet Minsk
- in Lagern auf dem Territorium Moldawiens
- im Straflager Witebsk
- in Lagern in Rumänien
- in Tomasdorf/Sudeten

Eine besondere Gruppe in diesem Abschnitt sind 61 deutsche Besatzungssoldaten in Norwegen, darunter vor allem Wehrmachtsoldaten, aber auch SS-, Gestapo- und SD-Angehörige, Führer der Organisation Todt, die seit 1940 Teil des deutschen Besatzungsregimes waren und Misshandlungen und Morde überwiegend gegen sowjetische Kriegsgefangene begingen. Sie alle waren in Norwegen in britische Kriegsgefangenschaft geraten. Die britische War Crimes Investigation Branch (WCIB) des Headquarter of the Allied Land Forces Norway hatte Anfang 1946 ihre Ermittlungen in 95 sogenannten Russischen Fällen gegen 1068 deutsche Militärangehörige abgeschlossen. In Norwegen waren zwischen 1941 und 1945 von 90 000 sowjetischen Kriegsgefangenen 18 000 zu Tode gebracht worden. In Norwegen führte die britische Armee selbst Ende 1945 bereits ein Militärtribunal gegen Mitglieder der Tätergruppe durch, das mit langjährigen Haftstrafen und in zwei Fällen mit dem Todesurteil endete.

Zur Gruppe der in die SBZ gebrachten Verdächtigten gehörten insgesamt 101 Offiziere und 290 Soldaten, die als ehemalige britische Kriegsgefangene Anfang Februar 1946 nach Übergabe an die SMAD in das sowjetische Speziallager Sachsenhausen eingewiesen wurden. Die genannten 61 Deutschen sind im selben Jahr in mehreren Prozessen zum Tode durch Erschießen verurteilt worden, vermutlich überwiegend in Berlin.[590] Auf das Schicksal der Mehrheit der zu Zeitstrafen Verurteilten kann nicht näher eingegangen werden.

Im Einzelnen ging es bei der zum Tode verurteilten Gruppe um folgende räumlich und zeitlich konkrete Verbrechen, die durch verschiedene Wehrmachteinheiten, bei Arbeitseinsätzen, in Kriegsgefangenen-, Straf- und Sterbelagern sowie in Gefängnissen in Norwegen stattgefunden hatten.

- Erschießung von sowjetischen Kriegsgefangenen am 4.4.1945 am Hafen in Trondheim
- Erschießung von zwei sowjetischen Kriegsgefangenen in Rjukan

590 Für den Hinweis und die Zurverfügungstellung des Materials zu dieser kompakten Gruppe von Tätern danke ich herzlich Dr. Enrico Heitzer. Er hat als Erster über sie publiziert. Enrico Heitzer, Die „Norweger". Das sowjetische Speziallager Nr. 7/Nr. 1 in Sachsenhausen im Kontext der interalliierten Verfolgung von NS- und Kriegsverbrechen. In: Enrico Heitzer/Günter Morsch/Robert Traba/Katarzyna Woniak (Hg.), Im Schatten von Nürnberg. Transnationale Ahndung von NS-Verbrechen, Berlin 2019, S. 117-137. Enrico Heitzer, Das sowjetische Speziallager Nr. 7/Nr. 1 in Sachsenhausen im Kontext der interalliierten Verfolgung von NS- und Kriegsverbrechen. In: Julia Landau/Enrico Heitzer (Hg.), Zwischen Entnazifizierung und Besatzungspolitik. Die sowjetischen Speziallager 1945-1950 im Kontext, Göttingen 2021, S. 121-136. Für drei vermutlich ebenfalls zum Tode Verurteilte liegen nur unsichere Angaben vor. Es ist aber davon auszugehen, dass sie wegen der Ähnlichkeit der Verbrechen, die Ermordung von sowjetischen Kriegsgefangenen, ebenfalls hingerichtet wurden. Ferdinand Lettmann, geb. 1898 Neuendorf Kreis Elbing, war an der Erschießung von sowjetischen Kriegsgefangenen in Skibotn im Zeitraum August 1944 bis Februar 1945 beteiligt. Albert Milde, geb. 1896 in Hermannsdorf bei Breslau, war an der Misshandlung und Erschießung von vielen sowjetischen Kriegsgefangenen im Kriegsgefangenen-Arbeitsbataillon 190 in Stabnes, Hatern, Rusanes, Sundby, Bergholnes und Karasjok in Norwegen und an der Misshandlung und Ermordung sowjetischer Kriegsgefangener in Rusanes/Norwegen von November 1944 bis Mai 1945 beteiligt. Emil Strutz, geb. 1903 im Vorwerk Brandsorge bei Glötzin Kreis Belgard, war Wachmann beim Kriegsgefangenen-Arbeitsbataillon 202 im okkupierten Norwegen.

- Erschießung von 20 sowjetischen Kriegsgefangenen im Mai 1944 als Vergeltungsaktion am Haslemoen Flugplatz bei der Gemeinde Våler
- Misshandlung und Erschießung von Kriegsgefangenen im Lager Kvistebo Provinz Gardermoen seit April 1944
- Dienst im Kriegsgefangenenlager Kvesmenes und im Todeslager Mallnitz
- Erschießung von sowjetischen Kriegsgefangenen in Gaskas im November 1944 und Dienst im Kriegsgefangenenlager Kvesmenes und im Todeslager Mallnitz in Norwegen
- Erschießung von sowjetischen Kriegsgefangenen in Skibotn in der Zeit von August 1944 bis Februar 1945 und Verbrechen im Kriegsgefangenenlager Kvesmenes und im Todeslager Mallnitz in Norwegen
- Misshandlung von sowjetischen Kriegsgefangenen durch das Kriegsgefangenen-Arbeits-Bataillon 206 in Kvesmenes 1944 bis 1945
- Ermordung von acht sowjetischen Kriegsgefangenen im Lager Kitzbühel in Kvesmenes am 26. März 1945
- Misshandlung sowjetischer Kriegsgefangener im Kriegsgefangenenlager Harstad Provinz Trondenes in Norwegen am 5.11.1942
- Erschießung von drei sowjetischen Kriegsgefangenen, Erschießung von vier eingefangenen sowjetischen Kriegsgefangenen, die geflohen waren, und Mißhandlungen von sowjetischen Kriegsgefangenen in Buvik zwischen Dezember 1944 und Januar 1945
- Erschießung sowjetischer Kriegsgefangener vom Juni 1943 bis zum Kriegsende in Paras-Signaldalen im Kriegsgefangenen-Bau-und-Arbeitsbataillon 429
- verschiedene Erschießungen, brutale Verhörmethoden und Folterungen von sowjetischen Kriegsgefangenen bei der Gestapo in Kristiansand von Januar 1943 bis Mai 1945
- Dienst als Kommandeur eines Kriegsgefangenenlagers
- Folter und Tod bei drei Kriegsgefangenen im Lager Åndalsnes Heen im Dezember 1944
- Erschießung von zwei sowjetischen Kriegsgefangenen in Herdla Provinz Hordaland am 22. Juli 1944
- verantwortlich für das Kriegsgefangenenlager Sørreisa, wo im März 1945 236 kranke sowjetische Kriegsgefangene eintrafen, von denen trotz der beschafften zusätzlichen Lebensmittel bis zum 7.5.1945 17 starben
- Erschießung von drei sowjetischen Kriegsgefangenen in Skibotn Resthaus II im Zeitraum Juli bis Dezember 1944
- Misshandlung von zwei sowjetischen Kriegsgefangenen auf der Seepassage mit der „Gotha“ von Skibotn nach Trondheim zwischen 6. und 11.5.1945 und Verbrechen an der Schlepp-Eisenbahn
- Folter und Tod bei drei Kriegsgefangenen in Åndalsnes im Lager Heen im Dezember 1944, Erschießungen um Juni 1944 in Fjell und Misshandlungen von Kriegsgefangenen u. a. am 5.11.1942 im Kriegsgefangenenlager in Harstad Provinz Trondenes

- Erschießung von zwei sowjetischen Kriegsgefangenen durch das Transportkommando am 29. Dezember 1944 in Åndalsnes, Folter und Tod bei drei Kriegsgefangenen in Åndalsnes im Lager Heen im Dezember 1944
- Vollstreckung von Todesurteilen im Kriegsgefangen-Stammlager Stalag 330 in Beisfjord bei Narvik
- Misshandlung und schlechte Haftbedingungen von sowjetischen Kriegsgefangenen in Bjørnelva im Zeitraum Juni 1944 bis Mai 1945
- Erschießung von drei eingefangenen sowjetischen Kriegsgefangenen in Setså im Januar 1945
- brutale Misshandlungen und Erschießung sowjetischer Kriegsgefangener von 1942 bis 1945 in Fjell, Erschießung von Sowjetbürgern auf der Flucht in Fjell im April 1943, Erschießung eines Sowjetbürgers in Ramsøy Provinz Hordaland am 20.2.1944, Erschießung eines sowjetischen Kriegsgefangenen im Oktober 1944 in Fure Provinz Sogn og Fjordane, Erschießung von zwei Sowjetbürgern ohne Urteil in Herdla Provinz Hordaland am 22.7.1944 und Erschießung eines sowjetischen Kriegsgefangenen in Fure Provinz Sogn og Fjordane im Oktober 1944
- Erschießungen und Folterungen von sowjetischen Kriegsgefangenen bei der Gestapo in Kristiansand von Januar 1943 bis Mai 1945
- Erschießung von drei eingefangenen sowjetischen Kriegsgefangenen im Lager Olga bei Moen Provinz Balsfjord in Norwegen im März 1945
- Misshandlung von sowjetischen Kriegsgefangenen in Kristiansund im Herbst 1944
- Erschießung von vier eingefangenen sowjetischen Kriegsgefangenen in Fjell Provinz Hordaland/Norwegen im April 1943
- Misshandlung und Tötung von serbischen Kriegsgefangenen in Beisfjord in Norwegen im Zeitraum Juni bis August 1942
- Misshandlung von Kriegsgefangenen in Lappstørvik im September 1944
- Erschießung von sechs eingefangenen Kriegsgefangenen in Stavern Provinz Vestfold/Norwegen im November 1943
- Ermordung von drei jüdischen sowjetischen Kriegsgefangenen im Dezember 1944 und Erschießung weiterer sowjetischer Kriegsgefangener im März 1945 im Gefängnis A in Stavanger
- Erschießung von sechs sowjetischen Kriegsgefangenen in Sola im Lager Skadberg im Zeitraum Dezember 1944 bis Mai 1945 und Erschießung eines sowjetischen Kriegsgefangenen in Sola Provinz Rogaland im Mai 1945
- Erschießung von zwei Juden und Misshandlungen anderer Personen in Scatz (Ukraine) Ostern 1942

Die Taten fanden an den nachfolgenden Lager- und Dienststandorten in Norwegen statt:

- Verhör- und Folterzentrum des Gestapo-Gefängnisses Kristiansand
- Gefängnis A in Stavanger

- Kriegsgefangenenlager in Åndalsnes Heen
- Kriegsgefangenenlager in Buvik
- Kriegsgefangenenlager in Fjell Provinz Hordaland
- Kriegsgefangenenlager in Gaskas bei Bardu
- Kriegsgefangenenlager in Harstad Provinz Trondenes
- Kriegsgefangenenlager in Herdla Provinz Hordaland
- Kriegsgefangenenlager in Kristiansund
- Kriegsgefangenenlager in Kvistebo Provinz Gardermoen
- Kriegsgefangenenlager in Lappstørvik
- Kriegsgefangenenlager in Rjukan
- Kriegsgefangenenlager in Skibotn Resthaus II
- Kriegsgefangenenlager in Sørreisa
- Kriegsgefangenenlager in Stavern Provinz Vestfold
- Kriegsgefangenenlager im Raum Ivalo Kilometer 297 der Eismeerstraße
- Kriegsgefangenenlager Kitzbühel in Kvesmenes
- Kriegsgefangenenlager und Todeslager Kvesmenes-Mallnitz
- Kriegsgefangenenlager Olga bei Moen Provinz Balsfjord
- Kriegsgefangenenlager bei der Drag-Eisenbahn (Schlepp-Eisenbahn)
- Lager der Oberbauleitung Alta der Organisation Todt
- Lager des Kriegsgefangenen-Arbeitsbataillon 181
- Lager des Kriegsgefangenen-Arbeitsbataillon 182
- Lager des Kriegsgefangenen-Arbeitsbataillon 184 in Tömerneset bei Narvik
- Lager des Kriegsgefangenen-Arbeitsbataillon 186
- Lager des Kriegsgefangenen-Arbeitsbataillon 188 und 188/2
- Lager des Kriegsgefangenen-Arbeitsbataillon 202
- Lager des Kriegsgefangenen-Arbeitsbataillon 204
- Lager des Kriegsgefangenen-Arbeitsbataillon 206 in Kvesmenes
- Lager des Kriegsgefangenen-Arbeitsbataillon 428
- Kriegsgefangenenlager beim Bau-Pionier-Bataillon 428 (K)
- Kriegsgefangenenlager beim Luftwaffen-Bau-Bataillon 131/III
- Kriegsgefangenenlager beim Luftwaffen-Bau-Bataillon 133/III (K) im Raum Oslo
- Kriegsgefangenen-Stammlager Stalag 330 in Sagen bei Alta, später in Beisfjord bei Narvik
- Kriegsgefangenen-Stammlager Stalag 330 in Jørstadmoen bei Lillehammer

Bruno Pawel[591] (vgl. Partisanenkampf, Zwangsarbeit Deutschland ohne Ortsangabe, Militärverwaltung, Wehrmachteinheiten) war seit September 1942 Kommandeur des Kriegsgefangenenwesens beim Wehrmachtbefehlshaber „Ostland“ und wurde als wohl ranghöchster Verantwortlicher dieser Gruppe unter dem Vorwurf des Kriegsverbrechens in den ihm unterstehenden Kriegsgefangenen-

591 Bezborodova, Generäle, S. 163.

lagern Riga, Salaspils, Mitawa, Dwinsk, Resekne, Kaunas, Wilno, Molodetschno und Minsk im Rigaer Prozess im Februar 1946 verurteilt.

Die Verbrechen im Dulag 205 bei Alexejewka nahe Stalingrad waren mehrmals Gegenstand sowjetischer Militärtribunale. Der sowjetische Minister für Staatssicherheit Abakumow hatte schon im September 1943 einen öffentlichen Prozess zum Dulag 205 vorgeschlagen, die SMERSCH-Ermittlungen waren bereits im Juli angelaufen. Daraus wurde dann im Dezember 1943 der Charkower Prozess, in dem der deutsche Abwehroffizier *Werner Langheld* als Kriegsgefangener verurteilt wurde, und bei dem es auch um die Gaswagen-Morde ging.

Der erste Prozess gegen Angeklagte wegen Verbrechen im Dulag 205, die nicht Kriegsgefangene waren, fand am 10. Oktober 1944 statt.[592] Dabei wurden der Lagerkommandant Rudolf Kerpert, der Adjutant des Lagerkommandanten Otto Mäder, der stellvertretende Lagerkommandant Carl Frister, der Verantwortliche für den Arbeitseinsatz Kurt Wohlfarth, der Verantwortliche für die Bauabteilung Richard Seidlitz und der Chef der Lagersicherheit Fritz Müsenthin verurteilt. Es bestand keine Revisionsmöglichkeit. In den Ermittlungen wurden auch überlebende sowjetische Kriegsgefangene des Dulag vernommen. Das Lager befand sich unweit des Standortes der 6. deutschen Armee. Den Angeklagten wurde der Tod von mehr als 3000 sowjetischen Kriegsgefangenen durch Hunger, Misshandlungen und Erschießungen zur Last gelegt. Über längere Zeit seien die Gefangenen ohne Verpflegung geblieben, der Kannibalismus hätte sich ausgebreitet und viele seien ohne Grund erschossen worden.

Auch Werner von Kunowski[593] (vgl. Requirierungen, OKW) wurde der Tod von 3000 sowjetischen Kriegsgefangenen zur Last gelegt. Er war ebenfalls zeitweilig Leiter des Dulag 205 bei Stalingrad. Nach seiner Gefangennahme beteiligte er sich zunächst aktiv an der Arbeit im „Bund Deutscher Offiziere“, wurde aber dennoch am 15. Januar 1947 in Moskau zum Tode verurteilt.

Hans Berger
Ernst Brune (vgl. Bürgermeister)
Dr. Wolfgang Brunner
Karl Burckhardt[594] (vgl. Judenmord, Zwangsarbeit Deutschland ohne Ortsangabe, Requirierungen, Militärverwaltung)
Franz Daxböck (vgl. SS-FHA)
Jakob Dorflinger (vgl. Polizeibataillon 118)
Wilhelm Drömer (vgl. Gestapo besetzte Ostgebiete)
Adolf Dziadek (vgl. Kommandeure der Sicherheitspolizei)

592 Hilger, „Die Gerechtigkeit nehme ihren Lauf?“, S. 217-221, Hilger/Schmidt/Wagenlehner, Sowjetische Militärtribunale, Band 1, S. 199, 204; Ellis, Dulag-205.

593 Hilger, „Die Gerechtigkeit nehme ihren Lauf?“, S. 217-221; Hilger/Schmidt/Wagenlehner, Sowjetische Militärtribunale, Band 1, S. 199, 204; Reschin, Feldmarschall, S. 176; vgl. Reschin, General. Birštejn, Smersh, S. 260, gibt zu Unrecht an, Kunowskis Exekutionsdatum sei nicht bekannt.

594 Bezborodova, Generäle, S. 249 f.

Thomas Eckert (vgl. Gendarmerie Deutschland, Gendarmerie besetzte Gebiete, Zwangsarbeit besetzte Gebiete, Judenmord)
Henri Ernst (vgl. Polizeibataillon 45)
Herbert Ertel[595] (vgl. Gestapo besetzte Gebiete, Partisanenkampf)
Martin Fecht
Reinold Fieler (vgl. Geistliche)
Artur Fiedler
Hermann Frimmersdorf (vgl. Partisanenkampf, SS-FHA)
Rudolf Georger (vgl. Partisanenkampf, Wehrmachtseinheiten)
John Goertz
Ernst Grassel
Fritz H.[596]
Bernhard Haberbosch (vgl. Zwangsarbeit ohne Ortsangabe, Feldgendarmerie, Partisanenkampf)
Gustav Häger[597] (vgl. Medizinverbrechen)
Carl Hausner
Kurt Heckert[598] (vgl. Medizinverbrechen)
Kurt Heidrich
Otto Heß
Wilfried Hinkeltein (vgl. Judenmord, Partisanenkampf)
Karl Hoffmann[599] (vgl. Medizinverbrechen)
Rudolf Hold
Alfred Jaschke (vgl. Amt Ausland/Abwehr, Kriegsgefangenenwesen Deutschland, Zwangsarbeit Deutschland ohne Ortsangabe)
Eugen Jooss (vgl. Dienststellen der Sipo)
Eugen Just (vgl. Kriegsgefangenenwesen Deutschland)
Gustav Kästingschäfer
Richard Kalb
Friedrich Kamm
August Kampovsky
Arthur Kehrhahn
Willi Kirschstein
Emil Knoll (vgl. Feldgendarmerie)
Kasimir Krzyzanowski (vgl. Medizinverbrechen)
Hans Küpper[600] (vgl. OKW, Partisanenkampf, Zwangsarbeit Deutschland ohne Ortsangabe, Militärverwaltung, Requirierungen)
Hans Küster

595 Ziegler, Wer kennt schon Zabikowo, S. 73.
596 Iber, Verbrechen, S. 346–348.
597 Ebd.
598 Ebd.
599 Ebd.
600 Bezborodova, Generäle, S. 126.

Ludwig Kurz
Erich Langheim (vgl. Medizinverbrechen, SS-FHA)
Carl Languth[601] (vgl. Gestapo Leipzig, RKPA)
Peter-Carsten Lassen
Hermann Lau
Nikolaj Lemmerhirt (vgl. Militärverwaltung, Amt Ausland/Abwehr, Militärjustiz, Partisanenkampf)
Franz Lenkeit
Viktor Löwen (vgl. SS-FHA, Vaterlandsverrat)
Friedrich Mann (vgl. Partisanenkampf)
Otto Mauer (vgl. Amt Abwehr/Ausland)
Artur Meier
Günther Meier (vgl. Judenmord, SS-FHA)
Karl Menton
Richard Michel
Albrecht Digeon von Monteton[602] (vgl. Partisanenkampf, Militärverwaltung, Zwangsarbeit Deutschland ohne Ortsangabe, Requirierungen)
Johannes Nacke (vgl. Kriegsgefangenenwesen Deutschland, Strafvollzug besetzte Gebiete)
Hugo Nardin
Heinrich Noé (vgl. Geistliche)
Paul Otto
Rudolph Pitzer
Karl Pflästerer
Johann Pollinger (vgl. Organisation Todt, Judenmord)
Josef Preil (vgl. Gestapo Koblenz)
Franz Pschibel (vgl. Partisanenkampf)
Johann Reichl (vgl. Kriegsgefangenenwesen Deutschland, SS-FHA)
Artur Reischl
Max Rockstroh
Ludwig Röder
Walter Roesch
Bruno Rohse
Arthur Rosenegger
Gerhard Rüdiger (vgl. Werkschutz, Zwangsarbeit Thüringen)
Kurt Rudorf (vgl. Zivilverwaltung, Militärverwaltung)

601 Klaus-Dieter Müller, Tagebuch, S. 99-105; Alfred Streim, Sowjetische Kriegsgefangene in Hitlers Vernichtungskrieg. Berichte und Dokumente, Heidelberg 1982, S. 186f.; Messerschmidt, Minsker Prozeß; Languths Vernehmung vom 25.1.1946 in Prestupleniia, S. 356-361; Gerlach, Morde, S. 496, 511, 802, 806-808, 820, 842, 848, 850f., 853-856; Christian Hartmann, Wehrmacht im Ostkrieg. Front und militärisches Hinterland 1941/42, München 2009, S. 604f.

602 Bezborodova, Generäle, S. 101; Gerlach, Morde, S. 216, 906, 1001, 1103.

Alfred Roth
Oskar Rumpf
Hans Sandner[603] (vgl. RKPA, KdS, Judenmord, Einsatzgruppe C)
Franz Schirmer
Emil Schmid
Gustav Schnoor (vgl. Kommandeure der Sipo)
Hubert Schröder (vgl. Amt Ausland/Abwehr)
Erhard Schubert
Anton Schumacher (vgl. Polizeidienst Deutschland, Polizeidienst Ostgebiete)
Teofil Skaletz (vgl. Stapoleitstelle Prag, Judenmord)
August Spielvogel
Johann Stahmer
Karl Stefan
Alfred Stiefler
Ferdinand Tille
Heinz Truise (vgl. Verbrechen gegen Kriegsgefangene kurz vor dem Kriegsende, Medizinverbrechen, Judenmord, Inlands-SD)
Johannes Volkmer (vgl. Zwangsarbeit Deutschland ohne Ortsangabe, Partisanenkampf)
Johannes Vollertsen
Hans Watzek (vgl. Amt Ausland/Abwehr)
Peter Weidenbruch (vgl. Gestapo Essen)
Oswald Wünsche (vgl. Kriegsgefangenewesen Deutschland)
Andreas Zahn (vgl. KZ Flossenbürg)
Kurt Zehmisch

Aus anderen Gründen verurteilt oder Urteilsgründe nicht bekannt:
Johannes Keller (vgl. Partisanenkampf, Kriegsgefangenenwesen in Deutschland)
Albert Spiller (vgl. Werwolf besetzte Gebiete)

17. Judenmord

Der Völkermord an den europäischen Juden erscheint als Massenverbrechen bei den zum Tode Verurteilten überwiegend als Mord an den in der Sowjetunion lebenden Juden, vor allem in der Ukraine und in Weißrussland. Im Folgenden werden Fälle ohne Zuordnung bestimmter Formationen dargestellt. Hier nicht aufgenommen sind Angehörige der Einsatzgruppen, sofern Biografie und sowjetisches Material keine Anhaltpunkte auf den Judenmord enthalten, und Angehörige der Einheiten der Ordnungspolizei.

603 Hilger/Schmidt/Wagenlehner, Sowjetische Militärtribunale, Band 1, S. 207, FN 149: Vermerk Stalins für Beria 10.9.45; Kilian, Häftlinge, S. 422.

In 47 von 67 Fällen war der Mord an der jüdischen Bevölkerung in Deutschland und in den besetzten Gebieten Gegenstand des Verfahrens. Die zum Tode Verurteilten dieser Gruppe waren:

- Verantwortliche für die Ghettos Riga, Orscha, Vilnius, Mogiljew, Kaunas, Lepel und Witebsk sowie für Ghettos im Generalgouvernement
- eingesetzt im Ghetto Litzmannstadt und in den jüdischen Arbeitslagern Skarzysko-Kamienna, Tschenstochau und Kielce in Polen
- beteiligt an Erschießungen in: Alexandrowka im Gebiet Kirowograd, Berditschew, Berislaw, Borisow, Brjansk, Dolginowo, Dwinsk, Ghetto Ilja, Jaslo, Kiew, Kiew/Babi-Jar, Kamenez-Podolsk, Gebiet Kowel, Kramatorsk, Krasnodar, Lemberg/Lwow, Luzk, Makejewka, Rayon Marina Gorka, Gebiet Melitopol, Minsk, mehrere im Ghetto Minsk, Nikolajew, Nowomoskowsk, Odessa, Orla, Perwomajskoje, Ploitzka/Polen, Polotzk, Rumbula/Lettland, Ghetto Sarny/Ukraine, Kreis Schpole im Gebiet Tscherkassk, Simferopol, Slonim, Sokal/Galizien, Stan im Gebiet Krugljansk, Swenigorodok im Gebiet Tscherkassk, Gebiet Tarnow, Torasch, Vilnius, Ghetto Warschau, Gebiet Wilejka, Ghetto Wischnjew, Włocławek (Leslau), Ghetto Woloschin
- verantwortlich für Deportationen nach Auschwitz
- indirekt verantwortlich durch ihre Arbeit an der antisemitischen Informationsschrift „Welt-Dienst - Internationale Korrespondenz zur Aufklärung über die Judenfrage“ in Frankfurt am Main und als Leiter des „Instituts zum Studium der Judenfrage“.
- innerhalb der Gestapo-Zentrale verantwortlich

Nur in wenigen Fällen ist der Anteil am Mord an den in Deutschland lebenden Juden dokumentiert. So wurde Kurt Sachse (vgl. RKPA, Zwangsarbeit Thüringen) vorgeworfen, für die Übergabe von 90 in Jena lebenden Juden an die Gestapo gesorgt zu haben.[604]

Theodor von Renteln[605] (vgl. Zivilverwaltung, HJ, Reichstag, NSDAP-Gauleitungen, Zentralverbände) war seit 17. Juli 1941 im Reichskommissariat für das Ostland Generalkommissar in Litauen und bis Herbst 1943 zuständig für das jüdische Ghetto Kauen/Kaunas. Wegen seiner Hauptverantwortung für die Ermordung der litauischen Juden wurde er 1946 hingerichtet.[606]

Fritz Sonntag (vgl. Reichsministerium für die besetzten Ostgebiete) diente zuerst als Wachmann im Ghetto Litzmannstadt und war von November 1943 bis Mai 1944 bei einem von 17 sogenannten Enterdungskommandos der „Aktion 1005“ unter SS-Standartenführer Paul Blobel, 1941/42 Führer des Sonderkom-

604 Urteil des SMT der 8. Gardearmee vom 4.9.1945 (Dokstelle StSG Akte Arthur Huth).

605 Nach anderen Angaben soll er nach Südamerika geflüchtet sein. Vgl. Dieckmann, Überlegungen.

606 Wegen der Beteiligung am Judenmord in Litauen wurden insgesamt 250 durch SMT verhängte Todesurteile vollstreckt, vgl. Rachel Margolis/Jim G. Tobias (Hg.), Die geheimen Notizen des K. Sakowicz, Frankfurt a. M. 2005, S. 43.

mandos 4a der Einsatzgruppe B, eingesetzt, das von Juni 1943 bis 1944 zur Verwischung der Spuren der Massenerschießungen von Juden vor allem aus der Aktion Reinhardt die Exhumierung der Ermordeten aus den Massengräbern und deren Verbrennung auf Scheiterhaufen vornahm.[607] Die Aktion unterstand dem Reichsministerium für die besetzten Ostgebiete und wurde vorwiegend in der Ukraine und in Polen durchgeführt, sodass Sonntag möglicherweise auch in der Nähe von Litzmannstadt eingesetzt gewesen war.[608] Häftlinge für die Exhumierungs- und Verbrennungsarbeiten in Siedlce und Umgebung wurden aus dem Ghetto Litzmannstadt geholt.[609] Da bekannt ist, dass rund 70 Schutzpolizisten eines Polizeiregiments die Arbeit der jüdischen Zwangsarbeiter an verschiedenen Einsatzorten der 1005-Kommandos bewacht haben, könnte Sonntag auch Schutzpolizist gewesen sein. Nachweislich waren Angehörige der Polizeibataillone 7, 41 und 316 an den 1005-Kommandos beteiligt. Die Zeugen dieser Aktion wurden fast vollständig ermordet. Paul Blobel wurde 1948 im amerikanischen Einsatzgruppenprozess zum Tode verurteilt und 1951 hingerichtet. Die Funktionen der Polizeibataillone 41 und 304 bei der Einrichtung und Bewachung des Ghettos Litzmannstadt werden in einem gesonderten Aufsatz behandelt.[610]

Fritz Bartenschlager[611] (vgl. Inlands-SD, Werkschutz, Zwangsarbeit besetzte Gebiete)

Erich Braun (vgl. Dienststellen Sipo und SD, Gestapoleitstelle Wien, Partisanenkampf, RKPA, KZ Auschwitz, KZ Majdanek, Gestapo besetzte Ostgebiete)

Rolf Burchardt[612] (vgl. Medizinverbrechen, Sonderführer, Militärverwaltung, Zwangsarbeit besetzte Gebiete)

Karl Burckhardt[613] (vgl. Requirierungen, Zwangsarbeit Deutschland ohne Ortsangabe, Militärverwaltung, Kriegsgefangenenlager Sowjetunion)

Alfred Busch (vgl. Gendarmerie besetzte Gebiete, Partisanenkampf)

Wolfgang von Ditfurth[614] (vgl. Militärverwaltung, Wehrmachteinheiten, Partisanenkampf)

Thomas Eckert (vgl. Gendarmerie Deutschland, Gendarmerie besetzte Gebiete, Kriegsgefangenenwesen Sowjetunion, Zwangsarbeit besetzte Gebiete)

607 Hierzu grundlegend Jens Hoffmann, „Das kann man nicht erzählen." - „Aktion 1005". Wie die Nazis die Spuren ihrer Massenmorde in Osteuropa beseitigen, Hamburg 2008.

608 Zu Enterdungsaktionen im Raum Litzmannstadt vgl. Thomas Urban, Von Krakau bis Danzig, München 2000, S. 188.

609 Aussage Kurt Nicolaus' vor einem westdeutschen Gericht in Hoffmann, „Das kann man nicht erzählen.", S. 384-386; Hinweis auf Litzmannstadt auch bei Urban, Krakau, S. 188, Fußnote 188, wo es heißt, dass in Litzmannstadt im August 1944 unter dem Kommando eines gewissen Fuchs Massengräber geöffnet und die sterblichen Überreste verbrannt wurden.

610 Vgl. den Aufsatz von Andreas Weigelt über das Polizeibataillon 304 in diesem Band.

611 Karay, Death, S. 43, 80, 100; allgemein zu Kamienna vgl. Frey, Hölle.

612 Messerschmidt, Minsker Prozeß.

613 Bezborodova, Generäle, S. 249f.

614 Ebd., S. 63.

Paul Eick[615] (vgl. Militärverwaltung)
Walter Friedrich (vgl. Gestapoleitstelle Dessau, Einsatzgruppe D Einsatzkommando 12)
Oskar Fuchs (vgl. NSDAP-OGL, Unterstützung der internationalen Bourgeoisie, frühe KZ, Zwangsarbeit Brandenburg, Bürgermeister)
Josef Gabriel (vgl. Spionage Hinterland der Roten Armee)
Alfred Gerber (vgl. Polizei Deutschland)
Theodor Gross (vgl. Polizei Deutschland, Untergeordnete NSDAP-Funktionen, Gestapo besetzte Gebiete, Polizei besetzte Gebiete, Partisanenkampf)
Georg Heinisch[616] (vgl. Zivilverwaltung, NSDAP-Gauleitungen, Requirierungen, Zwangsarbeit Deutschland ohne Ortsangabe)
Oswald Heller (vgl. Polizei besetzte Gebiete, Einsatzgruppe B/C, Zwangsarbeit Deutschland)
Bernhard Hentschel (vgl. jüdische Zwangsarbeit, Polizei Deutschland, KZ Auschwitz)
Eberhard Herf (vgl. Hauptamt Orpo, Partisanenkampf, Stab RFSS)
Georg Hering[617] (vgl. Zwangsarbeit besetzte Gebiete)
Fritz Hesse (vgl. Polizei Deutschland, Gendarmerie besetzte Gebiete, Gendarmerie Deutschland, Partisanenkampf)
Harri Hildebrandt (vgl. Partisanenkampf)
Wilfried Hinkeltein (vgl. Kriegsgefangenenlager in der Sowjetunion, Partisanenkampf)
Hans Isenmann[618] (vgl. SS-FHA)
Friedrich Jeckeln[619] (vgl. HSSPF, Partisanenkampf)
Martin Johne (vgl. Gendarmerie besetzte Gebiete, Partisanenkampf, Requirierungen)
Hans Koch[620] (vgl. Gestapo Stuttgart, Gestapo Brünn, Gestapo Berlin, Einsatzgruppe B, KdS, Spionage Sowjetunion, Partisanenkampf)
Gerhard Meier (vgl. Feldgendarmerie, Partisanenkampf, Zwangsarbeit Deutschland ohne Ortsangabe)

615 Vernichtungskrieg, S. 122, 174; Gerlach, Morde, S. 138, 485, 600, 810; Kohl, Krieg, S. 148-161; Curilla, Baltikum, S. 441.
616 Gerichtsprozeß, S. 5, 9, 52-58. Heinisch berichtete als Zeuge im öffentlichen Charkower Prozess detailliert u. a. über die Tötung von Häftlingen des KZ Auschwitz in den dortigen Gaskammern (S. 54 f.). Diese Aussagen sind bereits 1944 veröffentlicht worden.
617 Hagstrom, Sara's Children, S. 173, 191, 193, 196.
618 Zu weiteren SMT-Verurteilten der Division „Wiking“ vgl. BStU, ZA, HA IX/11, RHE 41/82. Harry Seidel, Erich Schädler, Rudi Pophal, Adolf Ehbrecht, Gerhard Werner, Alfred Obst, Willi Karette, Fritz Ströhlein und Günter Schönfeld zwischen 1947 und 1950 zu 25 Jahren bzw. lebenslänglicher Haft verurteilt.
619 Vgl. die frühe Darstellung von Jeckelns Verantwortung für das Massaker an den lettischen Juden in Rumbula und die Kollaboration der lettischen Bevölkerung und Nationalpolitiker dabei in Kärlis Sausnītis, Ne zabyvaj Audrini, Riga 1968, S. 30 f.
620 Messerschmidt, Minsker Prozeß; Kochs Vernehmung vom 18.1.1946 in Prestuplenija, S. 337-340; Gerlach, Morde, S. 228, 410, 1017; Kohl, Krieg, S. 148-161.

Günther Meier (vgl. Kriegsgefangenenlager in der Sowjetunion, SS-FHA)
Willi Meier (vgl. Wehrmachteinheiten)
Bruno Mittmann[621] (vgl. Gendarmerie besetzte Gebiete)
Erich Müller (geb. 1924) (vgl. Partisanenkampf)
Hans von Rittberg (vgl. Partisanenkampf, Wehrmachteinheiten)
Hans Sandner[622] (vgl. KdS, RKPA, Einsatzgruppe C, Kriegsgefangenenlager Sowjetunion)
Paul von Scheer[623] (vgl. Stab RFSS, Hauptamt Orpo, Partisanenkampf, Zwangsarbeit besetzte Gebiete, Requirierungen)
Axel Schlicht[624] (vgl. Werkschutz, Abwehrbeauftragte Generalgouvernement, Gestapo- und SD-V-Männer, Zwangsarbeit Sachsen)
Paul Schmidt (geb. 1907) (vgl. Polizei Deutschland, Gendarmerie besetzte Gebiete, Partisanenkampf, Requirierungen)
Walter Schmidt (vgl. Zwangsarbeit besetzte Gebiete, Werkschutz)
Hans Schröter (vgl. Zwangsarbeit Deutschland ohne Ortsangabe)
Willi Stein (vgl. Zwangsarbeit besetzte Gebiete, Werkschutz)
Karl-Heinz Tempel (vgl. Einsatzgruppe D, Partisanenkampf, RKPA)
Raphael Thiel[625] (vgl. Zwangsarbeit besetzte Gebiete)
Georg Truckenbrod (vgl. Militärverwaltung)
Heinz Truise (vgl. Verbrechen gegen Kriegsgefangene kurz vor dem Kriegsende, Medizinverbrechen, Kriegsgefangenenlager Sowjetunion, Inlands-SD)
Eckart Hans von Tschammer und Osten (vgl. Militärverwaltung)
Walter Wolf (vgl. Polizei, SA, frühe KZ, Unterstützung der internationalen Bourgeoisie)
Friedrich Zachries (vgl. SA, Sonderführer, Partisanenkampf, Amt Ausland/Abwehr, Zwangsarbeit Deutschland ohne Ortsangabe)

Aus anderen Gründen verurteilt oder Urteilsgründe nicht bekannt:
Alfred Brandt (vgl. NSDAP-Kreisleitungen, Zivilverwaltung, Reichsbauernschaft, Zwangsarbeit besetzte Gebiete)
Erwin Dölz (vgl. Bürgermeister)
Alexander Durow[626] (vgl. NSDAP-Gauleitungen, Reichsministerium für Volksaufklärung und Propaganda, Schriftsteller, Journalisten)
Otto Enoch (vgl. Einsatzgruppe D, Judenmord)

621 Klein, Einsatzgruppen, S. 242, FN 6; Klemp, Nicht ermittelt, S. 435; Messerschmidt, Minsker Prozeß; Gerlach, Morde, S. 224, 587, 691, 1069.
622 Hilger/Schmidt/Wagenlehner, Sowjetische Militärtribunale, Band 1, S. 207, FN 149: Vermerk Stalins für Beria 10.9.45; Kilian, Häftlinge, S. 422.
623 Bezborodova, Generäle, S. 191.
624 Schreiber, Elite, S. 436; Karay, Heaven; allgemein zu Kamienna vgl. Frey, Hölle.
625 Reich/Schultz, Untersuchungsgefängnis, S. 122–125. Zu Thieles Karriere vgl. Budraß, Arbeitskräfte, S. 54 f.
626 Zum „Weltdienst“, bei dem Durow tätig war, vgl. Schiefelbein, Institut, S. 41 ff.

Gottfried von Erdmannsdorff[627] (vgl. Militärverwaltung, Partisanenkampf)
Wolff Heinrichsdorff[628] (vgl. Journalisten, Reichsministerium für Volksaufklärung und Propaganda, Nationalsozialistischer Deutscher Studentenbund, NS-Dozentenschaft)
Franz Heß (vgl. SS-FHA, Gestapo Prag, KdS, Einsatzgruppe B, Medizinverbrechen, Kriegsgefangenenwesen Deutschland, KZ Sachsenhausen)
Paul Knappe (vgl. Polizei Deutschland, Gendarmerie besetzte Gebiete, Partisanenkampf)
Wilhelm Mulde (vgl. Einsatzgruppe D, HSSFP, KdS)
Johann Pollinger (vgl. Organisation Todt, Kriegsgefangenenlager Sowjetunion)
Max Porth[629] (vgl. Gendarmerie Deutschland, Polizei Deutschland, Militärverwaltung, Feldgendarmerie)
Emil Radloff[630] (vgl. Gestapo Berlin)
Ernst Rietzsch[631] (vgl. Bürgermeister, Kriegsverwaltungsräte, Militärverwaltung, frühe KZ, Zwangsarbeit Deutschland ohne Ortsangabe, Organisation Todt, Partisanenkampf)
Wilhelm Schlegel (vgl. Werkschutz, Inlands-SD)
Elisabeth Seeling (vgl. HJ, Medizinverbrechen, Zivilverwaltung, KZ Kauen)
Teofil Skaletz (vgl. Stapoleitstelle Prag, Kriegsgefangenenlager Sowjetunion)
Graf von Thun und Hohenstein[632] (vgl. Amt Ausland/Abwehr, Abwehr Division Brandenburg, Partisanenkampf, Einsatzgruppe H, Abwehr/Frontaufklärung)
Emil Ullrich (vgl. Zivilverwaltung, Unterstützung der internationalen Bourgeoisie, Polizei besetzte Gebiete)

627 Messerschmidt, Minsker Prozeß; Klaus-Dieter Müller, Tagebuch, S. 86; von Erdmannsdorffs Vernehmung vom 17.1.1946 in Prestuplenija, S. 335f.; Gerlach, Morde, S. 501, 766, 1097, 1100; Kohl, Krieg, S. 146, 267 ff., 292; seine Vernehmung vom 17.1.1946 in deutscher Übersetzung ebd., S. 267 ff.; Bezborodova, Generäle, S. 69f. Gutachten der Kommission zur Ermittlung und Untersuchung der Greueltaten der deutschen faschistischen Eindringlinge und ihrer Helfershelfer zur Ausrottung von Sowjetbürgern auf dem Territorium der Stadt und der Umgebung von Mogiljew vom 5.10.1944 (BStU, ZA, HA IX/11, ZUV 9, Band 2, T. 2 von 2, Bl. 298-305).

628 Klee, Personenlexikon, S. 240; Krause, Hochschulalltag; Hachmeister, Gegnerforscher, S. 136f., 139, 226, 236.

629 Porth beschrieb in einem Brief an seine Freundin in Potsdam ausführlich von der Erschießung sowjetischer Juden in Weißrussland, die wiederum ihrer Freundin davon berichtete. Diese wurde nach 1945 sowjetische Informantin und meldete den Fall. Vgl. Reich/Schultz, Untersuchungsgefängnis, S. 79f.

630 Karteikarte der MfS-Abteilung IX/11 zu Emil Radloff (BStU); MfS-Material zu Radloff (BStU, ZA, HA IX/11, RHE West 340, Band 3, Bl. 2-5); Organigramme des Eichmann-Referates, dem er angehörte (BStU, ZA HA IX/11, RHE West 340, Band 6, Bl. 116-122).

631 Lobeck, Schwarzenberg-Utopie; Wagenlehner, Die russischen Bemühungen, S. 71. Vgl. auch Aris, Recherchebericht.

632 Federal'naja služba, Smerš, S. 125; Šindelářová, Finale, S. 67, 80, 106 FN 260; Biddiscombe, The SS Hunter Battalions, S. 110-113.

18. Verrat und Kollaboration

In diesem Abschnitt geht es um kommunistische oder jüdische Opfer des Nationalsozialismus, die in verschiedenen Situationen und aus unterschiedlichen Gründen scheinbar oder tatsächlich die Seite wechselten und Genossen und Freunde oder Leidensgenossen verrieten. Im Kontext dieser Fallgruppe stehen elf zum Tode Verurteilte, acht von ihnen wurde eine solche Tat zur Last gelegt.

Robert Barth[633] (vgl. Spionage Sowjetunion) war ein Kommunist, der als deutscher Soldat in sowjetische Kriegsgefangenschaft geriet, sich vom Auslandsnachrichtendienst des NKVD zum Funker ausbilden ließ und im August 1942 gemeinsam mit dem deutschen Kommunisten Albert Hößler als Fallschirmspringer der Roten Armee hinter den deutschen Linien abgesetzt wurde, um Kontakte zu Widerstandsgruppen in Deutschland herzustellen. Er wurde verhaftet, ließ sich auf ein Gestapofunkspiel mit der Zentrale in Moskau ein, um diese zu warnen, jedoch vergeblich. Albert Hößler verweigerte sich nach anfänglicher Beteiligung dem Funkspiel und wurde von der Gestapo umgebracht. Infolge des Funkspiels verloren zahlreiche Angehörige der von der Gestapo „Rote Kapelle" genannten Widerstandkreise und -gruppen ihr Leben. Barth wurde nach dem Krieg nach Moskau gebracht, für die Morde an den deutschen Widerstandskämpfern verantwortlich gemacht und wegen Spionage verurteilt. Die beiden Leiter des Sonderkommandos „Rote Kapelle" *Friedrich Panzinger* und *Heinz Pannwitz* hingegen wurden in Moskau nicht zum Tode, sondern zu Zeitstrafen verurteilt und konnten später in die Bundesrepublik zurückkehren. In der DDR wurde der Name

633 Ich danke Hans Coppi und der Gedenkstätte Deutscher Widerstand Berlin für die Einsichtnahme in das grundlegende Material zu Robert Barth. Vgl. Teodor K. Gladkov, Ego Veličestvo Agent, Moskau 2010, S. 244; Oleg Zarew/John Castello, Der Superagent. Der Mann, der Stalin erpresste, Rastatt 1993, S. 148f.; Hans Coppi/Geertje Andresen (Hg.), Dieser Tod paßt zu mir. Harro-Schulze-Boysen, Grenzgänger im Widerstand, Berlin 1999, S. 367, 413; Sandvoß, Reichshauptstadt, S. 477-486; Hans Coppi, Der tödliche Kontakt mit Moskau - Berliner Funkspiele des RSHA. In: Hans Schafranek/Johannes Tuchel (Hg.), Krieg im Äther. Widerstand und Spionage im Zweiten Weltkrieg, Wien 2004, S. 33-55; Johannes Tuchel, Das Ministerium für Staatssicherheit und die Fallschirmagenten der Roten Kapelle - Der Fall Albert Hößler. In: Hans Schafranek/Johannes Tuchel (Hg.), Krieg im Äther. Widerstand und Spionage im Zweiten Weltkrieg, Wien 2004, S. 56-77; Leopold Trepper, Die Wahrheit. Autobiographie, München 1975, S. 152; The Rote Kapelle. The CIA's History of Soviet Intelligence Networks in Western Europe 1936-45. Hg. von University Publications of America, Maryland 1979, S. 145 f.; Vladimir I. Lota, Tajnye operacii Vtoroji mirovoj. Kniga o voennoj razvedke. 1944 god, Moskau 2006, S. 258-279; Ėduard Šarapov, Tajna Zoi Voskresenskoj, Moskau 1998, S. 430. Die DDR-Historiografie verschwieg Barths Existenz, vgl. Gerda Werner/Paul Hofmann, Albert Hößler, Leben und Kampf eines Jungkommunisten, Berlin (Ost) 1961; Karl Heinz Jahnke, In einer Front. Junge Deutsche an der Seite der Sowjetunion im Großen Vaterländischen Krieg, Berlin (Ost) 1989, S. 98-110; Alexander S. Blank/Julius Mader, Rote Kapelle gegen Hitler, Berlin (Ost) 1979; gleichfalls Heinrich Scheel, Vor den Schranken des Reichsgerichts. Mein Weg in den Widerstand, Berlin 1993. Auszüge aus Barths sowjetischer Ermittlungsakte, vgl. BStU, ZA, HA IX/11 FV 98/66, Band 310, 312, 318.

Barths verschwiegen. Hößler schien allein abgesprungen gewesen zu sein. Sein Name wurde Straßen und Kasernen verliehen.

Eine andere Gruppe war jüdischer Herkunft. Die meisten von ihnen waren in den letzten Jahren des NS-Regimes im Zusammenhang mit der Deportation der wenigen noch in Berlin lebenden Juden unfreiwillig in die Mordmaschinerie eingebunden gewesen. Sie versuchten durch Zusammenarbeit mit der Gestapo, teilweise als sogenannte Greifer, ihr Leben zu retten. Walter Lustig[634] war der letzte Vorsitzende der Reichsvereinigung der Juden in Deutschland, eine Zwangsorganisation der Gestapo, der alle Juden unabhängig vom Glaubensbekenntnis angehören mussten. Er leitete auch das jüdische Krankenhaus in Berlin und wurde wegen Kollaboration und Unterstützung der Deportationen verhaftet und vermutlich in der Haftanstalt Berlin-Rummelsburg zum Tode verurteilt und Ende Dezember 1945 erschossen.
Bernhard Frank (vgl. Spionage Sowjetunion)
Joachim Hannemann[635] (vgl. Werwolf Berlin)
Adolf Lewek[636]
Ernst Rambow[637] (vgl. Gestapo- und SD-V-Männer)
Franz Stanek[638] (vgl. Werwolf Berlin, Spionage Sowjetunion)
Leopold Stargardter[639]

634 Sein Tod wird laut einer nicht näher benannten sowjetischen Information aus dem Jahr 1991 bestätigt in Peter Wyden, Stella, Göttingen 1993, S. 218, FN 21, und Beate Meyer, Tödliche Gratwanderung. Die Reichsvereinigung der Juden in Deutschland zwischen Hoffnung, Zwang, Selbstbehauptung und Verstrickung (1949-1945), Göttingen 2011, S. 392 (demnach wurde er im Dezember 1945 in Rummelsburg hingerichtet); Beate Meyer/ Hermann Simon (Hg.), Juden in Berlin 1938-1945, Berlin 2000, S. 307-337; Esriel Hildesheimer, Jüdische Selbstverwaltung unter dem NS-Regime. Der Existenzkampf der Reichsvertretung und Reichsvereinigung der Juden in Deutschland, Tübingen 1994, S. 234; Ulrike Offenberg, Die Jüdische Gemeinde zu Berlin 1945-1953. In: Julius H. Schoeps (Hg.), Leben im Land der Täter. Juden im Nachkriegsdeutschland (1945-1952), Berlin 2001, S. 133-156, hier 154.

635 H. wird im Urteil als geheimer Mitarbeiter von SMERSCH bezeichnet, der jedoch die sowjetischen Maßnahmen gegen die Untergrundorganisation „Freikorps“ in Potsdam verraten habe, der er selbst angehört habe. Vgl. den Fall Heinrich Wollmann (Spionage Brandenburg), der ebenfalls sowjetischer Agent war.

636 Doris Tausendfreund, Erzwungener Verrat. Jüdische „Greifer“ im Dienst der Gestapo 1943-1945, Berlin 2006, S. 135-137.

637 Wer war Gestapoagent S 9? In: Neues Deutschland vom 12.9.1946; Sandvoß, Reichshauptstadt, S. 147 f., S. 500-522; Hochmuth, Illegale KPD; Tuchel Kontakte; Scheer, Rambow; Fieber, Widerstand, S. 109. Vgl. diverse Anzeigen gegen und Berichte über Rambow nach 1945, aus denen hervorgeht, dass sein Todesurteil öffentlich bekannt war (SAPMO/BArch, NY 4072, Band 143 und RY 1/I 2/3/165).

638 Stanek wurde auch vorgeworfen, von April bis November 1945 als Agent der sowjetischen Spionageabwehr SMERSCH erfundene Angaben über nationalsozialistische Untergrundorganisationen in Berlin übergeben zu haben mit dem Ziel, die tatsächlichen Nazis zu schützen. Er ist damit neben Joachim Hannemann (vgl. Werwolf Brandenburg) der zweite bekannte sowjetische Zuträger, der hingerichtet wurde.

639 Tausendfreund, Verrat, S. 194-197.

Aus anderen Gründen verurteilt oder Urteilsgründe nicht bekannt:
Willy Klose[640]
Georg Kostka[641] (vgl. Gestapo- und SD-V-Männer)
Ruth Danziger[642]

19. Vaterlandsverrat (Artikel 58-1)

Dieser Vorwurf gegen zehn zum Tode Verurteilte bezieht sich aus sowjetischer Sicht nicht allein auf Sowjetbürger zum Zeitpunkt des Beginns des Zweiten Weltkrieges, sondern auch davor und noch ausgreifender auf viele Personen, die allein im zaristischen Russland geboren worden waren, aber nie in der Sowjetunion gelebt hatten. Berücksichtigt wurden hier Personen, die nachweislich deutsche Staatsbürger waren, unabhängig davon, wann sie es geworden sind. Die spezifischen Vorwürfe sind überwiegend unbekannt.
Eugen Dietrich
Wladimir Eisenhart (vgl. Reichsministerium für Volksaufklärung und Propaganda)
Andrej Jakobi
Ewald König
Andrej Leonhardt
Viktor Löwen (vgl. SS-FHA, Kriegsgefangenenlager Sowjetunion)
Jakob-Peter Metzger (vgl. Abwehr Frontaufklärung)
Willi Metzner (vgl. Sonderführer, Spionage andere Orte)
Hans Saizew
Alexander Schneider

20. Anstiftung zum Krieg (Artikel 58-5)

Robert Peschel

640 Grundmann, Geheimapparat, S. 24 f.; Siegfried Grundmann, Richard Großkopf und die kommunistische Paßfälscherorganisation. In: IWK Internationale wissenschaftliche Korrespondenz zur Geschichte der deutschen Arbeiterbewegung, (2004) 4, S. 423-464; Beatrix Herlemann, Der deutschsprachige Bereich an den Kaderschulen in der Kommunistischen Internationale. In: Internationale Wissenschaftliche Korrespondenz, (1982) 2, S. 205-229, hier 209, 211.
641 Sandvoß, Reichshauptstadt, S. 414-423.
642 Tausendfreund, Verrat, S. 179; laut Christine Zahn, Von einem Quartier zum nächsten. Eine Odyssee im Berliner Untergrund. In: Wolfgang Benz (Hg.), Überleben im Dritten Reich. Juden im Untergrund und ihre Helfer, München 2003, S. 229-238, hier 129, FN 2, wurde sie erschossen.

Nach einem anderen Artikel:
Alfred Gross (vgl. Untergeordnete NSDAP-Funktionen, Zwangsarbeit Brandenburg)

21. Spionage (Artikel 58-6)

21.1 Sowjetunion und besetzte Gebiete

Der spezifische Paragraf für Spionage wurde sowohl auf Handlungen vor als auch nach 1945 angewendet. In diesem Abschnitt sind hiermit Tatbestände vor allem in der und/oder gegen die Sowjetunion gemeint. Allerdings werden alle nach dem 8. Mai 1945 angesiedelten Fälle im Abschnitt III behandelt.

Es sind hier auch Fälle verzeichnet, die aufgrund der bekannten verbalen Anklage- oder Urteilsinhalte als Spionage zu werten sind, obwohl andere Artikel herangezogen wurden. Nur in einem der 23 Fälle dieser Gruppe ist die Spionagetätigkeit nicht zur Anklage gekommen.

Wolfgang Abshagen[643] (vgl. Abwehr Frontaufklärung, Amt Ausland/Abwehr, Abwehr Division Brandenburg)
Robert Barth[644] (vgl. Verrat)
Maximilian von Engelbrechten[645] (vgl. Auswärtiges Amt, Amt Ausland/Abwehr)
Marschall Adolf Freiherr von Bieberstein[646] (vgl. Auswärtiges Amt)
Heinrich Fick (vgl. Militärverwaltung)
Georg Fincke (vgl. Reichluftfahrtministerium)
Bernhard Frank (vgl. Verrat)
Rudolf Freimann (vgl. Amt Ausland/Abwehr)

643 Abshagen, Generation; Norbert Müller, Amt, S. 279 f., 492; Trecker/Kamp, Geheimdienst, S. 162, 188 f. Vgl. den undatierten Geschäftsplan der Abteilung II des Amtes Ausland/Abwehr des OKW (BStU, ZA, HA IX/11, FW 470 Akte 1, Bl. 20, Bl. 22; BStU, ZA, HA IX/11, RHE 4/85 SU, Band 7, Bl. 23).

644 Ich danke Hans Coppi und der Gedenkstätte Deutscher Widerstand Berlin für die Einsichtnahme in das grundlegende Material zu Robert Barth. Vgl. Gladkov, Ego, S. 244; Zarew/Castello, Superagent, S. 148 f.; Coppi/Andresen, Tod, S. 367, 413; Sandvoß, Reichshauptstadt, S. 477-486; Coppi, Kontakt; Tuchel, Ministerium; Trepper, Wahrheit, S. 152; The Rote Kapelle, S. 145 f.; Lota, Tajnye operacii, S. 258-279; Šarapov, Tajna Zoi Voskresenskoj, S. 430. Die Veröffentlichungen in der DDR verschweigen Barths Existenz, vgl. Werner/Hofmann, Hößler; Jahnke, Front, S. 98-110; Blank/Mader, Rote Kapelle; gleichfalls Scheel, Schranken. Auszüge aus Barths sowjetischer Ermittlungsakte in BStU, ZA, HA IX/11 FV 98/66, Band 310, 312 und 318.

645 Norbert Müller, Amt, S. 509.

646 Conze/Frei/Hayes/Zimmermann Das Amt und die Vergangenheit, S. 157, 325; Christoforov, Tajny diplomatii, S. 147 f., 804.

Kurt Jahnke[647] (vgl. NSDAP-Gauleitungen, SA, Auslands-SD, Amt Ausland/Abwehr Division Brandenburg, Spionage Sowjetunion)
Alfred Kalinowski
Sergej Lewitzki (vgl. Militärjustiz, Partisanenkampf)
Josef Link (vgl. Militärverwaltung, Sonderführer)
Josef Matciol (vgl. Abwehr Divison Brandenburg)
Claus Morgenstern (vgl. Zentralverbände, Journalisten, Amt Ausland/Abwehr)
Kurt Reinhardt[648] (vgl. Amt Ausland/Abwehr Division Brandenburg, Abwehr Frontaufklärung)
Alexander Rieck (vgl. Reichsluftfahrtministerium)
Hans-Waldemar Schimmel (vgl. Amt Ausland/Abwehr Frontaufklärungskommandos, Amt Ausland/Abwehr, FHO)
Carl Seber (vgl. Amt Ausland/Abwehr, Militärverwaltung, Reichsluftfahrtministerium)
Franz Stanek (vgl. Verrat, Werwolf Berlin)
Georg Wolf[649] (vgl. Gestapo- und SD-V-Männer, Amt Ausland/Abwehr)
Oskar Ziegler (vgl. Abwehr Division Brandenburg)
Olaf Zickner-Barron (vgl. Auswärtiges Amt, Inlands-SD, Sabotage ohne Ort)

Aus anderen Gründen verurteilt oder Urteilsgründe nicht bekannt:
Hans Koch[650] (vgl. Gestapo Stuttgart, Gestapo Brünn, Gestapo Berlin, Judenmord, KdS, Einsatzgruppe B, Partisanenkampf)

21.2 Hinterland der Roten Armee

Ein größerer Teil der hier aufgeführten 65 Fälle ist zeitlich der Endphase des Krieges zuzuordnen und steht möglicherweise im Kontext der Einsätze von Fremde Heere Ost (FHO) zur Nachrichtengewinnung am Vorabend des sowjetischen Sturmes auf Berlin.[651]

Samuel Brakopp, Landwirt in Tirpitz im Kreis Lebus in Brandenburg, wurde Anfang März 1945 wegen vermeintlicher Militärspionage im Hinterland der Oderfront verurteilt und wenige Tage darauf erschossen. Das SMT warf ihm vor, beim Rückzug der deutschen Truppen am 4. Februar 1945 von SA-Offizie-

647 Schellenberg, Aufzeichnungen, S. 43-50, 60-64, 149-153, 201-206, 230-235; Doerries, Tracing; Doerries, Hitler's last chief, S. 20f., 86f., 95, 245f., 277 ff., 327f.; Schlie, Carl Marcus; Hastedt, Spies, S. 412f.; Ramme, Sicherheitsdienst, S. 90; Meinl, Nationalsozialisten, S. 262f., 338; Clough, State Secrets, S. 4, 158 ff., 219-236.
648 Zu „Erna" und Kurt Reinhardt vgl. Roewer, Rote Kapelle, S. 126-130.
649 Possekel, Sowjetische Speziallager, Band 2, S. 209-212.
650 Messerschmidt, Minsker Prozeß; Kochs Vernehmung vom 18.1.1946 in Prestuplenija, S. 337-340; Gerlach, Morde, S. 228, 410, 1017; Kohl, Krieg, S. 148-161.
651 Zur Schaffung einer Struktur von Grenzgängern für die Nachrichtengewinnung durch FHO im Rahmen der FAK 102 und 103 ab Februar 1945 vgl. Biddiscombe, Werewolf, S. 96.

ren den Spionageauftrag erhalten zu haben, Angaben zu den sowjetischen Truppen im Wohnumkreis zu sammeln. Er habe dies auch vier Tage lang getan. Als er die Informationen auf die deutsche Seite der Front nach Lebus zu bringen versuchte, sei er auf dem Weg durch die vorderste Linie verhaftet worden. Brakopp verteidigte sich damit, er habe zwar einen Auftrag erhalten, ihn aber nicht ausführen wollen, sondern nur einen Landarbeiter aus einem anderen Dorf für die Feldarbeit holen wollen. Dabei habe er unbeabsichtigt die Frontlinie überschritten, von der er nichts gewusst habe.[652]

Waldemar Strohschein (vgl. SS-FHA) und Johann Bayerl (vgl. SS-FHA) wurden, so der Vorwurf, an der „Dolmetscherschule der Waffen-SS" Oranienburg[653] zur Vorbereitung für den Einsatz beim deutschen Geheimdienst ausgebildet. Sie waren seit März 1945 in Müncheberg bei Berlin als Agenten tätig. Nach dem Ende der Ausbildung wurde Bayerl Leiter einer Gruppe von 30 Mann, Strohschein sein Stellvertreter. Die Gruppe wurde am 7. April 1945 mit dem Flugzeug im Hinterland der Roten Armee abgesetzt, kämpfte auch zunächst, ergab sich jedoch bald.

Ein analoger Fall ist der einer Gruppe des SS-Nachrichtenbataillons 511. Hans Herold (vgl. SS-FHA), Theodor Büscher (vgl. SS-FHA), Arthur Kerber und Felix Busse (vgl. SS-FHA) wurden von Fürstenwalde aus per Fallschirm bereits am 2. April 1945 in Zivil als Funker hinter der russischen Linie bei Müncheberg abgesetzt. Es kam jedoch keine Funkverbindung zustande, da sie mitten in einem sowjetischen Panzerbereitstellungsraum gelandet waren. Hierbei dürfte es sich um ein der Frontaufklärung der Abwehr unterstehendes „Aufklärungskommando" handeln, welche mit dem Verbindungsflugzeug Fieseler Storch 156 ausgerüstet waren und vor allem der Aufklärung sowjetischer Panzerspitzen dienten.[654]

Gerhard Baumert (vgl. Amt Ausland/Abwehr andere Einsätze hinter den sowjetischen Linien), zuletzt in Prag stationiert, wurde in der Nacht zum 25. März 1945 mit einer Gruppe von Abwehrspionen mit dem Flugzeug in das Hinterland der Roten Armee gebracht.

Hans Baumann (vgl. Abwehr Frontaufklärung)
Alexander Beil (vgl. Werwolf deutsche Ostgebiete)
Erich Blocksdorf (vgl. HSSPF, Werwolf deutsche Ostgebiete)
Erich Böhm (geb. 1921) (vgl. HSSPF, Werwolf deutsche Ostgebiete)
Alfred Bressel
Kurt Brokhusen
Emil Brunk
Servatius Bücken

652 Urteilsakte des SMT der 69. Armee gegen Brakopp (Dokstelle StSG, Akte Samuel Brakopp).
653 Kaienburg, Militär- und Wirtschaftskomplex, S. 273 f.
654 Pahl, Fremde Heere Ost, S. 240.

Hermann Dreger (vgl. Amt Ausland/Abwehr andere Einsätze hinter den sowjetischen Linien)
Georg Elsinger (vgl. SS-FHA)
Gerhardt Ertel
Hans Fahle
Walter Filler
Paul Friedrich (vgl. Partisanenkampf, Abwehr Frontaufklärung)
Paul Heinrich (vgl. Abwehr Frontaufklärung, Sonderführer, Partisanenkampf)
Gerhard Fuxjäger (vgl. Wehrmachteinheiten)
Josef Gabriel (vgl. Judenmord)
Teodor Galjun (vgl. Polizei Deutschland, Untergeordnete NSDAP-Funktionen)
Rudolf Gasenzer (vgl. SS-FHA)
Josif Gasior (vgl. Amt Ausland/Abwehr Einsatz hinter den sowjetischen Linien)
Arnold Gawlitschek
Johannes Golbs
Jakob Grünewald (vgl. Unterstützung der internationalen Bourgeoisie, Terror Hinterland der Roten Armee)
Edgar Harwart
Walter Hoesch (vgl. Abwehr Frontaufklärung, Amt Ausland/Abwehr, FHO)
Richard Holz (vgl. NSDAP-OGL)
Herbert Hornig (vgl. NSDAP-OGL, Zivilverwaltung, Auslands-SD „Zeppelin“)
Johann Kepf
Werner Kalsow (vgl. Militärjustiz)
Werner Klinkenberg (vgl. Militärjustiz)
Heinz Koppe (vgl. Terror Hinterland der Roten Armee, Unterstützung der internationalen Bourgeoisie)
Hans-Jürgen Kubatzki (vgl. Wehrmachteinheiten)
Ingelhard Kuhn
Wilhelm Leimer (vgl. Partisanenkampf, Gestapo Prag, Gestapo Wiesbaden)
Adolf Malysch (vgl. Amt Ausland/Abwehr andere Einsätze hinter den sowjetischen Linien)
Jakub Mans
Peter Mauritz
Lothar Mensdorf (vgl. Abwehr Frontaufklärung)
Heinz-Werner Oberleitner (vgl. SS-FHA)
Heinz Pschigoda (vgl. Wehrmachteinheiten)
Adolf Reinhart (vgl. SS-FHA)
Heinz Reschke (vgl. Amt Ausland/Abwehr, Abwehr Frontaufklärung, Partisanenkampf)
Klaus Ritter (vgl. Werwolf deutsche Ostgebiete)
Rudolf Schäfer

Eberhard von Scheller[655] (vgl. Amt Ausland/Abwehr, Abwehr Frontaufklärung)
Friedrich Schlingmann (vgl. Werwolf deutsche Ostgebiete)
Walter Schlingmann (vgl. Terror Hinterland der Roten Armee, Unterstützung der internationalen Bourgeoisie)
Wilhelm Schloos
Fritz Schmidt
Jakob Schmitt (vgl. Amt Ausland/Abwehr Einsatz hinter den Linien)
Hermann Stegerwald
Heinrich Tkotz (vgl. Terror Hinterland der Roten Armee, Unterstützung der internationalen Bourgeoisie)
Roland Tode
Josef Weissenegger
Heinrich Wenzel (vgl. Gestapo- und SD-V-Männer)
Richard Werth
Norbert Wolf

21.3 Andere Orte

Bei den folgenden zehn wegen Spionage abgeurteilten Personen sind örtlich-zeitliche Koordinaten für die inkriminierte Tat nicht bekannt.

Im Fall des nach 1945 als Bürgermeister in Berlin-Wannsee tätigen Ernst Flechtheim richtete sich möglicherweise der Spionagevorwurf auf seine Tätigkeit während der NS-Zeit als Einkäufer für die Wehrmacht. Er galt in der NS-Zeit aufgrund der antijüdischen Gesetze wegen seiner nichtjüdischen Ehefrau als in sogenannter Mischehe lebend und war vor der Deportation in ein Vernichtungslager geschützt. Seine Verurteilung im Juni 1945 erfolgte, als ganz Berlin noch sowjetisches Einflussgebiet war. Eine Verdächtigung, Agent der Westalliierten zu sein, erscheint daher unwahrscheinlich. Er wurde zusammen mit Franz Grueger (vgl. Amt Ausland/Abwehr) verurteilt, der bis 1944 Verbindungsmann zwischen der Berliner Widerstandsgruppe Europäische Union um den Chemiker Dr. Robert Havemann und den Arzt Dr. Georg Großcurth sowie der französischen Gruppe der Europäischen Union war. Die genauen Vorwürfe gegen beide sind nicht bekannt.
Günther Diegner
Hermann Kabel (vgl. Amt Ausland/Abwehr)
Artur Metzner
Willi Metzner (vgl. Sonderführer, Vaterlandsverrat)
Gotthold Mühlner (vgl. Amt Ausland/Abwehr, Verleger)
Reinhold Rosentreter (vgl. Amt Ausland/Abwehr)
Karl Schersich
Rudolf Wojsk

655 Federal'naja služba, Smerš, S. 196–201; zu den Vernehmungen von Schellers vgl. das Buch von Archivaren des FSB Makarov/Tjurin, Lučšije specoperacii, S. 149–178, 371 f.

22. Terror (Art. 58-8)

Wie Spionage lässt sich auch der Vorwurf Terror sowohl auf die Zeit vor als auch nach 1945 beziehen. Die zeitlich nach dem 8. Mai 1945 angesiedelten Fälle werden im Abschnitt III dargestellt.

Nur sieben Fälle lassen sich für Terror in der Sowjetunion und vier Fälle für das Hinterland der Roten Armee anführen.

22.1 Sowjetunion

Der Obergefreite Heinrich Wigmann (vgl. Verbrechen während der Bewährungsfrist, Widerstand Gebiet Sowjetunion) floh aus einem sowjetischen Kriegsgefangenenlager und schloss sich bei verschiedenen Überfällen der UPA an,[656] der größten antisowjetischen Widerstandsbewegung auf dem Territorium der Sowjetunion, die auch Todesopfer unter den sowjetischen Hoheitsträgern forderten. Im Baltikum hatte es die Sowjetregierung im wiederhergestellten Herrschaftsbereich noch lange mit den sogenannten Waldbrüdern als Widerstandsbewegung zu tun. In Litauen wurde noch 1946 der frühere Hauptmann und Kompanieführer in der 267. Infanterie-Schützen-Division Andre Stolzenberg (vgl. Widerstand Gebiet Sowjetunion) verurteilt. Er brach aus einem Kessel im Gebiet Minsk aus, gelangte nach Litauen und schloss sich im Juli 1945 der litauischen Freiheitsarmee „LLA“ (Lietuvos Laisvės Armija/Armee befreiter Litauer) an. Er beteiligte sich u. a. an einem bewaffneten Überfall auf das Zentrum des Ortes Meretsch/Litauen, wobei alle Gebäude der sowjetischen Behörden niedergebrannt wurden. Während der Vorbereitung der Wahlen zum Obersten Sowjet der UdSSR leisteten er und andere Kämpfer aktive antisowjetische Agitation zur Sabotierung der Wahlen.[657] Obwohl sein Fall in gewissem Sinne der Übergangszeit zwischen Krieg und Frieden (vgl. Abschnitt II) angehört, soll er dennoch in diesem Abschnitt behandelt werden.
Gerhart Haberecht (vgl. Auslands-SD „Zeppelin“)

656 1946 berichtete die SBZ-Wochenschau „Der Augenzeuge“ in allen Kinos über die Entdeckung einer UPA-Gruppe durch polnisches Militär im Dreiländereck zwischen Polen, der ČSR und der Sowjetunion, bei der noch immer der ehemalige Angehörige der SS-Division Galizien Kurt Winkler kämpfte (BArch Bundesfilmarchiv, Der Augenzeuge Nr. 54/1946). Die UPA wurde bis zur Kapitulation durch deutsche FAK unterstützt, vgl. Biddiscombe, The SS Hunter Battalions, S. 72f. Der Kampf der UPA soll von 1944 bis Frühjahr 1945 der Roten Armee 5000 Gefallene gekostet haben, ebd., S. 77. Zur UPA vgl. Timm C. Richter, „Herrenmensch“ und „Bandit“. Deutsche Kriegsführung und Besatzungspolitik als Kontext des sowjetischen Partisanenkrieges (1941-44), Berlin 1998, S. 19-23. Das Thema der antisowjetischen Freiheitsbewegung UPA spielt auch im Fall von Jakob-Peter Metzger eine Rolle.

657 Vgl. Gnadensache Stolzenberg vom 6.8.1946 (RGASPI, op. 166, d. 773, l. 88f.). In der litauischen Literatur werden die Kämpfer der LLA als Helden des antisowjetischen Befreiungskampfes verehrt. Das Stören von sowjetischen Wahlen wird auch für die Waldbrüder in Estland berichtet, vgl. Laar, Krieg, S. 13.

Eugen Hetterich (vgl. Auslands-SD „Zeppelin")
Gerhard Schneider (vgl. Auslands-SD „Zeppelin")
Gerhard Tiedt (vgl. Auslands-SD „Zeppelin")
Helmut Vierus[658] (vgl. Auslands-SD „Zeppelin")

22.2 Hinterland der Roten Armee

Als Terror im Hinterland der Roten Armee konnte zum Beispiel gelten, wenn nach Besetzung einer Ortschaft versteckte Waffen gefunden wurden. So erschoss ein Trupp der Roten Armee im schlesischen Hennersdorf 13 Einwohner, offenbar ohne jedes Urteil, weil bei einem Bauern Waffen entdeckt worden waren.[659]

Die nachfolgend genannten vier in Rumänien eingesetzten Personen wurden auch wegen Unterstützung der internationalen Bourgeoisie verurteilt und hatten nachweislich Spionageaufträge ausgeführt.

Jakob Grünewald (vgl. Spionage Hinterland der Roten Armee, Unterstützung der internationalen Bourgeoisie)
Heinz Koppe (vgl. Spionage Hinterland der Roten Armee, Unterstützung der internationalen Bourgeoisie)
Walter Schlingmann (vgl. Spionage Hinterland der Roten Armee, Unterstützung der internationalen Bourgeoisie)
Heinrich Tkotz (vgl. Spionage Hinterland der Roten Armee, Unterstützung der internationalen Bourgeoisie)

23. Unterstützung der internationalen Bourgeoisie (Artikel 58--4)

Die meisten unter diesem Vorwurf stehenden 28 Fälle beziehen sich inhaltlich bzw. zeitlich auf die Zeit vor dem 8. Mai 1945 und territorial meist auf das Gebiet der Sowjetunion oder andere okkupierte Gebiete sowie die deutschen Ostgebiete. Michael von Aderkass wurden sogar Handlungen während des russischen Bürgerkriegs und seiner Emigration vorgeworfen.[660]

Eine kleinere Gruppe mit diesem Vorwurf ist auch wegen Taten nach dem 8. Mai 1945 verurteilt worden. Sie wird im Abschnitt III. vorgestellt.

Jakob Grünewald, Heinz Koppe, Walter Schlingmann und Heinrich Tkotz (alle vgl. Spionage Hinterland der Roten Armee, Terror Hinterland der Roten Armee) waren als Wehrmachtangehörige in Rumänien eingesetzt gewesen und hatten sich nach der deutschen Kapitulation der pronationalsozialistischen Untergrundorganisation „Widerstandfront" im Kampf gegen die Rote Armee und die

658 Auszüge aus der Urteilsakte (ZA FSB, Akte P-46 774). Für die Bereitstellung der Dokumente danke ich Frank Drauschke von facts & files Berlin. Vgl. Thomas/Ketley, KG 200, S. 183.
659 Biddiscombe, Last Nazis, S. 248.
660 Gnadensache Aderkass vom 26.12.1945 (GARF, f. 7523, op. 66, d. 48, l. 143).

von ihr gestützte rumänische Nachkriegsregierung angeschlossen. Der konkrete Vorwurf, während der sowjetischen Einkreisung der Stadt Ploesti ein Benzinlager zerstört und mehr als 400 Tonnen Benzin gestohlen zu haben, bezog sich auf die vom SD auf Himmlers direkten Befehl noch vor dem deutschen Abzug geschaffene „Öl-Sabotage-Abwehr-Organisation" (ÖSAO), die die Ölausbeutung in Ploesti schützen sollten. SD-Hauptsturmführer Roland Gunne von der Abteilung VI S im RSHA unterstand Skorzeny und leitete die von der ÖSAO durchgeführten Aktionen auf den rumänischen Ölfeldern nach Einmarsch der Roten Armee. Hierfür wurden u. a. in Ploesti mehrere Sabotagegruppen aus sechs Angehörigen zurückgelassen, zu denen vermutlich die vier genannten Hingerichteten gehört haben.[661]

Karl Kühl (vgl. Auslandsorganisation der NSDAP) lebte im Auftrag der deutschen Regierung seit 1937 in Charbin Mandschurei/China, ein Marionettenstaat Japans, als Direktor einer Mittelschule und Abteilungsleiter für Agitation der Auslands-NSDAP und unterhielt Kontakte zu faschistischen Organisationen in der japanischen Hauptstadt Tokio. Laut Urteil betrieb er acht Jahre lang aktive Propaganda für den Faschismus.

Willi Abendschön[662] (vgl. Gestapo Prag)
Werner Drees (vgl. Gestapo Prag)
Gustav Frodl (vgl. Feldgendarmerie, KdS)
Oskar Fuchs (vgl. NSDAP-OGL, Bürgermeister, frühe KZ, Zwangsarbeit Brandenburg, Judenmord)
Raimund Fuchs (vgl. Polizei besetzte Gebiete, Partisanenkampf)
Otto Gall[663] (vgl. Gestapo Berlin, KZ Auschwitz, Gestapo Prag)
Kurt Garke
Josef Geppert (vgl. Militärverwaltung)
Ernst Grabesch
Charlotte Dolling
Werner Kühne (vgl. RKPA, Gestapo Dresden)
Kasimir Kuschawski
Emil Megling
Richard Meske
Paul Müller (vgl. Werkschutz)
Friedrich Niklasch
Stanislaw Olbert
Hans Paletta (vgl. Polizei Deutschland, Werkschutz)
Johann Prax (vgl. Gendarmerie besetzte Gebiete)
Kurt Stark (vgl. frühe KZ)

661 Biddiscombe, The SS Hunter Battalions, S. 137 f.
662 Deschner, Heydrich, S. 282 ff.
663 Grundmann, Geheimapparat, S. 99, 101, 136, 138, 140, 172, 263, 320, 442; Čvančara, Někomu život, S. 27.

Emil Ullrich (vgl. Zivilverwaltung, Judenmord, Polizei besetzte Gebiete)
Gerda Werpel
Walter Wolf (vgl. Polizei, frühe KZ, Judenmord, SA)

24. Kriegsverbrechen ohne bekannten Vorwurf oder biografischen Kontext (Art. 58-2, Ukaz 43)

Die meisten Fälle, bei denen außer den genannten Rechtsgrundlagen weder konkrete Anschuldigungen noch relevante biografische Zusammenhänge bekannt sind, liegen zeitlich überwiegend vor dem Erreichen der späteren SBZ durch die Rote Armee und räumlich damit vor allem in den deutschen Ostgebieten. Die nachgenannten 368 Verurteilten gehörten überwiegend dem Bauernstand oder dem kleinen Handel und Gewerbe an, was darauf schließen lässt, dass sich ein großer Teil der Vorwürfe auf die Beschäftigung von Zwangsarbeitern oder angebliche Subversionstätigkeit (als NSDAP-Mitglied) beziehen könnte.

Wilhelm Abeling
Otto Appelt
Martin Arnold
Arno Bader
Carl Baron von Bagge af Boo
Werner Bajer
Walter Baldinger
Willy Barfknecht
Max Bartel
Fritz Bartzke
Walther Bauer
Albert Baumgart
Otto Becker
Paul von Beer
Paul Behnicke
Paul Behnke
Robert Berg
Max Berger
Fritz Besser
Alfons Birke
Waldemar Blank
Herbert Boden
Hans-Peter Böge
Oskar Böhmig
Paul Bötzel
Reinhold Brandenburg
Karl Braun
Richard Breimisch
Friedrich Brohm
Walter Bruch
Paul Brückner
Georg Buchals
Emil Buche
Rudolf Bucher
Franz Buckem
Otto Deh
Paul Dempwolf
Alfred Diersch
Hermann Dietrich
Paul Dilitsch
Friedrich Dittrich (geb. 1904)
Friedrich Dittrich (geb. 1928)
Max Dix
Robert Dorfert
Max Dräger
Karl Dreier
Joachim Drews
Kurt Drohla
Paul Drose
Franz Dudeck
Grejsche Dworak
Eduard Ebert
Heinrich Ehrhardt
Paul Eichhorn

August Erbe
Erwin Ermisch
Werner Ertel
Otto Feldbinder
Franz Feldhahn
Karl Feldhahn
Alfred Fiedler
Wilhelm Fircheller
Albert Fischer
Wilhelm Fischer
Otto Förster
Adolf Fraas
Martin Franke
Otto Franke
Rudolf Franke
Kurt Friedmann
Kurt Friedrich (geb. 1894)
Kurt Gamssen
Karl Gatzke
Werner Gede
Otto Gehrmann
Herbert Geißler
Franz Geller
Willi Gellert
Richard Genike
Karl Genz
Walter Gergs
Paul Geritz
Gustav Gerstenberg
Erich Gerstmeyer
Johann Gietzen
Robert Glave
Albert Glienke
Georg Glombitza
Max Görsch
Ewald Görsdorf
Otto Graf
Otto Großmann
Karl Grubler
Paul Günter
Erich Gutjahr
Arnold Haase
Wilhelm Habermann
Erro-Wilhelm von Hadeln
Fritz Häfels
Kuno Hagen
Artur Hahn
Herbert Hahn
Kurt Hähner
Richard Hänike
Hänsch
Hans Harberts
Friedrich Hartmann
Reinhold Hartmann
Karl Hasenbein
Walther Haserodt
Hermann Haun
Erich Hecht
Fritz Hefels
Max Heidemann
Paul Hein
Karl Heingard
Ernst Henning
Erich Hentel
Walter Henzel
Wilhelm Herbarth
Robert Herold
Max Herrmann (geb. 1878)
Kurt Hofmann
Wilhelm Hohensee
Alfred Hohm
Otto Höhne
Max Hopf
Gottlieb Horn
Alexander Iwanow
Hinrick J.
Johann Jaekel
Reinhard Jähnichen
Walter Jähnig
Ernst Jahrmann
Elisabeth Johst
Hans Jost
Siegfried Junge
Georg Kähling
Walter Kempe
Walter Kerner
Ernst Ketz
Max Kimmerle

Wilhelm Kisler
Alfred Kleiberg
Rudolf Klimek
Arno Knabe
Alfred Knofe
Heinz König
Walter König (geb. 1890)
Walter König (geb. 1897)
Erich Konrad
Alois Koppmair
Otto Kosan
Max Kosch
Johann Kotowski
Paul Kottke
Ignat Kraitschik
Franz Krause
Fritz Krause
Hermann Krause
Johannes Krause
Wilhelm Krause (geb. 1887)
Theodor Krone
Rolf Konzisser
Otto Krüger
Paul Krüger
Paul Kuckel
Rudolf Kugler
Franz Kühler
Christoph Kuhlmann
Ernst Kujas
Erhard Kulenkampf
Emil Kumorski
Martin-Michael Kunkel
Kurt Lange
Wilhelm Leenen
Heinrich Lehmann
Wilhelm Lehmann (geb. 1887)
Martin Lehmler
Otto Leisegang
Erich Lemke
Friedrich Lenz (geb. 1880)
Eduard Let
Hans Leusch
Hugo Liebert
Hermann Liepold
Paul Liersch
Alexander Liese
Erich Lind
Wilhelm Linke
Adolf Löge
Fritz Lohfeld
Bruno Loock
Igor Lunin
Max Malink
Franz Malke
Karl Malzan
Alexander von Manteuffel
Fritz Marquart
Helmut Maschke
Otto Mauksch
Fritz May
Karl Mech
Gotthold Mehmel
Emil Meier
Hugo Meier
Paul Meineke
Konrad Meisner
Otto-August Meisner
Wilhelm Meissner
Alfred Melder
Otto Metterhausen
Bruno Mierdel
Max Mierke
Karl Mille
Alfred Miller
Otto Milster
Arthur Mollitor
Karl Molzahn
Heinrich Much
Albert Müller
Helmut Müller
Karl Müller
Wilhelm Mundt
Leopold Nelke
Ernst Neudorf
Bruno Neumann (geb. 1885)
Karl Neumann
Kurt Neumann
Fritz Ostwald

Gustav Palm
Bruno Papke
Hermann Pawlik
Ernst Peters
Wilhelm Petschik
Paul Petzold
Rudolf Pflüger
Otto Pöllath
Ernst Press
Erich Preuß
Otto Preuss
Willy Probst (vgl. RKPA)
Johann Prschibilo
Gerhard Quaker
Friedrich Radach
Albert Radtke
Adolf Ratzlaff
Heinrich Reber
Benno Regenbrecht
Emil Reichart
Gustel Reichel
Heinz Renner
Friedrich Reuter
Oswald Richter
Siegfried Richter
Max Rieck
Karl Rogge
Walter Roloff
Antonia Rosg
Harry-Jakob Rupfeld
Paul Saalmann
Paul Scheer
Anton Schafer
Richard Schafer
Leon Scheljasn
Ernst Schenk
Paul Schi
Robert Schilling
Erich Schimmelpfennig
Max Schittke
August Schlalau
Werner Schleinitz
Siegfried Schlemmer
Wilhelm Schleusner
Franz Schley
Fritz Schmaller
Karl Schmalzrit
Karl Schmidt (geb. 1896)
Otto-Friedrich Schmidt
Paul Schmidt (geb. 1901)
Richard Schmiedel
Stefan Schmitz
Fritz Schonbeck
Joachim Schonebeck
Hans Schregel
Otto Schreik
Franz Schubert
Arthur Schulz
Erich Schulz (geb. 1892)
Otto Schulz
Walter Schulz
Wilhelm Schulz (geb. 1871)
Albert Schwaibel
Karl Seiferd
Richard Sommerfeld
Fritz Sosse
Otto-Friedrich Stange
Karl Stefel
Eduard Steigar-Steidl
Otto Stellmacher
Johann Stock
Paul Stockmar
Max Stolzmann
Theodor Straus
Paul Techlin
Otto Temlitz
Richard Thormann
Arnold Thurmann
Wilhelm Tilli
Friedrich Timpe
Ferdinand Tummler
Walter Uchmann
Max Ufert
Max Uhlig
Bernhard Uhrlandt
Herbert Ullmann
Oskar Unbescheid
Erich Urban

Gustav Utech
Wolfgang Vierrath
Paul Vogel (geb. 1904) (vgl. Polizeidienst Deutschland, Gendarmerie Ostgebiete)
Kurt Volker
Dr. Franz Wächter (vgl. RKPA, Gestapoleitstelle Berlin)
Johannes Wahl
Magdalene Waesch[664]
Erich Walther
Willy Walther (vgl. Gendarmeriedienst Deutschland, Untergeordnete NSDAP-Funktionen)
Friedrich Weber
Hans Weber
Karl Weber
Ernst Weding
Otto Wegel
Erwin Weichsel
Paul Wenzel
Friedrich Werber
Elise Werner
Erich Werner (geb. 1902)
Otto Wernike
Heinrich Wiese (vgl. Gestapoleitstelle Berlin)
Johannes Wilch
Arthur Wilke
Franz Willschinski
Alfred Windt
Hans Winter
Hans Woltmann
Max Wulff
Edith Wuppermann
Rudolf Wursik
Hermann Wustenberg
Paul Zagelow
Johann Zapnik
Max Zeidler
Richard Zelike
Wilhelm Ziegler
Gustav Ziemann
Johannes Zimmermann
Max Zimmermann (geb. 1876)
Max Zimmermann (geb. 1899)
Paul Zimmermann
Franz Zimny
Alfred Zinn
Erich Zobisch
Werner Zumpe
Gerhard-Hugo Zweig
Willi Zwible

II. Zwischen Krieg und Frieden

1. Werwolfverdacht (Art. 58-8, 59-9 und 58-11)

Diese Fallgruppe rangiert im Übergangsbereich von Krieg und Nachkriegszeit. Die meisten Fälle können nicht auf ihre Authentizität hin bewertet werden. Dazu wäre eine eigene Studie nötig. Die Literatur zu diesem Thema erklärt die Werwolforganisation und die sich darauf beziehenden Fälle entweder pauschal zu einem Fantasiegebilde des sowjetischen Sicherheitsapparates[665] oder aber nimmt

664 Rudolf Butters/Herwarth Metzel, Jedem das Seine, Selb-Oberweißenbach 2004, S. 61.
665 Insbesondere die umfangreiche Erinnerungsliteratur von Zeitzeugen und Überlebenden der Prozesse bzw. der Internierungshaft. Eine Ausnahme bildet hierbei Erich Loest, Durch die Erde ein Riß, Hamburg 1981.

sich der Todesurteile kaum an.[666] In den Arbeiten von Perry Biddiscombe hingegen werden die verschiedenen Versuche nationalsozialistischer Ämter und Stellen zur Etablierung einer Partisanenbewegung für den Zeitpunkt nach der Besetzung Deutschlands durch die Alliierten sowie eine größere Anzahl von tatsächlichen Werwolfaktionen sachlich vor allem anhand westlicher Quellen referiert und auch das Geschehen in den östlichen Landesteilen beleuchtet. Er fächert die strukturellen Versuche der NS-Führung in SS-, HJ-, Propaganda-, Parteikanzlei-, DAF- und Wehrmacht-Werwolf auf und verweist auf die belegbaren Verknüpfungen zwischen allen diesen Anstrengungen, die nach seinen Recherchen auf Seiten der Alliierten etwa 1000 Todesopfer gefordert haben, wobei auch hunderte Werwolfkämpfer bei Gefechten und anderen Einsätzen fielen. In seinen Arbeiten werden auch einzelne Fälle der hier behandelten Gruppen geschildert, ohne allerdings auf die Todesurteile einzugehen. Den Werwolf sieht er dabei nicht an enge Organisationsformen gebunden, sondern mit der Definition von Erika Mann aus der unmittelbaren Nachkriegssituation heraus als „Zustand der nationalen Mentalität“ der Deutschen.[667] Dem NKVD war bewusst, dass es den von ihm als Sammelbegriff verwendeten Terminus Werwolf auf eine größere Anzahl sich selbst anders bezeichnender Gruppen angewendet hat.[668]

In einigen Fällen sind deutsche Armeeangehörige wegen der Teilnahme am nationalen Befreiungskampf gegen die sowjetische Staatlichkeit in der Ukraine und im Baltikum verurteilt worden. Es handelte sich dabei um nationale Partisanenbewegungen, deren Handlungen denen der in Deutschland nur in Anfängen vorhandenen Organisation „Werwolf“ analog waren und darum auch in diesem Abschnitt behandelt werden. In einigen Fällen handelte es sich auch um von der Abwehrabteilung II (Sabotage) oder auch in Kombination mit anderen Abwehrabteilungen eingesetzte Gruppen, die sich gezielt auf Partisanenaufgaben sowohl in den von der Roten Armee seit Oktober 1944 eroberten deutschen Ostgebieten als auch auf dem Gebiet der künftigen SBZ vorbereiteten.[669] Die Ausbildungsinhalte von Werwolfpersonal etwa auf der Sabotage-Schule der Abteilung D des Amtes Mil in Friedenthal, ursprünglich für die SS-Jagdverbände eingerichtet, stimmten weitgehend mit denen der Frontaufklärungseinheiten von Abwehr II überein. Der Werwolf war somit Teil des weitgefächerten und seit September 1944 durch den Oberbefehlshaber des Ersatzheeres, RFSS Heinrich Himmler, initiierten partisanenmäßigen Kleinkrieges gegen den Gegner im eige-

666 Koop, Himmlers letztes Aufgebot.

667 Biddiscombe, Werewolf; ders., Last Nazis.

668 Bericht des stellvertretenden Leiters der NKWD-Truppen, Oberst Antonjok, vom 12.3. 1946. In: Matrosov/Solov'ev, Pograničnye vojska, S. 157. Der Bericht nennt als neue Werwolfgruppen ein „Freikorps“, „Weiße Piraten“ und „Alpen-Schützen“.

669 Im März 1945 operierten 40 Werwolfgruppen des FAK 202 und des „SS-Jagdverbandes Russland“ im Bereich der Heeresgruppe Mitte, noch auf der deutschen Frontseite. Vgl. Koop, Himmlers letztes Aufgebot, S. 88. Die Verbindung zwischen Frontaufklärungskommandos der Abwehr und Werwolfaufgaben lässt sich für das Frühjahr 1945 auch für Ostfrankreich nachweisen. Vgl. Biddiscombe, Last Nazis, S. 78 f.

nen Land geworden.[670] Als am 6. Februar 1945 das OKH allen Heeresgruppen und Armeen die Schaffung des Werwolf bekanntgab, wurde zugleich mitgeteilt, dass dessen Einsatz im Hinterland des Feindes im Einvernehmen mit den dort agierenden SS-Jagdverbänden, Frontaufklärungskommandos und den durch die Frontaufklärung aufgestellten Streifkommandos zu erfolgen habe.[671] Skorzeny als Chef der SD-Sabotage-Abteilung sollte das Zusammenwirken von Jagdverbänden, Einheiten der Frontaufklärung und Werwolfgruppen koordinieren.[672]

Die meisten Hingerichteten waren Jugendliche der Jahrgänge 1928 bis 1930. Grundsätzlich ist darauf zu verweisen, dass die Verwendung des Vorwurfs „Werwolf" nicht durchgehend erfolgte und sich hinter einem solchen Fall aus sowjetischer Sicht Handlungen verbargen, die allgemein als Partisanentätigkeit angesehen wurden, wenn sich zum einen ein Gruppenverhalten (Art. 58-11) ausmachen ließ, wenn diese Gruppen zweitens entweder Waffen besaßen oder den Waffenbesitz anstrebten (Art. 58-8) und wenn auf dieser Grundlage Handlungen gegen die sowjetische Besatzungsmacht oder ihre deutschen Helfer entweder geplant oder ausgeführt worden waren (Art. 58-9). In den meisten Fällen sind die von den Tribunalen gefällten Todesurteile allein wegen geplanter Vorhaben verhängt worden. Mit dem Begriff Werwolf übernahmen die sowjetischen Militärgerichte nur den Sinn des von der NS-Führung als Partisanenbewegung initiierten Werwolf als Teil einer allgemein Widerstandsfront gegen die Besatzer mit überwiegend fließenden Grenzen.

Die meisten Urteile ergingen wegen der für Terror, Diversion bzw. Mitgliedschaft in einer konterrevolutionären Organisation angewendeten Paragrafengruppe des Russischen Strafgesetzbuches (Art. 58-8, 58-9, 58-11) und es wird bei dieser Paragrafengruppe auch dann von einem unterstellten Werwolfkontext ausgegangen, wenn sich keine ausdrücklichen Hinweise darauf entweder in den Vorwürfen oder Urteilen bzw. in anderen Quellen, wie z. B. Zeitzeugenberichten, finden ließen. Einige Urteile ergingen auch unter dem Vorwurf des Kriegsverbrechens. Die Fälle werden nach deutschen Ländern bzw. Regionen vorgestellt.

Wie bereits in dem SD-Unternehmen „Zeppelin" für das sowjetische Hinterland, also noch auf das Territorium der Sowjetunion bezogen, wurde nun auch auf deutschen Boden der großflächige Versuch unternommen, eine breite antisowjetische Untergrundbewegung zu etablieren. So war der letzte Chef des Stabes des Generalinspektoren der Spezialabwehr SS-Standartenführer Karl Zschierschky zuvor 1941/42 stellvertretender Kommandeur der Einsatzgruppe A im Baltikum, später Leiter der Amtsgruppe VI C (Sowjetunion) des SD-Auslandgeheimdienstes und ab Januar 1944 Leiter der Operation „Zeppelin" gewesen.[673]

670 Pahl, Fremde Heere Ost, S. 153.
671 Ebd., S. 155.
672 Biddiscombe, The SS Hunter Battalions, S. 331.
673 Koop, Himmlers letztes Aufgebot, S. 84, 92; Biddiscombe, Werewolf, S. 17; Doerries, Hitlers last Chief, S. 113.

Mit 294 zum Tode Verurteilten sind die dem Werwolfvorwurf ausgesetzten Personen, einschließlich der Edelweißpiraten, eine der größten Fallgruppen. Bei nur vier von ihnen ist nicht gesichert, ob sie deswegen verurteilt wurden. Verurteilt wurden in Thüringen 77, in Brandenburg 46, in Berlin 33, in Mecklenburg 32, wegen Handlungen in den besetzten Gebieten 30, in den deutschen Ostgebieten 29, in Sachsen-Anhalt 22, in Sachsen 18 Personen und ohne Ortsangabe 1 Person.

1.1 Thüringen

Für Thüringen lässt sich mit 77 Fällen die größte Häufung von Fällen feststellen, wobei in Eisenach und in Gera mehrere Tribunale Todesurteile aussprachen.

Der zum Tode verurteilte 19-jährige Werner Schumann[674] (vgl. Sabotage Thüringen) aus Ziegelroda Kreis Querfurt gehörte zu einer Gruppe von im November/Dezember 1945 verhafteten Jugendlichen, die nach dem Kriegsende am Querfurter Waldrand Waffen versteckt hatten. Bereits während der amerikanischen Besatzungszeit waren sie deshalb vorgeladen, jedoch nicht festgenommen worden. Zur Gruppe der vom NKVD Verhafteten gehörten auch *Gerhard Kämmerer, Gerhard Grunert, Erich Müller* und *Willi Grunert,* später auch *Horst H.* Doch H. wurde wieder freigelassen, weil er Teile der versteckten Waffen ablieferte. Die anderen wurden in den Verhören durch Major Usanow, Hauptmann Wasiltschenko, Leutnant Osornow und Obersergeant Nikolai gefoltert, besonders Werner Schumann, der zwei Jahre älter war und als Soldat an der Ostfront gedient hatte. Er unterschrieb unter Druck ein Geständnis, woraufhin sein Vater Fritz verhaftet wurde, der jedoch angab, als Kommunist eine Waffe besitzen zu dürfen. Das SMT der 3. Stoßarmee verurteilte Mitte Februar 1946 Kämmerer und Gerhard Grunert zu 25 Jahren Haft, Müller zu 20 Jahren, Willi Grunert und Fritz Schumann zu zehn Jahren. Alle kamen in das Zuchthaus Halle und im Mai 1946 in das Speziallager Torgau. Gerhard Grunert und Erich Müller wurden im Januar 1947 nach Sibirien deportiert, Willi Grunert starb am 20. Februar 1947 in Torgau und Gerhard Grunert am 26. August 1947 in der Sowjetunion. Erich Müller wurde 1953 freigelassen. Werner Schumann war als angeblicher Leiter einer Werwolfgruppe und wegen Waffenbesitzes nach dem Artikel 58-14 für Sabotage verurteilt und Ende März 1946 hingerichtet worden.

Kurt Bauer[675]

Rolf Baumann[676] (vgl. Widerstand Thüringen)

674 Hantsche, Diktaturwechsel, S. 10, 108-117.

675 Prieß, Erschossen, S. 122; Wolf, Unschuldig, S. 50, 58 (Bericht Werner Blechschmidt); S. 138 (Bericht Günter Junius), S. 223-226 (Bericht Willy Knauer).

676 Prieß, Erschossen, S. 97, 99. Die Gruppe nannte sich „Geheimbund". Die im gleichen Prozess zum Tode verurteilten *Heinz-Joachim Schweers, Helmut Kosmalla, Herbert Lenk, Robert Gottsmann, Hubert Kutschbach, Manfred Will, Roland Tröge, Günter Völkel, Heinz Bastian, Wolfgang Günther* und *Lothar Sack* wurden begnadigt. Drei weitere Angeklagte

Joachim Bock[677] (vgl. HJ)
Werner Burger[678] (vgl. HJ)
Ernst Dietsch
Gerhard Dümler[679]
Werner Fischer
Horst Flatter[680]
Horst Franz (vgl. HJ)
Horst Geier[681]
Hermann Gemmer[682]
Helmut Gleichmann[683]
Adolf Greuling[684] (vgl. NSDAP-OGL)
Karl Hackinger[685] (vgl. HJ)
Gerhard Halboth[686]
Reinhold Hammerschmidt[687]
Nikolaus Hebenstreit
Wolfgang Heber[688]
Theo Heinze (vgl. HJ)
Dionysius Hellbach
Otto Hering
Heinz Heusing[689] (vgl. Widerstand Thüringen, Wehrertüchtigungslager)

wurden zu jeweils 20 Jahren Haft verurteilt. Bastian und Günther starben 1947 bzw. 1948 in sowjetischer Haft.

677 Prieß, Erschossen, S. 122; Wolf, Unschuldig, S. 50, 58 (Bericht Werner Blechschmidt), S. 138 (Bericht Günter Junius); S. 223-6 (Bericht Willy Knauer).

678 Prieß, Erschossen, S. 84 f., 90; Kaminsky, Orte, S. 494.

679 Dümler und auch Franz Mittner wurden wegen Handlungen während der amerikanischen Besatzungsphase bis Ende Juni 1945 hingerichtet.

680 Hilger, Tod den Spionen, S. 122 f.; Prieß, Erschossen, S. 95; Todesurteile gegen Kinder. Erinnerungen an 33 Eisenacher Jugendliche, die 1945 verhaftet wurden. Hg. vom Landesbeauftragten des Freistaates Thüringen für die Unterlagen des Staatssicherheitsdienstes der ehemaligen DDR, Erfurt 1998, S. 6; Deutsche Opfer. „Die einen sind im Dunkeln ...“. Jugend hinter Stacheldraht. Hg. vom Vorstand der SPD, Bonn 1950, S. 7-10; Karl Wilhelm Fricke, Politik und Justiz in der DDR. Zur Geschichte der politischen Verfolgung 1945-1968, Köln 1979, S. 135. Insgesamt sollen bei dem Prozess zwölf Todesurteile ausgesprochen worden sein, von denen fünf in Zeitstrafen umgewandelt wurden: *Klaus Ahbe, Horst Wiener, Rolf R., Manfred N.* und *Klaus Müller*.

681 Zacharov, Dejatelnost', S. 516-18.

682 Wolf, Unschuldig, S. 256.

683 Prieß, Erschossen, S. 124

684 Wolf, Unschuldig, S. 256.

685 Prieß, Erschossen, S. 84 ff.; Kaminsky, Orte, S. 494.

686 Prieß, Erschossen, S. 122; Wolf, Unschuldig, S. 253.

687 Wolf, Unschuldig, S. 256.

688 Prieß, Erschossen, S. 84 f., S. 92; Kaminsky, Orte, S. 494.

689 Prieß, Erschossen, S. 95; Todesurteile gegen Kinder, S. 6; Deutsche Opfer.

Helmut Ißleib[690]
Hans Jordan[691]
Joachim Jung
Manfred Justiniack[692] (vgl. Widerstand Thüringen)
Rolf Karras
Herbert Klimek
Helmut Kellner[693]
Karl Klinger[694]
Bruno Knöchel[695]
Günter Kochan[696]
Heinz Köhler[697]
Erich Kreiner
Franz Künzel[698] (vgl. HJ)
Joachim Kunze[699]
Gerhart Launert[700]
Herbert Lesche
Lothar Löbnitz[701] (vgl. Widerstand Thüringen)
Harry Lorenz
Arno Lotz

690 Prieß, Erschossen, S. 95; Todesurteile gegen Kinder, S. 6; Die einen sind im Dunkeln, S. 7-10; Klaus Müller, Leben zwischen den Zeiten, Jena 1999, S. 34.
691 Zacharov, Dejatelnost', S. 516-18.
692 Prieß, Erschossen, S. 97, 99. Die im gleichen Prozess zum Tode verurteilten *Heinz-Joachim Schweers, Helmut Kosmalla, Herbert Lenk, Robert Gottsmann, Hubert Kutschbach, Manfred Will, Roland Tröge, Günter Völkel, Heinz Bastian, Wolfgang Günther* und *Lothar Sack* wurden begnadigt. Drei weitere Angeklagte wurden zu jeweils 20 Jahren Haft verurteilt. *Bastian* und *Günther* starben 1947 bzw. 1948 in sowjetischer Haft.
693 Prieß, Erschossen, S. 95; Todesurteile gegen Kinder, S. 6; Die einen sind im Dunkeln, S. 7-10; Klaus Müller, Leben, S. 34.
694 Deutsche Opfer. Meyer wurde laut Urteil in einem Lager mit der Bezeichnung „Sofort-Aktion" zum Werwolfführer ausgebildet.
695 Todesurteile gegen Kinder, S. 6, 11; Deutsche Opfer.
696 Prieß, Erschossen, S. 96; Deutsche Opfer.
697 Hilger, Tod den Spionen, S. 98; Prieß, Erschossen, S. 112, 116. Köhler gelang es, im Mai 1946 einen Kassiber aus dem Gefängnis zu schmuggeln und mitzuteilen, dass es zwei Todesurteile und elf Strafen zu je zehn Jahren Lagerhaft gab.
698 Prieß, Erschossen, S. 84 f., 92; Kaminsky, Orte, S. 494.
699 Wolf, Unschuldig, S. 256.
700 Hilger, Tod den Spionen, 122 f.; Prieß, Erschossen, S. 95; Todesurteile gegen Kinder, S. 6; Deutsche Opfer; Die einen sind im Dunkeln, S. 7-10; Fricke, Politik, S. 135. Insgesamt sollen bei dem Prozess zwölf Todesurteile ausgesprochen worden sein, von denen fünf in Zeitstrafen umgewandelt wurden: *Klaus Ahbe, Horst Wiener, Rolf R., Manfred N.* und *Klaus Müller*.
701 Prieß, Erschossen, S. 97, 99. Die im gleichen Prozess zum Tode verurteilten *Heinz-Joachim Schweers, Helmut Kosmalla, Herbert Lenk, Robert Gottsmann, Hubert Kutschbach, Manfred Will, Roland Tröge, Günter Völkel, Heinz Bastian, Wolfgang Günther* und *Lothar Sack* wurden begnadigt. Drei weitere Angeklagte wurden zu jeweils 20 Jahren Haft verurteilt. *Bastian* und *Günther* starben 1947 bzw. 1948 in sowjetischer Haft.

Botho Lüttig[702] (vgl. Widerstand Thüringen)
Dieter Mauer
Dieter Meyer[703]
Helmut Meyer[704]
Franz Mittner
Eduard Montag
Johannes Nievergall
Valentin Nievergall
Fred Oettling[705]
Erich Ohnesorge[706] (vgl. Widerstand Thüringen)
Paul Oswald
Günter Pernstil (vgl. KZ Buchenwald)
Walter Raschker[707]
Theo Reiher[708]
Ingo Röhner[709] (vgl. Widerstand Thüringen)
Harald Ruhmig[710]
Paul Sauerbrei[711]
Horst Schaub
Franz Schindhelm[712]
Hermann Schlundt
Arno Schoder[713] (vgl. HJ)

702 Prieß, Erschossen, S. 97, 99. Die im gleichen Prozess zum Tode verurteilten *Heinz-Joachim Schweers, Helmut Kosmalla, Herbert Lenk, Robert Gottsmann, Hubert Kutschbach, Manfred Will, Roland Tröge, Günter Völkel, Heinz Bastian, Wolfgang Günther* und *Lothar Sack* wurden begnadigt. Drei weitere Angeklagte wurden zu jeweils 20 Jahren Haft verurteilt. Bastian und Günther starben 1947 bzw. 1948 in sowjetischer Haft.
703 Prieß, Erschossen, S. 96; Deutsche Opfer.
704 Hilger/Schmeitzner/Schmidt (Hg.), SMT 2, S. 206 f.; Prieß, Erschossen, S. 96.
705 Hilger, Tod den Spionen, S. 122 f.; Prieß, Erschossen, S. 95; Todesurteile gegen Kinder, S. 6; Deutsche Opfer; Die einen sind im Dunkeln, S. 7–10; Fricke, Politik, 135. Insgesamt sollen bei dem Prozess zwölf Todesurteile ausgesprochen worden sein, von denen fünf in Zeitstrafen umgewandelt wurden: *Klaus Ahbe, Horst Wiener, Rolf R., Manfred N.* und *Klaus Müller*.
706 Prieß, Erschossen, S. 97, 99. Die im gleichen Prozess zum Tode verurteilten *Heinz-Joachim Schweers, Helmut Kosmalla, Herbert Lenk, Robert Gottsmann, Hubert Kutschbach, Manfred Will, Roland Tröge, Günter Völkel, Heinz Bastian, Wolfgang Günther* und *Lothar Sack* wurden begnadigt. Drei weitere Angeklagte wurden zu jeweils 20 Jahren Haft verurteilt. Bastian und Günther starben 1947 bzw. 1948 in sowjetischer Haft.
707 Prieß, Erschossen, S. 84 f., 89; Kaminsky, Orte, S. 494.
708 Prieß, Erschossen, S. 84 f., 92; Kaminsky, Orte, S. 494.
709 Wolf, Unschuldig, S. 50, 58 (Bericht Werner Blechschmidt), S. 138 (Bericht Günter Junius), S. 223–236 (Bericht Willy Knauer).
710 Prieß, Erschossen, S. 96.
711 Hilger, Tod den Spionen, S. 98; Prieß, Erschossen, S. 112, 116.
712 Wolf, Unschuldig, S. 256.
713 Auch *Lothar Liebeskind* wurde zum Tode verurteilt. Er bestätigte die Vorwürfe gegen Schoder. Während das Politbüro der KPdSU Schoders Gnadengesuch erst am 31.8. 1946

Karl Schollmeyer
Wilhelm Schwarzmann[714]
Heinz Seeger[715]
Heinz Seidel
Paul Seifard
Georg Seiß (vgl. Widerstand Thüringen)
Günter Sinn[716] (vgl. Widerstand Thüringen)
Franz Stübe[717]
Manfred Thomas (vgl. HJ)
Harry Tupuschies[718]
Hugo Volker
Hans Weisheit[719]
Horst Weiße (vgl. HJ)
Walter Wild[720]
Hans-Martin Wuckelt[721]

1.2. Brandenburg

Beide Hauptquartiere des Büros Prützmann, des Beauftragten für die Spezialabwehr, hatten sich in Brandenburg befunden, zuerst in Pätz bei Berlin, später in Rheinsberg.[722] 48 Personen wurden wegen Werwolfverdachts verurteilt und hingerichtet.

In Brandenburg ist die Landeshauptstadt Potsdam Schwerpunkt der Todesurteile. Die sowjetische Geheimpolizei machte verschiedene Freundeskreise aus, die sich teilweise überschnitten. Ausgangspunkt war die Verhaftung von

ablehnte, wurde Liebeskind bereits am 9.7.1946 begnadigt (RGASPI, op. 166, d. 775, l. 43 f.).

714 Thiele, Vae Victis, S. 77.

715 Deutsche Opfer. Hingerichtet wurden *Heinz Seeger, Georg Seiß* und *Harry Tupuschies.* Die Todesurteile gegen *Thilo Kaden, Lothar Güther* und *Egon Pulkus* wurden in Zeitstrafen umgewandelt. *Eberhard Wolfram, Harald Knaußt, Horst Franzke, Karl-Heinz Bergner, Günter Erhard, Günter Pulkus* und *Manfred Pulkus* erhielten Zeitstrafen. Laut Vernehmungsprotokoll von Harald Knaußt vom 11.5.1946 nannte sich die von Seeger gegründete Gruppe „Kampffreunde Rommels", deren Namen das NKWD zu Beginn der Ermittlungen noch nicht kannte.

716 Todesurteile gegen Kinder, S. 6, 11; Deutsche Opfer.

717 Prieß, Erschossen, S. 95; Todesurteile gegen Kinder, S. 6; Die einen sind im Dunkeln, S. 7–10; Klaus Müller, Leben, S. 34.

718 Deutsche Opfer.

719 Die zu Zeitstrafen Mitverurteilten waren: Theo Sch., gestorben im Speziallager Sachsenhausen, Arno Bücher, 1953 aus der Zwangsarbeitshaft in der Sowjetunion entlassen, und Heinz L., entlassen aus dem DDR-Zuchthaus Bautzen.

720 Prieß, Erschossen, S. 84 f., 92; Kaminsky, Orte, S. 494. Angehörige gaben an, Wild sei auf einem Tanzabend beim Verteilen von NSDAP-Abzeichen festgenommen worden.

721 Butters/Metzel, Jedem das Seine, S. 59.

722 Biddiscombe, Werewolf, S. 17.

drei Schülern der 2. Städtischen Oberschule für Knaben im Oktober 1945. Der einzige Überlebende dieser ersten Gruppe, *Hermann Schlüter*, gibt als Anlass für die Verhaftungen die Weigerung zur Teilnahme am Russischunterricht als Pflichtfach an, nachdem nur vier oder fünf Schüler freiwillig diese Sprache gewählt hatten. Die unmittelbar darauf festgenommenen Jugendlichen Theo Waßmer, Joachim Douglas und Fuhrmann kehrten jedoch nach wenigen Tagen wieder zurück. Waßmer und Fuhrmann sollen umgehend nach Westberlin geflüchtet sein. Douglas wurde von dem später ebenfalls verhafteten *Hermann Schlüter* als der Spitzel der Gruppe verdächtigt, da er als einziger von dieser ersten Gruppe in Potsdam geblieben sei.

Auch der Mitschüler Klaus Tauer war laut späterer Aussage von Douglas bereits im September 1945 einmal verhaftet gewesen, aber wieder freigelassen worden. Schließlich wurden am 16. November 1945 Klaus Tauer und am 28. November 1945 Joachim Douglas erneut abgeholt. Douglas kam am 8. Dezember 1945 zum zweiten Mal frei. Am 18. Dezember 1945 nahm die sowjetische Geheimpolizei auch Klaus Eylert und den schon erwähnten *Hermann Schlüter* fest.[723] Ein drittes Mal und nun endgültig holte man Douglas am 24. Dezember 1945 ab.

Am 22. Januar 1946 wurden Joachim Douglas,[724] Klaus Eylert[725] und Klaus Tauer[726] (vgl. zu den drei Widerstand Brandenburg) sowie *Hermann Schlüter* im Gefängnis Potsdam-Viktoriastraße 54 nach den Artikeln für Diversion, Terror und Mitgliedschaft in einer konterrevolutionären Organisation zum Tode verurteilt.[727] Laut *Hermann Schlüter* waren sie wegen Gründung einer Werwolfgruppe und antisowjetischer Propaganda aufgrund ihres Widerstandes gegen den Russischunterricht verurteilt worden.[728]

Das einzige zur Verfügung stehende Vernehmungsprotokoll dieser Gruppe stammt von Joachim Douglas, vermutlich aus der Zeit der zweiten Verhaftung ab 8. Dezember 1945. Darin wird der Russischunterricht nicht erwähnt. Auch lebten nach seinen Aussagen die Jugendlichen Theo Waßmer und Fuhrmann Ende November 1945 noch in Potsdam. Kern seiner Aussage ist die Schilderung von Waffenbesitz einzelner Jugendlicher des Freundeskreises, wobei er weitere neun

723 Hermann Schlüter, Tod durch Erschießen. In der Gewalt des sowjetischen Geheimdienstes, Potsdam 2005, S. 4-7.

724 Jens Niederhut, Untersuchungsgefängnis Potsdam - Neuer Garten. Verhöre und Verurteilungen. In: Elke Fein/Nina Leonhard/Jens Niederhut/Anke Höhne/Andreas Decker, Von Potsdam nach Workuta. Das NKGB/MGB/KGB-Gefängnis Potsdam-Neuer Garten im Spiegel der Erinnerung deutscher und russischer Häftlinge, Potsdam 1999, S. 58-75, hier 58-62; Prieß, Erschossen, S. 151, 153 f.; Finn, Häftlinge, S. 208; Vorstand der SPD (Hg.), Terror in der Ostzone. Denkschrift, Hannover 1948, S. 33.

725 Niederhut, Untersuchungsgefängnis, S. 58-62; Prieß, Erschossen, S. 151, 153 f.; Finn, Häftlinge, S. 208; Vorstand der SPD, Terror, S. 33.

726 Ebd.

727 Niederhut, Untersuchungsgefängnis, S. 58-62; Prieß, Erschossen, S. 151, 153 f.; Finn, Häftlinge, S. 208; Vorstand der SPD, Terror, S. 33; Reich/Schultz Untersuchungsgefängnis, S. 111; Schlüter, Tod.

728 Schlüter, Tod, S. 8.

Jugendliche nennt. Von diesen seien nicht alle bereit gewesen, sich der Gruppe anzuschließen, zwei von ihnen waren zuvor bereits einmal kurz inhaftiert worden. Sie hätten sich in ihren Gesprächen unter anderem über die Antifa-Jugend in Potsdam lustig gemacht. Tauer sei als Leiter der Gruppe benannt worden, weil der Verdacht nicht habe auf ihn fallen können, da sein Vater als Mechaniker in einer russischen Uhrenwerkstatt arbeitete. Nur Waßmer habe bereits eine Waffe besessen. Nach Tauers Verhaftung hätten die anderen seine zwei Pistolen in die Havel geworfen, sodass nur noch bei Eylert und einem weiteren Jugendlichen Waffen verblieben waren.

Douglas wurde laut dem Gruppenurteil vorgeworfen, von März bis Ende April 1945 gemeinsam mit Tauer zur Kampfausbildung in einem Lager der HJ gewesen zu sein. Douglas und Tauer erhielten demnach im April/Mai 1945 von einem ehemaligen Führer der Hitler-Jugend in Potsdam den Auftrag, diversionsterroristische Akte im Hinterland der Roten Armee zu verüben, hierzu hätten sie im Oktober 1945 in Potsdam eine Gruppe Werwolf gegründet. Douglas sei bis zu seiner Verhaftung ihr Führer gewesen. Sie hätten Eylert im Oktober 1945 und *Schlüter* zu einem unbekannten Zeitpunkt in die Gruppe aufgenommen und versucht, weitere Mitglieder zu werben und für die Gruppe Pistolen zu kaufen, sowie eine größere Menge Waffen, Patronen und Granaten zu besorgen. Eylert habe von Douglas und Tauer den Auftrag erhalten, Munition für terroristische Akte gegen Sowjetsoldaten zu beschaffen.[729]

Laut dem Gnadenvorgang beim Politbüro der KPdSU für Tauer, Eylert und Douglas habe *Schlüter* die von den anderen begangenen Straftaten bestätigt. Während die bis zum 24. Januar 1946 verfassten Gnadengesuche von Douglas, Tauer und Eylert erst am 2. April 1946 von der Gerichtskommission des Politbüros der KPdSU (B) und am 11. April 1946 vom Obersten Sowjet in Moskau abgelehnt wurden, fand eine Behandlung des Gnadengesuches von *Schlüter* nicht erst auf dieser Ebene statt.[730] Es war bereits am 21. März 1946 vom Militärkollegium des Obersten Gerichts der UdSSR entschieden und *Schlüter* zu 20 Jahren Zwangsarbeit begnadigt worden.[731] Er erfuhr davon aber erst am Tag der Hinrichtung der anderen drei, am 18. April 1946.[732]

Das Schicksal dieser ersten Gruppe sprach sich rasch in Potsdam herum und führte – nach Aktenlage – indirekt zum Entstehen einer zweiten, größeren Gruppe von bald darauf ebenfalls zum Tode verurteilten Jugendlichen.

Kurz vor Weinachten 1945 hatte der Vater von *Hermann Schlüter* dessen Freund *Heinz Schwollius* in seinem Zimmer in der Victoriastraße 41, und damit nur rund 300 Meter vom SMERSCH-Gefängnis in der Victoriastraße 54 entfernt, aufgesucht und ihm von der Verhaftung seines Sohnes und der Freunde Tauer,

729 Urteil des SMT der 16. Luftarmee in Potsdam vom 22.1.1946 (Dokstelle StSG, Akte Joachim Douglas).
730 Gnadensache Tauer, Eylert, Douglas vom 2.4.1946 (RGASPI, op. 166, d. 765, l. 124 f.).
731 Reich/Schultz, Untersuchungsgefängnis, S. 111.
732 Schlüter, Tod, S. 14.

Eylert und Douglas berichtet, die auch *Schwollius'* Jugendfreunde waren. Tauers Wohnanschrift war die Victoriastraße 7. Am 11. Januar 1946 erschien bei *Heinz Schwollius* auch die Freundin von Hans Gerhard und berichtete, dieser sei am selben Tag abgeholt worden. Am 13. Januar 1946 wurde als zweiter *Schwollius* festgenommen, später der einzige Überlebende dieser zweiten Gruppe.[733]

Der Kreis von Jugendlichen, zu dem *Heinz Schwollius* gehörte, traf sich seit Ende 1945 häufig im Café Seifert in Potsdam. Laut Aussagen mehrerer Jugendlicher sprachen sie dabei unter anderem darüber, dass man etwas tun müsse, um Tauer, Douglas, Eylert und *Schlüter* aus dem Gefängnis Victoriastraße 54 zu befreien. Die Befreiung sollte am 10. Januar 1946 stattfinden. Laut Aussagen der verhafteten Deimling, Richter und *Schwollius* war dies der Plan von Gerhard Feuerstark, der Kopf dieser Gruppe. Bis Ende 1945 jedoch habe noch Siegfried Kaemmerer den Kreis geleitet, welcher ebenfalls in der Victoriastraße, in der Nummer 70, wohnte, im selben Haus wie *Hermann Schlüter.* (Kaemmerer, der zusammen mit Hans Gerhard am 11. Januar 1946 zuerst festgenommen worden war, wurde jedoch erst viel später zum Tode verurteilt.) Als Feuerstark, dessen Namen die Vernehmer zuerst noch falsch schrieben, da sie seine Person bis dahin offenbar gar nicht kannten, die Jugendlichen auf eine Aktion zur Befreiung der Gruppe um Tauer habe einschwören wollen, hätten zwei erklärt, diesen nicht zu kennen (Aussagen Deimling und Richter). In den Vernehmungen wird mehrmals ein „Deutsches Freikorps“[734] erwähnt (Feuerstark, Löwenstern, Landt), das angeblich für die britische Armee unter Leitung von „General Parks“, ein „Stellvertreter Eisenhowers“, ostdeutsche Jugendliche ausbildete, damit diese im Falle eines sowjetisch-westalliierten Konfliktes auf Seiten der Briten kämpfen konnten.[735] Es war ohnedies eine Zeit, in der zahlreiche Vermutungen über das Zerfallen der Anti-Hitler-Koalition und eine mögliche kriegerische Auseinandersetzung vor allem zwischen Großbritannien und der Sowjetunion kursierten.[736] In der

733 Heinz Schwollius, Aus der Todeszelle in die Hölle von Bautzen, Berlin 2007, S. 15.

734 Vgl. zum „Freikorps“-Vorwurf im Kontext des Werwolfverdachtes auch die Gruppe um Hans Gefke (Werwolf Mecklenburg), der zweiten Potsdamer „Freikorps“-Gruppe um Hans-Joachim Voigt (Werwolf Brandenburg) und der Gruppe um Karl Oczadly (Werwolf Sachsen). Unter derselben Bezeichnung „Freikorps Deutschland“ lebte im Sommer 1951 eine Gruppe im Raum Hamburg/Bremen auf, die aus Nazis der mittleren Ebenen, Freikorpskämpfern und SA-Angehörigen bestand, bis sie 1953 aufgelöst wurde, da sie versuchte, ein legaler Kanal für die verbotene Sozialistische Reichspartei zu werden. Siehe Biddiscombe, End of the Freebooter, S. 87.

735 Vgl. Vernehmungsprotokolle Feuerstark vom 22.1.1946, Löwenstern vom 13.1.1946 und Landt vom 25.1.1946 (Dokstelle StSG, Akte Hans Richter).

736 Vgl. den Fall Horst Schulz (Werwolf Berlin), dem im Februar 1946 ebenfalls vorgeworfen wurde, durch das Beschaffen von Waffen militärische Feindseligkeiten Amerikas und Englands gegen die Sowjetunion zu schüren. Zu ihm vgl. Tägliche Rundschau vom 17.9. 1946. Bemerkenswert ist der ähnliche Fall der „Hackemesserbande“ um Hans Schuldzinsky und Hans Rietow (Werwolf Mecklenburg) mit direktem Verweis auf die als Auftakt des Kalten Kriegs geltende Rede des britischen Premiers Winston Churchill am 5.3.1946 in Fulton/USA. Siehe zum Bezug auf die Westalliierten auch die Fälle Dieter Baumann

Gruppe um Feuerstark wurden sogar Gerüchte diskutiert, wonach im Februar 1946 in Werder britische Flugzeuge landen sollten und so der Kampf gegen die Sowjetarmee beginnen würde (Deimling). Auch ist von einem geplanten Treffen mit einem britischen Offizier in Potsdam die Rede. Doch der erwähnte Dwight D. Eisenhower war kein britischer, sondern ein US-General und Oberkommandierender der westalliierten Koalitionsarmeen in Europa im Kampf gegen Deutschland gewesen. Und bei dem erwähnten vermeintlichen britischen General Parks dürfte es sich um den amerikanischen Generalmajor Floyd L. Parks handeln. Als Generalstabschef der US-Bodentruppen in Europa nahm er sogar an der Potsdamer Konferenz teil, dürfte den sowjetischen Offizieren also kein Unbekannter gewesen sein. Parks war von Juli bis Anfang Oktober 1945 Kommandeur des US-Sektors in Berlin und Militärgouverneur in Berlin. Alle weiteren sich auf Großbritannien beziehenden und in den Vernehmungen genannten Tatsachen, etwa zu angeblich britischen Instruktionen für die Gründung einer Gruppe oder gar zum Übertritt der Gruppe in die britische Zone zwecks Ausbildung für den Partisanenkampf, lagen zeitlich im Dezember 1945, als Parks Deutschland bereits verlassen hatte, sodass nicht zu erklären ist, wieso Parks und Eisenhower von den Jugendlichen als Briten bezeichnet worden sein sollen.

Es kann sich dabei aber auch nicht um eine Konstruktion der sowjetischen Vernehmer handeln, da vorauszusetzen ist, dass diese sich bei den hohen Rängen der Westalliierten auskannten. Es dürfte vielmehr ein Irrtum der Jugendlichen gewesen sein. Alle räumlichen Bezüge nämlich treffen zu, etwa der mehrmals erwähnte Stadtbezirk Spandau, wohin der angeblich erste Leiter der Gruppe, Kaemmerer, Verbindung zur Beschaffung von Waffen und zu einer angeblich bestehenden deutschen Jugendorganisation unter einem deutschen Major besessen habe, die bei der Gründung der Gruppe in Potsdam Unterstützung geben sollte, oder aber der Wannsee, lagen im britischen Sektor der geteilten Reichshauptstadt.

Feuerstark sagte aus, die Anregung zur Gründung einer Gruppe zwischen Oktober und Dezember 1945 von dem ehemaligen HJ-Führer namens Rolle erhalten zu haben.[737]

Schwollius gab seinem Vernehmer zu Recht zu verstehen, dass er sich über Feuerstarks Angaben wundern müsse, der Werwolf würde durch die Briten unterstützt, da der Werwolf sich seines Wissens auch gegen die britische Be-

(Werwolf Sachsen-Anhalt) und Heinz Faust (Werwolf Sachsen). Die Abteilung FHO des Generalstabs des Heeres unter General Gehlen hatte bereits seit Juni 1944 auf das Auseinanderfallen der westöstlichen Allianz gesetzt und vorsorglich Agentennetze hinter den sowjetischen Linien zu schaffen versucht, um diese im Kriegsfall gegen die Sowjetunion einsetzen zu können. Vgl. Pahl, Fremde Heere Ost, S. 225–228. Ein kurzer Überblick über diese Gerüchte aus sowjetischer Sicht: Bericht des Kommandeurs des 2. Bataillons des 219. Grenzregiments, Major Gošuch, vom 31.3.1946. In: Matrosov/Solov'ev, Pograničnye vojska, S. 158 f.

737 Vgl. Vernehmungsprotokoll Feuerstark vom 22.1.1946 (Dokstelle StSG, Akte Hans Richter).

satzungsmacht gerichtet habe. In seinen später verfassten Erinnerungen schildert *Schwollius* eine Gegenüberstellung im SMERSCH-Gefängnis zwischen ihm und Feuerstark, aus der er schloss, dass Feuerstark den Freundeskreis ausgeliefert haben musste. Nach der Gegenüberstellung habe Feuerstark in der Zelle erklärt, Geld für seine Übersiedlung nach Westberlin benötigt zu haben und dass SMERSCH ihm 40 Mark je gemeldeten Namen antisowjetisch eingestellter Personen gezahlt habe. In der Zelle sei Feuerstark von der Gruppe dann verprügelt worden.[738]

Joachim von Löwenstern sagte aus, dass die von den Vernehmern inkriminierte „Werwolf"-Gruppe von Feuerstark zur Tarnung „Freies Deutschland"[739] genannt worden sei, aber eigentlich als „Deutsches Freikorps" zum „Werwolf" gehört habe. Unter dem Vorwurf der Gründung eben dieser Gruppe „Freies Deutschland" wurde dann der am 12. Januar 1946 festgenommene Alfons Graetz[740] (vgl. Spionage Brandenburg) am 30. Mai 1946 zusammen mit Siegfried Kaemmerer[741] (vgl. Spionage Brandenburg) zum Tode verurteilt, am Tage der Vollstreckung der Urteile gegen die Feuerstarkgruppe.

Hans Richter nannte im Verhör auch *Klaus Wächter* als Mitglied dieses Kreises. Wächters Verfahren wurde am 30. Januar 1946 abgetrennt, er selbst im Mai 1946 zum Tode verurteilt, aber begnadigt. Er war auf die Humboldtschule gegangen und Klassensprecher sowie Mitglied der Antifajugend gewesen, hatte aber die Vereinigung von SPD und KPD zur SED abgelehnt. Wie *Hermann Schlüter* wurde *Wächter* Ende 1950 entlassen.

Am 1. März 1946 wurden schließlich Gerhard Feuerstark, Hans-Berthold Deimling, Joachim von Löwenstern, Hans Richter, Hans Landt und Hans Gerhard[742] im Gefängnis Potsdam-Viktoriastraße zum Tode verurteilt, aus dem ihre Freunde sie hatten befreien wollen. Mit ihnen wurden drei weitere Potsdamer Jugendliche zum Tode verurteilt, jedoch später begnadigt: *Heinz Schwollius* und *Engelhardt Marcks* am 20. April 1946 und zu einem nicht bekannten Zeitpunkt auch Hans-Dieter Gränz.[743] Während alle anderen Jugendlichen wegen Terror,

738 Schwollius, Todeszelle, S. 26f.

739 Eine Werwolfgruppe mit dieser Bezeichnung lässt sich auch im ehemaligen deutschen Ostgebiet, das nun zu Polen gehörte, ab Mitte Mai 1945 nachweisen, die etwa 1400 Mitglieder zählte und sich vor allem Sabotageakten gegen die polnische Verwaltung widmete. Ähnlich den Vorwürfen gegen die Potsdamer Gruppe hoffte „Freies Deutschland" in Polen auf einen Krieg der Westalliierten gegen die Sowjetunion, um die polnischen Westgebiete wieder an Deutschland anzuschließen. Die meisten Aktivisten jedoch verließen Polen infolge der Vertreibung der Mehrheit der deutschen Bevölkerung. Vgl. Koop, Himmlers letztes Aufgebot, S. 109f.

740 Prieß, Erschossen, S. 151. Laut Urteil nannte sich seine Gruppe „Widerstandsbewegung" und war für den britischen Geheimdienst tätig.

741 Ebd.

742 Schwollius, Todeszelle, S. 26–28f.; Hilger/Schmeitzner/Schmidt (Hg.), SMT 2, S. 204–206; Prieß, Erschossen, S. 151, 165–168.

743 Prieß, Erschossen, S. 165f.; Hilger/Schmeitzner/Schmidt (Hg.), SMT 2, S. 204–206; Schwollius, Todeszelle, S. 28. Gränz wird nur von Schwollius als zum Tode Verurteilter

Diversion und Mitgliedschaft in einer konterrevolutionären Organisation verurteilt wurden, lautete bei Gränz das Urteil zusätzlich auf Kriegsverbrechen und Spionage. Laut Auffassung des SMT hatten *Marcks* und *Schwollius* persönliche Kontakte zum Kreis um Gerhard Feuerstark unterhalten und sollten weitere Mitglieder werben. *Marcks* habe sich ein Gewehr beschafft, das aber nicht schoss. Beide seien weniger aktive Mitglieder der Gruppe gewesen und wurden darum begnadigt. Gränz starb vermutlich in einem sowjetischen Zwangsarbeitslager. *Marcks* wurde Ende 1953 entlassen.

Die schon erwähnten Siegfried Kaemmerer und Alfons Graetz bilden die letzte Gruppe zum Tode verurteilter Jugendlicher in Potsdam. Kaemmerer soll laut Aussage von Feuerstark zuerst Leiter jener Gruppe gewesen sein,[744] die später von Feuerstark angeführt worden sei und die zuerst abgeurteilt wurde. Wesentliche Vorwürfe gegen ihn waren, dass er im November 1945 der im Auftrag des früheren deutschen Offiziers Lademann in Potsdam gegründeten Untergrundorganisation „Widerstandsbewegung" beitrat und nach Alfons Graetz stellvertretender Leiter dieser Organisation war. Sie sollten Informationen über die Besatzungstruppen der Roten Armee sammeln und in Abhängigkeit von der Situation aktive Diversionshandlungen gegen die Rote Armee ausüben. Diese Tätigkeit habe Kaemmerer im Auftrag des „Secret Service" ausübt. Er selbst sagte am 28. Januar 1946 aus, er wisse von Graetz nur, dass in der britischen Besatzungszone das Zentrum dieser Widerstandsbewegung sei, an deren Spitze ein Hauptmann und ein Oberleutnant standen. Graetz habe die Namen nicht genannt. Diese Zentrale habe unter der Bezeichnung „Architekturbüro" fungiert. „Graetz erzählte mir darüber hinaus, dass alle Untergrundbewegungen in Deutschland, darunter auch die Organisation Werwolf, von Alfred Bormann [gemeint sein dürfte Albert Bormann, A. W.] geführt werden." Graetz sei mehrmals in Berlin in der Zentrale gewesen, um Befehle entgegenzunehmen. Interessant an diesen Angaben ist mehreres. Zum einen war tatsächlich in der britischen Besatzungszone von früheren SS-Angehörigen unter anderem der SS-Division „Das Reich" die sogenannte „Deutsche SS-Widerstandsbewegung" als Sammlungsbewegung ehemaliger SS-Offiziere im Untergrund zur Vorbereitung eines Aufstandes gegründet worden, die nach Forschungen von Perry Biddiscombe allerdings stärker gegen die sowjetische Besatzungsmacht ausgerichtet gewesen sei. Überdies reiste einer der Führer dieser Bewegung, Heinz Lindner, mehrmals in die sowjetische Besatzungszone. Und außerdem gingen noch im März 1946 in der britischen Zone Gerüchte um, der ehemalige Leiter der Parteikanzlei, Martin Bormann, stehe hinter dieser Gruppe. Die „Deutsche SS-Widerstandsbewegung" wurde nach und nach vom britischen Geheimdienst mit Agenten infiltriert und

bezeichnet.

744 Vgl. Vernehmungsprotokoll Feuerstark vom 22.1.1946 (Dokstelle StSG, Akte Hans Richter).

ab März 1946 im Rahmen der Aktion „Lampshade" systematisch liquidiert.[745] Möglicherweise wusste die sowjetische Geheimpolizei von diesen Vorgängen und vermutete in der geheimdienstlichen Infiltration einer bis in die SBZ hineinwirkenden Untergrundgruppe eine gezielte britische Spionageaktion gegen die Rote Armee. Die Übereinstimmung wesentlicher Teile von Kaemmerers Angaben mit den von Biddiscombe dargestellten britischen Geheimdiensterkenntnissen, wie etwa die Führung durch deutsche Offiziere, die Ansiedlung in der britischen Zone, Kontakte in die sowjetische Zone bis hin zur Nennung von Bormanns Namen, lassen dies denkbar erscheinen. Martin Bormann galt zu dieser Zeit ja noch nicht als tot, sondern war in Abwesenheit einer der Angeklagten im Nürnberger Kriegsverbrecherprozess. Sein Bruder Albert, früher Leiter der Privatkanzlei Hitlers und dessen persönlicher Adjutant, lebte unter falschem Namen bis April 1949 unentdeckt in Süddeutschland - eine gute Basis also für die sich auch in der SBZ ausbreitenden Gerüchte.

Der 17-jährige Helmuth Krüger[746] aus Horno wurde im März 1946 in Cottbus wegen illegalen Waffenbesitzes verurteilt. Der herangezogene Artikel 58-6 für Spionage ist in diesem Zusammenhang ungewöhnlich. Die weiteren Artikel 58-9 und 58-11 für Diversion und Mitgliedschaft in einer konterrevolutionären Organisation lassen ein Gruppendelikt im Umfeld des pauschalen Werwolfvorwurfes vermuten. Überlebende bezeugen denn auch, dass der im Prozess geäußerte Vorwurf „Werwolf" lautete. Die Mitverurteilten *Helmut Schneider* aus Horno, *Heinz Kahle* aus Grießen und *Reinhard Gepke* aus Horno erhielten Zeitstrafen. Der Fall hat noch viele Jahre nach dem Krieg das Dorf Horno in Aufruhr versetzt. Im Sommer 1945 waren in Horno insgesamt 15 Bauern „wegen illegalen Waffenbesitzes" verhaftet worden. Noch 1954 beschäftigte sich die MfS-Kreisdienststelle Guben mit dieser Gruppe, weil die Einwohner immer lauter von den Behörden Aufklärung über den Verbleib von noch immer zehn der 15 Verhafteten verlangten, da die Bauernhöfe ohne Neuverheiratung nicht vererbt werden konnten, wie die Staatssicherheit durch einen Geheimen Informanten erfuhr. Nur fünf Verhaftete waren zurückgekehrt, darunter Reinhard Gepke. Heute kann nachgewiesen werden, dass sechs Verhaftete in den Speziallagern Ketschendorf und Fünfeichen gestorben sind und Helmuth Krüger erschossen wurde. Das MfS überprüfte jede der in dem Bericht genannten 15 Personen und legte die Ergebnisse zu den Akten.

Ein weiterer Fall steht im Zusammenhang mit der ersten und intensivsten interalliierten Presseschlacht des Kalten Krieges zur Frage der verhafteten Jugendlichen. Ausgelöst war die Pressekampagne durch die Suche zweier Mütter nach ihren verhafteten Söhnen. Berta Hartwich, geboren 1899 und wohnhaft in Lübben, hatte zusammen mit Margarete Perka aus Lübbenau Listen verhaf-

745 Biddiscombe, Last Nazis, S. 221-225.
746 Bericht der Kreisdienststelle Guben des MfS für die Zentrale in Berlin vom 20.9.1954 (BStU, HA IX/11, SMT Band 9, Bl. 4 f.).

teter Jugendlicher aus dem Raum Spreewald zusammengestellt und dabei 203 einzelne Fälle dokumentiert. Ihre Liste brachten Frau Hartwich und Frau Perka nach Westberlin zum Roten Kreuz und übergaben sie auch Kirchenvertretern. Die Suche nach ihren Söhnen löste eine pauschale westalliierte Pressekampagne gegen die Verhaftungen von Jugendlichen in der SBZ aus. Zuerst berichtete darüber die Londoner „Times" am 25. Juni 1946 („Arrests of German Children. Protests by Parents in Russian Zone"), bald darauf am 8. August 1946 auch der britisch lizenzierte „Telegraf" („Jugendliche zwangsverschleppt"), der zusätzlich bekanntgab, eine Mütter-Abordnung hätte dem Roten Kreuz sowie kirchlichen Würdenträgern in Westberlin eine Namensliste von 203 verhafteten Jugendlichen des Kreises Lübben übergeben.[747] Frau Hartwich und Frau Perka wurden daraufhin verhaftet. Frau Hartwich wies das NKVD laut sowjetischer Transportliste am 4. September 1946 mit folgendem Vorwurf in das Speziallager Jamlitz ein: „Weitergabe von Informationen an ausländische Aufklärung". Am 30. März 1947 überstellte man sie in das Speziallager Mühlberg, Vorwurf laut sowjetischer Transportliste: „Verleumdung der Roten Armee". Sie wurde im Sommer 1948 entlassen. Erst 1948 nannte der Vorstand der SPD in der Aufklärungsschrift „Terror in der Ostzone. Tatsachen klagen an!" öffentlich den Namen der verhafteten Frau: „Als aber die NKVD hiervon erfuhr, wurde auch Frau Dr. Hartwig verhaftet und ist seitdem verschwunden."

Das Sowjetische Nachrichtenbüro reagierte auf die westalliierten Angriffe gegen die sowjetische Verhaftungspraxis am 13. August 1946 in der „Täglichen Rundschau" mit einem Gegenartikel („Faschistische Provokation entlarvt"), in dem alle westlichen Angaben als Lüge dargestellt wurden. In diesem Beitrag wird allerdings ausführlich der Fall der verhafteten Jugendlichen um den Lehrling Horst Hemke[748] aus Neu-Lübbenau, geboren 1928, behandelt. Zusammen mit *Rudolf Hein*, geboren 1916, *Herbert Dammer*, geboren 1928, *Reinhard Ostwald*, geboren 1928, *Walter Schrock*, geboren 1927, und *Hans Heßner*, geboren 1927, wurde er Anfang August 1946 im Kreis Beeskow verhaftet. Seit Anfang Mai 1946 hätten Hemke und Ostwald angeblich eine geheime Terror- und Sabotagegruppe im Kreis Beeskow organisiert und sich Waffen besorgt, um Sowjetsoldaten zu überfallen und Brücken zu sprengen. Horst Hemke wurde im November 1946 zum Tode verurteilt und hingerichtet. Zum Zeitpunkt der Pressekampagne war er aber noch nicht angeklagt.

Am 28. September 1945 erhielt der Bürgermeister von Fürstenwalde, Willy Zernicke sen., Post von einer ominös klingenden Gruppe „Das blaue S." aus Ber-

747 Wolfram von Scheliha, Die sowjetischen Speziallager – ein Symbol des kommunistischen Unrechts in der publizistischen Auseinandersetzung zwischen Ost und West bis zum Bau der Berliner Mauer. In: Instrumentalisierung, Verdrängung, Aufarbeitung. Die sowjetischen Speziallager in der gesellschaftlichen Wahrnehmung 1945 bis heute. Hg. von Petra Haustein, Annette Kaminsky, Volkhard Knigge und Bodo Ritscher, Göttingen 2006, S. 10–29, hier 14 f.

748 Tägliche Rundschau vom 13. August 1946.

lin.[749] In der folgenden Nacht wurden im Stadtgebiet zunächst fünf handgemalte Plakate mit der Aufschrift „Kommunistische Gleichberechtigung - Stadtverwaltung und das Volk in Fürstenwalde" angebracht; links eine am Tisch sitzende Zivilperson und die Worte „Kartoffeln Fleisch Wurst Oel Marmelade", in der Mitte eine den Verkehr regelnde Figur in sowjetischer Uniform und rechts über Kriegsruinen einen Totenkopf und davor Stacheldraht sowie Kreuze zeigend.[750] Diese Aktion nahm die KPD-Arbeitsgebietsleitung Fürstenwalde am 3. Oktober 1945 zum Anlass für ein Schreiben an die Bezirksleitung in Brandenburg, worin sie mitteilt, dass die Operative Gruppe des NKVD in Fürstenwalde den von ihr vorgeschlagenen Maßnahmen gegen den nationalsozialistischen Untergrund, wie Einteilung zur Zwangsarbeit, Beschlagnahme von Fahrrädern und Radioapparaten, Unterbringung in einer Haftsiedlung, zugestimmt habe. „Wir sind bemüht, gemeinsam mit der NKWD den geheimnisvollen Verein aufzulösen."[751] Zu einem unter deutscher Kontrolle stehenden Haftlager kam es allerdings nicht, denn das sowjetische Speziallager Ketschendorf südlich von Fürstenwalde bestand bereits.

Dafür aber setzten Massenverhaftungen ein. Anfang Dezember 1945 wurden in Fürstenwalde Ewald Czechowski (vgl. Widerstand Brandenburg), Fritz Alter (vgl. Widerstand Brandenburg) und Werner Sparmann (vgl. Widerstand Brandenburg, RAD) festgenommen. Sie haben laut Urteil einer Gruppe mit dem Namen „Das blaue S." angehört. Getarnt als öffentliche Aufsichtspersonen für die wiederzugelassenen Tanzabende im Auftrag der Ortspolizeibehörde, wollten Czechowski und seine Freunde durch einen Streifendienst Übergriffe des sowjetischen Besatzungspersonals gegen die Einwohner verhindern. Sogenannte Ortswachen hat es in der Frühphase der SBZ auch andernorts gegeben.[752] Angeblich habe die Gruppe um Czechowski auch die Ermordung des sowjetischen Kommandanten der Stadt Fürstenwalde, Oberst Kytschegin, und des Dolmetschers

749 Das Schreiben zitiert nach Richard Schulz, Quellen zur Geschichte der Arbeiterbewegung in Fürstenwalde 1945/46. Erarbeitet im Auftrag der Kreiskommission zur Erforschung der Geschichte der örtlichen Arbeiterbewegung bei der Kreisleitung der SED Fürstenwalde/Spree, Fürstenwalde 1966, S. 197 f. Für den Hinweis auf diese Quelle danke ich Erika Schulz/Fürstenwalde.

750 Das Plakat ist wiedergegeben in Ausgewählte Dokumente und Materialien zum antifaschistischen Widerstandskampf unter Führung der Kommunistischen Partei Deutschland in der Provinz Brandenburg 1939–1945, Teil 2. Hg. von Friedrich Beck, Kurt Finker, Kurt Libera, Hans-Joachim Lippert, Joachim Schulz und Werner Wölk, Potsdam 1985, S. 535. In der ganzen Stadt haben 20 Plakate gehangen. Vgl. Schulz, Quellen zur Geschichte der Arbeiterbewegung, S. 433.

751 KPD-Arbeitsgebietsleitung Fürstenwalde an Bezirksleitung Brandenburg vom 3.10.1945 (BLHA, Rep. 330, Nr. 12). Für den Hinweis auf diese Dokumente danke ich Christian Pietŕ/Wendisch Rietz. Abschrift in Schulz, Quellen zur Geschichte der Arbeiterbewegung, Ergänzungsband, S. 38 f.

752 Hinsichtlich Ortswachen vgl. auch die Fälle Otto Maak u. a. (Terror Thüringen) sowie Walter Fröhlich u. a. (Kriminalität), Hermann Schumann u. a. (Terror Sachsen) und Richard Schaefer u. a. (Terror Thüringen).

der Kommandantur, Leutnant Leo Ruban, geplant.[753] Ruban, etwa 20 Jahre alt, Germanistikstudent, der perfekt Deutsch sprach, war dafür berüchtigt, dass er konfiszierte bzw. aus den Beständen der Stadtverwaltung veruntreute Versorgungsgüter hortete und auf Transport in die Sowjetunion schickte. Dabei galt er als Gegenspieler des Wirtschaftsoffiziers Oberleutnant Pludowski, der in Fürstenwalde Anerkennung wegen der Linderung der Hungersnot genoss. Ruban hingegen wurde vorgeworfen, Frauen auch in aller Öffentlichkeit belästigt und die Verhaftung derer veranlasst zu haben, die sich ihm entzogen.[754]

Bereits am 6. Januar 1946 gestand die KPD-Ortsleitung vor dem Hintergrund der Vorgänge um „Das blaue S." selbstkritisch ein: „Unsere Jugendarbeit war schlecht. Anstatt eine antifaschistische Jugend aufzubauen, hat sich der Wehrwolf gebildet." Auch das geplante Attentat hatte sich kurz nach der Verhaftung der Gruppe „Das blaue S." in Fürstenwalde herumgesprochen. „Die faschistische Tätigkeit findet seine höchste Tätigkeit darin", so die KPD-Ortsleitung 1946, „dass ein Attentat auf den Kommandanten ausgeführt werden sollte. Das Ergebnis war, dass eine ganze Anzahl Jugendlicher hier in Fürstenwalde/Spree verhaftet wurden und zugleich die wildesten Gerüchte im Umlauf waren."[755]

Diese Stellungnahme zitierte der Laienhistoriker Richard Schulz in einem Band, in dem er Mitte der 1960er-Jahre im Auftrag der SED-Kreisleitung die Nachkriegszeit in Fürstenwalde dokumentierte. 20 Jahre nach Kriegsende richtete sich der Zorn der rund 100 von Schulz interviewten Parteiveteranen vor allem gegen Leo Ruban, der als Verbindungsoffizier zwischen der Kommandantur und der deutschen Stadtverwaltung fungiert hatte. Da der am 22. April 1945 eingesetzte sowjetische Stadtkommandant von Fürstenwalde, Oberst Kytschegin, kein Deutsch sprach, erwuchs dem jungen Ruban ein großer Spielraum, den er nach Ansicht der kommunistischen Veteranen missbrauchte, um sowjetische Befehle zu verfälschen und die deutsche Zivilbevölkerung zu terrorisieren. Von den 1965 durch Richard Schulz eingesehenen 150 bis 200 Anzeigen, die seit Mai 1945 wegen Vergewaltigung, Mord und anderen Gewaltverbrechen gegen Sowjetsoldaten erstattet worden waren, sollen sich 30 bis 40 auf Ruban bezogen haben. Wie sich einige Parteiveteranen erinnerten, machte er sich in einem Fall eine Frau gefügig, indem er ihr versprach, sich für die Entlassung ihrer wegen Werwolfverdachts verhafteten Tochter einzusetzen. Zudem wurde Ruban vorgeworfen, seine Taten, besonders Schiebergeschäfte zusammen mit Stadtangestellten ausgeübt zu haben, die der NSDAP angehört hatten. Als gegen diese auf Druck der KPD ermittelt wurde, soll Ruban dafür gesorgt haben, dass die Untersuchun-

753 Vgl. zu den Vorwürfen Gnadensache Czechowski, Alter, Spramann (RGASPI, op. 166, d. 765, l. 57 f.).

754 Mündliche Auskunft Erika Schulz geb. Thierbach, Fürstenwalde, 2.8.2013. Sie arbeitete im Mai 1945 in Fürstenwalde als Trümmerfrau und war ebenfalls von Ruban belästigt worden. Von 1945 bis 1948 war sie in den Speziallagern Ketschendorf, Jamlitz und Mühlberg inhaftiert.

755 Zitiert nach Schulz, Quellen zur Geschichte der Arbeiterbewegung, S. 202.

gen niedergeschlagen wurden. Richard Schulz konnte auch die KPD-Unterlagen zum „Blauen S." einsehen. Aus diesen ging nach seiner Darstellung hervor, dass Ruban während des Urlaubs von Kommandant Kytschegin in Reaktion auf das Schreiben an den Bürgermeister und die Plakataktion des „Blauen S." die Verhaftung von etwa 60 Jugendlichen veranlasste, denen Werwolftätigkeit und Provokationen zur Last gelegt wurden und von denen die meisten in der Haft umkamen. Wie der Parteihistoriker Richard Schulz die Ergebnisse seiner Befragung zusammenfasste, arbeitete „Rubans Konzentrationslager, Folter- und Erschießungsstätte im ehemaligen Kabelwerk [...] präzise und schnell." Dabei überging er, dass sich der Hinweis „Kabelwerk" auf das sowjetische Speziallager Nr. 5 in der Ketschendorfer Kabelwerk-Siedlung bezog. Mit seinem Verhalten, so Schulz, passte Ruban exakt in das Bild der von der Nazipropaganda beschworenen „Verkörperung ‚der Russen'". Besonders Zernicke, den Ruban von seinem Posten als Bürgermeister hatte absetzen lassen, als Kytschegin im Urlaub war und die Verhaftung der Jugendlichen begann, erhob 1965 schwere Vorwürfe gegen den jungen Offizier. Wie Zernicke 1965 behauptete, verkehrte Ruban vor allem mit Frauen von NSDAP-Mitgliedern, „die für ihre Männer etwas mit Erfolg herausholten". Dabei verwies er auf die Paradoxie, dass Ruban als Jude gerade ehemalige Nationalsozialisten in der Stadtverwaltung protegierte, „wenn für ihn etwas heraussprang", während er die Kommunisten als Faschisten diskreditierte, wenn sie gegen sein Verhalten aufbegehrten. „Er belog nicht nur uns nach Strich und Faden", so Zernicke, „sondern auch Kytschegin". Tatsächlich wurde Ruban 1946 von einem SMT zu zehn Jahren Zwangsarbeit verurteilt, allerdings nicht wegen der 1965 gegen ihn zusammengetragenen Vorwürfe, sondern wegen seiner Verstrickung in Schiebereien eines höheren sowjetischen Wirtschaftsoffiziers.[756]

Ewald Czechowski hat in der Haft schriftlich Fragen des NKVD beantwortete und so sein Handeln begründet. „Blaues S. ist eine Jugendorganisation, die von einer bestimmen Stelle geleitet wird. Das Blaue S. ist jedem Deutschen ein Schutz und soll ihn vor der Verhaftung schützen und ihn warnen, dass er nicht in russ. Hände fällt. [...] Wir wollen bei tätlichen Überfällen russ. Soldaten die Deutschen in Schutz nehmen. [...] In unserer Organisation waren nur ehemalige H.J. Führer, die zuverlässig waren und von denen man erwarten konnte, dass sie nichts verraten."[757] Laut Czechowskis Niederschrift sei es Frau Alter gewesen, vermutlich die Mutter des Hingerichteten Fritz Alter,[758], die für die Vorgänge in Fürstenwalde Rache an Leutnant Ruban und Kommandant Kytschegin

756 Schulz, Quellen zur Geschichte der Arbeiterbewegung, S. 198, 427, 433, 440, 447–449, 551–553.

757 Undatierte handschriftliche Niederschrift von Ewald Czechowski in der Haft (Dokstelle StSG, Akte Ewald Czechowski).

758 An den Namen Alter als einen der Anführer des „Blauen S" erinnerte sich noch 1965 ein ehemaliges KPD-Mitglied, vgl. Schulz, Quellen zur Geschichte der Arbeiterbewegung, S. 198, 433, 446f.

gefordert habe, wozu es jedoch, wie Czechowski schreibt, wegen der Verhaftung der Gruppe nicht mehr kam.

Anfang Januar 1946, als Czechowski und seine Freunde bereits verhaftet waren, hat tatsächlich im Polizeibüro ein - nicht erfolgreicher - Anschlag mit einem aus alter Munition selbst gebastelten Sprengsatz stattgefunden, den man damals als Attentat auf den Kommandanten Kytschegin wertete. Der „Attentäter" sei verhaftet und - was wenig glaubhaft erscheint - von Kytschegin lediglich verprügelt worden, so 20 Jahre später die Parteiveteranen.[759] In ihren Erinnerungen war die Hinrichtung von zwei der drei zum Tode verurteilten Jugendlichen des „Blauen S." in Fürstwalde noch 1965 präsent.[760]

Robert Berner
Hans Bilak
Hans Böttcher
Arwin Bukaz
Wolfgang Fricke
Hans Gefke
Joachim Hannemann[761] (vgl. Verrat)
Erwin Hoppe
Willi Kerbers
Karl-Heinz Klein
Siegfried Konzack
Manfred Kriesmann
Werner Lieske
Lothar Lück
Conrad Ludwig
Heinz Meinke[762]
Willi Pasewaldt
Horst Quilitsch[763]
Erich Schäfer
Heinz Schmauks

759 Schulz, Quellen zur Geschichte der Arbeiterbewegung, S. 87, 300, 434.
760 Ebd., S. 201.
761 Hannemann wird im Urteil als geheimer Mitarbeiter von SMERSCH bezeichnet, der jedoch die sowjetischen Maßnahmen gegen die Untergrundorganisation „Freikorps" in Potsdam verraten habe, der er selbst angehörte.
762 Prieß, Erschossen, S. 152.
763 Er gehörte laut Urteil der Organisation „5. Kolonne" an. Vgl. Possekel, Sowjetische Speziallager, Band 2, S. 233 f.; Urteil SMT der Gruppe der sowjetischen Besatzungstruppe in Deutschland vom 14.9.1946 (GARF, op. 9409/1, d. 549, l. 214 f.). Es handelte sich um einen Gruppenprozess, bei dem zusätzlich zehn Zeitstrafen verhängt wurden. Alle Verurteilten waren zuvor in westalliierter Kriegsgefangenschaft und seien dort der „5. Kolonne" beigetreten. Vgl. Biddiscombe, Enemy, S. 52, der anhand amerikanischer Quellen nachweist, dass zum Beispiel nahezu die Hälfte der bei den „Edelweißpiraten" in den westlichen Zonen Aktiven in der SBZ beheimatete Kriegsgefangene waren, jedoch zuerst in den westlichen Zonen gegen die Besatzungsmächte auftraten.

Wilhelm Schmidt (geb. 1927)
Willi Schönefeld[764]
Alfred Schutze
Rudi Siebert
Paul Stiebeler
Günter Tewe
Heinz Thürnagel[765]
Felix Trapkowski
Hans-Joachim Voigt
Gerhard Zander

1.3 Berlin

34 vor allem jugendliche Berliner wurden aufgrund des Werwolfverdachts zum Tode verurteilt.

Am 20. Juli 1945 fällte die 60. Gardeschützendivision bei insgesamt 21 Angeklagten gegen sechs Berliner Jugendliche, Konrad Drews (vgl. HJ), Dietrich Pagel (vgl. HJ), Harry Prestel, Horst Ritzkowski, Günter Steup (vgl. HJ) und Günter Ziegenhagen (vgl. HJ), das Todesurteil.[766] Laut Urteil habe die Gruppe Ende Februar/Anfang März 1945 eine Organisation Werwolf mit dem Ziel gegründet, gegenüber der Roten Armee loyal auftretende Deutsche zu töten. Sie seien in der Zeit vom 22. bis 28. April 1945 in die Illegalität abgetaucht, um Waffen und Munition für spätere terroristische Anschlage zu verstecken. Obwohl sie ihr Versteck wieder aufgaben und sowohl Munition als auch Waffen zurückließen, wurden sie zum Tode verurteilt und am 13. August 1945 hingerichtet. Vier der Hingerichteten waren HJ-Funktionäre. Zeitzeugen nannten den Prozess auch „Hessenwinkel“-Prozess.[767]

Einen Tag zuvor war der in einem anderen Prozess verurteilte Herbert Heldt (vgl. HJ) ebenfalls in Döberitz hingerichtet worden.

Wilhelm Beite, Otto Konzok (vgl. Untergeordnete NSDAP-Funktionen), Wilhelm Obermann und Karl Pritzel waren keine Jugendlichen mehr. Laut Urteil wurden sie vom Bezirksführer der NSDAP, Kubal, für eine Werwolfgruppe eingeteilt, die in der ersten Aprilhälfte 1945 für 14 Tage am Ausheben von Erdhütten als Unterkunft und Lager für Sprengstoff und Waffen in einem Waldstück

764 Prieß, Erschossen, S. 152.
765 Ebd.
766 Hilger/Schmeitzner/Schmidt (Hg.), SMT 2, S. 205; Koop, Himmlers letztes Aufgebot, S. 217.
767 DRK-Suchdienst München. Der Familie von Konrad Drews war bekannt, dass das SMT in Hessenwinkel im Stadtbezirk Köpenick stattfand und die zum Tode Verurteilten danach eine Woche in Döberitz inhaftiert waren. Laut sowjetischen Angaben fanden jedoch SMT und Hinrichtung in Döberitz statt.

nahe dem Dorf Pätz, ca. 40 Kilometer südlich von Berlin, teilnahm. Sie hätten die Hütten jedoch am 25. April 1945 unverrichteter Dinge wieder verlassen.

Bei der Berliner Fallgruppe der Werwolfverdächtigen fällt auf, dass relativ viele von ihnen zugleich wegen Spionage verurteilt wurden.

Kurt Birgals (vgl. Spionage Berlin, Widerstand Berlin)
Otto Gampe
Horst Goldmann
Hans Hecht (vgl. Spionage Berlin, Widerstand Berlin)
Kurt Jurkscheit[768] (vgl. NSDAP-OGL)
Horst Käsler (vgl. HJ)
Horst Knüter (vgl. Spionage Berlin)
Hans Kropp
Horst Kuhn (vgl. Spionage Berlin)
Paul Last
Bernhard Matthes
Joachim Müller (vgl. HJ)
Horst Prinz (vgl. Spionage Berlin, Widerstand Berlin)
Kurt Rau
Karl Riepert
Günter Röhl (vgl. Spionage Berlin)
Günther Schlei[769] (vgl. Widerstand Berlin)
Horst Schulz[770]
Walter Spahn (vgl. Spionage Berlin, Widerstand Berlin)
Werner Stachowitz (vgl. Schriftsteller, Requirierungen)
Franz Stanek[771] (vgl. Verrat, Spionage Sowjetunion)

768 Laut Urteil trug die Gruppe die Bezeichnung „Organisation B". Vgl. Zusammenfassung der Urteilsgründe im Beschluß des 3. Bezirksmilitärgerichts Moskau vom 29.3.2011 (Dokstelle StSG, Akte Kurt Jurkscheit).

769 Peter Erler, Zum Wirken der Sowjetischen Militärtribunale (SMT) in der SBZ/DDR 1945–1955. In: Zeitschrift des Forschungsverbundes SED-Staat, (1996) 2, S. 51–63, hier 54.

770 Laut Tägliche Rundschau vom 17.9.1946 wurde Horst Schulz als Leiter der Organisation „Schwarze Hand" und Gerhard Hermann, Heinz Skerra, Joachim Zazek, Wilhelm Hermann, Alfred Heidrich, Leo Marscharek, Rudi Wolf, Erwin Schwung und Erich Gnied als Mitglieder der Organisation vermutlich zu Zeitstrafen verurteilt. Trotz der Veröffentlichung des Urteils in der Presse suchte Schulz' Mutter noch sieben Jahre später nach ihrem Sohn. Vgl. Deutsche Opfer. Am 25.4.1947 verurteilte das SMT des Landes Brandenburg den 1927 geborenen *Wilhelm Scheel* aus Neuruppin wegen Mitgliedschaft in der „Schwarzen Hand" zum Tode. Er wurde jedoch kurz darauf begnadigt. Ob ein Zusammenhang zwischen beiden Fällen besteht, ist unbekannt. Laut Koop, Himmlers letztes Aufgebot, S. 109, nannte sich auch im jetzt zu Polen gehörenden Schlesien eine Werwolfgruppe „Schwarze Hand".

771 Stanek wurde auch vorgeworfen, von April bis November 1945 als Agent der sowjetischen Spionageabwehr SMERSCH erfundene Angaben über nationalsozialistische Untergrundorganisationen in Berlin übergeben zu haben mit dem Ziel, die tatsächlichen Nazis

Joachim Strod[772]
Kurt Watschipke[773]

1.4 Mecklenburg

In Mecklenburg wurden 32 Personen wegen des Verdachts der Partisanentätigkeit im Sinne des Werwolfs zum Tode verurteilt.

Der wohl bekannteste Gruppenprozess in diesem Land fand am 12. Dezember 1945 in Waren vor dem SMT der 9. Gardepanzerdivision statt. Der größte Teil der neun Angeklagten stammte aus Malchow. Der 1913 geborene Schulleiter Hans Hamann[774] (vgl. HJ) aus Malchow war auch Leiter der HJ-Gebietsführerschule[775] II in Dobbertin und beidseitig beinamputiert. Er wird von Überlebenden der Gruppe als bekennender Nazi bezeichnet. Laut dem Mitangeklagten Arnulf Putzar lernten die Kinder auf der Gebietsführerschule auch ein antisemitisches Lied. Hamann war höherer HJ-Führer und Offizier. Nach 1945 erzählte er Arnulf Putzar von Gerüchten über das Zusammengehen der Westalliierten mit den Deutschen gegen die Rote Armee. Von 1939 bis 1943 diente er als Unteroffizier der Artillerie, später als Bannführer der HJ und Kulturstellenleiter in Waren, zuletzt in Rostock und im Kreis Waren. Ab 1943 war er stellvertretender Schulführer, seit Oktober 1944 Schulleiter. An der Gebietsführerschule Dobbertin leitete er laut eigener Aussage Normallehrgänge zur Ausbildung zum HJ-Führer. Wie Angehörige von Hans Hamann angaben, warf man ihm Werwolftätigkeit vor. Nach dem Krieg habe er im Juli 1945 den ehemaligen HJ-Führer Johannes Ihmann[776] (vgl. Wehrertüchtigungslager) in Malchow kennengelernt. Ihmann habe die Idee verfolgt, in die KPD und in die Antifajugend einzutreten, um dort als Spitzel zu arbeiten, wovon Hamann ihm abriet. Ihmann selbst sei wegen angeblicher Faschistenbegünstigung aus seiner Stellung beim Arbeitsamt entlassen worden. Er habe im Sommer 1945 auch die HJ-Führer Birkholz und

zu schützen. Er ist damit neben Joachim Hannemann (vgl. Werwolf Brandenburg) der zweite bekannte sowjetische Zuträger, der hingerichtet wurde.

772 Im Urteil ist angegeben, dass er kurz vor Kriegsende in einem deutschen Panzervernichtungstrupp Werwolf gekämpft und nach dem Krieg im Untergrund zum Werwolf gehört habe.

773 Biddiscombe, Last Nazis, S. 200 f.

774 Radtke, Russenzeit, S. 112-114; Putzar, Schatten, S. 147, 152, 155, 164-166, 295-297; Grothe, Malchower Jugendliche, Teil 1, S. 12-17, 91-92; ders., Malchower Jugendliche, Teil 2, S. 31-40, 68-71; Deppe, Werwolf.

775 Der Beauftragte für die Spezialabwehr Prützmann selbst hatte dem Reichsjugendführer Artur Axmann vorgeschlagen, die HJ-Gebietsführer zu Beauftragten des Werwolf zu ernennen. Axmann erklärte nach dem Krieg, er habe diesen Vorschlag nicht ausgeführt, sodass sich nur „hier und da auch Angehörige der Hitlerjugend für den Werwolf betätigten“. Vgl. Koop, Himmlers letztes Aufgebot, S. 171 f.

776 Radtke, Russenzeit, S. 112-114; Putzar, Schatten, S. 147, 152, 155, 164-166, 295-297; Grothe, Malchower Jugendliche, Teil 1, S. 12-17, 91-92; Grothe, Malchower Jugendliche, Teil 2, S. 31-40, 68-71; Deppe, Werwolf.

Schubert beeinflusst, in die Antifajugend einzutreten, um sie zu unterwandern. Hamann sagte ihnen, dass auch er antikommunistisch denke und die nationalsozialistische Idee nicht für verloren halte. Man sollte aber auf bessere Zeiten warten. Laut Zeitzeugen war Hamann Stellvertreter von Johannes Ihmann in der Werwolfgruppe und nach dem Krieg ohne Beschäftigung. Ihmann war Leiter des Wehrertüchtigungslager Warensdorf gewesen und laut Anklage von April 1944 bis April 1945 Instrukteur von drei Werwolfausbildungslagern. Wie Hamann Kriegsinvalide, arbeitete er nach 1945 beim Arbeitsamt. Man warf ihm vor, im Mai 1945 aus ehemaligen Hitlerjungen eine diversions-terroristische Gruppe gebildet zu haben, die gegen die Rote Armee und die KPD kämpfen sollte. Die Gruppe sammelte Waffen und soll das KPD-Mitglied Pfeifer getötet haben, der Leiter der Polizei war. Auch Ihmann warf das SMT laut Zeitzeugenangaben Werwolftätigkeit vor. Zur Gruppe gehörten Wilhelm Schubert, Hans Schröder, Heinz Klingner, Hans Hamann, Detlev und Arnulf Putzar und Detlev Konrad, die jedoch zu Zeitstrafen verurteilt wurden. Laut Arnuf Putzar habe Ihmann mit seinem Geständnis andere belastet, so Wilhelm Schubert, Hans Schröder, Heinz Klingner, Hans Hamann und Detlev Konrad. Hamann und Ihmann wurden hingerichtet.[777]

Es bestand von dieser Gruppe aus Kontakt zu einer Jugendgruppe um Heinz Birkholz[778] (vgl. HJ), der in einem zweiten Prozess gegen Malchower Jugendliche im Marz 1946 in Güstrow zum Tode verurteilt wurde. Zwei von ihm gegründete Werwolfgruppen unterstanden laut Zeitzeugenangaben der Befehlsgewalt von Hans Hamann. Von ihm berichteten Überlebende, er habe in der Haft mit Heil Hitler gegrüßt. In diesem Gruppenprozess mit 22 Verurteilten wurden Rudolf Schroder, Horst Birkholz, Kurt Koppe und Heinz Sontowski zu Zeitstrafen verurteilt. Laut Horst Birkholz lautete die Anklage auf Werwolftätigkeit. Zu einer dieser beiden Gruppen gehörte möglicherweise auch Annemarie Ortmann[779] (vgl. Strafvollzug) aus Malchow, die im November 1945 verhaftet und wahrscheinlich in Waren zum Tode verurteilt wurde. Sie war laut Zeitzeugenangaben Gefängnisaufseherin in Malchow und wurde wegen Werwolftätigkeit angeklagt.[780]

Adolf Sommerfeld[781] wurde im Juli 1945 zusammen mit Walter Beckmann, Heinz Ewald, Willy Keller, Emil Kiefer, Wilhelm Lappe und Gerhard Selle zum

777 Radtke, Russenzeit, S. 112-114; Putzar, Schatten, S. 147, 152, 155, 164-166, 295-297; Grothe, Malchower Jugendliche, Teil 1, S. 12-17, 91-92; Grothe, Malchower Jugendliche, Teil 2; Deppe, Werwolf.

778 Grothe, Malchower Jugendliche, Teil 1, S. 12-17, 95, S. 104; Grothe, Malchower Jugendliche, Teil 2, S. 38, 40.

779 Grothe, Malchower Jugendliche, Teil 2, S. 40; Verschwiegene Geschichte, S. 41.

780 Grothe, Malchower Jugendliche, Teil 1; Verschwiegene Geschichte, S. 41.

781 Prieß, Erschossen, S. 219 ff.; Radtke, Russenzeit, S. 143, 147. Bei einer Gegenüberstellung mit dem Mitangeklagten Rudolf Radtke, geboren 1927, soll Sommerfeld sein Geständnis widerrufen haben. Neben Radtke wurden auch Heinz Mau, geboren 1931, und Walter Kahlau, geboren 1929, zu Zeitstrafen verurteilt.

Tode verurteilt. Möglicherweise handelt es sich bei dieser Gruppe um ein Unternehmen der Abteilung Fremde Heere Ost, da die Angeklagten aussagten, auch die Stärke und Dislozierung sowjetischer Truppeneinheiten ausgeforscht zu haben und sich eine andere Teilgruppe frühzeitig in die Westzonen abgesetzt habe. Sommerfeld sei, so das Urteil, noch vor der Flucht aus Ostpreußen in einer Diversionsschule für den Kampf hinter der Front ausgebildet worden. Er war Anführer einer Gruppe von sechs Mann. Ihre Diversionsschule befand sich am 25. März 1945 zwischen Stettin und Greifswald im Dorf Waldeshöhe bei Greifswald. Ein Teil der Angeklagten stammte aus Stettin. Im Wald bei Potthagen bereitete sich die Gruppe auf den Einmarsch der Roten Armee vor und errichtete dort Wohn- und Vorratsbunker. Später sollten Kommandostellen und Eisenbahnlinien gesprengt werden. Eine zweite Gruppe verschanzte sich im Wald bei Friedrichshagen, 17 Kilometer von Greifswald. Laut Aussage von Sommerfeld war Beckmann zuvor Kommandeur der Diversionsschule Nr. 3 in der Slowakei[782] gewesen. Selle war bereits im April 1945 in Kriegsgefangenschaft geraten, jedoch geflohen und versteckte sich bis zur Festnahme in Repkow. Lappe nahm laut eigener Aussage 1944 an einem Lehrgang auf der Diversionsschule Nr. 3 in der Slowakei teil, wo er für den Kampf im Hinterland der Roten Armee vorbereitet wurde. Der Kontakt zwischen den Gruppen bestand nur bis Kriegsende. Da die Gruppe wahrnahm, dass die Bevölkerung sich nicht gegen die Rote Armee erhob, beschloss sie, den geplanten Widerstand aufzugeben.

Hans Vick[783] und Willy Synwoldt[784] aus Güstrow, beide 1926 geboren, wurden im April 1946 in Güstrow wegen Waffenbesitzes nach den Artikeln für Terror, Diversion und Mitgliedschaft in einer konterrevolutionären Organisation verurteilt. Synwoldt hatte eine Schmiedelehre und seine Gesellenzeit hinter sich gebracht, diente seit 1944 als Soldat in Ungarn und kehrte Mitte August 1945 nach Güstrow zurück. Er hatte sich nicht am HJ-Dienst beteiligt und galt bei seinem Lehrmeister als Gegner des Nationalsozialismus. Synwoldt besaß bis Dezember 1945 eine kleine Pistole, die sein Bruder dann in einen Tümpel warf. Er musste sie jedoch nach 14 Tagen wieder bergen und lieferte sie bei der Kommandantur ab, wie Angehörige berichten. Zwei weitere Angeklagte in diesem Prozess erhielten Zeitstrafen.

Walter Burrmeister (vgl. Gestapo ohne Ortsangabe)
Otto Fanselow

782 Hierbei handelt es vermutlich um Werwolfkurse an der Kriegsschule II in Türkenburg/Karpaten in der Westslowakei. Dort wurden zwischen Herbst 1944 und 26.3.1945 unter Oberst Paul Krüger 300 Werwolfkader ausgebildet. In der Kriegsschule I bei Wismar wurden in zweiwöchigen Kursen ebenfalls etwas 300 Personen ausgebildet. Vgl. Biddiscombe, Werewolf, S. 92; ders., Last Nazis, S. 49, 146.
783 Radtke, Russenzeit, S. 52, 58, 65-68.
784 Ebd.

Adolf Jenewsky[785]
Karl-Heinz Kern
Willi Kodera[786] (vgl. Widerstand Mecklenburg)
Werner Lehmann (geb. 1927)
Klaus Niemann (vgl. HJ)
Günther Rehfeld
Hans Rietow
Heinrich Rordanz
Paul Saubert
Willi Saubert
Hermann Schmidt (geb. 1903)
Hans Schuldzinsky
Werner Sommerfeld[787]
Gerhard Voss
Hans Walter (vgl. Kriegsgefangenenwesen Deutschland)
Jochen Wanke
Hans Westphal

1.5 Besetzte Gebiete

31 Personen wurden für Handlungen in den von Deutschland besetzten Gebieten zum Tode verurteilt.

Im Juni 1945 führte ein SMT in Glatz/Polen zwei Gruppenprozesse gegen Werwolf-Verdächtige durch, deren Einsatz aber über Vorbereitungen nicht hinausgekommen war. Der erste Prozess betraf eine Gruppe aus Schlesien (vgl. hierzu: Werwolf deutsche Ostgebiete).

Der hier vorgestellte zweite Prozess wurde gegen Einwohner des Kreises Freiwaldau/Sudeten[788] geführt, wobei bei 68 Verurteilungen 24 Personen für die bloße logistische Vorbereitung von Partisanenhandlungen zum Tode verurteilt wurden. 35 Angeklagte erhielten 25 Jahre, vier 20 Jahre und fünf 15 Jahre Lagerhaft. Zwölf der zu Zeitstrafen Verurteilten starben in der Haft, die anderen wurden Ende 1953 in die DDR entlassen. Die Männer hatten vor dem SMT angege-

785 Kopalin, Rehabilitierung, S. 30–32; Prieß, Erschossen, S. 217; Wagenlehner, Die russischen Bemühungen, S. 73; Radtke, Russenzeit, S. 126f., 130, 136, 172. Neun Angeklagte erhielten Zeitstrafen.

786 Ebd.

787 Prieß, Erschossen, S. 219 ff. Radtke 143, 147. Bei einer Gegenüberstellung mit dem Mitangeklagten Rudolf Radtke, geboren 1927, widerrief Sommerfeld sein erzwungenes falsches Geständnis. Neben Radtke wurden auch Heinz Mau, geboren 1931, und Walter Kahlau, geboren 1929, zu Zeitstrafen verurteilt.

788 Für das Sudetenland wurden bis zur Kapitulation mehr als 1100 Werwolfkämpfer in verschiedenen Lagern in der Tschechoslowakei ausgebildet. Deutsche Kommandoeinheiten legten tausende unterirdische Munitionsdepots an. Allein im Raum Pilsen haben etwa ein Dutzend solcher Gruppe operiert. Vgl. Biddiscombe, Werewolf, S. 228.

ben, seit Februar/März 1945 einer Organisation angehört zu haben, die durch die NSDAP auf den Kampf gegen die Rückwärtigen Truppen der Roten Armee im Kreis Freiwaldau vorbereitet wurde. Sie sollten auf den Kampf in den Bergen eingestellt sein, erhielten eine Spezialausbildung, gingen am 8. Mai 1945 auch zu einem Sammelpunkt und von dort in die Berge. Am 10. Mai 1945 hörten sie von der Kapitulation der deutschen Wehrmacht und kehrten nach Hause zurück. Die Urteile ergingen wegen Terror, Diversion und Mitgliedschaft in einer konterrevolutionären Organisation. Einer der Hingerichteten hatte dem FAK 126 angehört, jeweils einer der SS, dem Arbeitsamt, der Oberförsterei, der Gendarmerie, der Polizei und mehrere andere waren Förster und Forstangestellte. Die Hingerichteten waren:
Alois Böhm
Rudolf Granzer (vgl. Polizei Deutschland, Gendarmerie Deutschland)
Karl Hackenberg
Alfred Hanke
Rudolf Hanke
Adolf Hauke
Leopold Ikonik (vgl. Staat und Verwaltung)
Guido Kariger
Hans Kessler
Adolf Kretschmer
Leo Kunert
Gerhard Langer
Alois Mattner (vgl. Abwehr Frontaufklärung[789])
Gustav Nitsche
Herbert Ricker
Franz Schettgauer
Adolf Schmidt
Ludwig Schreiber
Rudolf Schweidler
Adolf Seidel

789 Den Zusammenhang zwischen Frontaufklärungskommandos (FAK) bzw. Frontaufklärungstrupps (FAT) und der Werwolforganisation dokumentiert ein Arbeitsbericht des Beauftragten für Spezialabwehr im Bereich der Heeresgruppe Mitte vom 31.3.1945. Darin heißt es, dass im Ostsudetenland FAK und FAT „bereits zahlreiche Gruppen" für den Kampf hinter den sowjetischen Linien gebildet hatten, die nun vom Werwolf übernommen würden. Sie hätten vor allem in Reiners und Odrau eigene Schulungsmöglichkeiten. Das FAK 206 verfügte zu diesem Zeitpunkt in vier Kreisen über sieben Offiziere, 20 Unteroffiziere und 40 Mannschaften. Beim FAK 202 befanden sich 40 Werwolfgruppen für den Einsatz im Gebirge/Sudeten von Reichenberg bis Freudenthal im Aufbau. Werwolfkämpfer befanden sich des Weiteren bei FAT-Unternehmen in Tarnowitz, Tschenstochau, Turawa, Stausee, Sulau, Trebnitz und Görlitzer Heide im Einsatz. Vgl. Arbeitsbericht des Beauftragten für Spezialabwehr im Bereich der Heeresgruppe Mitte vom 31.3.1945 (BStU, ZA, HA IX/11, ZUV 74, Band 3, Bl. 211-222).

Albert Spiller (vgl. Kriegsgefangenenlager Sowjetunion)
Josef Spiller (vgl. Polizei besetzte Gebiete)
Paul Vogel (geb. 1905)
Herbert Giel[790] (vgl. Abwehr andere Einsätze hinter den sowjetischen Linien, Auslands-SD) war Ausbilder für Kommandounternehmen der SS-Jagdverbände hinter der Front.
Helmut Germershausen (vgl. Polizei Deutschland, Verbrechen gegen Kriegsgefangene kurz vor dem Kriegsende) wurde wegen Taten in Österreich hingerichtet.
Otto Bachmann
Kasimir Chmedewski
Vizenti Katkowski
Alfons Kawtschinski
Wilhelm Woitis[791]

1.6 Deutsche Ostgebiete

Von 29 Personen dieser Fallgruppe wurden 25 ausdrücklich wegen Werwolfverdachts zum Tode verurteilt.

Im ersten der beiden bereits erwähnten Gruppenprozesse in Glatz/Schlesien im Juni 1945 waren 38 Männer angeklagt, im Kreis Habelschwerdt/Schlesien seit Februar 1945 Stützpunkte im Wald für den Kampf hinter den Linien eingerichtet zu haben. Nach einer Kurzausbildung in Diversionstechniken im April 1945 wurde unter Leitung von Leutnant Ramdohr, der zu diesem Zeitpunkt zum FAK 212 gehörte,[792] der Einmarsch der Roten Armee abgewartet. Das FAK 212 war ursprünglich als Ausgangsstruktur für den Werwolf in Ostpreußen vorgesehen gewesen, wurde aber aus Mangel an dortigen Ausbildungsmöglichkeiten nach Schlesien entsandt. Im Gebiet der Grafschaft Glatz verübte es eine

790 Vgl. Auszüge aus seinen Aussagen in Makarov, Lubjanskoe dos'e Skorceni, S. 129f.

791 Für die fünf letztgenannten Hingerichteten vgl. Possekel, Sowjetische Speziallager, Band 2, S. 164.

792 Leutnant Ramdohr gehörte ursprünglich dem Frontaufklärungskommando 206 der Abwehrabteilung II (Sabotage) an, war Este und schon im Zusammenhang mit der Unterstützung der antisowjetischen Partisanenbewegung im Baltikum durch die deutsche Abwehr und den SS-Jagdverband Ost unter Otto Skorzeny eingesetzt worden, vgl. Ustinov, Krepče stali, S. 87 f. Ramdohr hatte bereits im Oktober 1944 für das FAK 212 auf Schloss Stolz nahe Frankenstein/Schlesien, nur wenige Kilometer von Habelschwerdt entfernt, eine Sabotage-Ausbildungsschule im Zusammenhang mit der beabsichtigten Stärkung des antisowjetischen polnischen Widerstandes der Armija Krajowa eingerichtet. Vgl. hierzu und zur Rekrutierung deutscher Kämpfer im Rahmen des Unternehmens „Weißdorn": Biddiscombe, The SS Hunter Battalions, S. 98f. Laut Pahl, Fremde Heere Ost, S. 155, war Leiter des FAK 206 der zum Tode verurteilte Kurt Reinhardt. Auch das FAT 210 arbeitete ab 6.3.1945 im Bereich der Heeresgruppe Weichsel mit dem Werwolf zusammen.

Reihe von Sabotageakten gegen die Rote Armee.[793] Im Rahmen von zwei Volkssturm-Bataillonen sei die Aktion im Kreis Habelschwerdt unter Federführung der NSDAP-Kreisleitung vorbereitet worden. Es waren Decknamen vergeben und fünf Stützpunkte geschaffen worden, jedoch gab man nach dem Einmarsch der Roten Armee die Waffen beim Bürgermeister wieder ab. Die Angeklagten sagten aus, dass ihre Gruppe keine Werwolforganisation war. Angehörige hingegen, zum Beispiel die von Erhard Rohrmann, gaben später an, die Männer seien wegen vermuteter Werwolftätigkeit verurteilt worden. Auch ein nicht zum Tode Verurteilter bezeugte später in seinen Erinnerungen, dass Werwolfvorwürfe Teil der Anklage waren.[794] Ähnlich wie bei der vorgenannten Gruppe in den Sudeten hatten zwei Hingerichtete dem FAK 212 selbst auch angehört. Bereits im Januar 1945 war ein FAK unter Hauptmann Kirn nach Schlesien beordert worden, um lokale Werwolfgruppen auszubilden und zu helfen, Waffen-, Lebensmittel- und Medikamentendepots anzulegen. Polnische Nachkriegsschätzungen gehen von etwa 1000 Werwolfkämpfern in Niederschlesien aus.[795] Vier der Hingerichteten waren Förster, zwei weitere Waldarbeiter und Forstmitarbeiter, drei waren Bürgermeister, davon zwei auch Ortsgruppenleiter der NSDAP, ein weiterer war Kreisschulungsleiter der NSDAP.

Für diese Partisanenvorbereitungen wurden 18 Todesurteile wegen Kriegsverbrechen und Diversion vollstreckt gegen:
Josef Engel
Franz Faber
Eduard Gottwald (vgl. Bürgermeister)
Franz Hartwich
Helmut Kasper
Josef Klaus
Adolf Kolbe
August Lachmut
Georg Leiser
Gustav Masur
Reinhold Neitwig
Ernst Peucker (vgl. Bürgermeister, NSDAP-OGL)
Georg Presche (vgl. Abwehr Frontaufklärung)
Gustav Ptazek
Erhard Rohrmann
Paul Schmidt (geb. 1894) (vgl. Bürgermeister, NSDAP-OGL, Abwehr Frontaufklärung)
Paul Straube (vgl. NSDAP-Kreisleitungen)
Hubert Würwich

793 Biddiscombe, The SS Hunter Battalions, S. 331 f.
794 Vgl. Pautsch, Und dennoch überlebt; Vgl. Koop, Himmlers letztes Aufgebot, S. 216.
795 Biddiscombe, Werewolf, S. 20.

Max Zwiener (vgl. Abwehr Frontaufklärung) aus Grunwald Kreis Glatz/Schlesien wurde noch am 12. März 1945 mit einer Gruppe von zwölf Diversanten in einem Flugzeug in das Hinterland der Roten Armee gebracht, nahm an der Sprengung einer Eisenbahnbrücke und der Verminung von Eisenbahnlinien teil. Nach der Kapitulation baute er laut Auffassung der sowjetischen Geheimpolizei eine Werwolfgruppe auf, ausgerüstet mit Waffen, Munition und Verpflegung, die er im Wald versteckte. Er habe den Auftrag erhalten, im Hinterland der Sowjetarmee Diversions- und Terrorakte zu verüben.
Erich Blocksdorf (vgl. Spionage Hinterland der Roten Armee, HSSPF)
Erich Böhm (geb. 1921) (vgl. Spionage Hinterland der Roten Armee, HSSPF)
Alexander Beil (vgl. Spionage Hinterland der Roten Armee)
Paul Krause
Klaus Ritter (vgl. Spionage Hinterland der Roten Armee)
Friedrich Schlingmann (vgl. Spionage Hinterland der Roten Armee).

Aus anderen Gründen verurteilt oder Urteilsgründe nicht bekannt:
Ludwig Dezil
Georg Kisem
Wilhelm Rusner
Richard Treiker[796]

1.7 Sachsen-Anhalt

Für dieses Land lassen sich 22 Personen nachweisen, die alle wegen Werwolfverdachts verurteilt wurden.

In Sachsen-Anhalt fanden zwei spektakuläre Massenprozesse statt, die hinsichtlich des Werwolfvorwurfes konstruiert waren. Dem SMT im Juli 1946 in Sondershausen gegen die sogenannten Greusener Jungs lag das fingierte Dokument eines Kommunisten zugrunde, der dafür später selbst von einem SBZ-Gericht zu einer Freiheitsstrafe verurteilt wurde. Drei der Angeklagten waren inzwischen zum Tode verurteilt worden, Kurt Hüllemann[797] (vgl. HJ), *Georg Kermis* und *Helmut Kühn*. Hüllemann war kriegsversehrt und Standortführer der HJ. Alle drei wurden wegen Werwolfverdachts verurteilt. Während Hüllemann als

796 Für die vier letztgenannten Hingerichteten vgl. Possekel, Sowjetische Speziallager, Band 2, S. 165. Sie waren Volkssturmangehörige im Kreis Oststernberg und wurden als Partisanen im Sinne des Werwolfs betrachtet. Laut Biddiscombe, Last Nazis, S. 249, geben deutsche Erinnerungsberichte für das Gebiet Königsberg die Zahl von 2000 als vermeintliche Partisanen hingerichteten Deutschen an, die dem Volkssturm angehört hatten.

797 Hilger/Schmeitzner/Schmidt (Hg.), SMT 2, S. 207 f.; Günter Agde, Die Greußener Jungs. Hitlers Werwölfe, Stalins Geheimpolizisten und ein Prozeß in Thüringen, Eine Dokumentation, Berlin 1995, S. 163, 267; Prieß, Erschossen, S. 60, 64; Koop, Himmlers letztes Aufgebot, S. 224 f.

einziger hingerichtet wurde, starb Helmut Kühn in der Haft, vermutlich nach der Begnadigung, auch Kermis wurde begnadigt.

Bei einem Massenprozess, der sich auf das Klostergymnasium Roßleben[798] bezog, waren Lehrer und Schüler des Gymnasiums angeklagt. Das Personal, dazu gehörten der Hausmeister und Inspektor Erich Fricke,[799] der Lehrer und Studienassessor Heinrich Debes[800] (vgl. HJ, Napola) sowie der Lehrer und Studienrat Rudolf Rechenberg (vgl. SA),[801] wurde zum Tode verurteilt. Rechenberg wurde u.a. vorgeworfen, einen Anschlag auf den Kommunisten Zurod verübt zu haben. Möglicherweise handelt sich bei dem im Urteil genannten Zurod um den KPD-Mann Etzerod, um den es Querelen auf Gut Wendelstein gab, als dieser dort die Bodenreform durchführte. Dabei habe jemand vernehmbar gesagt: „Den müsste man umbringen." Das SMT habe der Gruppe, nach dem Zeugnis eines Mitverurteilten, illegale Gruppenbildung, Konterrevolution und illegale Tätigkeit vorgeworfen.[802]

Fünf der Schüler wurden zu hohen Zeitstrafen verurteilt. In den Berichten von zwei dieser Verurteilten wird eine Nachtwache auf der Klosterschule erwähnt, zu der die Schüler nach dem Einmarsch der Roten Armee von der Schulleitung bestimmt worden seien.[803] Die Nachtwache war laut anderer Wahrnehmung durch Hausinspektor Fricke zum Schutz des Gymnasiums vor der Sowjetarmee eingeteilt worden, was für diese, wie sich im Prozess herausgestellt habe, etwas „ganz Schlimmes" darstellte.[804] Am 28. Februar 1946, etwa drei Monate nach den Hinrichtungen, erhielt der Kommandeur des 92. Sowjetischen Grenzregiments einen anonymen Drohbrief, in dem zu terroristischen Aktionen gegen die Rote Armee im Zusammenhang mit der „Liquidierung der Werwolf-Gruppe im Gymnasium Roßleben im Jahr 1945" aufgerufen wurde.[805]

Dieter Baumann[806] (vgl. Spionage Sachsen-Anhalt)

798 Hantsche, Diktaturwechsel, S. 13, 74-181. Vgl. die Berichte von Überlebenden: von Pannwitz, Klosterschüler, und von Poser, Klosterschule. Überblick in: Johannes Tuchel, Schüler der Klosterschule Roßleben im Widerstand gegen den Nationalsozialismus - Lehrer, Schüler und Mitarbeiter der Klosterschule Roßleben als Opfer der sowjetischen Besatzungsmacht, Berlin 2014, S. 75-141.
799 Hantsche, Diktaturwechsel, S. 13, 74-181; Pannwitz, Klosterschüler; Poser, Klosterschule.
800 Ebd.
801 Ebd.
802 Interview des Autors mit dem Mitverurteilten Hans-Curt von Pannwitz am 16.1.2007.
803 Bericht von Dietrich Nolte. In: Rundbrief Nr. 51 der Initiativgruppe Lager Mühlberg e.V., Juli 2013.
804 Interview des Autors mit dem Mitverurteilten Hans-Curt von Pannwitz am 16.1.2007. Die Nachtwache ist auch erwähnt in: Tuchel, Schüler, S. 78 und 86.
805 Bericht des Kommandeurs der Truppen zur Sicherung des Hinterlandes der sowjetischen Besatzungsmacht in Deutschland, Generalmajor Abuisov, vom 10.3.1946. In: Matrosov/Solov'ev, Pograničnye vojska, S. 160.
806 Annemarie Lüdicke, Vergessene Schicksale. Festnahmen in Mitteldeutschland 1945-1961, Zerbst 2004, S. 79.

Werner Bünger
Helmut Gehauf
Wilfried Haase (vgl. Widerstand Sachsen-Anhalt)
Hans-Joachim Hartmann
Karl Herbrechter
Horst Hinz (vgl. Widerstand Sachsen-Anhalt)
Kurt Hinz
Karl-Heinz Holzapfel (vgl. Hitlerjugend, Terror Sachsen-Anhalt)
Siegfried Mattmann
Emil Riedel
Hugo Scherf
Erich Schmidt (vgl. Widerstand Sachsen-Anhalt)
Rudolf Schumann
Karl Straus
Heinz Werner (vgl. Widerstand Sachsen-Anhalt)

1.8 Sachsen

In einem Gruppenprozess in Bautzen wurden im November 1945 der Leiter der Kripostelle Löbau, Johannes Richter[807] (vgl. RKPA) - er soll auch Beamter der Stapoleitstelle Dresden gewesen sein[808] -, und der Oberförster Walter Häcker[809] aus Cunewalde zum Tode verurteilt. Mit ihnen waren die Jugendlichen Gerhard Graf aus Wohlau, Gotthard Altmann und Christian Pietsch sowie Günter Wübbelmann, Gerhard Wunderlich und Christian Zanier aus Löbau angeklagt. Wübbelmann und Wunderlich erhielten 15 Jahre Straflagerhaft. Das Strafmaß der anderen Angeklagten ist nicht bekannt.[810] Eine Reihe von Dokumenten gibt indirekt Aufklärung über den Zusammenhang, aus dem heraus Richter und Häcker verurteilt wurden. Laut dem Arbeitsbericht des für den Werwolf zuständigen Beauftragten für Spezialabwehr im Bereich der Heeresgruppe Mitte vom 31. März 1945 war der Raum Dresden spätestens Anfang März 1945 zum Zen-

807 Koop, Himmlers letztes Aufgebot, S. 99 f.; Aktennotiz HA IX/2 vom 10.11.1986 (BStU, ZA, HA IX/11, ZUV 74, Band 2, Bl. 109 f.).
808 Aktennotiz HA IX/2 vom 10.11.1986 (BStU, ZA, HA IX/11, ZUV 74, Band 2, Bl. 109 f.).
809 Aktennotiz HA IX/2 vom 10.11.1986 (BStU, ZA, HA IX/11, ZUV 74, Band 2, Bl. 109 f.); Zugangsprotokoll Speziallager Bautzen vom 1.12.1945 (GARF, f. 9409, op. 1, d. 543, l. 122 f.).
810 Aktennotiz HA IX/2 vom 10.11.1986 (BStU, ZA, HA IX/11, ZUV 74, Band 2, Bl. 109 f.). Richter, Häcker, Altmann, Wunderlich, Pietsch und Wübbelmann sind am 1.12. 1945 von der NKWD-Operativgruppe Bautzen in das Speziallager Bautzen eingewiesen worden. Zugangsprotokoll Speziallager Bautzen vom 1.12.1945 (GARF, f. 9409, op. 1, d. 543 l. 122 f.).

trum der Werwolfarbeit („‚W‘ Arbeit“) im Operationsgebiet der 4. Panzer-Armee in der Heeresgruppe Mitte geworden.[811]

Graf gab kurz vor seiner Verhaftung durch das NKVD gegenüber dem Bürgermeister von Kittlitz an, nach seiner Ende März 1945 abgeschlossenen infanteristischen Ausbildung im Wehrertüchtigungslager Neukirch/Lausitz und in Hirschberg am See eine Pionierausbildung erhalten zu haben und im Dynamitsprengen ausgebildet worden zu sein. Er sagte aus, dass es sich um eine „Werwolfausbildung“ gehandelt habe, die er jedoch nicht freiwillig absolvierte.

Nach dieser Ausbildung hätten sich die Jugendlichen, die alle aus dem Kreis Löbau stammten, in Löbau bei der Gestapo, bei einem Herrn Richter, melden müssen. Von Löbau aus seien Graf und Wübbelmann zusammen mit drei Jugendlichen aus Großschweidnitz und Cunewalde nach Cunewalde beordert worden. Sie hätten dort unter Anleitung von zwei Förstern einen „bunkerähnlichen Bau“ fertigstellen müssen.[812] Gerhard Wunderlich gab vor seiner Verhaftung bei der Polizei in Niedercunnersdorf ebenfalls an, zum Werwolf gehört zu haben. Eingezogen zum Wehrertüchtigungslager Ottendorf, sei er bald darauf in das „Sonderlager“ Neukirch-West in der Lausitz gebracht und für ein Pionier-Sprengkommando ausgebildet worden. Zum Abschluss der Ausbildung habe man ihnen mitgeteilt, „dass wir für den Wehrwolf vorgesehen waren“. Am 23. April 1945 sei er nach Strahwalde geschickt worden, wo er sich an der Fertigstellung eines Bunkers beteiligte. Da er inzwischen das Interesse an der Sache verloren hatte, habe er sich am 31. April 1945 „beim Kommissar Richter in Löbau“ abgemeldet und sei in die Division „Hermann Göring“ eingetreten.[813] Altmann sagte vor seiner Verhaftung beim Gemeindesekretär in Großschweidnitz aus, „beim ‚Wehrwolf‘ gewesen“ zu sein mit der Aufgabe „hinter den russischen Linien die Brücken zu sprengen, um das Vordringen der feindlichen Wehrmacht zu verhindern, ihr Schwierigkeiten zuzufügen und den Nachschub zu stören“. Er sei ebenfalls im März 1945 im Wehrertüchtigungslager Neukirch ausgebildet worden. Zum Ende des Lehrgangs habe man die Jungen nach Dresden gefahren und ihnen eröffnete, dass sie „dem Verband ‚Wehrwolf‘ zugeteilt“ worden seien. Er sei dann auf die „Kriegsschule“ Hirschberg[814] gekommen. In Cunewalde hätten sie einen Bunker in den Berg hineingebaut und getarnt. Nach dessen Fertigstellung habe

811 Arbeitsbericht des Beauftragten für Spezialabwehr im Bereich der Heeresgruppe Mitte vom 31.3.1945 (BStU, ZA, HA IX/11, ZUV 74, Band 3, Bl. 211-222).

812 Vernehmungsprotokoll Gerhard Graf vom 4.6.1945 (BStU, ZA, HA IX/11, ZUV 74, Band 2, Bl. 29).

813 Vernehmungsprotokoll von Gerhard Wunderlich vom 21.6.1945 (BStU, ZA, HA IX/11, ZUV 74, Band 2, Bl. 30).

814 Laut dem Arbeitsbericht des Beauftragten für Spezialabwehr im Bereich der Heeresgruppe Mitte vom 31.3.1945 war die dem Volkssturm zu Verfügung stehende „Kampfschule Hirschberg am See“ in der SA-Gruppenschule „Sudeten“ untergebracht und diente der Schulung der geworbenen Werwolfkämpfer. Sie konnte 60 Schüler aufnehmen und unterstand dem Inspekteur für Kampfschulen beim Generalinspekteur für Spezialabwehr (Werwolf). Ein Lehrgang sollte 14 Tage dauern. Arbeitsbericht des Beauftragten

sich die Gruppe der Jugendlichen „beim Kriminalsekretär Richter in Löbau melden müssen". Bald darauf habe man sie zu Oberförster Häcker in Cunewalde geschickt. Jedoch hätten sie ihre Waffen bald darauf weggeworfen und seien nach Hause gegangen. Häcker hingegen habe seine Jagdwaffen am 8. Mai 1945 bei der sowjetischen Ortskommandantur Cunewalde abgegeben.[815]

Altmann starb am 16. August 1949 im Speziallager Bautzen. Wübbelmann sagte später aus, Zanier habe ihm während seiner Haft in Bautzen mitgeteilt, dass auch er beim Werwolf gewesen sei.[816] Wübbelmann sagte auch aus, dass spätestens Anfang März 1945 im Wehrertüchtigungslager Neukirch drei SS-Offiziere erschienen seien, die ihn mit insgesamt rund 20 Jugendlichen „zu einer Sonderaufgabe ausgesucht" hätten. Mit dabei war auch der spätere Mitangeklagte Gotthard Altmann aus Großschweidnitz. Sie wurden zusammen mit Hitlerjungen aus anderen Gegenden in der Gaststätte „Zum Erbgericht" in Schönfeld bei Dresden untergebracht, insgesamt drei Gruppen mit jeweils 15 bis 20 Jugendlichen. Dort erfolgte eine theoretische Ausbildung im Handhaben von Waffen, im Bauen von Straßensperren, im Seilspannen, für Teichüberschwemmungen, zum Felsenabsprengen und Minenlegen sowie eine „weltpolitische" Schulung mit abschließender Prüfung. Nach acht bis zehn Tagen kehrten sie in das Wehrertüchtigungslager Neukirch zurück. Die zunächst in Schönfeld ausgebildete Gruppe wurde am 2. April 1945 von Neukirch über die Zwischenetappe Dresden-Hellerau nach Hirschberg am See (Sudetengau) gebracht, wo die Sprengausbildung fortgesetzt wurde (Zusammensetzung der Sprengstoffe, deren Wirkung, Anbringen von Sprengladungen an Brücken, Straßen und Eisenbahnschienen). Sie hatten zuvor in Hellerau neue SS-Uniformen erhalten. Ein SS-Obersturmführer Schmidt aus Dresden habe die Jugendlichen am 1. April 1945 in der SS-Kaserne Dresden-Hellerau mit Handschlag als Werwolfangehörige vereidigt.[817] Am

für Spezialabwehr im Bereich der Heeresgruppe Mitte vom 31.3.1945 (BStU, ZA, HA IX/11, ZUV 74, Band 3, Bl. 211–222); Koop, Himmlers letztes Aufgebot, S. 86 f.

815 Vernehmungsprotokoll Gotthard Altmann vom 4.6.1945 (BStU, ZA, HA IX/11, ZUV 74, Band 2, Bl. 31).

816 Aktenvermerk vom 7.11.1986 (BStU, ZA, HA IX/11, ZUV 74, Band 2, Bl. 102).

817 Jahrzehnte später ging das MfS der DDR davon aus, dass es sich bei diesem SS-Obersturmführer Schmidt um den letzten Leiter der Abteilung III (Spionageabwehr) der Gestapoleitstelle Dresden, Henry Schmidt, handelte, der bis Frühjahr 1944 Leiter der für die Verfolgung und Deportation der Dresdner Juden verantwortlichen Abteilung II gewesen war. Schmidt gab 1986 in einer MfS-Vernehmung an, er habe bis Anfang April 1945, wahrscheinlich in einer Kaserne in Dresden-Hellerau, für zwei bis drei Wochen die Ausbildung von etwa 25 bis 30 jugendlichen „Werwölfen" geleitet. Henry Schmidt gab schließlich zu, jener SS-Obersturmführer Schmidt gewesen zu sein, den Wübbelmann 1945 in seinem Verhör beschrieb. Vernehmungsprotokolle Henry Schmidt vom 14.10., 20.10. und 22.10.1986 (BStU, ZA, HA IX/11, ZUV 74, Band 13, Bl. 240 f., Bl. 245 f. und Bl. 251). Vgl. Koop, Himmlers letztes Aufgebot, S. 96 f. Henry Schmidt wurde am 28.9.1987 vom Bezirksgericht Dresden wegen seiner Verantwortung für die Deportation der Dresdner Juden in die Vernichtungslager als ehemaliger Leiter des Judenreferats in der Abteilung II der Gestapoleitstelle Dresden zu lebenslänglicher Haft verurteilt. Bid-

17. April 1945 durften sie zunächst nach Hause gehen. Sie wurden jedoch nun „dem damaligen Leiter der Kriminalpolizei, Richter, unterstellt und von ihm eingesetzt“. Richter teilte die Jugendlichen in „Bunkerbesatzungen“ ein. Gemeinsam mit den später ebenfalls verurteilten Gotthard Altmann und Gerhard Graf, sowie mit Karl Hensel und Herbert Kutschke, gehörte Wübbelmann zur Besatzung des Bunkers im Schleifberg/Obercunewalde unter dem Bunkerkommandanten Oberförster Häcker.[818] Sie erhielten drei Tage Urlaub, wobei Graf noch zum Bunkerbau in Großdehsa und Kutschke sowie Hensel zum Reinigen und Transportieren von Waffen in den Bunker Obercunewalde eingesetzt wurden. Die fünf Jungen meldeten sich noch am 7. Mai 1945 erneut bei Richter und erhielten nun Munition, Sprengstoff, Lebensmittel und Verbandsmaterial für den Bunker Obercunewalde, gaben die Ausrüstung jedoch bei Oberförster Häcker ab. Während Kutschke, Hensel und Altmann im Bunker verblieben, begab sich Wübbelmann mit den später ebenfalls Verurteilten Pietsch und Graf sowie zwei anderen Jungen zum Schloss Großdehsa. Sie mussten jedoch das Schloss wegen der vorrückenden Roten Armee alsbald wieder verlassen und machten sich auf den Weg nach Löbau, um zu Richter zu gelangen, den sie jedoch nicht mehr antrafen. Als die aus sieben Jungen bestehende Gruppe am Morgen des 8. Mai 1945 plötzlich Rotarmisten gegenüberstand, eröffnete ein Teil von ihnen das Feuer, der andere Teil, darunter Wübbelmann, floh. Einige versuchten, zu den vorbereiteten Bunkern in Herrnhut und Ruppersdorf zu gelangen. Wübbelmann selbst begab sich auf den Weg zu Oberförster Häcker, der sich im Bunker Obercunewalde aufhielt, kam jedoch in die Kriegsendwirren hinein und konnte erst Ende Mai wieder nach Hause zurückkehren. Er wurde von deutschen Polizisten verhaftet und wegen des Verdachts vernommen, an der Sprengung der Brücken in Löbau beteiligt gewesen zu sein. Er wurde nach seiner 1945 erfolgten Verurteilung erst am 25. März 1951 aus dem DDR-Zuchthaus Bautzen entlassen.[819] Herbert Kutschke gab im Juni 1945 in einem Verhör ebenfalls an, durch einen SS-Obersturmführer Schmidt aus Dresden für den Werwolf ausgebildet worden zu sein, sowohl in Schönfeld bei Dresden als auch in Hirschberg am See im Sudetengau.[820] Und Günter Garn sagte im Juni 1945 aus, von SS-Obersturmführer Schmidt aus Dresden in Ottendorf bei Sebnitz, in Schönfeld bei Dresden und in Hirschberg am See im Sudetengau als „Werwolf“ ausgebildet worden zu sein.[821]

discombe, Last Nazis, S. 59, erwähnt eine dem RSHA unterstehende Werwolfschule in Dresden.

818 Hierbei dürfte es sich um den im Gruppenprozess zum Tode verurteilten Walter Häcker handeln.

819 Vernehmungsprotokolle Günter Wübbelmann vom 5.11.1986 und vom 28.5.1945 (BStU, ZA, HA IX/11, ZUV 74, Band 28, Bl. 96-100, Bl. 109-111, Bl. 119-121).

820 Vernehmungsprotokoll Henry Schmidt vom 22.10.1986 (BStU, ZA, HA IX/11, ZUV 74, Band 13, Bl. 254).

821 MfS-Angabe im Vernehmungsprotokoll Henry Schmidt vom 22.10.1986 (BStU, ZA, HA IX/11, ZUV 74, Band 13, Bl. 254).

Das Schicksal des ebenfalls in Löbau am 22. Juni 1945 verhafteten Jugendlichen Dietmar Zirnstein aus Friedersdorf ist ungeklärt. Auch er war als 16-Jähriger im Frühjahr 1945 in Neukirch, Lomnitz, Schönfeld und Hirschberg am See in Geländekunde, Schießen und Sprengen ausgebildet worden.[822]

Prominentester Verantwortlicher für die Aufstellung von Partisaneneinheiten im Sinne des Werwolf war für die sowjetische Besatzungsmacht der NSDAP-Gauleiter und Reichsstatthalter in Sachsen Martin Mutschmann[823] (vgl. NSDAP-Gauleitungen, frühe KZ, Zwangsarbeit Deutschland, Reichstag).

Curt Berger
Heinz-Artur Ersel
Heinz Faust[824] (vgl. HJ)
Max Heiser
Arnd Hönncher
Willi Kislich
Emil Kucharsowski
Walter Kusserow[825]
Karl Oczadly (vgl. Untergeordnete NSDAP-Funktionen, Spionage Hinterland der Roten Armee)
Georg Pfeiffer (vgl. NSDAP-OGL, NSDAP-Kreisleitungen, NSDAP-Gauleitungen, Verbindung zu einem ausländischen Staat)
Max Schläger[826] (vgl. Gestapo- und SD-V-Männer)
Artur Schmidt (geb. 1894)
Karl Schwenke
Robert Thieme
Max Walther

1.9 Ohne Ortsangabe

Otto Wanselow

822 Vgl. BStU, ZA, HA IX/11, AK 1889/86. Koop, Himmlers letztes Aufgebot, S. 222.
823 Schmeitzner, Mutschmann; vgl. den Aufsatz von Mike Schmeitzner in diesem Band. Ebenfalls: Hilger, Tod den Spionen, S. 114–116; Hilger, Sowjetische Justiz, S. 476f.
824 Hilger/Schmeitzner/Schmidt (Hg.), SMT 2, S. 560f.; Hilger, Tod den Spionen, S. 122; Wagenlehner, Die russischen Bemühungen, S. 73; Kopalin, Rehabilitierung, S. 30f.
825 Prieß, Erschossen, S. 132; Jörg Morré (Bearb.), Totenbuch Speziallager Bautzen 1945–1956. Hg. von der Stiftung Sächsische Gedenkstätten/Gedenkstätte Bautzen, Bautzen 2004, S. 61.
826 Possekel, Sowjetische Speziallager, Band 2, S. 206.

1.10 Edelweißpiraten

Eine spezielle, von sowjetischer Seite gleichfalls unter die Werwolfkategorie gefasste Gruppe waren die nach Vorbildern in westalliierten Besatzungszonen gebildeten „Edelweißpiraten". Gruppen unangepasster Jugendlicher mit dieser Eigenbezeichnung wurden bereits in der NS-Zeit verfolgt. Ihre Aktivitäten lassen sich in mehreren Besatzungszonen, überwiegend aber gegen die westlichen Alliierten gerichtet, nachweisen. Über Verbindungen zu den überwiegend nationalsozialistisch geprägten Jugendlichen dieser Gruppen in der sowjetischen Besatzungszone, die mit der dortigen Politik unzufrieden waren, ist wenig bekannt. Noch Anfang der 1950er-Jahre wurden in der DDR nationalsozialistisch gesinnte Edelweißpiratengruppen festgestellt, die u. a. das Horst-Wessel-Lied sangen.[827] Im ehemals deutschen Schlesien sind „Edelweißpiraten" bis 1946 von polnischen Behörden bekämpft worden.[828]

Jedenfalls übernahmen die Edelweiß-Gruppen in der SBZ den Namen der sich bis Mai 1945 gegen den Nationalsozialismus auflehnenden Jugendlichen. Die sowjetische Geheimpolizei hielt im Juni 1946 die Edelweißpiraten für von der britischen Besatzungsmacht in die SBZ eingeschleuste „faschistische Organisationen", die in britischem Auftrag Diversion und Terror verübten, Einheiten der Roten Armee aufklärten, antisowjetische Propaganda betrieben, Jugendliche anwarben und Propaganda zugunsten Großbritanniens verbreiteten. Einige dieser Gruppen habe das sowjetische MVD bereits unschädlich gemacht.[829] Für Bayern ist bekannt, dass aus der SBZ übergesiedelte oder von dort geflohene Hitlerjungen sich im Herbst 1945 als Edelweißpiraten betrachteten.[830] Ein aus der SBZ in die amerikanische Zone geflüchteter „Edelweißpirat" berichtete erstmals über die von der sowjetischen Geheimpolizei vorgenommenen Massenverhaftungen gegen männliche Jugendliche.[831]

In Berlin soll nach NKVD-Angaben im November/Dezember 1945 eine „Edelweiß"-Gruppe gegründet worden sein. *Günter Neuenburg* und *Helmut Schunemann* dienten in der ostdeutschen Polizei und hatten von den „Edelweißpiraten" in den Westzonen Deutschlands gehört. Schunemann knüpfte zu Hans G., Leiter einer solchen Gruppe in Hannover, Kontakt und gründete in Berlin selbst

827 Alfons Kenkmann, Edelweißpiraten zwischen Stalingrad und Währungsreform. In: Franz-Werner Kersting (Hg.), Jugend vor einer Welt in Trümmern. Erfahrungen und Verhältnisse der Jugend zwischen Hitler- und Nachkriegsdeutschland, Weinheim 1998, S. 115–131, hier 127.

828 Czesław Gołąbek/Ryszard Tryc, Z genezy powstania i dzialalności werwolfu na polskich ziemiach zachodnich. In: Wojskowy przegląd historyczny, 2/1963, S. 125–152, 143 f., 147.

829 Direktive des Chefs der Inneren Truppen des MWD in Deutschlands an die Regimentskommandeure vom 21.6.1946. In: Jan Foitzik/Nikita Petrov, Die sowjetischen Geheimdienste in der SBZ/DDR von 1945 bis 1953, Berlin 2009, S. 265–268, hier 265.

830 Biddiscombe, Werewolf, S. 188.

831 Biddiscombe, Last Nazis, S. 249.

eine solche Gruppe, die Sabotageakte verübte und sich gegen die Demontage von Betrieben und die Vereinigung von KPD und SPD wendete. Schließlich sollen sie versucht haben, sich aus den Westzonen Sprengstoff zu beschaffen. Beide wurden verhaftet. Das Schicksal der insgesamt 30 Mann zählenden Gruppe ist nicht bekannt.[832]

Das Phänomen der „Edelweißpiraten" ist für die SBZ weitgehend unerforscht, dürfte jedoch nicht nur punktuell bestanden haben. Als Anfang Januar 1946 in Berlin der 22-jährige *Heinz Boruschewski* wegen Diebstahls festgenommen wurde, fand man in seiner Wohnung Hinweise auf seine Arbeit für die „Edelweißpiraten". Darunter befanden sich Situationsberichte aus der SBZ, die er nach eigener Aussage an einen übergeordneten Mitarbeiter der Organisation senden sollte. Er gab an, dass 20 seiner Kameraden in Berlin tätig seien und beabsichtigt werde, auch andernorts, etwa in Gera, Abteilungen der „Edelweißpiraten" zu schaffen.[833]

Im Mai 1946 nahm die deutsche Polizei im brandenburgischen Marga-Brieske zwei Jugendliche fest, die zu einer Gruppe „Edelweiß" gehörten, welche ein Mitgliedsbuch führte. Sie wurden dem NKVD übergeben.[834] Für das Jahr 1946 gibt eine sowjetische Statistik die „Liquidierung" von Edelweißpiratengruppen mit insgesamt sieben Mitgliedern an, die dem Werwolf zugerechnet wurden.[835] Vermutlich Anfang 1949 verurteilte ein SMT in Sachsen die 18-jährige Margarete Kuntze zu 25 Jahren Zwangsarbeit mit der Begründung: „seit 1947 im terroristischen Diversions-Organ ‚Edelweiß-Piraten'".[836]

Auch in der britischen Besatzungszone wurden Edelweißpiraten zum Tode verurteilt, so in Düsseldorf und Uelzen, jedoch sind einige Urteile nachträglich in Zeitstrafen umgewandelt worden. Ein Todesurteil wurde damit begründet, dass es sich um eine „Aktivität bei den Edelweißpiraten" handele, „eine Organisation, die nach Meinung des Militärgerichts den Frieden in Europa bedrohte".[837] In München galt die Gruppe der Edelweißpiraten als Ableger des Werwolfs.[838] Im britischen Internierungslager Neuengamme war ab Februar 1947 der 1915 in Stettin geborene ehemalige Zugführer der SS-Sturmbrigade Dirlewanger,

832 Possekel, Sowjetische Speziallager, Band 2, S. 232 f.

833 Bericht, Köpenick, den 25.1.1946 (LArch Berlin, C Rep. 303-09, Band 60, Bl. 125 f.).

834 Bericht Polizeiverwaltung Mark Brandenburg an Abteilung Innere Angelegenheiten der SMAB vom 23.5.1946 (BLHA, Rep. 203, Nr. 325, o. Pag.).

835 Bericht des Kommandeurs, Oberst Bljumin, und des Stabskommandeurs des 92. Grenzregiments, Major Morozov, vom 1.1.1947. In: Matrosov/Solov'ev, Pograničnye vojska, S. 164-167.

836 BStU, ASt Frankfurt/Oder, KD Eisenhüttenstadt, 253.

837 Kenkmann, Edelweißpiraten, S. 126; vgl. zu den Aktionen in den westlichen Besatzungszonen auch Perry Biddiscombe, The Enemy of our Enemy. A View of the Edelweiss Piraten from the British and American Archives. In: Journal of Contemporary History, 30 (1995) 1, S. 37-63.

838 Biddiscombe, Last Nazis, S. 205.

Freiherr Karl von Geldern, als „verdächtiger Kriegsverbrecher und Mitglied von ‚Edelweiß'" inhaftiert, der zuvor beim Polizei-Gebirgsjäger-Bataillon 78 diente.[839]

Für die Gruppen in der SBZ lassen sich zwei vollstreckte Todesurteile nachweisen.

Lothar Zobel[840] (vgl. HJ) aus Mücheln im Kreis Merseburg wurde Anfang August 1946 in einem Gruppenprozess mit 17 Verurteilten in Querfurt als einziger zum Tode verurteilt. Man warf ihm vor, seit Februar/März 1945 einer Untergrundorganisation „Edelweißpiraten" angehört zu haben, die von einem gewissen Schmidt gegründet wurde. Die Gruppe hätte Waffen versteckt. Zobels Fall wird ohne vollständige Namensnennung in einer sowjetischen Publikation von 1975 erwähnt. Dabei wurde angegeben, seine Gruppe sei auf Anweisung des Kreisleiters der Hitlerjugend von Zobel gegründet und angeleitet worden, der selbst Leiter der städtischen HJ-Organisation gewesen sei. Zobel gab im Verhör an, diese Gruppe sei bereits im April 1945 entstanden, jedoch auf Anweisung des HJ-Kreisleiter aus Merseburg, W.[841]

Werner Karthäuser[842] und *Siegfried Mingramm* aus Stolberg/Harz wurden am 12. Mai 1947, am Tag der Abschaffung der Todesstrafe durch den Obersten Sowjet, zum Tode verurteilt. Das SMT sah als erwiesen an, dass sie im April/Mai 1946 in Stolberg eine Gruppe der Edelweißpiraten organisierten bzw. ihr beigetreten waren. Obwohl man anderen so spät zum Tode verurteilten deutschen Zivilisten aufgrund der Abschaffung der Todesstrafe die Begnadigung gewährte, wurde Karthäusers Urteil vollstreckt. Siegfried Mingramm erhielt im Juni 1947 die Begnadigung, starb aber 1951 im DDR-Zuchthaus Bautzen an Tbc. Weitere zwölf Angeklagte erhielten Zeitstrafen. Zu der Stolberger Edelweißpiratengruppe gehörte laut Zeitzeugenberichten auch Siegfried Mingramms Bruder Heinz Mingramm[843] (vgl. HJ), der bereits im Februar 1947 zum Tode verurteilt und später hingerichtet wurde. In den zu ihm bekannten sowjetischen Dokumenten werden die Edelweißpiraten nicht genannt.

Kurt Winkler aus Straach im Kreis Wittenberg war Mitglied der SED. Ihm wurde vorgeworfen, im Frühjahr 1946 eine bewaffnete Banditengruppe zur Beunruhigung der deutschen Bevölkerung organisiert zu haben. Im Mai gehörten hierzu der ehemalige HJ-Führer Swinarski aus Niedersdorf, der SS-Mann Ble-

839 The National Archives London, WO 309/1766.

840 Deutsche Opfer; Hantsche, Diktaturwechsel, S. 10, 40, 45, 138, 216 f., 221.

841 Bericht des Kommandeurs des 92. Grenzregiments, Obert Bljumin, und des Stabschefs des Regiments, Major Morozov, vom 1.1.1947. In: Matrosov/Solov'ev, Pograničnye vojska, S. 164-167.

842 Prieß, Erschossen, S. 134-146; Ahrberg, Abgeholt, S. 38-46; Morré, Totenbuch, S. 71; zu dieser Gruppe vgl. Hans Corbat, „Unserer Entwicklung steht er feindselig gegenüber ...". Erlebnisse in kommunistischen Lagern und Gefängnissen in Berlin, Torgau und Bautzen 1946-1956. Bearbeitet und eingeleitet von Wolfgang Oleschinski und Bert Pampel, Dresden 2005.

843 Die Gruppe um Mingramm nannte sich „Edelweißklub"; vgl. Prieß, Erschossen, S. 134; Ahrberg, Abgeholt, S. 38-46.

dow und der SA-Mann Nolde. Im Mai/Juni 1946 gründete er die Gruppe „Edelweißpiraten“ zum Kampf gegen die Rote Armee. Einige der Mitglieder verfügten über Waffen. Winkler wurde nach Verhängung der Todesstrafe begnadigt. Zwei Angeklagte erhielten Zeitstrafen.

Ebenfalls begnadigt wurde *Alfred Kasper*, den das SMT der 3. Mechanisierten Gardedivision am 3. Juli 1946 zum Tode verurteilte. Acht weitere Jugendliche im Alter von 18 bis 20 Jahren erhielten Zeitstrafen. Sie haben laut Urteil alle der Gruppe „Edelweißpiraten“ angehört mit dem Ziel von Diversion und Terror gegen sowjetische Militärangehörige. Sie hätten an der linken Brust als Erkennungszeichen eine weiße Blume getragen und grüßten sich mit der Zahl „88“, die für „Heil Hitler“ stehe. Wegen des Zeichens „88“ waren sie am 6. April 1946 von der deutschen Polizei festgenommen worden. Nur Kasper gab zu, den „Edelweißpiraten“ angehört zu haben. Sie seien in Sorge um die deutschen Frauen gewesen, die mit sowjetischen Offizieren und Soldaten „spazieren“ gingen und sich venerische Erkrankungen zuzogen, welche sich ausbreiteten. Alle Angeklagten leugneten die ihnen zur Last gelegten Vorhaben. Deshalb und weil ihnen keine praktische Tätigkeit nachgewiesen werden konnte, verwies die übergeordnete Instanz das Urteil zur Prüfung zurück, woraufhin die Strafen gesenkt wurden. Sie wurden danach in das Speziallager Bautzen eingewiesen.[844]

2. Verbindung zu einem ausländischen Staat (Artikel 58-3)

Die Anwendung dieses Paragrafen gibt Rätsel auf. Die meisten der nur neun Fälle liegen zeitlich kurz vor dem Kriegsende oder kurz danach, manchmal auch in Verbindung mit dem Vorwurf Kriegsverbrechen, Terror oder Diversion.

Artur Grienitz
Willi Gürnt
Bruno Hoffmann
Reinhard Lehmann (vgl. Gendarmerie Deutschland, Polizei Deutschland)
Hugo Meier
Hans Nippe
Georg Pfeiffer (vgl. NSDAP-OGL, NSDAP-Kreisleitungen, Werwolf Sachsen, NSDAP-Gauleitungen)
Johannes Scharf (vgl. Geistliche)
Rudolf Zeidler (vgl. Gendarmerie Deutschland)

844 Urteil des SMT der der Gruppe der sowjetischen Besatzungstruppen in Deutschland vom 6.8.1946 (GARF, op. 9409/1, d. 549, l. 212 f.).

III. SBZ-bezogene Vorwürfe

Einige der nachfolgend vorgestellten Fallgruppen überschneiden sich hinsichtlich der Vorwürfe mit Fällen, die im vorangegangenen Abschnitt aus der Sicht der Besatzer unter Werwolftätigkeit fielen. Sofern aber kein Werwolfvorwurf aus dem überlieferten Material ablesbar ist, wird hier der Vorwurf Terror/Subversion nicht mehr als Vorwurf aus der Übergangzeit zwischen Krieg und Frieden betrachtet. Unter den Vorwürfen Terror (auch terroristische Organisation), Widerstand, antisowjetische Propaganda, Sabotage und Spionage, aber auch Kriminalität und Unterstützung der internationalen Bourgeoisie fasste die Besatzungsmacht offenbar sämtliche Formen des gegen sie gerichteten Handelns in der SBZ. Die Fälle werden, sofern erkennbar, jeweils nach Ländern und Gebieten geordnet.

1. Terror, terroristische Organisation (Artikel 58–8)

Dieser Vorwurf lässt sich ohne genaue Tatumstände oft nicht vom klassischen Vorwurf der sogenannten Werwolfzugehörigkeit abgrenzen und soll hier separat aufgeführt werden. In manchen Fällen ist allein die Zugehörigkeit zu einer solchen Gruppe angeführt. Unerlaubter Waffenbesitz sowie die Anwendung von Waffen waren von allen Besatzungsmächten hart bestrafte Delikte und ihre Verfolgung ist hier einerseits als Prävention von Terror, anderseits überwiegend als Bestrafung von tatsächlichen Tötungshandlungen gegen Angehörige der sowjetischen Besatzungsmacht anzusehen. Waffenbesitz wurde teilweise auch nach Artikel 58–2 oder Ukaz 43 verurteilt. Selbst eine Schlägerei mit Rotarmisten oder die tatsächliche oder vermeintliche Verantwortung für ein Eisenbahnunglück mit verletzten oder getöteten Sowjetsoldaten sind als Terror ausgelegt worden.

Insgesamt lassen sich 109 Fälle nachweisen. Es wurden zum Tode verurteilt: in den deutschen Ostgebieten 26, in Thüringen 14, in Brandenburg 13, Sachsen-Anhalt 13, in Sachsen 12, in anderen besetzten Gebieten 9, in Berlin 9, in Mecklenburg 4, im Hinterland der Roten Armee 3 und wegen Handlungen an nicht bekannten Orten 6 Personen.

1.1 Deutsche Ostgebiete

Emilie Blancke
Helmut Brunsch (vgl. Polizei Deutschland)
Ludwig Dezil[845]
Hedwig Dost[846]

845 Possekel, Sowjetische Speziallager, Band 2, S. 165.
846 Der angewendete Paragraf ist nicht bekannt.

Bernhard Ehm[847]
Wilhelm Helbig
Bruno Kärgel
Georg Kisem[848]
Adolf Knobloch[849]
Emil Kringel
Maria Krou[850]
Josef Lange (geb. 1913)
Max Lessel
Felix Muche (vgl. Bürgermeister)
Alfred Pusch
Willi Rigelizki
Wilhelm Rusner[851]
Otto Schirmer
Wilhelm Schlamp
Wilhelm Schmidt (geb. 1905)
Alfred Scholz (vgl. NSDAP-Kreisleitungen)
Artur Stielke
Richard Treiker[852]
Max Völkel (vgl. Bürgermeister)
Paul Waletzko
Franz Wedig[853] (vgl. Bürgermeister)

1.2 Thüringen

Richard Schaefer (vgl. Bürgermeister), Bürgermeister des Dorfes Küllstedt im Eichsfeld, und die Einwohner Albin Dunkel, Georg Diegmann, Josef Diegmann, Otto Diegmann, Paul Lerch, August Matthias und Martin Montag wurden wegen Terrors erschossen.[854] Nach dem Abzug der amerikanischen Besatzungsarmee übernahm die Rote Armee am 1. Juli 1945 Thüringen als Besatzungszone und ließ auch in Küllstedt Einheiten einmarschieren. Wenige Tage danach, am 6. Juli 1945, versammelten sich nach sowjetischer Darstellung die Einwohner auf dem zentralen Platz des Ortes und äußerten – für die neuen Besatzer wahrnehmbar – ihren Unmut. Drei Tage später kam es zu einer handgreiflichen Kon-

847 Der angewendete Paragraf ist nicht bekannt.
848 Possekel, Sowjetische Speziallager, Band 2, S. 165.
849 Der angewendete Paragraf ist nicht bekannt.
850 Der angewendete Paragraf ist nicht bekannt.
851 Possekel, Sowjetische Speziallager, Band 2, S. 165.
852 Ebd.
853 Der angewendete Paragraf ist nicht bekannt.
854 Zu allen acht Hingerichteten und der folgenden Darstellung des Falles vgl. Petrov, Pervyj predsedatel', S. 52 f.; Zacharov, Dejatelnost', S. 515; Thiele, Vae Victis, S. 38; Kaminsky, Orte, S. 477 f.; Heinz Siebert, Eichsfeld, S. 87–90.

frontation. Nach Angaben des SMT standen sich auf dem Platz 200 Einwohner und eine Gruppe Sowjetsoldaten gegenüber. Es kam zu einer Schlägerei, wobei Hauptmann Nezwet, Hauptfeldwebel Sotscheikin, Obersergeant Asamatow und der Soldat Malkow verletzt wurden. Dabei habe Bürgermeister Richard Schaefer „Russe kaput" und „Kommissar kaput" gerufen. Den verletzten Rotarmisten habe man keine medizinische Hilfe erwiesen. In Schaefer sah das Gericht den Organisator des Gewaltaktes gegen die Rote Armee und der Opposition gegen die sowjetische Besatzungsmacht.

Laut deutschen Erinnerungsberichten hatten zwei Sowjetsoldaten am 9. Juli 1945 bei dem Produktenhändler Degenhardt Kartoffeln und Getreide kaufen wollen. Jugendliche des Dorfes hielten sie für Plünderer, wobei Degenhardt die Gruppe nicht besänftigen konnte. So kam es zu einer Schlägerei. Die sowjetischen Verletzten dieses ersten Zusammenstoßes seien von anderen Einwohnern und einem Arzt versorgt worden. Dennoch begann schon am nächsten Tag die Untersuchung durch eine sowjetische Kommission und führte zur Verhaftung und zum Abtransport von 33 Einwohnern nach Mühlhausen, darunter befanden sich auch völlig Unbeteiligte. Am 31. Juli seien sowjetische Soldaten mit den Verhafteten wieder in Küllstedt erschienen, hätten sechs von ihnen entlassen, die übrigen aber in das „Hotel zur Post" gebracht. Am 1. August morgens mussten sich sämtliche Dorfbewohner versammeln, sieben Verhaftete wurden an der Gartenmauer der Familie Gries aufgestellt und vor aller Augen durch Genickschuss getötet.[855]

Während diese sieben Angeklagten am 31. Juli 1945 in Küllstedt in einem Schauprozess zum Tode verurteilt und am 1. August 1945 erschossen worden waren, verurteilte erst am 24. August 1945 ein SMT in Mühlhausen den mutmaßlichen Rädelsführer Richard Schaefer. Seine Erschießung erfolgte am 14. Dezember 1945. Dies erklärt, warum nur die Angehörigen von Richard Schaefer später mithilfe des Suchdienstes des DRK sein Schicksal zu klären versucht haben. Denn die Erschießung der anderen sieben zum Tode Verurteilten hatten die Einwohner selbst mitansehen müssen. Neun weitere Dorfbewohner erhielten Zeitstrafen und sollen in die Sowjetunion deportiert worden sein, von denen nur drei zurückkehrten. Der deutsche Dorfpolizist Weigelt hatte den Bericht über die Schlägerei verfasst, war aber später gleichfalls verhaftet worden und habe sich nach Zeugenaussagen im Mühlhausener Gefängnis das Leben genommen.

Otto Maak (vgl. Bürgermeister), der Bürgermeister von Herschdorf, sowie Hugo Dietzel und Franz Schwabelrauch gehörten zu einer von Maak aus zwölf Bürgern aufgestellten Ortswache,[856] die am 4. November 1945 zwei in den Ort gekommene Sowjetsoldaten festnahmen, schlugen, entwaffneten und im Keller

855 Auch in Klepzig fanden öffentliche Urteilsvollstreckungen statt, vgl. die Fälle von Hermann Schumann u. a. (Terror Sachsen).

856 Hinsichtlich Ortswachen vgl. auch die Fälle Ewald Czechowski (Werwolf Brandenburg), Walter Fröhlich u. a. (Kriminalität), Otto Maak u. a. (Terror Thüringen) sowie Hermann Schumann u. a. (Terror Sachsen).

einsperrten, die infolge der Verletzungen mehr als 20 Tage im Krankenhaus behandelt werden mussten.
Karl Grübe
Hugo Hegewalde
Fritz Keyssner

1.3 Brandenburg

Ende Juli 1945 fand in Fürstenwalde ein Prozess gegen den Kaufmann Max Huhn[857] wegen Waffenbesitzes statt, dessen Ergebnisse die sowjetische Kommandantur Fürstenwalde am 8. August 1945 im Befehl Nr. 3 veröffentlichte.
Otto Hinze
Fritz Hünermann
Adolf von der Linde
Kurt Lücke (vgl. Widerstand Brandenburg)
Ernst Marquart
Paul Meyer (geb. 1905) (vgl. Widerstand Brandenburg)
Fritz Müller
Erich Peters
Hildegard Platz
Julius Stäcker (vgl. Widerstand Brandenburg)
Erich Thomas
Mathias Tornich

1.4 Sachsen

Karl-Robert Mischok[858] wurde nach dem Artikel für Diversion verurteilt, obwohl man ihm konterrevolutionäre Schädigung im Zusammenhang mit einem Eisenbahnunglück vorwarf. Er war Diensthabender einer Station der Linie Großenhain-Berlin. Nachdem sich am 31. Juli 1945 an der Elbbrücke bei Radebeul/Naundorf ein Zugunglück ereignet hatte und der Zug in die Elbe gestürzt war, starb am 4. August 1945 der sowjetische Maschinist Lengow an den schweren Verletzungen des Unfalls. Der Schaden habe 90 000 Mark betragen.

Hans Arlt, Werner Jacob und Herbert Müller haben laut Urteil aus politischen Motiven und erfüllt von Hass auf die Rote Armee auf einem nicht gestatteten Tanzabend in einem Restaurant in Poserna einen Rotarmisten der 169. schwe-

857 Huhn wurde wegen Kriegsverbrechen nach Art. 58-2 verurteilt. Befehl Nr. 3 für die Stadt Fürstenwalde durch den Kommandanten Oberst Kytschegin (Museum Fürstenwalde). Vgl. Deutsche Opfer.

858 Hilger/Schmeitzner/Schmidt (Hg.), SMT 2, S. 259f. Vgl. zu den Vorwürfen auch: Beschluß der Militärstaatsanwaltschaft Potsdam vom 9.11.1945 (GARF, f. 9409, op. 1, d. 713, l. 6).

ren Haubitzen-Artillerie-Brigade geschlagen, der verheiratete Frauen belästigt hatte. Müller war FDJ-Jugendleiter, Mitglied erst der SPD und später der SED.

Öffentlich erschossen wurden im August 1945 Hermann Schumann, Martin Sorgenfrei und Kurt Thiele (vgl. Bürgermeister) in Klepzig. Zu den Gründen gibt es zwei Versionen. Nach den Erinnerungen von Hans-Dietrich Genscher kam es kurz nach Beginn der sowjetischen Besatzung in Klepzig zu einer Schlägerei, als Sowjetsoldaten nach Frauen suchten. Das SMT fand im örtlichen Schulgebäude statt, die drei Todesurteile wurden öffentlich am Dorfteich vollstreckt. Vier weitere Verurteilte, darunter Artur Genscher, der Onkel von Hans-Dietrich Genscher, kehrten nicht zurück.[859] Laut einer anderen Version habe der sowjetische Kommandant nach ersten Übergriffen gegen Frauen die Aufstellung einer Nachtwache im Ort sogar erlaubt. Ein erneuter nächtlicher Überfall von Sowjetsoldaten wurde abgewehrt. Doch glaubte man im Dorf, der ehemalige polnische Zwangsarbeiter F. habe die sowjetischen Marodeure mit Informationen versorgt. Er wurde verprügelt und eingesperrt, konnte sich jedoch befreien und beschwerte sich bei der Besatzungsmacht, die am folgenden Tag den Ort besetzte und zahlreiche Personen festnahm. Während der Verhöre in Halle spielten plötzlich auch die am Kriegsende vergrabenen Waffen eine Rolle. Außer den drei in Klepzig Hingerichteten kehrten weitere vier Einwohner nicht zurück.[860]

Paul Busse (vgl. Bürgermeister, Untergeordnete NSDAP-Funktionen)
Rudolf Gedike[861]
Max Naumann
Arno Georg Uhle
Ewald Wischew

1.5 Sachsen-Anhalt

Den 20-jährigen Lehrling Heinz Mingramm[862] (vgl. HJ) aus Stolberg/Harz verurteilte ein SMT als angeblichen Teilnehmer einer geheimen terroristischen Organisation, die Waffen besaß und England und Amerika unterstützte. Den Vorwurf Terror und Gruppenbildung bestätigte später ein entlassener Mitinhaftierter. Mingramm hatte früher mehrmals öffentlich als HJ-Führer gesprochen und war im September 1945 aufgefordert worden, an einer antifaschistischen Kundgebung teilzunehmen, auf der er als „(gezwungener Sprecher) gegen den

859 Hans-Dietrich Genscher, Erinnerungen, Köln 1995, S. 51-54. Auch in Küllstedt fanden öffentliche Urteilsvollstreckungen statt, vgl. die Fälle von Richard Schaefer u. a. (Terror Thüringen).

860 M. und A. Messerschmidt, Vergangenheitsbewältigung. Mehr als nur eine Familiengeschichte. In: Landsberger Echo, 16 (2005) 8, S. 21 f. Hinsichtlich Ortswachen vgl. auch die Fälle Ewald Czechowski (Werwolf Brandenburg), Walter Fröhlich u. a. (Kriminalität) sowie Richard Schaefer u. a. (Terror Thüringen) und Otto Maak u. a. (Terror Thüringen).

861 Zacharov, Dejatelnost', S. 526.

862 Prieß, Erschossen, S. 134. Ahrberg, Abgeholt, S. 38-46.

Faschismus" auftrat, wie er seinem Tagebuch anvertraute. Nach seiner Verhaftung wurde bei einer Hausdurchsuchung eine Pistole gefunden. Das Schicksal seines drei Monate später verurteilten Bruders Siegfried Mingramm wurde im Abschnitt „Edelweißpiraten" erwähnt. Ob auch das Urteil gegen Heinz Mingramm in diesem Zusammenhang stand, ist nicht bekannt.

Roland Bindel
Heinrich Hilmann
Karl-Heinz Holzapfel (vgl. Hitlerjugend, Werwolfverdacht Sachsen-Anhalt)
Paul Kirchner (vgl. NSDAP-OGL)
Albert Müller 1899
Fritz Neitzel
Heinz Peter
Erich Polensky
Wolfgang Rasch
Heinz Ruhnke
Horst Schauseil
Heinz Tiefenbach

1.6 Andere besetzte Gebiete

Otto Bachmann[863]
Hugo Bartz (vgl. Abwehr andere Einsätze hinter den sowjetischen Linien)
Kasimir Chmedewski[864]
Max Jessen (vgl. Abwehr andere Einsätze hinter den sowjetischen Linien)
Vizenti Katkowski[865]
Alfons Kawtschinski[866]
Andrej Knap
Franz Schwamberger (vgl. Abwehr andere Einsätze hinter den sowjetischen Linien)
Wilhelm Woitis[867]

1.7 Berlin

Alois Fischer, Wagenmeister beim Bahnbetriebswagenwerk Berlin-Grunewald, wurde bereits am 8. Mai 1945 festgenommen, aber erst Ende Mai wegen Waffenbesitzes verurteilt. Sein Fall und der von Karl Heller[868] (vgl. Gestapo) waren die

863 Possekel, Sowjetische Speziallager, Band 2, S. 164.
864 Ebd.
865 Ebd.
866 Ebd.
867 Ebd.
868 Berliner Zeitung und Tägliche Rundschau vom 8.6.1945; Hubert Rottleuthner, Steuerung der Justiz in der DDR. Einflußnahme auf Richter, Staatsanwälte und Rechtsanwälte, Köln

ersten in der Presse bekannt gemachten sowjetischen Todesurteilsfälle. Karl Heller wurde wegen Waffenbesitzes verurteilt, obwohl er vor 1945 Untersuchungsrichter der Gestapo Berlin gewesen war.

Irmgard Aglas
Alfred Baumann
Franz Denk
Paul Nische[869] (vgl. Polizei Deutschland)
Rolf Schneider
Karl Taubitz
Heinrich Ziehm

1.8 Mecklenburg

Hans Keding (vgl. Widerstand Mecklenburg) und Hermann Reinhold (vgl. Widerstand Mecklenburg) wurden wegen Vorwürfen verurteilt, die denen der Gruppe um Gerhard Feuerstark (vgl. Werwolf Brandenburg) in Potsdam gleichen. Beide sollen in der britischen Zone Mitglied des Werwolf geworden sein und in Neubrandenburg Aktionen gegen den Leiter der antifaschistischen Bewegung initiiert haben, weil dieser der sowjetischen Geheimpolizei 40 Mitglieder des Werwolf ausgeliefert habe. Zugleich riefen sie zum Widerstand gegen die Besatzungsmacht auf.

Wilhelm Hartwig
Albert Lewerenz

1.9 Hinterland der Roten Armee, auch Sowjetunion

Johann Besendorfer (vgl. Abwehr andere Einsätze hinter den sowjetischen Linien)
Fritz Glass
Christian Kahl (vgl. Amt Ausland/Abwehr)

1.10 Ohne Ortsangabe

Willi Eckstein[870] wurde beschuldigt, Methylalkohol an Sowjetsoldaten verkauft zu haben, infolgedessen zahlreiche Soldaten starben und erblindeten.

Die Angst vor vergifteten Lebensmitteln und Alkohol aus deutschen Beständen geht vermutlich auf reale Erfahrungen der Roten Armee mit Methylalkohol bereits im Raum Danzig, in Ungarn sowie in Ostpreußen, konkret auch in

1994, S. 451; Deutsche Opfer. Beide wurden nach Artikel 58-2 verurteilt.

869 Tägliche Rundschau vom 19.9.1945; Neue Zeit vom 20.9.1945; Deutsche Opfer; Biddiscombe, Last Nazis, S. 199.

870 Tägliche Rundschau und Neue Zeit vom 21.9.1945.

Schneidemühl und Kattowitz mit Todesfolgen für zahlreiche Sowjetsoldaten zurück. Ab Oktober 1944 waren in einer gemeinsamen Aktion des Kriminaltechnischen Instituts der Sicherheitspolizei und der von der Wehrmacht zur Partisanenbekämpfung eingerichteten Streifkorps vor dem Hintergrund des starken Alkoholkonsums unter Sowjetsoldaten Möglichkeiten der Vergiftung anrückender Sowjetverbände durch zurückgelassenen Methylalkohol und andere giftige Substanzen geplant und durchgeführt worden. Insgesamt sollen sowjetische Militärgerichte 84 Todesurteile wegen Vergiftung mit Methylalkohol verhängt haben. Bereits bei der Besetzung von Labiau/Ostpreußen erschoss eine sowjetische Streife Mitglieder eines deutschen Spezialtrupps, als sie in einem Warenhaus Lebensmittelbestände vergifteten. Für die 3. Belorussische Front ist eine Rundverfügung vom 22. Februar 1945 erhalten, die Sowjetsoldaten vor dem Genuss aufgefundener Alkoholvorräte warnte. Noch kurz vor der Kapitulation von Breslau war durch jugendliche Werwolfgruppen ein Teil der voraussichtlich in russische Hände fallenden Lebensmittelvorräte vergiftet worden.[871]

Hans Köding
Gustav Peuker
Bruno Reitreich
Harry Rubach
Felix Weutel

2. Diversion (Artikel 58-9)

Da in mehreren der insgesamt 19 Fälle, die nur für die deutschen Ostgebiete und die SBZ vorliegen, als Zweitartikel nach Artikel 58-9 auch Mitgliedschaft in einer konterrevolutionären Organisation (Artikel 58-11) vorkommt, ist denkbar, dass es sich auch hier um Fälle mit Werwolfvorwurf handelt.

2.1 Deutsche Ostgebiete

Willi Bonkowski
Wilhelm Hoffmann
August Kliner
Alois Kolenbach
Thomas Kornberger (vgl. Abwehr Frontaufklärung)
Paul Langer
Erich Lehmann (geb. 1906)

871 Vgl. Biddiscombe, Last Nazis, S. 81-84, der die beschriebene deutsche Aktion als Bestandteil der deutschen Werwolfbewegung betrachtet, auch Biddiscombe, Werewolf, S. 211 f., 220. Wegen des Vorwurfs der bewussten Vergiftung von Sowjetsoldaten durch Alkohol wurden auch Franz Denk (Terror Berlin) und Fritz Keyssner (Terror Thüringen) hingerichtet.

Kurt Morawitz
Walther Neumann (vgl. Verleger)
Paul Worch

2.2 SBZ

Ernst Eggermann (vgl. Justiz Deutschland)
Erhard Esle
Wilhelm Gliese
Hermann Haun
Werner Horn
Max Liepe (vgl. Reichbauernführer)
August Schwarz
Arnold Stabinau
Michael Wadas

3. Sabotage (Artikel 58-14)

Die überwiegende Zahl der hier aufgelisteten 118 Fälle ist räumlich in den besetzten deutschen Ostgebieten angesiedelt. Es ist daher zu vermuten, dass es bei diesem Delikt um Vorwürfe hinsichtlich der Einhaltung der von der Roten Armee erlassenen Befehle für die zurückgelassene deutsche Zivilbevölkerung handelt, d.h. vor allem zur Abgabe von Waffen und zur Ablieferung von Lebensmitteln, zumal die meisten Verurteilten einfachen Berufen angehörten. Es dominieren Berufe aus den Bereichen der Lebensmittelversorgung, wie Landwirte und Geschäftsinhaber, aber auch Bergwerksarbeiter.

Die Verurteilten verteilen sich wie folgt: deutsche Ostgebiete 84, Thüringen 13, Sachsen 11, Mecklenburg 3, Berlin und Sachsen-Anhalt jeweils 1 und ohne Angabe von Orten 5.

3.1 Deutsche Ostgebiete

Nicht in einem der Fälle auf dem Territorium der deutschen Ostgebiete sind konkrete Vorwürfe bekannt.

Walter Pauligk und Gotthold Schneider wurden bereits im Februar 1945 in Gassen festgenommen, als die Rote Armee noch östlich der Neiße stand. Schneider war bei der Gesellschaft für Apparatebau AFL Gassen tätig, vermutlich eine Firma, die in Gassen für die Firma Focke-Wulf an der Fertigung der Strahlen-Jäger Me 263 arbeitete. In Gassen arbeiteten Häftlinge des Groß Rosener KZ-Außenlagers Gassen für Focke-Wulf.

Alfred Lischka wurde im März 1945 zum Tode verurteilt. Er war Arbeiter in der Flugzeugfabrik Focke-Wulf in Sorau.

Gerhard Andraczek

Alfred Angold
Friedrich Beier
Heinrich Bialas
Emil Blübel
Friedrich Bürger
Alfred David
Richard Dittmann
Kurt Funch
Marie Gaffron
Richard Genschke
Walter Gerowke
Johann Gerrads
Emil Giese[872] (vgl. Justiz Deutschland)
Paul Gine
Alois Glinka
Wilhelm Gnieser
Helmut Greiner
Heinrich Greupner
Alfons Gus
Richard Gutte
Erich Henschel
Bernhard Herrmann
Karl Herrmann
Herbert Hillmann
Bruno Hirche
Friedrich Honscha (vgl. Staat und Verwaltung, Zivilverwaltung)
Kurt Hübner
Peter Junek
Franz Kazmarzek
Johann Kinder
August Klesch
Josef Klose
Eduard Kopatsch
Emil Krause
Johann Kretschmer
Richard Krügel
Franz Kuppe
Georg Lange
Karl Lauschke
Paul Lebok
Oswald Leider

872 Als Urteilsgrund ist „Schädlingsarbeit“ angeben, der Paragraf fehlt.

Friedrich Lentschik
Josef Linkert
Philipp Mandelka
Adolf Mertin
Paul Mika
Robert Mletzko (vgl. Polizei Deutschland, Polizeibataillon 81)
Richard Mrozek
Adolf Müller
Arno Noack
Otto Noack
Rubert Olleks
Heinrich Poliza
Viktor Pordschik
Max Radimersky (vgl. Medizinverbrechen)
Richard Reichenstein
Robert Schachteli
Rudolf Schatterny
Paul Schipel
Gustav Schlöske
Karl Schmidt (geb. 1895)
Max Schmidt
Paul Schneider
Willi Schnurr
Erich Schulz (geb. 1899)
Hermann Schulz
Eugen Sdralek
Oskar Seiler
Max Sigosch
Geozint (Hyazinth) Slesion
Walter Stark
Felix Stein
August Steiner
Pauline Steinig
Helmut Stolenberg
Hermann Straus
Ernest Thoma
Johann Tkoz
Oskar Wenschik
Paul Woitas
Alfons Zimpulik

3.2 Sachsen

Alfred Nietzel,[873] Inhaber der Weberei „Otto Nietzel KG“ in Meerane, stellte nach dem Krieg Reparationsgüter für die Sowjetunion her. Schon vor dem Prozess waren ihm Bilanzverschleierung und Verlagerung des Grundmaterials aus der SBZ vorgeworfen worden. Er hatte wahrscheinlich unerlaubte Tauschgeschäfte mit Rohstoffen betrieben, insgesamt seien von ihm laut sowjetischen Unterlagen etwa 50 000 Meter Stoff unterschlagen worden. Seine Tochter gab später an, man habe ihm Wirtschaftssabotage vorgeworfen, weil er Stoffe nach Berlin gebracht habe.

Für die Hergänge, die zu den Todesurteilen gegen Karl Baasner, Walter Bräuer, Linus Kaden und Emil Schreier führten, stehen zwei Versionen im Raum. Am 30. Mai 1945 hatte laut Angaben von Angehörigen Walter Bräuer als Fahrdienstleiter am Bahnhof Reitzenhain das Abfahrtsignal für eine auf Schienen aus der Tschechoslowakei in Richtung Chemnitz verlegte sowjetische Panzereinheit an den Lokführer Karl Baasner verweigert, da die eine zur Verfügung stehende Lokomotive nicht ausreichend Bremskraft besessen habe. Das sowjetische Personal zwang Bräuer jedoch unter Androhung von Waffengewalt zur Abfahrt des Zuges. In einem Felseinschnitt am Ortsteil Hüttengrund hinter Marienberg entgleiste dann der in viel zu schnelle Fahrt geratene Zug. Dabei fanden 18 Sowjetsoldaten den Tod. Der Bahnhofsvorsteher von Reitzenhain Linus Kaden, die Fahrdienstleiter Walter Bräuer und Bruno Uhlig, der Zugführer Emil Schreier und das Lokpersonal wurden festgenommen.

Laut Urteil hingegen starben infolge dieses Eisenbahnunfalls am 30. Mai 1945 19 Soldaten und Offiziere der Roten Armee. Weitere 29 wurden verletzt und zehn Panzer sowie drei Fahrzeuge zerstört. Als Maschinist auf dem Zug habe Baasner nichts zur Beseitigung der ihm bekannten Mängel am Bremssystem unternommen, jedoch die Geschwindigkeit bis auf 70 Kilometer pro Stunde erhöht, was letztlich zur Katastrophe führte. Bräuer als Fahrdienstleiter am Bahnhof Reitzenhain habe die Anweisung der Kommandantur sabotiert. Damit waren die Annahme des Transportes und die Ausfertigung der für die Weiterfahrt notwendigen Dokumente und die Überprüfung des technischen Zustandes des Zuges gemeint. Er habe die Freigabe zur Weiterfahrt erteilt. Infolge des offensichtlichen Defektes am Bremssystem verunglückte der Zug. Kaden als Stationsvorsteher des Bahnhofs Reitzenhain nahm den sowjetischen Militärzug von einer tschechoslowakischen Eisenbahnerbrigade an. Vor Abfahrt des Zuges unternahm er keine Maßnahmen zur Überprüfung des technischen Zustandes. So wurde der Zug mit Defekten am Bremssystem auf die Fahrt geschickt, was zu der Katastrophe führte, die Menschenleben kostete. Schreier als Zugführer und Haupt-Zugbegleiter habe nichts unternommen, um die am Bremssystem auf-

873 Zacharov, Dejatelnost’, S. 476 f. Die mitangeklagten Verwandten Otto Nietzel, Willi Nietzel und Friedrich Gutzmann erhielten Zeitstrafen.

getretenen Mängel zu beseitigen und begann die Fahrt mit technischen Defekten. Durch fehlende Bremsen am 9. Plattformwagen kam es zu dem Unglück.[874]
Ernst Gabriel
Horst Oertel (vgl. Untergeordnete NSDAP-Funktionen)
Hans Sammler[875] (vgl. Widerstand Sachsen)
Rudolf Schellner[876]
Kurt Schauer[877]
Richard-Paul Vogel

3.3 Thüringen

Edwin Bloß
Curt Bößenroth
Margarita Bößenroth
Paul Demuth
Karl Hubold
Werner Lippmann
Martin Ludwig
Andreas Ringleb (vgl. Zwangsarbeit Thüringen)
Max Römpler
Werner Schumann[878] (vgl. Werwolf Thüringen)
Ernst Suffa (vgl. Bürgermeister)
Walter Töpel
Otto Zimmermann

3.4 Mecklenburg

Paul Kruse[879] (vgl. NSDAP-OGL), selbstständiger Landwirt aus Bantin, warf man Waffenbesitz vor und verurteilte ihn wegen Sabotage des Befehls zur Ablieferung aller Waffen im März 1946 in Schwerin zum Tode, zusammen mit seiner Tochter und dem Knecht, die beide Zeitstrafen erhielten. Paul Kruse hatte im Keller seines Wohnhauses eine Pistole gefunden, die der Knecht später in einen Bach warf, wobei er beobachtet wurde. So kam es zur Verhaftung der drei Angeklag-

874 Vgl. Beschluß des 3. Militärbezirksgerichts Moskau Nr. 74/26nu vom 19.5.2011 (Dokstelle StSG, Akte Linus Kaden).
875 Mike Schmeitzner, Landrat, Saboteur und Nationalsozialist? Der Fall Hans Sammler. In: Hilger/Schmeitzner/Schmidt (Hg.), SMT 2, S. 485-518.
876 Die Todesstrafen der Mitangeklagten Hans Schink, Otto Harzbecker und Hans Schauer wurden in Zeitstrafen umgewandelt.
877 Die Todesstrafen der Mitangeklagten Hans Schink, Otto Harzbecker und Hans Schauer wurden in Zeitstrafen umgewandelt.
878 Hantsche, Diktaturwechsel, S. 10, 108-117.
879 Anne Drescher, Haft am Demmlerplatz. Gespräche mit Betroffenen - Sowjetische Militärtribunale 1945-1953, Schwerin 2001, S. 25-31.

ten. Paul Kruse lehnte es ab, ein Gnadengesuch zu stellen und wurde wenige Tage nach dem Urteil erschossen.

Hans Lietz,[880] Bauer in Spornitz Kreis Parchim, hatte angeblich 23 Hektar Saatfläche nicht angegeben und berührte damit die Frage der Versorgung der Nachkriegsbevölkerung mit Nahrungsmitteln. Er wurde im Sommer 1945 wegen Sabotage ohne Revisionsmöglichkeit zum Tode verurteilt, konnte umgehend aus der Haft in den Westen fliehen und entging so der Exekution.

Günther Waterstraat

3.5 Berlin

Friedrich Walther[881] wurde im Januar 1946 in Berlin wegen der Verursachung eines Zusammenstoßes von Zügen mit zahlreichen Toten und Verletzten und wegen Waffenbesitzes verurteilt.

3.6 Sachsen-Anhalt

Karl Wenzel war Wachposten bei den Chemiewerken Kapen/Oranienbaum, wo Kampfgifte hergestellt wurden. Durch unsachgemäßen Umgang bei Unfällen nach dem Krieg kamen Menschen zu Tode.

3.7 Ohne Ortsangabe

Karl Frank
Max Klebe
Adam Micheller
Rudolf Schöllner
Olaf Zickner-Barron (vgl. Spionage Sowjetunion, Auswärtiges Amt, Inlands-SD)

4. Widerstand

Die insgesamt relativ kleine Gruppe der aktiv gegen die sowjetische Besatzung Widerstand leistenden deutschen Zivilisten lässt sich verlässlicher anhand der in den Dokumenten beschriebenen Handlungen und weniger anhand der verwendeten Strafartikel bestimmen. Zumeist wurde dieses Delikt als Kriegsverbrechen oder als Verbrechen gegen die Menschlichkeit verurteilt. Der Widerstand konnte der Roten Armee gelten, aber auch der nach und nach die zivile Macht okku-

880 Hilger/Schmeitzner/Schmidt (Hg.), SMT 2, S. 244 f.; Radtke, Russenzeit, S. 21, 27; Deutsche Opfer; Dieter Krüger/Gerhard Finn, Mecklenburg-Vorpommern 1945 bis 1948 und das Lager Fünfeichen, Berlin 1991, S. 44.
881 Biddiscombe, Last Nazis, S. 68.

pierenden KPD/SED und den Verwaltungsmaßnahmen. Ein großer Teil der als vermeintliche Werwölfe Abgeurteilten hat sich, möglicherweise ausschließlich, an widerständischen Handlungen beteiligt.

Die 48 Urteile verteilen sich wie folgt: Brandenburg 14, Thüringen 10, Sachsen-Anhalt 9, Berlin und Sachsen jeweils 5, Mecklenburg 3 und auf dem Gebiet der Sowjetunion 2.

4.1 Brandenburg

Alfred Brabandt[882] (vgl. HJ), Arthur Jüngling,[883] Hans Schoof[884] (vgl. SS-Hauptamt) und Günter Schulz[885] aus Wittenberge wurden wegen angeblicher konterrevolutionärer Tätigkeit in einer von ihnen geschaffenen illegalen Organisation zum Tode verurteilt. Fünf weitere zur Höchststrafe Verurteilte wurden begnadigt. Insgesamt waren 29 Jugendliche und Erwachsene, darunter auch sieben Frauen, angeklagt. Zu Günter Schulz gab ein Zeitzeuge an, dieser sei Leiter einer „deutsch-nationaldemokratischen" Partei gewesen. Alfred Brabandt und seine Freunde wollten, wie Überlebende berichten, in Wittenberge eine „Deutsch-nationale Demokratische Partei"[886] gründen. Brabandt starb vor der Vollstreckung des Urteils in der Todeszelle an den Folgen der Misshandlungen während der Untersuchung.[887] Laut Rehabilitierungsbescheinigung der Russischen Militär-Hauptstaatsanwaltschaft vom 7. Februar 1995 habe Günter Schulz im November 1945 eine gegen die Sowjetunion gerichtete Deutsche Nationaldemokratische Partei gegründet, deren Zweck der Kampf gegen die KPD gewesen sei. Es sollten verschiedene verleumderische Artikel gegen die Sowjetunion und die sowjetische Armee verfasst werden. Schulz arbeitete Grundsätze und Instruktionen zum Parteiaufbau und zur Untergrundtätigkeit aus und habe von November bis Dezember 1945 33 Mitglieder geworben, mit denen er geheime Zusammenkünfte abgehalten habe. Es sei beschlossen worden, sich zu bewaffnen. Die Angeklagten Brabandt, Jüngling, Günther Milcke, Horst Neuendorf und andere seien aktive Mitglieder der neuen Partei gewesen, hätten an den geheimen Tref-

882 Kilian, Speziallager, S. 430f.; Gisela Gneist/Günther Heydemann, „Allenfalls kommt man für ein halbes Jahr in ein Umschulungslager". Nachkriegsunrecht an Wittenberger Jugendlichen, Leipzig 2002, S. 50, S. 66f., S. 69; Finn, Häftlinge, S. 208; Annerose Matz-Donath, Die Spur der roten Sphinx. Deutsche Frauen vor sowjetischen Militärtribunalen, Schnellbach 2000, S. 394f., Prieß, Erschossen, S. 55.

883 Kilian, Speziallager, S. 430f.; Gneist/Heydemann, Umschulungslager, S. 50, 66f., 69; Finn, Häftlinge, S. 208; Matz-Donath, Spur, S. 394f., Prieß, Erschossen, S. 55.

884 Ebd.

885 Ebd.

886 Die Gründung einer gegen die KPD gerichteten Partei wird sonst nur im Urteil gegen Heinz Meier (Unterstützung der internationalen Bourgeoisie, HJ, Widerstand Sachsen) erwähnt.

887 Kilian, Häftlinge, S. 430f.; Gneist/Heydemann, Umschulungslager, S. 50, 66f., 69; Deutsche Opfer; Finn, Häftlinge, S. 208; Matz-Donath, Spur, S. 394f., Prieß, Erschossen, S. 55.

fen, an der Ausarbeitung des Parteiprogramms und des Status sowie an der Beschaffung von Waffen und an der Verbreitung verleumderischer Lügen teilgenommen und gegen die Sowjetunion agitiert sowie Mitglieder geworben. Unter Parteimitgliedern und anderen Jugendlichen verbreiteten sie Drucksachen. Zu einer konkreten Arbeit gegen die Sowjetunion oder gegen Sowjetbürger sei es jedoch nicht gekommen.

Dass diese Partei tatsächlich gegründet wurde, bestätigte die im selben Prozess zu zehn Jahren Haft verurteilte *Annelies Elsé Ilgeroth* Anfang 1950 in einem Haftfragebogen des MdI der DDR bei der Übergabe aus dem Speziallager Sachsenhausen an den DDR-Strafvollzug. Als Urteilsgrund gab sie an: „Mitwisserschaft der illegalen Partei NDP". Zur Frage, ob sie sich schuldig fühle, trug sie ein: „nicht mehr, da die Partei seit 2 Jahren legal, außerdem einige Mitglieder entlassen" sind. Sie selbst kam erst am 21. März 1951 frei.[888] 1948 wurde mit Zustimmung der sowjetischen Besatzungsmacht die NDPD als gesteuertes politisches Sammelbecken für ehemalige NSDAP-Mitglieder und Wehrmachtangehörige gegründet, worauf sich Ilgeroths Bemerkung im Fragebogen bezog.

Fritz Alter (vgl. Werwolf Brandenburg)
Ewald Czechowski (vgl. Werwolf Brandenburg)
Kurt Lücke (vgl. Terror Brandenburg)
Max Meier (vgl. Werkschutz)
Paul Meyer (geb. 1905) (vgl. Terror Brandenburg)
Werner Sparmann (vgl. Werwolf Brandenburg, RAD)
Julius Stäcker (vgl. Terror Brandenburg)

Aus anderen Gründen verurteilt oder Urteilsgründe nicht bekannt:
Joachim Douglas (vgl. Werwolf Brandenburg)
Klaus Eylert (vgl. Werwolf Brandenburg)
Klaus Tauer (vgl. Werwolf Brandenburg)

4.2 Thüringen

Richard Röth[889] aus Großengottern stellt einen besonderen Fall dar. Er war im Februar 1946 verhaftet und in das Speziallager Buchenwald eingewiesen worden. Laut sowjetischen Unterlagen habe er im Speziallager Buchenwald die Lebensbedingungen kritisiert. Laut Zeitzeugenaussagen tagte am 18. Mai im Lager ein Standgericht gegen ihn. Er sei beschuldigt worden, einen Aufstand gegen die Besatzungsmacht geplant zu haben. Er sei noch am selben Tag exekutiert worden. Nach sowjetischen Unterlagen erfolgte die Hinrichtung jedoch erst am

888 DDR-Haftakte Ilgeroth (BStU, ZA, Abt. XII/RF/327).
889 Thiele, Vae Victis, S. 83; Manfred Thiele, Flucht ohne Ende - Bürgerverluste der Stadt Mühlhausen von 1945-1961, o. O. o. J., S. 41.

4. Juli 1946. Sein Name erscheint nicht in den Totenlisten des Speziallagers Buchenwald, sodass auch ein anderer Hinrichtungsort möglich erscheint.
Rolf Baumann[890] (vgl. Werwolf Thüringen)
Manfred Justiniack[891] (vgl. Werwolf Thüringen)
Heinz Heusing[892] (vgl. Werwolf Thüringen, Wehrertüchtigungslager)
Lothar Löbnitz[893] (vgl. Werwolf Thüringen)
Botho Lüttig[894] (vgl. Werwolf Thüringen)
Erich Ohnesorge[895] (vgl. Werwolf Thüringen)
Ingo Röhner[896] (vgl. Werwolf Thüringen)
Georg Seiß (vgl. Werwolf Thüringen)
Günter Sinn[897] (vgl. Werwolf Thüringen)

4.3 Sachsen-Anhalt

Wilfried Haase (vgl. Werwolf Sachsen-Anhalt)
Horst Hinz (vgl. Werwolf Sachsen-Anhalt)
Wilhelm Kühn[898]
Erich Schmidt (vgl. Werwolf Sachsen-Anhalt)
Friedrich Schönemann[899] (vgl. Bürgermeister)
Otto Schröder (geb. 1880)[900] (vgl. Bürgermeister)
Heinz Werner (vgl. Werwolfverdacht Sachsen-Anhalt)
Paul Wernicke[901]

4.4 Berlin

Kurt Birgals (vgl. Spionage Berlin, Werwolf Berlin)
Hans Hecht (vgl. Spionage Berlin, Werwolf Berlin)
Horst Prinz (vgl. Werwolf Berlin, Werwolf Berlin)

890 Prieß, Erschossen, S. 97, 99. Die im gleichen Prozess zum Tode verurteilten *Günter Völkel, Heinz Bastian, Wolfgang Günther* und *Lothar Sack* wurden begnadigt. *Bastian* und *Günther* starben 1947 bzw. 1948 in sowjetischer Haft.
891 Ebd.
892 Prieß, Erschossen, S. 95; Todesurteile gegen Kinder, S. 6; Deutsche Opfer.
893 Prieß, Erschossen, S. 97, 99. Die im gleichen Prozess zum Tode verurteilten *Günter Völkel, Heinz Bastian, Wolfgang Günther* und Lothar Sack wurden begnadigt. *Bastian* und *Günther* starben 1947 bzw. 1948 in sowjetischer Haft.
894 Ebd.
895 Ebd.
896 Wolf, Unschuldig, S. 50, 58 (Bericht Werner Blechschmidt), S. 138 (Bericht Günter Junius), S. 223–236 (Bericht Willy Knauer).
897 Todesurteile gegen Kinder, S. 6, 11; Deutsche Opfer.
898 Petrov, Pervyj predsedatel', S. 52 f.
899 Ebd.
900 Ebd.
901 Ebd.

Günther Schlei[902] (vgl. Werwolf Berlin)
Walter Spahn (vgl. Spionage Berlin, Werwolf Berlin)

4.5 Sachsen

Günther Plachta[903] (vgl. HJ, Unterstützung der internationalen Bourgeoisie) und Brunhilt Gebler[904] (vgl. Unterstützung der internationalen Bourgeoisie) aus Großröhrsdorf im Kreis Kamenz wurden zusammen mit *Günther Schurig* und *Margot Senf* (verheiratete Jann) zum Tode verurteilt. Schurig und Senf wurden jedoch begnadigt. Laut Zeitzeugen hatten Plachta und Gebler seit Juni 1945 gemeinsam Fragen der Nachkriegszeit besprochen, was die Mehrheit der Deutschen gleichfalls tat. Der Vorwurf des Gerichts lautete, dass sie als ehemalige HJ-Führer gegen die Maßnahmen der SMAD gearbeitet und eine illegale Jugendorganisation geschaffen hätten, in der sie NS-Ziele propagierten und auch gegen die KPD kämpften. Der herangezogene Hauptartikel bezog sich auf „Unterstützung der internationalen Bourgeoisie", ein weiterer Artikel auf Mitgliedschaft in einer konterrevolutionären Organisation.

Hans Sammler[905] (vgl. Sabotage) war von 1924 bis zum Verbot im Jahr 1933 Mitglied der SPD gewesen und trat 1941 der NSDAP bei. Nach dem Kriegsende kehrte er zur wiedergegründeten SPD zurück und wurde von der amerikanischen Besatzungsmacht in Auerbach als Landrat eingesetzt. Durch sowjetische Nachforschungen zu Sammlers politischer Vergangenheit wurde seine bis dahin verschwiegene NSDAP-Mitgliedschaft bekannt. Man enthob ihn daraufhin seines Postens und nahm ihn am selben Tag fest. Wesentliche Vorwürfe richteten sich neben seiner politischen Vergangenheit auf die angebliche Sabotage sowjetischer Befehle, wie die Nichtmeldung des Verkaufs von Wehrmachtvermögen, die Einstellung von NSDAP-Mitgliedern im Landratsamt und die Ablehnung der Einstellung von KPD-Mitgliedern. Sammler wurde Ende August 1946 in Zwickau nach dem Artikel für Sabotage zum Tode verurteilt. Als ebenfalls belastend bewertete das SMT auch die von Sammler bestrittene Anschuldigung, er habe vor der amerikanischen Besatzungszeit aufgefundene Waffen an NSDAP-Mitglieder verteilt und zum Kampf gegen die sowjetische Besatzungsmacht aufgerufen.
Heinz Meier (vgl. HJ, Unterstützung der internationalen Bourgeoisie)
Eberhard Thiessen

4.6 Mecklenburg

Hans Keding (vgl. Terror Mecklenburg)

902 Erler, Wirken, S. 54.
903 Prieß, Erschossen, S. 127.
904 Ebd.
905 Schmeitzner, Landrat.

Willi Kodera[906] (vgl. Werwolf Mecklenburg)
Hermann Reinhold (vgl. Terror Mecklenburg)

4.7 Gebiet der Sowjetunion

Andre Stolzenberg (vgl. Terror Sowjetunion)
Heinrich Wigmann (vgl. Verbrechen während der Bewährungsfrist, Terror Sowjetunion)

5. Antisowjetische Propaganda (Artikel 58-10)

Dieser Vorwurf gehört zu der insgesamt relativ kleinen Gruppe von 18 verurteilten Personen und hat somit relativ selten zur Todesstrafe geführt. Dies dürfte darin eine Erklärung finden, dass viele ähnlich gelagerte Delikte nach anderen Artikeln des russischen Strafgesetzbuches geahndet wurden, etwa nach Artikel 58-11 (konterrevolutionäre Organisation).

Nur im Fall von Heinrich Dungs[907] (vgl. Geistliche, Schriftsteller, Journalisten) kann sich der Vorwurf auf die Zeit vor 1945 beziehen. Jedoch hatte die ihm vorgeworfene Propaganda in erster Linie eine antisemitische Stoßrichtung und war auf den Kampf innerhalb der Evangelischen Kirchen in Deutschland gerichtet. In allen anderen Fällen sollte diese Tätigkeit laut Ansicht der Tribunale die sowjetische Besatzungsmacht treffen.

Albin Martin[908] aus Oberlind in Thüringen wurde im Mai 1946 wegen antisowjetischer Haltung bzw. Tätigkeit zum Tode verurteilt. Er soll an illegalen Versammlungen teilgenommen und antisowjetische Flugblätter angefertigt haben.

Erika Hucke und ihre Schwiegermutter Selma Hucke aus Zella-Mehlis wurden verurteilt, weil Erika Hucke bei Besuchen in Heidelberg von einem Helmut Röhm Flugblätter in verschlossenen Umschlägen mit nach Zella-Mehlis zu Selma Huck nahm, mit denen Röhm gegen die Enteignung seiner Fabrik in Zella-Mehlis protestieren wollte. Erika Hucke las die Flugblätter, vernichtete zwar die meisten, überbrachte aber einige an die Adressaten, darunter ihre Schwiegermutter. Im Urteil werden die meisten Umstände, wie die Enteignung der Röhmschen Fabrik, nicht erwähnt, nur die Flugblätter selbst.

Im Falle von Hermann Muntschick wird deutlich, dass Personen auch wegen Äußerungen in privaten Briefen, die von der sowjetischen Geheimpolizei abgefangen wurden, die Todesstrafe erhielten.

906 Kopalin, Rehabilitierung, S. 30 ff.; Prieß, Erschossen, S. 217; Wagenlehner, Die russischen Bemühungen, S. 73; Radtke, Russenzeit, S. 126f., 130, 136, 172. Neun Angeklagte erhielten Zeitstrafen.
907 Weitenhagen, Evangelisch.
908 Wagenlehner, Die russischen Bemühungen, S. 74; Kopalin, Rehabilitierung, S. 30f.; Wolf, Unschuldig, S. 256.

Anna Fischer
Siegfried Kleist
Gustav Krüger (geb. 1903) (vgl. Bürgermeister)
Paul Kurrich[909]
Friedrich Lichtenstein
Bruno Mankowski
Hans Nietschke (vgl. Polizei Deutschland)
Karl Pohle
Rudolf Ranft
Ingetraud Redlin
Hans Reichard
Erich Schattschneider (vgl. Polizei Deutschland)
Wilhelm Schmitz

6. Spionage (Artikel 58-6)

Die insgesamt geringe Zahl von 34 Spionagefällen verwundert zunächst. Doch ist diese Deliktgruppe für den Zeitraum 1945 bis 1947 noch nicht charakteristisch. Die Fälle verteilen sich wie folgt: Brandenburg 11, Berlin 9, Sachsen 5, Sachsen-Anhalt 4 und Thüringen 2. Für 3 Fälle lässt sich kein Handlungsort angeben. Der Schwerpunkt Berlin-Brandenburg verweist auf die Nähe zu den Westsektoren im geteilten Berlin.

6.1 Brandenburg

Heinrich Wollmann war zunächst Agent der Operativen Gruppe Potsdam des NKVD,[910] ließ sich in dieser Zeit vom britischen Geheimdienst in Berlin als Mitarbeiter anwerben und erhielt den Auftrag, die Stimmung der Einwohner Potsdams und die Wachmannschaften der Gefängnisse aufzuklären. Darüber hinaus sollte er den Wohnort des NSDAP-Mitgliedes Heinz Tiles erkunden und über die Versorgung der Einwohner Potsdams berichten. Das Urteil vermerkt, dass er diese Zusammenarbeit vor der Operativen Gruppe des NKVD/MVD geheim hielt.
Otto Androck
Alfons Graetz[911] (vgl. Werwolf Brandenburg)
Erich Gube
Reinhold Hartmann

909 Bei ihm wurde außerdem eine Waffe gefunden. Sein Urteil erging nach Ukaz 43.
910 Vgl. auch den Fall von Joachim Hannemann (Werwolf Brandenburg, Verrat), der ebenfalls sowjetischer Agent war.
911 Prieß, Erschossen, S. 151. Laut Urteil nannte sich seine Gruppe „Widerstandsbewegung“ und war für den britischen Geheimdienst tätig.

Günther Hoffmann
Hermann Jurrack
Siegfried Kaemmerer[912] (vgl. Werwolf Brandenburg)
Franz Mittke
Erich Schulz (geb. 1892)
Paul Sitz

6.2 Berlin

Kurt Birgals (vgl. Werwolf Berlin, Widerstand Berlin)
Hans Hecht (vgl. Werwolf Berlin, Widerstand Berlin)
Horst Knüter (vgl. Werwolf Berlin)
Horst Kuhn (vgl. Werwolf Berlin)
Willi Oppermann (vgl. Journalisten)
Horst Prinz (vgl. Werwolf Berlin, Widerstand Berlin)
Günter Röhl (vgl. Werwolf Berlin)
Walter Spahn (vgl. Werwolf Berlin, Widerstand Berlin)
Erwin Strauch

6.3 Sachsen

Gustav Böhme (vgl. Justiz Deutschland)
Herbert Georgi
Paul Henke
Michael Kruppa
Fritz Schwenzer

6.4 Sachsen-Anhalt

Dieter Baumann[913] (vgl. Werwolf Sachsen-Anhalt) ist einer der wenigen Verurteilten, dem die sowjetische Geheimpolizei Spionage gegen sowjetische Militäreinheiten und -einrichtungen zugunsten Großbritanniens vorwarf, und zwar bereits im Februar 1946. Wilhelm Klein[914] aus Wiesbaden, verhaftet in Greußen, wurde vorgeworfen, Dolmetscher einer Abteilung des amerikanischen Nachrichtendienstes in Wiesbaden gewesen zu sein. Während eines Besuches in der SBZ wurde er festgenommen. Fritz Wendenburg aus Köln soll nach Halle übergesiedelt sein, um dort ebenfalls für den amerikanischen Geheimdienst tätig zu sein.
Georg Fischbacher

912 Ebd.
913 Lüdicke, Schicksale, S. 79.
914 Seine Tochter hat im Rehabilitierungsantrag angegeben, dass ihr Vater im Zusammenhang mit den Greußener Jungs verhaftet wurde. Hierfür finden sich jedoch keine Belege.

6.5 Thüringen

Jochen Brüggemeyer hatte im Krieg ein Bein verloren und war vor Kriegende von Freiburg i. Brsg. nach Thüringen in ein Reservelazarett gebracht worden. Vor dem Hintergrund des beginnenden Kalten Krieges stellt er einen tragischen Fall dar, der durch die Erinnerungen seiner Mutter plastisch wird. Seine Mutter, eine Engländerin, muss ihren Sohn lange gesucht haben und brachte einiges in Erfurt in Erfahrung, wo Jochen Brüggemeyer kurz nach dem Einmarsch der Roten Armee verhaftet worden war. Sie gab später an, ihr Sohn habe sich in Erfurt „als Engländer ausgegeben" und anscheinend dort eine Art Konsulat eröffnet. Dies haben die sowjetischen Behörden offensichtlich als Provokation verstanden und mit drakonischen Maßnahmen reagiert.
Johann Krinks

6.6 Ohne Ortsangabe

Der Spionagevorwurf im Fall Karl Oczadly (vgl. Werwolf Sachsen, Untergeordnete NSDAP-Funktionen) verbunden mit dem Vorwurf der Vorbereitung zur Bekämpfung der Roten Armee mit der Waffe in der Hand könnte mit seiner Zugehörigkeit zum „Freikorps Adolf Hitler" in Verbindung stehen. Dieser Freikorps war auf Hitlers Weisung vom 28. März 1945 als paramilitärische Sonderformation durch den Chef der DAF und Reichsorganisationsleiter der NSDAP, Robert Ley, aus Partei- und Volkssturmkadern für die Verteidigung Berlins aufgestellt und auch in Sabotage ausgebildet worden. Die Kämpfer waren durch Ley instruiert, bei Gefahr des Überrollens durch den Feind zum Werwolf zu treten.[915] Nach Konflikten mit Propagandaminister Goebbels wurde das Freikorps enger an die NSDAP-Gaue[916] gebunden und jeder Gau sollte 100 bis 200 Freiwil-

915 Tatsächlich sind von Kämpfern des Freikorps Adolf Hitler unter Leitung des Schriftstellers und SA-Brigadeführers Hans Zöberlein in der Nacht vom 28. zum 19.4.1945 in der bayrischen Bergbaustadt Penzberg im Sinne eines Werwolfeinsatzes 16 Einwohner, darunter eine Schwangere, wegen der Beteiligung an den Kapitulationsverhandlungen mit der US-Armee ermordet worden. Vgl. Biddiscombe, Last Nazis, S. 153. Laut tschechischen Quellen bestand auch ein „Sudetendeutsches Freikorps" als Werwolfgruppe, das von der sowjetischen Besatzungszone in Österreich aus operierte. Siehe hierzu Biddiscombe, Werewolf, S. 244. Zudem gab es ein „Freikorps Oberschlesien", ein „Freikorps Kamienski" in Kolberg/Pommern und ein „Freikorps Böhmen" im Werwolfkontext. Hierzu gleichfalls Biddiscombe, End of the Freebooter, S. 61 f., 85 f. Im weiteren Aufsatz beschreibt Biddiscombe den Einsatz von Formationen des „Freikorps Adolf Hitler" in den westlichen Gauen Deutschlands vor der Kapitulation. Zum „Freikorps Oberschlesien" mit Sitz in Neiße, der u. a. eine Panzervernichtungsbrigade des Volkssturms bildete und sich im oberschlesischen Raum als eigentlicher Werwolf legitimiert sah. Vgl. Koop, Himmlers letztes Aufgebot, S. 85 f. Andere, lokal operierende Freikorps wurden in den westlichen deutschen Landesteilen gebildet.

916 Laut Aussage von Werner Vogelsang, ab März 1945 stellvertretender Gauleiter in Sachsen, vom 14.8.1945 in Moskau sei der sächsische Gauleiter Martin Mutschmann für die

lige stellen. Goebbels sorgte dafür, dass keine allgemeine Freikorpspropaganda an die Bevölkerung gerichtet werde. Bis zum 10. April 1945 wurde sie selbst in den Rundschreiben an die Gauleiter nicht erwähnt. Mit Fahrrädern und Panzerfäusten ausgerüstet und der Wehrmacht als sogenannte Panzerjagdkommandos unterstellt, sollten sie vor allem den Vormarsch alliierter Panzer nach Berlin aufhalten und wurden ab Mitte April 1945 eingesetzt. Die Westalliierten schätzten ihre Anzahl auf etwa 3000 Kämpfer. Einsatzorte waren unter anderem auch die Städte Karpfenstadt/Holstein und Freudenstadt/Baden-Württemberg.[917]

Das „Freikorps Adolf Hitler" wurde südlich der Reichshauptstadt gegen die vorrückende 1. Belorussische und 1. Ukrainische Front im Raum Treuenbrietzen eingesetzt. In Verlauf der Kämpfe wurde der Verband, zu dem das Freikorps gehörte, in Jerichow aufgelöst und ging bei Ferchland auf das westliche Elbufer über, wo die US-Armee stand. Oczadly war tatsächlich kurze Zeit in Schilda gewesen, wo sich die Briten und Amerikaner befanden, konnte sich aber bis Dresden durchschlagen. Nach der deutschen Kapitulation hatte die Sowjetunion die Überstellung der Freikorpskämpfer in die sowjetische Besatzungszone verlangt. Nachdem am 8. Mai 1945 Angehörige des Freikorps Adolf Hitler Selbstmord verübt hatten, als sie von den Amerikanern aus den Lagern auf Viehkoppeln bei Schelldorf und Grieben an die Rote Armee übergeben werden sollten, wurden die anderen zunächst nicht ausgeliefert.[918] Auch Verhaftungen durch westalliierte Stellen sind überliefert.[919]

Herbert Dahlmann[920]
Helmut Nebel

7. Unterstützung der internationalen Bourgeoisie (Artikel 58-4)

Die wenigen hier angeführten fünf Fälle sind offenbar wegen Taten nach dem 8. Mai 1945 verurteilt worden. Es handelt sich dabei überwiegend um jüngere Personen, die in Sachsen an Widerstandshandlungen beteiligt waren.

Brunhilt Gebler (vgl. Widerstand Sachsen)
Ernst Grabesch
Arthur Johst
Heinz Meier (vgl. HJ, Widerstand Sachsen)
Günther Plachta (vgl. HJ, Widerstand Sachsen)

Aufstellung des „Freikorps Adolf Hitler" verantwortlich gewesen. Vgl. Schmeitzner, Mutschmann, S. 100.

917 Biddiscombe, Last Nazis, S. 41-43.
918 Gellermann, Armee Wenck, S. 43 f., 121 f.
919 Biddiscombe, Last Nazis, S. 43.
920 Deutsche Opfer.

8. Kriminalität

Urteilsgründe, die eine kriminelle Tat erkennen lassen, stehen fast ausschließlich im Zusammenhang mit Angehörigen der Roten Armee. Ein Teil dieser neun Fälle wurden vorzugsweise - offenbar zur Abschreckung - in der Presse publiziert.

Am 9. Juni 1945 wurden in Freudenberg/Westpommern in Mecklenburg die Sowjetsoldaten Leontjew und Jerochin ermordet. Felix Schellakowski hatte nach Auffassung des SMT für den Täter Waffen, Lebensmittel und Unterkunft zur Verfügung gestellt und auch die Spuren beseitigt. Heinrich Bertram warf man vor, Augenzeuge dieser Morde gewesen zu sein, ohne Hilfe geleistet zu haben. Er habe das Verbrechen nicht gemeldet, stattdessen mit Schellakowski die Spuren beseitigt. In Hans Hoesen sah das Gericht den Mörder, der außerdem bereits im Februar 1945 einen Deutschen ermordet habe. Der Fall wurde im Oktober 1945 auf Seite eins der sowjetisch lizenzierten Täglichen Rundschau dargestellt.[921]

Walter Fröhlich (vgl. Reichsbauernführer), Emil Gebhardt, Willi Hofmann (vgl. Bürgermeister) und Walter Rodegast aus Pödelist ermordeten bereits zur Zeit der amerikanischen Besatzung einen ehemaligen sowjetischen Zwangsarbeiter. Anfang Juni 1945 war dieser Zwangsarbeiter allein, aber bewaffnet, mehrmals in das Dorf Pödelist gekommen, hatte dabei Lebensmittel gestohlen, einen Hund erschossen und versucht, die Tochter des Gastwirts Erich Fröhlich zu vergewaltigen. Da die US-Kommandantur in Naumburg nicht helfen wollte, stellten Erich und Walter Fröhlich, Emil Gebhardt, Willi Hofmann und Walter Rodegast eine bewaffnete Bürgerwehr auf und verhafteten den ins Dorf zurückkehrenden ehemaligen Zwangsarbeiter, fesselten ihn, sperrten ihn ein, warfen ihn kurz vor der Ankunft der Roten Armee in Pödelist in einen Schachtbrunnen und schossen in den Brunnen hinein. Die Leiche wurde später geborgen. Laut den Erinnerungen des zum Tode verurteilten, aber später begnadigten Jugendlichen Lothar Stöbe, der in Halle die Todeszelle mit der Gruppe aus Pödelist teilte, wurde der Gastwirt Erich Fröhlich, Bruder von Walter Fröhlich, nicht verurteilt, sondern wieder entlassen. Nach seiner Darstellung warf Emil Gebhardt den ehemaligen Zwangsarbeiter in den Brunnen und Walter Fröhlich schoss danach in den Brunnen hinein. Emil Gebhardt, ein Kommunist, war Anfang Juli 1945 zum Bürgermeister des Ortes bestimmt worden.[922]

Willi Burr

Adolf von der Linde

921 Tägliche Rundschau und Neue Zeit vom 4.10.45; Deutsche Opfer.

922 Hantsche, Diktaturwechsel, S. 13; vgl. die Darstellung bei Lothar Stöbe, Der Fluch am Todesbrunnen. Eine wahre Geschichte, Gutenberg 2000, dem die zum Tode Verurteilten in der Haft den gesamten Vorgang schilderten. Hinsichtlich Ortswachen vgl. auch die Fälle Otto Maak u. a. (Terror Thüringen), Ewald Czechowski (Werwolf Brandenburg), Hermann Schumann u. a. (Terror Sachsen) und Richard Schaefer u. a. (Terror Thüringen).

9. Banditismus (Artikel 59-3)

Otto Peter und Gerhard Hartmann wurden nach dem in nur fünf bekannten Fällen angewendeten Artikel 59-3 für Banditismus verurteilt. Ihr Prozess fand öffentlich in Eberswalde statt. Von ihm existiert ein schriftlicher Bericht des Oberrichters Blankenburg vom Amtsgericht Eberswalde. Demnach war der Bauer Lüdersdorf von einer Bande bestohlen worden, welcher auch die Angeklagten Machold, Wolff und Wendland angehörten. Lüdersdorf rief zu seinem Schutz eine sowjetische Militärstreife. Die Bande hatte, meist nachts, bereits mehrere Raubzüge unternommen. So war Hartmann zehnmal und Peter selbst 15-mal zu Plünderfahrten unterwegs. Peter trug dabei eine der sowjetischen Uniform ähnliche Kleidung mit Sowjetstern und Koppel. Die anderen trugen Zivil. Peter und Hartmann wurden hingerichtet, die anderen Angeklagten erhielten Zeitstrafen, was das Publikum als zu milde empfand.[923]
Fritz Geist (vgl. SS-FHA)
Helmut Schwarz
Gerhard Weiß

923 Der Demokrat (CDU) Vorpommern vom 12.1.1946; Auskunft Oberrichter Blankenburg vom Amtsgericht Eberswalde vom 8.1.1946 (Landesarchiv Berlin, C Rep. 303-09, Nr. 021, Bl. 30).

Anhang

Verzeichnis der Literatur und der gedruckten Quellen

Abramowitsch, Raphael Rein: Die politischen Gefangenen in der Sowjetunion. Mit einem Vorwort der Vorsitzenden der „Kommission zur Untersuchung der Lage der politischen Gefangenen" Senator Louis de Brouckčre (Brüssel) und Arthur Crispien, MdR (Berlin), Berlin 1930.

-: Wandlungen der bolschewistischen Diktatur, Berlin 1930.

-/ Suchomlin, Wasilij/Zereteli, Irakli: Der Terror gegen die Sozialistischen Parteien in Russland und Georgien, Berlin 1925.

Abshagen, Hans Ulrich: Generation Ahnungslos, Berlin 2003.

Aedtner, Alfred: An Ort und Stelle erschossen. In: Der Spiegel Nr. 44, vom 27.10. 1986, S. 76–99.

Agde, Günter: Die Greußener Jungs. Hitlers Werwölfe, Stalins Geheimpolizisten und ein Prozeß in Thüringen, Eine Dokumentation, Berlin 1995.

Ahrberg, Edda/Harder, Dorothea (Hg.): Abgeholt und verschwunden (1). Von sowjetischen Militärtribunalen Verurteilte aus Sachsen-Anhalt und ihre Angehörigen. Hg. von der Vereinigung der Opfer des Stalinismus e. V. – Landesgruppe Sachsen-Anhalt, 3. erweiterte Nachauflage Magdeburg 2011.

Alexandrow, Georgij N./Raginskij Mark Ju. (Bearb.): Die Strafe darf nicht ausbleiben. Internationale Konferenz zu Fragen der Verfolgung von Nazi- und Kriegsverbrechern. Moskau 25.–28. März 1969, Moskau 1969.

Altmann, Ilja: Opfer des Hasses. Der Holocaust in der UdSSR 1941–1945, Zürich 2008.

Aly, Götz/Hoppe, Bert: Die Verfolgung und Ermordung der europäischen Juden durch das nationalsozialistische Deutschland 1933–1945, Band 7: Sowjetunion mit annektierten Gebieten I, München 2011.

Amort, Čestomir: Heydrichiade, Prag 1965.

Angermund, Ralph: Deutsche Richterschaft 1919–1945, Frankfurt a. M. 1990.

Angrick, Andrej: Die Einsatzgruppe D. In: Klein, Peter (Hg.): Die Einsatzgruppen in der besetzten Sowjetunion, 1941/42. Die Tätigkeits- und Lageberichte des Chefs der Sicherheitspolizei und des SD, Berlin 1997, S. 88–110.

-: Die Einsatzgruppe D. Struktur und Tätigkeiten einer mobilen Einheit der Sicherheitspolizei und des SD in der deutsch besetzten Sowjetunion, Berlin 1999.

-: Besatzungspolitik und Massenmord. Die Einsatzgruppe D in der südlichen Sowjetunion 1941–1943, Hamburg 2003.

-/ Voigt, Martina/Ammerschubert, Silke/Klein, Peter: „Da hätte man schon ein Tagebuch führen müssen". Das Polizeibataillon 322 und die Judenmorde im Bereich der Heeresgruppe Mitte während des Sommers und Herbstes 1941. In: Grabitz, Helge/Bästlein, Klaus/Tuchel, Johannes (Hg.) unter Mitarbeit von Peter Klein und Martina Voigt: Die Normalität des Verbrechens. Bilanz und Perspektiven der Forschung zu den nationalsozialistischen Gewaltverbrechen, Berlin 1994, S. 325-385.

Anhalt, Utz/Holz, Steffen: „Das verbotene Dorf". Das Verhörzentrum Wincklerbad der britischen Besatzungsmacht in Bad Nenndorf 1945-1947, Hannover 2011.

Arbeitserziehungslager Fehrbellin. Zwangsarbeiterinnen im Straflager der Gestapo. Hg. von der Berliner Geschichtswerkstatt, Potsdam 2004.

Arfmann, Peter/Kallmeyer, Rolf: J.P. Sauer & Sohn. Geschichte der ältesten deutschen Waffenfabrik, gegründet 1751. Suhler Zeit - Eckernförder Zeit, Suhl 2004.

Aris, Nancy: Rechercheberich zur Tätigkeit von Dr. Ernst Albrecht Rietzsch während der NS-Zeit. In: 13. Tätigkeitsbericht 2004/2005. Hg. vom Sächsischen Landesbeauftragten für die Unterlagen des Staatssicherheitsdienstes der ehemaligen DDR, Dresden 2005, S. 66-77.

Auf einen Blick. Leitfaden zur regionalen Geschichtsaufarbeitung nach 1945 in Thüringen. Hg. von der Thüringer Staatskanzlei und Geschichtswerkstatt Jena e.V., Erfurt 2000.

Ausgewählte Dokumente und Materialien zum antifaschistischen Widerstandskampf unter Führung der Kommunistischen Partei Deutschland in der Provinz Brandenburg 1939-1945, Teil 2. Hg. von Friedrich Beck, Kurt Finker, Kurt Libera, Hans-Joachim Lippert, Joachim Schulz und Werner Wölk, Potsdam 1985.

Auszüge aus dem schwedischen Abschlussbericht der schwedisch-russischen Arbeitsgruppe. In: Masát, András/Méhes, Márton/Rackebrandt, Wolfgang (Hg.): Raoul Wallenberg - Mensch in der Unmenschlichkeit. Ergebnisse der internationalen Forschung, EKF Wissenschaft Zeitgeschichte 1, Berlin 2002, S. 124-142.

Baberowski, Jörg: Der rote Terror. Geschichte des Stalinismus, München 2003.

-: Verbrannte Erde. Stalins Herrschaft der Gewalt, München 2012.

Bährens, Kurt: Deutsche in Straflagern und Gefängnissen der Sowjetunion, 3 Bände, München 1965.

Baldauf, Günter: Schwerer Eisenbahnunfall vor 60 Jahren legte Schienenstrang für Wochen lahm. In: Freie Presse vom 31.5.2005.

Bartz, Karl: Die Tragödie der deutschen Abwehr, Salzburg 1955.

Bass, Gary Jonathan: Stay the Hand by Vengeance. The Politics of War Crimes Tribunals, Princeton 2000.

Bauer, Karl: Gedächtnisprotokoll. Ein Prozeß in Minsk, Herford 1990.

Baumann, Tobias: Das Speziallager Nr. 9 Fünfeichen. In: Mironenko, Sergej/Niethammer, Lutz/von Plato, Alexander (Hg.) in Verbindung mit Volkhard Knigge und Günter Morsch: Sowjetische Speziallager in Deutschland 1945 bis 1950, Band 1: Studien und Berichte. Hg. und eingeleitet von Alexander von Plato, Berlin 1998, S. 426-444.

Beattie, Andrew H.: Die alliierte Internierung im besetzten Deutschland und die deutsche Gesellschaft. In: Zeitschrift für Geschichtswissenschaft, 62 (2014) 3, S. 239-256.

Becker, Eberhard: Das Rätsel des Ukas 43 und eine Erkundung des Archipel Gulag, Hamburg 1991.

Beddies, Thomas: Die Heil- und Pflegeanstalt Meseritz-Obrawalde im Dritten Reich. In: Hübener, Kristina (Hg.): Brandenburgische Heil- und Pflegeanstalten in der NS-Zeit, Berlin 2002, S. 231-258.

Beljaev, A./Syromjatnikov, B./Ugrinovič, V.: Proval akcii „Ceppelina". In: Lijalin, S. N. (Hg.): Front bez linii fronta, Moskau 1970, S. 365-375.
Benedict, Susan/Caplan, Arthur/Page, Traute Lafrentz: Duty and „Euthanasia". The Nurses of Meseritz-Obrawalde. In: Nursing Ethics, 14 (2007) 6, S. 783-793.
Benz, Angelika: Trawniki. In: Benz, Wolfgang/Distel, Barbara (Hg.): Der Ort des Terrors. Geschichte der nationalsozialistischen Konzentrationslager, Band 7: Niederhagen/Wewelsburg Lublin-Majdanek Arbeitsdorf Herzogenbusch (Vught) Bergen-Belsen Mittelbau-Dora, München 2008, S. 99f.
Benz, Wolfgang (Hg.): Lexikon des Holocaust, München 2002.
-/ Distel, Barbara (Hg.): Der Ort des Terrors. Geschichte der nationalsozialistischen Konzentrationslager, Band 5: Sachsenhausen und Buchenwald, München 2006.
Berg, Ger van den: The Soviet Union and the Death Penalty. In: Soviet Studies, 35 (1983), S. 154-174.
Besymenski, Lew: Kriegsverbrecher oder Kriegsgefangene? In: Sowjetunion heute, Nr. 10, 1990, S. 39.
Bezborodova, Irina V.: Die Generäle des Zweiten Weltkrieges in sowjetischer Kriegsgefangenschaft, Graz 1998.
Biddiscombe, Perry: The Enemy of our Enemy. A View of the Edelweiss Piraten from the British and American Archives. In: Journal of Contemporary History, 30 (1995) 1, S. 37-63.
-: Werewolf! The History of the Nationalist Socialist Guerrilla Movement 1944-1946, Toronto 1998.
-: The End of the Freebooter Tradition. The Forgotten Freikorps Movement of 1944/45. In: Central European History, 32 (1999) 1, S. 53-90.
-: Unternehmen Zeppelin. The Deployment of SS Saboteurs and Spies in the Soviet Union 1942-1945. In: Europe-Asia Studies, 52 (2000) 6, S. 1115-1142.
-: The Last Nazis. SS Werewolf Guerrilla Resistance in Europe 1944-1947, Brimscombe Port 2006.
-: The SS Hunter Battalions. The Hidden History of the Nazi Resistance Movement 1944-1945, Brimscombe Port 2006.
Biographisches Handbuch des deutschen Auswärtigen Dienstes 1871-1945, Band 1, A-F, bearbeitet von Johannes Hürter, Martin Kröger, Rolf Messerschmidt, Christiane Scheidemann, Paderborn 2000.
Biographisches Handbuch des deutschen Auswärtigen Dienstes 1871-1945, Band 2, G-K, bearbeitet von Gerhard Keiper und Martin Kröger, Paderborn 2005.
Biographisches Handbuch des deutschen Auswärtigen Dienstes 1871-1945, Band 3, L-R, bearbeitet von Gerhard Keiper und Martin Kröger, Paderborn 2008.
Biographisches Handbuch des deutschen Auswärtigen Dienstes 1871-1945, Band 4, S, bearbeitet von Bernd Isphording, Gerhard Keiper, Martin Kröger, Paderborn 2012.
Biographisches Handbuch des deutschen Auswärtigen Dienstes 1871-1945, Band 5, T-Z, Nachträge, bearbeitet von Bernd Isphording, Gerhard Keiper, Martin Kröger, Paderborn 2014.
Birštejn, Vadim J.: Raul' Vallenberg. Istorija gibeli. In: Evrejskie novosti, 2 (Juli 2002), S. 1-6.

–: Smersh. Stalin's Secret Weapon. Soviet Military Counterintelligence in WW II, London 2011.
Black, Peter: Die Trawniki-Männer und die „Aktion Reinhard". In: Musial, Bogdan (Hg.): „Aktion Reinhardt". Der Völkermord an den Juden im Generalgouvernement 1941–1944, Osnabrück 2004, S. 309–352.
–: Indigenous Collaboration in the General Gouvernement. The Case of the „Sonderdienst". In: Judson, Pieter M./Rozenblit, Marsha L. (Hg.): Constructing Nationalities in East Central Europe, Oxford 2005, S. 243–266.
Blank, Alexander S./Mader, Julius: Rote Kapelle gegen Hitler, Berlin (Ost) 1979.
Bobrenjow, Wladimir/Rjasanzew, Waleri: Das Geheimlabor des KGB. Gespenster der Warsanowjew-Gasse, Berlin 1993.
Bogdanow, A./Wlassow G.: Duell mit der Abwehr. Dokumentarische Skizzen über Tschekisten der Leningrader Front 1941–1945, Berlin (Ost) 1971.
Bohn, Helmut: Die Letzten. Was wurde und was wird aus den deutschen Gefangenen in Sowjetrußland und den anderen Ostblockstaaten? Köln 1954.
Bohse, Daniel: Herrschaftssicherung durch Repression – zur Tätigkeit der sowjetischen Sicherheitsdienste und Militärjustiz in Magdeburg 1945–1955. In: Puhle, Matthias (Hg.): „Magdeburg lebt!" Kriegsende und Neubeginn 1945–1949, Magdeburg 2011, S. 87–105.
–/ Miehe, Lutz (Hg.): Sowjetische Militärjustiz in der SBZ/DDR (1945–1955), Halle 2007.
Boll, Bernd: Wehrmacht vor Gericht. Kriegsverbrecherprozesse der Vier Mächte nach 1945. In: Geschichte und Gesellschaft, 24 (1998) 4, S. 570–594.
Bonwetsch, Bernd/Bordjugov, Gennadij/Naimark, Norman (Hg.): Sowjetische Politik in der SBZ 1945–1949. Dokumente zur Tätigkeit der Propagandaverwaltung (Informationsverwaltung) der SMAD unter Sergej Tjul'panov, Bonn, 1997.
Brammer, Uwe: Spionageabwehr und „Geheimer Meldedienst". Die Abwehrstelle X im Wehrkreis Hamburg 1939–1945, Freiburg i. Brsg. 1989.
Brand, Emanuel: Nazi Criminals on Trial in the Soviet Union (1941–1945). In: Yad Vashem Bulletin, 19 (1966), S. 36–44.
Braunbuch. Kriegs- und Naziverbrecher in der Bundesrepublik. Staat Wirtschaft Armee Verwaltung Justiz Wissenschaft. Hg. vom Nationalrat der Nationalen Front der DDR/Dokumentationszentrum der staatlichen Archivverwaltung der DDR, Berlin (Ost) 1961.
Breitman, Richard: Friedrich Jeckeln. Spezialist für die Endlösung im Osten. In: Smelser, Ronald/Syring, Enrico (Hg.): Die SS. Elite unter dem Totenkopf. 30 Lebensläufe, Paderborn 2000, S. 267–275.
Broocks, Andreas: Die Geschehnisse auf dem Sachsenberg im Rahmen des nationalsozialistischen Euthanasieprogramms. In: Kuhn, Heinrich-Christian (Hg.): Schweriner Gespräche. Hg. von der Landeszentrale für Politische Bildung Mecklenburg-Vorpommern, Schwerin 2007, S. 3–35.
Browning, Christopher R.: Ganz normale Männer. Das Reserve-Polizeibataillon 101 und die „Endlösung" in Polen, Reinbek bei Hamburg 1999.
–: Die Entfesselung der Endlösung. Nationalsozialistische Judenpolitik 1939–1942, Berlin 2006.
–: Die „Endlösung" und das Auswärtige Amt. Das Referat D III der Abteilung Deutschland 1940–1943, Darmstadt 2010.

Buchheit, Gert: Der deutsche Geheimdienst. Geschichte der Militärischen Abwehr, München 1966.
Budraß, Lutz: „Arbeitskräfte können aus der reichlich vorhandenen Bevölkerung genommen werden“. In: Jahrbuch für Wirtschaftsgeschichte, (2004) 1, S. 41-64.
Buscher, Frank M.: The U.S. War Crimes Trial Program in Germany. 1946 to 1955, New York 1989.
Buschfort, Wolfgang: Parteien im Kalten Krieg. Die Ostbüros von SPD, CDU und FDP, Berlin 2000.
Butters, Rudolf/Metzel, Herwarth: Jedem das Seine, Selb-Oberweißenbach 2004.
Čajkovskij, Anatolij: Plen. Za čuzie i svoi grechi. Voennoplennye i internirovannye v Ukraine 1939-1953 gg., Kiew 2002.
Charisius, Albrecht/Mader, Julius: Nicht länger geheim. Entwicklung, System und Arbeitsweise des imperialistischen deutschen Geheimdienstes, Berlin (Ost) 1969.
-/ Moritz, Erhard: Zur Fusion des OKW-Amtes Ausland/Abwehr mit dem Sicherheitsdienst (SD) 1944. In: Militärgeschichte, 16 (1977), S. 44-57.
Chiari, Bernhard: Alltag hinter der Front. Besatzung, Kollaboration und Widerstand in Weißrußland 1941-1944, Düsseldorf 1998.
Christoforov, Vasilij: Die schweigenden Zeugen der Tragödie des Krieges. In: Haase, Norbert/Haritonow, Alexander/Müller, Klaus-Dieter (Bearb.): Für die Lebenden. Der Toten gedenken. Ein internationales Gemeinschaftsprojekt zur Erforschung des Schicksals sowjetischer und deutscher Kriegsgefangener und Internierter, Dresden 2003, S. 12-15.
-: Eversti Carl Seber 1888-1945. Sotilaslentäjä, josta tuli suomensaksalainen pienviljelijä, tiedustelu-upseeri ja Helsingin paikalliskomendantti. In: Westerlund, Lars (Hg.): Sotapahtumia, internointeja ja siirto sodanjälkeisiin oloihin. Kansallisarkiston artikkelikirja, Helsinki 2010, S. 254-264.
-/ u. a. (Hg.): Tajny diplomatii Tret'ego Rejcha. Germanskie diplomaty, rukovoditeli zarubežnych voennych missij, voennye i policejskie attaše v sovetskom plenu. Dokumenty iz sledstvennych del 1944-1955, Moskau 2011.
Chruścielski, Piotr: „Asozial“ als Haftkategorie im Konzentrationslager Stutthof. Eine Annäherung an Ort, Menschen und Begriffe. In: Im Zugriff von Fürsorge und Polizei. Erfahrungen sozialrassistischer Verfolgung im Nationalsozialismus. Beiträge zur Geschichte der nationalsozialistischen Verfolgung, 5 (2024), S. 82-100.
Clough, Bryan: State Secrets. The Kent-Wolkoff Affair, Hove 2005.
Coburger, Marlies: Ehemalige KZ-Aufseherinnen als Internierte und SMT-verurteilte Häftlinge im sowjetischen Speziallager Sachsenhausen (1945-1950). In: Erpel, Simone (Hg.): Im Gefolge der SS. Aufseherinnen des Frauen-KZ Ravensbrück, Berlin 2007, S. 143-159.
Conquest, Robert: Der große Terror. Sowjetunion 1934-1938, München 1992.
Conze, Eckart/Frei, Norbert/Hayes, Peter/Zimmermann Moshe: Das Amt und die Vergangenheit. Deutsche Diplomaten im Dritten Reich und in der Bundesrepublik, Bonn 2011.
Coppi, Hans: Der tödliche Kontakt mit Moskau - Berliner Funkspiele des RSHA. In: Schafranek, Hans/Tuchel, Johannes (Hg.): Krieg im Äther. Widerstand und Spionage im Zweiten Weltkrieg, Wien 2004, S. 33-55.
-/ Andresen, Geertje (Hg.): Dieser Tod paßt zu mir. Harro-Schulze-Boysen, Grenzgänger im Widerstand, Berlin 1999.

Corbat, Hans: „Unserer Entwicklung steht er feindselig gegenüber ...“. Erlebnisse in kommunistischen Lagern und Gefängnissen in Berlin, Torgau und Bautzen 1946-1956. Bearbeitet und eingeleitet von Wolfgang Oleschinski und Bert Pampel, Dresden 2005.

Cramer, John: Belsen Trial 1945. Der Lüneburger Prozess gegen Wachpersonal der Konzentrationslager Auschwitz und Bergen-Belsen, Göttingen 2011.

Critchfeld, James H.: Partners at Creation, Annapolis 2003.

Čuev, Sergej G.: Specslužby Tret'ego Rejcha, Sankt Petersburg 2003.

Čugunov, Alexandr I.: Pograničnye vojska SSSR v Velikoj otečestvennoj vojne, 1942 - 1945. Sbornik dokumentov i materialov, Moskau 1976.

Curilla, Wolfgang: Die deutsche Ordnungspolizei und der Holocaust im Baltikum und in Weißrussland 1941-1944, Paderborn 2006.

-: Der Judenmord in Polen und die deutsche Ordnungspolizei 1939-1945, Paderborn 2010.

Čvančara, Jaroslav: Někomu život, někomu smrt. Československý odboj a nacistická okupačni moc, 1943-1945, Prag 2008.

Czichon, Eberhard/Marohn, Heinz: Thälmann. Ein Report, Berlin 2010.

Deák, István/Gross, Jan T./Judt, Tony (Hg.): The Politics of Retribution in Europe. World War II and its aftermath, Princeton 2000.

Deppe, Hans-Joachim: Zur „Werwolf“-Tragödie der mecklenburgischen Jugend 1945. In: Carolinum. Historisch-literarische Zeitschrift, (1995) 115, S. 29-33.

Deschner, Günther: Reinhard Heydrich. Statthalter der totalen Macht, Esslingen am Neckar 1992.

Deutsche Greuel in Rußland. Gerichtstag in Charkow, Wien 1946.

Deutsche Opfer der Stalinistischen Gewaltherrschaft. Die Toten, Informationsbericht. Hg. vom Bundesministerium für Familie und Senioren. Bearbeitet von Bernhard Priesemuth, 2. Lieferung, vorgelegt Februar 1992, Berlin 1992, Anlage 44.

Dieckmann, Christoph: Überlegungen zur deutschen Besatzungsherrschaft in Osteuropa 1941-1944: Das Beispiel Litauen. In: Annaberger Annalen, 5 (1997), S. 26-46.

Der Dienstkalender Heinrich Himmlers 1941/42. Bearbeitet, kommentiert und eingeleitet von Peter Witte, Michael Wildt, Martina Voigt, Dieter Pohl, Peter Klein, Christian Gerlach, Christoph Dieckmann und Andrej Angrick, Hamburg 1999.

Döbert, Frank: Nie gesühnte Verbrechen. Das Jenaer Polizeibataillon 311 im Zweiten Weltkrieg, Teil III. In: Gerbergasse 18, 13 (2007) 1, S. 24-29; Teil IV. In: Gerbergasse 18, 13 (2007) 3, S. 18-23.

-: Das Jenaer Außenlager des KZ Buchenwald. In: Gerbergasse 18, 16 (2010) 2, S. 14-22.

-: „Vorläufig ist alles noch harmlos.“ Das Jenaer Polizeibataillon 311 im Zweiten Weltkrieg. Eine Spurensuche. In: Polizei & Geschichte, Unabhängige Zeitschrift für Geschichte und Polizei, (2010) 2, S. 38-69.

Doerries, Reinhard R.: Imperial Challenge. Ambassador Count Bernstorff and German-American Relations, 1908-1917, Chapel Hill-London 1989.

-: Tracing Kurt Jahnke. Aspects of the Study of German Intelligence. In: Kent, Georg O. (Hg.): Historians and Archivists. Essays on Modern German History and Archival Policy, Fairfax 1991, S. 27-44.

-: Hitler's Last Chief of Foreign Intelligence. Allied Interrogations of Walter Schellenberg, London 2003.
Döge, Ulrich: Ewald von Demandowsky - Journalist, Dramaturg, Produzent. In: CineGraph - Lexikon zum deutschsprachigen Film, Lg. 51, D 1-D 18.
Dokumenty obvinjajut. Sbornik dokumentov o čudoviščnych zverstvach germanskich vlastej na vremenno zachvačennych sovetskich territorijach, vypusk 1, Ogiz gosudarstvennoe izdatel'stvo političeskoj literatury, Moskau 1943.
Dorbritz, Gerhard: Schicksale. Dokumentation über das Zwangsarbeitslager Roederhof in Belzig, Berlin 2001.
-: Belzig. In: Benz, Wolfgang/Distel, Barbara (Hg.): Der Ort des Terrors. Geschichte der nationalsozialistischen Konzentrationslager, Band 3: Sachsenhausen Buchenwald, München 2006, S. 78 ff.
Drabkin, Ja. C./Komolova, N. P. u.a. (Hg.): Totalitarizm v Evrope XX veka. Iz istorii ideologij, dviženij, režimov i ich preodolenija, Moskau 1996.
Drescher, Anne: Haft am Demmlerplatz. Gespräche mit Betroffenen - Sowjetische Militärtribunale 1945-1953, Schwerin 2001.
Drewniak, Boguslaw: Das Theater im NS-Staat. Szenarium deutscher Zeitgeschichte 1933- 1945, Düsseldorf 1983.
Das III. Reich. Zeitschrift in Wort, Bild und Ton, Heft Nr. 46, Hamburg 1975/76.
Drywa, Danuta: Stutthof - Stammlager. In: Benz, Wolfgang/Distel, Barbara (Hg.): Der Ort des Terrors. Geschichte der nationalsozialistischen Konzentrationslager, Band 6: Natzweiler Groß-Rosen Stutthof, München 2007, S. 477-529.
Ebbinghaus, Angelika (Hg.): Opfer und Täterinnen. Frauenbiographien des Nationalsozialismus, Nördlingen 1987.
Eberle, Henrik/Uhl, Matthias (Hg.): Das Buch Hitler. Geheimdienstdossier des NKWD für Josef W. Stalin, zusammengestellt aufgrund der Verhörprotokolle des Persönlichen Adjutanten Hitlers, Otto Günsche, und des Kammerdieners Heinz Linge, Moskau 1949, Bergisch Gladbach 2005.
Edwards, James R.: Ernst Lohmeyer - ein Schlußkapitel. In: Evangelische Theologie, 56 (1996), S. 320-342.
Eichner, Klaus/Schramm, Gotthold (Hg.): Angriff und Abwehr. Die deutschen Geheimdienste nach 1945, Berlin 2007.
Eimermacher, Karl/Volpert, Astrid (Hg.): Tauwetter, Eiszeit und gelenkte Dialoge. Russen und Deutsche nach 1945, München 2006.
Eine deutsche Karriere. Friedrich Panzinger. Protokoll des Verhörs des Gefangenen Panzinger, Friedrich vom 12. Februar 1947. In: Utopie kreativ, (1995) 55, S. 22-33.
„Die einen sind im Dunkeln ...". Jugend hinter Stacheldraht. Hg. vom Vorstand der SPD, Bonn 1950.
Ellis, Frank: Dulag-205. The German Army's Death Camp for Soviet Prisoners at Stalingrad. In: The Journal of Slavic Military Studies, 19 (2006) 1, S. 123-148.
Epifanov, Aleksandr: Die Außerordentliche Staatliche Kommission, Wien 1997.
-: Otvetstvennost' za voennye prestuplenija, soveršënnye na territorii SSSR v gody Velikoj Otečestvennoj vojny. 1941-1956 gg., Wolgograd 2005.
-/ Mayer, Hein: Die Tragödie der deutschen Kriegsgefangenen in Stalingrad von 1941 bis 1956 nach russischen Archivunterlagen, Osnabrück 1996.

Epstein, Catherine: Model Nazi. Arthur Greiser and the Occupation of Western Poland, Oxford 2010.
Erler, Peter: Zum Wirken der Sowjetischen Militärtribunale (SMT) in der SBZ/DDR 1945-1955. In: Zeitschrift des Forschungsverbundes SED-Staat, (1996) 2, S. 51-63.
-: Militärische Kommandounternehmen. Deutsche Polit-Emigranten als sowjetische Fallschirmagenten und Partisanen 1941 bis 1945. In: Zeitschrift des Forschungsverbundes SED-Staat, (2000) 8, S. 79-101.
-: Zur Geschichte und Topographie der „GPU-Keller". Arrestlokale und Untersuchungsgefängnisse sowjetischer Geheimdienste in Berlin (1945 bis 1949/50). In: Zeitschrift des Forschungsverbundes SED-Staat, (2005) 17, S. 79-94.
Ėrlichman, Vadim V.: Poteri narodonaselenija v XX veke. Spravočnik, Moskau 2004.
Evans, Richard J.: Rituale der Vergeltung. Die Todesstrafe in der deutschen Geschichte 1532-1987, Berlin 2001.
Farago, Ladislas: Burn After Reading. The Espionage History of World War II, Annapolis 2003.
Fieber, Hans-Joachim: Widerstand in Berlin gegen das NS-Regime 1933 bis 1945, Band 6, Berlin 2003.
Fincke, Martin: Die aufsichtliche Überprüfung rechtskräftiger Strafurteile im Sowjetrecht, Herrenalb 1966.
Fings, Karola: Krieg, Gesellschaft und KZ. Himmlers SS-Baubrigaden, Paderborn 2005.
Finkelmeier, Konrad: Die braune Apokalypse, Weimar 1947.
Finn, Gerhard: Die politischen Häftlinge in der Sowjetzone 1945-1948, Köln 1989.
Fippel, Günter: Demokratische Gegner und Willküropfer von Besatzungsmacht und SED in Sachsenhausen 1946-1950. Das sowjetische Speziallager Sachsenhausen - Teil des Stalinschen Lagerimperiums, Leipzig 2008.
Fischer, Holger/Huber, Ludwig/Krause, Eckhart (Hg.): Hochschulalltag im „Dritten Reich". Die Hamburger Universität 1933-1945, Hamburg 1991.
Foitzik, Jan: Sowjetische Militäradministration in Deutschland (SMAD). In: Broszat, Martin/Weber, Hermann (Hg.): SBZ-Handbuch. Staatliche Verwaltungen, Parteien, gesellschaftliche Organisationen und ihre Führungskräfte in der Sowjetischen Besatzungszone Deutschlands 1945-1949, München 1990, S. 7-69.
-: Sowjetische Militäradministration in Deutschland (SMAD) 1945-1949. Struktur und Funktion, Berlin 1999.
-/ Petrov, Nikita: Die sowjetischen Geheimdienste in der SBZ/DDR von 1945 bis 1953, Berlin 2009.
Foltmann, Josef/Möller-Witten, H.: Opfergang der Generäle. Die Verluste der Generäle und Admirale und der im gleichen Dienstrang stehenden sonstigen Offiziere und Beamten im 2. Weltkrieg, Berlin (West) 1953.
Form, Wolfgang: Transitional Justice. Alliierte Kriegsverbrecherprozesse nach dem Zweiten Weltkrieg in Europa. In: Lingen, Kerstin von (Hg.): Kriegserfahrung und nationale Identität in Europa nach 1945, Paderborn 2009, S. 52-73.
Forschungsbericht über das Gestapo-Lager Wuhlheide. Hg. vom Komitee der antifaschistischen Widerstandskämpfer der Deutschen Demokratischen Republik - Kreiskomitee Berlin-Lichtenberg, Berlin (Ost) 1982.

Frei, Norbert (Hg.): Transnationale Vergangenheitspolitik. Der Umgang mit deutschen Kriegsverbrechen in Europa nach dem zweiten Weltkrieg, Göttingen 2006.
Frey, Georg: Das Strafverfahren gegen deutsche Kriegsgefangene in der Sowjetunion. Zur formalrechtlichen Seite der Verurteilungen. In: Osteuropa-Recht, 1 (1955) 1, S. 31-37.
Frey, Hans: Die Hölle von Kamienna, Potsdam 1949.
Fricke, Karl Wilhelm: Politik und Justiz in der DDR. Zur Geschichte der politischen Verfolgung 1945-1968, Köln 1979.
Fritz, Ulrich: Mülsen St. Micheln. In: Benz, Wolfgang/Distel, Barbara (Hg.): Der Ort des Terrors. Geschichte der nationalsozialistischen Konzentrationslager, Band 4: Flossenbürg Mauthausen Ravensbrück, München 2006, S. 203-206.
Frolík, Josef: Špión vypovídá, Köln 1979.
Fürmetz, Gerhard/Reinke, Herbert/Weinhauer, Klaus (Hg.): Nachkriegspolizei. Sicherheit und Ordnung in Ost- und Westdeutschland 1945-1969, Hamburg 2001.
Garbe, Detlef: Neuengamme - Stammlager. In: Benz, Wolfgang/Distel, Barbara (Hg.): Der Ort des Terrors. Geschichte der nationalsozialistischen Konzentrationslager, Band 5: Hinzert Auschwitz Neuengamme, München 2007.
Gebhardt, Manfred/Küttner, Joachim: Deutsche in Polen nach 1945. Bearbeitet von Dieter Bingen, Oldenburg 1997.
Gehlen, Reinhard: Der Dienst. Erinnerungen 1942-1971: Mainz 1972.
Geiger, Peter/Schlapp, Manfred: Russen in Liechtenstein. Flucht und Internierung der Wehrmachts-Armee Holmstons 1945-1948. Mit der Liste der Internierten und dem russischen Tagebuch des Georgij Simon, Vaduz 1996.
Gellermann, Günther W.: Die Armee Wenck - Hitlers letzte Hoffnung, Koblenz 1984.
-: Moskau ruft Heeresgruppe Mitte. Was nicht im Wehrmachtsbericht stand. Die Einsätze des Kampfgeschwaders 200 im Zweiten Weltkrieg, Koblenz 1988.
-: „... und lauschten für Hitler". Geheime Reichssache: Die Abhörzentralen des Dritten Reiches, Bonn 1991.
General'naja prokuratura Rossijskoj federacii. Pod obšč. red. G. F. Vesnovskoj (Hg.), Sbornik zakonodatel'nych i normativnych aktov o repressijach i reabilitacii žertv političeskich repressij. Čast' I i II, Kursk 1999.
Genscher, Hans-Dietrich: Erinnerungen, Köln 1995.
Gerichtsprozeß über die Bestialitäten der faschistischen deutschen Okkupanten in Stadt und Gebiet Charkow während ihrer vorübergehenden Besetzung, Moskau 1944.
Gerlach, Christian: Die Einsatzgruppe B 1941/42. In: Klein, Peter (Hg.): Die Einsatzgruppen in der besetzten Sowjetunion, 1941/42. Die Tätigkeits- und Lageberichte des Chefs der Sicherheitspolizei und des SD, Berlin 1997, S. 52-70.
-: Kalkulierte Morde. Die deutsche Wirtschafts- und Vernichtungspolitik in Weißrußland 1941 bis 1944, Hamburg 1999.
Gessner, Klaus: Geheime Feldpolizei. Zur Funktion und Organisation des geheimpolizeilichen Exekutivorgans der faschistischen Wehrmacht, Berlin (Ost) 1986.
Gestapo- und SS-Führer kommandieren die westdeutsche Polizei. Eine Dokumentation über 250 leitende Polizeioffiziere Westdeutschlands. Hg. vom Ausschuß für deutsche Einheit, Berlin (Ost) 1961.

Giesicke, Joachim: „Zum Schweigen verurteilt". Tatsachenbericht eines deutschen Strafgefangenen in der Sowjetunion, Selbstverlag 2005.
Gilman, J. D./Clive John: Die Himmelshunde. Kampfgeschwader 200, München 1982.
Ginsburg, George: Laws of War and War Crimes on the Russian Front during World War II. The Soviet View. In: Soviet Studies, XI (1960), S. 253–285.
Gladkov, Teodor K.: Korol' nelegalov. Dokumental'nja povest' o vydajuščemsja razvedčike Aleksandre Korotkove, Moskau 2003.
–: Ego Veličestvo Agent, Moskau 2010.
Gneist, Gisela/Heydemann, Günther: „Allenfalls kommt man für ein halbes Jahr in ein Umschulungslager". Nachkriegsunrecht an Wittenberger Jugendlichen, Leipzig 2002.
Goebbels, Joseph: Die Tagebücher von Joseph Goebbels, Teil II Diktate 1941–1945, Band 11: Januar-März 1944, München 1994.
Goitsch, Heinrich: Niemals!, Berlin 1944.
Golabek, Czeslaw/Tryc, Ryszard: Z genezy powstania i dzialalności werwolfu na polskich ziemiach zachodnich. In: Wojskowy przeglad historyczny, 2/1963, S. 125–152.
Gold, Franz: Im Bunker bei Oberstleutnant von Sass. In: Bernt von Kügelgen: Die Front war überall. Erlebnisse und Berichte vom Kampf des Nationalkomitees „Freies Deutschland", Berlin (Ost) 1968, S. 66–69.
Goldhagen, Daniel Jonah: Hitlers willige Vollstrecker. Ganz gewöhnliche Deutsche und der Holocaust, München 2012.
Gorinov, M. M. u. a. (Hg.): Smerš. Istoričeskie očerki i archivnye dokumenty, Moskau 2003.
Grabitz, Helge/Scheffler, Wolfgang: Letzte Spuren. Ghetto Warschau – SS-Arbeitslager Trawniki – Aktion Erntefest. Fotos und Dokumente über Opfer des Endlösungswahns im Spiegel historischer Ereignisse, Berlin (West) 1988.
Grafenstein, Burkhard: Vom Putschplan zum militärischen Experiment. Das Unternehmen Graukopf. In: Journal for Intelligence, Propaganda and Security Studies, 4 (2010) 2, S. 108–127.
Greiner, Bettina: Verdrängter Terror. Geschichte und Wahrnehmung sowjetischer Speziallager in Deutschland, Hamburg 2010.
Greiser, Katrin: Die Todesmärsche von Buchenwald. Räumung, Befreiung und Spuren der Erinnerung, Göttingen 2008.
Griebel, Regina/Coburger, Marlies/Scheel, Heinrich: Erfaßt? Das Gestapo-Album zur Roten Kapelle. Eine Dokumentation, Halle (Saale) 1992.
Gring, Diana: Die Todesmärsche und das Massaker von Gardelegen. NS-Verbrechen in der Endphase des Zweiten Weltkrieges, Gardelegen 1993.
Grob, Herbert: Gelitten, gehofft, überlebt. Mit achtzehn ins Speziallager (1945–1950), Erfurt 1999.
Grossmann, Wassili/Ehrenburg, Ilja (Hg.): Das Schwarzbuch. Der Genozid an den sowjetischen Juden, Reinbek bei Hamburg 1995.
Grothe, Hermann: Malchower Jugendliche erleben den Zusammenbruch 1945, Teil 1: Besiegt – Befreit – Verfolgt, Heft 4 zur Geschichte der Stadt Malchow (Meckl.), Malchow 1997.

-: Malchower Jugendliche erleben den Zusammenbruch 1945, Teil 2: Treu - aber wem? Bestraft - doch wofür? Heft 5 zur Geschichte der Stadt Malchow (Meckl.), Malchow 1997.
Gruber-Lieblich, Renate: „... und morgen ist Krieg". Ein KZ-Lager entsteht, Wittenberg 1995.
Grundmann, Siegfried: Richard Großkopf und die kommunistische Paßfälscherorganisation. In: IWK Internationale wissenschaftliche Korrespondenz zur Geschichte der deutschen Arbeiterbewegung, 40 (2004) 4, S. 423-464.
-: Der Geheimapparat der KPD im Visier der Gestapo. Das BB-Ressort - Funktionäre, Beamte, Spitzel und Spione, Berlin 2008.
Gutjahr, Wolf-Dietrich: Revolution muss sein. Karl Radek - die Biographie, Köln 2012.
Hachmeister, Lutz: Der Gegnerforscher. Die Karriere des SS-Führers Franz Alfred Six, München 1998.
Hagstrom, Suzan E.: Sara's Children, San Diego 2001.
Hale, Oron J.: Presse in der Zwangsjacke 1933-1945, Düsseldorf 1965.
Hankel, Gerd/Stuby, Gerhard (Hg.): Strafgerichte gegen Menschheitsverbrechen. Zum Völkerstrafrecht 50 Jahre nach den Nürnberger Prozessen, Hamburg 1995.
Hansen, Eckhard: Wohlfahrtspolitik im NS-Staat. Motivlage, Konflikte und Machtstrukturen im „Sozialismus der Tat" des Dritten Reiches, Augsburg 1991.
Hantsche, Hans-Joachim: Diktaturwechsel und seine Folgen im Kreis Querfurt und Umgebung, Magdeburg 2003.
Hartenstein, Elfi: „... und nachts Kartoffeln schälen". Verfolgt, verschwiegen, verdrängt, Frauen berichten aus Nachkriegslagern, Berg am Starnberger See 1992.
Hartmann, Christian: Wehrmacht im Ostkrieg. Front und militärisches Hinterland 1941/42, München 2009.
Hasenclever, Jörn: Wehrmacht und Besatzungspolitik. Die Befehlshaber der rückwärtigen Heeresgebiete 1941-1943, Paderborn 2010.
Hassel, Katrin: Kriegsverbrechen vor Gericht. Die Kriegsverbrecherprozesse vor Militärgerichten in der britischen Besatzungszone unter dem Royal Warrant vom 18. Juni 1945 (1945-1949), Baden-Baden 2009.
Hastedt, Glenn P. (Hg.): Spies, Wiretaps and Secret Operations. An Encyclopedia of Espionage, o. O. 2011.
Haufe, Günter: Gedenkvortrag zum 100. Geburtstag Ernst Lohmeyer. In: In memoriam Ernst Lohmeyer, 8. Juli 1890 - 19. September 1946. Gedenkveranstaltung anläßlich des 100. Geburtstages und der Wiederkehr des Todestages, Greifswald 1991, S. 6-16.
Haustein, Petra: Geschichte im Dissens. Die Auseinandersetzungen um die Gedenkstätte Sachsenhausen nach dem Ende der DDR, Leipzig 2006.
Heer, Hannes/Naumann, Klaus (Hg.): Vernichtungskrieg der Wehrmacht 1941-1944, Hamburg 1995.
Heine, Fritz: Jugend hinter Stacheldraht, Junge Deutsche in den Händen der sowjetischen Machthaber. Hg. vom Vorstand der SPD, Bonn 1951.
Heinert, Alexander: Auslieferungsobjekt Völkerrechtsverbrecher. Interzonale Politik der Sowjetmacht im besetzten Deutschland 1945-1948. In: Eimermacher, Karl/Volpert, Astrid (Hg.): Tauwetter, Eiszeit und gelenkte Dialoge. Russen und Deutsche nach 1945, München 2006, S. 47-96.

Heitzer, Enrico: Die "Norweger". Das sowjetische Speziallager Nr. 7/Nr. 1 in Sachsenhausen im Kontext der interalliierten Verfolgung von NS- und Kriegsverbrechen. In: Enrico Heitzer/Günter Morsch/Robert Traba/Katarzyna Woniak (Hg.), Im Schatten von Nürnberg. Transnationale Ahndung von NS-Verbrechen, Berlin 2019, S. 117-137.

-: Das sowjetische Speziallager Nr. 7/Nr. 1 in Sachsenhausen im Kontext der interalliierten Verfolgung von NS- und Kriegsverbrechen. In: Julia Landau/Enrico Heitzer (Hg.), Zwischen Entnazifizierung und Besatzungspolitik. Die sowjetischen Speziallager 1945-1950 im Kontext, Göttingen 2021, S. 121-136.

-/ Morsch, Günter/Traba, Robert: Der sowjetische „Berlinskij-Prozess" gegen Täter des KZ Sachsenhausen im Kontext alliierter NS-Verfahren. Eine Einleitung. In: Heitzer, Enrico/Morsch, Günter/Woniak, Katarzyna/Traba, Robert (Hg.): Im Schatten von Nürnberg. Transnationale Ahndung von NS-Verbrechen, Berlin 2019, S. 9-24.

Henke, Klaus-Dietmar/Woller, Hans: Politische Säuberung in Europa. Die Abrechnung mit Faschismus und Kollaboration nach dem Zweiten Weltkrieg, München 1991.

Henne, Hans H.: Straße nach Kandalakscha, Berlin 1943.

Herbert, Ulrich/Aly, Götz u. a. (Hg.): Die Verfolgung und Ermordung der europäischen Juden durch das nationalsozialistische Deutschland 1933-1945, Band 7: Hoppe, Bert/Glass, Hildrun (Bearb.): Sowjetunion mit annektierten Gebieten, I: Besetzte sowjetische Gebiete unter deutscher Militärverwaltung, Baltikum und Transnistrien, München 2011.

Herkt Christa: Der Münchner Platz in Dresden als Ort fünfzigjähriger Strafjustiz. In: Sächsische Justizgeschichte, Band 8. Sächsische Justiz in der sowjetischen Besatzungszone und der frühen DDR 1945 bis 1957, Dresden 1998, S. 93-138.

Herlemann, Beatrix: Der deutschsprachige Bereich an den Kaderschulen in der Kommunistischen Internationale. In: Internationale Wissenschaftliche Korrespondenz, (1982) 2, S. 205-229.

Hildesheimer, Esriel: Jüdische Selbstverwaltung unter dem NS-Regime. Der Existenzkampf der Reichsvertretung und Reichsvereinigung der Juden in Deutschland, Tübingen 1994.

Hilger, Andreas: Deutsche Kriegsgefangene in der Sowjetunion 1941-1956, Essen 2000.

-: Faustpfand im Kalten Krieg? Die Massenverurteilungen deutscher Kriegsgefangener 1949/50 und die Repatriierung Verurteilter 1950 bis 1956. In: Hilger, Andreas/Schmidt, Ute/Wagenlehner, Günther (Hg.): Sowjetische Militärtribunale, Band 1: Die Verurteilung deutscher Kriegsgefangener 1941-1955, Köln 2001, S. 211-272.

-: „Mit Konfiskation des Vermögens" - Die SMAD-Befehle zur Vollstreckung der Urteile sowjetischer Militärtribunale zur Vermögenseinziehung in der SBZ/DDR. In: Zeitschrift für offene Vermögensfragen (ZOV), (2002) 2, S. 81-85.

-: „Die Gerechtigkeit nehme ihren Lauf"? Die Bestrafung deutsche Kriegs- und Gewaltverbrecher in der Sowjetunion und der SBZ/DDR. In: Norbert Frei (Hg.): Transatlantische Vergangenheitspolitik. Der Umgang mit deutschen Kriegsverbrechen in Europa nach dem Zweiten Weltkrieg, Göttingen 2006, S. 180-246.

-: Einleitung, Smert' Špionam! - Tod den Spionen! Todesstrafe und sowjetischer Justizexport in die SBZ/DDR, 1945-1955. In: ders. (Hg.): „Tod den Spionen!" Todesurteile sowjetischer Gerichte in der SBZ/DDR und in der Sowjetunion bis 1953, Göttingen 2006, S. 7-35.
-: Sowjetische Justiz und Kriegsverbrechen. Dokumente zu den Verurteilungen deutscher Kriegsgefangener, 1941-1949. In: VfZ, 54 (2006) 3, S. 461-515.
-: Strafjustiz im Verfolgungswahn. Todesurteile sowjetischer Gerichte in Deutschland. In: ders. (Hg.): „Tod den Spionen!" Todesurteile sowjetischer Gerichte in der SBZ/DDR und in der Sowjetunion bis 1953, Göttingen 2006, S. 95-155.
- (Hg.): „Tod den Spionen!" Todesurteile sowjetischer Gerichte in der SBZ/DDR und in der Sowjetunion bis 1953, Göttingen 2006.
-/ Petrov, Nikita: „Erledigung der Schmutzarbeit"? Die sowjetischen Justiz- und Sicherheitsapparate in Deutschland. In: Hilger, Andreas/Schmeitzner, Mike/ Schmidt, Ute (Hg.): Sowjetische Militärtribunale, Band 2: Die Verurteilung deutscher Zivilisten 1945-1955, Köln 2003, S. 59-152.
-/ -: „Im Namen der Union der Sozialistischen Sowjetrepubliken". Sowjetische Militärjustiz in der SBZ/DDR von 1945 bis 1955. In: Roginskij, Arsenij/Drauschke, Frank/Kaminsky, Anna (Hg.): „Erschossen in Moskau ..." Die deutschen Opfer des Stalinismus auf dem Moskauer Friedhof Donskoje 1950-1953, 3. Auflage Berlin 2008, S. 21-37.
-/ Wagenlehner, Günther: Der „Ukaz 43". Entstehung und Problematik des Dekrets des Präsidiums des Obersten Sowjets vom 19. April 1943. In: Hilger, Andreas/Schmidt, Ute/Wagenlehner, Günther (Hg.): Sowjetische Militärtribunale, Band 1: Die Verurteilung deutscher Kriegsgefangener 1941-1955, Köln 2001, S. 177-209.
-/ Schmeitzner, Mike/Schmidt, Ute (Hg.): Diktaturdurchsetzung. Instrumente und Methoden der kommunistischen Machtsicherung in der SBZ/DDR, 1945-1955, Dresden 2001.
-/ -/-: Widerstand und Willkür. Studien zur sowjetischen Strafverfolgung parteiloser Zivilisten in der SBZ/DDR 1945-1955. In: dies. (Hg.): Sowjetische Militärtribunale, Band 2: Die Verurteilung deutscher Zivilisten 1945-1955, S. 193-263.
-/ -/- (Hg.): Sowjetische Militärtribunale, Band 2: Die Verurteilung deutscher Zivilisten 1945-1955, Köln 2003.
-/ Schmidt, Ute: „Russisch Roulette" oder empirische Forschung? Eine Replik auf Klaus-Dieter Müller (DA 3/2000). In: Deutschland Archiv, 33 (2000), S. 796-800.
-/ -/Wagenlehner, Günther (Hg.): Sowjetische Militärtribunale, Band 1: Die Verurteilung deutscher Kriegsgefangener 1941-1955, Köln 2001.
Hillgruber, Andreas: Hitlers Strategie. Politik und Kriegführung 1940-1941, Bonn 1993 (Erstausgabe 1965).
Hochmuth, Ursel: Illegale KPD und Kampfbewegung „Freies Deutschland" in Berlin- Brandenburg. In: Beiträge zur Geschichte der Arbeiterbewegung, (1994) 2, S. 82-101.
Hoffmann, David Marc: Zur Geschichte des Nietzsche-Archives, Berlin 1991.
Hoffmann, Jens: „Das kann man nicht erzählen." - „Aktion 1005". Wie die Nazis die Spuren ihrer Massenmorde in Osteuropa beseitigen, Hamburg 2008.
Höhne, Heinz: Canaris. Patriot im Zwielicht, München 1976.

Holler, Martin: Ausmaß und Verlauf der Roma-Verfolgung im Operationsgebiet der Heeresgruppe Nord 1941-1944. In: Schulte, Wolfgang (Hg.): Die Polizei im NS-Staat, Frankfurt a. M. 2009, S. 239-261.

Holzträger, Hans: Die Wehrertüchtigungslager der Hitler-Jugend 1942-1945. Ein Dokumentarbericht, Ippesheim 1991.

Hunger - Kälte - Isolation. Erlebnisberichte und Forschungsergebnisse zum sowjetischen Speziallager Bautzen 1945-1950. Bearbeitet von Cornelia Liebold und Bert Pampel, Dresden 1997.

Hüttmann, Heiko: Das Polizeibataillon 307 (Lübeck) im „Osteinsatz" 1940-1945. Eine Ausstellung der Landespolizei Schleswig-Holstein. Polizeidirektion Süd (Lübeck), Lübeck 2002.

Iber, Walter M.: Verbrechen an sowjetischen Kriegsgefangenen als Anklagepunkt gegen österreichische und sudetendeutsche Kriegsgefangene. In: Karner, Stefan/ Selemenev, Vjačeslav (Hg.): Österreicher und Sudetendeutsche vor sowjetischen Militär- und Strafgerichten in Weißrussland 1945-1950, Graz 2007, S. 330-367.

-/ Knoll, Harald: Die Zugehörigkeit zu bestimmten Einheiten und Organisationen sowie die aktive Teilnahme an Kriegsverbrechen als Anklagepunkte gegen österreichische und sudetendeutsche Kriegsgefangene. In: Karner, Stefan/Selemenev, Vjačeslav (Hg.): Österreicher und Sudetendeutsche vor sowjetischen Militär- und Strafgerichten in Weißrussland 1945-1950, Graz 2007, S. 228-271.

Ignatov, P. K.: Podpole Krasnodara, Moskau 1947.

In Memoriam. Liste der Verluste der Angehörigen des Amtes Ausland/Abwehr im OKW im Zweiten Weltkrieg und der Verstorbenen seit Kriegsende. Die Nachhut. Sonderheft, 2. Auflage o. O. 1970.

Irving, David: Das Reich hört mit ..., Kiel 1989.

Ivanov, Miroslav: Der Henker von Prag, Prag 1993.

Jagschitz, Gerhard: Der Einfluß der alliierten Besatzungsmächte auf die österreichische Strafgerichtsbarkeit von 1945 bis 1955. In: Winzierl, Erika/Rathkolb, Oliver/Ardelt, Rudolf G./Mattl, Siegfried, Justiz und Zeitgeschichte. Symposiumsbeiträge 1976-1993, Band 1, Wien 1995, S. 372-395.

Jahn, Franziska: Mühlhausen (Gerätebau GmbH, „Martha II"). In: Benz, Wolfgang/Distel, Barbara (Hg.): Der Ort des Terrors, Geschichte der nationalsozialistischen Konzentrationslager, Band 3: Sachsenhausen, Buchenwald, München 2006, S. 530f.

Jahnke, Karl Heinz: In einer Front. Junge Deutsche an der Seite der Sowjetunion im Großen Vaterländischen Krieg, Berlin 1989.

Jescheck: H.-H.: Kriegsverbrecherprozesse gegen deutsche Kriegsgefangene in Frankreich. In: Süddeutsche Juristen-Zeitung, 4 (1949), Sp. 107-16, Sp. 108f. und 115.

Jeske, Natalja: Versorgung, Krankheit, Tod in den Speziallagern. In: Mironenko, Sergej/Niethammer, Lutz/von Plato, Alexander (Hg.) in Verbindung mit Volkhard Knigge und Günter Morsch, Sowjetische Speziallager in Deutschland 1945 bis 1950, Band 1: Studien und Berichte. Hg. und eingeleitet von Alexander von Plato, Berlin 1998, S. 189-223.

-/ Morré, Jörg: Die Inhaftierung von Tribunalverurteilten in der SBZ. In: Hilger, Andreas/Schmeitzner, Mike/Schmidt, Ute (Hg.): Sowjetische Militärtribunale,

Band 2: Die Verurteilung deutscher Zivilisten 1945-1955, Köln 2003, S. 610-661.
-/ Schmidt, Ute: Zur Verfolgung von Kriegs- und NS-Verbrechen durch sowjetische Militärtribunale in der der SBZ. In: Hilger, Andreas/Schmeitzner, Mike/Schmidt, Ute (Hg.): Sowjetische Militärtribunale, Band 2: Die Verurteilung deutscher Zivilisten 1945-1955, Köln 2003, S. 155- 192.
Jordan, Rudolf: Erlebt und erlitten. Weg eines Gauleiters von München bis Moskau, Leoni am Starnberger See 1971.
Kaff, Brigitte: Gefährliche politische Gegner, Düsseldorf 1995.
Kaienburg, Hermann: „Vernichtung durch Arbeit". Der Fall Neuengamme, Bonn 1990.
-: Der Militär- und Wirtschaftskomplex der SS im KZ-Standort Sachsenhausen-Oranienburg, Berlin 2006.
Kaiser, Wolfgang (Hg.): Täter im Vernichtungskrieg. Der Überfall auf die Sowjetunion und der Völkermord an den Juden, Berlin 2002.
Kaminsky, Anne (Hg.): Orte des Erinnerns. Gedenkzeichen, Gedenkstätten und Museen zur Diktatur in SBZ und DDR, Berlin 2007.
Karay, Felicja: Heaven or Hell? The Two Faces of the HASAG-Kielce Camp. In: Yad Vashem Studies, (2004) 3, S. 269-321.
-: Death Comes in Yellow. Skarzysko-Kamienna Slave Labor Camp, London 2004.
Karner, Stefan: Gefangen in Rußland. Beiträge des Symposiums auf der Schallaburg, Graz 1996.
-: Zum Umgang mit der historischen Wahrheit in der Sowjetunion. Die „Außerordentliche Staatliche Kommission" 1942 bis 1951. In: Wadl, Wilhelm (Hg.): Kärntner Landesgeschichte und Archivwissenschaft. Festschrift für Alfred Ogris, Klagenfurt 2001, S. 509-523.
-/ Stelzl-Marx, Barbara (Hg.): Die Rote Armee in Österreich. Sowjetische Besatzung 1945-1955, Graz 2005.
-/ Selemenev, Vjačeslav (Hg.): Österreicher und Sudetendeutsche vor sowjetischen Militär- und Strafgerichten in Weißrussland 1945-1950, Graz 2007.
Kaufmann, Bernd/Reisener, Eckhard/Schwips, Dieter/Walther, Henri: Der Nachrichtendienst der KPD 1919-1937, Berlin 1993.
Kautsky, Karl: Terrorismus und Kommunismus. Ein Beitrag zur Naturgeschichte der Revolution, (Berlin 1919). In: Mende, Hans-Jürgen (Hg.): Demokratie oder Diktatur? Band 1, Berlin 1990, S. 178-347.
Kenkmann, Alfons: Edelweißpiraten zwischen Stalingrad und Währungsreform. In: Kersting, Franz-Werner (Hg.): Jugend vor einer Welt in Trümmern. Erfahrungen und Verhältnisse der Jugend zwischen Hitler- und Nachkriegsdeutschland, Weinheim 1998, S. 115-131.
-/ Spieker, Christoph (Hg.): Im Auftrag. Polizei, Verwaltung und Verantwortung, Essen 2001.
Kern, Erich: General von Pannwitz und seine Kosaken, Neckargemünd 1963.
Kibelka, Ruth: Ostpreußens Schicksalsjahre 1944-1948, Berlin 2000.
Kilian, Achim: Einzuweisen zur völligen Isolierung. NKWD-Speziallager Mühlberg/Elbe 1945-1948, 2. Auflage Leipzig 1993.
-: „Das Lager Nr. 1 weist eine hohe Sterblichkeit auf". Berichte der GULag-Kommission über das NKWD-Speziallager. In: Braun, Günter/Jahn, Egbert/Weber,

Hermann (Hg.): Jahrbuch für historische Kommunismusforschung 1996, Berlin 1995, S. 246-265.

-: Die Häftlinge in den sowjetischen Speziallagern der Jahre 1945-1950. Zusammenfassung des derzeitigen Kenntnisstandes hinsichtlich Zahl, Verbleib und Zusammensetzung nach Internierungsgründen. In: „Überwindung der Folgen der SED-Diktatur im Prozeß der deutschen Einheit“, Band VI: Gesamtdeutsche Formen der Erinnerung an die beiden deutschen Diktaturen und ihre Opfer. Hg. vom Deutschen Bundestag, Enquete-Kommission Archive, Baden-Baden 1999, S. 373-440.

-: Mühlberg 1939-1948. Ein Gefangenenlager mitten in Deutschland, Köln, 2001.

Kiriakova, Maria: The Death Penalty in Russia 1917-2000. A Bibliographic Survey of English Language Writings. In: Internationals Journal of legal information, 30 (2002), S. 482-523.

Kladov, Ignacij F.: Prozess in der Strafsache gegen die faschistischen deutschen Okkupanten und ihre Helfershelfer wegen ihrer Bestialitäten im Gebiet der Stadt Krassnodar und den Krassnodarer Gaus während der zeitweiligen Besetzung dieses Gebietes, verhandelt am 14.-17. Juli 1943, Moskau 1943.

Klausch, Hans-Peter: Antifaschisten in SS-Uniform. Schicksal und Widerstand der deutschen politischen KZ-Häftlinge, Zuchthaus- und Wehrmachtstrafgefangenen in der SS-Sonderformation Dirlewanger, Bremen 1993.

Klee, Ernst (Hg.): Dokumente zur „Euthanasie“, Frankfurt a. M. 1986.

-: „Euthanasie“ im NS-Staat. Die „Vernichtung lebensunwerten Lebens“, Frankfurt a. M. 1994.

-: Das Personenlexikon zum Dritten Reich. Wer war wer vor und nach 1945, Frankfurt a. M. 2003.

-: Das Kulturlexikon zum Dritten Reich. Wer war wer vor und nach 1945, Frankfurt a. M. 2007.

Klein, Peter (Hg.): Die Einsatzgruppen in der besetzten Sowjetunion, 1941/42. Die Tätigkeits- und Lageberichte des Chefs der Sicherheitspolizei und des SD, Berlin 1997.

-: Die Einsatzgruppe C 1941/42. In: ders. (Hg.): Die Einsatzgruppen in der besetzten Sowjetunion, 1941/42. Die Tätigkeits- und Lageberichte des Chefs der Sicherheitspolizei und des SD, Berlin 1997, S. 71-87.

Klein, Ralph: Das Polizei-Gebirgsjäger-Regiment 18. Massaker, Deportation, Traditionspflege. In: Zeitschrift für Geschichtswissenschaft, 55 (2007) 1, S. 41-64.

Kleist, Jens-W.: Und entlasse ihn als ungeeignet aus der SS. Gerüchte um den Chef des SS-Hauptamts. 1945. In: Pretzel, Andreas/Roßbach, Gabriele: „Wegen der zu erwartenden hohen Strafe“, Homosexuellenverfolgung in Berlin 1933-1945, Berlin 2000, S. 194-200.

Klemp, Stefan: Freispruch für das Mord-Bataillon. Die NS-Orpo und die Nachkriegsjustiz, Münster 1998.

-: „Ab nach Sibirien?“ Zur Sanktionierungspraxis gegenüber Polizeibeamten des Dritten Reichs: Der Fall des Polizeibataillons 9. In: Kenkmann, Alfons/Spieker, Christoph (Hg.): Im Auftrag. Polizei, Verwaltung und Verantwortung. Begleitband zur gleichnamigen Dauerausstellung - Geschichtsort Villa ten Hompel, Essen 2001, S. 278-300.

-: „Nicht ermittelt" - Polizeibataillone und die Nachkriegsjustiz. Ein Handbuch, Essen 2011.
-: „Leben war nirgends zu sehen." Die Ordnungspolizei und die Judenvernichtung in der Region Zamość 1942. In: Piorr, Ralf (Hg.): Ohne Rückkehr. Die Deportation der Juden aus dem Regierungsbezirk Arnsberg nach Zamość im April 1942, Essen 2012, S. 207-216.
Klimovič, Nikolaj: Die Tragödie der Geschichte. In: Haase, Norbert/Haritonow, Alexander/Müller, Klaus-Dieter (Bearb.): Für die Lebenden. Der Toten gedenken. Ein internationales Gemeinschaftsprojekt zur Erforschung des Schicksals sowjetischer und deutscher Kriegsgefangener und Internierter, Dresden 2003, S. 16-21.
Klimow, Georgi: Berliner Kreml, Köln 1952.
Knef, Hildegard: Der geschenkte Gaul. Bericht aus einem Leben, Wien 1970.
Knigge, Volkhard/Ritscher, Bodo (Hg.): Totenbuch. Speziallager Buchenwald 1945-1950, Weimar-Buchenwald 2003.
Knoll, Harald/Stelzl-Marx, Barbara: Stalinjustiz in der sowjetischen Besatzungszone Österreichs. Wegen Kriegsverbrechen verurteilte Zivilisten. In: Karner, Stefan/Selemenev, Vjačeslav (Hg.): Österreicher und Sudetendeutsche vor sowjetischen Militär- und Strafgerichten in Weißrussland 1945-1950, Graz 2007, S. 464-493.
Kobierska-Motas, Elżbieta: Ekstradycja Przestępów Wojennych do Polski z czterech Stref Okupacyjnych Niemiec 1946-1950, Część II, Warschau 1992.
Koch, Peter-Ferdinand: Enttarnt, Doppelagenten: Namen, Fakten, Beweise, Salzburg 2011.
Kochavi, Arieh: Prelude to Nuremberg. Allied War Crimes Policy and the Question of Punishment, Chapel Hill 1998.
Kohl, Paul: Der Krieg der deutschen Wehrmacht und der Polizei 1941-1944. Sowjetische Überlebende berichten, Frankfurt a. M. 1995.
-: Schöne Grüße aus Minsk, München 2001.
Köhler, Thomas: Anstiftung zu Versklavung und Völkermord. „Weltanschauliche Schulung" durch Literatur. Lesestoff für Polizeibeamte während des „Dritten Reichs". In: Kenkmann, Alfons/Spieker, Christoph (Hg.): Im Auftrag. Polizei, Verwaltung und Verantwortung, Essen 2001, S. 130-157.
Köhn, Andreas: Der Neutestamentler Ernst Lohmeyer. Studien zur Biographie und Theologie, Tübingen 2004.
Kokurin, Aleksandr I./Petrov, Nikita V./Pichoja, Rudol'f G. (Bearb.): Lubjanka-VČK-OGPU-NKVD-MGB-MVD-KGB, Moskau 1997.
Konasov, Viktor B.: Sudebnoe presledovanie nemeckich voennoplennych v SSSR. Vnešnepolitičeskij aspekt problemy, Moskau 1998.
Könau, Steffen: Unterm Mühlstein der Geschichte. In: Mitteldeutsche Zeitung vom 8.12.2004.
Könneker, Wilhelm: Ausflüge in die Vergangenheit, Teil II. Als Etappenhase im Rußlandkrieg Dezember 1942 bis Mitte Mai 1945, o. O. 1957.
Koop, Volker: Hitlers Muslime. Die Geschichte einer unheiligen Allianz, Berlin 2006.
-: Himmlers letztes Aufgebot. Die NS-Organisation „Werwolf", Köln 2008.
Kopalin, Leonid P.: Die Rehabilitierung deutscher Opfer sowjetischer politischer Verfolgung. Vortrag vor dem Gesprächskreis Geschichte der FES in Bonn am 16. Mai 1995, Bonn 1995.

–: Die Rehabilitierung deutscher Staatsbürger, die von sowjetischen Organen aus politischen Motiven repressiert wurden. In: Graffius, Klaus-Peter/Hennig, Horst (Hg.): Zwischen Bautzen und Workuta. Totalitäre Gewaltherrschaft und Haftfolgen, Leipzig 2004, S. 184–209.

Köpke, Horst/Wiese, Friedrich-Franz: Mein Vaterland ist die Freiheit. Das Schicksal des Studenten Arno Esch, Rostock 1990.

Koppe, Christoph: Das Polizeibataillon 310. Eine Darstellung der Geschichte dieser Sondereinheit der Ordnungspolizei und ihrer Verstrickung in NS-Verbrechen zwischen 1940 und 1943, Diplomarbeit Fachhochschule der Polizei, Oranienburg 2009.

Kozlov, Vladimir: „Gde Gitler?" Povtornoe rassledovanie NKVD-MVD SSSR obstojatel'stv isčeznovenija Adol'fa Gitlera 1945–1969, Moskau 2003.

Kranz, Tomasz: Lublin-Majdanek – Stammlager. In: Benz, Wolfgang/Distel, Barbara: Der Ort des Terrors. Geschichte der nationalsozialistischen Konzentrationslager, Band 7: Niederhagen/Wewelsburg Lublin-Majdanek Arbeitsdorf Herzogenbusch (Vught) Bergen-Belsen Mittelbau-Dora, München 2008, S. 33–84.

Krause, Eckhart u. a. (Hg.): Hochschulalltag im „Dritten Reich". Die Hamburger Universität 1933–1945, Hamburg 1991.

Krausnick, Helmut: Hitlers Einsatzgruppen. Die Truppe des Weltanschauungskriegs 1938–1942, Frankfurt a. M. 1993.

Kritz, Neil J. (Hg.): Transitional Justice. How Emerging Democracies Reckon with Former Regimes, 3 Bände, Washington 1995.

Krivošeev, G. F. u. a. (Hg.): Rossija i SSSR v vojnach XX veka. Poteri vooružënnych sil. Statističeskoe issledovanie, Moskau 2001.

Krüger, Dieter/Finn, Gerhard: Mecklenburg-Vorpommern 1945 bis 1948 und das Lager Fünfeichen, Berlin 1991.

Krüger, Horst: Das zerbrochene Haus. Eine Jugend in Deutschland, 5. Auflage München 1994.

Krupennikov, Arkadij: Gerichtsverfahren gegen Kriegsverbrecher Ende der vierziger und Anfang der fünfziger Jahre. In: Müller, Klaus-Dieter/Nikischkin, Konstantin/Wagenlehner, Günther (Hg.): Die Tragödie der Gefangenschaft in Deutschland und in der Sowjetunion 1941–1956, Köln 1998, S. 197–214.

Kudrjavcev, Vladimir N./Trusov, Aleksej I.: Polititičeskaja justicija v SSSR, Moskau 2000.

Kulesza, Witold: Der Beitrag der polnischen Nachkriegsjustiz zum europäischen Rechtskulturerbe am Beispiel zweier Prozesse wegen der Massenmorde im Warthegau (Posen, Kulmhof). In: Kuretsidis-Haider, Claudia/Garscha, Winfried R. (Hg.): Gerechtigkeit nach Diktatur und Krieg. Transitional Justice 1945 bis heute, Strafverfahren und ihre Quellen, Graz 2010, S. 115–129.

Küpper, René: Karl Hans Frank. Politische Biographie, München 2010.

Kuretsidis-Haider, Claudia (Hg.): Das KZ Lublin-Majdanek und die Justiz, Graz 2011.

–/ Garscha, Winfried R. (Hg.): Keine „Abrechnung". NS-Verbrechen, Justiz und Gesellschaft in Europa nach 1945, Leipzig 1998.

Laar, Mart: Der vergessene Krieg. Die bewaffnete Widerstandsbewegung in Estland 1944–1956, Tallinn 2005.

Landau, Julia: Gewalt gegen Sowjetbürger. Ahndung von Gewalt gegen sowjetische Zivilbevölkerung und Zwangsarbeiter im Kontext der sowjetischen Verhaftungs- und Internierungspraxis. In: Heitzer, Enrico/Morsch, Günter/Traba, Robert/Woniak, Katarzyna (Hg.), Im Schatten von Nürnberg: Transnationale Ahndung von NS-Verbrechen, Berlin 2019, S. 138-156.

Lang, Martin: Stalins Strafjustiz gegen deutsche Soldaten. Die Massenprozesse gegen deutsche Kriegsgefangene in den Jahren 1949 und 1950 in historischer Sicht, Herford 1981.

Lange, Heiko/Linck, Stephan: Ein Hamburger Polizeibataillon im Osteinsatz. Anmerkungen zu einer neu entdeckten Quelle. In: Informationen zur schleswig-holsteinischen Zeitgeschichte, 41/42 (2003) 1, S. 166-183.

Lange, Karl Wilhelm: „Erst wenn der letzte Gefallene sein Grab erhalten hat, ist der Krieg endgültig zu Ende". In: Müller, Klaus-Dieter/Otto, Reinhard/Keller, Rolf: Gedenkbuch verstorbener sowjetischer Kriegsgefangener. Friedhof Hammelburg Bayern, Kassel 2002, S. 5-7.

Lauterbach, Richard E.: These are the Russians, New York 1944.

Lavern, Wolfram: Die Rehabilitierung der ehemaligen SS-Aufseherin Margot Pietzner. In: Erpel, Simone (Hg.): Im Gefolge der SS. Aufseherinnen des Frauen- KZ Ravensbrück, Berlin 2007, S. 221-230.

-: KZ-Aufseherinnen-Parteigängerinnen der NSDAP? In: Erpel, Simone (Hg.): Im Gefolge der SS. Aufseherinnen des Frauen-KZ Ravensbrück. Begleitband zur Ausstellung, Berlin 2007, S. 39-47.

Law Reports of Trials of War Criminals. Hg. von United Nations War Crimes Commission, 15 Bände, London 1947-1949.

Lebedew, Valerian P./Langour, Fritz: Panzerfaust im Jackett. Der Mordanschlag auf Stalin. In: Der Zweite Weltkrieg, Band 5: 1943-1945. Der totale Krieg, Hamburg 1989.

Lehmann, Albrecht: Gefangenschaft und Heimkehr. Deutsche Kriegsgefangene in der Sowjetunion, München 1986.

Leide, Henry: NS-Verbrecher und Staatssicherheit. Die geheime Vergangenheitspolitik der DDR, Göttingen 2005.

Lessing, H.: Der erste Dachauer Prozeß, Baden-Baden 1993.

Levie, Howard S.: Penal Sanctions for Maltreatments of Prisoners of War. In: American Journal of International Law, 56 (1962) 2, S. 433-468.

Ley, Astrid/Morsch, Günter (Hg.): Medizin und Verbrechen. Das Krankenrevier des KZ Sachsenhausen 1936-1945, Berlin 2007.

L'goty i kompensacii dlja žertv političeskich repressij. Vypusk 4, Moskau 1997.

Liersch, Werner: Die Geschichte der Ordnungspolizei, keine Geschichte der DDR – eine Skizze am Beispiel der verschwiegenen Zugehörigkeit des namhaften DDR-Autors Erwin Strittmatter zur Orpo. In: Schulte, Wolfgang (Hg.): Die Polizei im NS-Staat. Beiträge eines internationalen Symposiums an der Deutschen Hochschule der Polizei in Münster, Frankfurt a. M. 2009, S. 159-177.

Lingen, Kerstin von: Immunitätsversprechen. Wie SS-Obergruppenführer Karl Wolff der Strafverfolgung entging. In: Militärgeschichtliche Zeitschrift, 68 (2009) 2, S. 379-421.

Lobeck, Leonore: Die Schwarzenberg-Utopie. Geschichte und Legende im „Niemandsland", 5. Auflage Leipzig 2018.

-: Zum Beispiel Schwarzenberg. Verhaftungen im Landkreis Schwarzenberg im Zeitraum 1945-1950. In: Zeitschrift des Forschungsverbundes SED-Staat, (2013) 34, S. 35-51.
Loest, Erich: Durch die Erde ein Riß, Hamburg 1981.
Longerich, Peter: Propagandisten im Krieg. Die Presseabteilung des Auswärtigen Amtes unter Ribbentrop, München 1987.
Lota, Vladimir I.: Tajnye operacii Vtoroji mirovoj. Kniga o voennoj razvedke. 1944 god, Moskau 2006.
-: Sorvat' „Çdel'vejs". Sovetskaja voennaja razvedka v bitve za Kavkaz (1942-1943), Kučkovo pole 2010.
Lublin. Tatsachen, die jeder Deutsche wissen muss, Stockholm 1944.
Lück, Moritz Felix: Partisanenbekämpfung durch SS und Polizei in Weißruthenien 1943: Die Kampfgruppe von Gottberg. In: Kenkmann, Alfons/Spieker, Christoph (Hg.): Im Auftrag. Polizei, Verwaltung und Verantwortung, Essen 2001, S. 225-247.
Łuczak, Czesław: Arthur Greiser. Hitlerowski władca w Wolnym Mieście Gdańsku i w Kraju Warty, Posen 1997.
Lüdicke, Annemarie: Vergessene Schicksale. Festnahmen in Mitteldeutschland 1945-1961, Zerbst 2004.
Lüerßen, Dirk: Wir sind die Moorsoldaten. Die Insassen der frühen Konzentrationslager im Emsland 1933 bis 1936 - Biographische Untersuchungen zum Zusammenhang zwischen kategorialer Zuordnung der Verhafteten, deren jeweiligen Verhaltensformen im Lager und den Auswirkungen der Haft auf die weitere Lebensgeschichte. Diss., Universität Osnabrück 2001.
Lustiger, Arno: Rotbuch. Stalin und die Juden. Die tragische Geschichte des Jüdischen Antifaschistischen Komitees und der sowjetischen Juden, Berlin 2002.
Mader, Julius: Der Banditenschatz, Berlin (Ost) 1965.
-: Hitlers Spionagegenerale sagen aus. Ein Dokumentarbericht über Aufbau, Struktur und Operationen des OKW-Geheimdienstamtes Ausland/Abwehr mit einer Chronologie seiner Einsätze von 1933 bis 1944, Berlin (Ost) 1976.
Mai, Uwe: Kriegsgefangen in Brandenburg, Stalag II A in Luckenwalde 1939-1945, Berlin 1999.
Makarov, Vladimir: Lubjanskoe dos'e Skorceni. In: Novaja und novejšaja istorija, 2/2008, S. 122-138.-/ Tjurin, Andrej: Lučšije specoperacii SMERŠa. Vojna v ėfire, Moskau 2009.
-: Smerš, Gwardija Stalina, 65- letiju Pobedy poswjaščaetsja. „Radioigry" kak vid kontrrazvedyvatel'nych operacij Vtoroj mirovoj voiny, o. O. 2009 (http://litrus.net/book/read/3114?p=1; 2.4.2013).
Malchower Jugendliche erleben den Zusammenbruch 1945. Teil 1: Besiegt - Befreit - Verfolgt. Heft 4 zur Geschichte der Stadt Malchow (Meckl.), Malchow 1997.
Mallmann, Klaus-Michael: Vom Fußvolk der „Endlösung". Ordnungspolizei, Ostkrieg und Judenmord. In: Tel Aviver Jahrbuch für deutsche Geschichte, 26 (1997), S. 355-391.
-: Der Einstieg in den Genozid. Das Lübecker Polizeibataillon 307 und das Massaker in Brest-Litowsk Anfang Juli 1941. In: Archiv für Polizeigeschichte, 10 (1999) 3, S. 82-88.

-: „... Mißgeburten, die nicht auf diese Welt gehören". Die deutsche Ordnungspolizei in Polen 1939-1941. In: Mallmann, Klaus-Michael/Musial, Bogdan (Hg.): Genesis des Genozids in Polen, Darmstadt 2004, S. 71-90.
-/ Angrick, Andrej/Matthäus, Jürgen/Cüppers, Martin (Hg.): Die „Ereignismeldungen UdSSR" 1941. Dokumente der Einsatzgruppen in der Sowjetunion, Darmstadt 2011.
Mangoldt, Hermann von: Das Kriegsverbrechen und seine Verfolgung in Vergangenheit und Gegenwart. In: Jahrbuch für internationales und ausländisches öffentliches Recht, 2/3 (1948), S. 283-334.
Marek, Dieter: Walther Sommer (1893-1946) - Die Karriere eines Thüringer Juristen im Dritten Reich. In: „Ältestes bewahrt mit Treue, freundlich aufgefasstes Neue", Festschrift für Volker Wahl zum 65. Geburtstag, Rudolstadt 2008, S. 505-522.
Margolis, Rachel/Tobias, Jim G. (Hg.): Die geheimen Notizen des K. Sakowicz, Frankfurt a. M. 2005.
Margwelaschwili, Giwi: Officer Pemby, Berlin 2007.
Marienburg, Kerstin: Die Vorbereitung der Kriegsverbrecherprozesse im II. Weltkrieg, 2 Bände, Hamburg 2008.
Markovčin, Vladimir: Fel'dmaršal Pauljus. Ot Gitlera k Stalinu, Moskau 2000.
Markwardt, Hagen: Georg Bellmann. Hauptgeschäftsführer der IHK Dresden. In: Pieper, Christine/Schmeitzner, Mike/Naser, Gerhard, (Hg.): Braune Karrieren. Dresdner Täter und Akteure im Nationalsozialismus, Dresden 2012, S. 187-192.
Masát, András/Méhes, Márton/Rackebrandt, Wolfgang (Hg.): Raoul Wallenberg - Mensch in der Unmenschlichkeit. Ergebnisse der internationalen Forschung, Leipzig 2002.
Matrosov, V. A./Solov'ev, E. D.: Pograničnye vojska SSSR maj 1945-1950. Sbornik dokumentov i materialov, Moskau 1975.
-: Pograničnye vojska SSSR v Velikoj otečestvennoj vojne 1942-1945. Sbornik dokumentov i materialov, Moskau 1976.
Matthäus, Jürgen: Die Beteiligung der Ordnungspolizei am Holocaust. In: Kaiser, Wolf (Hg.): Täter im Vernichtungskrieg. Der Überfall auf die Sowjetunion und der Völkermord an den Juden, München 2002, S. 166-185.
Matthes, Eckhard (Hg.): Als Russe in Ostpreußen. Sowjetische Umsiedler über ihren Neubeginn in Königsberg/Kaliningrad nach 1945, Ostfildern 1999.
Matz-Donath, Annerose: „Kämpferinnen und Opfer" - politisch verfolgte Frauen in der sowjetischen Besatzungszone. In: Kaff, Brigitte (Hg.): „Gefährliche politische Gegner". Widerstand und Verfolgung in der sowjetischen Zone/DDR, Düsseldorf 1995, S. 45-105.
-: Die Spur der roten Sphinx. Deutsche Frauen vor sowjetischen Militärtribunalen, Schnellbach 2000.
Maurach, Reinhart: Die Kriegsverbrecherprozesse gegen deutsche Gefangene in der Sowjetunion, Hamburg 1950.
-: Todesstrafe in der Sowjetunion. In: Osteuropa, 13 (1963) 11/12, S. 745-753.
Meinhard, Ursula: Tatort: Köpenick. Karl H. sucht einen jungen Freund. 1936. In: Pretzel, Andreas/Roßbach, Gabriele: „Wegen der zu erwartenden hohen Strafe", Homosexuellenverfolgung in Berlin 1933-1945, Berlin 2000, S. 201-205.

-: Ich versichere, daß ich mit meinen Schülern keinerlei Unzuchtshandlungen begangen habe. Im Zweifel gegen den Angeklagten. 1940. In: Pretzel, Andreas/Roßbach, Gabriele: „Wegen der zu erwartenden hohen Strafe", Homosexuellenverfolgung in Berlin 1933-1945, Berlin 2000, S. 248-252.

Meinl, Susanne: Nationalsozialisten gegen Hitler. Die nationalrevolutionäre Opposition um Friedrich Wilhelm Heinz, Berlin 2000.

Melgunow, Sergej P.: Der rote Terror in Russland, Berlin 1924.

Melis, Damian van: Entnazifizierung in Mecklenburg-Vorpommern. Herrschaft und Verwaltung 1945-1948, München 1999.

Mensing, Björn/Radtke, Heinrich: Mitmenschlichkeit Zivilcourage Gottvertrauen, Evangelische Opfer von Nationalsozialismus und Stalinismus, Leipzig 2003.

Messerschmidt, Manfred: Der Minsker Prozeß. Gedanken zu einem sowjetischen Kriegsverbrechertribunal. In: Heer, Hannes/Naumann, Klaus (Hg.): Vernichtungskrieg der Wehrmacht 1941-1944, Hamburg 1995, S. 551-568.

Messerschmidt, M. und A.: Vergangenheitsbewältigung. Mehr als nur eine Familiengeschichte. In: Landsberger Echo, 16 (2005) 8, S. 21 f.

Meyer, Beate: Tödliche Gratwanderung. Die Reichsvereinigung der Juden in Deutschland zwischen Hoffnung, Zwang, Selbstbehauptung und Verstrickung (1949-1945), Göttingen 2011.

-/ Simon, Hermann (Hg.): Juden in Berlin 1938-1945, Berlin 2000.

Meyer, Kathrin: Entnazifizierung von Frauen. Die Internierungslager in der US-Zone Deutschlands 1945-1952, Berlin 2004.

Meyer, Winfried: Unternehmen Sieben. Eine Rettungsaktion für vom Holocaust Bedrohte aus dem Amt Ausland/Abwehr im Oberkommando der Wehrmacht, Frankfurt a. M. 1993.

-/ Britischer oder sowjetischer Sachsenhausen-Prozeß? Zur Vorgeschichte des „Berliner Prozesses" vom Oktober 1947. In: Zeitschrift für Geschichtswissenschaft, 45 (1997) 11, S. 965-991.

-/ Stalinistischer Schauprozeß gegen KZ-Verbrecher? Der Berliner Sachsenhausen- Prozeß vom Oktober 1947. In: Dachauer Hefte, 13 (1997), S. 153-180.

Meyrowitz, H.: Ein französisches Gutachten zu den Kriegsverbrecherprozessen in Frankreich. In: Deutsche Rechts-Zeitschrift, 5 (1950), S. 403-405.

Michailov, Aleksandr: Ubit' Stalina. In: Aėroport, 8 (2007) 37 (http://www.rimv.ru/aeroport/37/predatel.htm; 20.9.2013).

Mildt, Dick de: In the Name of the People. Perpetrators of Genocide in the Reflection of their Post-War Prosecution in West-Germany. The ‚Euthanasia' and ‚Aktion Reinhard' Trial Cases, Hague 1996.

Der Minsker Prozeß gegen Verbrechen der deutschen Wehrmacht und anderer Besatzungsorgane. In: Mittelweg 36, 3 (1994) 3, S. 32-37.

Mironenko, Sergej/Niethammer, Lutz/von Plato, Alexander (Hg.) in Verbindung mit Volkhard Knigge und Günter Morsch: Sowjetische Speziallager in Deutschland 1945 bis 1950, Band 1: Studien und Berichte. Hg. und eingeleitet von Alexander von Plato, Berlin 1998.

-/ (Hg.) in Verbindung mit Volkhard Knigge und Günter Morsch: Sowjetische Speziallager in Deutschland 1945 bis 1950, Band 2, Sowjetische Dokumente zur Lagerpolitik. Eingeleitet und bearbeitet von Ralf Possekel, Berlin 1998.

Misch, Rochus: Der letzte Zeuge, Zürich 2008.

Mitzka, Herbert: Zur Geschichte der Massendeportationen von Ostdeutschen in die Sowjetunion im Jahre 1945, Bensheim 1986.
Mix, Andreas: Erfolgsstory oder Skandalgeschichte? Die strafrechtliche Aufarbeitung der Polizeiverbrechen. In: Ordnung und Vernichtung. Die Polizei im NS-Staat. Eine Ausstellung der Deutschen Hochschule der Polizei, Münster und des Deutschen Historischen Museums, Berlin, 1. April bis 31. Juli 2011. Katalog zur Ausstellung. Hg. von Florian Dierl, Mariana Hausleitner, Martin Hölzl und Andreas Mix, Dresden 2011, S. 78-89.
Moisel, Claudia: Frankreich und die deutschen Kriegsverbrecher. Politik und Praxis der Strafverfolgung nach dem Zweiten Weltkrieg, Göttingen 2004.
Morgenstern, Ulf: „Jetzt ist es blosses Vergnügen, Nazi zu sein." Der Leipziger Baltist Georg Gerullis (1888-1945) zwischen Universität und NS-Politik. In: Universität Leipzig, 5/2007, S. 10f.
Morin, Alexander J.: Die strafrechtliche Verfolgung von Nazi-Kriegsverbrechern. Zur Arbeit der sowjetischen Rechtsbehörden bei der Ermittlung und Aufklärung von Kriegsverbrechen, Verbrechen gegen den Frieden und die Menschlichkeit. In: Sowjetische und deutsche Kriegsgefangene in den Jahren des Zweiten Weltkrieges. Hg. von Alexander Haritonow, Klaus-Dieter Müller, Vyacheslav Selemenev und Jurij Zverev, Dresden 2004, S. 470-509.
Morré, Jörg (Bearb.): Totenbuch Speziallager Bautzen 1945-1956. Hg. von der Stiftung Sächsische Gedenkstätten/Gedenkstätte Bautzen, Bautzen 2004.
Morsch, Günter (Hg.): Mord und Massenmord im Konzentrationslager Sachsenhausen 1936-1945, Berlin 2005.
-: Gründung und Aufbau des Konzentrationslagers Sachsenhausen. In: ders. (Hg.): Von der Sachsenburg nach Sachsenhausen. Bilder aus dem Fotoalbum eines KZ-Kommandanten, Berlin 2007, S. 87-194.
-/ Reich, Ines (Hg.): Sowjetisches Speziallager Nr. 7/Nr. 1 in Sachsenhausen (1945-1950), Berlin 2005.
Mueller, Michael: Canaris. Hitlers Abwehrchef, Berlin 2006.
Müller, Albert: Die Amtsgruppe IG des Amtes Ausland/Abwehr unter ihrem Leiter Oberstleutnant Albert Müller. In: Die Nachhut, Heft 11/12 vom 15.2.1971.
Müller, Klaus: Leben zwischen den Zeiten, Jena 1999.
Müller, Klaus-Dieter: Doppelte Vergangenheit, die nicht vergehen darf - Auswertung eines Forschungsprojekts über die Zusammensetzung der Häftlingsgesellschaft in den Speziallagern des NKWD. In: 6. Buchenwaldtreffen. Hg. von der Initiativgruppe Buchenwald 1945-1950 e.V., Weimar 1997, S. 20-43.
-: Handlungsbedingungen von Systemgegnern. Widerstand in den totalitären Diktaturen des 20. Jahrhunderts. In: Günther Heydemann/Eckhard Jesse (Hg.): Diktaturvergleich als Herausforderung. Theorie und Praxis, Berlin 1998, S. 121-153.
-: „Jeder kriminelle Mörder ist mir lieber ...". Haftbedingungen für politische Häftlinge in der Sowjetischen Besatzungszone und der Deutschen Demokratischen Republik und ihre Veränderungen von 1945-1989. In: ders./Stephan, Annegret (Hg.): Die Vergangenheit lässt uns nicht los. Haftbedingungen politischer Gefangener in der SBZ/DDR und deren gesundheitliche Folgen, Berlin 1998, S. 15-137.
-: Die Speziallager in der Sowjetischen Besatzungszone. Zur Problematik der Ahndung von NS-Verbrechen und sowjetischer Verfolgungspraxis in der SBZ und

frühen DDR. In: 7. Buchenwaldtreffen. Hg. von der Initiativgruppe Buchenwald 1945-1950 e.V., Weimar 1998, S. 19-28.
-: Eine konstruktive Kritik? Replik auf eine Replik. In: Deutschland Archiv, 33 (2000), S. 801 f.
-: Nazis - Kriegsverbrecher - Spione - Diversanten? Annäherungen an die sowjetische Haft- und Urteilspraxis in der SBZ und DDR mithilfe sowjetischer Archivalien. In: Deutschland Archiv, 33 (2000) 3, S. 373-391.
-: Sowjetische Speziallager in Deutschland und ihre Rolle in der deutsch-sowjetischen Geschichte. Einführende Überlegungen. In: Fippel, Günter: Demokratische Gegner und Willküropfer von Besatzungsmacht und SED in Sachsenhausen 1946-1950. Das sowjetische Speziallager Sachsenhausen - Teil des Stalinschen Lagerimperiums, Leipzig 2008, S. 9-37.
- (Hg.): Das Tagebuch des Levan Atanasjan, Leipzig 2009.
-/ Nikischkin, Konstantin/Wagenlehner, Günther (Hg.): Die Tragödie der Gefangenschaft in Deutschland und in der Sowjetunion 1941-1956, Köln 1998.
-/ Osterloh, Jörg: Die Andere DDR. Eine studentische Widerstandsgruppe und ihr Schicksal im Spiegel persönlicher Erinnerungen und sowjetischer NKWD-Dokumente, 3. Auflage Dresden 1998.
Müller, Norbert: Zum Charakter und zum Kriegseinsatz der faschistischen Ordnungspolizei. In: Militärgeschichte, 6/1984, S. 515-520.
- (Bearb.): Das Amt Ausland/Abwehr im Oberkommando der Wehrmacht. Eine Dokumentation, Koblenz 2007.
Musial, Bogdan: Deutsche Zivilverwaltung und Judenverfolgung im Generalgouvernement. Eine Fallstudie zum Distrikt Lublin 1939-1944, Wiesbaden 1999.
-: NS-Nachkriegsverbrechen vor polnischen Gerichten. In: VfZ, 47 (1999), S. 25-56.
-: Die Wanderausstellung „Vernichtungskrieg. Verbrechen der Wehrmacht 1941-1944" und der Bericht der Kommission zu ihrer Überprüfung. In: Zeitschrift für Geschichtswissenschaft, 49 (2001), S. 712-731.
Nachtwei, Winfried: „Ganz normale Männer". Die Verwicklung von Polizeibataillonen aus dem Rheinland und Westfalen in den nationalsozialistischen Vernichtungskrieg. In: Kenkmann, Alfons (Hg.): Villa ten Hompel. Sitz der Ordnungspolizei des Dritten Reichs, Münster 1996, S. 54-77.
Naimark, Norman: Die Russen in Deutschland. Die Sowjetische Besatzungszone 1945 bis 1949, Berlin 1997.
Naujoks, Harry: Mein Leben im KZ Sachsenhausen 1936-1942. Erinnerungen des ehemaligen Lagerältesten, Berlin (Ost) 1989.
Neef, Christian: „Die schlimmste Stunde". Zu Kriegsende machte Stalins Geheimdienst Jagd auf deutsche Diplomaten. Wer gefasst wurde, landete in der Moskauer Lubjanka. Jetzt sind Verhörprotokolle aufgetaucht. In: Der Spiegel, 43 (2011), S. 109-110.
Neufeld, Hans/Joachim/Huck, Jürgen/Tessin, Georg: Zur Geschichte der Ordnungspolizei 1936-1945, Koblenz 1957.
Neumann, J.S.: European War Crimes Trials. A Bibliography. Hg. von R.A. Rosenbaum, New York 1951.
Niederhut, Jens: Untersuchungsgefängnis Potsdam - Neuer Garten. Verhöre und Verurteilungen. In: Fein, Elke/Leonhard, Nina/Niederhut, Jens/Höhne, Anke/

Decker, Andreas: Von Potsdam nach Workuta. Das NKGB/MGB/KGB-Gefängnis Potsdam - Neuer Garten im Spiegel der Erinnerung deutscher und russischer Häftlinge, Potsdam 1999, S. 58-75.
Niethammer, Lutz: Alliierte Internierungslager in Deutschland nach 1945. Ein Vergleich und offene Fragen. In: Reif-Spirek, Peter/Ritscher, Bodo (Hg.): Speziallager in der SBZ. Gedenkstätten mit „doppelter Vergangenheit“, Berlin 1999, S. 100-123.
Nollau, Günther/Zindel, Ludwig: Gestapo ruft Moskau. Sowjetische Fallschirmagenten im Zweiten Weltkrieg, München 1979.
NS-Presseanweisungen der Vorkriegszeit. Edition und Dokumentation, Band 7/II: 1939, Quellentexte Mai bis August. Bearbeitet von Karen Peter, München 2001.
Offenberg, Ulrike: Die Jüdische Gemeinde zu Berlin 1945-1953. In: Schoeps, Julius H. (Hg.): Leben im Land der Täter. Juden im Nachkriegsdeutschland 1945-1952, Berlin 2001, S. 133-156.
Oleschinski, Brigitte/Pampel, Bert: „Nazis“, „Spione“, „Sowjetfeinde“? Die SMT-Verurteilten im April 1953 in Torgau. In: Deutschland Archiv, 28 (1995), S. 456-466.
Orski, Marek: Bruss-Sophienwalde (Brusy-Dziemiany). In: Benz, Wolfgang/Distel, Barbara (Hg.): Der Ort des Terrors. Geschichte der nationalsozialistischen Konzentrationslager, Band 6: Natzweiler Groß-Rosen Stutthof, München 2007, S. 546-551.
Oschlies, Renate: Ehemalige KZ-Aufseherin muß Entschädigung zurückzahlen. In: Berliner Zeitung vom 24.7.1996.
Ostrjakow, Sergej N.: Militärtschekisten, Berlin (Ost) 1985.
Otto, Wolfgang (Hg.): Freiheit in der Gebundenheit. Zur Erinnerung an den Theologen Ernst Lohmeyer anläßlich seines 100. Geburtstages, Göttingen 1990.
o. V.: „Hospitant zur NSDAP“ über. Vgl. Haushaltsplan-Beratung im Bezirkstag der Amtshauptmannschaft. In: Erzgebirgischer Volksfreund vom 30.6.1933 (1. Beiblatt).
o. V.: Die Verwaltung der Stadt Schwarzenberg im Jahre 1936. Der erste Bürgermeister erstattet Bericht. In: Erzgebirgischer Volksfreund vom 20.3.1937 (2. Beiblatt).
Pahl, Magnus: Fremde Heere Ost. Hitlers militärische Feindaufklärung, Berlin 2012.
Pannwitz, Hans-Curt von: Vom Klosterschüler über Sachsenhausen. Bautzen in den Bankvorstand. In: Zander, Ernst: Jugend hinter Stacheldraht und danach, München 2010, S. 134-141.
Pätzold, Kurt/Weißbecker, Manfred: Rudolf Heß. Der Mann an Hitlers Seite, Leipzig 1999.
Pautsch, Eberhard: Und dennoch überlebt. Als Sechzehnjähriger auf dem „Archipel Gulag“, Dülmen 1984.
Pečerskij, Vladimir: Nerazgadannye tajny „Krasnoj kapelly“. In: Novaja i novejšaja istorija, 3/1996, S. 162-184.
Pendas, Devin: Seeking Justice, Finding Law, Nazi Trials in Postwar Europe. In: Journal of Modern History, 81 (2009), S. 347-368.
Peter, Erwin/Epifanov, Alexander E.: Stalins Kriegsgefangene. Ihr Schicksal in Erinnerungen und nach russischen Archiven, Graz 1998.
Petrov, Nikita: Deutsche Kriegsgefangene unter der Justiz Stalins. Gerichtsprozesse gegen Kriegsgefangene der deutschen Armee in der UdSSR 1943-1952. In: Kar-

ner, Stefan (Hg.): „Gefangen in Rußland.“ Die Beiträge des Symposions auf der Schallaburg 1995, 2. Auflage Graz 1996, S. 176-221.
-: Außergerichtliche Repressionen gegen kriegsgefangene Deutsche 1941 bis 1956. In: Müller, Klaus-Dieter/Nikischkin, Konstantin/Wagenlehner, Günther (Hg.): Die Tragödie der Gefangenschaft in Deutschland und in der Sowjetunion 1941-1956, Köln 1998, S. 175-196.
-: General Ivan Serov - der erste Vorsitzende des KGB. In: Forum für osteuropäische Ideen- und Zeitgeschichte, 2 (1998), S. 161-207.
-: Pervyj predsedatel' KGB Ivan Serov, Moskau 2005.
Peukert, Detlev Julio K.: Die Edelweißpiraten. Protestbewegung jugendlicher Arbeiter im „Dritten Reich“. Eine Dokumentation, Köln 1998.
Piekalkiewicz, Janusz: Spione, Agenten, Soldaten. Geheime Kommandos im Zweiten Weltkrieg, München 1969.
Pohl, Dieter: Holocaust. Die Ursachen - das Geschehen - die Folgen, Freiburg 2000.
-: Justiz in Brandenburg 1945-1955. Gleichschaltung und Anpassung, München 2001.
-: Die einheimischen Forschungen und der Mord an den Juden in den besetzten Gebieten. In: Kaiser, Wolf (Hg.): Täter im Vernichtungskrieg, Berlin 2002, S. 204-216.
-: Die Herrschaft der Wehrmacht. Deutsche Militärbesatzung und einheimische Bevölkerung in der Sowjetunion 1941-1944, München 2008.
Poljan, Pavel: Žertvy dvuch diktatur, Moskau 2002.
Pöller, Reinhard: Freiheit ist der Atem des Lebens. Unauslöschlich - Zehn geraubte Jahre (1946-1956), Leipzig 2004.
Poser, Hasso von: Von der Klosterschule über Buchenwald zum Kohlenmanager. In: Ernst Zander: Jugend hinter Stacheldraht und danach, München 2010, S. 142-144.
Possekel, Ralf (Bearb.): Sowjetische Speziallager in Deutschland 1945 bis 1950, Band 2: Sowjetische Dokumente zur Lagerpolitik. Hg. von Sergej Mironenko, Lutz Niethammer und Alexander von Plato in Verbindung mit Volkhard Knigge und Günter Morsch, Berlin 1998.
Potemkin, F. G./Veselov V. (Hg.): Zverstva nemecko-fašistskich zachvatčikov, dokumenty, vypusk 10, Moskau 1943.
Poulsen, Niels Bo: The Soviet Extraordinary State Commission on War Crimes. An Analysis of the Commissions's Investigative Work in War und Post War Stalinist Society, Diss., Kopenhagen 2004.
Prestuplenija nemecko-fašistskich okkupantov v Belorussii 1941-1944, Minsk 1965.
Preuschoff, Hans: Journalist im Dritten Reich. In: Zeitschrift für die Geschichte und Altertumskunde Ermlands, Beiheft 6, Münster 1987 (http://his.ermlandfamilie.de/index.php/beihefte-zur-zgae.html; 30.5.2025).
Prieß, Benno: Erschossen im Morgengrauen. Verhaftet - gefoltert - verurteilt - erschossen, „Werwolf“-Schicksale mitteldeutscher Jugendlicher, Calw 2005.
Der Prozess gegen die Hauptkriegsverbrecher vor dem Internationalen Militärgerichtshof. Hg. vom Internationalen Militärgerichtshof Nürnberg, Nürnberg 14. November 1945 - 1. Oktober 1946, Band VII: Verhandlungsniederschriften 5.2.1946-19.2.1946, Nürnberg 1947.

Der Prozess gegen die Hauptkriegsverbrecher vor dem Internationalen Militärgerichtshof. Hg. vom Internationalen Militärgerichtshof Nürnberg, Nürnberg 14. November 1945 - 1. Oktober 1946, Band XVI: Verhandlungsniederschriften 11.6.1946-24.6.1946, Nürnberg 1948.

Prusin, Victor: „Fascist Criminals to the Gallows!“ The Holocaust and Soviet War Crimes Trials, December 1945-February 1946. In: Holocaust and Genocide Studies, 17 (2003) 1, S. 1-30.

Putzar, Arnulf H. K.: Im Schatten seiner Zeit, Schwerin 1998.

Quellen zur Geschichte der Euthanasie-Verbrechen 1939-1945 in polnischen Archiven. Ein Inventar, im Auftrag des Bundesarchivs. Bearbeitet von Jerzey Grzlak, o. O. 2001/2002.

Quellen zur Geschichte der Euthanasie-Verbrechen 1939-1945 in deutschen und österreichischen Archiven. Ein Inventar, im Auftrag des Bundesarchivs. Bearbeitet von Dr. Harald Jenner, o. O. 2003/2004.

Quinkert, Babette: Propaganda und Terror in Weissrussland 1941-1944. Die deutsche „geistige“ Kriegsführung gegen Zivilbevölkerung und Partisanen, Paderborn 2009.

Radandt, Hans: Kriegsverbrecherkonzern Mansfeld. Die Rolle des Mansfeld-Konzerns bei der Vorbereitung und während des zweiten Weltkriegs, Berlin (Ost) 1957.

Radtke, Rudolf: Die Russenzeit in Güstrow 1945, Simmern 1997.

Ramme, Alfred: Der Sicherheitsdienst der SS, Berlin (Ost) 1970.

Rasstrel'nye spiski. Moskva 1935-1953. Donskoe kladbišče, Kniga pamjati žertv političeskich repressij, Moskau 2005.

Reese, Mary Ellen: Organisation Gehlen, Berlin 1992.

Reibel, Carl-Wilhelm: Das Fundament der Diktatur. Die NSDAP-Ortsgruppen 1932-1945, Paderborn 2002.

Reich, Ines/Schultz, Maria (Hg.): Sowjetisches Untersuchungsgefängnis Leistikowstraße Potsdam, Berlin 2012.

Reichelt, Eberhard: Wilsdruff im Zweiten Weltkrieg. Erlebnisse, Ereignisse, Episoden, Berichte über eine schwere Zeit in und um unsere Heimatstadt, Wilsdruff 2006.

Reichelt, Katrin: Lettland unter deutscher Besatzung. Der lettische Anteil am Holocaust, Berlin 2011.

Reile, Oskar: Geheime Ostfront. Die deutsche Abwehr im Osten 1921-1945, München 1963.

Reimann, Dietmar B.: Bernsteinzimmer-Komplott. Die Enttarnung eines Mythos, Fürstenwalde 1997.

Rein, Leonid: Das 322. Polizeibataillon und der Mord an den weißrussischen Juden. In: Schulte, Wolfgang (Hg.): Die Polizei im NS-Staat. Beiträge eines internationalen Symposiums an der Deutschen Hochschule der Polizei in Münster, Frankfurt a. M. 2009, S. 219-237.

Reinhardt, Walther: Querweltein. Reiseeindrücke eines deutschen Diplomaten nach dem Kriege, Berlin 1925.

-: George Washington. Die Geschichte einer Staatengründung, Frankfurt a. M. 1931 (Neuauflage 1965).

-: Die Vereinigten Staaten am Stillen Ozean, Berlin 1936.

Reschin, Leonid: General zwischen den Fronten. Walther von Seydlitz in sowjetischer Kriegsgefangenschaft und Haft 1943-1955, Berlin 1995.
-: Feldmarschall im Kreuzverhör. Friedrich Paulus in sowjetischer Gefangenschaft 1943-1953, Berlin 1996.
Reuter, Franz: Der 20. Juli und seine Vorgeschichte, Berlin 1946.
Richter, Timm C.: „Herrenmensch" und „Bandit". Deutsche Kriegsführung und Besatzungspolitik als Kontext des sowjetischen Partisanenkrieges (1941-1944), Berlin 1998.
Ritscher, Bodo: Das Speziallager Nr. 2. Zur Geschichte des Speziallagers Buchenwald 1945-1950, Weimar/Buchenwald 1993.
Ritson, Tonis: Toomas Hellat ja KGB, Tallinn 1998.
Roewer, Helmut: Im Visier der Geheimdienste. Deutschland und Russland im Kalten Krieg, Bergisch Gladbach 2008.
-: Die Rote Kapelle und andere Geheimdienstmythen. Spionage zwischen Deutschland und Rußland im Zweiten Weltkrieg 1941-1945, Graz 2008.
Roginskij, Arsenij/Drauschke, Frank/Kaminsky, Anna (Hg.): „Erschossen in Moskau ...". Die deutschen Opfer des Stalinismus auf dem Moskauer Friedhof Donskoje 1950-1953, 3. Auflage Berlin 2008.
-/ Rudolph, Jörg/Drauschke, Frank/Kaminsky, Anna (Hg.): „Erschossen in Moskau ...". Die deutschen Opfer des Stalinismus auf dem Moskauer Friedhof Donskoje 1950-1953, Berlin 2005.
Rosenkötter, Bernhard: Treuhandpolitik. Die „Haupttreuhandstelle Ost" und der Raub polnischer Vermögen 1939-1945, Essen 2003.
Rossi, Žak (Jaques): Spravočnik po GULAGu. Istoričeskij slovar' sovetskich penitenciarnych institucij i terminov, svjazannych s prinuditel'nym trudom, Moskau 1991.
Rößler, Ruth-Kristin (Hg.): Entnazifizierungspolitik der KPD/SED 1945-1948. Dokumente und Materialien, Goldbach 1994.
The Rote Kapelle. The CIA's History of Soviet Intelligence Networks in Western Europe 1936-45. Hg. von University Publications of America, Maryland 1979.
Roth, Markus: Herrenmenschen. Die deutschen Kreishauptleute im besetzten Polen. Karrierewege, Herrschaftspraxis und Nachgeschichte, Göttingen 2009.
Rothe, Wolfram: Von Hitler verbannt, unter Stalin umgekommen. Helmuth Brückner - vom Gauleiter zum Gulag-Häftling. In: Zeitgeschichte regional. Mitteilungen aus Mecklenburg-Vorpommern, 12 (2008) 1, S. 46-53.
Rottleuthner, Hubert: Steuerung der Justiz in der DDR. Einflußnahme auf Richter, Staatsanwälte und Rechtsanwälte, Köln 1994.
Rousso, Henry (Hg.): Stalinisme et nazisme. Histoire et mémoire comparées, Brüssel 1999.
Rümmler, Klaus Eberhart: Abgeholt, verschwunden, totgeschwiegen! Eine Dokumentation über die Nachkriegs-Gewaltherrschaft in der Region Mittelsachsen, o. O. 2013.
Rüter, Christiaan Frederik/de Mildt, D. W.: DDR-Justiz und NS-Verbrechen, Band 1, München 2002.
Sabik-Vogulov, Vladimir: V pobeždënnoj Germanii, o. O. 1947.
Sanders, Martin R.: Extraordinary Crimes in Ukraine. An Examination of Evidence Collection by the Extraordinary State Commission of the USSR, 1942-1946, Diss., Ohio 1995.

Sälter, Gerhard: NS-Kontinuitäten im BND. Rekrutierung, Diskurse, Vernetzungen, Berlin 2022.
Sandkühler, Thomas: „Endlösung" in Galizien. Der Judenmord in Ostpolen und die Rettungsinitiativen von Berthold Beitz 1941-1944, Bonn 1996.
Sandvoß, Hans-Rainer: Die „andere" Reichshauptstadt. Widerstand aus der Arbeiterbewegung in Berlin von 1933 bis 1945, Berlin 2007.
Šarapov, Ėduard (Hg.): Tajna Zoi Voskresenskoj, Mokau 1998.
Šarkov, Anatolij V.: Voennoplennye i internirovannye na territorii Belarusi. Rol' organov vnutrennich del v ich soderžanii i trudovom ispol'zovanii (1944-1951 gg.), Minsk 1997.
-: Archipelag GUPVI na territorii Belarusi 1944-1951 gg., Minsk 2003.
Sausnītis, Kārlis: Ne zabyvaj Audrini, Riga 1968.
Schäfer, Silke: Zum Selbstverständnis von Frauen im Konzentrationslager. Das Lager Ravensbrück, unveröff. Diss., Berlin 2002.
Schäfer, Torsten: „Jedenfalls habe ich auch mitgeschossen". Das NSG-Verfahren gegen Johann Josef Kuhr und andere ehemalige Angehörige des Polizeibataillons 306, der Polizeireiterabteilung 2 und der SD-Dienststelle von Pinsk beim Landgericht Frankfurt am Main 1962-1973. Eine textanalytische Fallstudie zur Mentalitätsgeschichte, Hamburg 2007.
Schafranek, Hans: Im Hinterland des Feindes. Sowjetische Fallschirmagenten im deutschen Reich 1942-1944. In: Dokumentationsarchiv des österreichischen Widerstandes (Hg.): Jahrbuch 1996, Wien 1996, S. 10-40.
Schalm, Sabine: Dachau (Präzifix). In: Benz, Wolfgang/Distel, Barbara (Hg.): Der Ort des Terrors. Geschichte der nationalsozialistischen Konzentrationslager, Band 2: Frühe Lager Dachau Emslandlager, München 2005, S. 310-313.
Scharf, Hans-Dieter: Von Leipzig nach Workuta und zurück. Ein Schicksalsbericht aus den frühen Jahren des ersten deutschen Arbeiter- und Bauernstaates 1950-1954. Bearbeitet und eingeleitet von Klaus-Dieter Müller, Dresden 1996.
Scharkow, Anatoli V./Kunter, Björn: Kriegsgefangene und Zwangsdeportierte in Belarus 1944-1951, Dortmund 2000.
Scheel, Heinrich: Vor den Schranken des Reichsgerichts. Mein Weg in den Widerstand, Berlin 1993.
Scheer, Regina: Rambow. Spuren von Verfolgung und Verrat. In: Dachauer Hefte, 10 (1994), S. 191-213.
Scheliha, Wolfram von: Sackgasse Totalitarismus. In: Deutschland Archiv, 6 (2006), S. 283-290.
-: Die sowjetischen Speziallager - ein Symbol des kommunistischen Unrechts in der publizistischen Auseinandersetzung zwischen Ost und West bis zum Bau der Berliner Mauer. In: Instrumentalisierung, Verdrängung, Aufarbeitung. Die sowjetischen Speziallager in der gesellschaftlichen Wahrnehmung 1945 bis heute. Hg. von Petra Haustein, Annette Kaminsky, Volkhard Knigge und Bodo Ritscher, Göttingen 2006, S. 10-29.
Schellenberg, Walter: Aufzeichnungen. Die Memoiren des letzten Geheimdienstchefs unter Hitler, Wiesbaden 1956.
Scherbakowa, Irina: Nur ein Wunder konnte uns retten. Leben und Überleben unter Stalins Terror, Frankfurt a. M. 2000.

Scherrieble, Joachim (Hg.): Der Rote Ochse. Politische Justiz 1933-1945/1945-1989, Halle (Saale) 2008.
Scherstjanoi, Elke (Hg.): Rotarmisten schreiben aus Deutschland, Briefe von der Front (1945) und historische Analysen, München 2004.
Schiefelbein, Dieter: Das „Institut zur Erforschung der Judenfrage Frankfurt am Main", Frankfurt a.M. 1993.
Schlie, Ulrich: Carl Marcus (1911-1898) und das Jahnke-Büro im Fadenkreuz angloamerikanischer Dienste im Zweiten Weltkrieg. In: Doerries, Reinhard R. (Hg.): Diplomaten und Agenten. Nachrichtendienste in der Geschichte der deutsch-amerikanischen Beziehungen, Heidelberg 2001, S. 85-111.
Schlüter, Hermann: Tod durch Erschießen. In der Gewalt des sowjetischen Geheimdienstes, Potsdam 2005.
Schmauch, Werner: Ernst Lohmeyer, Stuttgart 1951.
Schmeitzner, Mike: Landrat, Saboteur und Nationalsozialist? Der Fall Hans Sammler. In: Hilger, Andreas/Schmeitzner, Mike/Schmidt, Ute (Hg.): Sowjetische Militärtribunale, Band 2: Die Verurteilung deutscher Zivilisten 1945-1955, Köln 2003, S. 485-518.
-: Georg Gradnauer. Der Begründer des Freistaates (1918-1920). In: Schmeitzner, Mike/Wagner, Andreas (Hg.): Von Macht und Ohnmacht. Sächsische Ministerpräsidenten im Zeitalter der Extreme 1919-1952, Beucha 2006, S. 52-88.
-: Doppelt verfolgt. Das widerständige Leben des Arno Wend, Berlin 2009.
-: Der Fall Mutschmann. Sachsens Gauleiter vor Stalins Tribunal, Beucha-Markkleeberg 2011.
-: Unter Ausschluß der Öffentlichkeit? Zur Verfolgung von NS-Verbrechen durch sowjetische Sonderjustiz. In: Osterloh, Jörg/Vollnhals, Clemens (Hg.): NS-Prozesse und deutsche Öffentlichkeit. Besatzungszeit, frühe Bundesrepublik und DDR, Göttingen 2011, S. 149-166.
Schmidt, Hans-Dieter: Gestapo Leipzig. Politische Abteilung des Polizeipräsidiums und Staatspolizeistelle Leipzig 1933-1945, Beucha 1997.
Schneider, Karl: „Auswärts eingesetzt!" Bremer Polizeibataillone und der Holocaust, Essen 2011.
Schneider, Uwe: Vergangen, verdrängt, aber vergessen? Schicksale in Bernsbach/Oberpfannenstiel in zwei Diktaturen, Bernsbach 2006.
Schreiber, Carsten: Elite im Verborgenen. Ideologie und regionale Herrschaftspraxis des Sicherheitsdienstes der SS und seines Netzwerks am Beispiel Sachsens, München 2008.
Schröder, Christian: Mir wollten sämtliche Wunder begegnen. Hildegard Knef, Biographie, Berlin 2006.
Schröder, Jürgen: Ein früher Protest gegen die Verhaftung des ersten Nachkriegsrektors der Greifswalder Universität, Prof. Dr. Ernst Lohmeyer. In: Zeitgeschichte regional - Mitteilungen aus Mecklenburg-Vorpommern, 1 (1997), S. 13f.
Schroeder, Friedrich-Christian: Rechtsgrundlagen der Verfolgung deutscher Zivilisten durch Sowjetische Militärtribunale. In: Hilger, Andreas/Schmeitzner, Mike / Schmidt, Ute (Hg.): Sowjetische Militärtribunale, Band 2: Die Verurteilung deutscher Zivilisten 1945-1955, Köln 2003, S. 37-58.
Schulte, Jan Erik/Wala, Michael (Hg.): Widerstand und Auswärtiges Amt. Diplomaten gegen Hitler, München 2013.

Schulte, Wolfgang (Hg.): Die Polizei im NS-Staat, Frankfurt a. M. 2009.
Schwinge, Erich: Angehörige der ehemaligen deutschen Wehrmacht und der SS vor französischen Militärgerichten. In: Monatsschrift für deutsches Recht, 3 (1949) 11, S. 650-654.
Schwollius, Heinz: Aus der Todeszelle in die Hölle von Bautzen, Berlin 2007.
Sehn, Jan: Carl Claubergs verbrecherische Unfruchtbarkeitsversuche an Häftlings-Frauen in den Nazi-Konzentrationslagern. In: Hefte von Auschwitz, 2 (1959), S. 3-22.
Seidel, Theodor: Kriegsverbrechen in Ostsachsen. Die vergessenen Toten von April/Mai 1945, Berlin 2002.
Semiryaga, Michail S.: Wie Berijas Leute in Ostdeutschland die „Demokratie" errichteten. In: Deutschland Archiv, 29 (1996) 5, S. 741-752.
Siebert, Aino: Estnische Freiwillige in Finnland. Die Aufklärungsgruppe „Erna" (www.baltische-rundschau.eu/2011/08/11; 17.1.2012).
Siebert, Heinz: Das Eichsfeld unter dem Sowjetstern, Duderstadt 1992.
Sigel, Robert: Die Dachauer Kriegsverbrecherprozesse 1945-1948, Frankfurt a. M. 1992.
Sigismund, Ursula: Denken im Zwiespalt. Das Nietzsche-Archiv in Selbstzeugnissen 1897-1945, Münster 2001.
Sind Kriegsverbrecher selig zu preisen? (von K.) In: Neues Deutschland vom 23.10.1955.
Šindelářová, Lenka: Finale der Vernichtung. Die Einsatzgruppe H in der Slowakei 1944/1945, Darmstadt 2013.
Smerš. Istoričeskie očerki i archivnye dokumenty. Hg. von Federal'naja služba bezopasnosti Rossijskoj Federacii, Moskau 2003.
Snyder, Timothy: Bloodlands. Europa zwischen Hitler und Stalin, München 2011.
Sobolev, V. A. (Hg.): Lubjanka. Iz istorii otečestvennoj kontrrazvedki, tom 2, Moskau 1999.
Sorokina, Marina: People and Procedures. Toward a History of the Investigation of Nazi Crimes in the USSR. In: Kritika. Explorations in Russian and Eurasian History, 6 (2005) 4, S. 797-831.
Das sowjetische Speziallager Nr. 2 1945-1950. Katalog zur ständigen Ausstellung. Hg. von Gabriele Hammermann, Rikola - Gunnar Lüttgenau, Wolfgang Röll, Bodo Ritscher und Christian Schölzel, Göttingen 1999.
Sowjetische und deutsche Kriegsgefangene in den Jahren des Zweiten Weltkrieges. Hg. von Alexander Haritonow, Klaus-Dieter Müller, Vyacheslav Selemenev und Jurij Zverev, Dresden 2004.
Die Sowjetischen Militärtribunale. KgU-Archiv 7/57, Berlin (West) 1957.
Staden, Berndt von: Ende und Anfang. Erinnerungen 1939-1963, Vaihingen (Enz) 2001.
Stahl, Peter W./Jäger, Manfred: Geheimgeschwader KG 200, Stuttgart 1978.
Stalingradskaja Ėpopeja. Materialy NKVD SSSR i voennoj cenzury iz Central'nogo archiva FSB RF, Moskau 2000.
Stange, Daniel/Wirth, Ingo: Friedrich Panzinger (1903-1959): Letzter Chef der Reichskriminalpolizei. In: ZfG, 67 (2019) 11, S. 913-933.

Steer, Christine: Das Arbeitserziehungslager Wuhlheide. In: Versklavt und fast vergessen. Zwangsarbeit im Berliner Bezirk Lichtenberg 1939–1946. Hg. vom Bezirksamt Lichtenberg in Berlin, Berlin 2001, S. 12–58.
Steinbacher, Sybille: Strafverfolgung, Schonung, Reintegration. Vom Nach- und Überleben der Täter von SS und RSHA in den deutschen Nachkriegsgesellschaften. In: Nachama, Andreas (Hg.): Topographie des Terrors – Gestapo, SS und Reichssicherheitshauptamt in der Wilhelm-und Prinz-Albrecht-Straße. Eine Dokumentation. Katalogband zur gleichnamigen Präsentation, Berlin 2010, S. 406–416.
Steinberg, Isaak: Gewalt und Terror in der Revolution. Das Schicksal der Erniedrigten und Beleidigten in der russischen Revolution (Oktoberevolution und Bolschewismus), Berlin 1931.
Steinhöfer, Dieter: Hans von Tschammer und Osten. Reichssportführer im Dritten Reich, Berlin (West) 1973.
Steppe, Hilde/Koch, Franz/Weisbrod-Frey, Herbert: Krankenpflege im Nationalsozialismus, Frankfurt a. M. 1986.
Stettner, Ralf: Archipel GULag. Stalins Zwangslager – Terrorinstrument und Wirtschaftsgigant. Entstehung, Organisation und Funktion des sowjetischen Lagersystems 1928–1956, Paderborn 1996.
Stier, Gerhard: Zwangsarbeit in Sonneberg. Das Beispiel Zahnradwerke, Sonneberg 2001.
–: Sonneberg-West. In: Benz, Wolfgang/Distel, Barbara (Hg.): Der Ort des Terrors. Geschichte der nationalsozialistischen Konzentrationslager, Band 3: Sachsenhausen Buchenwald, München 2006, S. 577 ff.
Stifter, Christian H.: NS-Kriegsverbrecher als „intelligente Analysten" der politischen Nachkriegssituation? Anmerkungen zu einem „Experiment" britisch-amerikanischer Militärstellen in Österreich. In: Zeitgeschichte, 28 (2001), S. 321–330.
Stöbe, Lothar: Der Fluch am Todesbrunnen. Eine wahre Geschichte, Gutenberg 2000.
Stockhorst, Erich: Fünftausend Köpfe. Wer war wer im 3. Reich, Kiel 1985.
Stoecker, Wolf: Der Minsker Schau-Prozeß 1946. Sowjets beeinflußten die Vorverfahren und Prozeßergebnisse. In: Deutsche Militärzeitschrift, 24 (2000), S. 60–64.
Strauß und Brandt mobilisieren die SS. Drahtzieher der Revanchehetze um Westberlin. Hg. vom Nationalrat der Nationalen Front der DDR, Berlin (Ost) 1962.
Strebel, Bernhard: Das KZ Ravensbrück. Geschichte eines Lagerkomplexes, Paderborn 2003.
Streim, Alfred: Die Behandlung sowjetischer Kriegsgefangener in „Fall Barbarossa". Eine Dokumentation, Heidelberg 1981.
–: Sowjetische Kriegsgefangene in Hitlers Vernichtungskrieg. Berichte und Dokumente, Heidelberg 1982.
Ströbinger, Rudolf: Das Attentat von Prag, Landshut 1976.
–: Der „Schlächter von Prag" machte als Oberst im KGB Karriere. In: Die Welt vom 3.3.1983.
Sudebnyj process po delu o zlodejanijach nemecko-fašistskich zachvatčikov na territorii Latvijskoj, Litovskoj i Çstonskoj SSR, Riga 1946.

Sudebnyj process po delu o zlodejanijach, soveršënnych nemecko-fašistskimi zachvatčikami v Belorusskoj SSR, Minsk 1947.
Sudoplatow, Pawel A./Sudoplatow, Anatolij: Der Handlager der Macht. Enthüllungen eines KGB-Generals, Düsseldorf 1994.
Szalet, Leon: Baracke 38. Hg. von Winfried Meyer, Berlin 2006.
Taratuta, Žan/Zdanovič, Aleksandr: Tainstvennyj šef Mata Chari. Sekretnoe dos'e KGB No. 21 152, Moskau 2000.
Tausendfreund, Doris: Erzwungener Verrat. Jüdische „Greifer" im Dienst der Gestapo 1943-1945, Berlin 2006.
Taylor, Telford: Die Nürnberger Prozesse. Hintergründe, Analysen und Erkenntnisse aus heutiger Sicht, München 1994.
Tegeler, Tillmann: Der litauische Partisanenkampf im Lichte sowjetischer Akten, München 2001.
Telicyn, Vadim L.: „Smerš". Operacii i ispolniteli, Smolensk 2000.
Terror in der Ostzone. Denkschrift. Hg. vom Vorstand der SPD, Hannover 1948.
Theurich, Wolfgang: 160 Jahre Waggonbau in Görlitz, Görlitz 2009.
Thiele, Manfred: Vae Victis. Mühlhausen unter sowjetischer Besatzungsdiktatur 1945-1953, Mühlhausen 2004.
-: Flucht ohne Ende - Bürgerverluste der Stadt Mühlhausen von 1945-1961, Mühlhausen 2006.
Thomas, Geoffrey J.: KG 200. Luftwaffe's Most Secret Squadron, Manchester 2004.
-/ Ketley, Barry: KG 200. The Luftwaffe's Most Secret Unit, Mardens Hill 2003.
Thorwald, Jürgen: Das Ende an der Elbe, München 1967.
Thum, Gregor: Die fremde Stadt. Breslau 1945, Berlin 2003.
Tiemann, Reinhard: Geschichte der 83. Infanterie-Division 1939-1945, Bad Nauheim 1960.
Titzmann, Oliver: Qualvoller Gang endet mit Erschießung in Niederschlema. In: Freie Presse (Chemnitz) vom 15.4.2005.
-: Häftling auf der Flucht im Steigerturm ermordet. In: Freie Presse (Chemnitz) vom 26.4.2005.
-: Protokolle bestätigen Massenmord in Niederschlema. In: Freie Presse (Chemnitz) vom 6.4.2005.
Todesurteile gegen Kinder. Erinnerungen an 33 Eisenacher Jugendliche, die 1945 verhaftet wurden. Hg. vom Landesbeauftragten des Freistaates Thüringen für die Unterlagen des Staatssicherheitsdienstes der ehemaligen DDR, Erfurt 1998.
Tomin, Valentin: Bolšoj šef krasnoj kapelly. Vpervye v mire besedy c Leopol'dom Trepperom, Moskau 2003.
Trainin, Aron: Hitlerite Responsibility under Criminal Law, London 1945.
Trecker, Max/Kamp, Michael: Geheimdienst und Widerstand. Das Leben des Wolfgang Abshagen (1897-1945), München 2011.
Trepper, Leopold: Die Wahrheit. Autobiographie, München 1975.
Trimborn, Jürgen: Hildegard Knef. Die Biographie, München 2007.
Tuchel, Johannes: Kontakte zwischen Sozialdemokraten und Kommunisten im Sommer 1944. Zur historischen Bedeutung des 22. Juni 1944. In: Dachauer Hefte, 11 (1995), S. 78-101.

–: Zwischen kriminalistischer Recherche und brutaler Folter. Zur Tätigkeit der Gestapo-‚Sonderkommission Rote Kapelle'. In: Paul, Gerhard/Mallmann, Klaus-Michael (Hg.): Die Gestapo – Mythos und Realität, Darmstadt 1995, S. 373–387.
–: Das Ministerium für Staatssicherheit und die Fallschirmagenten der Roten Kapelle – Der Fall Albert Hößler. In: Schafranek, Hans/Tuchel, Johannes (Hg.): Krieg im Äther. Widerstand und Spionage im Zweiten Weltkrieg, Wien 2004, S. 56–77.
–: Schüler der Klosterschule Roßleben im Widerstand gegen den Nationalsozialismus – Lehrer, Schüler und Mitarbeiter der Klosterschule Roßleben als Opfer der sowjetischen Besatzungsmacht, Berlin 2014.
Tutorow, Norman E.: War Crimes, War Criminals and War Crimes Trials, New York 1986.
Ueberschär, Gerd R.: Anmerkungen zur Reaktion der deutschen Führung auf die sowjetischen Kriegsverbrecherprozesse. In: Müller, Klaus-Dieter/Nikischkin, Konstantin/Wagenlehner, Günther (Hg.): Die Tragödie der Gefangenschaft in Deutschland und in der Sowjetunion 1941–1956, Köln 1998, S. 215–224.
– (Hg.): Der deutsche Angriff auf die Sowjetunion, Darmstadt 1998.
– (Hg.): Der Nationalsozialismus vor Gericht. Die alliierten Prozesse gegen Kriegsverbrecher und Soldaten 1943–1952, Frankfurt a. M. 1999.
–: Die sowjetischen Prozesse gegen deutsche Kriegsgefangene 1943–1952. In: ders. (Hg.): Der Nationalsozialismus vor Gericht. Die alliierten Prozesse gegen Kriegsverbrecher und Soldaten 1943–1952 (Die Zeit des Nationalsozialismus), Frankfurt a. M. 1999, S. 240–261.
Ugolovnoe pravo. Obščaja čast', Moskau 1948.
Uhlemann, Manfred: Hoffnungen – Wege – Irrwege. Potsdam 1945–1989, Potsdam 1993.
Urban, Thomas: Von Krakau bis Danzig, München 2000.
Ustinov, Ivan L.: Krepče stali. Zapiski veterana voennoj kontrrazvedki, Moskau 2005.
Verbrecherische Ziele – verbrecherische Mittel! Dokumente der Okkupationspolitik des faschistischen Deutschlands auf dem Territorium der UdSSR (1941–1944). Hg. vom Verlag für fremdsprachige Literatur, Moskau 1963.
Verchovnyj Sovet Rossijskoj federacii (Hg.): Sbornik zakonodatel'nych i normativnych aktov o repressijach i reabilitacii žertv političeskich repressij, Moskau 1993.
Vernichtungskrieg. Verbrechen der Wehrmacht 1941 bis 1944. Ausstellungskatalog. Hg. vom Hamburger Institut für Sozialforschung, Hamburg 1996.
Verschwiegene Geschichte, Die Werwolftragödie in Malchow. Begleitheft zur Wanderausstellung des Fleesensee-Gymnasiums Malchow, Malchow 2005.
Vinogradov, V. K./Pogonij, Ja. F./Tepcov, N. V.: Agonija i smert' Adol'fa Gitlera, Moskau 2000.
Vladimirov, Aleksandr: Strannyj „gumanizm" voennoj femidy. In: Sel'skaja nov' Nr. 2/2001, S. 16–18.
Voelkner, Hans und Rosemarie: Unschuldig in Stalins Hand. Briefe – Berichte – Notizen, Berlin 1990.
Vollnhals, Clemens (Hg.): Politische Säuberung und Rehabilitierung in den vier Besatzungszonen 1945–1949, München 1991.

-: „Über Ausschwitz aber wächst kein Gras." Die Verjährungsdebatten im Deutschen Bundestag. In: Jörg Osterloh/Clemens Vollnhals (Hg.): NS-Prozesse und deutsche Öffentlichkeit. Besatzungszeit, frühe Bundesrepublik und DDR, Göttingen 2011, S. 375-401.

Wackernagel, Günther: Zehn Jahre gefangen, Berlin (Ost) 1987.

Wagenlehner, Günther: Stalins Willkürjustiz gegen die deutschen Kriegsgefangenen. Dokumentation und Analyse, Bonn 1993.

-: Die russischen Bemühungen um die Rehabilitierung der 1941-1956 verfolgten deutschen Staatsbürger. Dokumentation und Wegweiser, Bonn 1999.

Wagner, Jens-Christian: Rottleberode („A 5", „Heinrich"). In: Benz, Wolfgang/Distel, Barbara (Hg.): Der Ort des Terrors. Geschichte der nationalsozialistischen Konzentrationslager, Band 7: Niederhagen/Wewelsburg Lublin-Majdanek Arbeitsdorf Herzogenbusch (Vught) Bergen-Belsen Mittelbau-Dora, München 2008, S. 330-334.

Wagner, Walter: Der Volksgerichtshof im nationalsozialistischen Staat. Mit einem Forschungsbericht für die Jahre 1974 bis 2010 von Jürgen Zarusky, München 2011.

Waltenbacher, Thomas [Pseudonym]: Zentrale Hinrichtungsstätten. Der Vollzug der Todesstrafe in Deutschland von 1937-1945, Scharfrichter im Dritten Reich, Berlin 2008.

Weber, Alfred: Geheime Mordsache Peenemünde. In: Ostsee-Zeitung vom 8.5.1970.

Weber, Petra: Justiz und Diktatur. Justizverwaltung und politische Strafjustiz in Thüringen 1945-1961, München 2000.

Wegener, Jens: Die Organisation Gehlen und die USA, Berlin 2008.

Weigelt, Andreas: „Umschulungslager existieren nicht". Zur Geschichte des sowjetischen Speziallagers Nr. 6 in Jamlitz 1945-1947, Potsdam 2001.

-: Mordaktionen im Vorfeld im Vorfeld der Räumung des Hauptlagers: 125 Häftlinge, 1./2. Februar 1945. In: Morsch, Günter (Hg.): Mord und Massenmord im KZ Sachsenhausen 1936-1945, Berlin 2005, S. 135-147.

-: Friedenthal. In: Benz, Wolfgang/Distel, Barbara (Hg.): Der Ort des Terrors, Geschichte der nationalsozialistischen Konzentrationslager, Band 3: Sachsenhausen, Buchenwald, München 2006, S. 174 ff.

Weinke, Annette: Die Nürnberger Prozesse, München 2006.

Weitenhagen, Holger: Evangelisch und deutsch. Heinz Dungs und die Pressepolitik der Deutschen Christen, Köln 2001.

Weitkamp, Sebastian: Braune Diplomaten. Horst Wagner und Eberhard von Thadden als Funktionäre der „Endlösung", Bonn 2008.

Welzer, Harald: Täter. Wie aus ganz normalen Menschen Massenmörder werden, Frankfurt a.M. 2005.

Wentker, Hermann: Justiz in der SBZ/DDR 1945-1953. Transformation und Rolle ihrer zentralen Institutionen, München 2001.

Werner, Gerda/Hofmann, Paul: Albert Hößler, Leben und Kampf eines Jungkommunisten, Berlin (Ost) 1961.

Wernicke, Thomas: Staats-Sicherheit, Potsdam 1991.

Werth, Nicolas: Ein Staat gegen sein Volk. Das Schwarzbuch des Kommunismus, München 2002.

Westermann, Edward B.: „Ordinary Men" or „Ideological Soldiers"? Police Batail-lon 310 in Russia 1942. In: German Studies Review, 21 (1998/99) 1, S. 41-68.

-: Hitler's Police Batallions. Enforcing Racial War in the East, Lawrence 2005.

Widera, Thomas: „... eine gute saubere anständige politische Gesinnung". Entnazifizierung als Instrument der Diktaturdurchsetzung in Dresden 1945. In: Behring, Rainer/Schmeitzner, Mike (Hg.): Diktaturdurchsetzung in Sachsen. Studien zur Genese der kommunistischen Herrschaft 1945-1952, Köln 2003.

-: Dresden 1945-1948. Politik und Gesellschaft unter sowjetischer Besatzungsherrschaft, Göttingen 2004.

Widerstand in Berlin gegen das NS-Regime 1933-1945. Ein biographisches Lexikon, Bände 1 und 4, Berlin 2004, Band 6, Berlin 2003.

Wighton, Charles/Peis, Günter: Hitler's Spies and Saboteurs. Based on the German Secret Service War Diary of General Lahousen, New York 1958.

Wildt, Michael: Der Hamburger Gestapochef Bruno Streckenbach. In: Bajohr, Frank/Szodrzynski, Joachim, (Hg.): Hamburg in der NS-Zeit. Ergebnisse neuerer Forschungen, Hamburg 1995, S. 93-123.

-: Generation des Unbedingten. Das Führungskorps des Reichssicherheitshauptamtes, Hamburg 2008.

Wilhelm, Friedrich: Die Polizei im NS-Staat. Die Geschichte ihrer Organisation im Überblick, Paderborn 1997.

Wilhelm, Georg: Die Diktaturen und die evangelische Kirche. Totaler Machtanspruch und kirchliche Antwort am Beispiel Leipzig 1933 bis 1958, Göttingen 2004.

Wilhelm, Hans-Heinrich: Die Einsatzgruppe A der Sicherheitspolizei und des SD 1941/42, Frankfurt a. M. 1996.

Winands, Günter: Der Status des Kriegsverbrechers nach der Gefangennahme - eine völkerrechtliche Untersuchung, Bad Honnef 1980.

Witzke, Christiane: Dömjüch. Erinnerungen an eine Heil- und Pflegeanstalt in Mecklenburg-Strelitz, Neubrandenburg 2001.

Wolf, I. E. (Hg.): Unschuldig ... überlebt. Ein Buch wider das Vergessen, Autobiographische Aufzeichnungen über schreckliche Jahre im Leben von Werner Blechschmidt, Günter Junius, Heinz Luther, Willy Knauer, Föritz 2004.

Wolfert, Raimund: Auf den Spuren der „Invertierten" im Breslau der zwanziger und dreißiger Jahre. In: Invertito. Jahrbuch für die Geschichte der Homosexualitäten, 9 (2007), S. 93-135.

Wright, Robert: United Nations War Crimes Commission. History of the United War Crimes Commission and the Development of the Laws of War, London 1948.

Wyden, Peter: Stella, Göttingen 1993.

Zacharov, V. V. (Hg.): Dejatelnost' sovetskich Voennych Komendatur po likvidacii posledstvij vojny i organizacii mirnoj žizni v sovetskoj zone okkupacii Germanii, 1945-1949, Sbornik dokumentov, Moskau 2005.

Zahn, Christine: Von einem Quartier zum nächsten. Eine Odyssee im Berliner Untergrund. In: Benz, Wolfgang (Hg.): Überleben im Dritten Reich. Juden im Untergrund und ihre Helfer, München 2003, S. 229-238.

Zarew, Oleg/Castello, John: Der Superagent. Der Mann, der Stalin erpresste, Rastatt 1993.

Zeidler, Manfred: Reichswehr und Rote Armee 1920-1933. Wege und Stationen einer ungewöhnlichen Zusammenarbeit, München 1993.
-: Kriegsende im Osten. Die Rote Armee und die Besetzung Deutschlands östlich von Oder und Neiße 1944/45, München 1996.
-: Stalinjustiz contra NS-Verbrechen. Die Kriegsverbrecherprozesse gegen deutsche Kriegsgefangene in der UdSSR in den Jahren 1943-1952. Kenntnisstand und Forschungsprobleme, Dresden 1996.
-: Der Minsker Kriegsverbrecher-Prozeß vom Januar 1946. In: VfZ, 52 (2004) 2, S. 211-244.
-/ Schmidt, Ute (Hg.): Gefangene in deutschem und sowjetischem Gewahrsam 1941-1956. Dimensionen und Definitionen, Dresden 1999.
Zeppelin plante die Ermordung Stalins. Sowjetische Darstellung eines geheimen deutschen Kommando-Unternehmens. In: Der Spiegel, (1967) 30, S. 42-51.
Ziegler, Armin: „Wer kennt schon Zabikowo ...“. Ein Bericht über das Polizeigefängnis der Sicherheitspolizei und SS-Arbeitserziehungslager Posen-Lenzingen, Schönaich 1994.
Züchner, Eva: Der verschwundene Journalist. Eine deutsche Geschichte, Berlin 2010.

Abkürzungsverzeichnis

AG	Aktiengesellschaft
AO	Auslandsorganisation der NSDAP
AST	Abwehrstellen
ASW	Aktiengesellschaft Sächsische Werke
BA	Bundesarchiv
BdO	Befehlshaber der Ordnungspolizei
BdS	Befehlshaber der Sicherheitspolizei
BND	Bundesnachrichtendienst
BStU	Bundesbeauftragter für die Unterlagen des Staatssicherheitsdienstes der ehemaligen Deutschen Demokratischen Republik Berlin
BV	Bezirksverwaltung
CDU	Christlich-Demokratische Union
CIA	Central Intelligence Agency, US-Geheimdienst
ČSR	Československá Republika (Tschechoslowakische Republik)
d.	delo (Sache, Akte)
DA	Deutschland Archiv
DAF	Deutsche Arbeitsfront
DBFT	Datenbank frühe Todesurteile
DBSL	Datenbank Speziallager
DDR	Deutsche Demokratische Republik
Dokstelle StSG	Dokumentationsstelle der Stiftung Sächsische Gedenkstätten
DRK	Deutsches Rotes Kreuz
DSF	Gesellschaft für Deutsch-Sowjetische Freundschaft
Dulag	Kriegsgefangenen-Durchgangslager
DUMA	Parlament
DVP	Deutsche Volkspartei
f.	fond (Bestand)
FAK	Frontaufklärungskommando
FAT	Frontaufklärungstrupp
FDJ	Freie Deutsche Jugend
FHA	Führungshauptamt (der SS)
FHO	Fremde Heere Ost
FSB	Federal'naja služba bezopasnosti (Föderaler Sicherheitsdienst Russlands)
GARF	Gosudarstvennyj Archiv Rossijskoj Federacii (Staatsarchiv der Russischen Föderation)
Gestapo	Geheime Staatspolizei
GFP	Geheime Feldpolizei

GmbH	Gesellschaft mit beschränkter Haftung
GPU	Gosudarstvennoe političeskoe upravlenie (Staatliche politische Verwaltung)
GUKR/Smerš	Glavnoe upravlenie voennoj kontrrazvedki, Hauptverwaltung der militärischen Gegenaufklärung (Smert' špionam, Tod den Spionen)
GULag	Glavnoe upravlenie lagerej NKVD/MVD (Hauptverwaltung der NKVD/MVD Lager des NKVD/MVD [1934–1956])
GUPVI	Glavnoe upravlenie po delam voennoplennych i internirovan- NKVD/MVD nych NKVD/MVD (Hauptverwaltung des NKVD/MVD für Kriegsgefangene und Internierte)
HA	Hauptamt (der SS)
HAIT	Hannah-Arendt-Institut für Totalitarismusforschung
HA-Orpo	Hauptamt Ordnungspolizei
HJ	Hitler-Jugend
HSSPF	Höhere SS- und Polizeiführer
HTO	Haupttreuhandstelle Ost
IHK	Industrie- und Handelskammer
IMT	Internationales Militärtribunal (Nürnberg)
IWK	Internationale wissenschaftliche Korrespondenz zur Geschichte der deutschen Arbeiterbewegung
K 5	Kriminalabteilungen 5 der Länderpolizeiverwaltungen
Kapo	Funktionshäftling in Konzentrations- und Vernichtungslagern
KdO	Kommandeure der Ordnungspolizei
KdS	Kommandeure der Sicherheitspolizei
KG	Kontrollratsgesetz
KGB	Komitet gosudarstvennoj bezopasnosti (Komitee für Staatssicherheit)
KO	Kriegsorganisation
KP	Kommunistische Partei
KPD	Kommunistische Partei Deutschlands
KPdSU (B)	Kommunistische Partei der Sowjetunion (Bolschewiki)
Kripo	Kriminalpolizei
KZ	Konzentrationslager
l.	list (Blatt)
LLA	Lietuvos Laisvės Armija (Armee befreiter Litauer/ Litauische Befreiungsbewegung)
MdI	Ministerium des Innern
MfS	Ministerium für Staatssicherheit der DDR
MG	Maschinengewehr

MGB	Ministerstvo gosudarstvennoj bezopasnosti (Ministerium für Staatssicherheit der UdSSR)
MVD/MWD	Ministerstvo vnutrennich (wnutrennich) del (Ministerium für Inneres)
Napola	Nationalpolitische Erziehungsanstalten (NPEA)
ND	Neues Deutschland
NDP	National-Demokratische Partei
NDPD	National-Demokratische Partei Deutschlands
NKFD	Nationalkomitee Freies Deutschland
NKGB	Narodnyi komissariat gosudarstvennoj bezopasnosti (Volkskommissariat für Staatssicherheit der UdSSR)
NKVD/NKWD	Narodnyi komissariat vnutrennich (wnutrennich) del (Volkskommissariat für innere Angelegenheiten der UdSSR)
NPEA	siehe Napola
NS	Nationalsozialismus
NSDAP	Nationalsozialistische Deutsche Arbeiterpartei
NSDStB	NS-Dozentenschaft und Nationalsozialistischer Deutscher Studentenbund
NSKK	Nationalsozialistisches Kraftfahrerkorps
OBF	Ortsbauernführer
Oflag	Kriegsgefangenen-Offizierslager
OGL	Ortsgruppenleitung (der NSDAP)
OK	Ortskommandantur
OKH	Oberkommando des Heeres
OKW	Oberkommando der Wehrmacht
op.	opis (Liste)
ORB MVS	Osobyj rabočij batal'on Ministerstva voennych sil (Arbeitssonderbataillon des Ministeriums der Streitkräfte)
Orpo	Ordnungspolizei
ÖSAO	Öl-Sabotage-Abwehr-Organisation
OSO	Osoboe soveščanie (Sonderberatung)
OSS	Office of Strategic Services (Amt für strategische Dienste, amerikanischer Geheimdienst)
OT	Organisation Todt
RAD	Reichs-Arbeitsdienst (RAD-Führer)
RFSS	Reichsführer SS
RGASPI	Rossijskij gosudarstvennyj archiv social'no-političeskoj istorii (Russisches Staatliches Archiv für sozialpolitische Geschichte)
RHE	Rechtshilfeersuchen
RKG	Reichskriegsgericht

RKPA	Reichskriminalpolizeiamt
RSFSR	Rossijskaja Socialističeskaja Federativnaja Sovetskaja Respublika (Russische Sozialistische Föderative Sowjetrepublik)
RSHA	Reichssicherheitshauptamt
SA	Sturmabteilung (der NSDAP)
SBZ	Sowjetische Besatzungszone
Schupo	Schutzpolizei
SD	Sicherheitsdienst (der SS)
SED	Sozialistische Einheitspartei Deutschlands
Sipo	Sicherheitspolizei
SKK	Sowjetische Kontrollkommission
SMA	Sowjetische Militäradministration
SMAD	Sowjetische Militäradministration in Deutschland
SMERSCH	Smert' špionam, Tod den Spionen (= GUKR/Smerš)
SMT	Sowjetische Militärtribunale
SPD	Sozialdemokratische Partei Deutschlands
SS	Schutzstaffeln der NSDAP
SSSR	Sojuz Sovetskich Socialističeskich Respublik (Union der Sozialistischen Sowjetrepubliken [= UdSSR])
Stalag	Kriegsgefangenen-Mannschaftsstammlager
StGB	Strafgesetzbuch
StSG	Stiftung Sächsische Gedenkstätten
SU	Sowjetunion
TASS	Telegrafnoe Agentstvo Sovetskogo Sojuza (Telegrafenagentur der Sowjetunion)
UdSSR	Union der Sozialistischen Sowjetrepubliken
U-Haft	Untersuchungshaft
UPA	Ukrainische Freiheitsbewegung
USHMM	United States Holocaust Memorial Museum, Washington
VEB	Volkseigener Betrieb
VfZ	Vierteljahrshefte für Zeitgeschichte
VPKA	Volkspolizei-Kreisamt
VR	Volksrepublik
VVN	Vereinigung der Verfolgten des Naziregimes
WASt	Wehrmachtauskunftsstelle
WEL	Wehrertüchtigungslager der Hitler-Jugend
WTscheka	Außerordentliche Kommission zum Kampf gegen die Konterrevolution und Sabotage
WVHA	Wirtschafts- und Verwaltungshauptamt (der SS)
ZA FSB	Zentralarchiv des FSB

ZF	Amtsgruppe Finanzen der Zentralabteilung der Abwehr
ZI	Zelleninformator
ZNK	Zentrale Namenskartei
ZUV	Zentrale Untersuchungsvorgänge des Ministeriums für Staatssicherheit

Personenverzeichnis

Verzeichnis der Herausgeber

Klaus-Dieter Müller, Dr. phil., bis 2014 stellv. Geschäftsführer der Stiftung Sächsische Gedenkstätten Dresden und Leiter der Dokumentationsstelle ebendort

Thomas Schaarschmidt, Prof. Dr. phil., Wissenschaftlicher Mitarbeiter am Zentrum für Zeithistorische Forschung Potsdam und apl. Professor für Zeitgeschichte an der Universität Potsdam

Mike Schmeitzner, Prof. Dr. phil., (komm.) stellvertretender Direktor am Hannah-Arendt-Institut für Totalitarismusforschung e. V. an der TU Dresden und apl. Professor für Neuere und Neueste Geschichte ebendort

Andreas Weigelt, Dr. phil., Leiter der Gedenkstätte Lieberose in Jamlitz